D1693720

Stijlvol WONEN COMPLEET

GREATEST HITS

Voor u ligt een kanjer van een boek. **Stijlvol Wonen Compleet** telt maar liefst 504 pagina's klassieke interieurs. Dat wil zeggen: 504 pagina's binnenkijken in statige herenhuizen, koninklijke kasteeltjes en landelijke hoeves. Duizenden plaatjes die u doen wegdromen, doen inspireren, doen genieten. Want **Stijlvol Wonen** is meer dan interieur alleen; het is een manier van wonen, van leven(skunst), waarbij het draait om zich omringen met mooie spullen, kleuren, stoffen, vormen en voorwerpen. Mooi is daarbij zeker geen synoniem voor duur: ook stil kunnen staan bij kleine dingen en daarvan genieten, valt volgens ons onder **Stijlvol Wonen**; een vergeelde zwart-wit foto op grootmoeders zolder, een geïmproviseerde picknick in een fruitboomgaard, ...

Stijlvol Wonen is meer dan interieur alleen...

In de jaren dat de gelijknamige boekenreeks bestaat, is **Stijlvol Wonen** uitgegroeid tot een begrip in de wereld van binnenhuisinrichting. Menig interieurliefhebber heeft één of – liefst – meerdere exemplaren in de boekenkast staan. Na drie succesvolle edities bleek de tijd rijp voor een tijdschrift. En ook dat werd gesmaakt! En nu ligt voor u **Stijlvol Wonen Compleet**: een 'best of' in de meest letterlijke zin van het woord. Niet alleen omdat onze redactie de mooiste interieurs uit de volledige reeks heeft gebundeld. Maar ook omdat **Stijlvol Wonen Compleet** een onmisbaar naslagwerk is geworden. De bundeling heet niet voor niets **Stijlvol Wonen Compleet**: het is het meest complete overzicht van landelijke en klassieke interieurs dat ooit is verschenen. Het is een staalkaart, een kroniek van vijf jaar interieur; het schetst de belangrijkste trends en verschuivingen op het gebied van landelijk wonen in het laatste halve decennium.

Op die manier is het onmisbaar voor al wie houdt van deze warme, romantische woonstijl.

Wanneer een popgroep een 'greatest hits'-album uitbrengt, wil dat vaak niet alleen zeggen dat de groep veel succes heeft gekend, maar ook dat ze 'fin de carrière' is. Dat vooroordeel willen we bij deze formeel ontkrachten: onze 'greatest hits' is allesbehalve een voorbode van het einde van de **Stijlvol Wonen**-boekenreeks. Integendeel. Terwijl u geniet van de prachtige interieurs van **Stijlvol Wonen Compleet**, dromen wij al hardop van een **Stijlvol Wonen IV**... Met nieuwe, exclusieve woningen en hedendaagse, landelijke interieurs: een **Stijlvol Wonen** anno 2007.

Wordt ongetwijfeld vervolgd...

Nico Smout

n.smout@epninternational.com

INHOUD

3 - VOORWOORD
Greatest hits

4 - INHOUD

6 - SFEER ACHTER ALOUDE GEVEL
Belim Bouwteam

14 - EEN HART VOOR DECORATIE
Sense Home Interiors

22 - HUIS DAT ALLE ZINTUIGEN STREELT
Ilse de Meulemeester Interieur

30 - MINIMALISME MET KLASSIEKE ROOTS
Pieter Porters Decorations

38 - WONEN EN WERKEN IN EEN PLAATJE
De Appelboom

46 - OOG VOOR DETAIL
Jet Keuken- en Interieurbouwers

54 - RUIMTEGEVOEL WERKT GEESTESVERRUIMEND
Sphere Home Interiors

62 - DE KUNST VAN HET COMBINEREN
Anneke Dekkers Schouwen en Vloeren

70 - BETOVEREND LICHT
Miniflat

78 - RIANT EN RIJKELIJK INGERICHTE RIJWONING
Alex Janmaat Antiek & Interieur

86 - KARAKTERVOL EN NOOIT ZWAAR OP DE HAND
Home Arts

94 - EEN OASE IN EEN OASE
Woonstijl Villabouw

102 - AFWERKING STRAALT AF OP EINDRESULTAAT
Peter Deckers Schilder- en Decoratiewerken

110 - VAKANTIEWONING ZOEKT FEESTVIERDERS
Leon Van Den Bogaert

118 - WAAR VERVLOGEN KINDERJAREN HERLEVEN
Slots

126 - OVERZEESE LOOK, MADE IN BELGIUM
Lloyd Hamilton

134 - PRIVACY EN OPENHEID VERZEKERD
Belim Bouwteam

142 - DEN HAAG MET NIEUWE PAREL AAN DE KROON
Martin de Boer

150 - EEN DROOM VOOR PAARDEN(LIEFHEBBERS)
Miss Marple Home Interiors

158 - VERLEDEN, HEDEN EN TOEKOMST IN ÉÉN
Cousaert-Van der Donckt

166 - SOBERE GEZELLIGHEID, OOSTERS GETINT
Sphere Home Interiors

174 - BALANCEREN TUSSEN CONTRAST EN HARMONIE
Jet Keuken- en Interieurbouwers

182 - SCHIKKING VORMT HARTVEROVERENDE TAFERELEN
Pieter Porters Decorations

190 - ENGELS LANDHUIS MET FRANSE MEUBELS
Smellink Classics

198 - ACTUELE LUXE, ELAN VAN WELEER
Woonstijl Villabouw

206 - RUIMTE OM TE RELAXEN
Sense Home Interiors

214 - ACHTER DE SCHOOLPOORT
Ilse de Meulemeester Interieur

222 - WAAR DE NATUUR GEZELLIGHEID ADEMT
Belim Bouwteam

230 - IEDER ZIJN EIGEN SFEER
De Appelboom

238 - DOOR OPENHEID OMARMD
Slots

246 - VERGROEID MET DE NATUUR
Lloyd Hamilton

254 - HARMONIEUZE STEMMING MAAKT GELUKKIG
Sphere Home Interiors

262 - SOBERHEID ACHTER GLAS
Miniflat

270 - DE GRANDEUR VAN WELEER HERLEEFT
Anneke Dekkers Schouwen en Vloeren

278 - CRÈME ALS FIL ROUGE
Jet Keuken- en Interieurbouwers

286 - INTERIEUR MET EEN FACELIFT
Pieter Porters Decorations

294 - EIGEN STEMPEL SIERT
Woonstijl Villabouw

302 - WERKVERSLAAFD
Martin de Boer

310 - TERUG NAAR DE ROOTS
Belim Bouwteam

318 - PUNTJES OP DE I VAN DECORATIE
Sense Home Interiors

326 - HOEVE VINDT TWEEDE ADEM
Slots

334 - HET JUISTE STUK OP DE JUISTE PLAATS
Leon Van Den Bogaert

342 - CONSEQUENT DE LIJN DOORGETROKKEN
Sphere Home Interiors

350 - EENHEID BRENGT RUST
Jet Keuken- en Interieurbouwers

358 - ALLE DAGEN VAKANTIE
Slots

366 - MET LIEFDE GERENOVEERDE ZIEL
Belim Bouwteam

374 - DE KLEUR BEPAALT DE SFEER
Peter Deckers Schilder- en Decoratiewerken

382 - ANGLOFIELEN IN HART EN NIEREN
Miss Marple Home Interiors

390 - STAPELPASSIE
Martin de Boer

398 - LIEVER LICHT EN LUCHTIG
Sense Home Interiors

406 - EEN FILMISCH PLAATJE
Pieter Porters Decorations

414 - KLOPPEND HART, HERLEEFDE ZIEL
Jet Keuken- en Interieurbouwers

422 - MAGISCHE WOONDROOM WAARGEMAAKT IN MARBELLA
Ilse de Meulemeester Interieur

430 - ANDERS LEREN KIJKEN NAAR INTERIEUR
Alex Janmaat Antiek & Interieur

438 - HERBORGEN CHARME ANNO VANDAAG
Pieter Porters Decorations

446 - GENIETEN VAN DE GOLVEN
Sense Home Interiors

454 - OPEN HUIS
Woonstijl Villabouw

462 - UIT LIEFDE VOOR HET PLATTELAND
Belim Bouwteam

470 - LANDELIJKE HOEVE IN ERE HERSTELD
Sense Home Interiors

478 - MEESTERLIJK GEORKESTREERDE LICHTINVAL
Ilse de Meulemeester Interieur

486 - FRANS VERSUS ENGELS IN BELGISCHE HARMONIE
Pieter Porters Decorations

494 - VERZOT OP GROOTMOEDERS TIJD
Jet Keuken- en Interieurbouwers

502 - ADRESSEN

504 - COLOFON

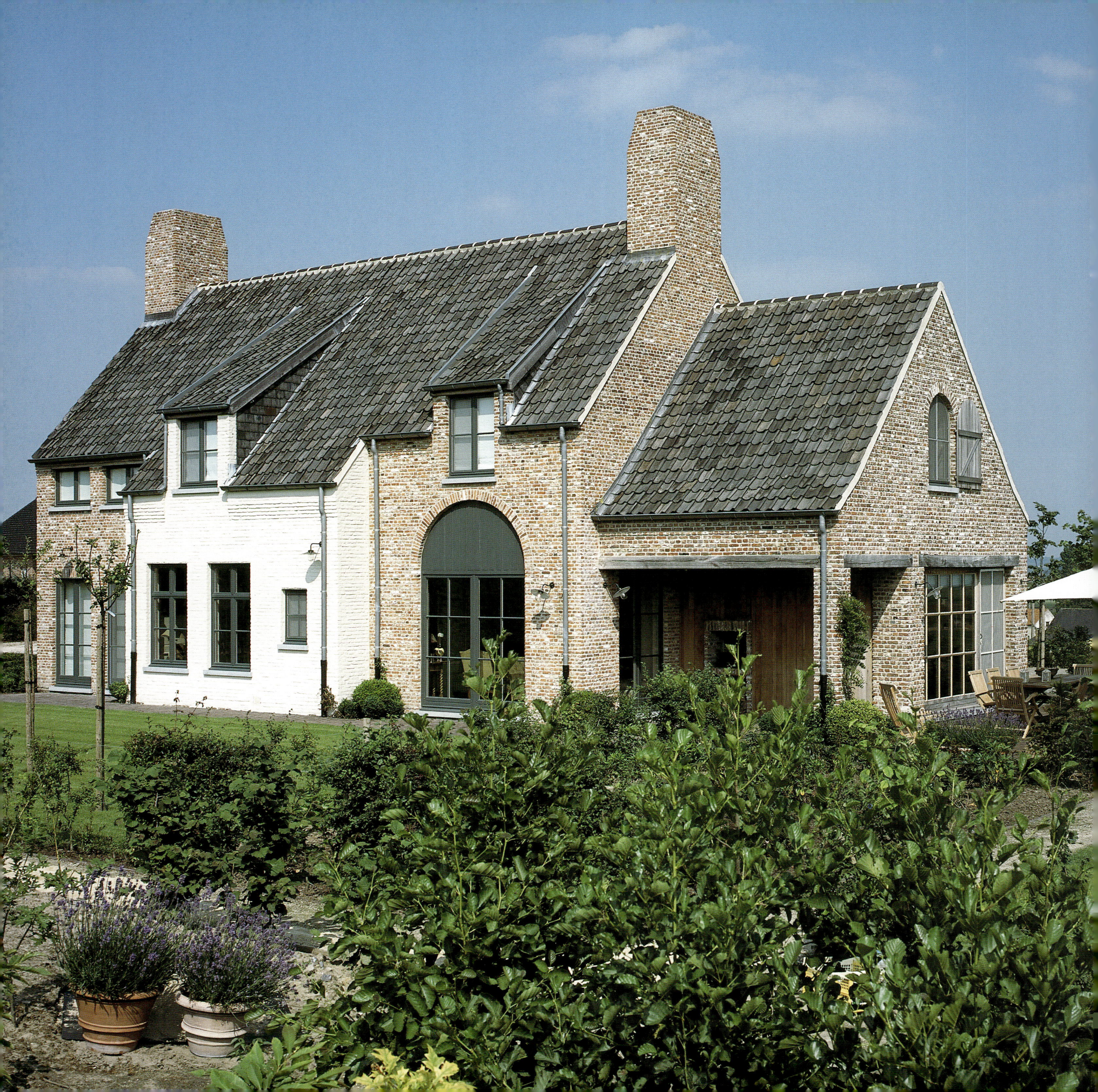

STIJLVOL WONEN COMPLEET
BELIM BOUWTEAM

Sfeer achter aloude gevel

Een schuur die zich vermomd heeft als villa. Dat is de indruk die hier wordt gewekt. Maar de woning werd wel in het heden gebouwd en de gevel verwijst enkel naar een schuur van weleer. Achter de aloude gevel ademt het interieur sfeer en dankzij alle modern comfort wordt genieten een tweede natuur.

De woning dankt haar authentieke uitstraling van eeuwen geleden aan het gebruik van antieke materialen. Je krijgt echt het gevoel dat een oud gebouw verbouwd werd en toch is de totaliteit gloednieuw. Strak en traditioneel smaakvol verzoend. De verbondenheid met de Vlaamse Ardennen is compleet. Klinckaert recuperatiestenen en recuperatie Paepesteen geven de gevels een apart karakter. De dakbedekking bestaat uit blauwgesmoorde, Boomse pannen. Sommige ramen werden donkergrijs gelakt en de andere (in afselia) tonen hun hout naturel. Aan de voorzijde wordt de boogvormige stalpoort geflankeerd door gedeeltelijk in het gevelvlak verzonken dakkapellen. Let op de voordeur met het raampje die zich zachtjes prononceert in de stalpoort. Dit portiek verleidt ons

'Naturelle afselia ramen en gerecupereerde stenen en pannen geven de gevels karakter'

bevallig om naar binnen te treden. Ruwe kerkdallen brengen ons langsheen een eiken trap met zware afgeronde hoekpilaster, van de hal naar de stemmige woonvertrekken. Met pure plankenvloer zet Belim Bouwteam meteen de juiste toon. Al het binnenschrijnwerk werd op maat gemaakt met oud hout en behandeld volgens decoratieve schildertechnieken.

Het palet verwijst naar de zogenaamde Gustaviaanse periode die in de Scandinavische landen hoogtij vierde vanaf 1523. De getemperde kleuren ogen genoeglijk en wonderwel eigentijds. In de zitkamer werden bestaande lambriseringen aangepast en vertimmerd tot een boiserie die een open haard en een bibliotheekkast omsluit. Oude binnendeuren werden van nieuw glas voorzien. De ruimte lijkt wel een restant van een open schuurtje, een 'alaamkot' dat gedeeltelijk werd dichtgemetseld. Op zijn minst even gezellig is het in de keuken. Een binnenraam - zoals je die soms nog aantreft in fabriekjes om het bureau af te schermen voor het tumult van het atelier - scheidt de keuken van de ontbijthoek waar een ossenoog ons een blik naar buiten gunt. Tegelijk genieten beide vertrekken

'Achter deze 'schuur' gaat een indrukwekkende woning schuil en heel wat praktisch gebruiksgemak'

wel van visueel contact en een verruimend effect. Blauwgrijs drukt zijn stempel. De vloer sluit mooi aan met verkleinde kerkdals. Putconvectors houden de hoge ramen in de ontbijthoek vrij voor doorgang en optimaal zicht. In de keuken draagt het werkblad in verzoete arduin een knappe vogelbek. Het fornuis kijkt via het binnenraam uit op de ontbijthoek. Een deur leidt naar de bijkeuken streepje wasplaats. Bij de pompsteen hoort retro kraanwerk. Deze ruimte heeft iets van een typisch 'schotelhuisje' waar vroeger de vaat werd gedaan. Een dubbele deur brengt u naar de iets formelere eetkamer in lindetint. Hier worden de gasten met veel

> 'Via interactie ontstaat een vorm van kruisbestuiving tussen bouwheer en bouwmeester. Ieder tilt het geheel mee op een hoger niveau'

bravoure ontvangen. Er is gebruik gemaakt van houten panelen die de tijd hebben getrotseerd, maar dat vormt nu net de doorleefde charme uiteraard. Ter plaatse verven zorgt voor een exquis elan.

Salon, keuken en eetkamer vormen een homogene entiteit en u heeft er op vele plaatsen een sublieme uitkijk op de ongerepte natuur. Maar de bovenverdieping spant de kroon. U krijgt er een totaalbeeld van een dal. Het landschap biedt een panorama dat zich moeilijk in woorden laat vatten. Door de lage ramen met binnenluiken is de master bedroom gehuld in een dromerig licht. Een magische gloed is voelbaar. De bijhorende badkamer toont ons een dubbele spoeltafel en een open douche in mozaïek. Antiek hout werd geloogd en verwerkt tot een spiegel en onderkast. Artisanaal maatwerk dat er wezen mag. In de greige dressing treft u ook weer een binnenraam

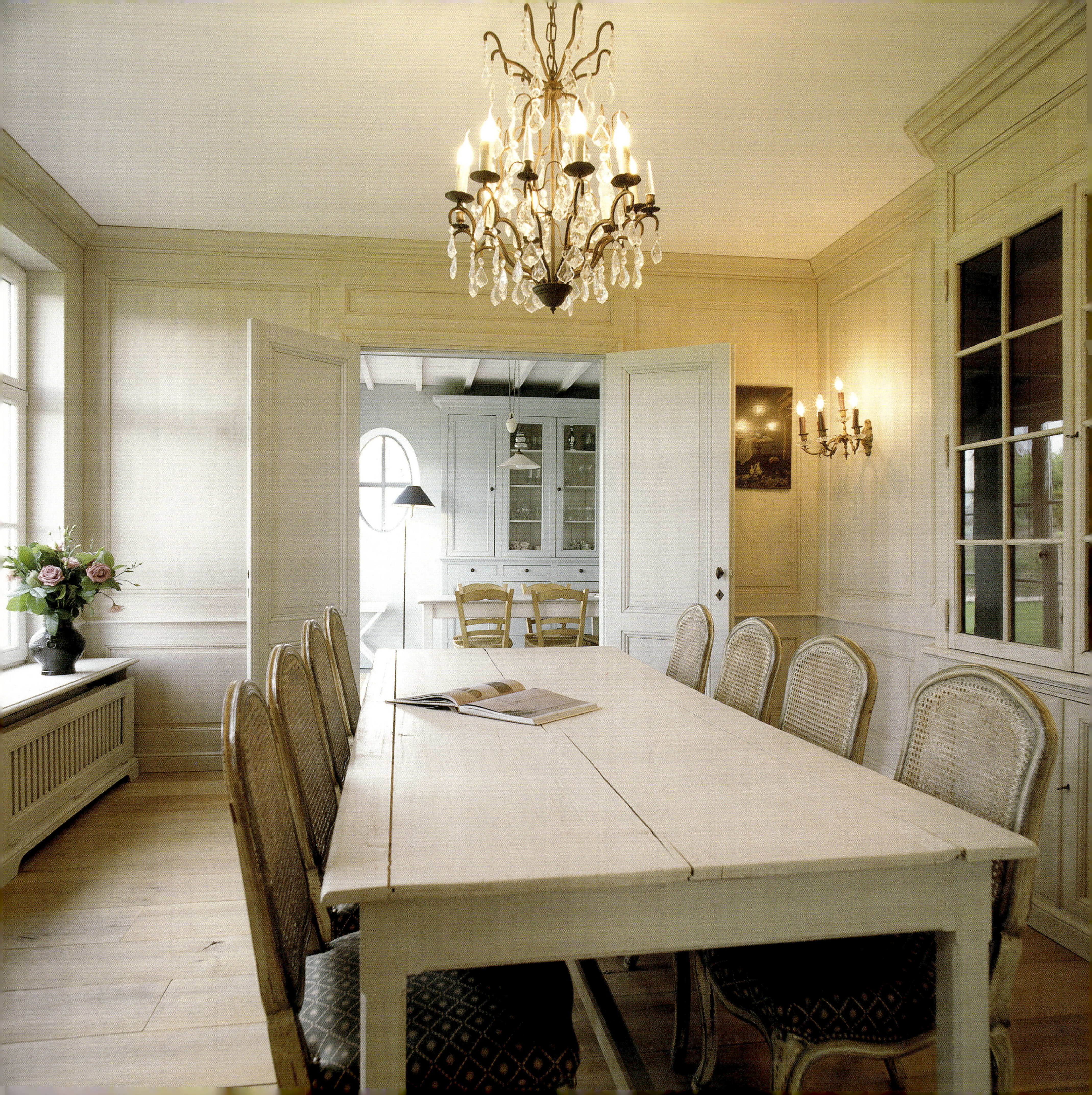

'De getemperde kleuren die herinneren aan de Gustaviaanse periode in Scandinavië ogen genoeglijk en wonderwel eigentijds'

zoals in de keuken. De vertrekken van de ouders staan voorts nog in verbinding met een bureau boven de garage. Bij de kamer van de dochter hoort een zelfstandige badkamer en bij het gastenverblijf een apart hoekje met een spoeltafel. Beneden onder de trap bevindt zich een berging (die u bereikt langs een laag deurtje) en via de keuken kunt u naar de kelder. Op het overdekte terras beschikt u over een vaste barbecue. U merkt het, achter deze 'schuur' gaat een indrukwekkende woning schuil en heel wat praktisch gebruiksgemak.

In deze firma vindt u een bouwmeester die zich de stijl van de klant eigen maakt. Belim Bouwteam gaat als het ware in uw schoenen staan. Typisch is ook dat u de architect en de ploeg kiest die u het best ligt. Er wordt gestart vanuit de vragen: waar houdt u van, wat heeft u precies nodig met betrekking tot uw gezinssituatie, beroep en hobby's, welke sfeer wil u creëren en hoeveel bedraagt het te besteden budget? Gaandeweg wordt het plaatje dan correct ingevuld. Dat dit bedrijf rijk aan ervaring bovendien rekening houdt met de toestand op het terrein, de oriëntatie en de wettelijke bepalingen ter plekke, is een vanzelfsprekendheid. Per klant wordt een gedetailleerde inlichtingenfiche opgemaakt. In dit dossier worden al uw specifieke verwachtingen nauwgezet bijgehouden. Stap voor stap krijgt de planning concrete invulling. Interna nota's en gesprekken garanderen een werf-

opvolging die geolied verloopt en zo gewenst worden u schriftelijke verslagen bezorgd. Mondeling is er sowieso voortdurend intens overleg. Maar door bezorgdheid ingegeven paniek zal men nooit zaaien.

Belim Bouwteam is er namelijk om u voor een haalbare prijs te vrijwaren van alle kommer en kwel; u kunt op beide oren slapen! Klanten zijn dan ook tevreden over heel de lijn. Wat al jarenlang voor een sneeuwbaleffect zorgt dat aanhoudt en waardoor deze aannemer goed in de markt ligt. Belim Bouwteam staat voor: het sleutel-op-de-deur-systeem voor de betere villa. Er is veel gebouwd op grote gronden maar waar het Ruimtelijke Structuurplan zulks niet meer

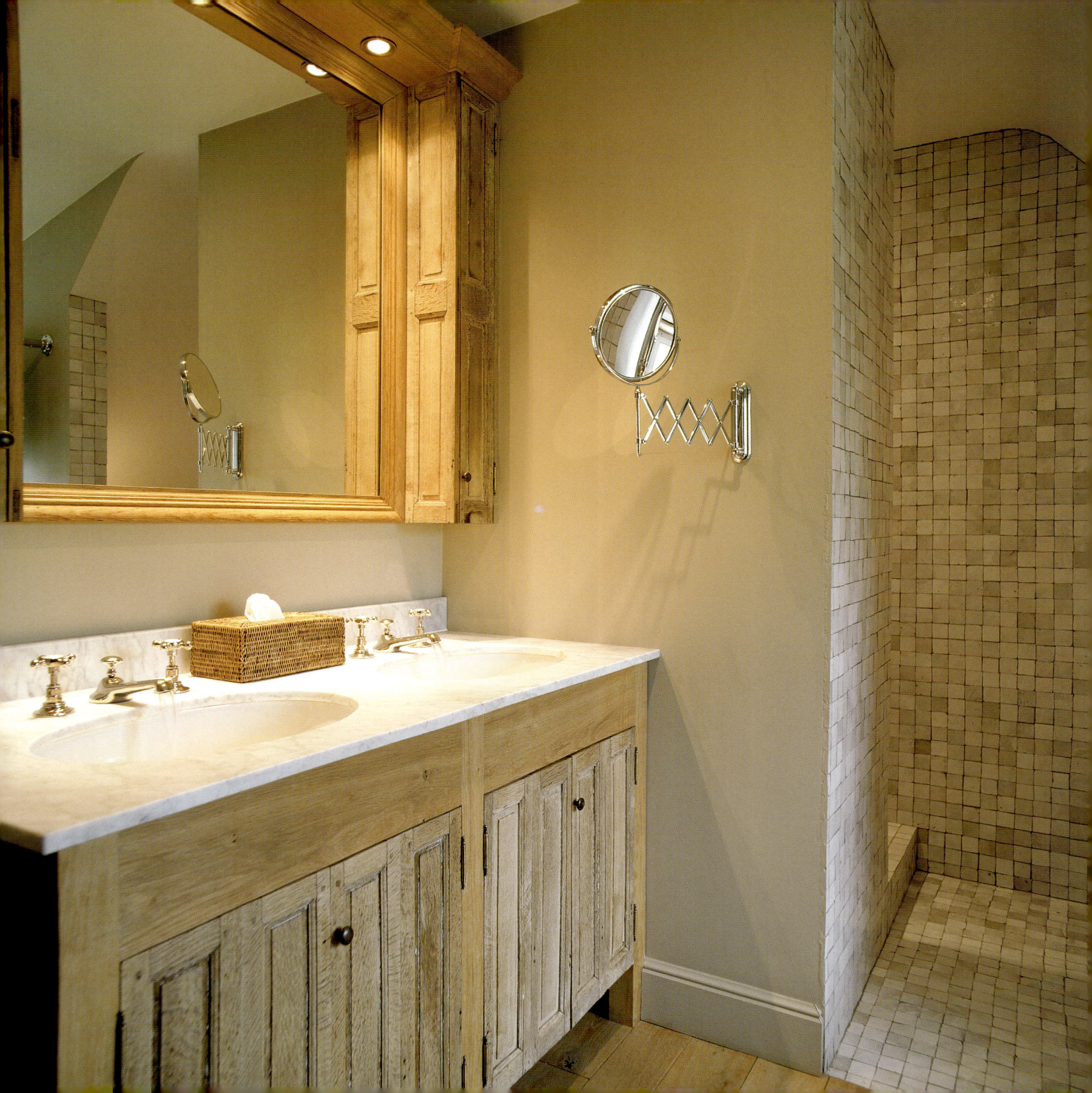

*'Door de lage ramen met binnenluiken is de
ouderlijke slaapkamer gehuld in een dromerig licht'*

mogelijk maakt, wordt naar andere creatieve oplossingen gezocht. Steeds staat de individualiteit van de bouwheer centraal. En steeds komen er superbe concepten uit de bus. Het tweede deel van de naam van deze ondernemer legt zowaar nog meer gewicht in de schaal dan het eerste. Bouwteam zegt precies wat het betekent. Als klant vormt u immers een team samen met de diverse Belim specialisten. Via interactie ontstaat een vorm van kruisbestuiving. Ieder tilt het geheel mee op een hoger niveau, of het nu om utiliteitsgebouwen gaat, een openbare aanbesteding, villa-appartementen of privéwoningen, al of niet gegroepeerd in een verkaveling. Doordat het klikt op alle punten komt een product tot stand van uitzonderlijke kwaliteit. En hier is dat zeker niet anders. *

Belim Bouwteam
Gontrode Heirweg 138, 9090 Melle (B), tel.: 0032(0)9/272.50.00, fax: 0032(0)9/272.50.01,
e-mail: info@belim.be, website: www.belim.be

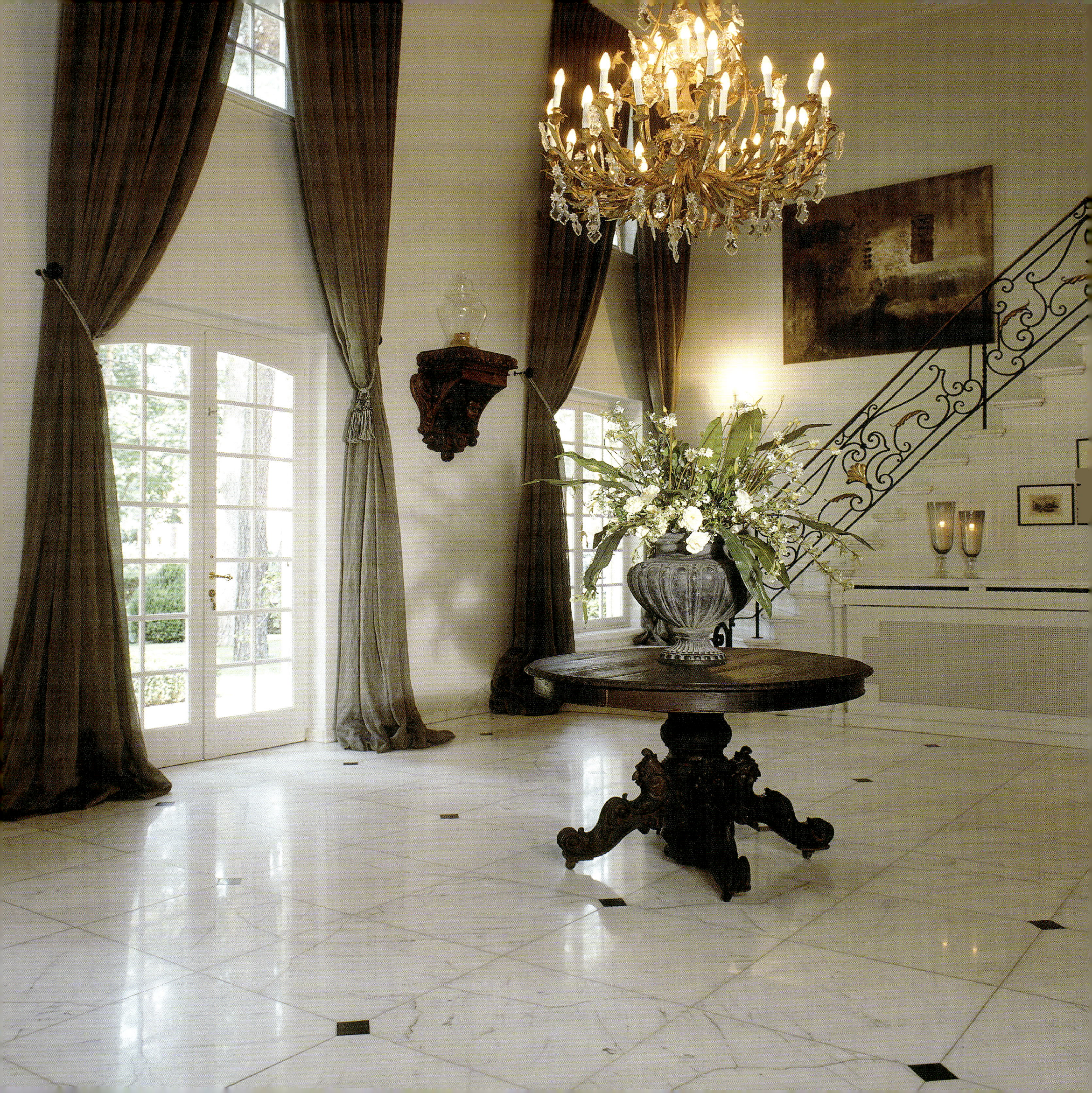

STIJLVOL WONEN COMPLEET
SENSE HOME INTERIORS

Een hart voor decoratie

Van een huis een thuis maken. Daarbij een stijl hanteren die tijdloos is en van deze tijd.
Niet te strak en niet te koel, maar warm, doorleefd en gezellig. Het is niet iedereen gegeven.
Dan is professionele hulp welkom. En voelt u zich toch geroepen om het zelf te doen:
advies inwinnen is nooit weg. Wie u zoekt? Een binnenhuisinrichter met een hart voor decoratie.

Sense Home Interiors beperkte zich in de hal hoofdzakelijk tot het verstrekken van kleuradvies. Door het zwart-wit contrast van onder tot boven consequent vol te houden oogt de imposante hal nu nog imposanter. Aan de blanke marmeren vloer met zwarte noppen werd niet geraakt, maar het beige van de gekalkte muren veranderde in wit. Deuren in Black Tie verzinken in een zwarte wand. De linnen gordijnen van wel 6 m hoog vormen in feite een verlengstuk. De stof is 'gechineerd'; er werd een fijn wit draadje in verwerkt opdat het zwart niet puur zwart zou zijn. Een zwarte voering laat de stof optimaal tot zijn recht komen. In het hoekje van de hal met de zilveren kandelaar en de sierlijke zitbank wordt de zwart-wit lijn doorgetrokken, net als in het boudoir op het gelijkvloers. De vergulde spiegel van Flamant past als gegoten bij de antieke console. Bij de gordijnen in linnen horen stijlvolle, met de hand gemaakte wegbinders. Gerespecteerd handwerk. De overloop biedt ons nog een betere kijk op de majestueuze luchter. Hier zijn de stijlen zwart en de deuren wit. Er prijkt net als beneden een enorme, wit gepatineerde vitrinekast. Windlichten met kransen erbovenop trekken de aandacht in de slaapkamer, die wel lijkt ondergedompeld in eenzelfde dromerige tint, tezamen met de dressing. Er werd namelijk ton sur ton gewerkt met Bord de Seine. Muren en maatkasten, alsook de oude

'Door het zwart-wit contrast van onder tot boven consequent vol te houden oogt de imposante hal nu nog imposanter'

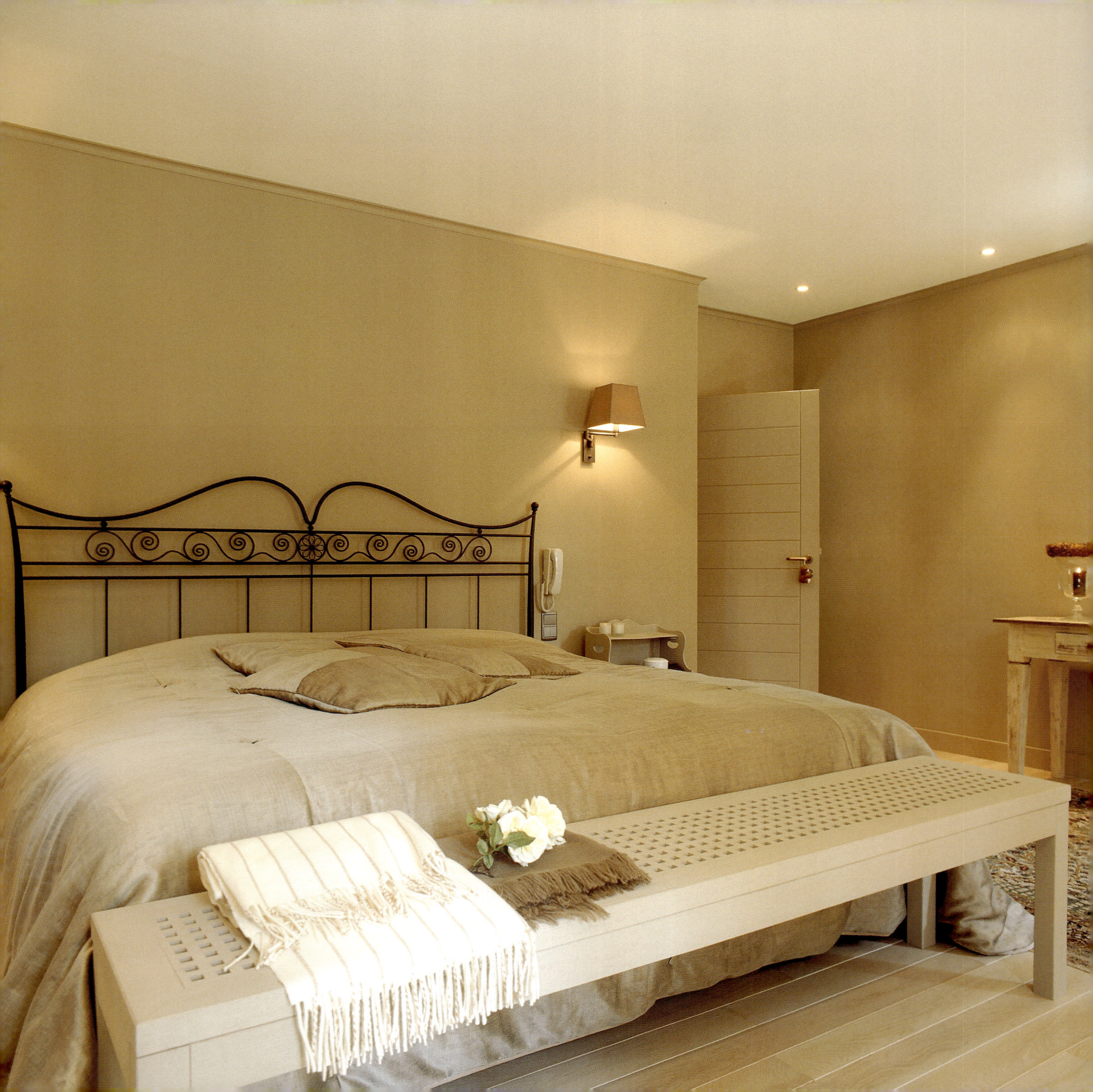

kerselaren nachtkastjes, werden identiek geverfd. Footstool, vloerkleed, raamdecoratie en bedlinnen sluiten naadloos aan. Zelfs het parket draagt een zweem van het geheel dat koestert en gekoesterd wordt.
In de keuken tekent Sense Home Interiors voor een onwaarschijnlijke transformatie. De grenen kasten werden wit gepatineerd en kregen gegroefde ruggen aangemeten. Het ontwerp krijgt aldus een sprekend karakter. Dankzij het omkasten en de kroonlijst heeft de dampkap nu klasse. Er kwam een werkblad in beuk en gelijk werd het blad van de tafel ook vernieuwd. Er horen stoelen bij van Vincent Sheppard, meer bepaald het High-back model Edward. Omwille van de aloude charme werden de rozas aan het plafond en

'Slaapkamer en dressing lijken wel ondergedompeld in eenzelfde dromerige tint'

de sierlijsten behouden. Het resultaat is werkelijk onherkenbaar, de metamorfose compleet. Op tafel doet een kaars het glaswerk en designservies in mastiekkleur oplichten. Het slaatje is slechts een voorbode van een heel menu. Bij de keuken hoort een door Sense op maat gemaakte eetkamer. De kleur van de

muren loopt door: Blanc des Dunes. Maar het meubilair maakt het verschil. Wall White gaat over in Bord de Seine. Voor een minieme afscheiding zorgt een wijnrek, dat aan elke kant kleur bekent naargelang de ruimte. De bibliotheek die de haardmantel omarmt en de radiatorkast, alles maatwerk van Sense, werden eveneens geverfd en gepatineerd in Bord de Seine. Kunst kruidt het geheel. Aan tafel staan beklede stoelen en erboven hangt een wit gepatineerd armatuur in smeedijzer. De groenige zetel, luisterend naar de naam Georges, nodigt uit om de avond al lezend door te brengen. Weggebonden en lichtjes op de vensterbank stuikende gordijnen in naturel linnen en met een iets donkerdere boord, dirigeren het zonlicht op

'Lichtjes stuikende gordijnen dirigeren het zonlicht op virtuoze wijze'

virtuoze wijze. Kortom, het Sense team heeft hier een stemmig kader gecreëerd waar bewoners en gasten tot rust komen.

Een rustgevende ervaring wacht ons ook in het vertrek met zicht op de vijver. Bij de gatelegtafel in donkere eik horen stoelen type Victoria met een vaste bekleding. Prachtige kasten flankeren de schouw. Spiegel, luchter en kandelaars volgen de aangename wandkleur. De ornamenten op de schouw en een kaarsvoet en een stolp op tafel bepalen de finishing touch. Schitterend! Aanpalend is er een salon. Stores zorgen er voor een zachte filtering van het zonlicht. Er heerst dan ook een zeer gemoedelijke sfeer. Sense Home Interiors geeft beide ruimten een rijkelijke look door de gevoerde en gemoltoneerde gordijnen die het midden houden tussen groen en beige. De kap van de strakke lamp op het consoletafeltje werd er

'Modern en klassiek reiken mekaar open-minded de hand'

'Dankzij nieuwe ruggen, het inlijsten van de dampkap en het volledig herschilderen, onderging de keuken een complete metamorfose'

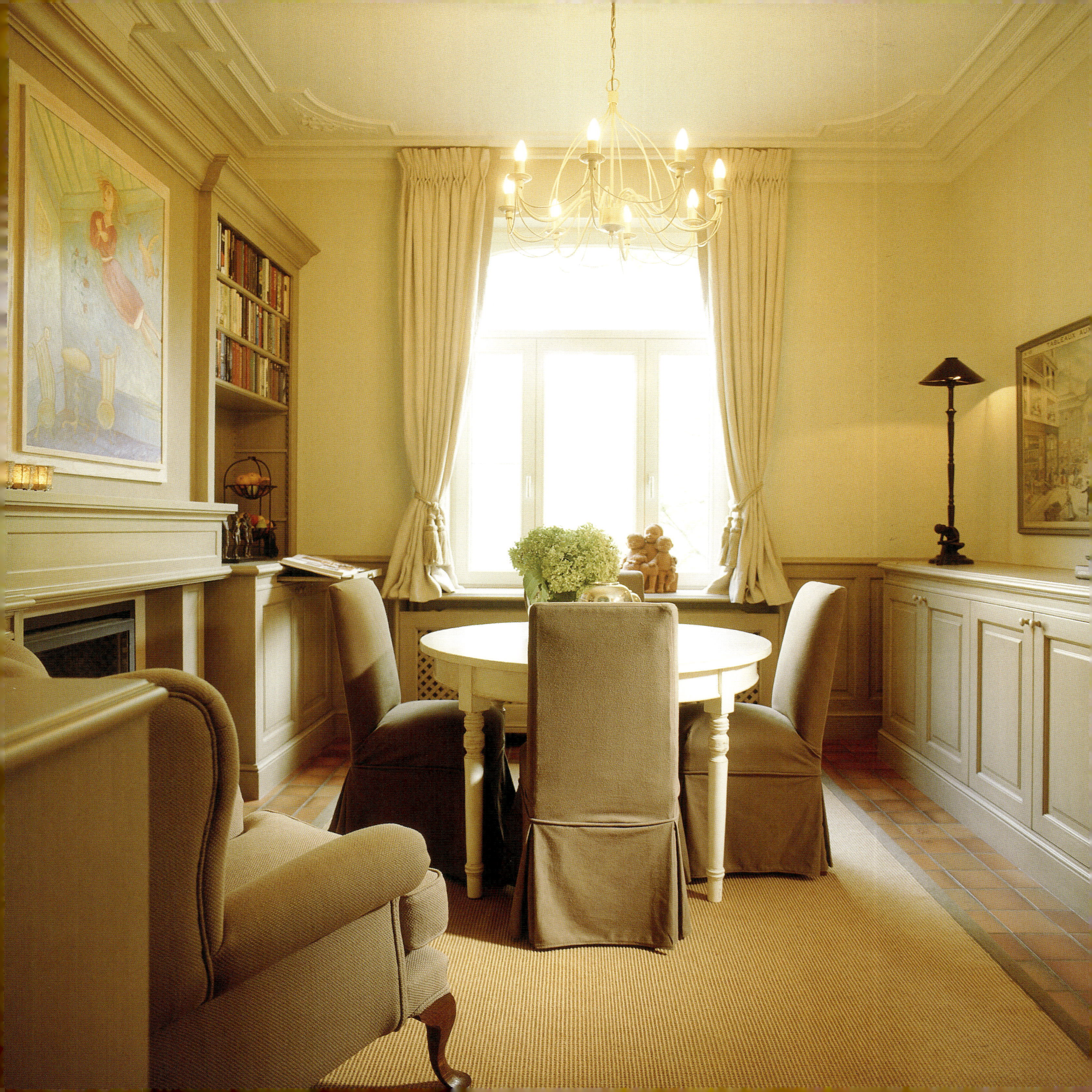

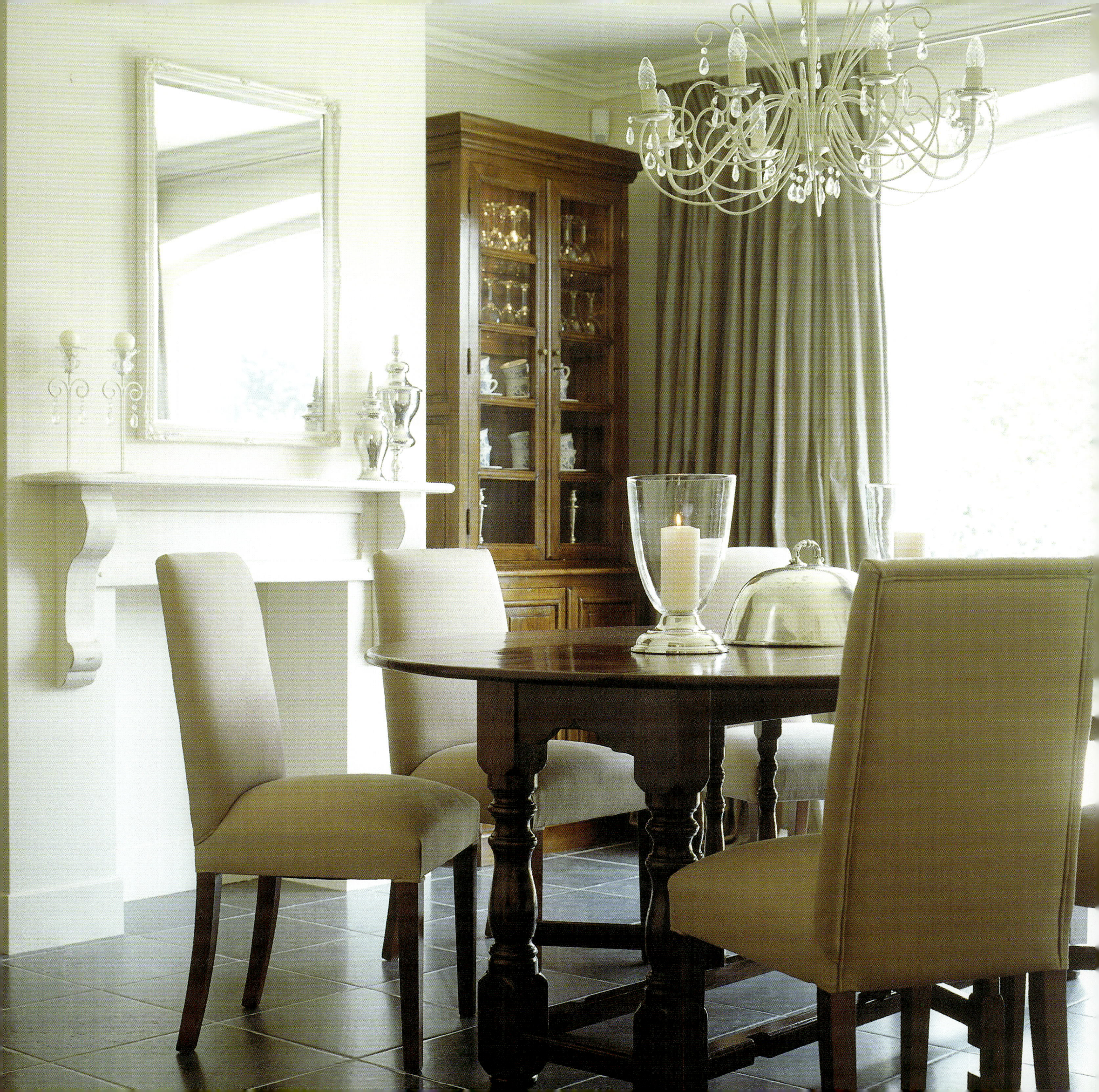

perfect op geënt. Het glaswerk met de zilveren afwerking smeedt banden met de A tot Z boekensteunen onderaan. De gordijnen vallen mooi door de sleep van wel 8 cm lang. Op een rond bijzettafeltje in acajou voeren weerspiegelende bolvormen en een golfspeler een boeiende dialoog. Het meubel is verkrijgbaar in drie formaten: 50 cm, 90 cm en 1m20 diameter.
Al geruime tijd vestigt zich een nieuwe trend in de wereld van de binnenhuisinrichting. Modern en klassiek neigen steeds meer naar mekaar. Antieke stukken voelen zich prima in een eigentijds kader en actuele vormgeving vermengt zich met principes van weleer. Oud en nieuw verbroedert sfeervol. Hier reiken modern en klassiek mekaar open-minded de hand. Net als altijd ontstaat er zo een tijdloos interieur met trekjes van de 21e eeuw, eigen aan Sense Home Interiors. ✽

> 'Op een rond bijzettafeltje in acajou voeren weerspiegelende bolvormen en een golfspeler een boeiende dialoog'

Sense Home Interiors
Brugstraat 34, 2820 Rijmenam-Bonheiden (B), tel.: 0032(0)15/50.06.28, fax: 0032(0)15/50.06.21,
e-mail: info@thatmakessense.be, website: www.thatmakessense.be

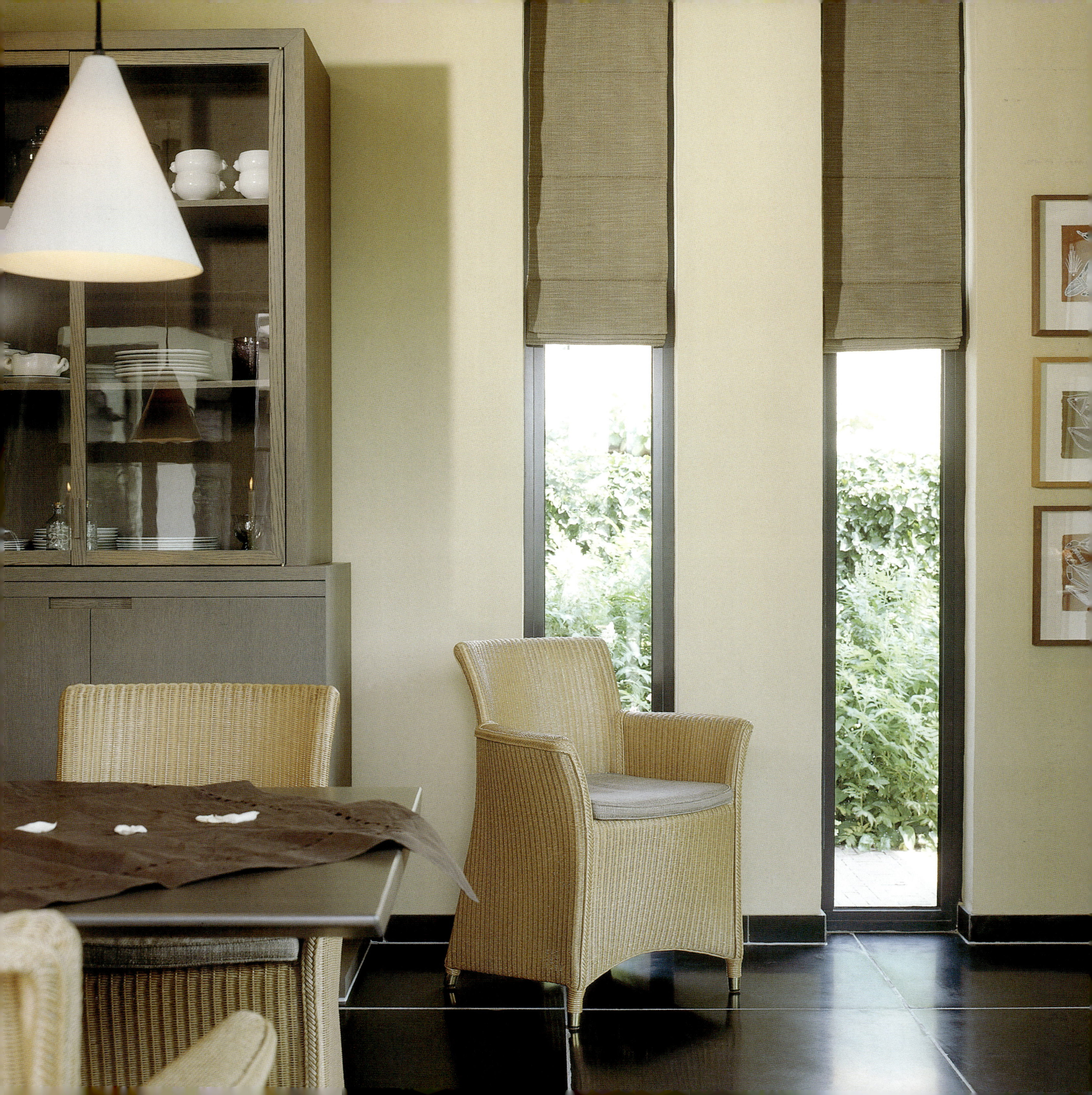

STIJLVOL WONEN COMPLEET
ILSE DE MEULEMEESTER INTERIEUR

Huis dat alle zintuigen streelt

Een moderne architectuur met een warme, intieme inrichting; dat was het doel van dit gezin. Op die manier wilden ze een tijdloos klassiek concept krijgen, wars van alle clichés. De kleurstelling en materiaalkeuze verraden de ligging van de woning: zandtinten, schelpen, blauw en donkere aardetinten schreeuwen zee, strand en polders.

Het duurt even voor we de juiste woning gevonden hebben. We hebben het huis reeds op foto gezien, maar wanneer we door de straat rijden waar we moeten zijn, zien we niets herkenbaars. "Dat was ook de bedoeling", vernemen we uit de mond van onze gastvrouw wanneer we even later in de knusse bank plaatsnemen. "Doordat wij een zuidwest-oriëntatie wilden voor de leefruimtes en de tuin hebben we de woning omgekeerd en zo ver mogelijk van de straatkant gepositioneerd. Op die manier genieten we nu vanuit de woonkamer van het zonnetje, van het zicht op onze romantische tuin én op de polders!" Het enige nadeel is wel dat ze met haar boodschappen de hele tuin door moet, maar dat vindt mevrouw niet erg. Integendeel! "Ik vind het heerlijk om langs het tuinpad te slenteren en te genieten van de heerlijke geuren en kleuren die onze tuin rijk is." We merken al snel dat we hier met mensen te maken hebben die veel en graag met hun zintuigen werken. "Dat is dan ook ons werk", vertelt ze. "Wij runnen een ambachtelijke koffiebranderij in Wenduine." Dat verklaart meteen die heerlijke koffie die staat te dampen op het salontafeltje.

Het grondplan van deze woning bestaat uit twee blokken die in elkaar schuiven. "Dat was een ingeving van de architect, onze zoon Dries Vermeersch, die op deze manier een originele oplossing bedacht voor de aparte vorm van het perceel. Door de twee volumes hebben we het trapeziumvormige perceel optimaal benut. Het maakt ook dat we binnen geen enkele rechte hoek hebben, alleen maar schuine. Dat geeft echt een heel aparte sfeer." De samenwerking tussen ouders en zoon verliep volgens beide partijen

'We hebben ons voor de inrichting laten inspireren door de zee, het strand en de polders'

erg goed: "Je voelt elkaar perfect aan en dat maakt het erg leuk werken." Toch heeft de voorbereidende fase nog heel wat tijd in beslag genomen: "We hebben er zo'n anderhalf jaar over gedaan", legt meneer uit. "Heel wat langer dus dan de uiteindelijke uitvoering. Het moest allemaal helemaal goed zitten. De volumes zijn bijvoorbeeld gekozen op basis van de verhoudingen en afmetingen die wij dachten nodig te hebben om te kunnen leven, te bewegen door het huis. Veel mensen gaan daar allemaal veel te snel

over met als resultaat dat ze achteraf van heel wat dingen spijt hebben. Dat wilden wij te allen tijde vermijden."

Wat de inrichting betreft, sloegen ze een hele andere weg in dan je op basis van de architectuur zou verwachten. Geen minimalisme, geen design, geen koele, onpersoonlijke inrichting, maar juist warmte en intimiteit. "We hebben ons laten inspireren door de omgeving, door de zee, het strand en de polders. Dat

> 'Om een gevoel van ruimte en openheid te creëren, waren deuren uit den boze'

maakt dat de volledige benedenverdieping werd gepleisterd in een kleurenpalet van zandtinten en donkere aardetinten, met blauw als accentkleur. Enkel in

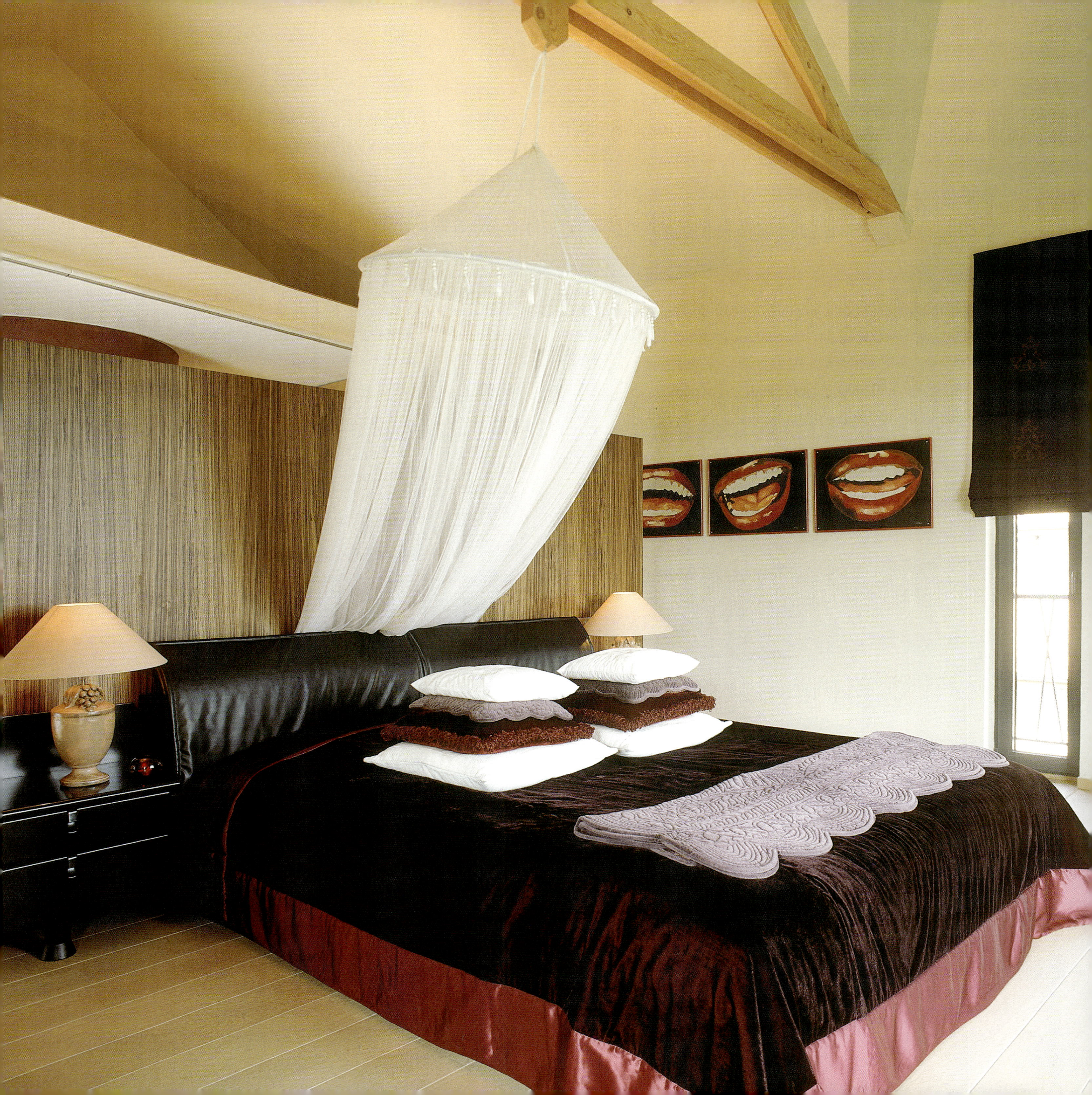

'Om een intieme sfeer te krijgen koos het echtpaar voor stoffen en materialen met een textuur'

de slaapkamer op de bovenverdieping is gekozen voor een aparte sfeer door te werken met bordeauxrode accenten. Qua materialen zocht het echtpaar iets met textuur en warmte. "Om intimiteit te creëren in deze grote ruimtes. En dat is meteen de reden waarom we hebben gekozen voor Ilse de Meulemeester: in de ruime collectie stoffen die we daar zagen, zaten precies die stoffen met de textuur die we zochten. En ook die samenwerking was zo leuk", vertelt mevrouw. "Het zijn echt vaklui die helemaal dezelfde kijk op wonen hebben als wij. Toen een medewerkster voor de eerste keer bij ons kwam, had die zo'n goede voorselectie gemaakt dat we met de stalenboeken die zij bij had in een uurtje alle stoffen voor het hele huis hadden uitgekozen! In de volgende fase hebben we vervolgens de afwerking gekozen: zoals de banden bovenaan, de brede boord beneden en de Amerikaanse stores in dezelfde tafta-stof als de gordijnen voor de smalle raampjes." In de eetkamer mocht het ietsje zwaarder: daar kozen ze voor klassieke gordijnen met embrasses. En in de werkruimte boven hangen houten lamellen die het bureau van mevrouw een koloniaal tintje geven. "Het is daardoor werkelijk een erg inspirerende ruimte. In plaats van een steriele kantoorruimte, heeft het nu een meer tropische, zuiderse uitstraling."

Voor de muren werd gekozen voor leempleister in een aardekleur: "Die pleister ademt, is natuurlijk en heeft door de fijne schelpjes erin een ruwe textuur. De schelpjes schitteren als parelmoer in het licht en passen helemaal in het thema van de zee." De kasten zijn uit massieve eik vervaardigd. "Ik houd nu eenmaal niet van koude materialen. Ik zie graag dingen waar leven in zit, waar je een menselijke hand in ziet. Zoals de handgemaakte keramische lampen boven de eettafel. Die dingen leven echt, geven warmte en sfeer aan de eetkamer."
Om een gevoel van ruimte en openheid te creëren,

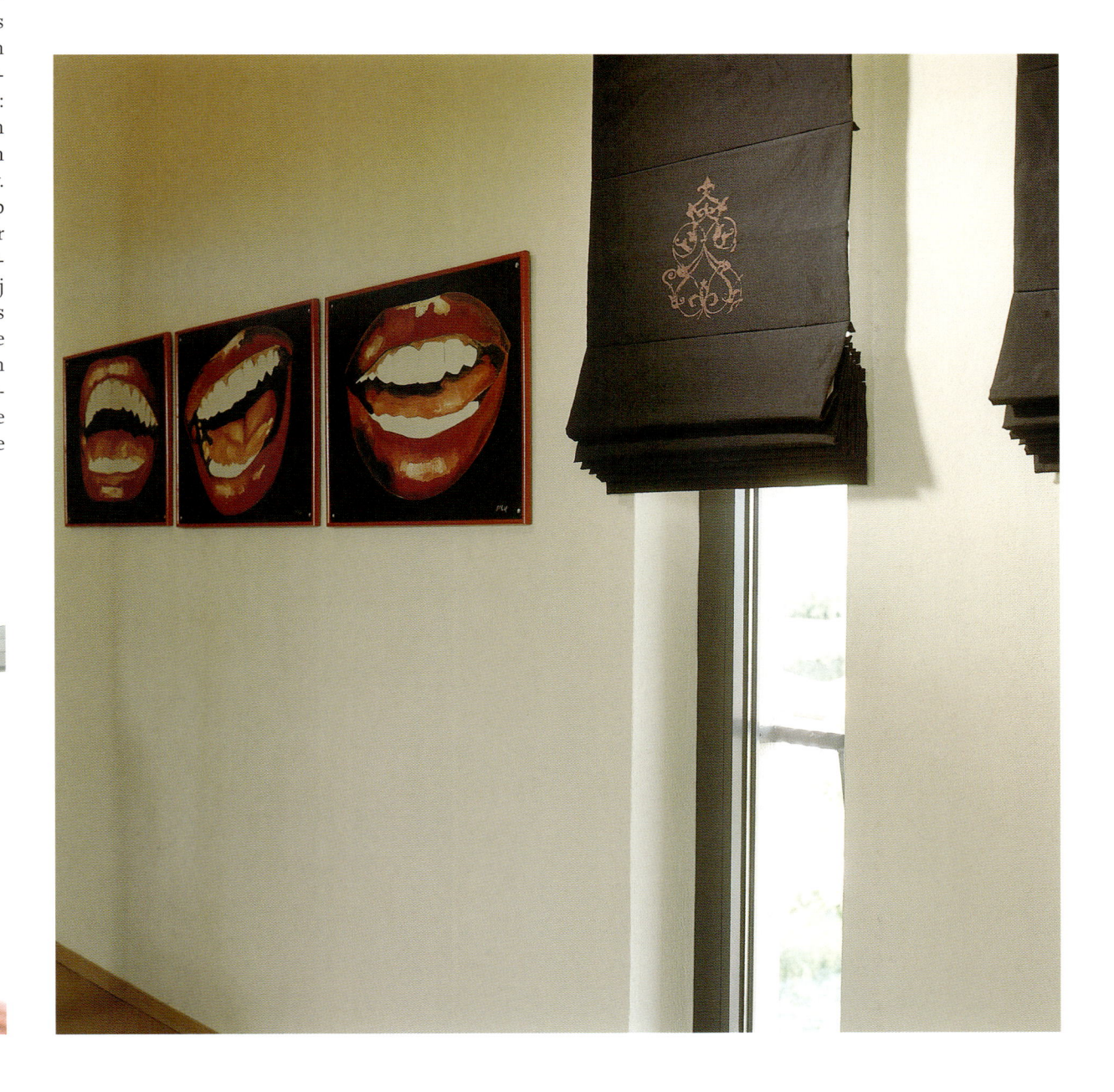

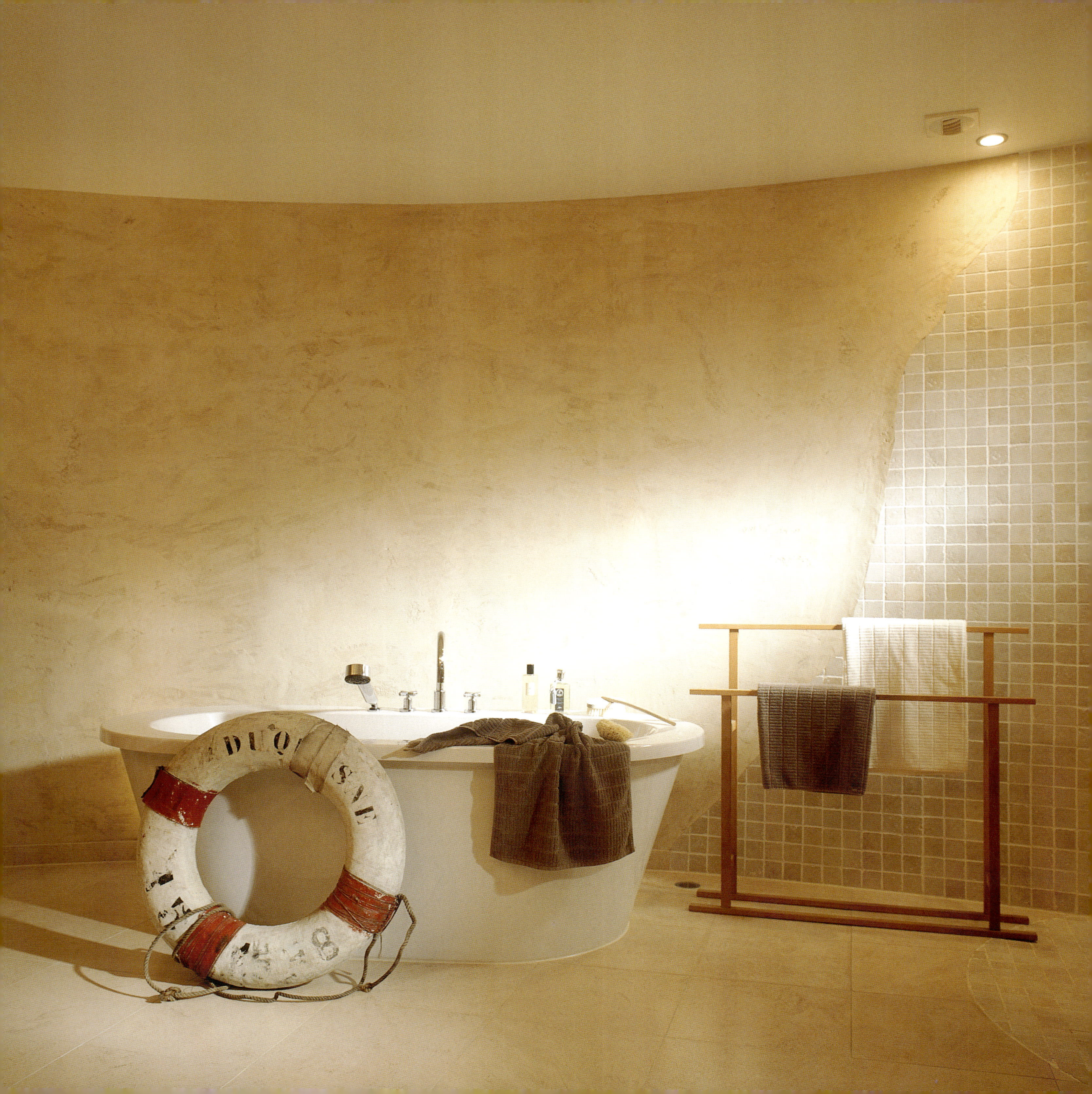

waren deuren uit den boze op de benedenverdieping. "Wij wilden in volumes wonen, niet in kamers." Alleen het bureau wordt van de woonkamer gescheiden door een schuifwand. Als die open staat maakt het bureau deel uit van de woonkamer en als die dicht is, lijkt het een houten wand. "Maar die schuifwand gaat maar zelden dicht, enkel wanneer de kleinkinderen op visite zijn en ik moet werken, zonder ik me daar af", aldus meneer. "Verder staat hij altijd open. Net als de pivoterende deur die naar de hal leidt. Die gaat enkel 's avonds dicht om de warmte niet te veel te laten ontsnappen." Het nadeel van grote ruimtes is vaak dat de akoestiek er erg slecht is. "Zeker in ons geval, met zo'n grote ruimte en veel glas zou het hier nogal gaan galmen. Om dat 'kerkgevoel' te vermijden, hebben we twee akoestische wanden en een akoestisch plafond laten plaatsen. Die slorpen het geluid op waardoor er geen galm klinkt. Om die akoestische wanden ook esthetisch in het geheel te laten passen, hebben we ze wel laten beitsen." Daarnaast was ook licht erg belangrijk. "We wilden veel licht in huis, maar dan wel zonder het gevoel te creëren dat we in een aquarium leven." Nu kijken ze door de grote glaspartijen uit op de ecologische tuin, de 'hobby' van mevrouw. "Ik heb me de laatste jaren echt verdiept in de tuin. Zo heb ik alle planten die hier staan zelf uitgezocht. Ik heb het zo opgevat dat er elk seizoen weer nieuwe geuren en kleuren in de tuin waar te nemen zijn." En zo worden alle zintuigen hier geprikkeld...

✻

Ilse de Meulemeester Interieur
Van Breestraat 2, 2018 Antwerpen (B), tel.: 0032(0)3/232.14.82, fax: 0032(0)3/232.14.81,
e-mail: info@ilsedemeulemeester.be, website: www.ilsedemeulemeester.be

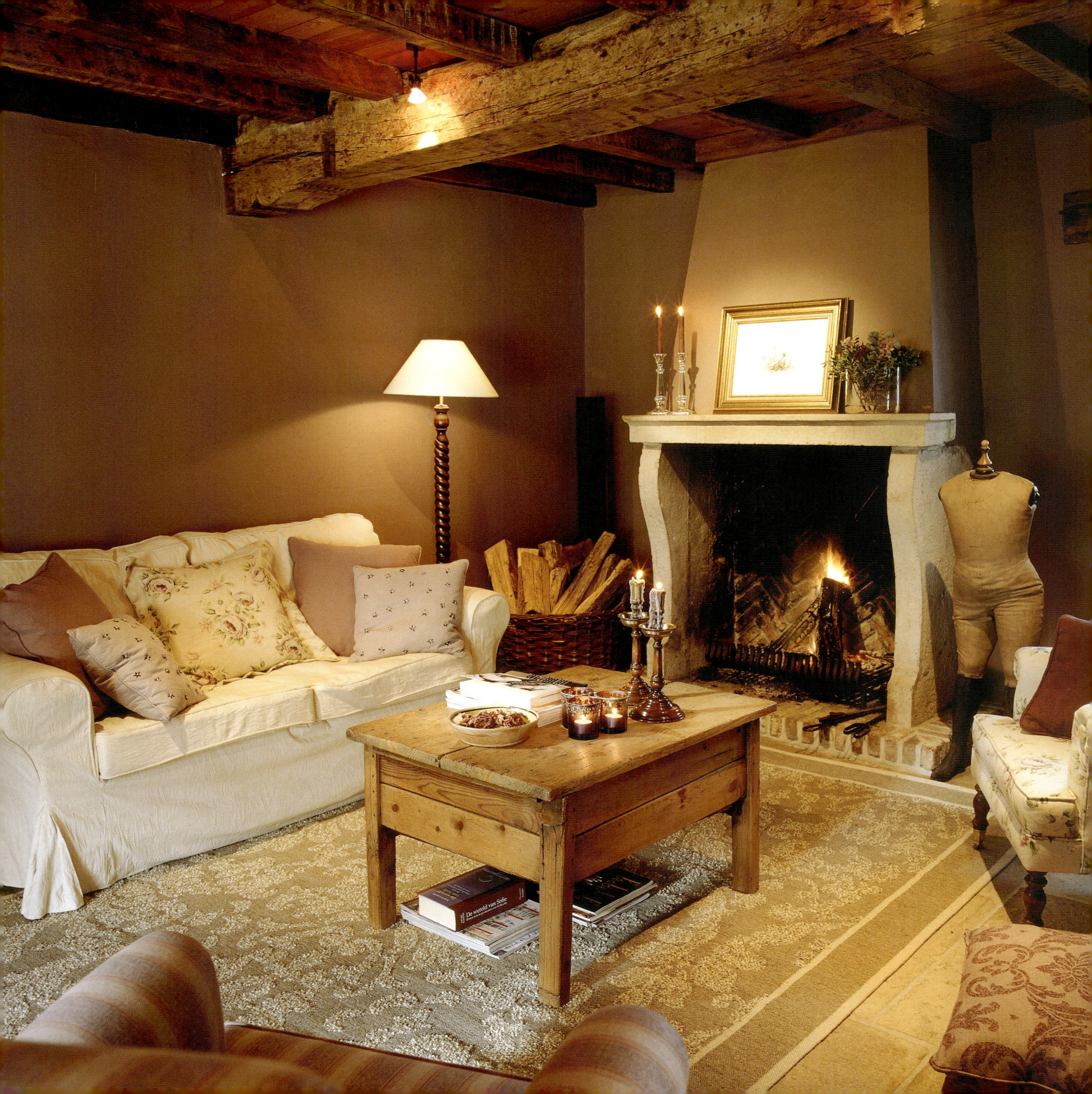
De wereld van Sofie

STIJLVOL WONEN COMPLEET
PIETER PORTERS DECORATIONS

Minimalisme met klassieke roots

Van zwaar op de hand mag u zeker niet spreken. Van lichtheid evenmin, want die is al te vaak ondraaglijk. Aloude pracht krijgt hier plots eigentijdse trekjes. Via een zeker minimalisme ontdekt de decorateur wederom zijn klassieke roots en profileert zich eens temeer als een grensverleggende vernieuwer.

Het is onweerlegbaar: le nouveau Porters est arrivé! Zijn recentste realisaties getuigen nog meer van gedegen klasse en métierbeheersing; de groei naar volwassenheid is compleet. Deze unieke interieurkunst zal dan ook de tijd trotseren, wat er ook moge gebeuren. Een in de zeventiger jaren met duurzame materialen gebouwde fermette, verscholen in een bos,

'Als de dingen hun verhaal mogen vertellen krijgt uw interieur een persoonlijk cachet'

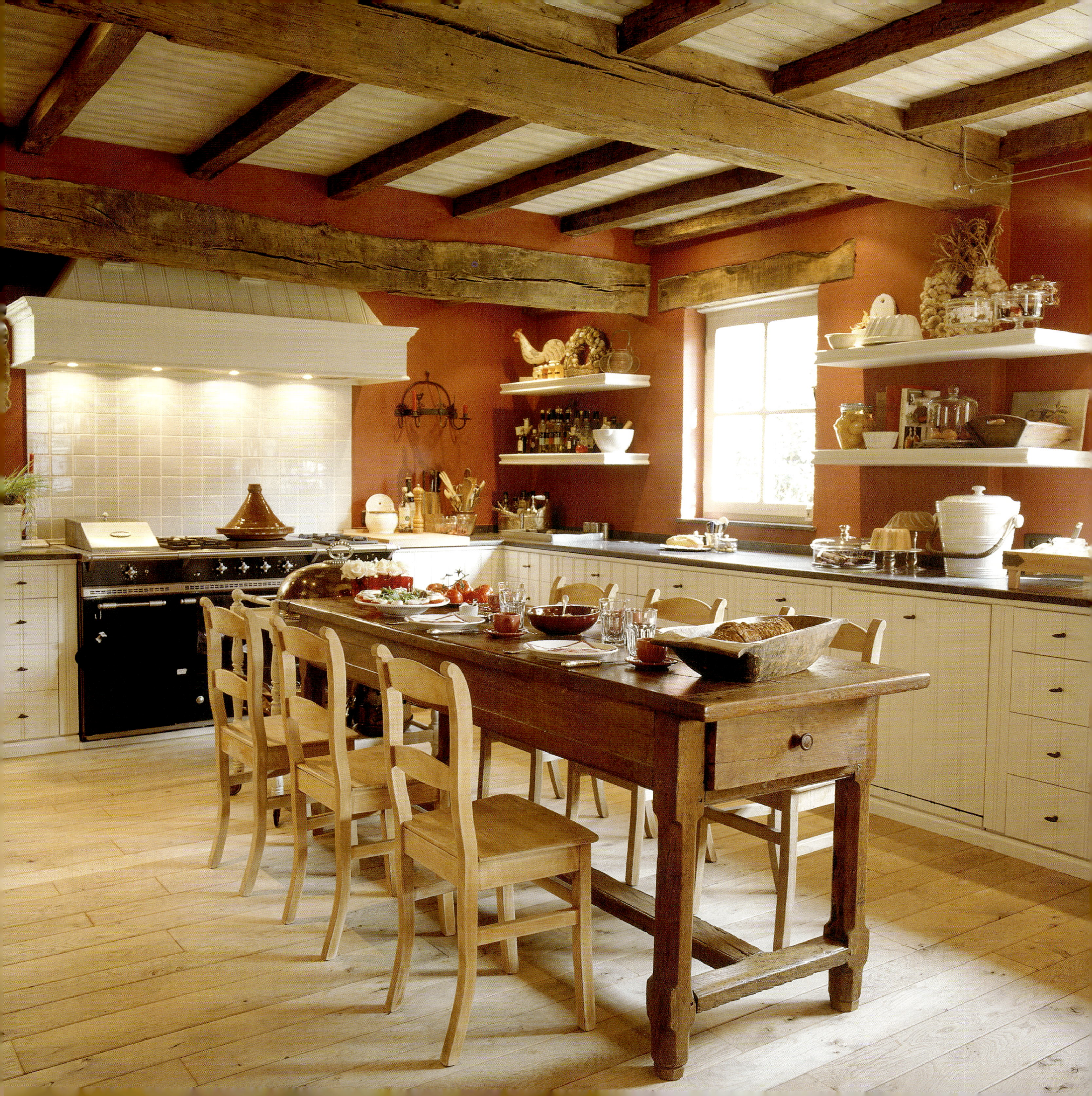

*'Op de splitsbare salontafel
ontpoppen gordijnknoppen zich
decoratief naast gewitte notenbollen'*

*'In een aparte eethoek
met een oude dubbele
hanglamp viert de zon feest'*

werd nieuw leven ingeblazen. En toch oogt het resultaat alsof het altijd zo is geweest. In het opkamertje, het privésalon van mijnheer en mevrouw, werd door de vrouw des huize de inspiratie gevonden om overal de gebruinde balken te laten ontkleuren - wat een hele klus bleek. Door de ontkleuring vervalt meteen het negatieve effect als kon het plafond ieder moment op de hoofden vallen. De luiken werden eveneens in hun blootje gezet. Maar wees niet ongerust, onbehandelde eik kan tegen een stootje. Toekomst verzekerd. Aan de doorleefde buitenmuren in eierschaalkleur werd niet geraakt, maar de ramen heeft men grijs geverfd en de waterslagboord iets donkerder. Door dit subtiel tegen elkaar afwegen van tinten getuigt de hier en daar met begroeiing getooide gevel, nu van een look van deze tijd. De woning in fermettestijl heeft dus haar tweede adem gevonden. Pieter droomt ervan om op een dag nog eens zijn creativiteit te mogen botvieren en de buitenmuren het timbre van Franse steen te geven.

Gaande van de hal naar de eetkamer met greige wanden valt op dat ook het hout van de binnendeuren naturel werd gehouden. Een antieke linnenkast leidt hier een leven als opbergmeubel voor tafelgerei. Bij de Louis Philippe tafel combineerde men nieuwe stoelen model Louis XV. De kristallen kasteelluchter werd speciaal op maat gemaakt voor Porters in Frankrijk. Het tafereel heeft iets luchtigs zonder daarom aan sérieux in te boeten. Op dan naar de ruime zitkamer waar men elkaar treft in familieverband. De leefruimten hebben duidelijk een open karakter. Op een gezellig tapijt in de kleur olifantenhuid laten de bijzettafeltjes van de salontafel zich gemakkelijk verschuiven naargelang de behoefte. Op het blad gewitte notenbollen en gordijnknoppen die zich decoratief ontpoppen. Bij twee Bergères in crèmegetint linnen horen een grijze zetel en een ietwat paars exemplaar. Alzo is de link gelegd naar de kleinere zitkamer. Naast de haard prijkt een oude paspop. Nu, paars is niet direct een evidente wandkleur maar doet, samen met de perfect accorderende Café de Paris stoffering met ruiten, bloemen en strepen, de ruimte alle eer aan. Het is hier ronduit aangenaam tv kijken en aperitieven. Kortom, de bewoners genieten in dit minisalon van intieme onderonsjes die bijblijven.

'Het houten plafond van de slaapkamer is gedeeltelijk gewit en zo creëert Porters een open hemel boven bed, om bij weg te dromen'

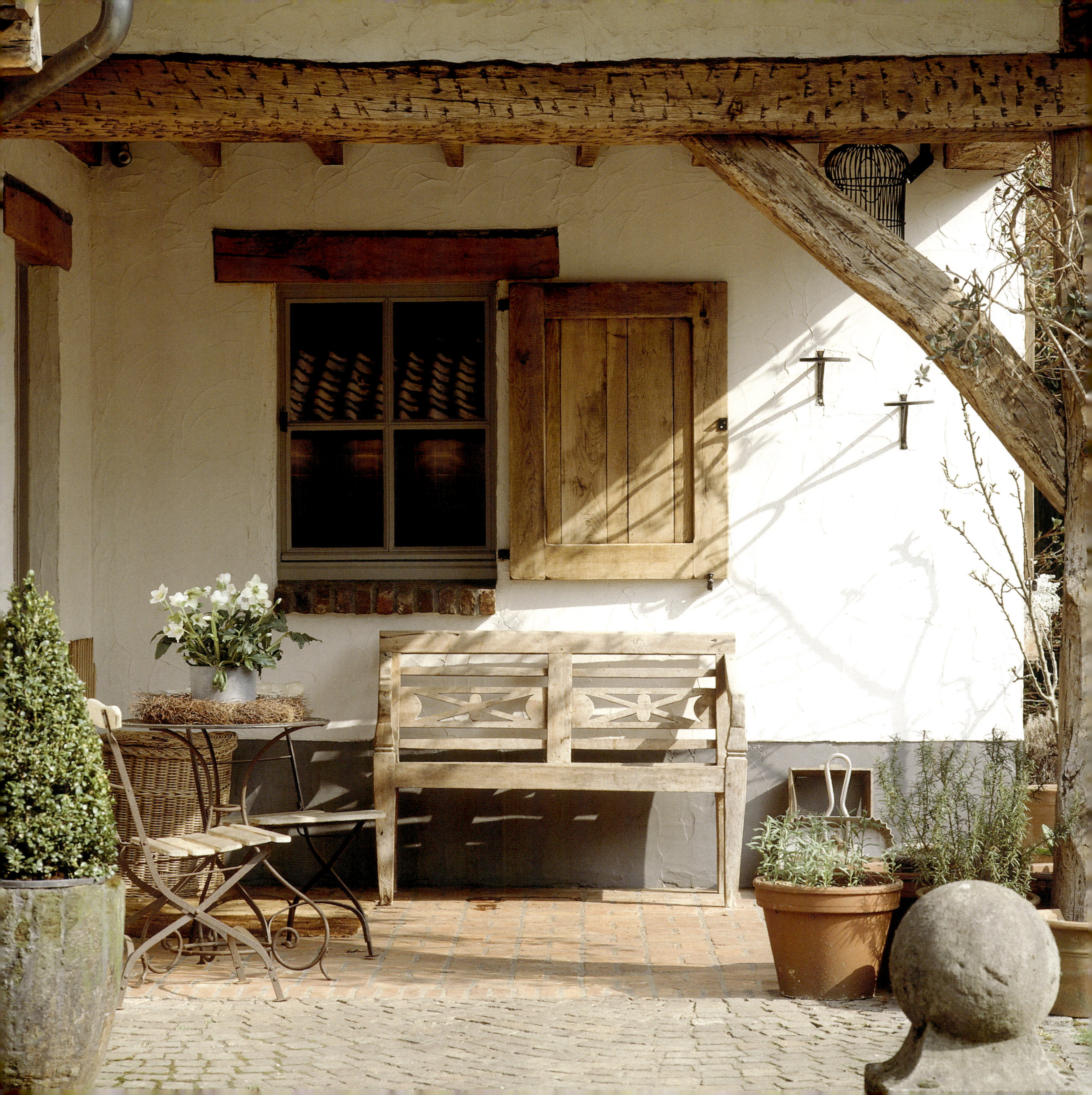

Een schilderij van Alechinsky kan het qua palet goed vinden met het door een ranke buffetlamp gekleurd tafereel met rozen, een kaarsendover en een windlicht voorzien van zilveren garnituur. Qua stijl lijkt het wat confronterend. Alhoewel. Klassiek en modern vinden mekaar in een tijdloze soberheid. De binnenhuisinrichter beschouwt het als een uitdaging om bestaande elementen, zoals hier bepaalde meubels en het bewuste schilderij, stijlvol te integreren. Aldus wordt de emotionele waarde gevalideerd in een vers geheel. Soms vertellen dingen verhalen die herinneren aan de trouwdag of een mooie vakantie en ook dan zijn ze het tonen waard. Dat geldt hier zeker voor de porseleinen pot met stamper die toebehoord heeft aan mevrouw haar vader, apotheker van beroep. En dan is er nog een erfenis die een plaats verdient: de glazen van oma. Waar het past worden voorwerpen hergebruikt. Zo houdt u het verleden met respect in leven. Uw interieur krijgt bovendien een persoonlijk cachet en dat komt sowieso de levenskwaliteit gevoelig ten goede.

Rood zet de toon in de landelijke maar toch strakke leefkeuken waarvoor twee ruimten werden versmolten. De plankenvloer werd geolied voor een natuurlijke uitstraling en anderzijds ook om het hout terdege te beschermen. Hoewel de keuken echt wel groot genoeg is, is er toch nog een aparte eethoek die royaal uitkijkt op de tuin. In deze eethoek viert de zon feest. Ideaal voor een 4-uurtje en de kinderen maken er ook hun huiswerk. Boven tafel een oude dubbele hanglamp met oude Opaline kappen. Let op het ontbreken van raamkozijnen! Het glas werd gewoon tussen balken gemonteerd. Origineel. Beide eetvertrekken zijn trouwens gordijnloos voor een optimaal contact met het groen. Op een antieke kerselaren kast heerst symmetrie met strakke lichtpunten en grote Grisaille schilderijen in duo. Kunstwerken die Porters in Frankrijk op maat laat maken naar aloude traditie.

Om te beginnen zorgt Pieter Porters altijd voor een basis die goed zit. Lees: hij schept harmonie die een blijvende schoonheid ademt. De vergankelijkheid trotseren is het credo. Zijn interieurs moeten 50 jaar en langer kunnen meegaan. U kunt ze laten rijpen als wijn. Binnen een kader in volmaakt evenwicht spelen variabele elementen een rol van betekenis. Seizoenen, zin in afwisseling en de stemming van het moment zijn daarbij bepalende factoren. U legt

> 'De eiken luiken werden in hun blootje gezet en de fermettegevel vond aldus zijn tweede adem'

eigen accenten zoals het u belieft. Op de bovenverdieping van het pand werd oude plankenvloer gelegd en zo gaat het meteen de goede richting uit. Kozijnen en binnendeuren werden ook weer ontkleurd en de ramen zijn wit geverfd. Dit geslaagde samenspel tekent de ruimten. In de dressing is gewerkt met deuren van weleer. Het houten plafond van de slaapkamer is gedeeltelijk gewit en zo creëert de decorateur een open hemel boven bed, om bij weg te dromen. Tijdloos is verder ook hier weer het kernwoord. De nachttafeltjes werden ontkleurd en verloren op slag hun rustieke Vlaamse stempel. Haardstoeltjes rusten in de sluimerende ruimte en muiltjes wachten geduldig op mevrouw. Dat de bewoners zich op dit adres echt thuis voelen kan iedereen zich wel voorstellen. De Deense dog en de malthezer des huize zijn het er alvast roerend mee eens.

Steeds meer werkt Pieter met een mix van sferen om toch maar zoveel mogelijk zintuigen te boeien. Lekkere kleuren, geurige stukjes puur natuur, knuffelzachte muziek, kussens om in thuis te komen, het zijn slechts enkele van de zinnenstrelende en geestesverruimende Porters-trucs uit de hoge hoed. Meubels en spullen waar de opdrachtgever een emotionele band mee heeft, worden vlot geïntegreerd in een nieuw geheel. En op die manier openbaart dagelijks wonen zich steeds opnieuw als een rustgevende ervaring. *

Pieter Porters Decorations
Kipdorpvest 44, 2000 Antwerpen (B), tel.: 0032(0)3/213.35.75, fax: 0032(0)3/213.19.04,
e-mail: info@houseofporters.com, website: www.houseofporters.com

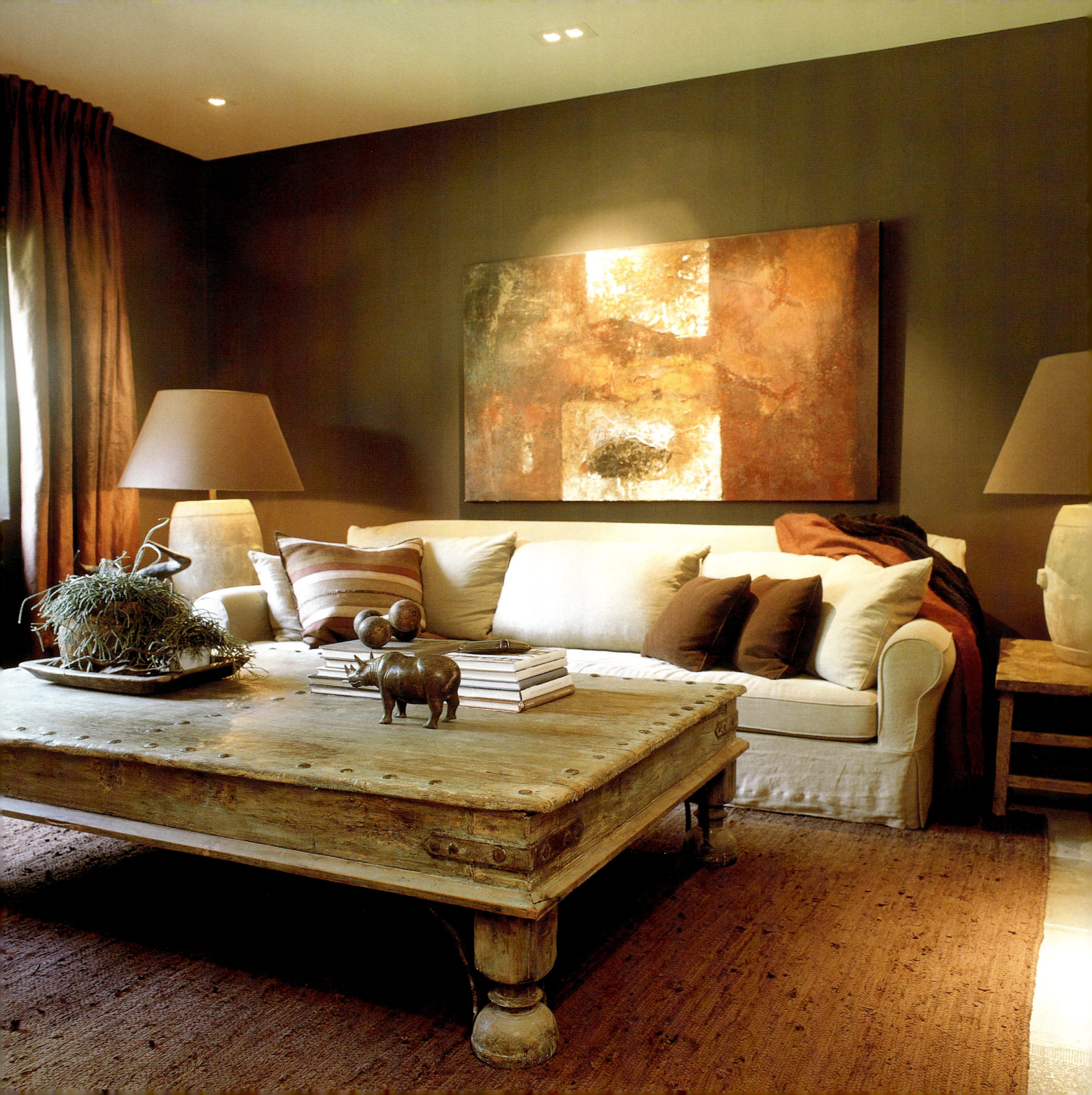

STIJLVOL WONEN COMPLEET
DE APPELBOOM

Wonen en werken in een plaatje

Een privéwoning die tegelijk een showroom is; voor Peggi Kramer werkt het perfect. "Wonen en werken lopen hier door elkaar", zegt ze. "En zowel de klanten als ikzelf vinden dat een leuke manier van werken!"

We lopen door de woning van Peggi Kramer waar ook haar zaak De Appelboom gevestigd is. Niet alleen de kelder is ingericht als toonzaal, ook de volledige benedenverdieping, de slaapkamers boven, de badkamers en zelfs de relaxruimte met sauna en stoombad worden regelmatig bewonderd door klanten. "Doordat ze

'Met weinig, maar stuk voor stuk doorleefde en oude elementen breng je rust in een interieur'

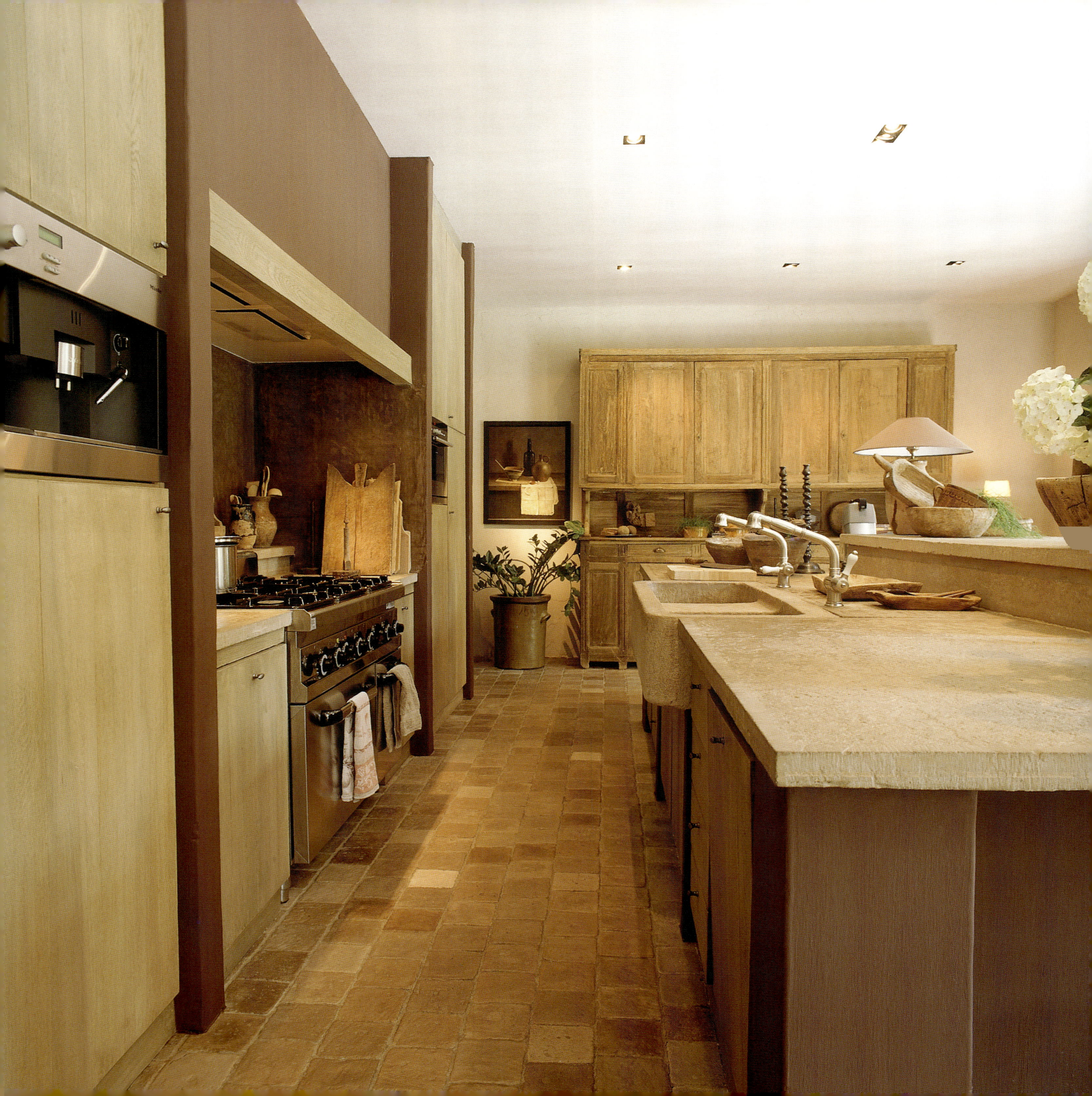

heel de woning mogen bezichtigen, krijgen ze een goed idee van wat ze van ons bedrijf mogen verwachten. Bovendien is het ook veel gezelliger dan in een winkelpand! Mijn kinderen, man en ik vinden het niet erg dat er regelmatig klanten in huis rondlopen. Niemand stoort zich eraan."

Het idee om op deze manier te werken ontstond vele jaren geleden. "Voor ik met De Appelboom begon, had ik een cadeauwinkel in het centrum van Kapellen.

'Een huis moet niet alleen knus en gezellig, maar ook erg leefbaar zijn'

We hielden ieder jaar opendeurdagen in onze privéwoning. Die richtten we dan helemaal in en decoreerden we met de artikelen uit de winkel. Aan de enorme respons merkte ik dat mensen het erg leuk vinden om bij iemand thuis te komen winkelen. En zo kwam het dat we twee jaar geleden besloten om onze privéwoning ook als showroom in te richten." Peggi en haar man hebben het huis zo goed als zelf

'Doordat klanten heel de privéwoning mogen bezichtigen, krijgen ze een goed idee van wat ze van het bedrijf mogen verwachten'

ontworpen: "We hebben zelf de plattegrond getekend. We wisten goed wat we wilden." Het was de bedoeling om een huis te bouwen dat er aan de buitenkant oud en doorleefd uitziet. "Het mocht ook niet teveel opvallen. Het huis moest opgaan in de omgeving, in de natuur. De ligging in deze natuurlijke, bosrijke omgeving in het noorden van Antwerpen leent zich daar dan ook perfect toe." Voor de inrichting lag het voor de hand dat het bewust iets origineels moest zijn. Bovendien moest het interieur ook praktisch, leefbaar en gebruiksvriendelijk zijn. Door middel van natuurlijke kleuren, oude materialen en accenten heeft Peggi getracht karakter te geven aan het huis. "Vooral kleur is daarbij erg belangrijk. Net als de juiste volumes en verhoudingen. Ik maak graag gebruik van grote, stoere elementen. Met weinig, maar wel stuk voor stuk doorleefde en originele elementen breng je rust in een interieur." Peggi heeft wereldwijd handelaren om zich verzameld die weten wat ze graag ziet. Zo komt ze aan die originele stukken.

'Door middel van doorleefde materialen en oude accenten heeft Peggi het huis karakter gegeven'

Peggi vindt het belangrijk dat de kleuren op elkaar aansluiten: "Je moet proberen te grote contrasten tussen kleuren te vermijden. Een harmonieuze kleurstelling zorgt voor een rustgevende sfeer." Bovendien tracht Peggi de kleuren altijd zo te kiezen dat ze een basis vormen die blijft, die lang meegaat. "Op die manier kun je het interieur relatief gemakkelijk opfrissen. Met enkele nieuwe details en accenten wordt het plots weer heel actueel. Dat is mijn geheim om tijdloze interieurs te creëren."

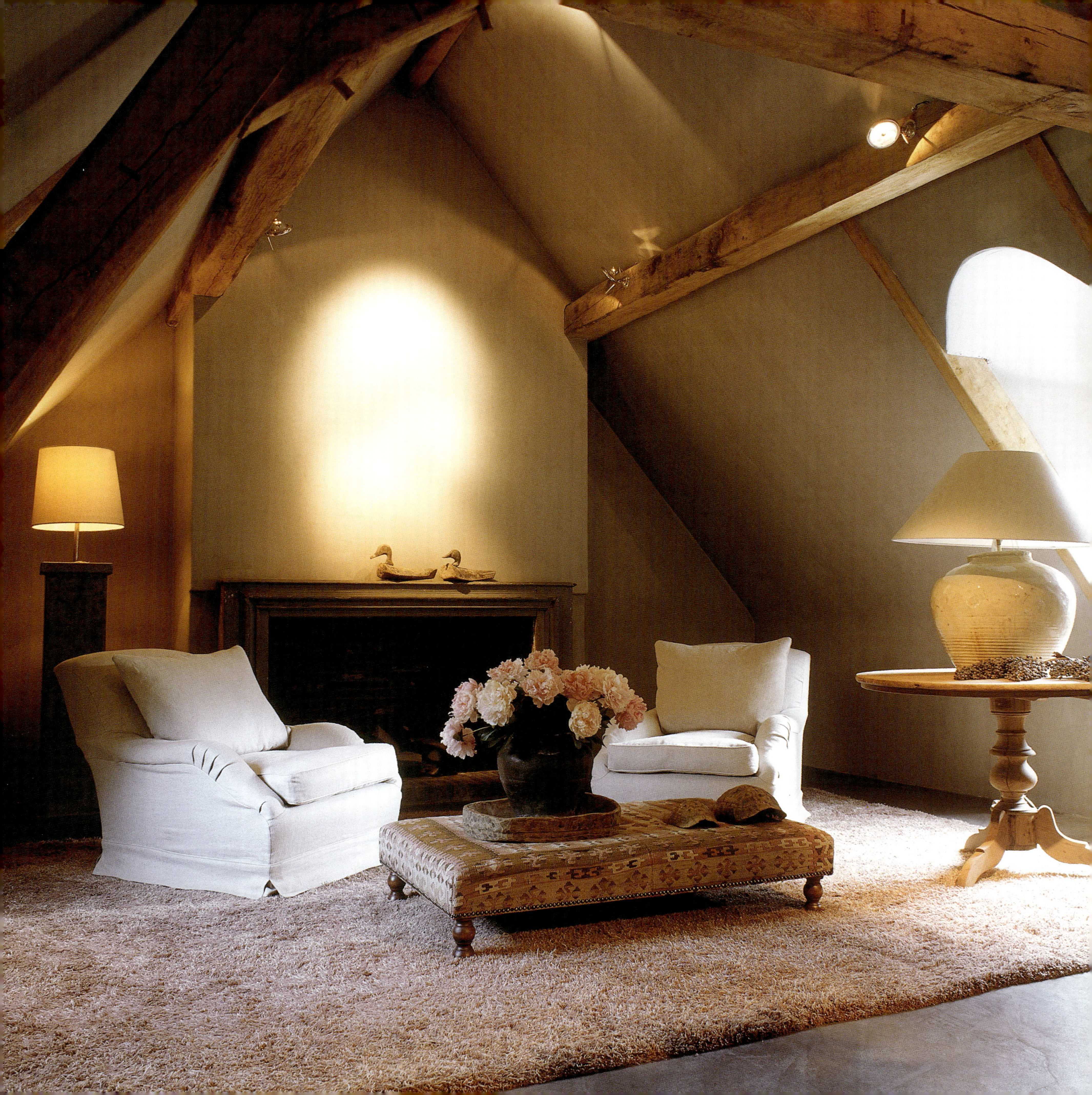

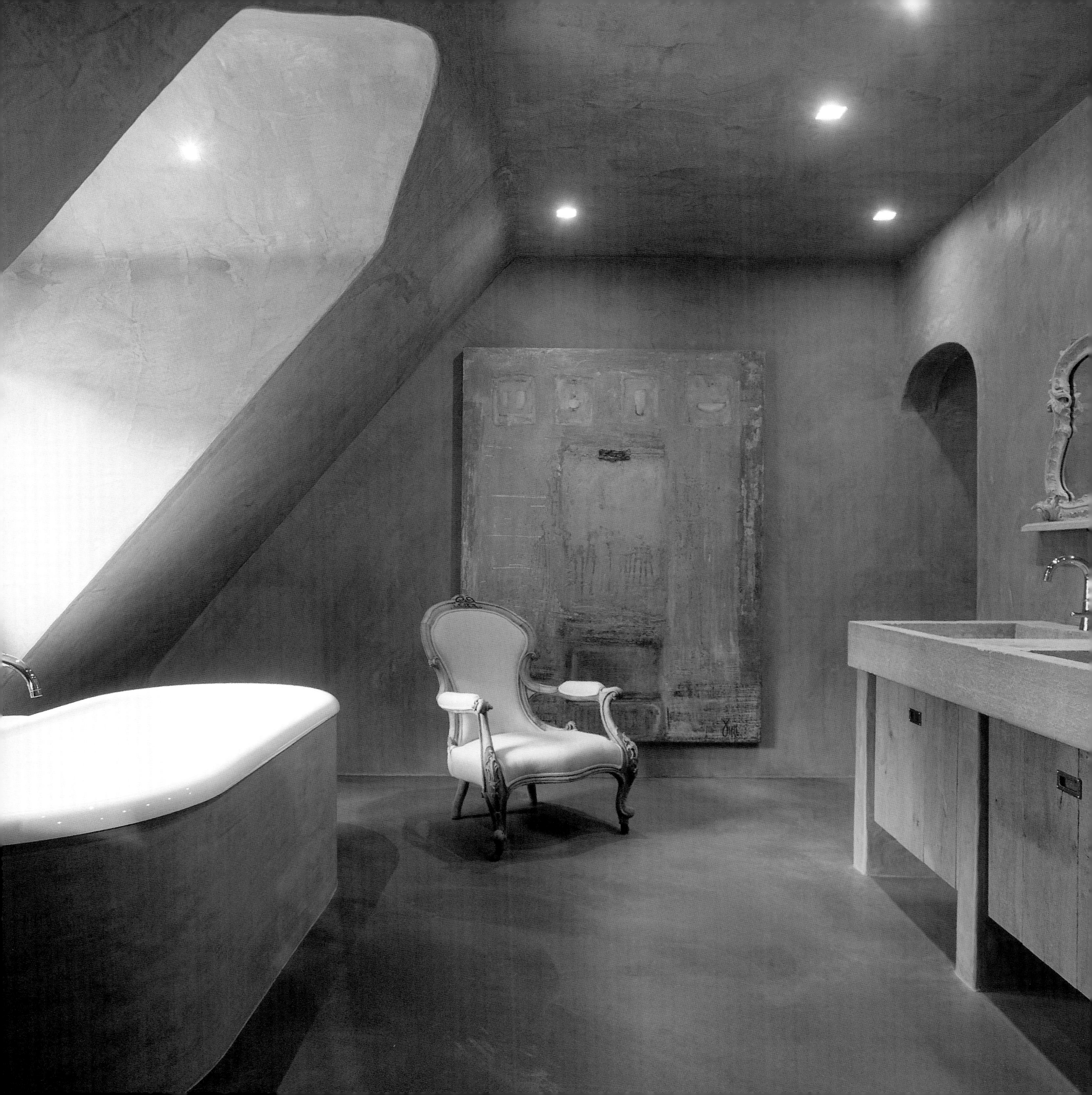

Aanvankelijk was het de bedoeling om met De Appelboom alleen meubels en gordijnen te verkopen. "Maar met de eerste klanten die ik over de vloer kreeg, wist ik onmiddellijk dat het daar niet bij zou blijven. Veel klanten willen graag ook verder begeleid worden bij de vormgeving van hun huis. Omdat ze bij ons veel voorbeelden te zien krijgen, kunnen ze zich gemakkelijk een beeld vormen van wat de mogelijkheden zijn en hoe ze hun eigen woning kunnen realiseren. Vandaar dat we geëvolueerd zijn tot 'sfeerconsulenten' die totaalinterieurs realiseren. Zo verzorgen wij inmiddels de totale begeleiding van kleine verbouwingen tot totale nieuwbouwprojecten." En dat allemaal in de aparte stijl die eigen is aan Peggi en die ze door haar privéwoning heen heeft doorgetrokken.

'Het was de bedoeling een huis te bouwen dat er aan de buitenkant oud en doorleefd uitziet'

De Appelboom
Duinendreef 24, 2950 Kapellen (B), tel.: 0032(0)3/685.54.17, fax: 0032(0)3/685.14.08,
e-mail: de.appelboom@skynet.be, website: www.deappelboom.com

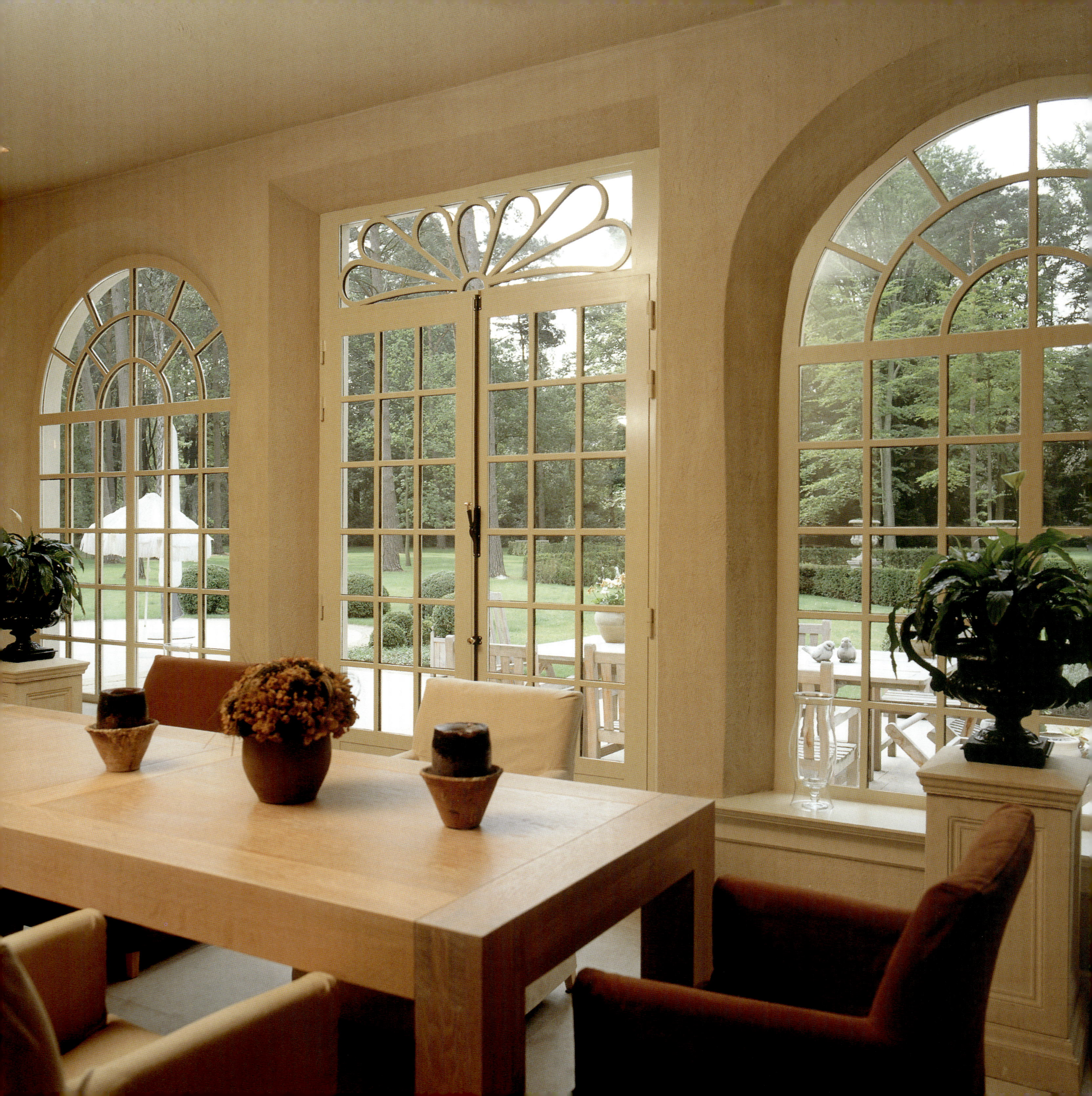

STIJLVOL WONEN COMPLEET
JET KEUKEN- EN INTERIEURBOUWERS

OOG VOOR DETAIL

Toch fijn als een interieur getuigt van oog voor detail. Maar al even fijn is het als binnenhuisinrichters aandacht hebben voor de praktische kant van de zaak. Belangrijk: dat u vlot en makkelijk het geheel kunt onderhouden. Hier gaan gebruiksgemak en esthetiek hand in hand en dat zorgt voor geneugte op alle vlakken.

De oranjerie wordt hier echt gebruikt als eetkamer en ontbijtruimte. Gans het jaar genieten geblazen. De inplanting is dan ook ideaal: als link tussen de keuken, het overdekte zwembad en het terras dat uitkijkt op de royale tuin. Door de stijlvolle en tegelijk gebruiksvriendelijke aanpak bewijst de oranjerie dag in dag uit haar nut. Het is er gezellig om gasten te ontvangen bij de antieke schouw in Franse witsteen. Anderzijds kun je er zonder veel poespas aanmeren na een zwempartij. Een minimum aan etiquette volstaat. Thuis is enige soepelheid op zijn plaats, u mag best casual achteroverleunen. En omkleden hoeft niet, de beklede stoelen hebben geen last van klamme handdoeken of badjassen - de hoezen laten zich trouwens makkelijk wassen. Dat er door de bewoners en de firma Jet goed is nagedacht over dit totaalconcept blijkt maar al te duidelijk. Kijk maar naar het handige, afgeronde uitein-

'Deze keuken blijft mooi met beide voeten op de grond,
maar in alle bescheidenheid mogen we toch spreken van een pièce unique'

de van het aanrecht in de keuken. Het komt dagelijks van pas om tafelgerei te versassen van de keuken naar de oranjerie en terug. Idem dito voor de volle borden, maar die retourneert men uiteraard meer leeg dan vol. U heeft alles maar door te geven en dat scheelt een pak qua rompslomp.

Haar keuken beschouwt de gastvrouw als de centrale draaischijf van de woning. Deze ruimte verdient het dan ook om even in het middelpunt van de belangstelling te staan. Er is gekozen voor een intrigerende, moeilijk te definiëren kleur. Dat maakt het eindresultaat een tikje speciaal. De keukenbouwer heeft samen met de vrouw des huize stalen uitgetest om

> 'In het huiskantoor werd de plankenvloer blank geolied en de legplanken van de boekenkast volgen die kleur op de voet'

tot een tint te komen die zweeft tussen crème en wit. Zoals iedere realisatie van Jet werd deze keuken vier keer gelakt ter plaatse. Gaandeweg kan de kleur nog worden bijgestuurd. En dat zo een handgeschilderde

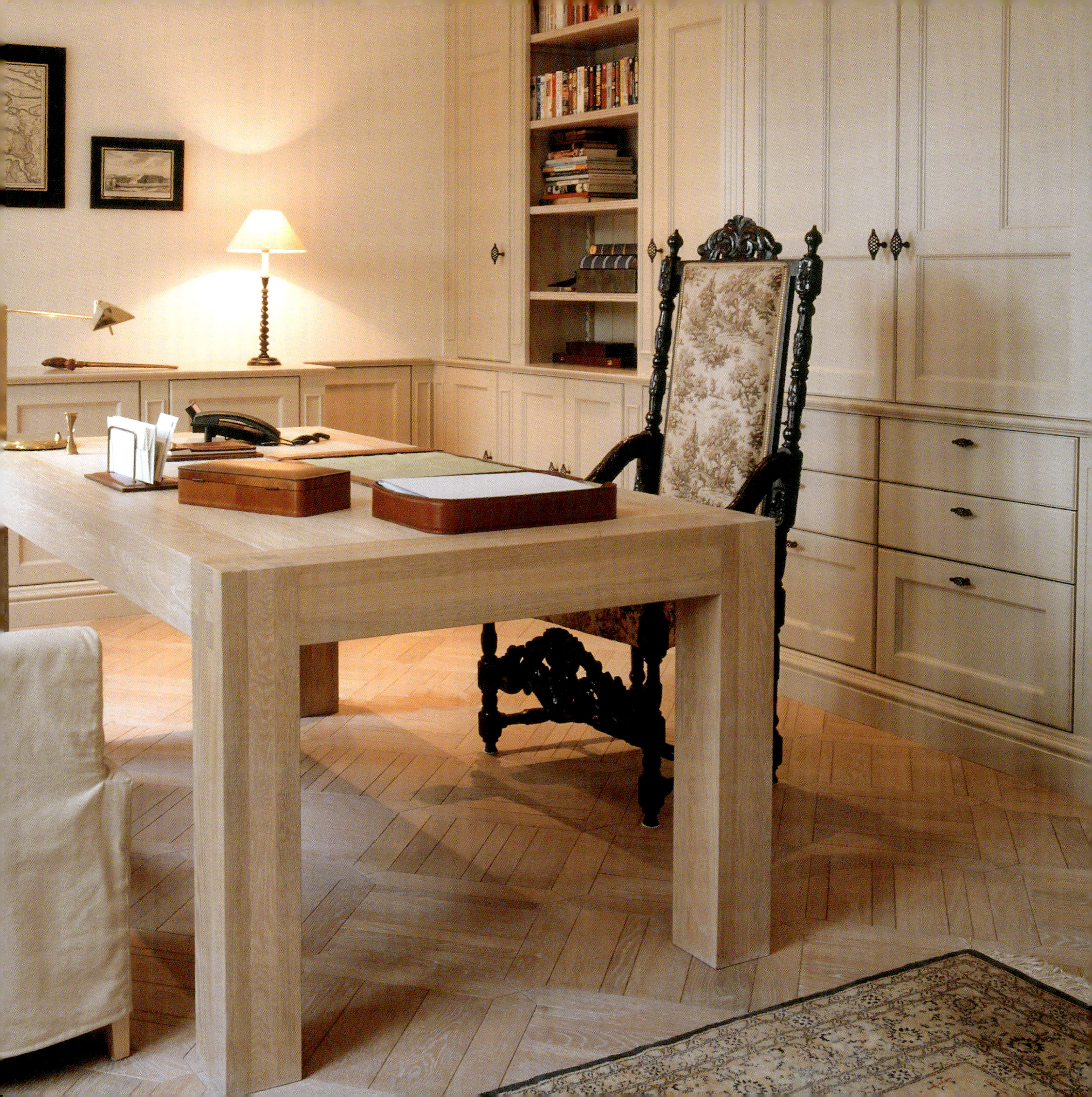

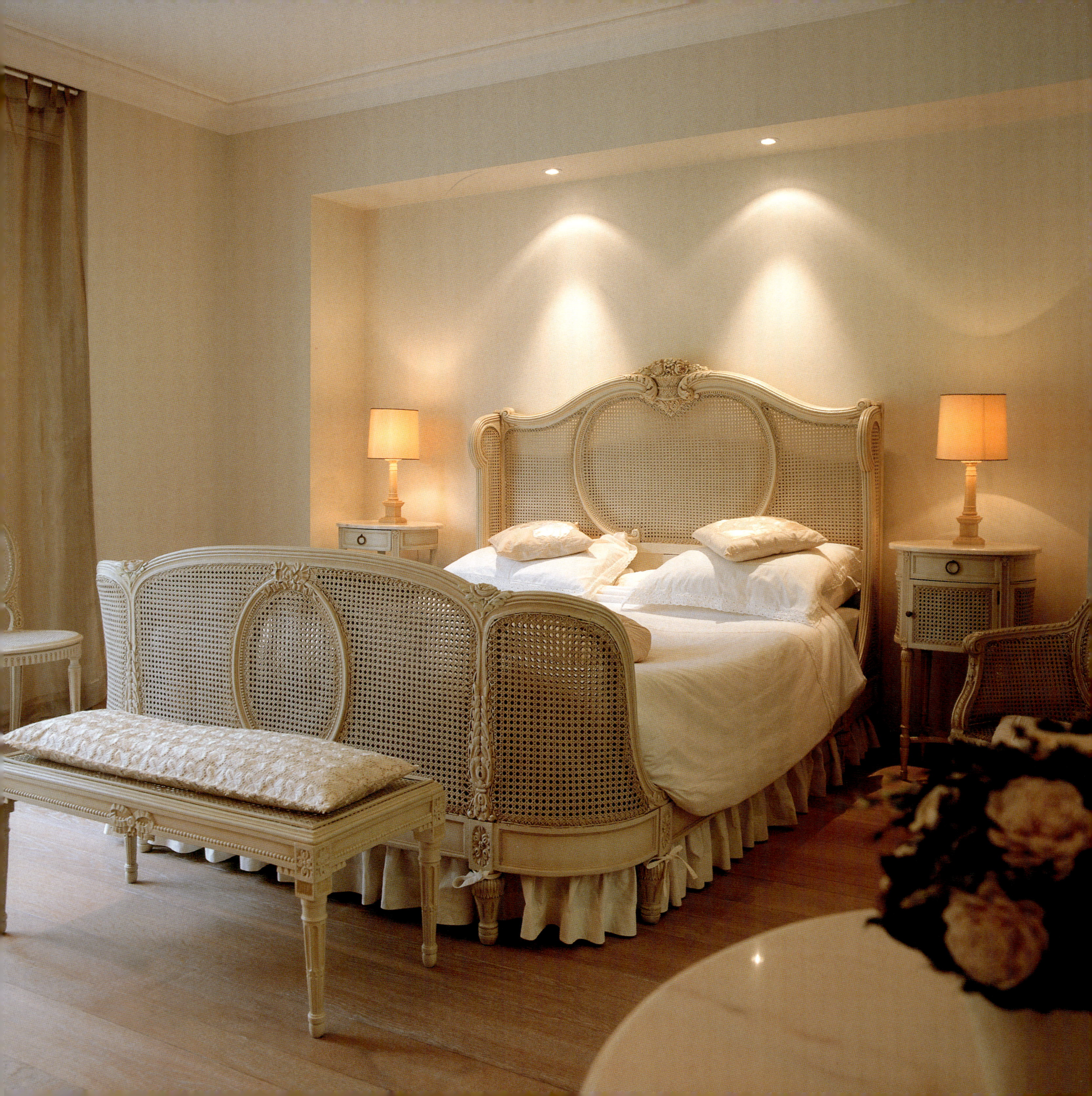

> 'De vertrekken van het ouderlijke paar lijken wel ondergedompeld in een schuimbad, zo dromerig is de stemming'

keuken uniek oogt, zal niemand kunnen ontkennen. Paneeldeuren en deuren met plankenmotief zorgen voor afwisseling. Kolommen met lepelgroeven en gedraaide pilasters op de voorste hoeken van het middenblok zijn verantwoordelijk voor enige verfijning. Handgreepjes in geborsteld roestvrij staal kruiden het geheel met een pittig accent. Werkbladen en opstaande rug zijn in Jasberg graniet. Hun donkere look tekent voor een uitgesproken karakter. Stopcontacten en lichtschakelaar zijn zwart en verzinken daardoor beeldig. Jawel, dit ontwerp blijft mooi met beide voeten op de grond, maar in alle bescheidenheid mogen we toch spreken van een pièce unique.

Er bestaat geen twijfel over dat u hier kunt kokkerellen met klasse. Maar gerieflijk is deze keuken al evenzeer. Het middenblok biedt u veel bewegingsvrijheid en u hoeft maar even om uw as te draaien en u staat bij het fornuis. Net als van de porseleinen spoelbak gaat er een retro sfeertje van uit. En toch heeft u te maken met comfort anno 21e eeuw! De moderne mengkraan lijkt alleen maar oud. Het fornuis biedt u twee gasbranders, twee elektrische vuren en een wok op gas. Onderaan vindt u een oven en een bordenwarmer en daarnaast telt deze keuken nog een Amerikaanse koelkast en een magnetron gecombineerd met een warme lucht oven. Onrechtstreeks licht onder de hangkasten maakt het aangenaam werken en plafondspots verhogen de efficiëntie. Kastruimte is er alvast bij de vleet en dat alle benodigdheden verstopt zitten achter volle deuren en vlechtwerk mag u eveneens als een pluspunt noteren. Opgeruimd staat netjes.

Deze woning toont ons nog meer maatwerk op hoog niveau. De haard in het salon wordt ingekleed door twee nissen en een muurvullende kast in doorleefde antraciet siert de tv-kamer. Na de basislaag volgde een bruinrode laag verf. Dan werd een doorschuur techniek toegepast alvorens te besluiten met een grijze streep. De gashaard werd verwerkt in het meubel. Het patina van de boekenkast in het huiskantoor neigt naar camel en lichte cashmir. Een kleur die zich goed voelt bij de plankenvloer. Deze werd blank geolied, net als het bureau zelf (waarvan het blad nog een laag matte vernis meekreeg ter bescherming). De legplanken in massieve eik volgen de plankenvloer op de voet. Let op de getande stellatten van weleer. Een systeem van alle tijden. Het oogt leuk en bewijst nog steeds goede diensten. In een handomdraai past u de hoogte van de legplanken aan! De boekenkast van Jet-keukens integreert volmaakt in het kader. Dat heeft twee redenen. Er is de aansluitende lambrise-

51

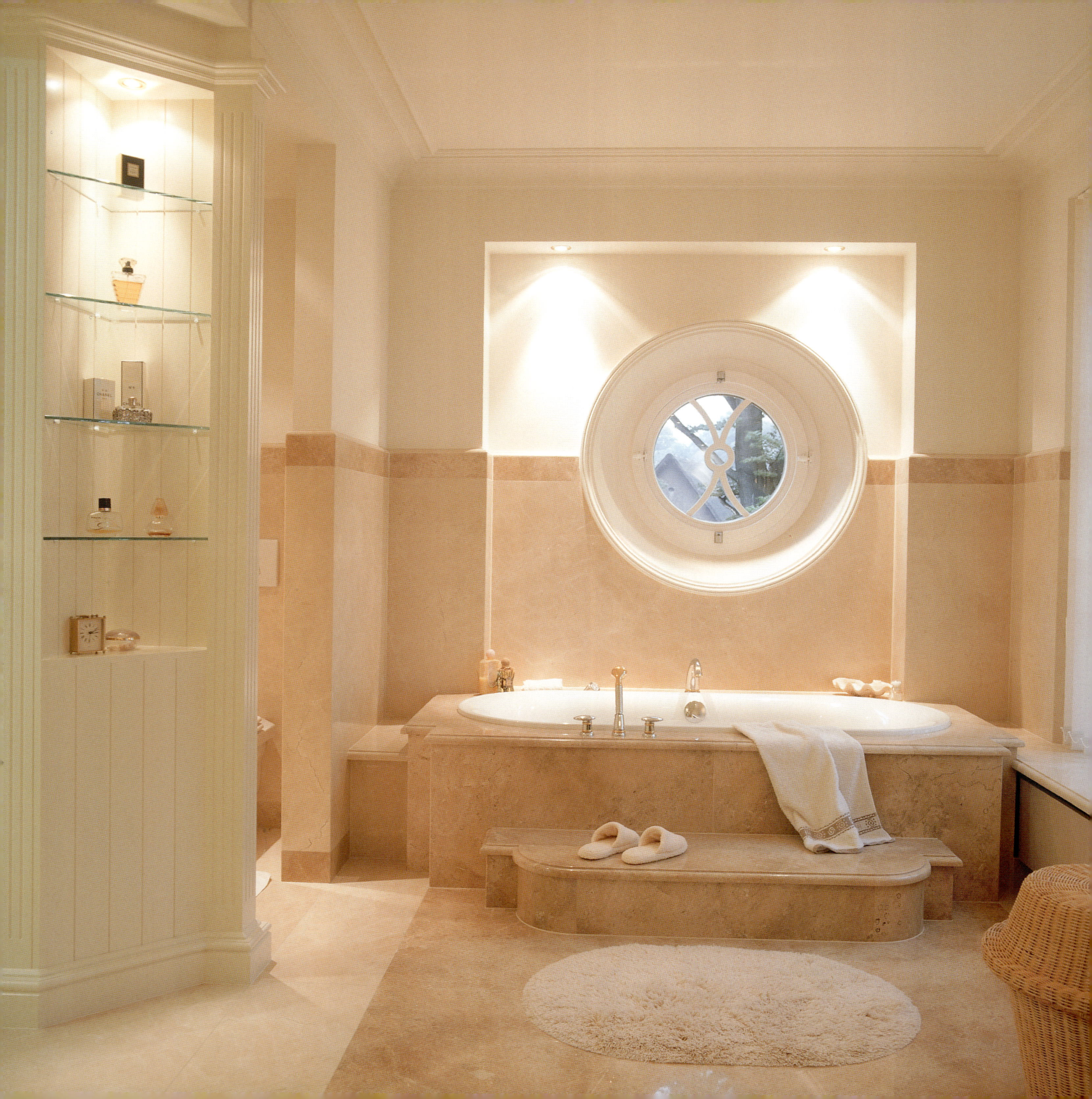
CHANEL

ring en een losstaand dressoir, beide uitgevoerd in dezelfde stijl. En er zijn de muren die identiek geschilderd werden maar dan wel fel afgezwakt. U voelt de tint van het meubilair in de wandverf. U weet dat de twee familie zijn van elkaar, maar het effect is zo subtiel dat eentonigheid absoluut vermeden wordt.

Beneden is er nog een gastenkamer met aanpalende sanitaire ruimte. Twee bedden stralen onder een indirect verlichte ronding in het plafond. Bijzonder geslaagd is de kleerkast waarmee Jet een wand heeft gevormd. Op die manier wordt de ronding herhaald. We lopen door de majestueuze hal de trap op. De vertrekken van het ouderlijke paar lijken wel ondergedompeld in een schuimbad, zo dromerig is de stemming. Van de slaapkamer met een bed dat stamt uit de Belle Epoque periode gaat het naar de dressingroom. Achter één van de deuren gaat nog een extra ruimte schuil. Een mens heeft namelijk nooit opbergruimte genoeg... Interessant: sommige kasten zijn zeer diep. Achter het ophangsysteem voor kapstokken bevinden zich nog een heleboel schabben om dankbaar gebruik van te maken.

In de beige tegelvloer van de badkamer werd als het ware de rode loper gelegd. Een vlak in zalmroze tegels verbindt namelijk de dubbele spoeltafel met het bad. Het lavabomeubel is voorzien van stijlen met lepelgroeven. Links en rechts vindt u kastjes in kolommen. Enigszins verscholen heeft deze 'natte' ruimte ook een open toilet en een inloopdouche in petto. Een dubbel open regaal met glazen leggers onttrekt deze aan het gezicht. Alweer bewijst Jet-keukens dat het staat voor kwaliteit en vakmanschap. Dankzij de sierradiator heeft u na een stortbad steeds een warme handdoek bij de hand. Het grote ronde raam met originele glasverdeling haalt de zon in huis. Wat zalig om hier in bad te gaan. Tegenwoordig hebben mensen zo weinig tijd. Alles verloopt hectisch. Snelheid bepaalt het leven. De verschroeiende veeleisendheid heeft ons allen in zijn greep, of we dat nu willen of niet. Naast charmant moet een appartement of woning dan ook van praktische aard zijn. Dit adres voldoet aan de verwachtingen. De keuken laat toe om vingervlug appetijtelijke maaltijden te bereiden. In het bureau is het ontspannen werken en wie zin heeft, neemt tussendoor zomaar een duik in het zwembadwater. Slaapkamers en badkamers brengen geest en lichaam tot rust. En het interieur laat zich dus makkelijk onderhouden. Perfect toch! ✲

Jet Keuken- en Interieurbouwers
Antwerpsesteenweg 103, 2350 Vosselaar (B), tel.: 0032(0)14/61.63.63, fax: 0032(0)14/61.49.45,
e-mail: info@jetkeukens.be, website: www.jetkeukens.be

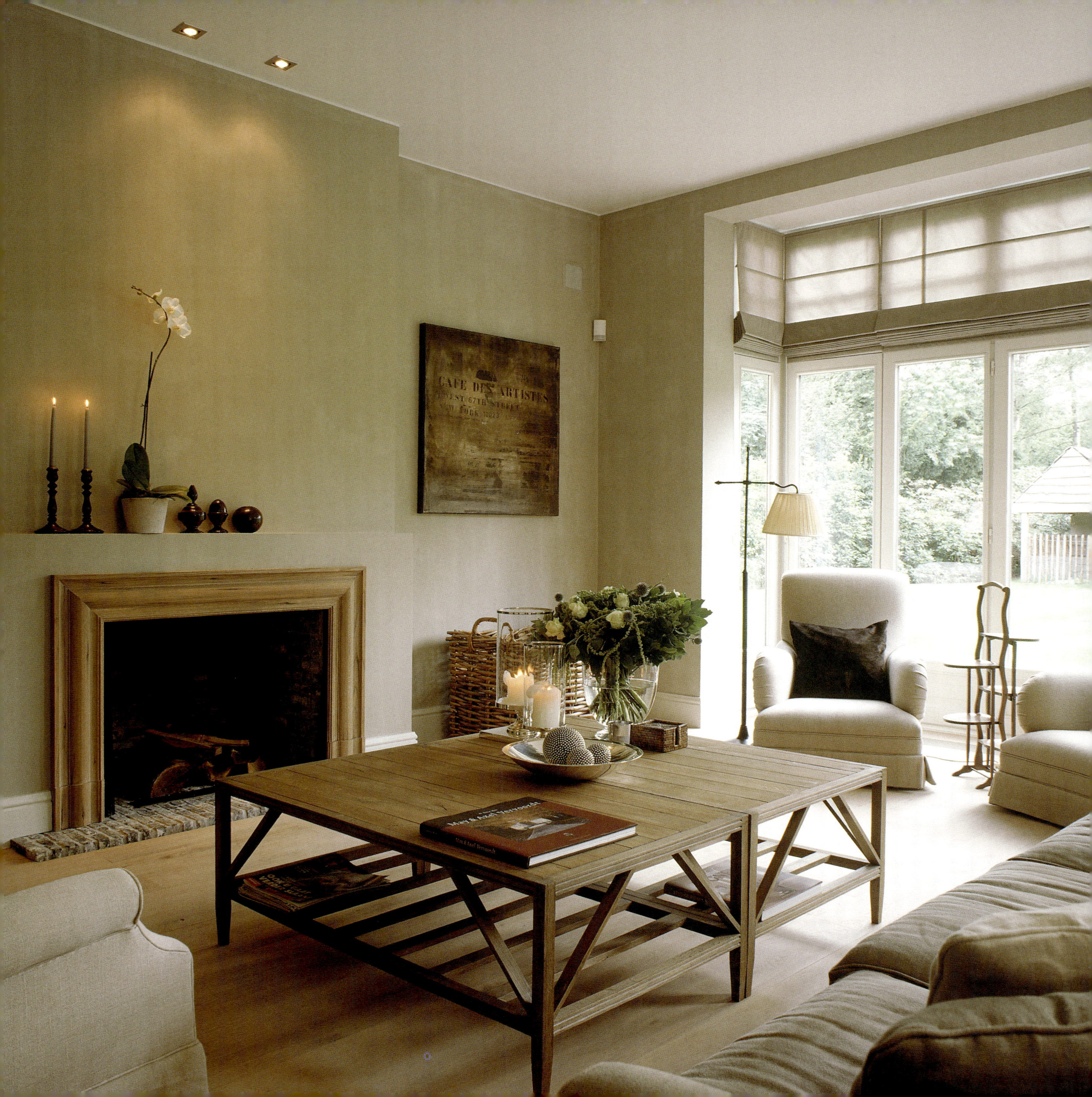
CAFE DES ARTISTES

STIJLVOL WONEN COMPLEET
SPHERE HOME INTERIORS

Ruimtegevoel werkt geestesverruimend

Een huis badend in licht en knusse kleuren, met een sterke uitstraling door de eenvoud. Edele materialen houden alles in evenwicht en het ruimtegevoel is compleet. Deze totaliteit heeft elan, er gaat hartverwarmende rust van uit. Geen wonder dat de bewoners zich hier goed voelen en volop genieten van de geestesverruiming.

Mekaar inspireren staat centraal bij Sphere. Als opdrachtgever heeft u bepaalde ideeën en de professional heeft een duidelijke visie. De combinatie van die twee mondt uit in een uniek concept. Door de koppen creatief samen te steken kom je immers tot ongekende resultaten... Als extra service organiseert Sphere Home Interiors nu zelfs een hele verbouwing

'Dat de eigenaars kiezen voor sobere gezelligheid en elke zwaar-op-de-hand-stijl schuwen, blijkt al in de hal. Het doek lijkt wel op de ruimte geschilderd'

'Gans het gezin strijkt graag neer op de royale zitbank waar een plasmascherm voor verstrooiing zorgt'

'In het huiskantoor staat de deur open om mee te proeven van het huiselijke leven'

indien gewenst. Of u kunt deze binnenhuisinrichter met vestigingen in Schilde en Brasschaat betrekken bij uw nieuwbouwplannen. Altijd leuk om nog meer betrokken te zijn bij de zaak. Er wordt advies gegeven, maar het kan ook gaan om materiaalkeuze en uiteindelijk de uitvoering in onderaanneming. De juiste vaklui worden dan ingehuurd, de werken nauwgezet opgevolgd en in goede banen geleid. Elk project, hoe complex ook, mag u voortaan geen zorgen meer baren. Dat wordt slapen op beide oren! Het resultaat oogt steeds sfeervol en typisch Sphere. De herkenbaarheid is dus groot. Sphere heeft stijl, een eigen stijl. Maar bovenal krijgt u bij deze decoratrice en haar team de kans om het geheel mee in te kleuren en te kruiden

'Het interieur lijkt wel organisch gegroeid met veel ruwe eik en blauwe hardsteen en tinten die zweven tussen grijs en groen'

'U krijgt de kans om het geheel mee in te kleuren en te kruiden naar eigen aanvoelen en zo uw eigen stempel te drukken'

naar eigen aanvoelen. Op het einde draagt ieder concept dan ook de stempel van de klant.

Hier luidde de opdracht eenduidig. "Creëer ruimte en zorg dat we volop kunnen genieten van daglicht. Vroeger woonden wij veel te donker en dat had een negatieve invloed op ons." Deze mensen hadden ooit al eens samengewerkt met Sphere voor de aankleding van hun vorige woonst. Een enorme tevredenheid deed hen terugkeren. Waar hun vorige woning een cottagesfeer uitstraalde, wilden zij hier duidelijk een andere richting uit. Een contrast van dag en nacht. Voor Christel De Vos, Björn Van Tornhaut en collega's was het een hele uitdaging om van nul te beginnen, het concept richting te geven en compleet te mogen afronden tot in de details. Een dankbare opdracht met voldoening voor eenieder tot gevolg, ook aan de kant van de opdrachtgever. Dat de eigenaars in hun nieuwe villa kiezen voor sobere gezelligheid en elke zwaar-op-de-hand-stijl schuwen, blijkt al onmiddellijk in de hal. Kaarslicht doet het glaswerk oplichten. Boeken wachten geduldig op een antieke bank. Het doek van An Selen lijkt wel op de ruimte geschilderd. Het geverfd woordje Atmosphere werd welgekozen. De sfeer zit er inderdaad meteen in. Kunst geeft een interieur inhoud en daarom specialiseert Sphere zich in 'het juiste werk op de juiste plaats.' Hoe gaat het in zijn werk? Het systeem is zeer klantvriendelijk en een foute optie is niet aan de orde. Er worden namelijk verschillende creaties bij u thuis gepresenteerd, al of niet van dezelfde Meester. En u kunt rustig een keuze maken!

De ontdekkingstocht doorheen deze woning leert ons veel over de natuurlijke aanpak die u en velen ongetwijfeld zal aanspreken. Het interieur lijkt wel

'De dressing weerspiegelt de slaapkamer die verleidt. Hier is het volop cocoonen, volledig in harmonie met uzelf en het kader'

organisch gegroeid met veel ruwe eik en blauwe hardsteen en tinten die zweven tussen grijs en groen. Met dit als decor is het een zaligheid om de decoratie te fantaseren. Eerst belanden we via een sas in het ruime salon. Potten op Italiaanse zuilen in taupekleurige terracotta staan dromerig bij een raam dat uitkijkt op de tuin. De haard is een strakke console. Een orchidee tekent zich idyllisch af tegen het patine van de muur dat nauw aansluit bij de stores in erkers en de geoliede parket. Bloemen, kaarsen en bolvormen vormen een gezellig tafereel op de koloniale salontafel van Flamant. De Flax zetels werden uitgevoerd in zogenaamde lave kleuren. Het geheel oogt aangenaam en toont tegelijk veel karakter. In de aparte zitkamer met zetels in antraciet is het heerlijk lezen. Het vertrek heeft iets meditatiefs, zoals de vermelding op het olieverfdoek illustreert: Buddha Bar. De leefkeuken is landelijk modern. Zo wordt een vergrijsde eettafel gekoppeld aan een werkeiland in eikenbeplanking en toestellen in inox. Het brengt ons naar een derde salon streepje tv-kamer. De linnen store van Antilope heeft een donkere boord. Hier is gekozen voor een royale zitbank in grijs. U kunt zich wel voorstellen dat het gezin hier graag neerstrijkt. Met een stapje sta je buiten

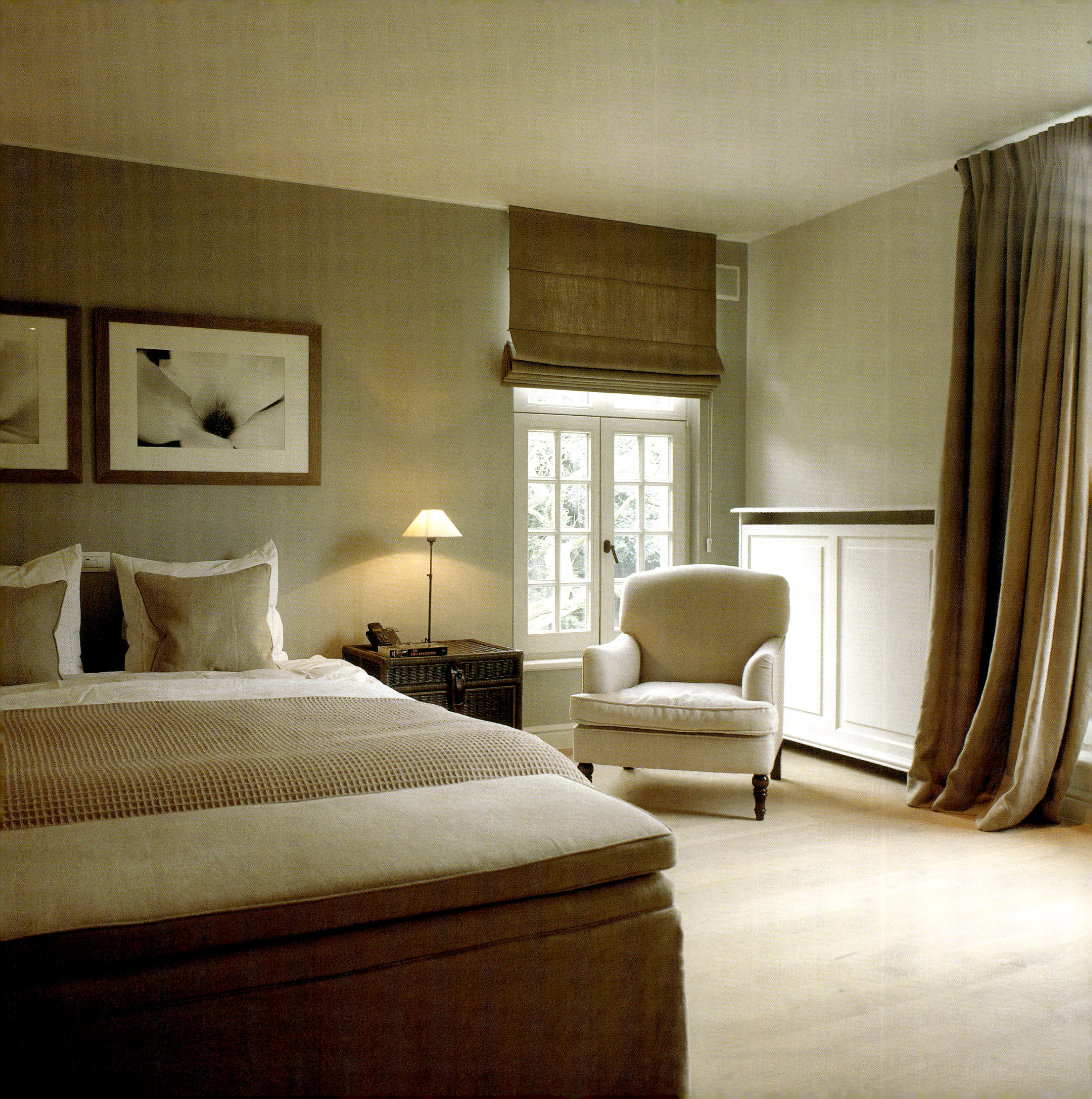

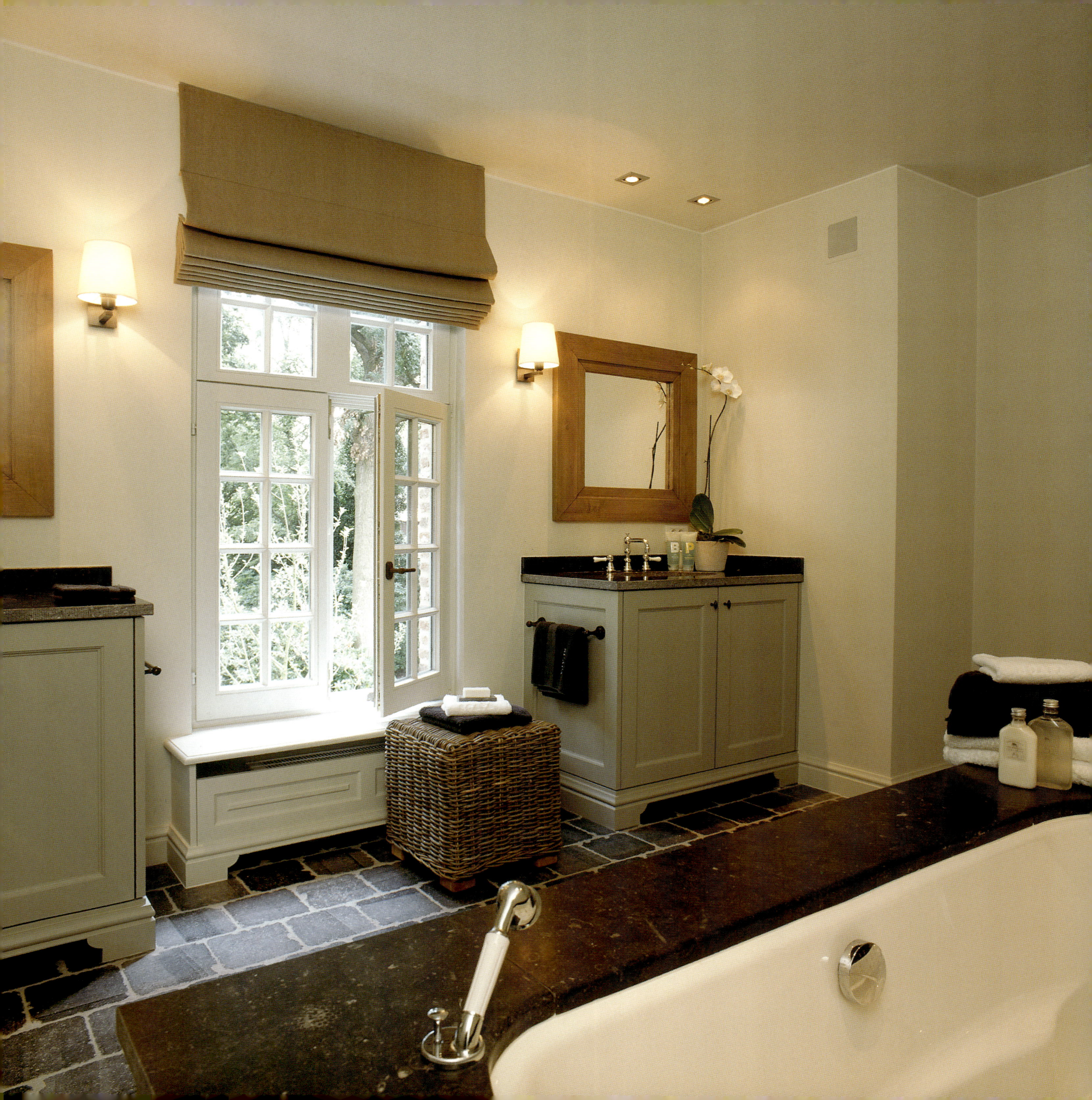

om te verpozen in het groen. Een plasmascherm zorgt voor verstrooiing. Ook de hond voelt zich hier helemaal thuis. Even denk je zelfs dat de kamer afgestemd werd op zijn prachtige vacht.

In het ouderlijke paradijs op de bovenverdieping zorgen Christel en haar medewerkers voor eenheid met de kleur Gris Nuage en zware linnen gordijnen en dito optrekexemplaren. Eiken spiegels sieren de badkamer en de schattige verlichting komt van Stephane Davidts. De dressing weerspiegelt de slaapkamer die verleidt. Kunstfoto's van Liliane Lacasse zijn er de eyecatchers. Let op de gewafelde sprei en de Scapa kussens in mooi contrast met het wit. Noteer voorts dat u beddengoed kunt laten personaliseren, niet enkel naar uw smaak maar ook met een naamsvermelding of een boodschap. Nu kunt u dus de liefde bezegelen met eigen bedlinnen. Hoe romantisch. Een maatbank pronkt bij het bedeinde; dergelijke gestoffeerde banken zijn tevens verkrijgbaar als uiterst functionele opbergkoffer. Radiatoren werden omkast opdat het geen storende elementen zouden zijn. Hier cocoonen de heer en de vrouw des huize volop, zonder enig tijdsbesef, volledig in harmonie met zichzelf en het kader. Een eiken kast van Donaldson met een uitgespaarde Disneyfiguur, verraadt dan dat u te gast bent in de kinderkamer. Dit is de wereld van een jongen, vandaar de mannelijke combinatie: blauw en wit, streepjes en ruitjes. Het bedlinnen behoort tot de Lexington collectie en de beertjes en kussens in jeansstof zijn van Scapa Home.

Ook in mijnheer zijn bureau heeft het licht vrij spel. Op de antieke bureautafel een Rita Jordens beeldje. In de wandvullende maatkast van Sphere kan je heel wat kwijt en de zetel in grijze Flanel doet vergeten dat je aan het werk bent. De deur staat trouwens altijd open zodat in dit huiskantoor mee geproefd wordt van het huiselijke leven. In deze woning van Sphere ziet alles er piekfijn uit, maar duurzaamheid is eveneens een troef. Hier mag geleefd worden, tot groot genoegen van het hele gezin. *

Sphere Home Interiors
Turnhoutsebaan 308, 2970 Schilde (B), tel.: 0032(0)3/383.50.67, fax: 0032(0)3/383.32.51, e-mail: info@sphere-interiors.be, website: www.sphere-interiors.be
Bredabaan 197, 2930 Brasschaat (B), tel.: 0032(0)3/651.27.40, fax: 0032(0)3/651.27.41

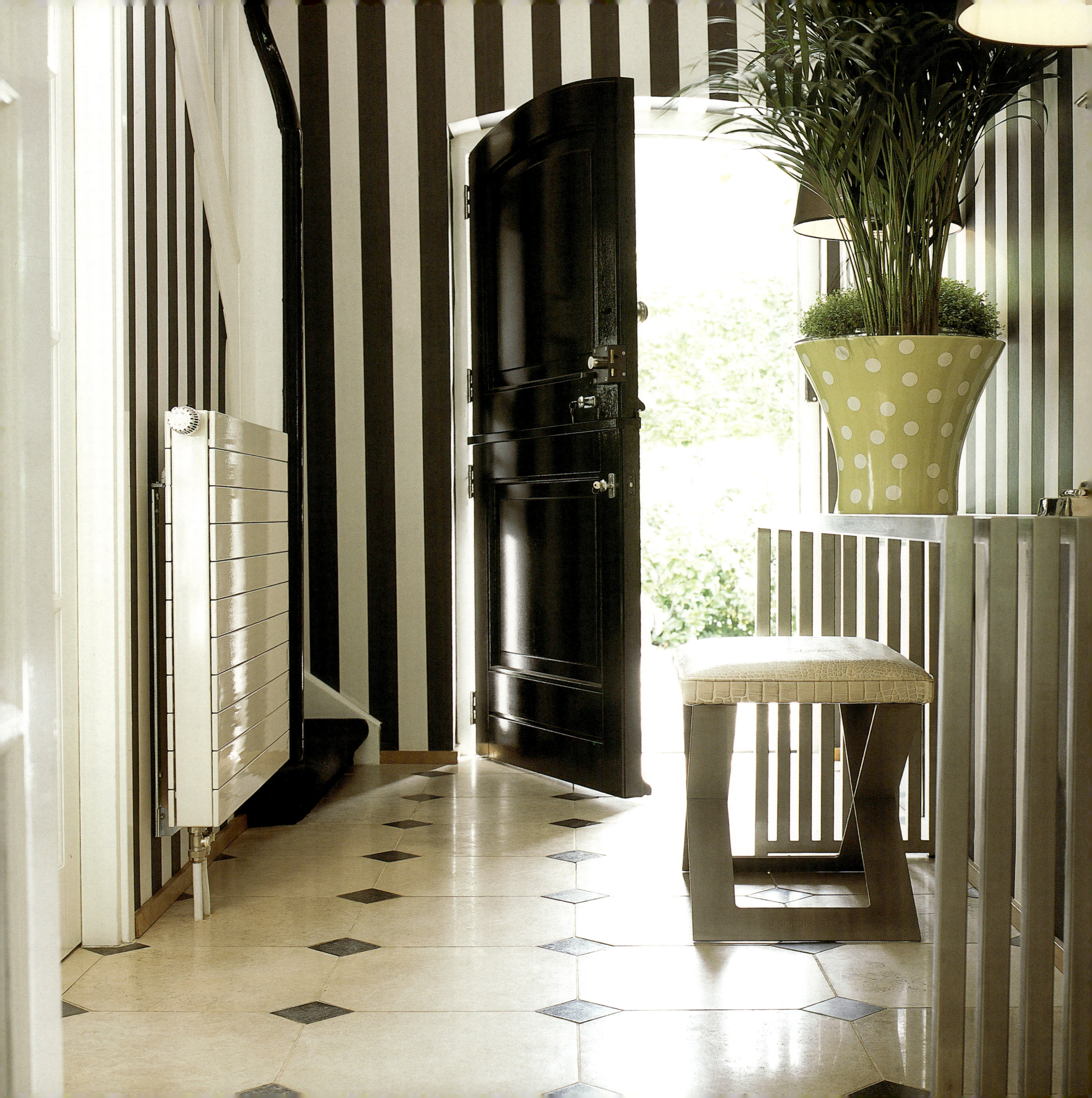

STIJLVOL WONEN COMPLEET
ANNEKE DEKKERS SCHOUWEN EN VLOEREN

De kunst van het combineren

Hoewel dit huis aan de buitenkant een landelijk sfeertje ademt, werd het interieur afgewerkt met hedendaagse decoratie. Toch was er binnen dat kader ook plaats voor rustieke schouwen en oude vloeren. De mix van eerlijke materialen met een oude uitstraling en moderne accenten zorgt voor een tijdloze en erg persoonlijke woning.

Enkele jaren geleden bouwde dit jonge stel deze vrijstaande woning in de bosrijke omgeving van Haarlem. Meneer heeft een groothandel in decoratiespullen en meubels, voornamelijk in moderne stijl. Doordat hij beroepsmatig veel met interieur bezig is, lag het voor de hand dat het paar de inrichting volledig zelf zou verzorgen. Toch wilden de twee bewust de moderne spullen uit hun eigen collecties combineren met oude schouwen en natuurstenen vloeren. Daarom deden ze een beroep op Anneke Dekkers. "Ze wilden door middel van eerlijke materialen met een oude uitstraling de basis leggen voor een gezellig interieur", verklaart bedrijfsleidster Karin Dekkers de keuze van de bewoners. "Iedereen wil toch thuiskomen in een woning waarin een sfeer van warmte, harmonie en intimiteit hangt? En die sfeer verkrijgt u met een antieke schouw. Zo'n prachtig element uit eeuwenoude steen geeft uw huis immers een ziel en fungeert zo als het kloppende hart van de woning."

'Of je nu van strak houdt of van weelderig klassiek, zo'n oud en verweerd element geeft altijd een meerwaarde aan je interieur'

'De bewoners wilden de moderne spullen uit hun eigen collecties combineren met oude schouwen en natuurstenen vloeren'

De bewoners uit Haarlem moeten er net zo over gedacht hebben. Ze kozen voor een Bourgondische schouw en een klassieke vloer. "Die hebben ze erg mooi met moderne elementen gecombineerd", aldus Karin. "Door de symmetrische lijnen in het interieur krijgt die klassieke vloer zelfs een strakke uitstraling. Het is gewoon een gouden combinatie!" We moeten toegeven: de afgewogen mix van klassiek en modern werkt. "Eigenlijk doen wij dit al veel langer hoor", gaat Karin verder. "De meeste mensen weten het niet. Men denkt nog steeds dat wij alleen maar klassieke, rustieke interieurs verzorgen, maar dat is helemaal niet zo. We krijgen zelfs meer en meer mensen over de vloer die een strak en modern interieur willen en daar toch een oude vloer en schouw bij kiezen. Of ze willen iets wat heel overdadig en bombastisch is, of ze zoeken iets straks en sobers. In beide stijlen is een oude schouw perfect op zijn plaats."

'Antieke schouwen en vloeren zouden
eigenlijk de basis moeten vormen van ieder interieur'

"Mensen blijven verknocht aan oude, verweerde dingen met een geschiedenis, met een verhaal. Veel mensen vinden zo'n schouw of vloer nog steeds een gezellig element in huis. Dan wordt het leuk om daarmee te gaan experimenteren. Te gaan kijken wat een bepaalde schouw in verschillende decors voor effect heeft. En dan kom je vaak tot uitzonderlijke resultaten. Zoals hier: omdat je hier niet onmiddellijk zo'n schouw verwacht, springt hij er nog meer uit!" De schouwen en vloeren die hier liggen zijn allemaal gekapt uit oude

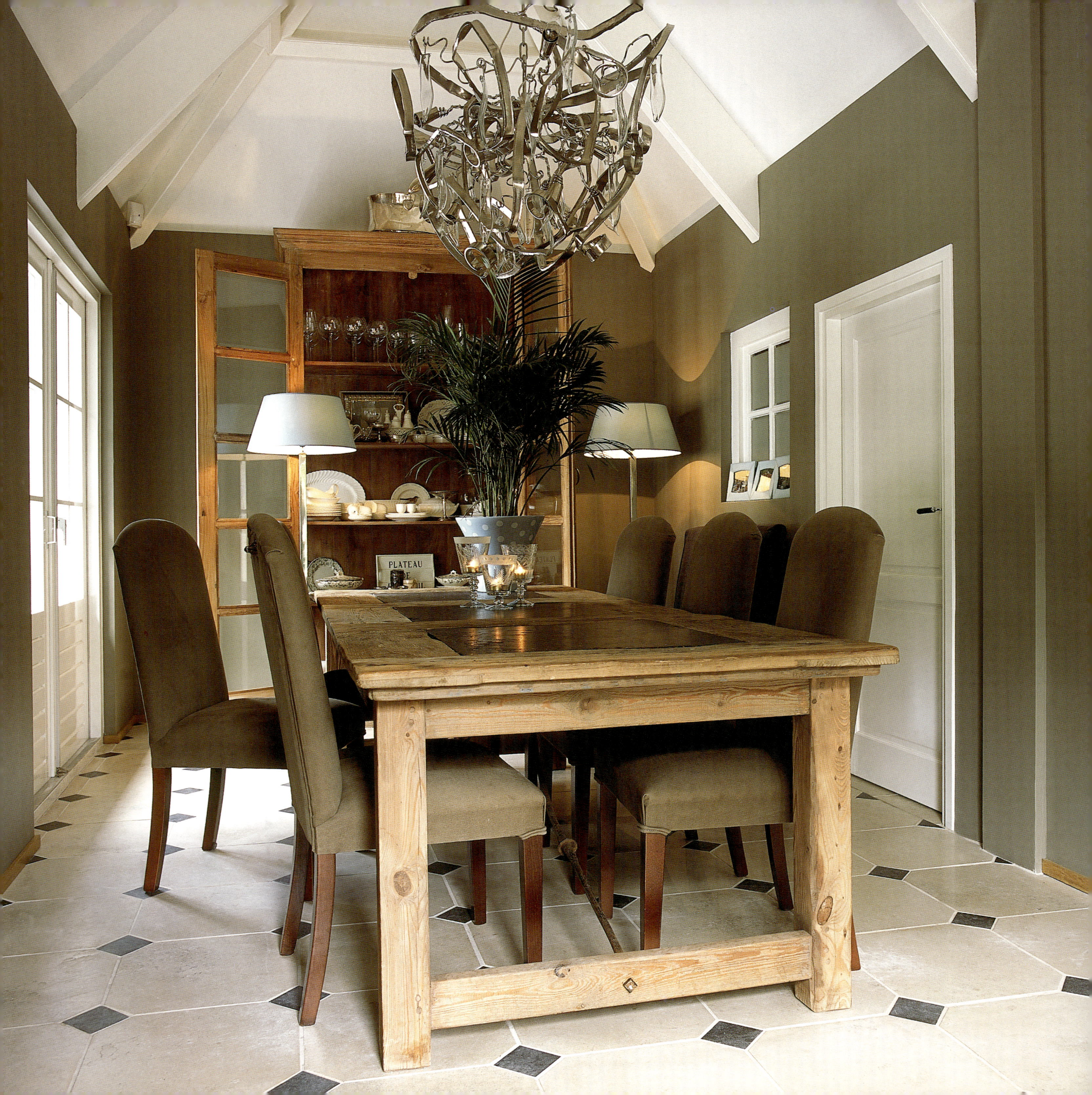
PLATEAU

Franse kalksteensoorten, en komen recht uit het hart van Bourgondië. Ze zijn stuk voor stuk met zorg geselecteerd. "De kracht van deze steen is dat hij echt doorleefd is, met fossielen en warme tinten die er door de eeuwen heen zijn gekomen. Want alles begint bij het materiaal: je mag nog zo'n goede steenkapper hebben, als het materiaal niet goed is, kan geen enkele steenhouwer er iets moois van maken."

In deze woning verzorgde Karin de vloeren in de keuken, de gang en de eetkamer. "Overal werd gekozen voor de typische Franse steen. En voor het gemak: de schouw in de woonkamer werkt op gas en met een afstandsbediening. De eigenaars zijn daarmee vast en zeker niet de enige: tegenwoordig kiest meer dan de helft voor een haard op gas. Je hoeft niet te sjouwen met hout en het vuur brandt in een wip." Dat meneer veel in moderne interieurs vertoeft, blijkt bijvoorbeeld uit de inrichting van de hal. Hij koos er voor een natuurstenen vloer in een klassiek patroon. Het zwart en het wit van de vloer liet hij vervolgens terugkomen in het streepjesbehang op de muren. "Op die manier oogst hij symmetrie. En zo toont hij aan dat zo'n vloer eigenlijk ook erg strak kan zijn", laat Karin haar bewondering voor de keuze van de bewoners blijken. Het contrast tussen zwart en wit komt trouwens nog wel meer terug in het interieur. Zowel in meubilair, verf als in decoratie. Kijken we bijvoorbeeld naar de woonkamer met de zwarte fotokaders en zwart-wit foto's op de schouw. Nog zo'n opvallend element is de hoge schouw in de woonkamer. "Veel mensen denken dat zo'n hoge schouw alleen past in een ruimte met een hoog plafond. Hier hebben we laten zien dat dat niet altijd zo hoeft te zijn. De woonkamer is namelijk niet uitzonderlijk hoog en toch hebben we er een grote schouw neergezet. Op deze manier wordt de schouw de blikvanger van het interieur."

'De schouwen en vloeren die hier liggen, zijn allemaal gekapt uit oude kalksteensoorten en komen recht uit het hart van Frankrijk'

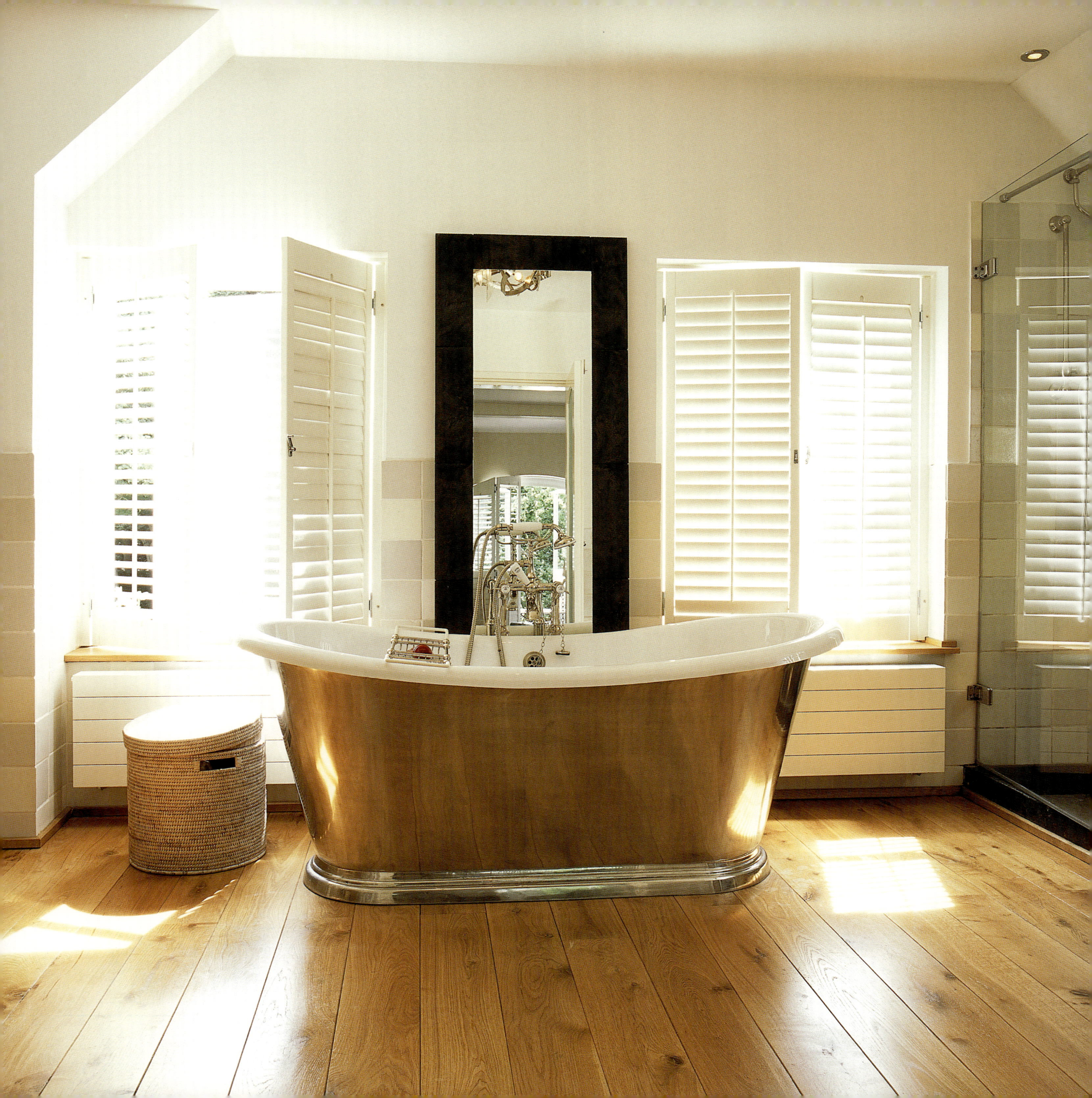

Wie bewust de weg inslaat om modern en klassiek met elkaar te combineren, dient dat wel in exact de juiste verhoudingen te doen. Het is immers veel gemakkelijker om binnen de lijntjes en vakjes van één bepaalde stijl te werken dan het beste van een stijl uit te kristalliseren en te combineren met andere elementen. De juiste verhoudingen, het juiste evenwicht is zo belangrijk. Maar voor wie dat weet te beheersen, is het experimenteren met verschillende invloeden, met aparte kleuren en elementen natuurlijk wel het leukste dat er is. Zo blijft ook Karin Dekkers zichzelf steeds vernieuwen en gaat ze op zoek naar nieuwe uitdagingen, nieuwe combinaties. Zonder haar roots in de steek te laten, toont ze dat het ook nog anders kan. Rustieke schouwen en oude vloeren in een hypermoderne, minimalistische loft? Met de bijpassende decoratie en het juiste gevoel voor maten en verhoudingen komt ze er helemaal mee weg. "Eigenlijk passen onze stukken in elk interieur. Je moet het alleen juist weten voor te stellen en aan te kleden. En dan geeft zo'n oud, verweerd element juist een meerwaarde aan je huis. Want of je nu van sober en strak houdt of van weelderig klassiek; zo'n oude schouw vindt toch iedereen onweerstaanbaar?", knipoogt Karin.

*

'Experimenteren met interieur is het leukste dat er is'

Anneke Dekkers Schouwen en Vloeren
Burgemeester Ketelaarstraat 42, 2361 AE Warmond (NL), tel.: 0031(0)71/301.14.61, fax: 0031(0)71/301.36.05
e-mail: info@annekedekkers.nl, website: www.annekedekkers.nl

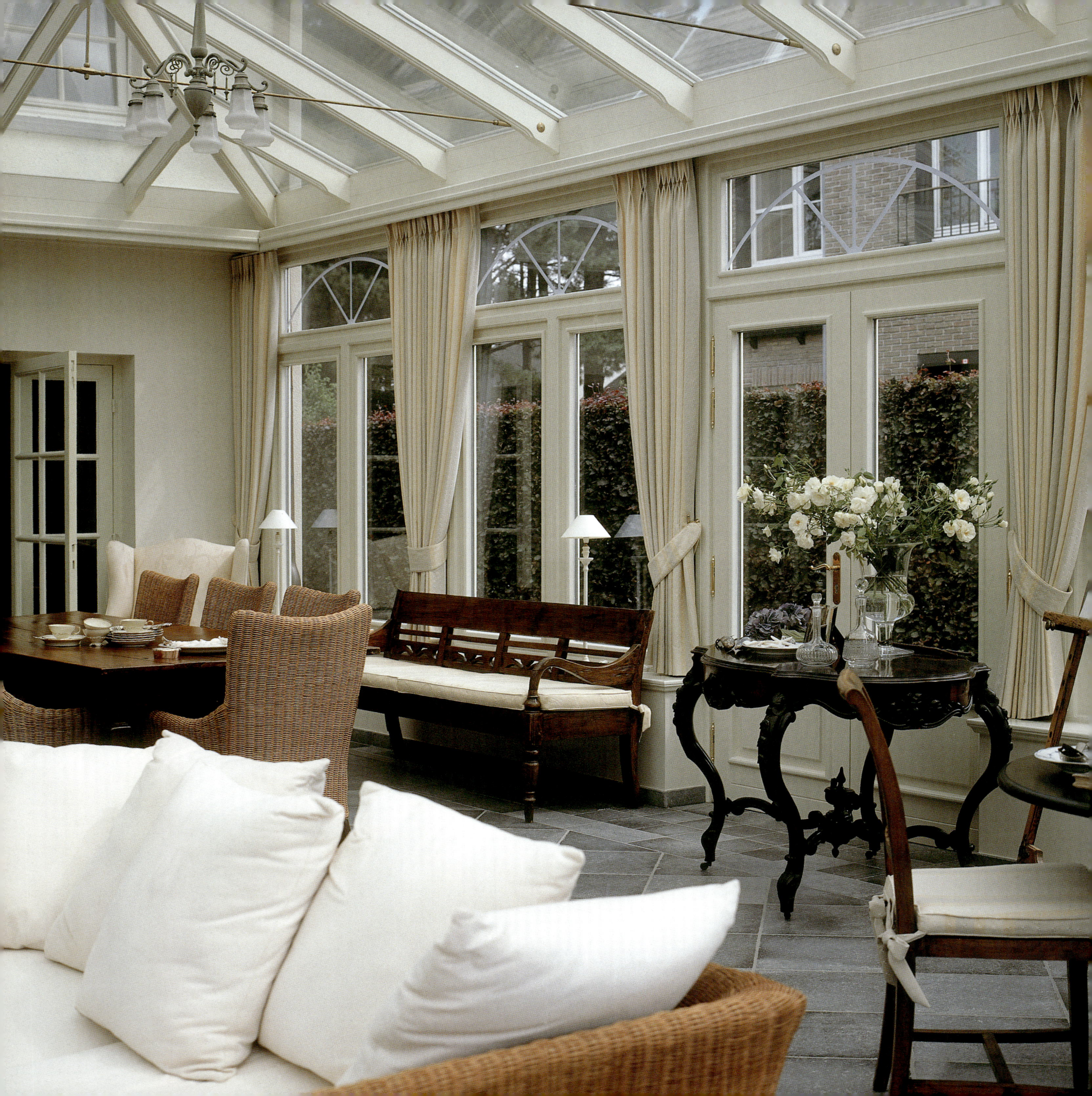

STIJLVOL WONEN COMPLEET
MINIFLAT

ℬETOVEREND LICHT

Stijlvol gedecoreerde hoekjes glunderen in een zonovergoten oranjerie. Lees: woonkamer waar mensen constant genieten van vakantiegenoegens. De constructie in glas en gelakt hout straalt. Het licht is betoverend. En het geheel voelt aan als betoverend licht.

U bent te gast in een onvervalste Conservatory in full-excel uitvoering. Met andere woorden: de details maken het verschil. Zo is deze luxueuze Miniflat tuinkamer verzorgd afgewerkt met sierlatten aan de buitenzijde, de koperen goot kreeg een decoratieve steun in de rug, ramen en deuren zijn voorzien van koperkleurig hang- en sluitwerk, u bewondert ambachtelijk bewerkte sierlijsten tussen de ramen en afgeronde glaslatten aan de binnenzijde. Deze oranjerie draagt de kleur RAL 1013. Zo'n houten concept wordt minimum tweemaal behandeld in eigen atelier, om daarna bij de klant nog eens een finale verflaag mee te krijgen. De aluminiumprofielen op het dak worden extern gemoffeld met een poederlak in eenzelfde kleur. Die is in feite moeilijk thuis te brengen en daardoor oogt het resultaat ook zo apart. Deze tint is noch grijs noch beige. Maar door zijn bleek-

'Elk onweer zorgt voor een aha-erlebnis omwille van het gekletter op de oranjerie'

'Schelpen en zeesterren worden als decoratieve elementen uitgespeeld. Symbolen zijn het die blij herinneren aan reizen'

heid heeft dit zachte greige beslist een bijzonder aangenaam effect op de mensen die hier vertoeven.

En gewoond wordt er in deze oranjerie. Ruimte is er in overvloed en alle voorzieningen om het comfort van een heus huis te benaderen, zijn aanwezig. Liefst drie dubbele deuren en een raam zorgen voor verluchting en contact met terras en tuin. De tuinkamer is uitgerust met vloerverwarming en een vernuftige airconditioninginstallatie zorgt voor verkoeling wanneer nodig. Dit is dus niet enkel een salon tijdens de tussenseizoenen! Steeds vaker worden tuinkamers als permanente leefruimte gebruikt. Daardoor is het van groot belang dat de klant goed geadviseerd wordt aangaande materiaalkeuze en uitvoeringsmodaliteiten. Miniflat ontpopt zich ook op dat vlak als een professionele partner. Wat een enorme waaier aan mogelijkheden. Deze eigenaars hebben geopteerd voor 'Stopray silver 43/25', een quasi perfect zonwerende en isolerende dakbeglazing. Maar er komt nooit een eind aan de innovatie in bouwland. Inmiddels bestaat er een nog betere oplossing. 'Heat-reflex' heet dit exclusieve systeem. Beide soorten ogen als gewoon glas en dat is net het fijne. U blijft altijd de hemel zien en beleeft de seizoenen optimaal. Zo zorgt elk onweer bij de heer des huize voor een aha-erlebnis. Het gekletter op de oranjerie is een zaligheid.

Op het dak prijkt fier een sierkam met kunstige uitlopers in koper. Voor dakgoten en afvoerpijpen werd

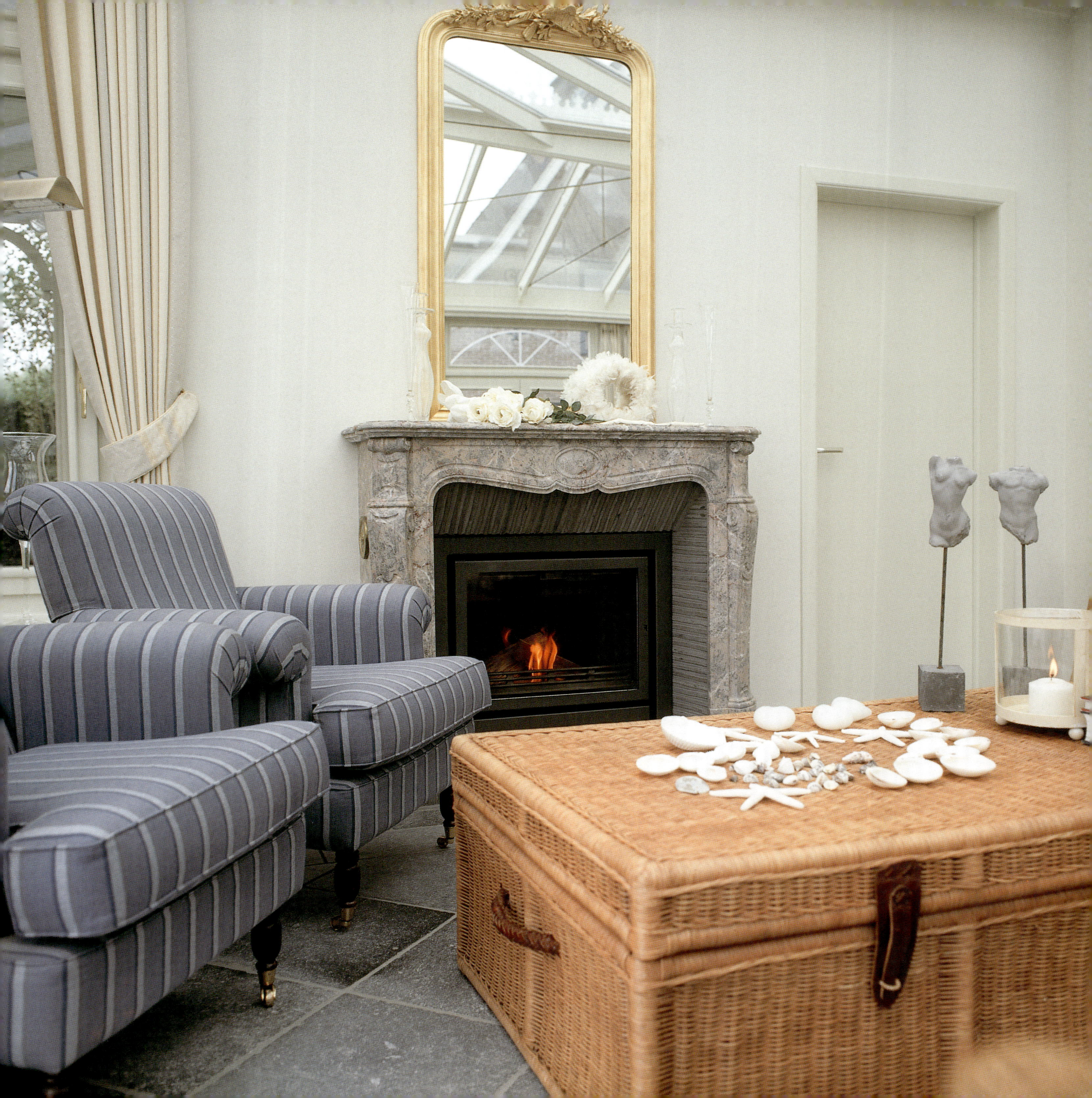

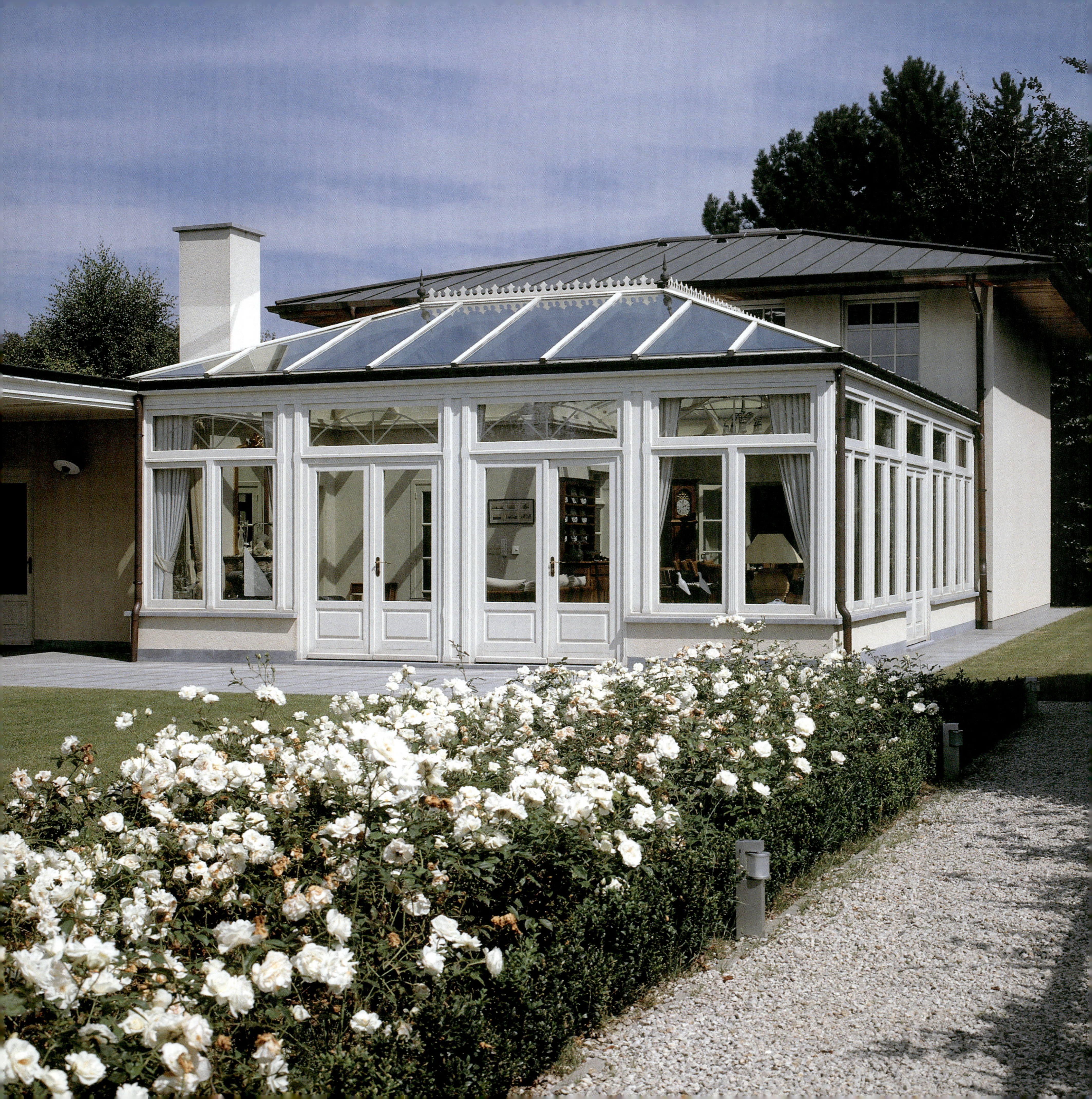

eveneens dit edele materiaal gebruikt. Koper verkleurt met de jaren en daardoor geeft het donkere patina deze tuinkamer vandaag een doorleefd cachet. De woning met royale dakoversteek in vergrijsd cederhout heeft uiteindelijk de aanbouw met open armen ontvangen. Het doortrekken van stroken in sierpleister als borstwering en het hernemen van plinten en dorpels in blauwe hardsteen hebben daarbij een flinke vinger in de pap. Op het terras is gewerkt met zogenaamd gebouchardeerde graniet. En zo belanden we bij de pergola die esthetisch perfect aansluit bij de tuinkamer en het terras. Miniflat tekent ook voor deze realisatie. Iedere lente wordt er steevast een tuinset in loom neergezet onder de pergola. Een deur brengt ons dan naar de keuken in Provençaalse stijl van fabrikant de Tonge. Op tafel branden kaarsen in oesterschelpen. Origineel! Bij de porseleinen wasbak die verwerkt werd in een blad met tegelinleg (waarop een vaas met witte rozen recht uit de tuin een vaste stek heeft gevonden), gunt een raampje ingekleed door gebloemde gordijnen ons een blik in de oranjerie waar het heerlijk is om gasten te ontvangen.

Voor de aankleding van hun oranjerie hebben de bewoners samengewerkt met Decoratiehuis De Merode. Hout en riet laten zich smaakvol combineren met blanke kussens en gordijnen tot een bevallig interieur. Van Damme is de leverancier van de haard in Zuid-Franse marmer. Een antiek stuk met een knusse uitstraling, of het nu winter is of zomer. Bij koeler weer wordt er snel vuur gemaakt en verdwijnt de kilte meteen. Glaswerk, bloemen en een pluimenkrans vullen de grote vergulde spiegel op de schouwmantel. Twee torso's sieren statig de salontafel en

> 'Koper verkleurt met de jaren en daardoor geeft het donkere patina deze tuinkamer vandaag een doorleefd cachet'

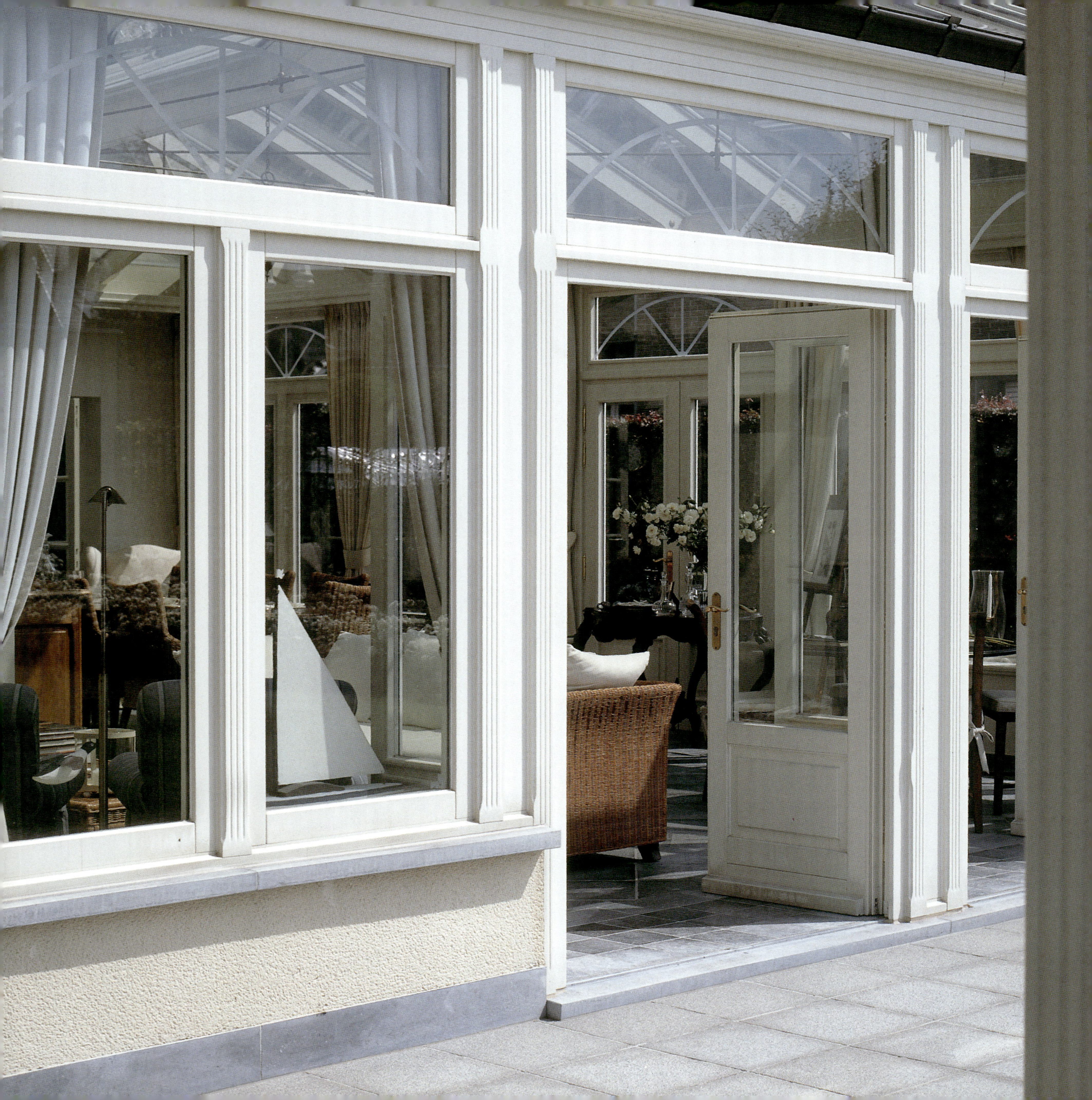

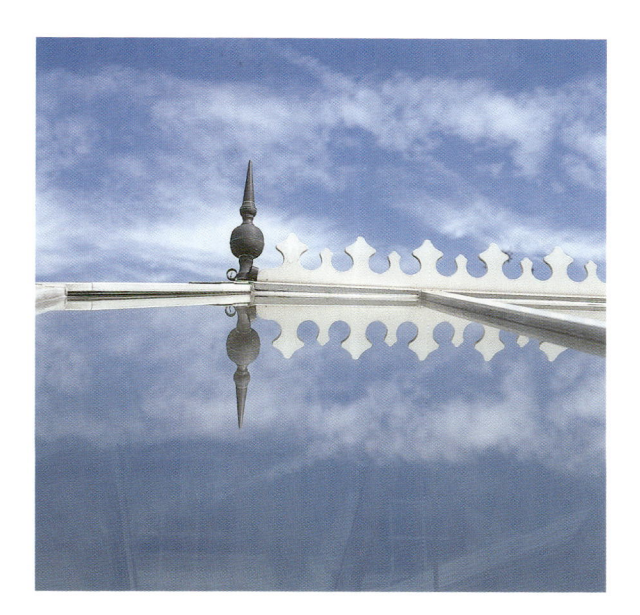

een duo blauwgestreepte zetels zorgt voor fleur. Allerlei prachtige boeken liggen binnen handbereik. Mijnheer is lid van de Marnixring serviceclub, vandaar dat hij een bepaalde uitgave koestert. Dat boek handelt over Marnix van Sint-Aldegonde, raadsheer van Willem van Oranje, Geus en diplomaat, overleden half december 1598. En ook mevrouw zorgt voor een persoonlijke toets. Van haar is de potloodtekening op de schildersezel. Creativiteit uit zich trouwens nog op een andere wijze. Schelpen en zeesterren worden naarstig verzameld en als decoratieve elementen uitgespeeld in schalen en op dienbladen. Symbolen zijn het die blij herinneren aan reizen naar Spanje, Amerika, Cyprus en... Oostende, dichter bij huis, maar daarom niet minder mooi. Allicht verklaart de liefde voor de zee waarom deze thuishaven subtiele blauwe accenten vertoont. Zou dit de lievelingskleur kunnen zijn van de gastvrouw? Bij een aantal familieportretten in zwart-wit heeft deze dame alvast blauwe hortensia's geschikt. Met deze tuinkamer haalt het gezin figuurlijk een stukje natuur in huis. Maar er duiken ook letterlijk meloenen en gele irissen op in de keuken en een bosje purperen Calla's op de ronde tafel. Het gezellige aspect van deze door profielen gevormde huiskamer wordt aldus extra onderlijnd.

Ons oog valt op een paarsblauwe terrine van Gentse makelij. Dit mondgeblazen werkstuk zag meer dan honderd jaar geleden het levenslicht in de Cristalleries de Saint-Louis en verdient het etiket Art Nouveau. Nog zeldzaam zijn beslist de borden met bladerdessin in blauw die rechtop staan in rijen en zo de eiken kast nog meer karakter geven. Plots weerklinkt het unieke requiem van Jean Gilles. Sacrale muziek die een zonnig feest inluidt. Op de lange tafel staat grootmoeders servies al klaar, maar de koffie is voor later. De brunch op deze luie zondag in de tuinkamer begint met een roemer champagne. Op uw gezondheid! Vandaag moet de staande klok trager tikken dan ooit. ✳

Miniflat
Korspelsesteenweg 96, 3581 Beverlo (B), tel.: 0032(0)11/40.20.74, fax: 0032(0)11/34.16.21,
e-mail: info@miniflat.com, website: www.miniflat.com

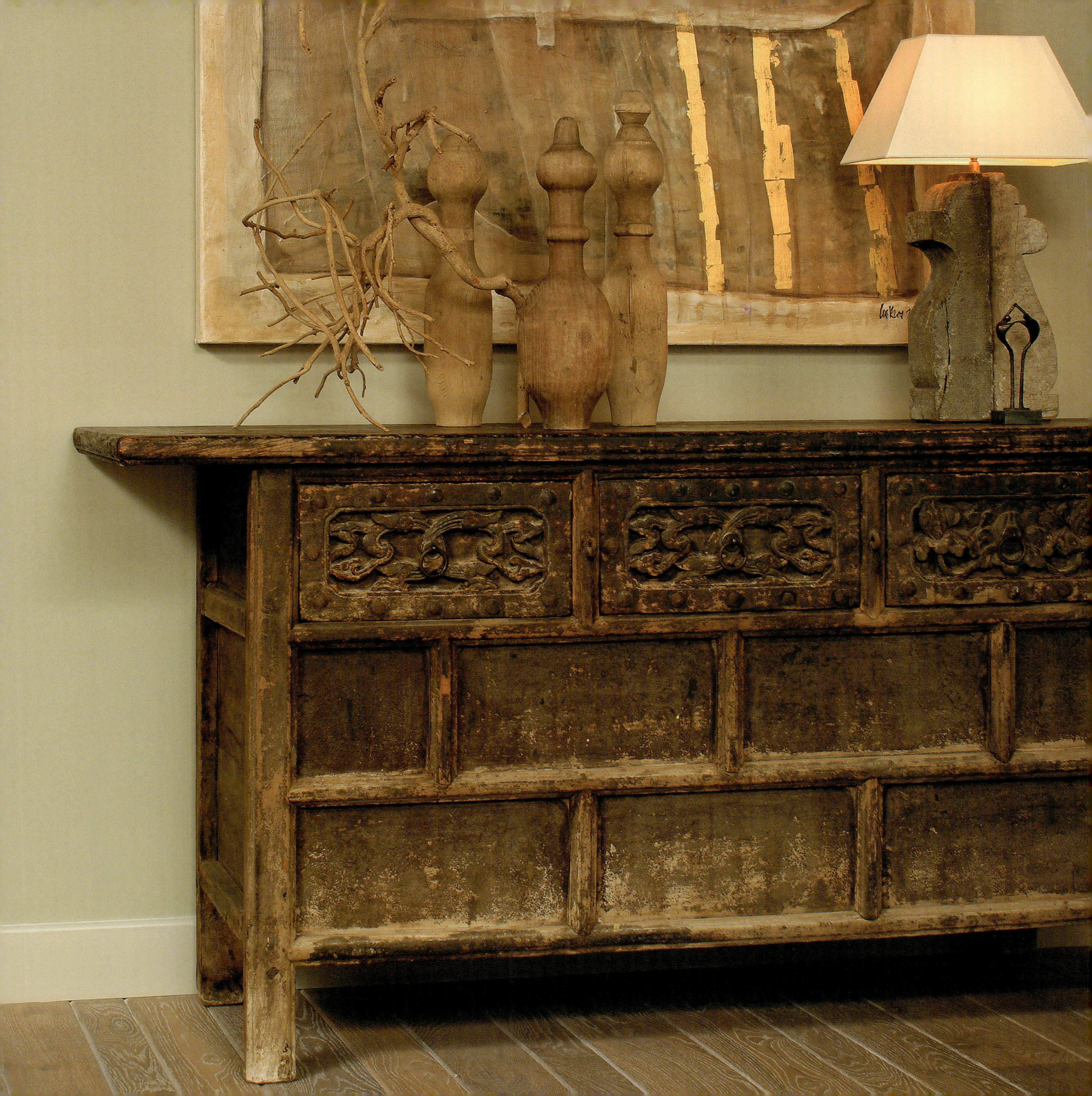

STIJLVOL WONEN COMPLEET
ALEX JANMAAT ANTIEK & INTERIEUR

RIANT EN RIJKELIJK INGERICHTE RIJWONING

Wie luxueus, stijlvol en rijk wil wonen, hoeft niet zo nodig een herenhuis of landelijke villa op zijn naam te hebben staan. Een eengezinswoning kan evengoed een riante sfeer uitademen. U bent niet overtuigd? Dan hopen wij dat de volgende reportage u snel van gedachte doet veranderen.

'Of je nu van strak houdt of van weelderig klassiek,
zo'n oud en verweerd element geeft altijd een meerwaarde aan je interieur'

> **'Iedereen die bij ons binnenkomt, zegt: "Nou, zo zou ik ook wel willen wonen!"'**

De verrassing is groot wanneer we via de entree in dit rijkelijk ingerichte decor stappen. Antiek, kunst, harmonie en warme kleuren zetten de toon en geven deze woning de allures van een herenhuis. Verantwoordelijk voor de metamorfose is Alex Janmaat, antiquair, decorateur en 'interieurcomponist'. "Ik heb Alex leren kennen via een vriendin", vertelt de zichtbaar trotse bewoonster van dit pand. "Zij had een antieke kast bij hem gekocht en die vond ik prachtig! Door die kast ben ik me gaan verdiepen in antiek en ben ik eens een keertje gaan kijken in de showroom van Alex Janmaat in Oudewater. Ik was onmiddellijk helemaal weg van zijn typische stijl!"

Mevrouw had altijd al een bepaalde stijl in haar hoofd, maar ze kon het nergens vinden. "Ik kocht toen een heleboel spullen die ik achteraf eigenlijk toch niet zo mooi vond. Tot ik Alex leerde kennen. Dat was helemaal mijn stijl. Vijf jaar geleden kocht ik er mijn eerste stuk: de robuuste eettafel die je hier

'Antiek, kunst en warme kleuren geven de woning de allures van een herenhuis'

ziet. En daarmee ging de bal aan het rollen", lacht ze hartelijk. Even speelde het echtpaar nog met het idee om te verhuizen, maar uiteindelijk besloten ze toch op hun vertrouwde stekje in 's Gravenzande te blijven wonen en het pand volledig opnieuw in te richten. Daarmee lag voor de hand dat Alex de restyling zou 'dirigeren'. "Ik laat de mensen de stukken uitkiezen die ze mooi vinden en dan breng ik die samen in een totaalplaatje", legt Alex zijn strategie uit. "Ik verkoop immers allemaal tijdloze stukken, oude objec-

'Het zijn allemaal tijdloze stukken, oude objecten die eindeloos meegaan'

ten die eindeloos meegaan. Die spullen raken nooit uit de mode. Die passen in elke stijl, in elk tijdperk. Het enige wat uit de mode raakt, zijn de kleuren en de stoffen. En die pas je eenvoudig aan zodat je hele interieur weer 'up to date' wordt."

Voor de keuze van de stukken die hij aankoopt, beroept Alex zich op dertig jaar ervaring in de antiekwereld. "Ik ben ooit begonnen bij een antiekhandelaar", vertelt hij. "Daar begon ik helemaal onderaan de ladder. Ik deed er alles van transport tot aan het logen van kasten. Door hard te werken ben ik opgeklommen tot chef en ben ik uiteindelijk in 1977 een eigen zaak begonnen."

Nadat Alex en het echtpaar samen alle meubels hadden uitgekozen, boog hij zich over de kleuren. Daarbij laat hij zich naar eigen zeggen maar door één ding leiden: "Het draait allemaal om het totaalplaatje, om de harmonie. Daarin verwerk ik de bestaande spullen die de mensen al hebben, de nieuwe stukken en veel kunst. Door de juiste balans te vinden tussen die drie elementen kom ik tot een afgewogen geheel, een totaal. Dat niet de massa volgt, maar net anders is en getuigt van creativiteit en flexibiliteit." Maar niet alleen de kleuren en meubels werden veranderd, men koos ook voor nieuwe verlichting, deuren werden verhoogd, een schuine muur rechtgetrokken, nieuwe tapijten gezocht en een leuke kroonluchter in de vorm van een hertengewei opgehangen. Ook de kleine decoraties komen uit de showroom van Alex

'Veel mensen die hier over de vloer komen, vinden het interieur schitterend'

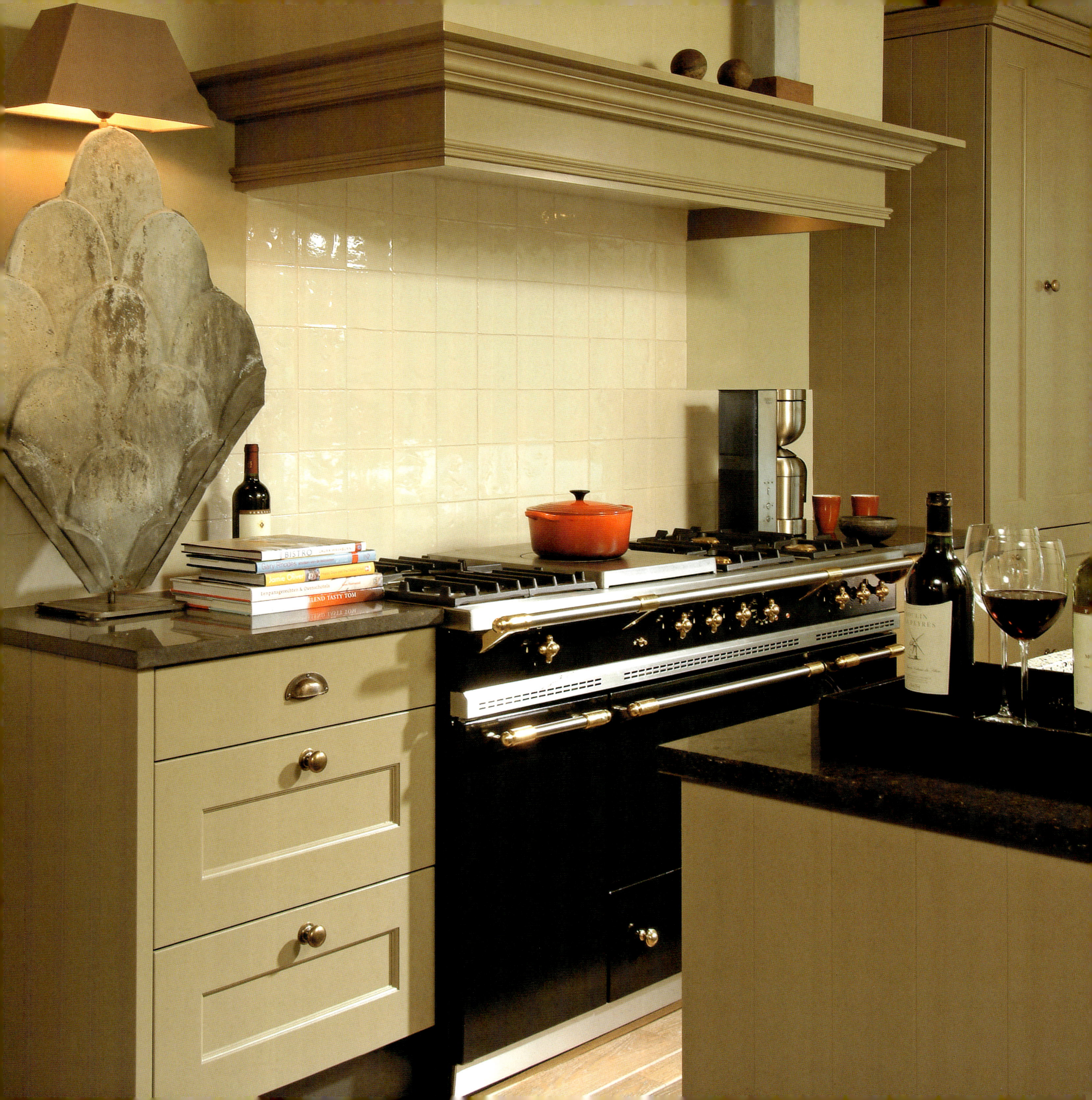
BISTRO

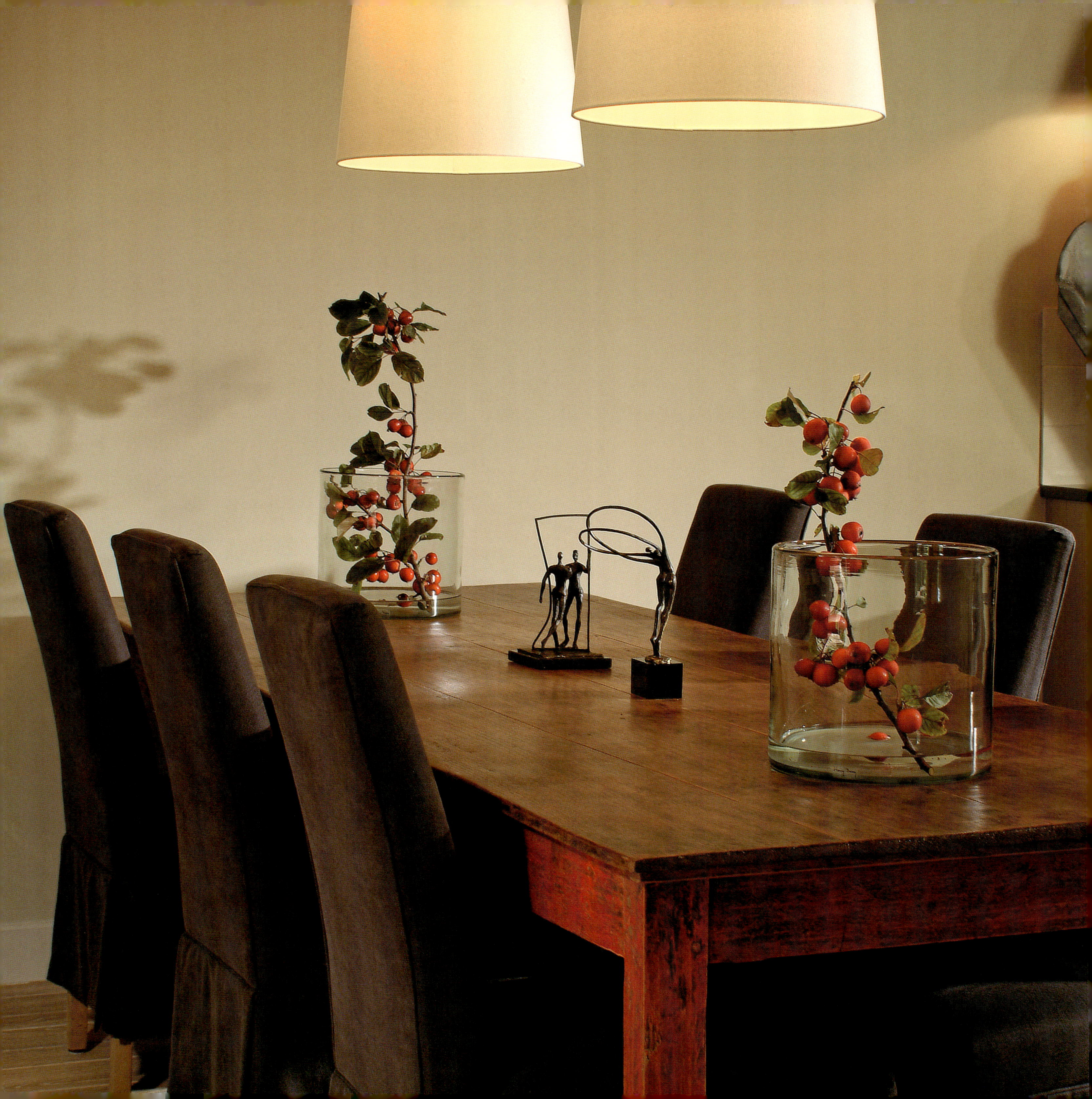

Janmaat. Dat het werkt, blijkt uit de volgende anekdote die de eigenares ons maar wat graag vertelt: "Toen het net af was, kwam de buurvrouw eens kijken naar ons nieuwe interieur. Zij zei onmiddellijk dat ze het huis meteen zou kopen als we het ooit nog zouden willen verkopen. Even later kwam de andere buurvrouw langs die hetzelfde beweerde. Het was dus wel duidelijk dat de nieuwe inrichting een harmonieuze sfeer uitstraalde." Niet alleen de buren zijn dolenthousiast over de restyling. "Iedereen die voor de eerste keer bij ons binnenkomt, zegt: 'Nou, zo zou ik ook wel willen wonen!' Opvallend is ook dat alle leeftijden het geweldig vinden. Veel jonge mensen vragen of ze naar het interieur mogen komen kijken, maar ook ouderen kunnen het waarderen. Laatst was hier iemand van 81 en die wilde maar niet gaan zitten. Ze wilde eerst goed rondkijken en genieten van het interieur. Dat is toch geweldig?", zegt onze stralende gastvrouw. De mensen hebben dan ook gelijk: wanneer je hier binnenkomt, voel je je onmiddellijk thuis. Van de entree stappen we meteen de landelijke, open keuken in. Die gaat over in de eetkamer en vervolgens in de zithoek. De drie ruimtes zijn perfect met elkaar geïntegreerd en door de juiste kleurkeuze en schikking van kunst, antiek en decoratie vormen ze één geheel. Dat niet alleen stijlvol oogt, maar ook een erg persoonlijk interieur is. "Ik tracht immers alles te vertalen naar de klant. De stukken moeten niet alleen in balans zijn, ze moeten ook passen bij de mensen die er wonen. Dat vrienden en kennissen die over de vloer komen, zeggen: "Nou dat past echt bij jullie. Dat is helemaal jullie smaak, jullie stijl." Zowel voor de bewoners als voor de decorateur is dit het mooiste compliment. ✳

'Door de juiste kleurkeuze en schikking van kunst, antiek en decoratie vormen de ruimtes één geheel'

Alex Janmaat Antiek & Interieur
Goudsestraatweg 34, 3421 GK Oudewater (NL), tel.: 0031(0)348/56.34.22, fax: 0031(0)348/56.57.68,
e-mail: info@alexjanmaatantiek.nl, website: www.alexjanmaatantiek.nl

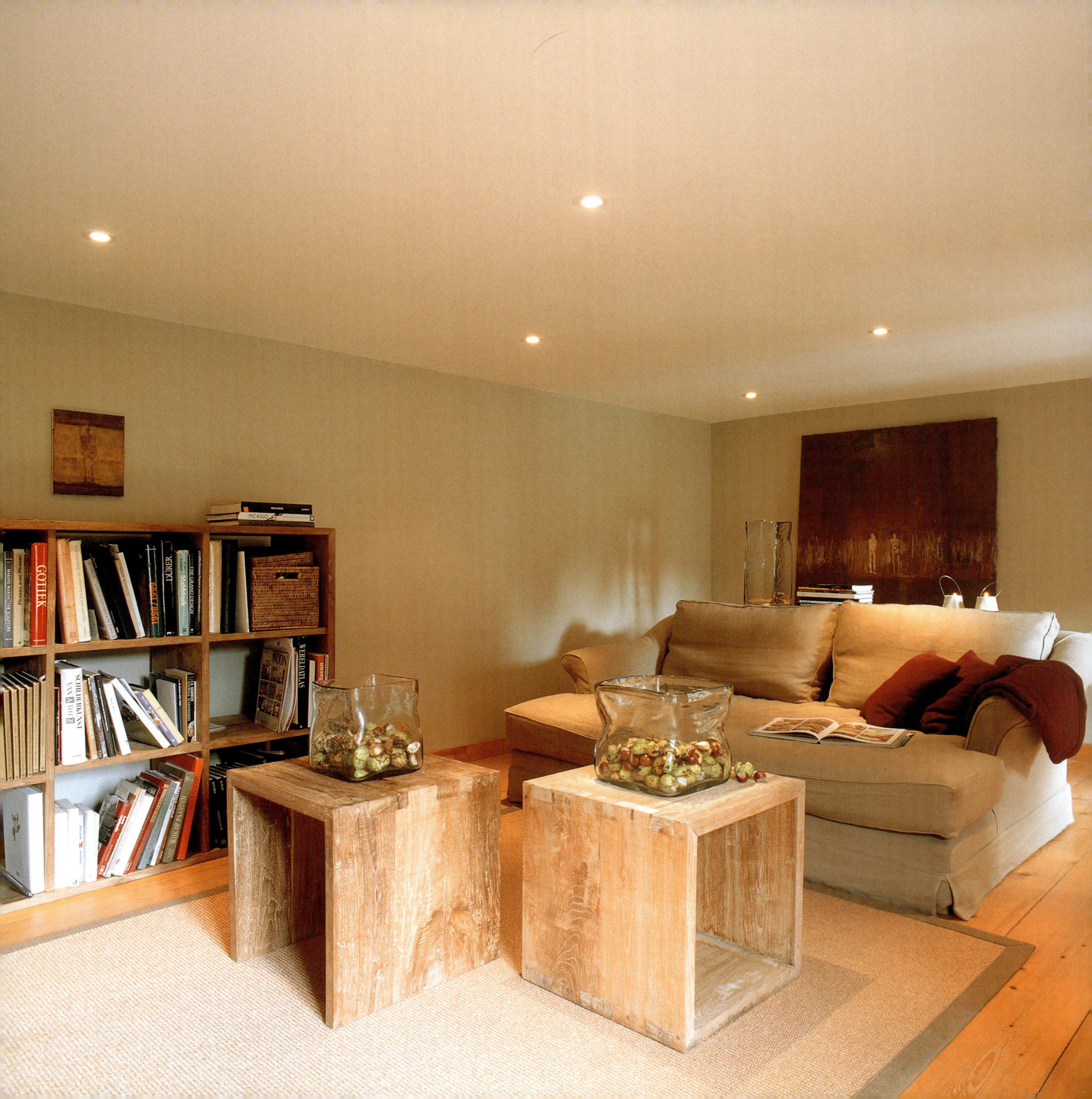
PICASSO
GOTIEK
DÜRER
WERELDATLAS

STIJLVOL WONEN COMPLEET
HOME ARTS

Karaktervol
en nooit zwaar
op de hand

Strak klassiek is de vlag die hier het best de lading dekt. Bij een eerste aanblik stralen de salons een typische Engelse sfeer uit, maar bij nader inzien maakt de afronding van het geheel het verschil. En ja hoor, dit interieur heeft wel degelijk vandaag het levenslicht gezien.

'In de tv-kamer met uitermate diepe zetel is het zalig genieten van een avondje gezelligheid'

Katrin Dekoninck en Frans Kemper van Home Arts nemen u mee naar een interieur om bij weg te dromen. De hal vindt alvast de juiste teneur. Er weerklinkt een herkenbaar Engels accent. Op een console prijkt een bronzen paard en er slingeren golfsticks rond (die uitnodigen om straks eens een balletje te slaan en u compleet te ontspannen). Door hierbij totaal onverwachts hoge kandelaars met alcantara kappen te combineren, alsook wit omkaderde houtskoolfiguren op een veld van taupe, creëren Katrin en Frans een exquis tafereel. Goed om weten: de binnenhuisarchitecte schildert en tekent ook in een zeer herkenbare stijl, en al het fraais aan de muur is dan ook van haar hand.

Dezelfde console maar dan wel iets kleiner, wacht ons in het salon. Daar pronken eigentijdse zetels bij een eiken tafeltje dat veeleer traditioneel oogt. Met de grote en de kleine op maat gemaakte zetels worden niet enkel formaten maar ook materialen tegen mekaar uitgespeeld. De eerste werd gemaakt met streelzacht linnen en de tweede met iets grover jute. Het handgetufte tapijt speelt daar mooi op in. Twee figuratieve olieverfschilderijen kleuren de muren in taupe extra bij. Op de console daaronder schitteren handgemaakte kaarsen uit Italië naast een bolle vaas. De gordijnen sluiten naadloos aan bij het verleidelijke geheel. Op winteravonden brandt er vuur in de open haard die ooit in een Frans kasteel grote sier heeft gemaakt.

Bij het verlaten van het salon valt het zonlicht op een lederen zetel die een eiken kast gezelschap houdt. Hoe idyllisch mooi. Handig is de bergruimte bovenaan die openklapt. Het tafereel bestaat verder nog uit enkele schilderijtjes en bovenop het meubel glinstert glaswerk.

Traditie en vernieuwing gaan hier duidelijk hand in hand. Kijk maar naar de tv-kamer. De zetel is uitermate diep (1m50) zodat het hier zalig genieten is van een avondje gezelligheid. Zetels worden bij Home Arts veelal op maat gemaakt zodat u niet enkel de afmetingen maar ook de kleur naar uw hand kan zetten. Let nog op de verzoening tussen diverse stijlen. Je zou zweren dat de salontafeltjes - die trouwens tevens als zitblokken fungeren - en het boekenrek in

'Gordijnen en overgordijnen sluiten naadloos aan bij het verleidelijke geheel'

'De meubels ademen iets koloniaals en tegelijk oogt de vormgeving eigentijds'

teak, iets koloniaals ademen en tegelijk oogt de vormgeving eigentijds. Bij de uittrekbare eettafel in massieve mahonie prijken rieten stoelen met ranke rug. De kussens sluiten perfect aan bij de gordijnen.

Op dan naar de master bedroom! Dankzij de door Home Arts uitgetekende maatkast wordt de ruimte onder de schuining van het dak optimaal benut. Lichtgrijs laat deze slaapkamer tot rust komen en zorgt voor een karaktervol accent. Het op elkaar afstemmen van elementen en tinten kent in de tweede slaapkamer een hoogtepunt. Toch opteren Katrin en Frans niet voor de gemakkelijke weg. De muren van de slaapkamer tonen ons in spiegelbeeld taupe en Engels rood. Het bordeaux van de sprei op het rieten bed keert terug in het reusachtige schilderij met vage figuren. Bij het fameuze bed hoort origineel meubilair in hout en riet. De totaliteit voelt bijzonder aangenaam aan en toch ervaar je op geen enkel punt een déjà-vu-effect.

De kinderkamer is werkelijk het summum van genoeglijkheid. Zo kan de teakhouten kast het opvallend goed vinden met het antieke hemelbed. Het gaat om een zeldzaam stuk dat naar behoren werd gerestaureerd. Een beer waakt bovenop het hemelbed over het kindje dat hier straks van een zoete nachtrust zal genieten.

Blauw en wit frissen de badkamer op en donker hout (rond het bad en als console voor de spoeltafel) zorgt voor een warme inkleuring. Wasbakken en spiegels in aloude stijl contrasteren met design kraanwerk en wandlampen. Blauwe knopjes sieren de blanke maatkasten en harmoniëren beeldig met de vloer. Toch opvallend hoe deze ruimte tegelijk getuigt van een retro en strak karakter.

Tijdloos en eigentijds gaan dus best samen. Met de details geeft u uiteindelijk het eindproduct de nodige persoonlijkheid. Als klant kiest u de afwerking van uw interieur zelf en op die manier creëert u van een

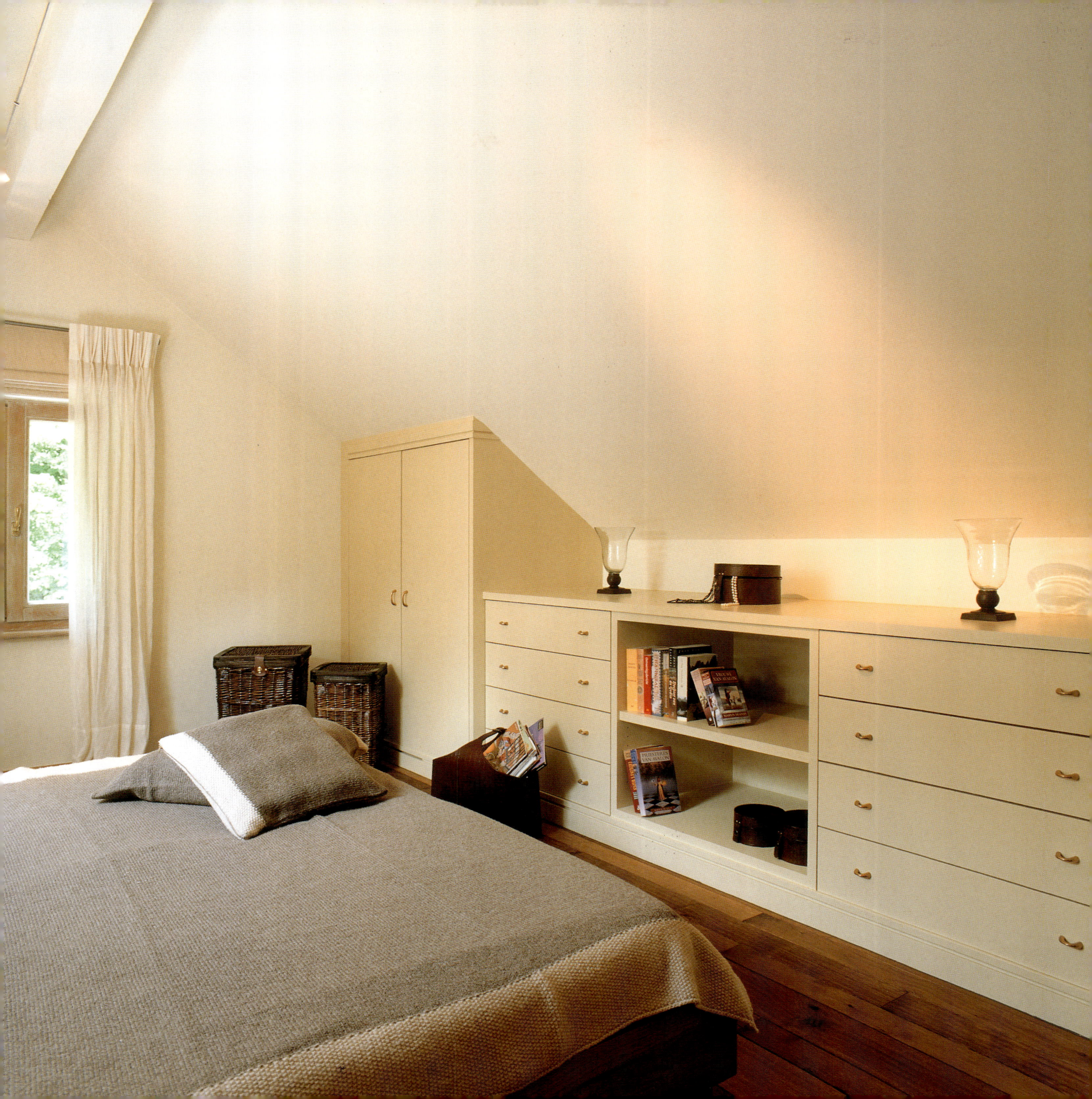

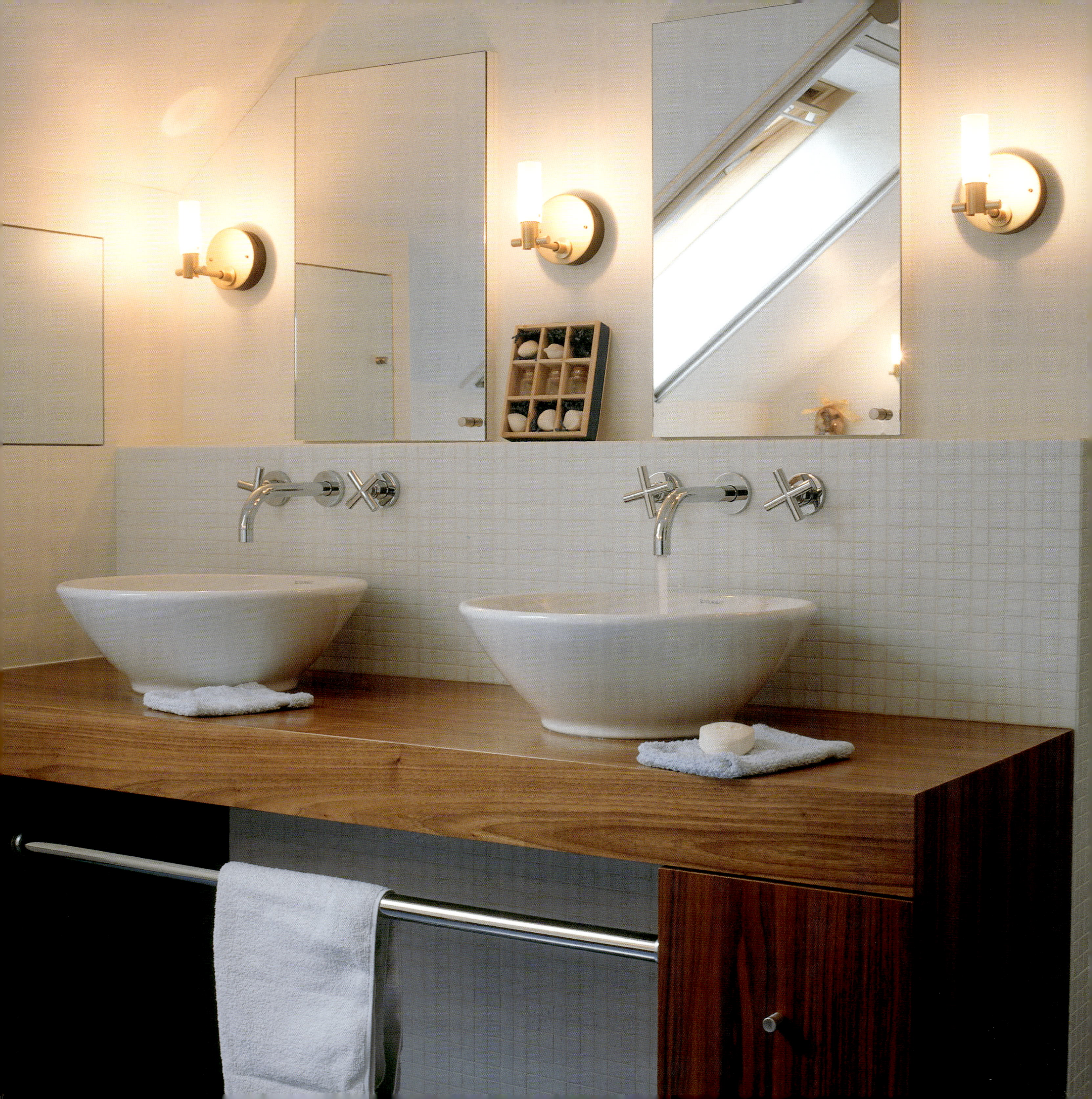

algemeen een exclusief gegeven. Concreet kunt u bijvoorbeeld een meubel laten realiseren volgens ruimte en wensen. De vorm kent geen beperking. En dat geldt niet enkel voor een woonvertrek, maar ook voor een kantoor. Gezelligheid troef, ook als u aan het werk bent. Door de context te veranderen, krijgen kwalitatieve Engelse stijlmeubelen bovendien een andere uitdrukking. Anders uitgedrukt: ze voelen zich al snel ergens thuis. Wilt u een eigentijdse richting uit met een klassieke basis, wel dat is perfect mogelijk.

Het zijn verder ook de accessoires die een interieur de nodige pit geven en ook wel een prettige toets. Heeft u dan nog ergens een hoekje dat nog enkel naar een schilderij of een tekening verlangt alvorens als compleet te worden beschouwd, dan zit u hier eveneens goed. U vindt allicht wel een plastisch werk naar uw smaak en passend in uw interieur. Het is in ieder geval een kunst om alle spullen van een interieur aansluiting te laten vinden. De dingen op mekaar afstemmen, daar komt het op aan.

Home Arts creëert traditionele Engelse interieurs anno 21e eeuw. Abstract en tijdloos zijn begrippen die hier een perfect huwelijk vormen. Deze binnenhuisinrichters weten maar al te goed hoe u een interieur persoonlijke klasse kunt aanmeten. Iedereen die houdt van stijlvol wonen vindt hier dan ook zijn gading. Ieder hoekje is stuk voor stuk om te stelen.

Licht en donker hout vinden mekaar en op die manier doorbreekt u het klassieke. Door de dingen eens anders dan anders te combineren, geeft u ze een verhelderende dimensie. Daarbij is het uiteraard altijd de bedoeling om het interieur gezelligheid en cachet te bezorgen en zo de mensen die er wonen en te gast zijn een goed gevoel te geven.

Zoekt u iets unieks? Katrin en Frans vinden het fijn om rond te neuzen op de wereldmarkt naar iets authentieks voor iemand specifiek. En als zij het gevraagde dan vinden, beleven deze interieurspecialisten daar zelf ook steeds veel plezier aan. Het lijkt wel of ze gedreven voor zichzelf op zoek gaan van zodra er een engagement is naar de klant.

Dit is echt een woning vol contrast. Elk vertrek heeft een eigen uitstraling en toch vormt alles samen een boeiend geheel. Zoveel is duidelijk: de interieurs van Home Arts zijn nooit zwaar op de hand en het thuisgevoel is er optimaal. ✱

'Traditie en vernieuwing zorgen samen voor een optimaal thuisgevoel'

'Het op elkaar afstemmen van elementen en tinten kent hier een hoogtepunt'

Home Arts
Brasschaatsebaan 8, 2970 Schilde (B), tel.: 0032(0)3/464.24.12, fax: 0032(0)3/464.24.13,
e-mail: info@home-arts.be, website: www.home-arts.be

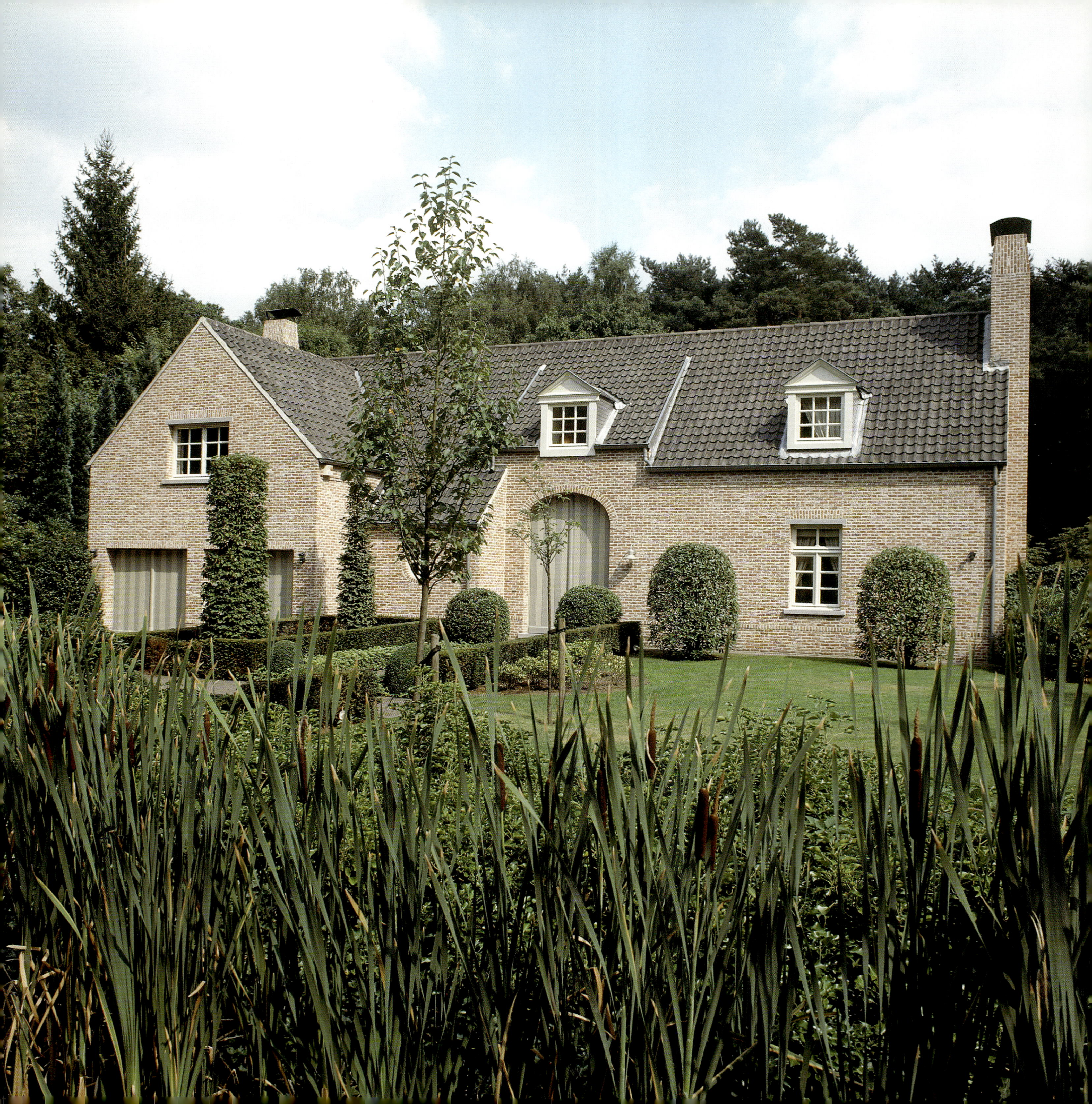

*E*EN OASE IN EEN OASE

Bewoners en villabouwer hebben in nauw overleg een droom van een woning gecreëerd.
Het edele concept is gegroeid, net als de bomen rondom, tot iets met een tijdloze schoonheid.
De villa mag zich dan ook terecht spiegelen aan de natuur.
En aldus kan er sprake zijn van een oase in een oase.

We schrijven 1976 als Omer Jacobs start met Woonstijl Villabouw. Op dat moment voelt hij zich reeds heel goed thuis in de bouwwereld. Omer zit immers al een tijd in het vak. Hij kent met andere woorden de stiel, beschikt over de nodige knowhow en heeft een goede materiaalkennis. Al snel groeit Woonstijl uit tot een toegewijde villabouwer met een eigen stijl en veel aandacht voor persoonlijke service. Woonstijl heeft doorzicht en kan dus makkelijk een team leiden dat zich specialiseert in het oplossen van specifieke bouwproblemen. In 1993 komt zoon Wout dan de rangen vervoegen. Even begeesterd als de vader en altijd begaan met de klanten, volgt hij elk project op van het plannen maken tot de realisatie. Elke woning ademt de stijl van Woonstijl en de sfeer van de bewoners. Een mix die altijd aanspreekt en hier is dat zeker niet anders.

'Gerecupereerde gevelsteen, authentieke pannen, met de hand gerilde arduin
en karaktervol schilderwerk zorgen voor een voelbaar nuanceverschil'

'Twee glazen verklappen ons dat het een romantisch onderonsje wordt tussen mevrouw en mijnheer'

De voortuin tekent zich in blokken van groen af tegen een riante gevel in gerecupereerde Paepesteen. Graag uw aandacht ook voor het dak. Er is gewerkt met zogenaamde VH pannen, die gebakken worden zoals weleer, in een ringoven. VH staat voor 'verbeterde holle pan' met een perfecte sluiting en een authentieke look. Dor-

'Door het grote raam is het in de eetkamer niet enkel volop genieten van de dis maar ook van de seizoenen'

pels en lintelen werden uitgevoerd in met de hand gerilde arduin. Voor een karaktervolle toets zorgt het schilderwerk van ramen en deuren. En dan hebben we het vooral over de banden in olijfgroen en grijs. Dit alles zorgt aldus voor een voelbaar nuanceverschil. Deze woning werd gebouwd op een grond van zo'n 2100 m² groot. Het perceel is 30 m breed en ruim 70 m diep. Geen wonder dus dat de gevels zich ten volle kunnen ontplooien. Achteraan gaat de tuin via een gazon over in een bos en wordt de villa als het ware opgenomen in de natuur. Maar allicht wil u eerst eens nieuwsgierig binnenkijken…

In de hal speelt de zon een speels spel met de trap en de wit genopte vloer in Noir de Provence. Hier wonen duidelijk golfliefhebbers! De vloer loopt door tot in de eetkamer achter een dubbele glazen deur. In gezelschap is het er niet enkel volop genieten van de dis maar ook van de seizoenen. Een groot panoramisch raam haalt immers de achtertuin in huis. Origineel is de 8-hoekige vorm van dit vertrek. Vernuftig zijn de ingebouwde kasten in de korte hoeken, waar je vlot allerlei gerei in kwijt kunt. De tafel is werkelijk een centraal punt. U kijkt links in de keuken en rechts in het salon. Let op de gordijnen die mooi aansluiting vinden met het plafond. Gezelligheid troef in de woonkamer met eiken parket en een schouw in natuursteen. Buffetlampen houden het licht gedempt. Je zou zweren dat de gashaard een echte open haard is. Inmiddels heeft de heer des huize een fles Zuid-Afrikaanse wijn laten decanteren.

Landelijker kan een keuken niet zijn. Het werkblad kan het goed vinden met de vloer die van de hal tot hier doorloopt. Provençaals blauw flatteert het ontwerp. De spoelbak herinnert aan grootmoeders tijd. Bijzonder: er is een verdoken deur die naar de garage en de wijnkelder leidt. Een boogvorm brengt u dan naar de tuinkamer (met rieten salon) en naar het terras in gezaagde arduin. Zo krijgt u eigenlijk een voorproefje. Want daar aan de achterzijde van de woonst is nog met meerdere bogen gewerkt. Prachtig toch dat inspringend metselwerk in combinatie met de zuilen. Een ossenoog schittert nabij het toilet en de vestiairekast. Zo belandt u terug in de hal en op de loper naar boven. Op de overloop toont de reling een originele wrong. Aan het eind licht de deur een tipje van de sluier van de hoofdslaapkamer.

Het bed staat tegen een wand die links en rechts een

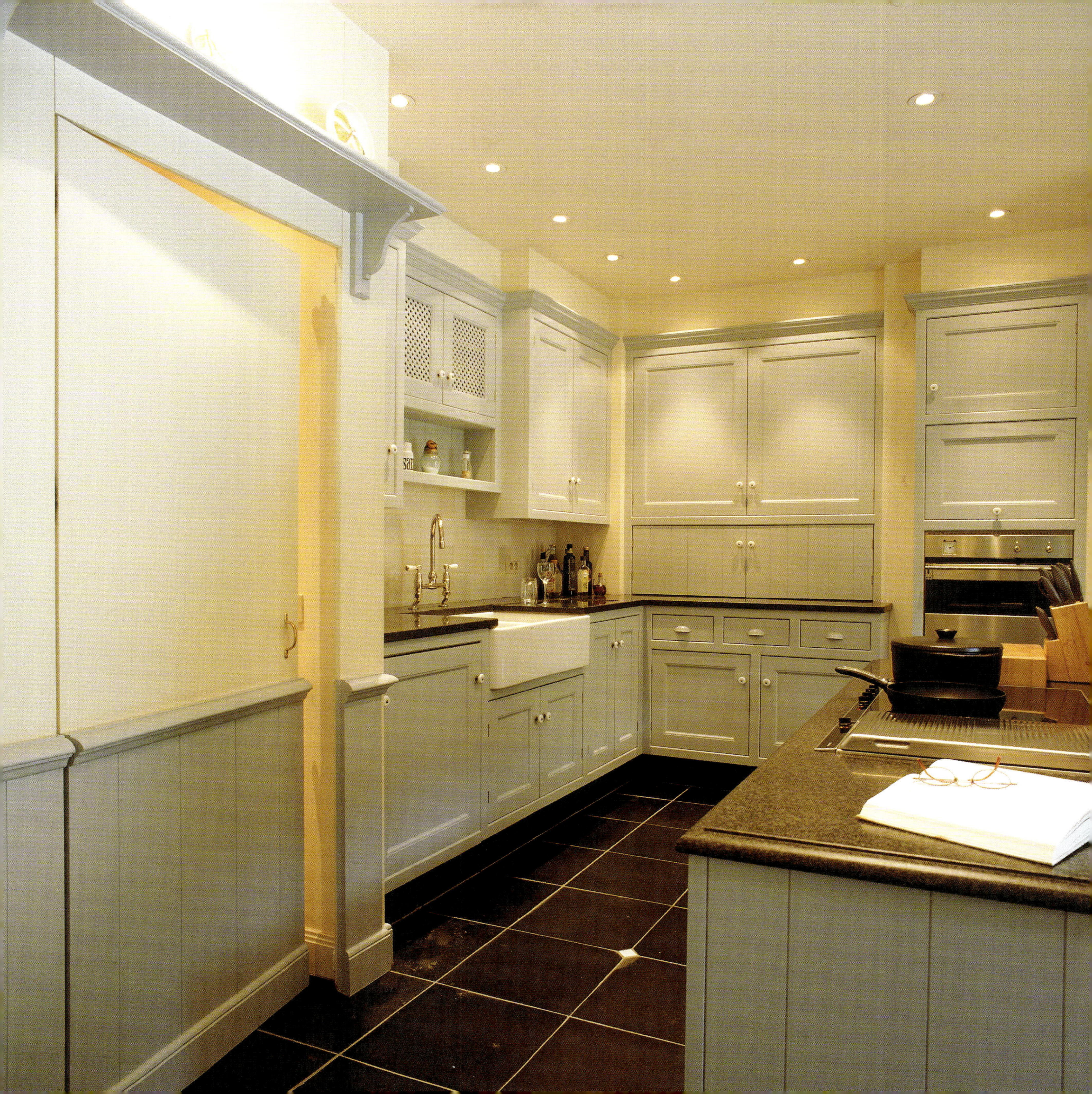

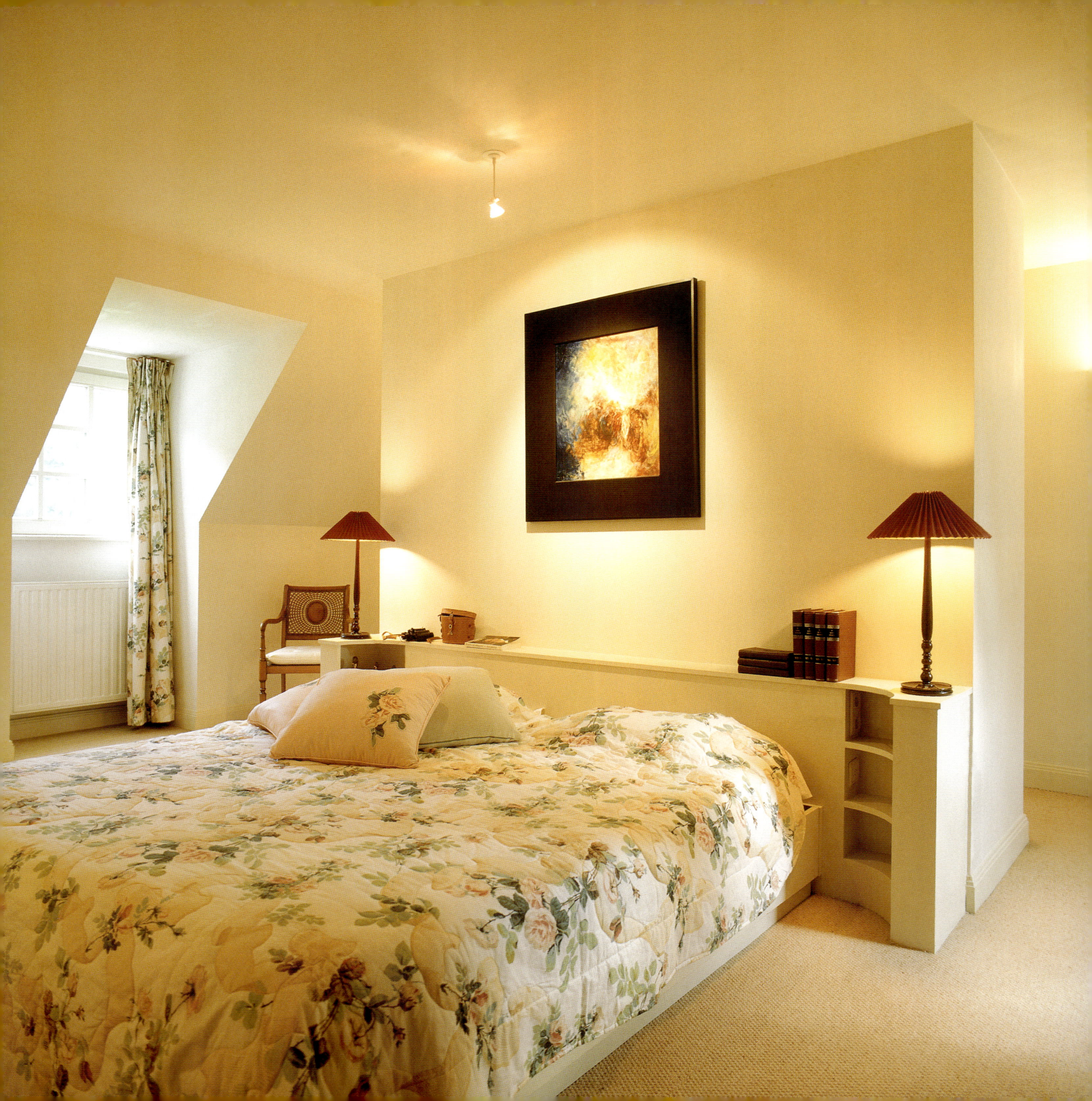

'Bedsprei en gordijnen dragen eenzelfde bloemmotief en het schilderij sluit aan met een verwant pallet'

doorgang biedt, knus verlicht door uplighters. Erachter vindt ieder zijn dressing. Handig. En slingert er al eens een kledingstuk rond, dan hoeft niemand zich daaraan te storen. Bedsprei en gordijnen dragen eenzelfde bloemmotief en het schilderij sluit aan met een verwant pallet. Kasten vormen een scheiding tussen een andere slaapkamer en het bureau. De badkamer, uitgevoerd in Bianco Royal Rosé marmer, baadt in aangename crèmetinten. Spoeltafel, bad en douche bieden u alle comfort en privacy.

Woonstijl getuigt ook hier weer van een grote betrokkenheid. Of het nu gaat om de creatie van een woning van a tot z, of een gedeeltelijk opzet waarbij u dan een deel van de afwerking zelf behartigt, in deze villabouwer uit Schoten vindt u steeds een ware en oprechte partner, met een kloppend hart voor uw woondroom die... straks werkelijkheid wordt. ✳

Woonstijl Villabouw
Botermelkbaan 65, 2900 Schoten (B), tel.: 0032(0)3/658.89.89, fax: 0032(0)3/658.08.35,
e-mail: woonstijl@yucom.be, website: www.woonstijlvillabouw.be

DISARONNO
Dolfi
Dolfi
FRAISE DES BOIS
SEPH G
COGNAC
Mulberry
HOME

STIJLVOL WONEN COMPLEET
PETER DECKERS SCHILDER- EN DECORATIEWERKEN

Afwerking straalt af op eindresultaat

Steeds meer worden sferen vermengd. Engelse interieurs met een eigentijdse toets, weelderige decoratie in een gestroomlijnd pand. De originele mix der dingen maakt van wonen een uitermate interessant gegeven. Met behang en verf creëert u alvast het kader en zo is meteen de juiste toon gezet.

En daar staan we dan in een stijlvolle villa geschilderd en behangen door het team van Peter Deckers. De hal oogt verrassend strak. Bolvormen op de grond en een stoel met gekrulde armsteunen tekenen zich af in de leegte. Precies door de sobere aanpak getuigt deze moderne ruimte van een klassieke tijdloosheid. Jawel, er hangt sfeer in de lucht. De glanzende natuursteen van de trap vindt beneden een vervolg in de tegelvloer die gedeeltelijk wordt ingekleurd door een rood tapijt. U voelt de hand van de meester in de kalkverf van de muren. Na een isolerende basis volgen twee lagen kalkverf. Door de verticale beweging van het schilderwerk lijkt de hal nog hoger. Een imposant beeld om even bewonderend bij stil te staan. Er is gekozen voor een grijstint die toch een zekere warmte ademt. Let op de ingebouwde vestiairekast die qua kleur aansluit en zich aldus perfect integreert. Kalkverf wordt niet

'In de woonkamer volgen de sierlijsten de kleur van de wanden zodat het plafond hoger lijkt'

gefixeerd, maar deze inbouwkast vormt een uitzondering op die regel; er is een laagje vernis gebruikt. Intensief gebruik maakt poetsen noodzakelijk en op deze manier wordt het er alleen maar gemakkelijker op. Mooi en onderhoudsvriendelijk gaan samen. Niemand die daar rouwig zal om zijn.

De hal loodst ons nieuwsgierig de woonkamer binnen. We lopen er recht op een antieke verrekijker bij een wandgroot raam dat de woning als het ware openbreekt naar de achtertuin. In het salon vraagt een witte orchidee ontroerend aandacht voor een schouw in marmer zo zwart als roet, geflankeerd door een wortelmand en een houten bol. De geverfde muren staan in schril contrast. U ervaart een zeldzame zachtheid door het gebruik van matte acryl die het midden houdt tussen grijs en bruin. Het vertrek dat deze zitkamer verbindt met de keuken werd een tintje donkerder geschilderd om subtiel wat afwisseling te bieden. Opvallend: de plafondlijsten volgen hier de kleur van de wanden. Veelal is het andersom. Met deze optie lijkt het plafond hoger en dat mag wel, vermits het in werkelijkheid niet bepaald hoog is. Omgekeerd kunt u een ander effect beogen en ook

'Zowel mensen als schilderijen en andere decoratieve elementen voelen zich goed in de van kalkverf voorziene eetkamer'

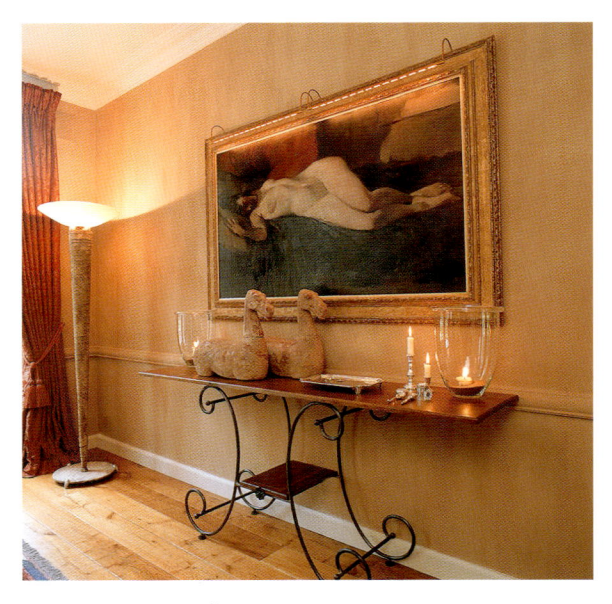

bereiken. Stel dat u een ruimte te hoog vindt, verlaag dan optisch de plafondlijn door gewoon de sierlijsten mee te schilderen met het plafond. Deze specialist opteert in de meeste gevallen voor plafonds in gebroken wit. Om het wit te breken wordt een klein percentage van de wandkleur gebruikt bij het mengen.
In een tweede salon met sisal vasttapijt brandt een kandelaar op de vensterbank. Er wacht een zetel met een voetbank tot iemand zich wil ontspannen, de neus in een tijdschrift en royaal de tijd uit het oog verliezend. Van daaruit gaat het naar het oude bureau dat een plaats heeft gekregen in een ruime erker die deel uitmaakt van de woonkamer. Het blanke raamwerk kadert de achtertuin in. Door het zicht op het groen en de vijver is het trouwens altijd aangenaam om hier een beetje te werken in huiselijke kring. Hier wordt in alle rust briefwisseling gevoerd. Je zou zweren dat de kleur van de wanden identiek is aan de stores (wat ook effectief de bedoeling blijkt). Peter Deckers heeft dus goed werk geleverd bij het afstem-

'De schelpen van de wandverlichting versmelten beeldig met het schilderwerk'

men van de verf op het linnen. U loopt dan onderweg naar de keuken, in de tussenruimte, op een geceruseerde kast met glazen inkijk. Stuk voor stuk collector items zijn op de legplanken beland: beeldjes die banden hebben met de Oudheid, aarden hond op hoge poten, opgezette fret, zandloper van weleer, een figuur die thuishoort onder de noemer naïeve kunst, struisvogeleieren, glitterwagen in miniatuur. Een bont allegaartje dat, als puntje bij paaltje komt, toch best een boeiend geheel vormt. Wie de achtergrond van ieder voorwerp kent, blikt er graag op terug. Wie er het raden naar heeft, fantaseert een eigen verhaal en zet zo de geschiedenis even naar zijn hand.

Lampen, objecten in glas en zilver tonen zich in volle symmetrie op een side-table. Centraal pronkt een ornament met engeltjes op de rand. Links en rechts versmelten de schelpen van de wandverlichting beeldig met het schilderwerk. Uniek aan de keuken is de overloop waar zich een intiem salon bevindt met open haard. Daar boven kan tv worden gekeken, alsook beneden in de keuken zelf. In het eerste geval gaat het om languit genieten van een film, in het andere mag u meer spreken van 'snel een graantje informatie meepikken' tijdens een maaltijd of enige kookactiviteit. Het werkblad in gepolijste arduin kan het uitstekend vinden met de schilderkeuken in crèmekleur. Drie lagen satijnlak sieren het hout. De muren kregen eerst een grondlaag en werden vervolgens afgewerkt met acryl in een groen met een tikje blauw. Diverse lichtbronnen en niet in het minst de kunstige kristallen luchter boven de robuuste tafel doen de kalkverf in de eetkamer oplichten. Deze aardetint stamt uit de Keim collectie en zorgt ervoor dat zowel mensen als schilderijen en andere decoratieve elementen zich hier goed voelen. Bij een liggend naakt pronken twee eeuwenoude paarden. Naast een stoel met een plaid weerspiegelt het zonlicht in karaffen en cognacglazen naast

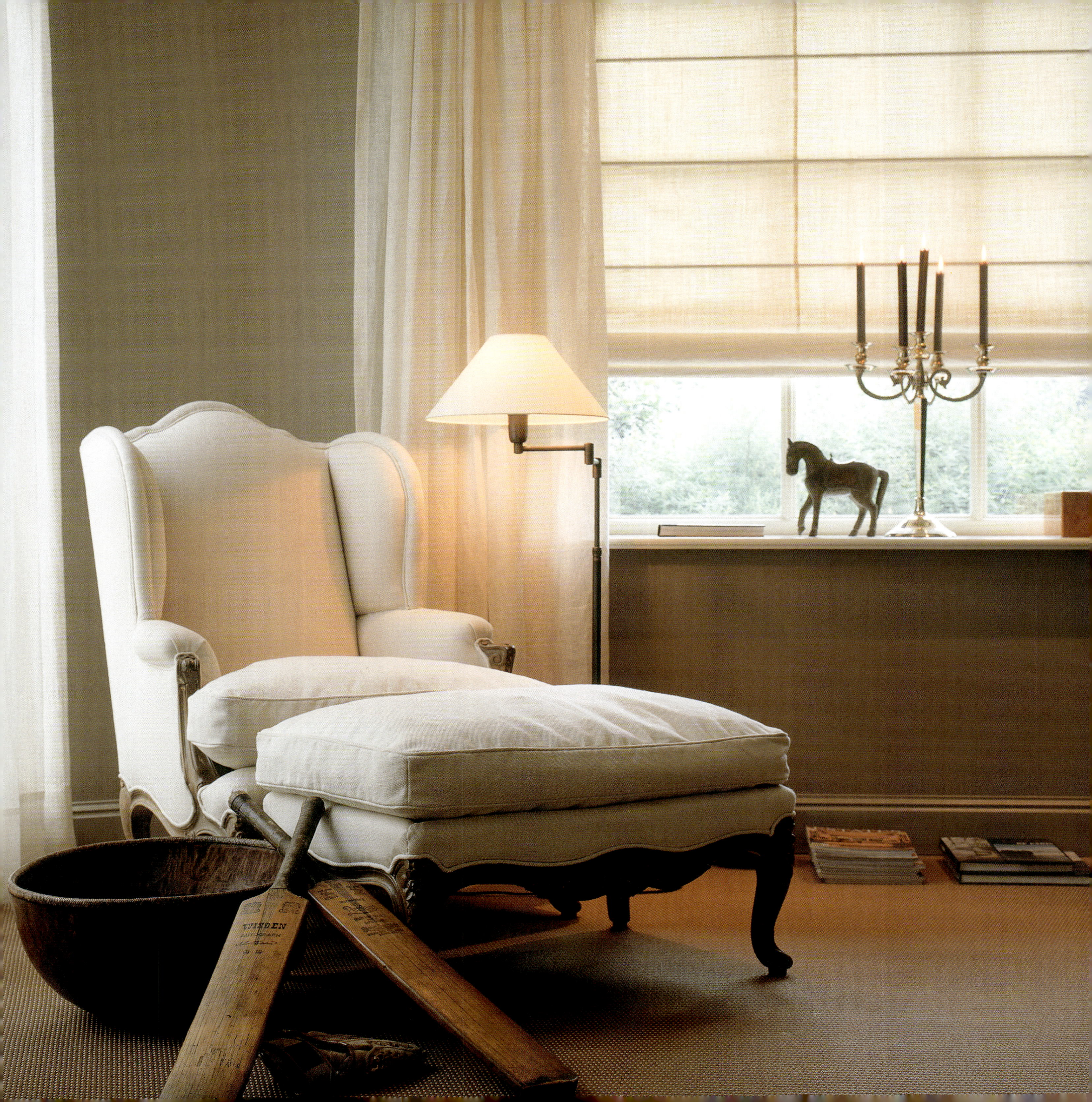
WISDEN
AUTOGRAPH

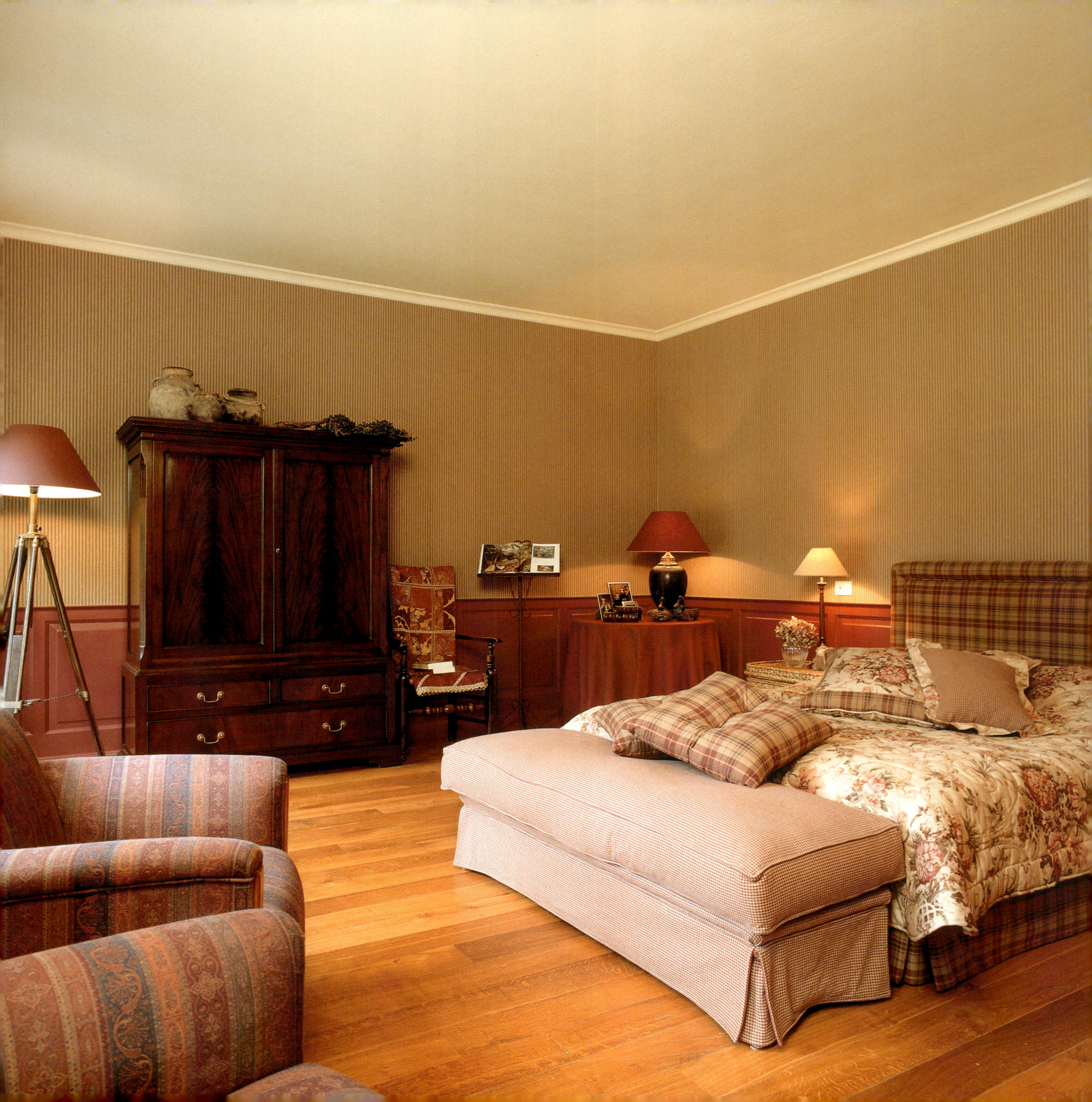

een bronzen beeldje. Het sas tussen de keuken en de eetkamer heeft een uitgesproken karakter door het gebruik van ossenbloedrood. Er is opbergruimte voor allerlei tafelgerei. En zo staan we uiteindelijk terug in de hal.

Peter Deckers is van alle markten thuis. Dat betekent dat u ook bij hem terecht kunt voor de meest uiteenlopende decoratieve schildertechnieken. Wat dacht u van 'doorschuren' waarbij eerst verschillende lagen verf worden aangebracht die men dan nadien gedeeltelijk weghaalt, met een doorleefde uitstraling tot gevolg. Patineren is nog zo'n techniek om de dingen er ouder (en tijdloos) te laten uitzien. Hout of marmer imiteren, koperen klinken een roestig cachet geven, met een spatel verf weghalen en zo een streepjestextuur creëren, het zijn slechts enkele van de

'Via de kussens, een poef en het beklede hoofdeind van het bed wordt de lijn doorgetrokken in het bruingetinte streepjesbehang'

'Ontroerend vraagt een witte orchidee aandacht voor een schouw in marmer zo zwart als roet'

mogelijkheden. In het eigen atelier worden alle soorten meubels vakkundig onder handen genomen volgens de vraag van de klant. Besluit: met verf is zowat alles mogelijk voor wie de regels van de kunst kent en respecteert.

Naar boven dan! Het schilderwerk in de badkamer houdt zich met opzet op de vlakte om de rust niet te verstoren en bij deze wordt de donkere natuursteen tevens op een voetstuk geplaatst. De slaapkamer dompelt u onder in een compleet andere sfeer die very British oogt. Authenticiteit alom. De lambrisering is geverfd in satijnlak van Farrow & Ball. Het rood neigt naar oud roze. Doordat het plafond werd uitgevoerd in greige kalkverf krijgt de ruimte een ietwat ruwe en daardoor natuurlijke aanblik. Met de gordijnen en bedsprei wordt de slaapkamer extra in de bloemetjes gezet. Via de kussens, een foot-stool en het beklede hoofdeind van het bed trekt Peter Deckers dan de lijn door in het bruingetinte streepjesbehang van Ralph Lauren. De lampenkappen laten zich de kleur opleggen van de lambrisering of het behang. Alles op mekaar afstemmen is de boodschap. En op die manier ontstaat een harmonie die de nachtrust ten goede komt.

Alle vertrekken werden piekfijn afgewerkt door Peter Deckers Schilder- en Decoratiewerken, precies zoals het hoort en zoals u dat van dit bedrijf mag verwachten. De afwerking straalt dan ook duidelijk af op het eindresultaat. ✳

Peter Deckers Schilder- en Decoratiewerken
Industriepark A53, 2220 Heist-op-den-Berg (B), tel.: 0032(0)15/24.99.96, fax: 0032(0)15/24.55.98,
e-mail: decoratiewerkendeckers@skynet.be en info@peter-deckers.be

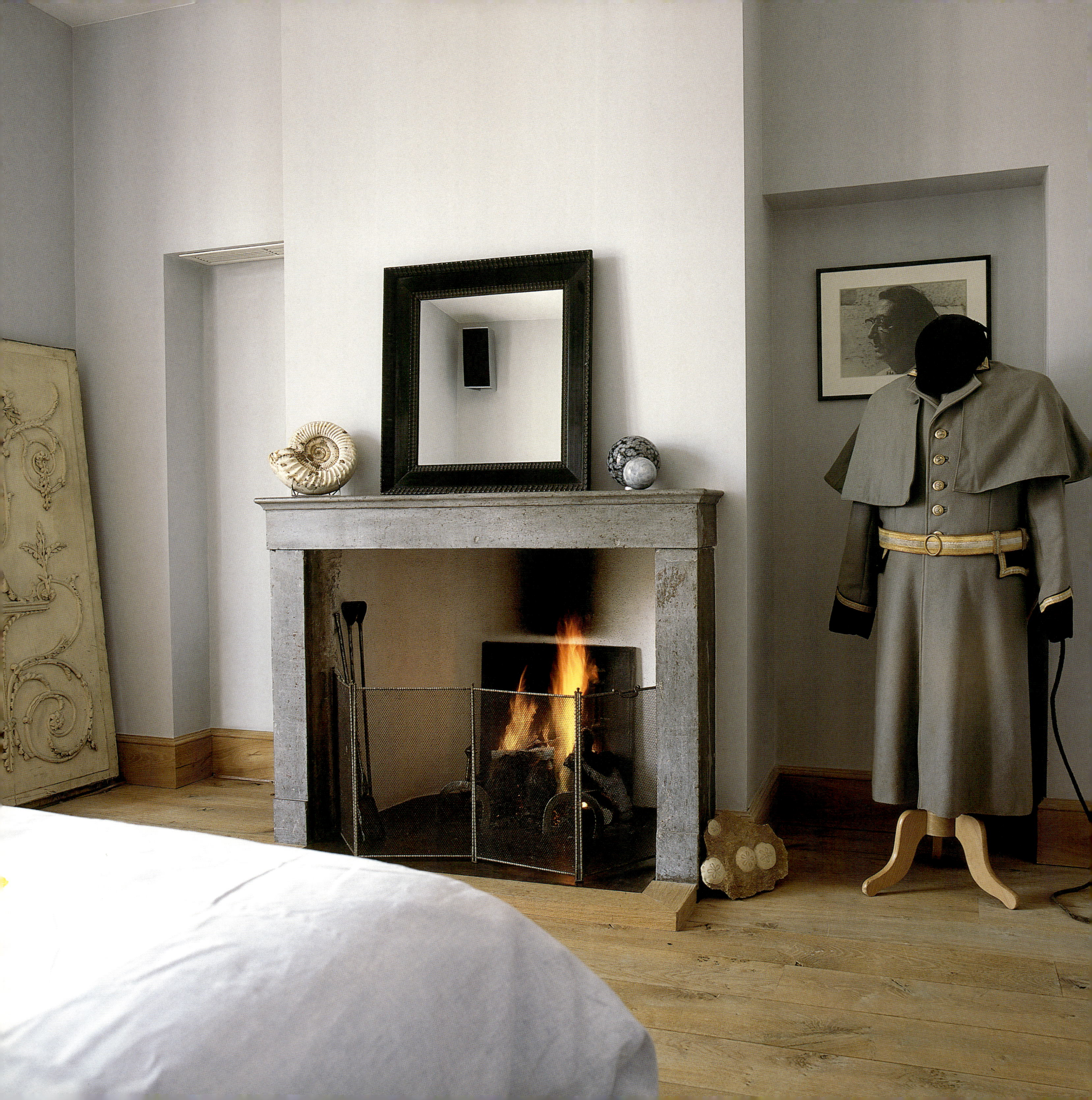

STIJLVOL WONEN COMPLEET
LEON VAN DEN BOGAERT

Vakantiewoning zoekt feestvierders

Minimalisme wordt vaak geassocieerd met koud en ongezellig. Dat die vlieger niet altijd opgaat, bewijst deze vakantiewoning in Knokke. Door te spelen met kleur, verlichting en vooral oude materialen straalt de inrichting juist warmte en gezelligheid uit. De ideale locatie om er even tussenuit te knijpen, te ontsnappen aan stress en drukte, en uitbundig te feesten!

'In alle luxe, op de golven van het comfort van de 21ste eeuw komen hier mensen bij elkaar om vakantie te beleven'

'Door te kiezen voor een afgewogen mix van oud en nieuw komen de antieke stukken helemaal tot hun recht'

'Exit' lezen we op de lichtreclame die boven de voordeur hangt. "Hier verlaten we de maatschappij, ontvluchten we de stress. Het is een symbolische 'exit' aan ons drukke professionele leven", legt eigenaar Vincent Van den Bogaert uit. Meteen wordt de volledige opzet van deze woning duidelijk: door langs deze deur binnen te gaan, komen we in een andere zone, een zone waarin vakantie, luxe en feest triomferen. Maar voor we gaan proeven van die vakantiesfeer willen we eerst nog even iets over de buitenkant kwijt. Want ook de statige uitstraling van deze Knokse 'belle-etagewoning' laten we niet zomaar aan ons voorbijgaan. "Het pand werd meer dan honderd jaar geleden gebouwd, als enige woning midden tussen de duinen. Er zijn zelfs ansichtkaarten waar het huis op staat afgebeeld terwijl er kokette dames voor paraderen in oude klederdracht met kanten parasols", vertelt de trotse eigenaar. Het was een belle-étage die later werd omgebouwd tot appartementen. "Bij die verbouwing zijn alle waardevolle, oude elementen

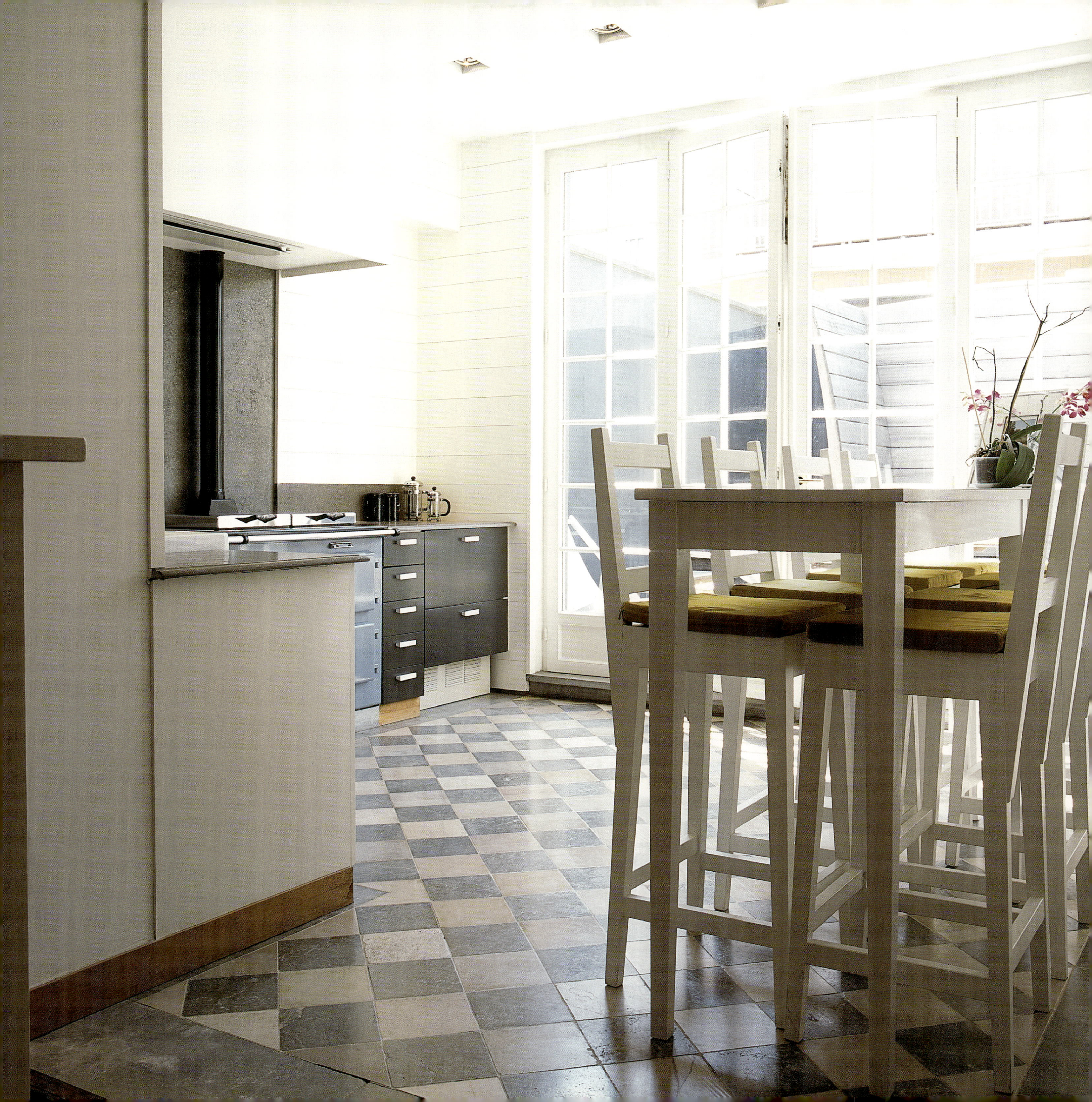

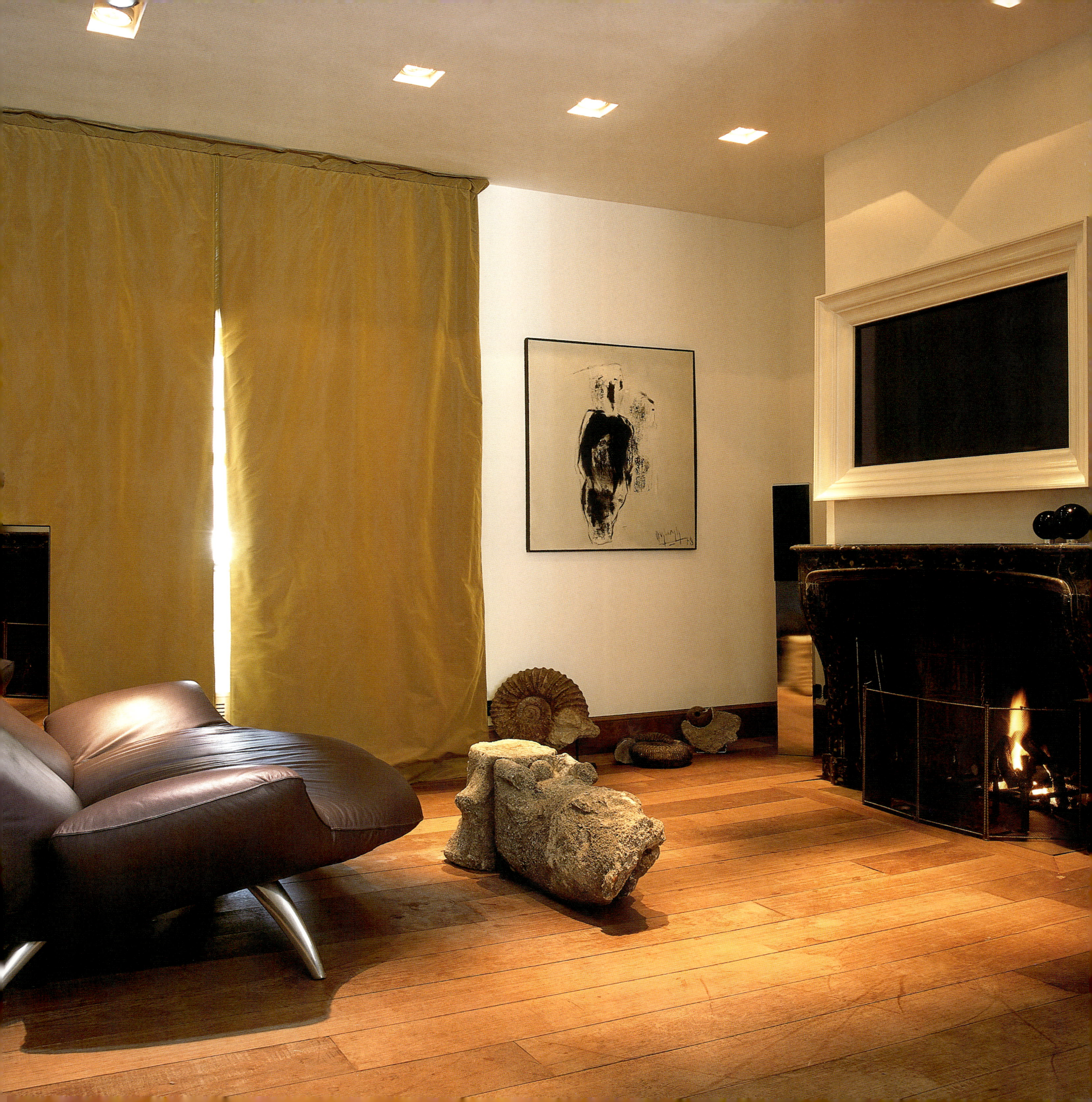

'Antieke haarden met grote vuuropeningen zorgen voor de warmte en gezelligheid uit grootmoeders tijd'

gesneuveld. Toen wij het kochten zat er binnen niets van oude, originele stukken meer in. Enkel de hoge plafonds waren bewaard gebleven. De rest hebben we er allemaal zelf in moeten aanbrengen."

We staan eigenlijk al veel te lang te praten aan de straatkant. Het is hoog tijd dat we binnen een kijkje gaan nemen en kijken of het interieur aan de hooggespannen verwachtingen beantwoordt. Terwijl we onder het 'Exit'-bord doorlopen en het gordijn als een theaterdoek achter ons valt, worden we overvallen door een heerlijke vakantiesfeer. We hebben aan enkele snelle indrukken al genoeg; hier wordt gefeest en genoten! En het interieur is daarvoor het instrument: licht, minimalisme, grote ramen, hoge plafonds, oude materialen en fossielen, ... In alle luxe, op de golven van het comfort van de eenentwintigste eeuw komen hier mensen bij elkaar om vakantie te beleven. Op alle mogelijke manieren! De een doet dat met een filmpje in de thuisbioscoop, de ander door te luieren op het zonneterras en nog een ander door een glas te drinken met vrienden in de bar. Voor iedereen, op elk niveau, is er wel iets om zich te vermaken.

"Dat was inderdaad precies de bedoeling", springt Vincent ons bij. "En daar hebben we de inrichting en de decoratie volledig op afgestemd. Het moest minimalistisch, onderhoudsvriendelijk, strak en licht zijn, zonder te veel tierlantijntjes. Hip en jong, niet

'Door langs deze voordeur binnen te gaan komen we in een zone waarin vakantie, luxe en feest triomferen'

voor oudere mensen." Tegelijk wilden ze er natuurlijke, oude materialen in verwerken. "Door te kiezen voor een afgewogen mix van oud en nieuw komen de antieke stukken esthetisch helemaal tot hun recht. Het is wel clean, maar de vormgeving is zo strak. Het weinige dat je ziet ademt zo'n eindeloze warmte en sfeer uit. Bovendien zijn de verlichting, de kleurstelling en muziekinstallatie zo gekozen dat je elke ruimte individueel nog eens kunt aanpassen aan de sfeer die jij wilt, aan de stemming waarin je je bevindt.

Uiteindelijk maak je het zo warm of zo minimalistisch als je zelf wilt."

Waarschijnlijk ligt het aan de grootte van de ruimtes dat die zich lenen voor verschillende sferen en stijlen. "Die hoge plafonds zetten toch meteen de toon. Ze zorgen – vaak onbewust – voor een ruimtelijkheid die maakt dat je je hier zo vrij, nonchalant en ongeremd kan bewegen. En dat is wat precies hetgeen je vakantiegevoel oproept. De ruimtes schreeu-

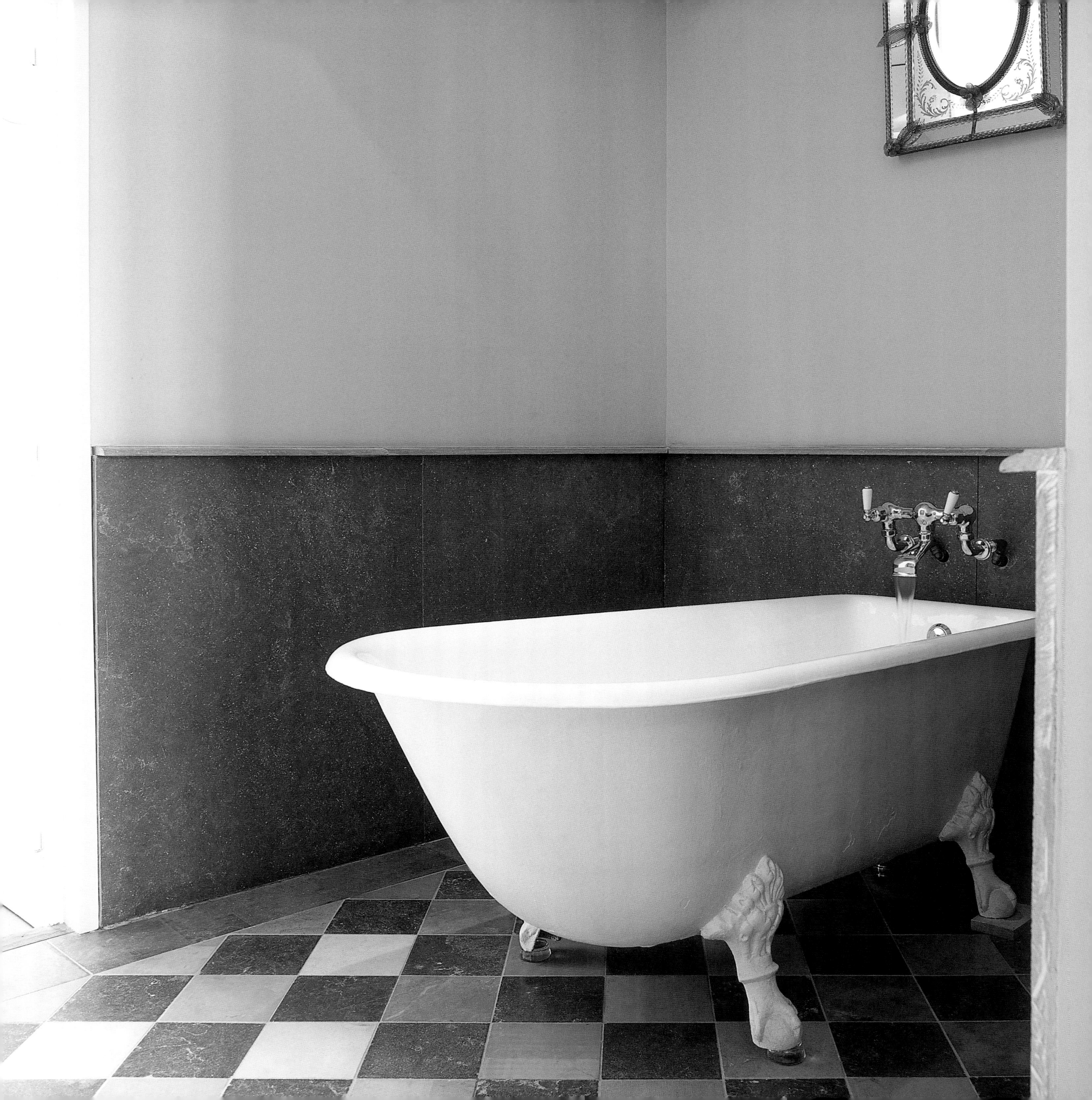

wen echt 'come out and play'! Bovendien verwacht je dit ook niet als je het huis aan de buitenkant ziet. De gevel oogt erg charmant, maar is eigenlijk een façade waar veel meer achter schuilgaat. Dat verrassingseffect is natuurlijk mooi meegenomen."

Terwijl wij onze ogen rijkelijk de kost geven, gaat Vincent onverstoorbaar verder: "Het is een stijl als geen ander. De variatie is geweldig! Aan de ene kant is het erg strak, maar tegelijkertijd zorgen de haarden met grote vuuropeningen voor de warmte en gezelligheid uit grootmoeders tijd. Ook de oude trap en de eiken planken versterken die tegenstelling. En wat dacht je van de dominovloer in de keuken? Of de wandplaten in de badkamer? Een antieke schouw hoeft trouwens helemaal niet rustiek te zijn. Er zijn ook strakke modellen, en die geven aan een minimalistisch interieur juist iets leefbaars. Belangrijk is dan wel dat deze mooi worden gedecoreerd: een oude haardplaat bijvoorbeeld weerkaatst het vlammenspel. Dat flikkerende lichtspel geeft nog meer warmte en gezelligheid." Dat deze antieke stukken en oude materialen zo mooi uitkomen, heeft ongetwijfeld te maken met het feit dat Vincent de zoon is van Leon Van den Bogaert, die gespecialiseerd is in zeldzame tijdperkschouwen en de bijhorende accessoires. Vincent en zijn broer kregen de liefde voor het vak met de paplepel ingegoten. "Helemaal gelijk", beaamt Vincent. "Hier is dan ook geen architect aan te pas gekomen. Alle stukken hebben we hoogst persoonlijk gekozen uit onze eigen collectie van sierschouwen uit de renaissance en de tijd van Lodewijk XIII, XIV, XV en XVI tot art deco." De oude schouwen in een moderne setting zorgen inderdaad voor een ontspannen sfeer. Het resultaat nodigt uit om vakantie te komen vieren, om te feesten: 'Vkntwnng zkt fstvrdrs!' *

> 'De oude schouwen in een moderne setting zorgen voor een ontspannen sfeer. Het resultaat nodigt uit om vakantie te komen vieren, om te feesten'

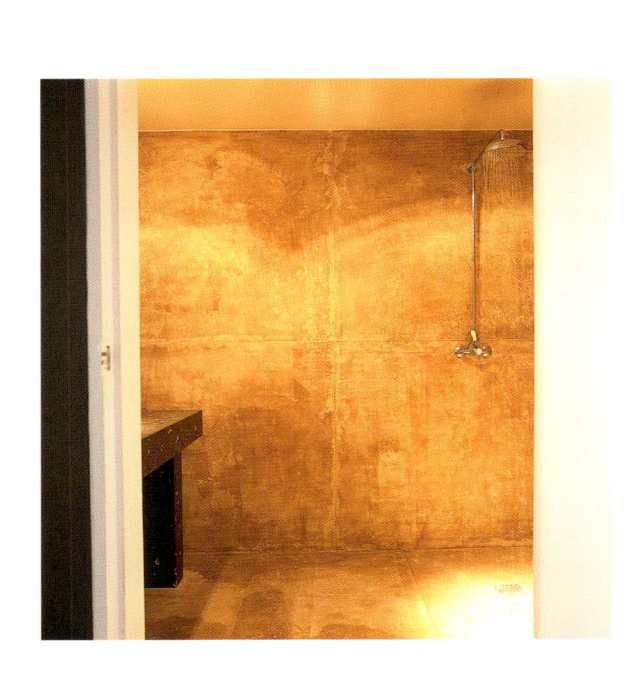

Leon Van Den Bogaert
Nerenweg 1, 9270 Kalken (B), tel.: 0032(0)9/367.52.01, fax: 0032(0)9/367.99.90
e-mail: vincent.vdb@skynet.be

Ouvertures choisies
PIANO
a deux mains
J. GUNTHER BRUXELLES
VERBAEYS - COURTRAI
ODEOLA

STIJLVOL WONEN COMPLEET
SLOTS

Waar vervlogen kinderjaren herleven

Om u thuis te voelen omringt u zich met dingen die u dierbaar zijn en u een behaaglijk gevoel geven. Deze ouderlijke woning werd om die reden volledig intact gelaten en ingericht met erfstukken en familieherinneringen. Daardoor werd het een eerbetoon aan de familietraditie, met een interieur dat doet verlangen naar lang vervlogen kinderjaren, en toch aangepast is aan de trends van de eenentwintigste eeuw.

'De opdracht was om de sfeer van vroeger, van haar onbezorgde kindertijd in het huis te brengen'

'Mevrouw wilde een klassiek interieur, geïntegreerd met de vele familiestukken die ze van ouders en voorouders erfde'

De vrouw des huizes, die ons graag rondleidt in haar interieur, is helemaal verknocht aan deze woning. Haar ouders lieten het bouwen net na de Tweede Wereldoorlog. Zij deden daarvoor een beroep op de bekende architect Jacques Vierin die wel meer pareltjes van klassieke architectuur in de streek ontwierp. Mevrouw groeide op in deze stijlvolle woning en koestert er vele herinneringen. Door de jaren heen vergroeide ze met het huis en het lag voor de hand dat ze er ooit zou terugkeren. Enkele jaren geleden deed zich eindelijk de mogelijkheid voor om het huis te kopen en verhuisde ze met haar gezin naar de ouderlijke woning.

Een grondige opfrisbeurt diende zich aan. Omdat het echtpaar een druk professioneel leven leidt, besloot het voor de inrichting en decoratie een beroep te doen op een interieurzaak. In hun zoektocht naar een geschikte partner kwamen ze in de reusachtige

'De bibliotheek was ooit de werkkamer van haar vader en is om die reden haar favoriete plek in huis'

showroom van Slots terecht en toen stond hun besluit vast: deze mensen zouden hun interieur onder handen nemen. Hoewel de twee zelf weinig tijd hadden om zich in te laten met de inrichting wisten ze erg goed wat ze wilden. "Vooral mevrouw had

'Het interieur werd een compromis tussen antiek en hedendaags, een brug tussen twee generaties'

een goed beeld van hoe het er moest uitzien", horen we van de styliste. "Zij wilde een klassiek interieur dat geïntegreerd zou worden met de vele familiestukken die ze van haar ouders en voorouders heeft geërfd. Op die manier wilde ze een beetje de sfeer van vroeger, van haar onbezorgde kindertijd, opnieuw in het huis brengen." Op dat initiatief werd onmiddellijk erg positief gereageerd door de decorateurs: "Wij werken namelijk erg graag met dingen die een emotionele waarde hebben voor de klant. We sporen mensen zelfs aan om niet alles weg te gooien, maar persoonlijke spullen opnieuw een plaatsje te geven in het interieur. Door oude meubels te herstofferen en op te schuren krijgen ze vaak een nieuwe, hedendaagse look waardoor ze perfect passen in het nieuwe geheel. Bovendien is het niet alleen esthetisch en emotioneel gezien een goede oplossing, het is ook een budgetvriendelijke vorm van inrichten en decoreren."

De schilderijen, antieke meubels, oude tapijten, familieportretten en tal van vakantiesouvenirs werden in het huis verwerkt. De medewerkers van Slots gingen zelfs op zolder op zoek naar oude spullen om het huis op te smukken met oude, verweerde dingen met een ziel, om het huis te decoreren met herinneringen, te hullen in een melancholische gloed en om de sfeer van vroeger nieuw leven in te blazen. Bij het wegblazen van de dikke lagen stof die door de jaren heen de voorwerpen hadden bedekt, kwamen spontaan herinneringen naar boven, werden verhalen en anekdotes verteld over vroeger. En zo groeide ook stilaan het interieur en werd het huis opnieuw een thuis voor mevrouw.

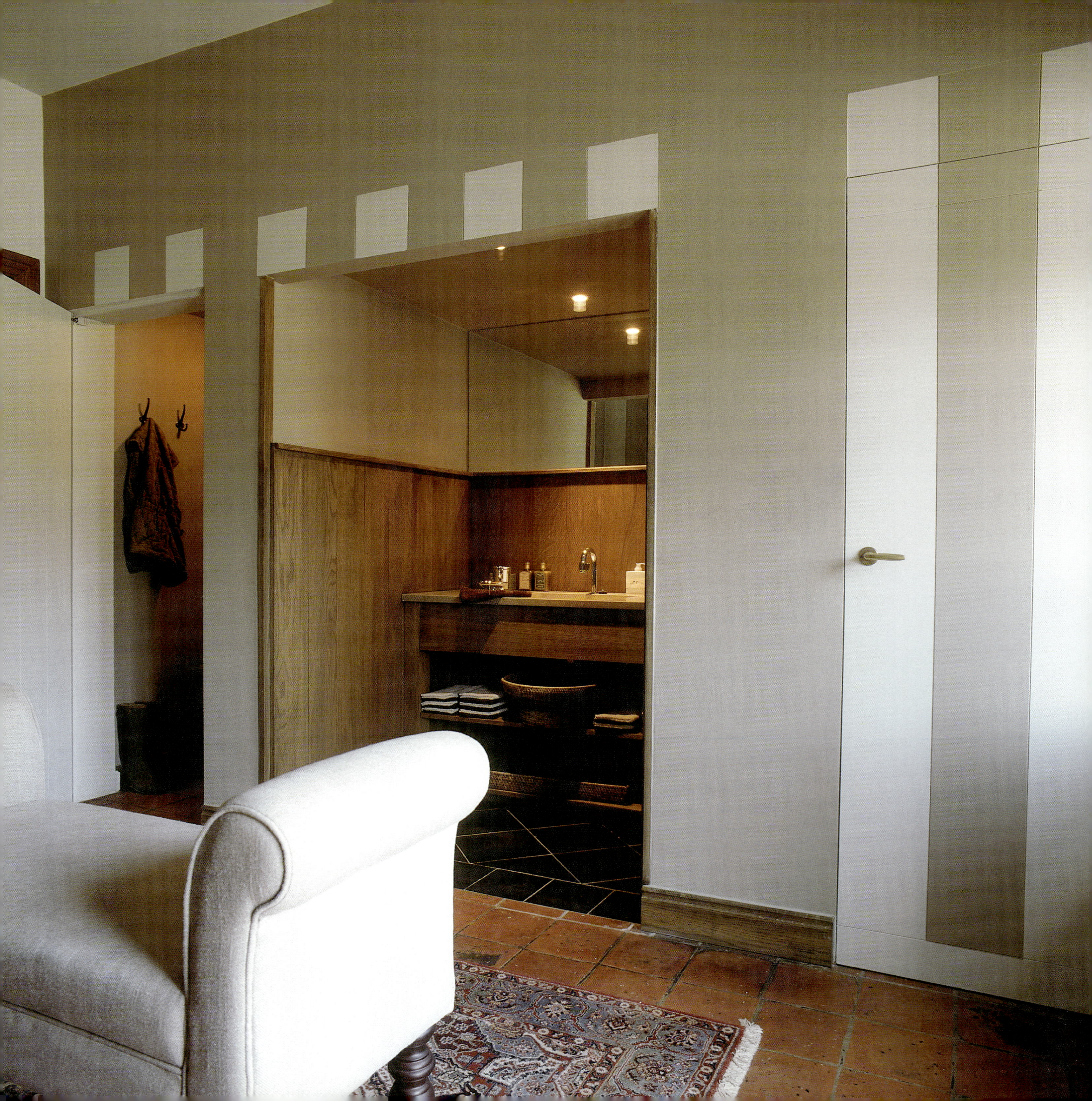

Vooral de bibliotheek met open haard en zithoek is een van de geliefkoosde plekjes waar mevrouw graag en vaak vertoeft. Het vertrek was ooit de werkkamer van haar vader. Ze denkt er vaak terug aan hem en hoe hij tot diep in de nacht voorovergebogen aan het antieke bureautje zat. Net als haar vader trekt ze zich tegenwoordig vaak terug in de bibliotheek om er even alleen te zijn, om in alle rust en stilte een boek ter hand te nemen of in de knusse Chesterfield weg te dromen bij een streepje muziek. Nog steeds ademt de ruimte een ietwat stoere, mannelijke sfeer, net zoals deze moet geweest zijn toen haar vader hier nog woonde.

Toch is niet alles helemaal authentiek. De drie zonen die nog thuis wonen wilden namelijk een iets moderner, iets meer hedendaags interieur. En daarom werden veel bestaande elementen in een nieuw jasje gestopt. "De kroonluchters in de eetkamer bijvoorbeeld zijn origineel, maar hebben we wel een nieuw kleurtje en nieuwe kapjes gegeven om ze een iets frissere look te geven. En zo tegemoet te komen aan de wensen van zowel de ouders als de kinderen", aldus de decoratrice. In diezelfde eetkamer pronken op de lange antieke eettafel nog de bloemstukken die haar schoonmoeder heeft gemaakt. Elk jaar maakt zij dezelfde bollen waarvan elk gezin er twee krijgt. Dat is intussen een familietraditie geworden; elk gezin heeft zo al zijn verzameling bollen! Ook in de woonkamer treffen we de familiebollen aan op de oude piano waar mevrouw als kind nog op heeft gespeeld. Naast de piano pronkt ook een moderne lamp. Op die manier werd een compromis gevonden tussen antiek en hedendaags, tussen oud en nieuw, tussen ouders en kinderen. Het interieur vormt zo een brug tussen twee generaties, een thuis waarin alle leeftijden zich goed voelen. ✻

'De stylisten gingen
zelfs op zolder op zoek
naar oude spullen om het
interieur mee op te smukken'

Slots
IJzeren Bareel 20a, 8587 Spiere-Helkijn (B), tel.: 0032(0)56/46.11.70, fax: 0032(0)56/45.73.50,
e-mail: contact@slotsdeco.com, website: www.slotsdeco.com

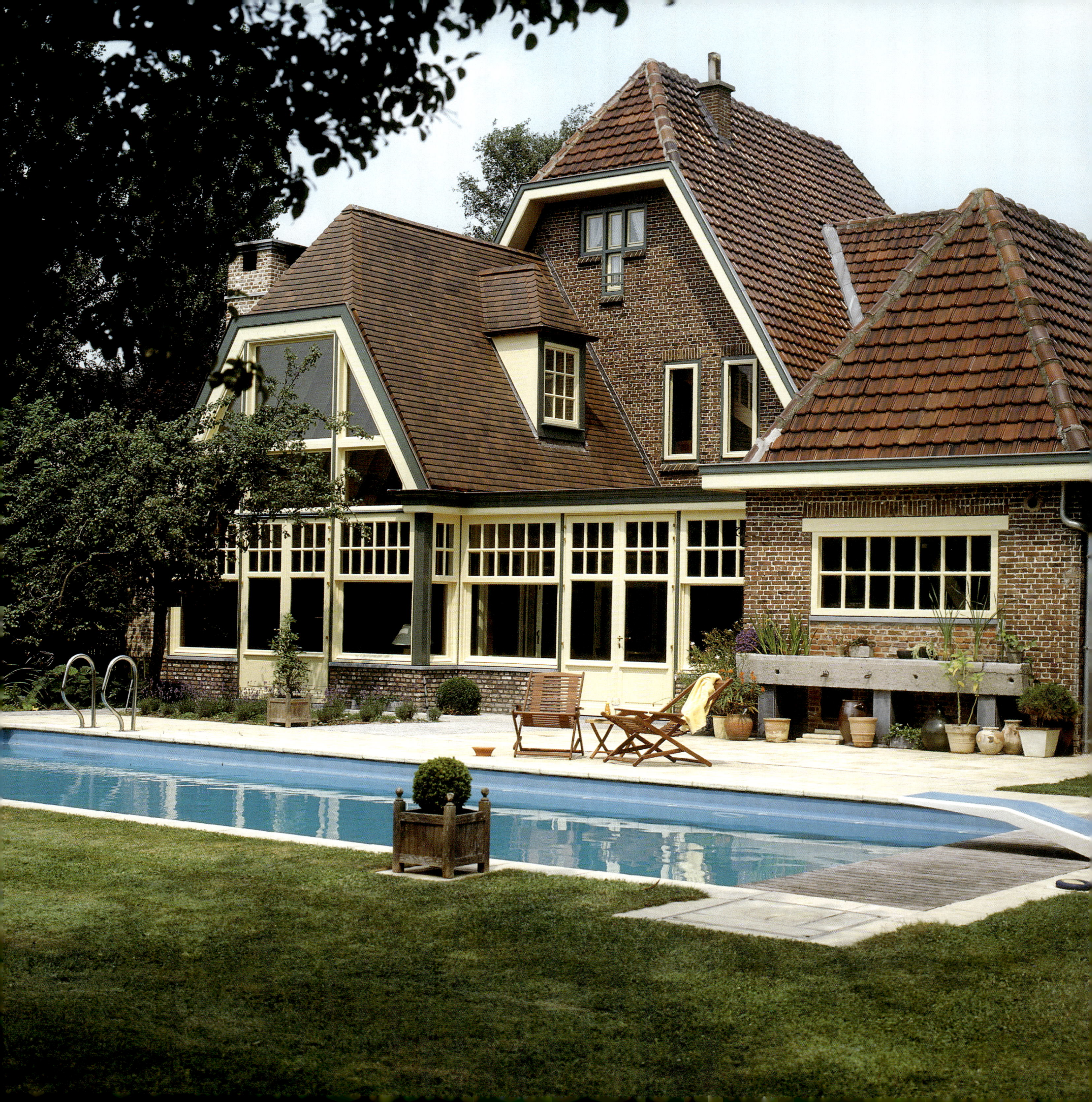

STIJLVOL WONEN COMPLEET
LLOYD HAMILTON

Overzeese look, made in Belgium

Met een oranjerie geeft u niet enkel uw woning meer elan, u creëert ook wat meer zomer het jaar rond. Grauw weer weegt dan minder op het gemoed. Want achter glas ziet de wereld er immers altijd een beetje fleuriger uit dan in werkelijkheid.

Hoenders scharrelen zorgeloos rond. De achtertuin oogt verleidelijk en het zwembad idem dito. Aan de gevel een oude bel, een erfstuk met emotionele waarde. Abstracte bronzen beelden op ranke sokkels laten vermoeden dat hier paardenliefhebbers wonen. Op de achtergrond tekent zich een tuinkamer af met een uitsprong en charmante glasverdeling, gerealiseerd door Lloyd Hamilton. Eigenlijk is het een volwaardige uitbouw van de woning. De indruk wordt dan ook gewekt dat het geheel altijd zo al was. Enkel de buitenmuur die nu fungeert als binnenmuur verraadt de

'De sfeer van de natuur wordt in huis gehaald en het interieur krijgt een natuurlijke uitstraling'

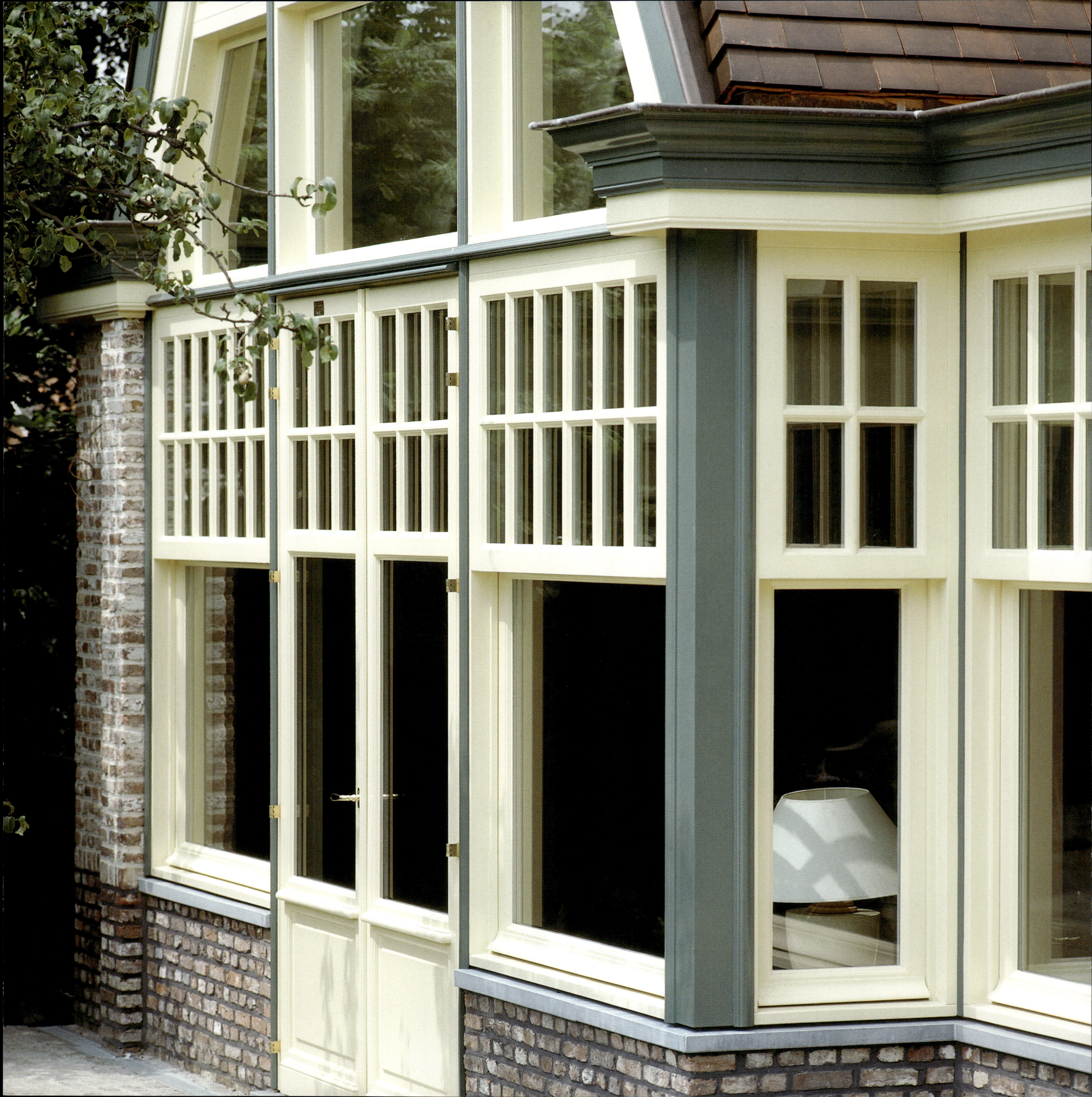

ingreep. De bewoners hebben namelijk bewust gekozen om de achtergevel niet te laten bepleisteren. De ruime tuinkamer bevat een salon en een leefkeuken. Huis en annex klitten werkelijk samen, dankzij enkele kunstgrepen van de oranjeriebouwer. Zo wordt de daklijn aangehouden. Dat was niet evident, want de villa beschikt over een gigantisch dak met een steile helling. De twee kleuren van het raamwerk, Engels groen en gebroken wit, worden hernomen. En door de tegelpannen lijkt de tuinkamer als het ware naadloos aan het bestaand gebouw gelijmd. Het afromosia hout van de constructie kreeg twee grondlagen in het atelier, maar werd ter plaatse afgeschilderd voor een perfecte finishing touch. Een kroonlijst vormt werkelijk de kroon op het werk.

> 'Nooit heeft men last van overdreven zonnewarmte in deze tuinkamer, die dienst doet als een volwaardige leefruimte'

De aanbouw heeft de aanzet gegeven om een terras te creëren dat mooi de verbinding maakt met het zwembad. Binnen en buiten genieten vloeien nu paradijselijk in mekaar. Met guillotineramen en een dubbele zwaaideur is dat overvloeien zelfs niet enkel een figuurlijk beeld, maar ook een realiteit, indien gewenst. Met ramen en deuren open lijkt de tuinkamer wel een overdekt terras. Je zit dan omzeggens middenin de tuin! Let op de Engelse scharnieren die ervoor zorgen dat de dubbele zwaaideur 180 graden zwenkt. Op de vensterbank liggend naakt van kunstenares Ingrid Rosschaert. Stenen beeld, heerlijk languit. Het inspireert de bewoners om alvast hetzelfde te doen in de relaxzetels. U heeft er een zicht op de haard die in een strak kleedje werd gestopt. Bijzonder geslaagd is dit huwelijk tussen een eerder klassiek kader en de moderne aankleding. Aan de linkerkant, waar zich de haard bevindt, werd een muur opgetrokken in gerecupereerde steen. Voor de gemetselde borstwering aan de zwembadzijde geldt hetzelfde.

Wegens veel te warm in de zomer en dus enkel bruikbaar als stapelruimte voor tuinmeubilair en allerhande gerei, werd de serre van vroeger gesloopt. De tuinkamer van vandaag is daarentegen een volwaardig deel van het huis. Het is inmiddels zelfs uitgegroeid tot het gedeelte waar het meest intensief wordt geleefd. Last van overdreven warmte heeft men hier nooit. En dit dankzij de zonnewerende beglazing, het gesloten dak en de vele deur- en raamopeningen. De nok in het salon vertegenwoordigt daarenboven een enorme massa zodat de ruimte volop kan ademen. Hier laat men zelfs het zonlicht royaal naar binnenstromen via een dakvenster in de nok en een gordijnloze glaspartij. Kolossale tegels in blauwe hardsteen en een dubbele deur brengen ons vervolgens naar de leefkeuken in crème en warm rood. Daar is gewerkt met een plafond, om toch enigszins een ander gevoel op te roepen. Om de doorstroom van licht toe te laten werd gekozen voor een tussenwand bijna helemaal in glas. Het grijs van de haard keert afgezwakt terug in de wandtegels boven het

'Op de vensterbank een stenen beeld, heerlijk languit. Het inspireert de bewoners om alvast hetzelfde te doen in de relaxzetels'

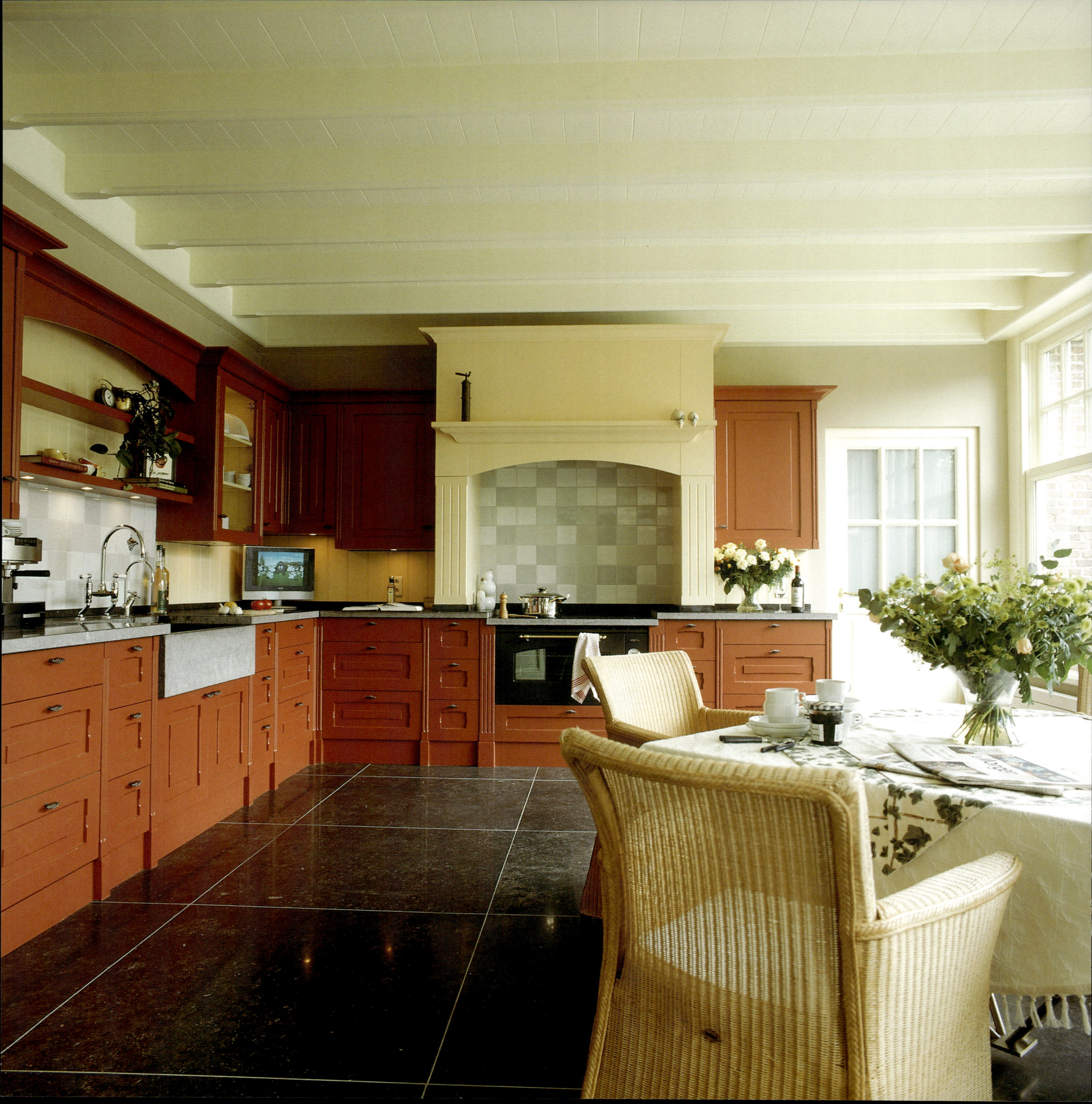

fornuis. Gelukkig blijft de link met het groen even groot in de keuken als in het salon - u ziet hier trouwens een tweede dubbele draaideur. En zo maakt de tuinkamer zich nuttig zowel als een vertrek om te verpozen als eentje om te tafelen in gezinsverband of met gasten. Wat niet wegneemt dat de tuin ook vaak mensen welkom heet om lekker te eten.

Bij het ontdekken van Lloyd Hamilton tuinkamers dwalen uw gedachten automatisch altijd af naar Engeland. Elk concept ademt immers de sfeer van ginds. Maar als u dan denkt dat dergelijke oranjerieën ook over het Kanaal worden vervaardigd, heeft u het mis! Dit is puur natuur made in Belgium, in het West-Vlaamse Vichte. Architect Luc Toelen speelt een sleutelrol. Hoe eigentijds en hoogtechnologisch het productieproces in dit bedrijf ook verloopt, hij blijft een kunstenaar in de ware zin van het woord. Zo zet hij tijdens een eerste ontmoeting met de klant reeds vingervlug een schets op papier om van op te kijken. Het is een eerste maar belangrijke stap die leidt tot het volledig op maat realiseren van een gedroomd project in glas en tropisch hardhout.

Een symbiose van cultuur en natuur... zo kunnen de oranjerieën van Lloyd Hamilton het best worden omschreven. Deze firma zet een constructie neer in harmonie met de omgeving. Maatwerk ter versmelting. Architectuur met visie, respect voor traditie, artisanale aanpak en knowhow van vandaag vinden mekaar in een product van superieure kwaliteit en met een uitzonderlijke graad van afwerking. Op die manier krijgt uw woning nog meer stijl. De producent staat er alvast garant voor dat u heeft gekozen voor een uniek gegeven. Hier kloppen mensen aan die op zoek zijn naar een exclusieve uitbouw van hun woonst, een ruimte waar ze zoveel mogelijk kunnen genieten van het wisselen der seizoenen en vooral van de prille zonnestraaltjes na de winter. De sfeer van de natuur wordt op die manier ook in huis gehaald en het interieur krijgt een natuurlijke uitstraling. ✱

> 'Bijzonder geslaagd is dit huwelijk tussen een eerder klassiek kader en de moderne aankleding'

Lloyd Hamilton
Nijverheidslaan 9a, 8570 Vichte (B), tel.: 0032(0)56/77.36.08, fax: 0032(0)56/77.36.09,
e-mail: info@lloydhamilton.be, website: www.lloydhamilton.be

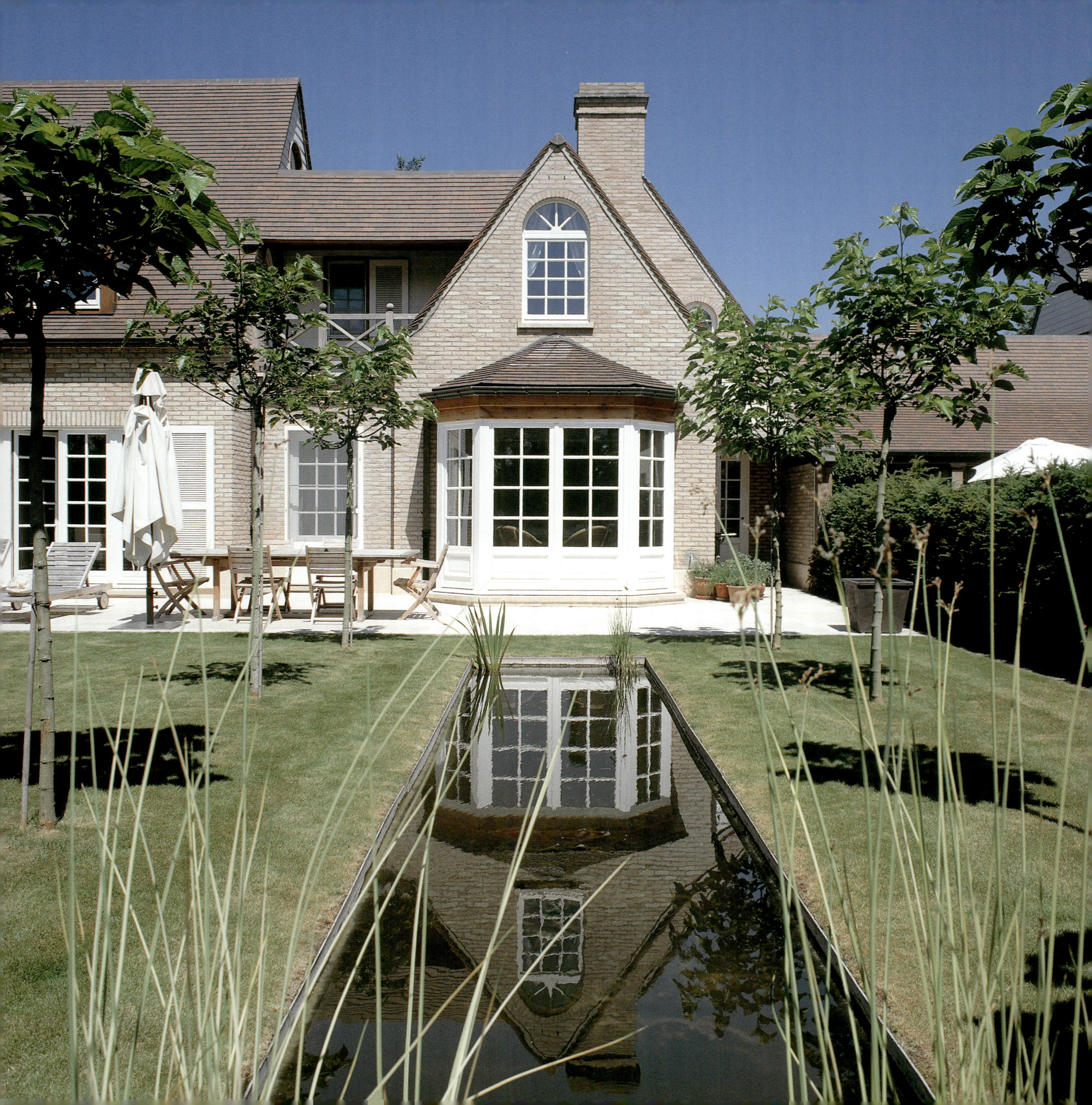

STIJLVOL WONEN COMPLEET
BELIM BOUWTEAM

PRIVACY EN OPENHEID VERZEKERD

Door de nadrukkelijk aanwezige assen speelt de tuin mee in het interieur en toch is dankzij de schuifdeuren de privacy verzekerd. Alles heeft een juiste plaats gevonden. Zowel binnen als buiten heerst uniformiteit qua kleur en materiaalgebruik. De gevels spreken u aan met een klassieke tongval. Klasse aan de Belgische kust.

Belim Bouwteam is er ook hier weer in geslaagd een stijlvolle woning te realiseren die de klant over heel de lijn gelukkig stemt. Exact inspelen op de wensen van de bouwheer blijkt steeds opnieuw de specialiteit van deze aannemer uit het Gentse. De kerngedachte die soms al een hele tijd leeft bij iemand die wil bouwen, wordt zeer concreet en nauwgezet in praktijk gebracht. Klanten mogen volop hun ideeën spuien en krijgen uitgebreid de tijd om duidelijk te maken wat ze precies verwachten van hun project. Begrijpen en realiseren, dat blijkt de grote uitdaging. Opdracht goed volbracht, zoveel staat vast. Het begint bij Belim Bouwteam altijd met de invulling van de zogenaamde identificatiefiche. Misschien staan uw speciale wensen reeds na een eerste contact in detail op papier. Maar er kan ook ruim een jaar overheen gaan.

'Onderaan de trap accordeert een reusachtig vrouwenportret beeldig met het antraciet van de muur met haard'

Neem uw tijd indien nodig. Het devies: gegevens verzamelen en afspraken maken. Wat u precies wil prijkt dan zwart op wit en dat laat u toe om te allen tijde, in elk stadium van de werkzaamheden en samen met de bouwfirma, uw woondroom te toetsen aan de realiteit.

Oren hebben naar en oog voor wat de bouwheer belangrijk vindt, daar draait het om. Met de identificatiefiche wordt daar een concrete inventaris van gemaakt. Nu, die aandacht volstaat uiteraard niet en er gewoon nota van nemen evenmin. Dit fameuze formulier fungeert effectief als handleiding. Zo is het alvast een nuttig document tijdens de transfervergadering. U kunt dan Belim Bouwteam inlichten. Allerlei punten die voor u van tel zijn worden dankzij deze fiche overgedragen aan de werfverantwoordelijken.

Deze overdracht moet alle mogelijke misverstanden slopen. Klare communicatie staat bovendien garant voor een goede klantenbegeleiding tijdens het complete bouwproces. Elke opdracht kent een persoonlijke opvolging en resulteert uiteindelijk aan de finish in een

> 'Het is de verdienste van de bouwonderneming een kader te hebben geschapen dat fungeert als een forum voor diverse grote persoonlijkheden'

uitgebreid referentiebestand met tevreden klanten. Een ander sterk punt bij Belim Bouwteam is de coördinatie. Het bouwparcours wordt haast probleemloos afgelegd binnen de lijnen van een afgesproken budget en rekening houdend met de vooropgestelde termijn. En als er dan al problemen zijn, worden ze razendsnel en accuraat opgelost. Steeds weer lukt het tevens om alle partijen op één lijn te krijgen: klant, architect (Hans De Myttenaere) en aannemer. Daarom heeft Belim trouwens de term Bouwteam in

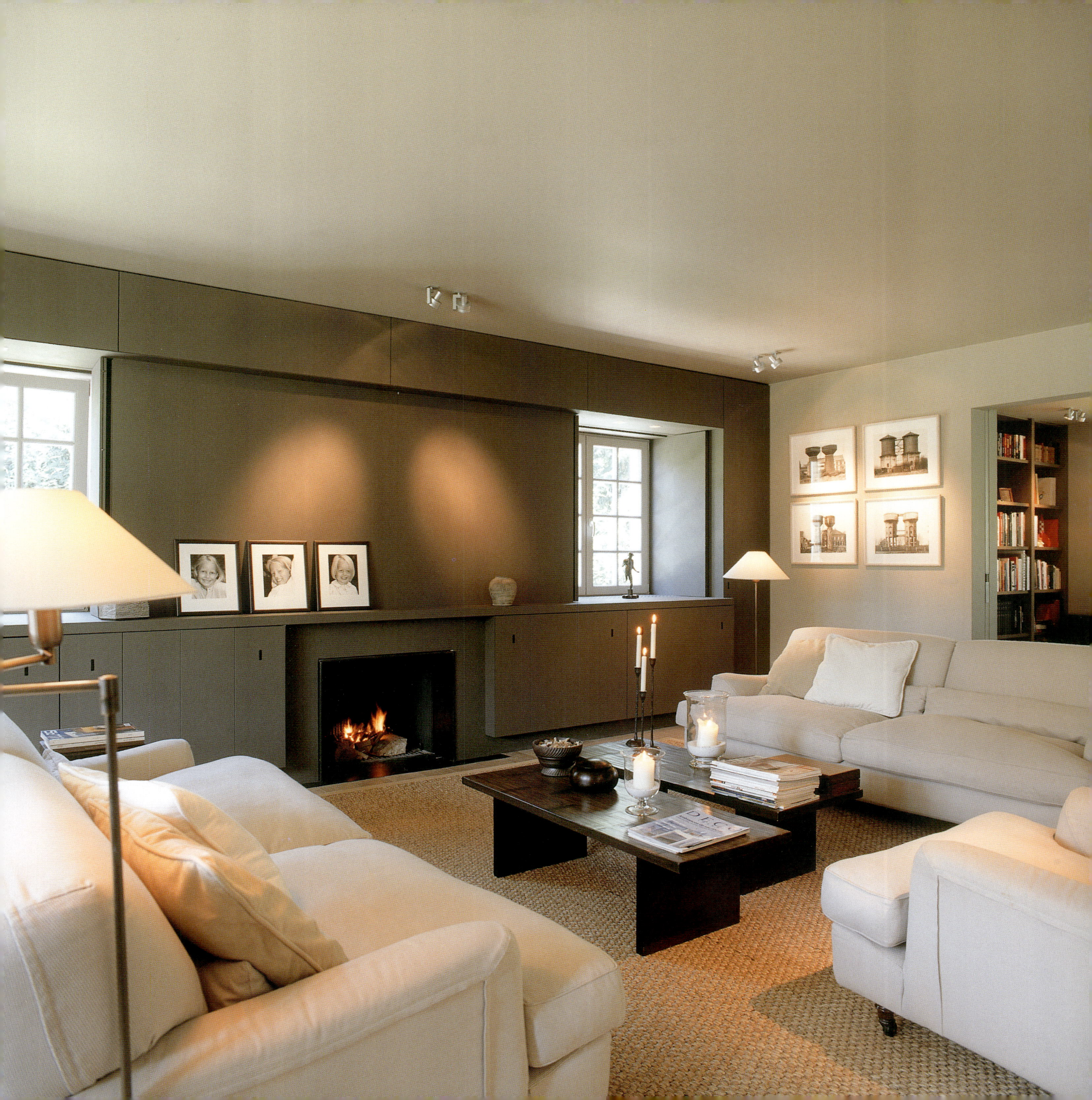

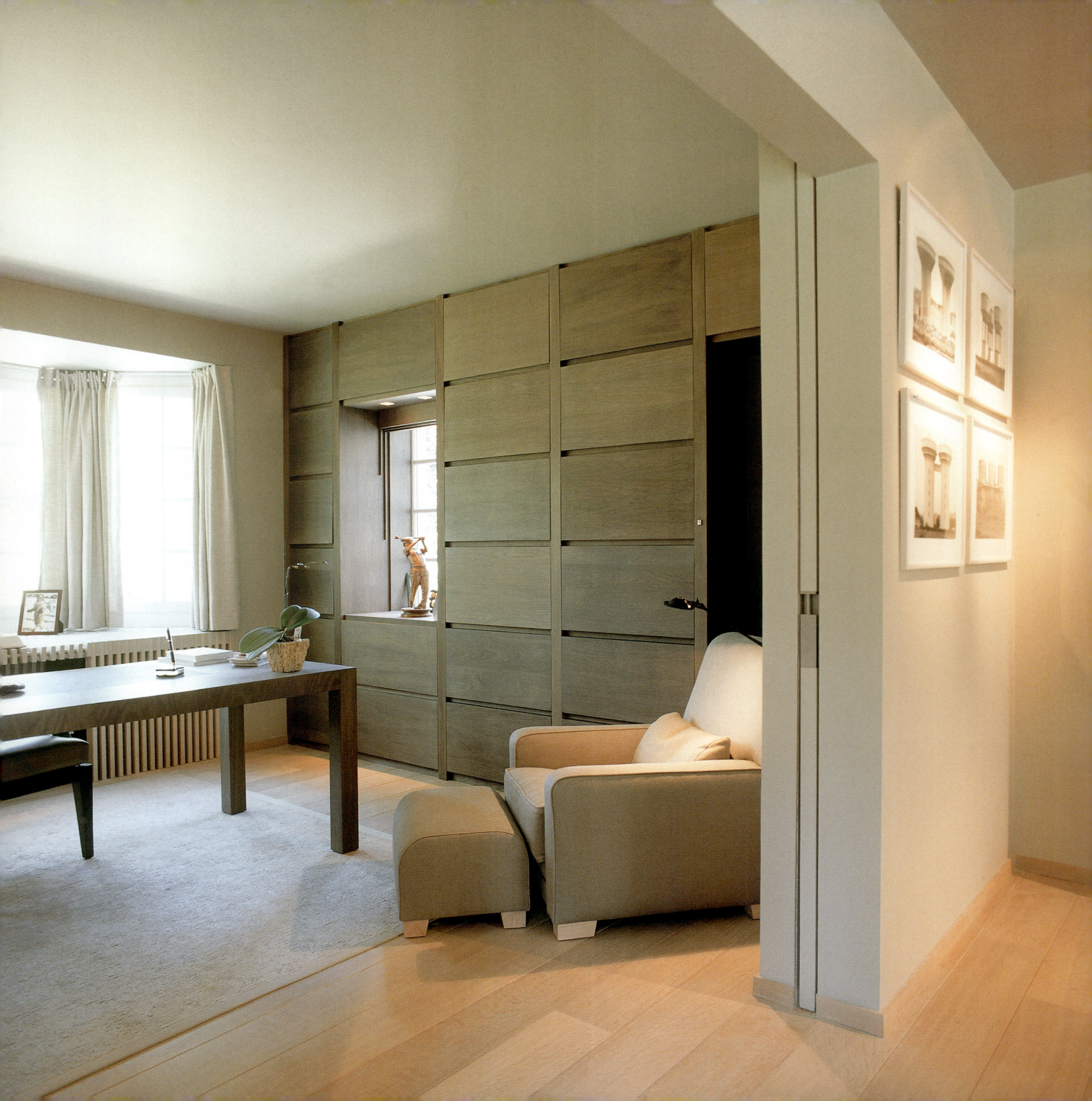

'De aankleding leunt aan bij het minimalisme maar verloochent meer traditionele benaderingen niet. Eigentijdse soberheid straalt een bijna antieke warmte uit'

het leven geroepen. En dan hebben we het nog niet over de specialisten die intern dezelfde kaart trekken: metsers, dakwerkers, ramenmakers, stukadoors, vloerleggers, schrijnwerkers, elektricien, loodgieter, keukenfabrikant, zwembadbouwer, enz. Iedereen zit werkelijk op eenzelfde golflengte en dat laat zich gevoelen. Dat de bouwonderneming trouw blijft aan de algemeen gestelde kwaliteitseisen, lijkt wel evident maar is toch nog steeds vermeldenswaardig. In feite bouwt deze aannemer voor veeleisende lieden.

Dat het resultaat de klant eert en siert, is een prestatie om terecht fier op te zijn! Satisfactie alom.

Even terug in de tijd. Buurman had reeds gekozen voor genoemde aannemer en architect. Zijn vriend next door wist hij te overtuigen om zowat samen te bouwen. Mond aan mond reclame in concreto. Dat betekent dat de twee villa's naast elkaar een identieke sfeer ademen. De tuinen vloeien in elkaar. Elk heeft een gelijkaardig overdekt terras. En toch volgde elke

bouwheer een eigen bouwprogramma. Mensen verschillen nu eenmaal en hun wensen ook. De gevels tonen u een prachtige handvormsteen. Zo laten kan best, maar allicht zal na droging alles wit geschilderd worden. Er is gewerkt met platte tegelpannen type Koramic Rustique. In de topgevel ziet u sidings van Werzalit. Ramen en luiken zijn blank geverfd. Let op het gebruik van edele materialen: balkon met balustrade in mooi vergrijsd hardhout, witstenen plint en dito terras.

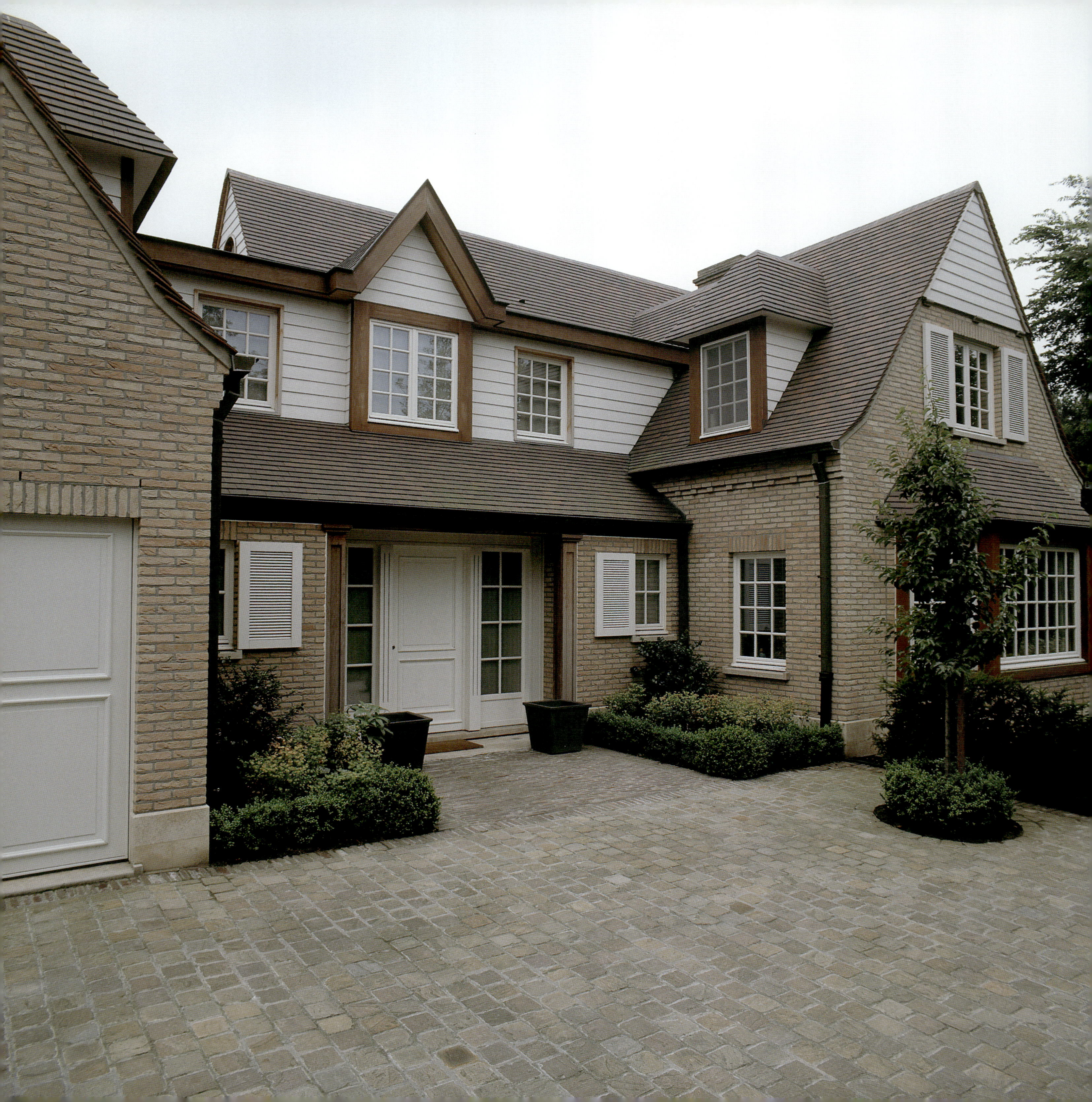

Met de inrichting zijn de bewoners echt hun eigen weg gegaan. Maar het is de verdienste van Belim Bouwteam een kader te hebben geschapen dat fungeert als een forum voor diverse grote persoonlijkheden. Waar wou de klant precies naartoe? Eerst en vooral is er het open en tegelijk gesloten karakter van het interieur. Bepaalde vertrekken bevinden zich op de twee etages in mekaars verlengde om de doorkijk te vrijwaren. Overal genieten geblazen van het groen rondom. Beneden is het zalig feesten met alle deuren open. Anderzijds blijft het perfect mogelijk om ruimten af te sluiten. Vooral in de winter verhoogt dat de knusheid, zoals u wel kunt vermoeden. De aankleding van het huis leunt aan bij het minimalisme, zonder echter meer traditionele benaderingen te verloochenen. Eigentijdse soberheid straalt hier een bijna antieke warmte uit.

Kunstenaar Julian Opie bekent kleur met een imposant doek in de hoge beige hal. Gaandeweg ontdekken we het gelijkvloers met zijn gezellige plankenvloer in geloogde eik. De wanden vinden het midden tussen grijs en bruin, maar dan wel in een zeer zachte tonaliteit. Van Jürgen Klaucke is het reusachtige vrouwenportret onderaan de trap. Het accordeert beeldig met het antraciet van de muur met haard. Een gedurfd kleuraccent dat als het ware de ruimte openbreekt. De omsluitende kast in matte caseïneverf versmelt met het antraciet zodat alles één vlak lijkt. Dit handige meubel onttrekt daarenboven de audiovisuele voorzieningen aan het oog. In dat salon hangt ook het summum van macrofotografie. De Amerikaan Andres Serrano wist de loop van een revolver zodanig uit te vergroten dat de afdruk nu valt onder de noemer 'magische kunst'. Op de radiatorkast in het bureau prijkt een beeld op een gestroomlijnde radiatorkast. Deze erfenis herinnert aan de grootouders. Wat is het fijn om bij de keuze van elementen niet alleen goede smaak maar ook emotionaliteit te laten meespelen.

De keuken werd à la carte ontworpen en zo belanden we in de eetkamer. Kunst komt hier curieus uit de hoek. Zo is er de creatie in koperdraad van Fred Eerdekens. Overdag prikkelt de wirwar de verbeelding maar 's avonds tovert het spel van licht en schaduw een zin te voorschijn: "You could hear the sound of my voice". En wat dacht u van de werkjes van Macollum boven de Chinese console getooid met oeroude Kongolese munten op voet? In de kaders mag u zelf taferelen verzinnen naar eigen fantasie... Lavasteen geeft de badkamer een exquise look. De slaapkamers dragen Engelse kleuren die u moeilijk kunt benoemen. Daarentegen het effect valt wel te vatten: iedere ruimte heeft een eigen timbre dat charmeert. ✽

> 'Let op het gebruik van edele materialen: balkon met balustrade in mooi vergrijsd hardhout, witstenen plint en dito terras'

Hier mocht de aannemer samenwerken met een bouwheer die goed wist wat hij wou. Het kwam er dus op aan een zeer eigen visie te vertalen naar de realiteit en daarbij de unieke toets van de klant te respecteren. Kortom, deze onderneming heeft wederom gebouwd in de geest van de opdrachtgever. En dat is beslist zeer kenmerkend voor Belim Bouwteam.

Belim Bouwteam
Gontrode Heirweg 138, 9090 Melle (B), tel.: 0032(0)9/272.50.00, fax: 0032(0)9/272.50.01,
e-mail: info@belim.be, website: www.belim.be

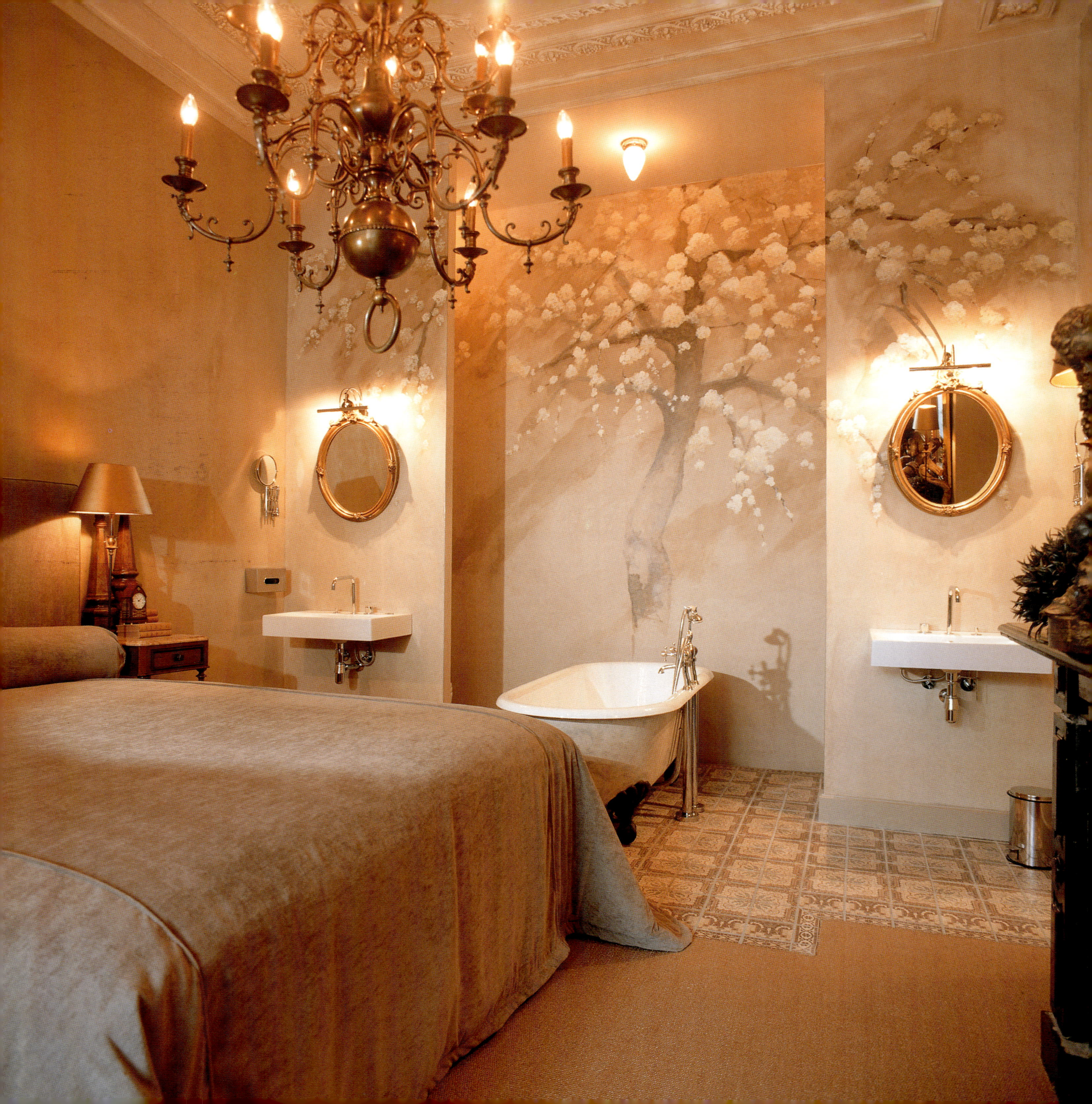

STIJLVOL WONEN COMPLEET
MARTIN DE BOER

DEN HAAG MET NIEUWE PAREL AAN DE KROON

Aloude spullen die elk hun eigen verhaal vertellen vullen de ruimte en creëren bijna ademnood. Maar dankzij de manier van groeperen en de steeds weerkerende symmetrie - opvallend en soms onderhuids - gaat er een decoratieve beheersing uit van het geheel en dat is zalig rustgevend.

'Een in trompe l'oeil geschilderde boom legt beeldig de link naar de strakke tuin bij de serre'

Nadat dit pand anno 1890 de nodige verbouwingswerken kende, mocht Martin de Boer er een ziel aan geven. Een uitgelezen kans voor deze voor zijn tijd toonaangevende decorateur die steeds getuigt van veel liefde en respect voor dingen met een geschiedenis. Met dit exclusieve en slechts drie suites tellend hotel heeft de bruisende stad Den Haag er gelijk een nieuwe parel bij aan de kroon: Haagsche Suites aan de Laan van Meerdevoort 155. Na het verstrekken van enig bouwadvies heeft Martin vooreerst zijn palet bepaald. Als muurbezetting koos hij voor leem, een ademend materiaal dat die levendigheid ook waardig uitstraalt. Bovendien geeft het lemen plamuursel hier ook effectief warmte af vermits er is gewerkt met wandverwarming. Tevens een esthetische oplossing, want meteen heeft het interieur geen last meer van storende verwarmingselementen. De leem wordt niet geverfd maar met een aparte pigmentkleilaag op kleur gebracht. Vocht en temperatuur worden zo optimaal gereguleerd.

Elke suite lijkt wel een luxueus appartement. Want naast een slaapkamer en sanitair telt iedere eenheid een salon met eetgelegenheid, een keuken en een terras of balkon erbovenop. Het stucwerk werd gerestaureerd volgens de regels van de kunst. Ontdek de suite waar goudgeel en grauwblauw stijlvol tegen elkaar worden afgewogen. De unieke haarden hadden te lijden onder de verkeerde aandacht van jaren. Echt mismeesterd waren deze pronkstukken. Martin de Boer heeft nu gelukkig hun verdoken schoonheid bevrijd. Tegenover het bed met spitse baldakijn in voile glundert op een schouw een zon van een spiegel tegen een groot en recht exemplaar. Heel de ruimte wordt in miniatuur weerspiegeld en dat geeft het tafereel met symmetrisch gepresenteerde takken, bollen en ranke vergulde lampjes een magische uitstraling. In de oude kledingkasten heeft Martin (zoals het vroeger altijd gebeurde) gordijnen opgehangen achter het kopergaas. In een woonkamer zou hij wel geneigd zijn om dat te doen. Hier in de slaapkamer wil de decorateur daarentegen graag de nachtrust stimuleren. Vandaar.

Gedeeltelijk hekwerk schermt in de slaapkamer een leeshoek visueel af. Twee opgemaakte stoelen die vallen onder de noemer Frans antiek horen bij een ronde tafel. Op het wit marmeren blad pralen karaffen bij een centraal bloemstuk. Links en rechts staan figuren, lichtgevend en intrigerend. De zware overgordijnen met molton zijn bewust veel te lang zodat

'De unieke haarden hadden te lijden onder de verkeerde aandacht van jaren, maar hun verdoken schoonheid werd gelukkig bevrijd'

de decorateur er een kunstig gedrapeerde voet mee kon maken. In het salon duikt dezelfde Italiaanse luchter op die dateert van rond 1900 en ook hier maakt dit kristallen ornament grote sier. Sofa's staan oog in oog en het geweven tapijt toont ons een verfijnde tekening met takken. Het brengt ons bij de magnoliatak op de schouw. Namaak met een dusdanige natuurlijke look dat u op de echtheid geld zou inzetten. Slechts twee kandelaars fungeren als blikvanger en zo trekt Martin ook eens de sobere troef. De haard wordt geflankeerd door staande lampen en een historisch koppel, Sissi en Franz Jozef van

Oostenrijk. Er hangen spiegels achter hun plaasteren koppen waardoor de ruimte groter lijkt. Het opzet heeft iets van een royaal eerbetoon.

Dit hotel biedt zijn gasten een all-inclusive service. En in die zin bewijst de gemeenschappelijke ontvangstruimte goede diensten. U kunt er een aperitief nuttigen alvorens op restaurantbezoek te gaan of u strijkt er neer na het menu om van een slaapmutsje te genieten. Tekenend voor dit salon is de alouwe lambrisering met vergroeide banken die u uitnodigen om bij een raam plaats te nemen. Tijdens de verbouwing werd de lambrisering even verwijderd om nadien terug te kunnen schitteren zoals weleer. De oude parket met visgraatmotief heeft zich voorgoed gesetteld en de zetels pikken mooi in op de niet alledaagse cerise muurtint. Ovale portretten van wel een meter hoog nemen u mee naar 1869. Het is beslist een hele prestatie van Martin de Boer om zulke authentieke en goed bewaarde schilderijen op de kop te kunnen tikken. Symmetrie zorgt ook hier voor evenwicht en op de schouw kiest de decorateur weer voor herhaling. Een kleine spiegel leunt tegen een grote spiegel, maar deze keer betreft het een identiek ontwerp.

De tweede suite die u bezoekt heeft eveneens een eigen gezicht. In de slaapkamer met bad in retro stijl

> **'Met leem aan de muren kiest de decorateur voor een ademend materiaal dat die levendigheid ook waardig uitstraalt'**

> **'Tekenend voor het salon is de lambrisering met vergroeide banken die u uitnodigen om bij een raam plaats te nemen'**

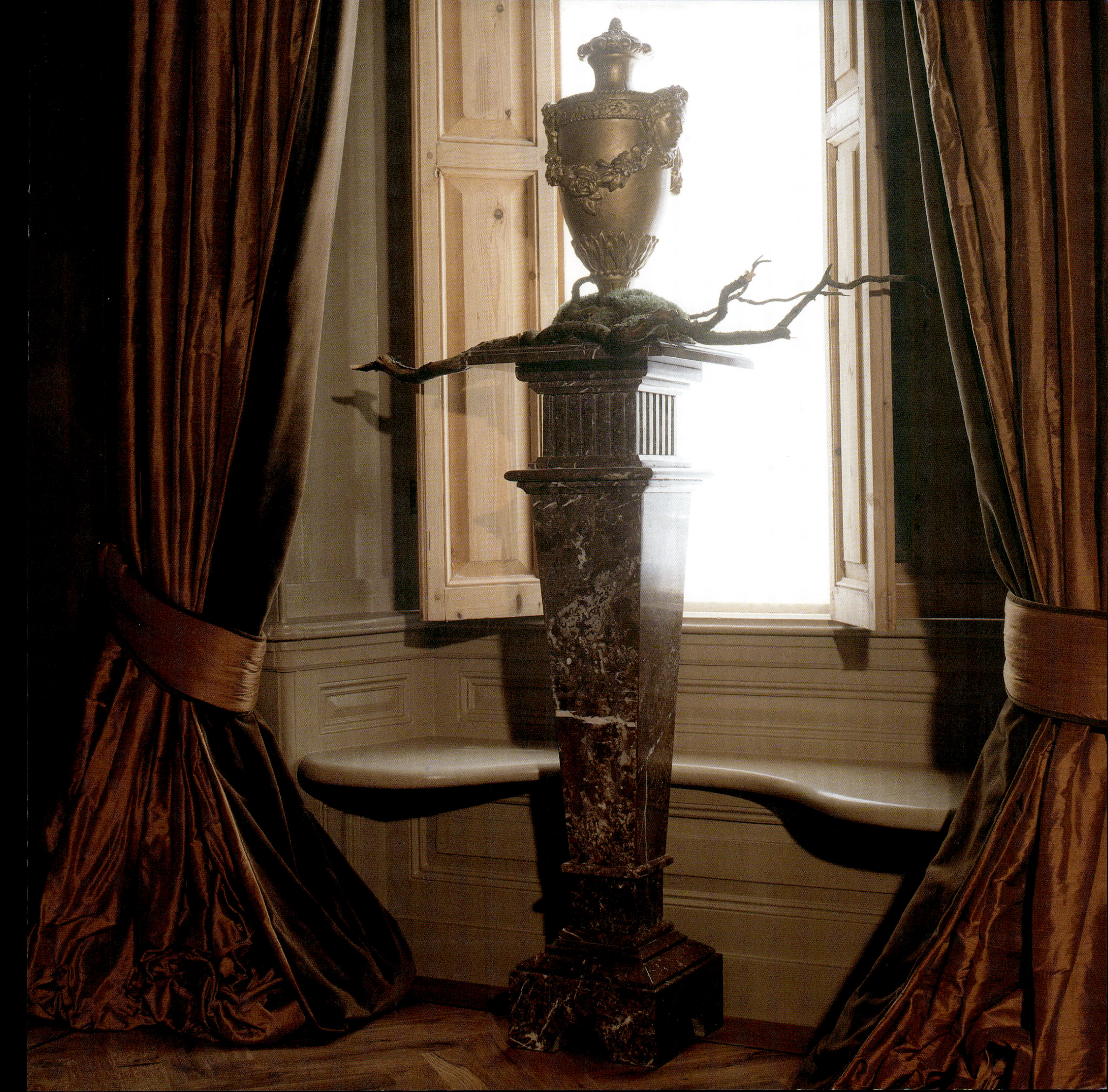

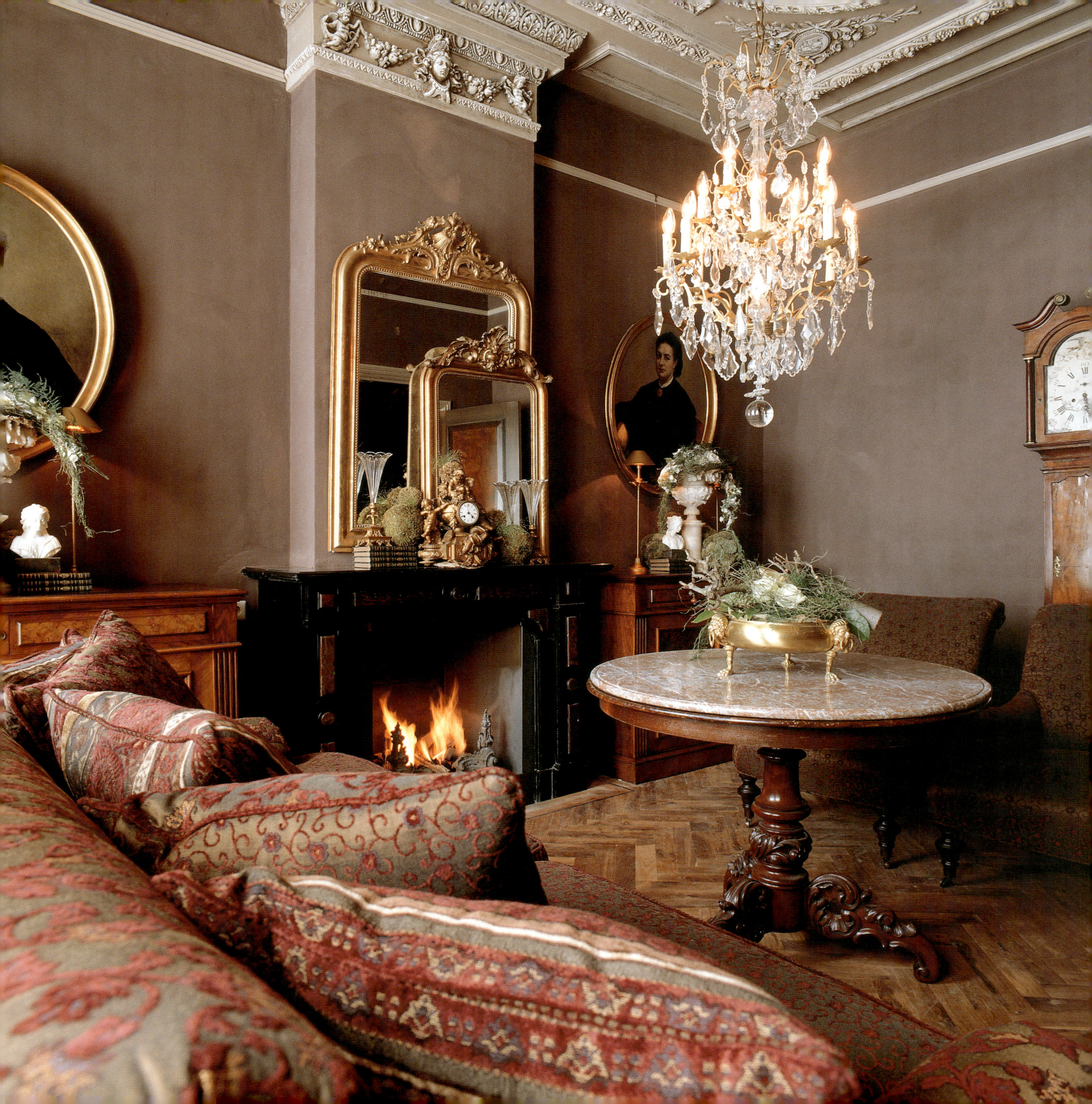

zet mokka de toon en voor de finishing touch zorgt een in trompe l'oeil geschilderde boom. En zo wordt beeldig de link gelegd naar de strakke tuin met wel drie waterpartijen. Daar kijkt immers de donkergrijs gelakte serre op uit die hier fungeert als salon. Let nog op de speelse wijze waarop de schattige Belgische tegels in de badhoek inhaken op het vloerkleed van de slaapkamer. De bronzen luchter brengt u tot slot bij een gekalkte versie in de tuinkamer. Er zit letterlijk en figuurlijk muziek in deze leefruimte waar de jonge Mozart wegdroomt bij een typische bootpiano. Het moet heerlijk zijn om hier, zowat incognito, de hectische wereld rondom te ontvluchten. Privacy kent geen prijs.

Martin de Boer leeft voor zijn woonprojecten en concreet staat dat gelijk met een never ending zoektocht naar waardevol goed dat een bestemming waardeert.

Kopen doet Martin in eerste instantie voor zichzelf, omdat hij het niet kan laten, maar dat elk ding uiteindelijk ook zijn verdiende plaats vindt, daar kunt u van op aan. Bij deze decorateur draait het om een combinatie van gericht speuren in opdracht en instinctief zijn neus volgen. Dit pand werd alvast ingevuld op uitzonderlijke wijze. Kwaliteit heeft karakter en achter de herkenbare stempel schuilt duidelijk een sterke persoonlijkheid. ✽

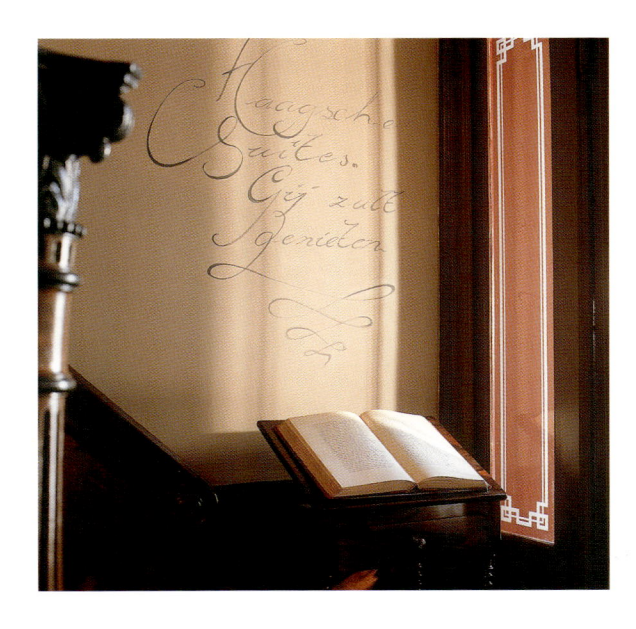

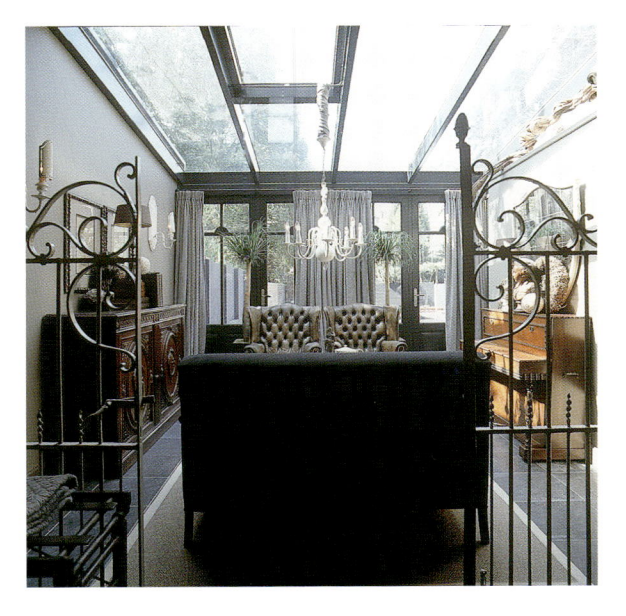

Martin de Boer, Papillon bv Antiek en Woondecoratie
't Sas 15, 4811 WC Breda (NL), tel.: 0031(0)76/514.43.54, fax: 0031(0)76/514.43.54, gsm: 0031(0)6/539.516.53,
website: www.warmewintershow.nl en www.haagschesuites.nl

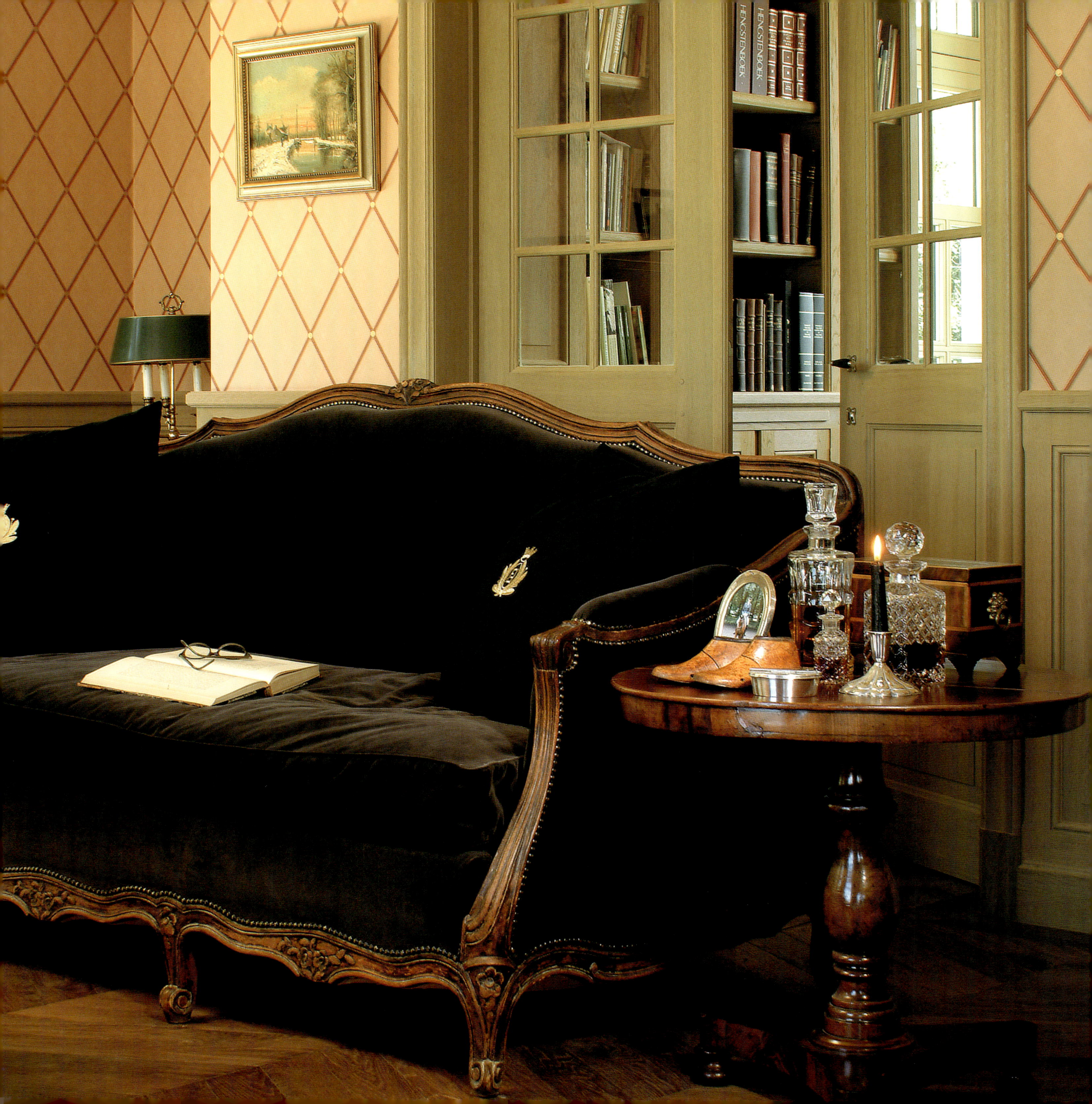

STIJLVOL WONEN COMPLEET
MISS MARPLE HOME INTERIORS

Een droom voor paarden(liefhebbers)

"De combinatie van natuur, een springparcours, een dressuur-ring en een binnenaccommodatie aan de overkant is vrijwel uniek", vertelt Jan trots. Daarmee is meteen de toon gezet: hier draait alles om paarden. Zowel het huis, de omgeving als het interieur staan in het teken van de geliefde hobby van het gezin; dit is een droom voor paarden(liefhebbers)!

'Het interieur is een mix van Frans en Engels, waarbij het laatste wel duidelijk de boventoon voert'

Een lange oprijlaan leidt ons naar de hippodroom in Voorthuizen, aan de rand van de Veluwe. Hippodroom mag u zowel letterlijk als figuurlijk interpreteren: het is niet alleen een onderkomen voor de acht paarden van het gezin (hun huisdieren zoals ze ze zelf noemen), het is ook letterlijk een droom! Zowel voor de paarden als voor de bewoners. Voor ze hier hun intrek namen, hebben ze wel lang moeten zoeken naar een geschikte locatie. "Hiervoor woonden we ook al mooi hoor", vertelt Jan. "Het enige wat nog ontbrak was een binnenaccommodatie. Die hebben we nu met de manege aan de overkant." Hoewel het ons in de eerste plaats om het interieur te doen is, kunnen we niet om een rondleiding over het terrein heen. We vinden het niet erg: het zonnetje schijnt, de paarden staan in de wei te grazen en de omgeving is prachtig. "Ja, het uitzicht is net een schilderij", beaamt Jan. We wandelen over de paden met schelpen waar de paarden niet op kunnen wegschuiven en genieten van de absolute stilte, alleen onderbroken door het geluid van brekende schelpjes. En van het zeer gevarieerde bomenpark: platanen, eik, zilverlinde, paardenkastanje, rode beuk en els om er maar enkele te noemen. "Voorthuizen en Garderen staan in Nederland bekend om de enorme paardenpopulaties. Dat komt omdat je van hier de Veluwse bossen in kunt om urenlang te rijden."

Jan leerde zijn vrouw vijfentwintig jaar geleden kennen. "In de paardensport uiteraard", lacht hij.

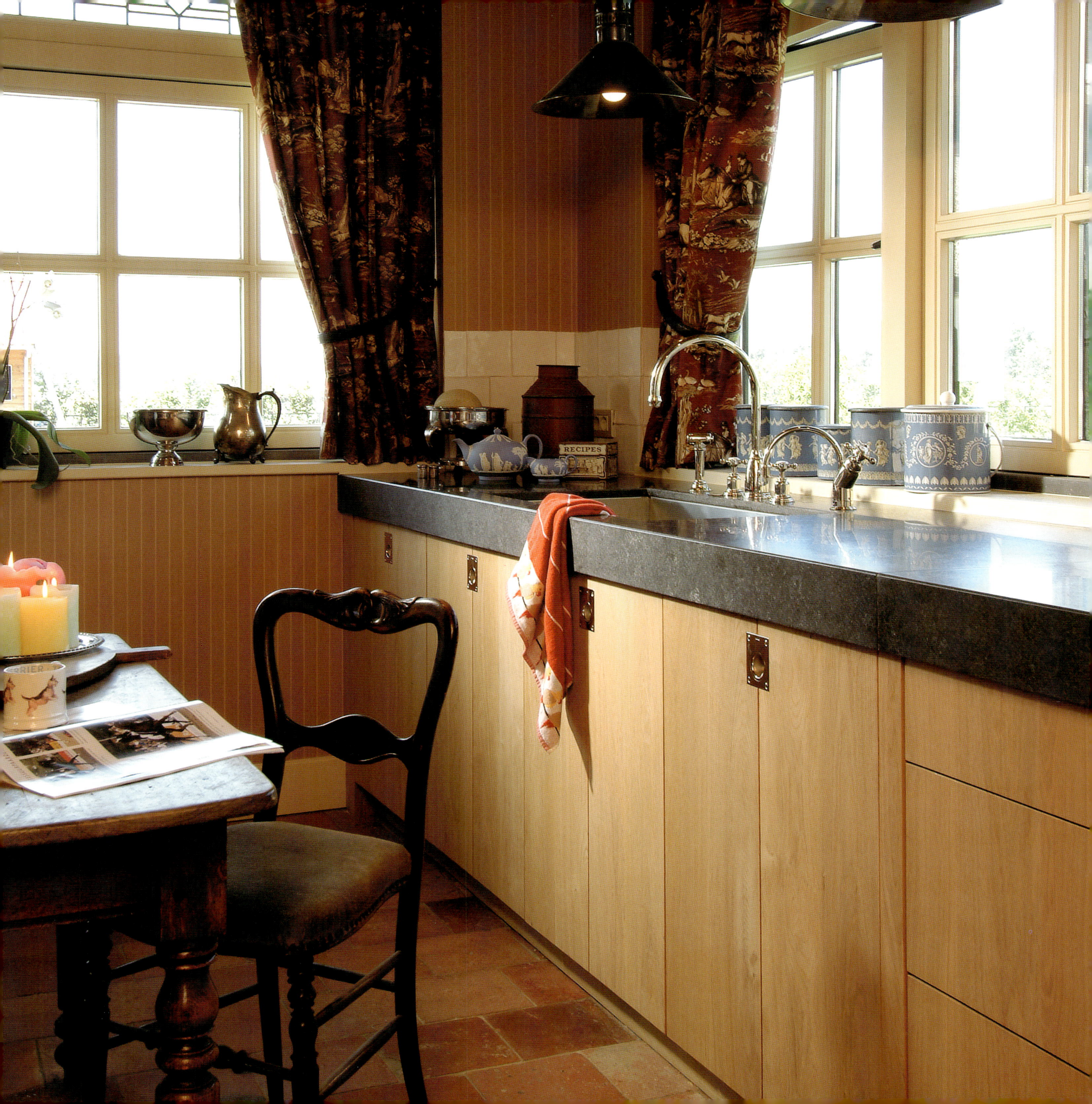
RECIPES

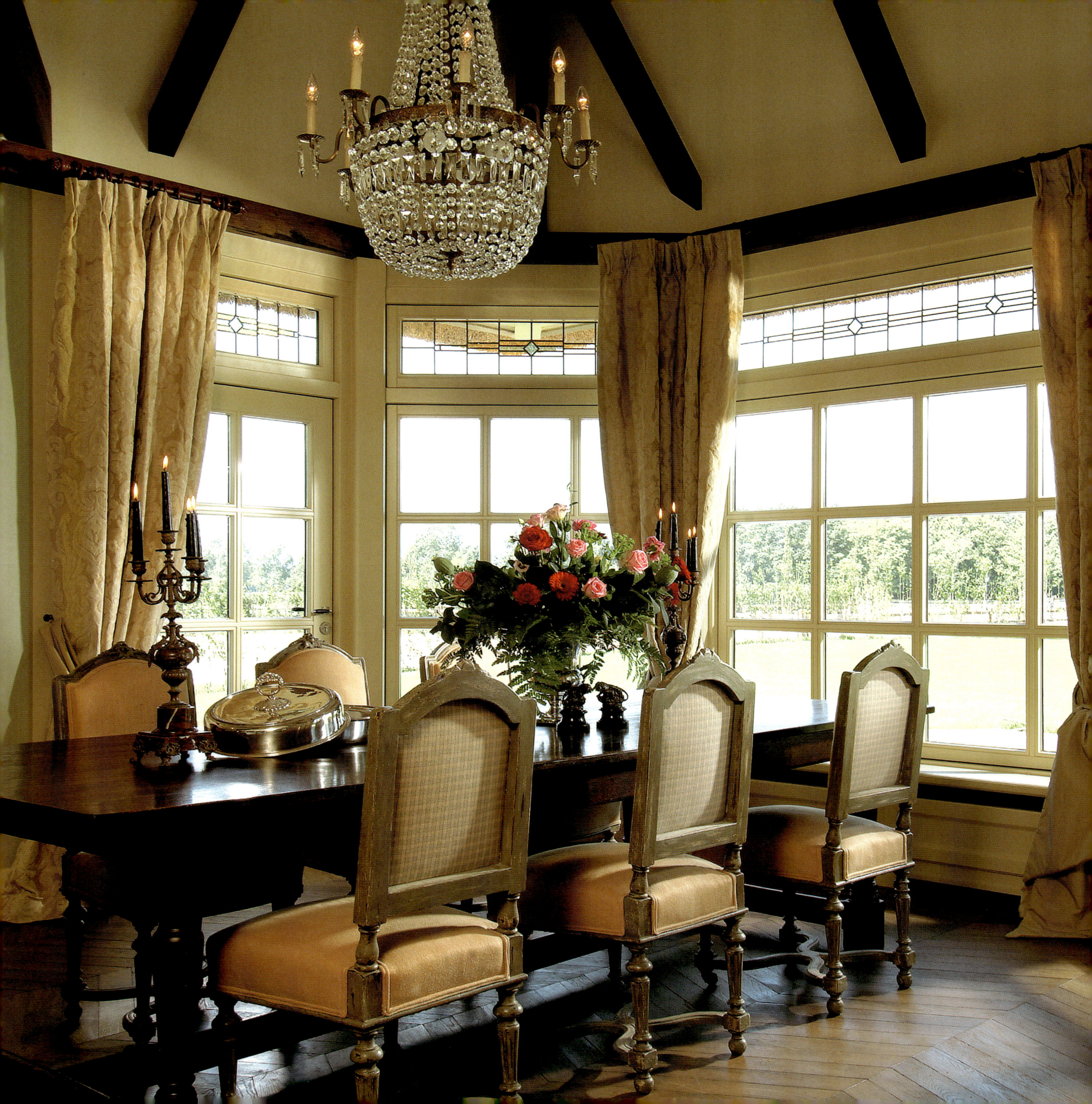

'De serre fungeert als overgang tussen het stoere en het Engelse gedeelte en werd daarom vrij neutraal gehouden'

De hobby heeft hen sindsdien nooit meer losgelaten. "Zelfs onze kinderen zijn in de ban van paarden." Intussen zijn we bij het bijgebouwtje beland, waar de stallen zijn. Het is een kopie van het eigenlijke woonhuis, maar dan in iets kleinere uitvoering. "Dit gebouw is eveneens opgetrokken uit betonsteen, dat we hebben laten stukadoren en vervolgens laten keimen. Dat is een oude schildertechniek op natuurlijke basis die een luchtdoorlatende laag creëert die tegelijk vuilafstotend is."

Na de volledige accommodatie van de paarden te hebben bewonderd, mogen we een kijkje nemen in het huis. Daar blijkt al snel dat het interieur een mix is van Frans en Engels, waarbij het laatste wel duidelijk de boventoon voert. Daar heeft Sylvia Veerman van Miss Marple, die tekende voor de totaalinrichting, ongetwijfeld iets mee te maken. Ze beaamt dat volmondig: "Ik heb getracht een soort natuurlijke overloop te maken van de ene ruimte naar de andere zodat je in een soort vierkant loopt waarbij je van de ene sfeer in de andere terechtkomt. Die sfeer evolueert van klassiek naar stoer", aldus Sylvia. "Omdat dat net ook onze stijl belichaamt", valt Jan haar bij. "Wij noemen onszelf graag sportief klassiek, en dat heeft Sylvia perfect weten vertalen naar het interieur."

In de hal trekken de geceruseerde eiken trap met verouderd smeedwerk en de hardstenen vloer met tegels van zestig bij zestig centimeter meteen de aandacht. De verrassende kleur op de muren – olijfgroen van Farrow & Ball – is een warme en tegelijk frisse verwelkoming. Verder is het huis ingedeeld in kleine ruimtes die netjes in elkaar vloeien. "Iedere kamer is een plaatje", zegt Jan trots. "En bij elke ruimte die je binnenstapt, stap je als het ware in een ander plaatje. Dat geeft een behaaglijk gevoel." Nog behaaglijk zijn de vele oude materialen. Kijken we bijvoorbeeld naar de dakconstructie: de balken komen uit een Ameri-

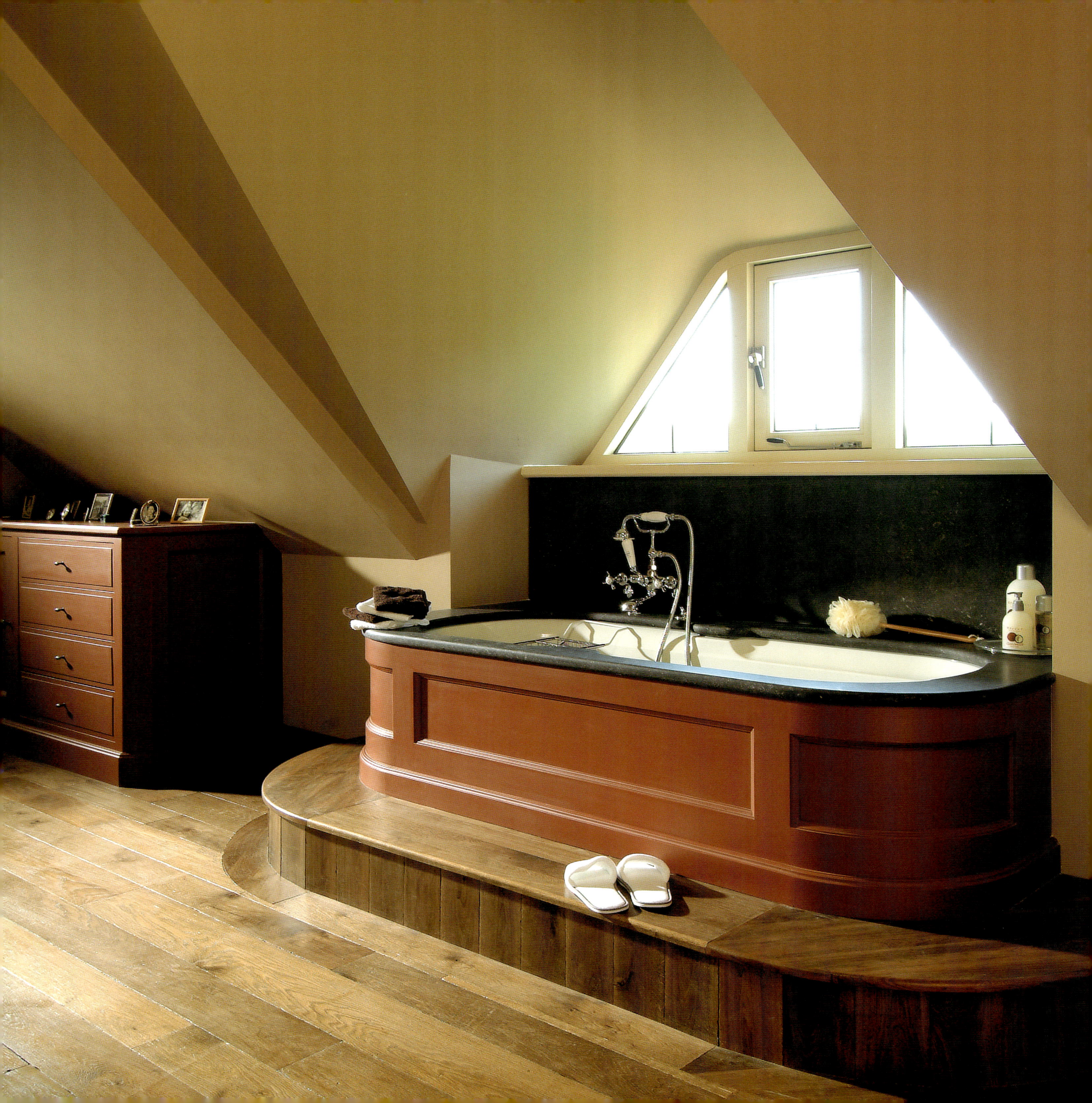

kaans pakhuis uit de jaren dertig uit Chicago. En wat dacht u van de prachtige eikenhouten vloeren, de lambriseringen en de oude, rood geschilderde louvredeuren die naar de keuken leiden? Het plafond in die keuken is al even bijzonder: dat bestaat uit oude kaasplanken. "Je ziet nog steeds de kringen paraffine van waar de bollen kaas hebben gelegen." De keuken ziet er dan ook eerder robuust uit. Het dikke granieten keukenblad bijvoorbeeld kan gerust enkele gloeiend hete pannen of potten aan, en de zeer brede lades met veel verdelingen zijn bovendien erg praktisch. Het Aga-fornuis zorgt voor een constante aangename temperatuur en het gestreepte behang komt de gezelligheid en het stoere karakter alleen maar ten goede. De gordijnen zijn van een donkerrode paardenstof met lederen embrasses in de vorm van teugels.

Het paardenverhaal krijgt een vervolg in de 'paardenkamer', een al even stoere kamer met behang in paardentoile, bijpassende bruinrode gordijnen in grof linnen met een dikke lederen embrasse en houten balken in het plafond. Aan het stoere verhaal komt snel een einde wanneer we in de serre komen. Deze doet dienst als overgang en is om die reden vrij neutraal gehouden. Het behang heeft een streep in grijs, blauw en ecru met gordijnen in een ecru damast. De kroonluchter boven de eettafel vond Sylvia ergens nabij de Belgisch-Franse grens. Ze kocht hem speciaal voor deze plaats. Zowel grootte als model komen hier helemaal tot hun recht. En dan komen we in het Engelse gedeelte. De woonkamer kreeg vorm rond de antieke stukken die Patricia erfde van haar ouders en grootouders. "Mijn vader spaarde bijvoorbeeld Wedgwood-servies. Als kind vond ik die dingen helemaal niet mooi, maar later heb ik Engels antiek echt leren waarderen", aldus Patricia. Sylvia koos hier voor een behang in trellis-motief in een terra met goud. Het heeft een klassieke uitstraling en past uitstekend bij de naturelkleurige eik. De aanpalende bibliotheek ademt dezelfde sfeer en doet dienst als werkruimte. Uniek is hier dat Jan van achter zijn bureau zo goed als 360 graden rondom de tuin in kijkt. "Waar vind je zoiets?", vraagt hij zich hardop af. Elke ruimte is er trouwens op gericht om overal in huis zo optimaal mogelijk te kunnen genieten van de tuin. En van de paarden natuurlijk! "Aanvankelijk wilden we een Franse boerderij met stalramen. Maar toen kwamen we bij Miss Marple en toen wisten we dat het iets anders zou worden. Sommige elementen hebben we wel behouden, zoals de louvredeuren en de stalramen. Die halen de tuin als het ware binnen. De kleine ruimtes maken het hier lekker knus. "Iedereen zoekt hier zijn eigen plekje waar hij of zij zich goed voelt. Afhankelijk van de stemming biedt elke ruimte een gepaste sfeer. Zo is er voor elk wat wils!"

✳

'Wij noemen onszelf graag sportief klassiek, en dat heeft Sylvia perfect weten te vertalen naar het interieur'

Miss Marple Home Interiors
Van Galenlaan 36a, 3941 VD Doorn (NL), tel.: 0031(0)343/42.03.74, fax: 0031(0)343/53.96.03
e-mail: info@miss-marple.nl, website: www.miss-marple.nl

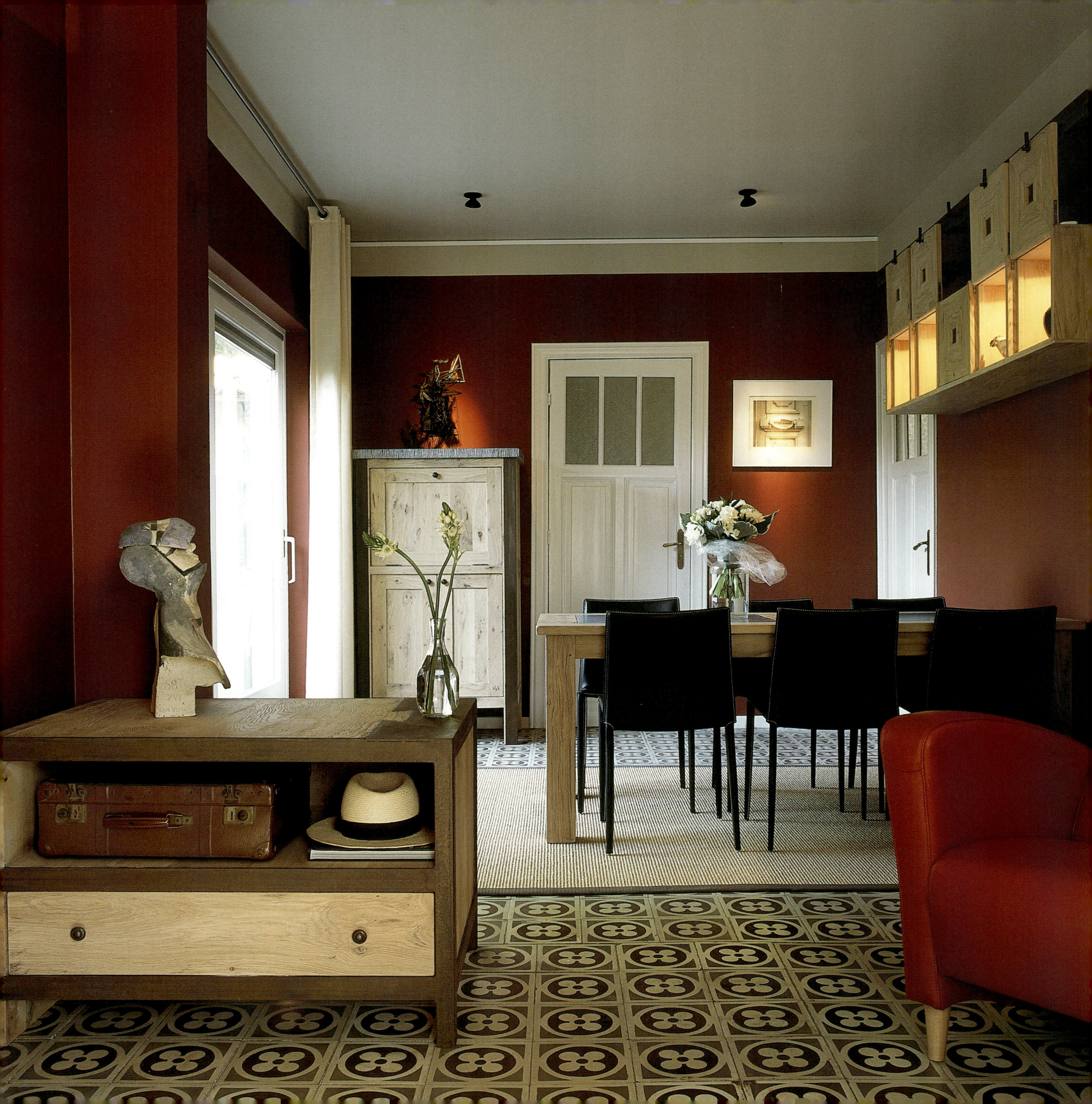

STIJLVOL WONEN COMPLEET
COUSAERT-VAN DER DONCKT

Verleden, heden en toekomst in één

Oude natuurlijke materialen met een doorleefd karakter verwerken in unieke, hedendaagse ontwerpen op maat, die klaar zijn voor de toekomst: het is het recept voor meubels voor de eeuwigheid. Uit deze tijdloze stukken spreekt de creativiteit, het respect voor de aloude ambacht en de liefde voor de materialen van de maker.

'Dirk leerde de knepen van het vak van Kamiel,
de zoon van een oude molenrestaurateur'

'De oude, ruwe, robuuste materialen die in het meubilair worden verwerkt, spreken voor zich'

De maker, dat is Dirk Cousaert. Hij leerde de knepen van het vak van Kamiel, de zoon van een oude molenrestaurateur. "Ik was 25 jaar en Kamiel 62 toen ik hem leerde kennen. Er ging werkelijk een nieuwe wereld voor me open. Kamiel ontwikkelde zelf zijn eigen machines om keukens, ramen en meubels mee te maken. Hij was zo goed in mechanica dat hij me werkelijk inspireerde. Hij was een soort uitvinder met een ongelofelijke visie. Al mijn vrije tijd bracht ik bij hem door." Op een dag nam Kamiel Dirk mee naar een boomzagerij. "Daar ontdekte ik de kracht van hout. Zo ben ik ermee begonnen om zelf voorwerpen te maken van hout."

En zo kwam het dat Dirk in 1987 zijn eigen zaak begon. "Toen verkocht ik vooral veel antiek. Dat heb ik zo'n jaar of tien gedaan. Al snel leerde ik echter dat mensen die antieke stukken wel mooi vonden, maar dat er vaak iets aan scheelde. Met elk stuk was er wel iets: het was te groot, te klein, bepaalde details von-

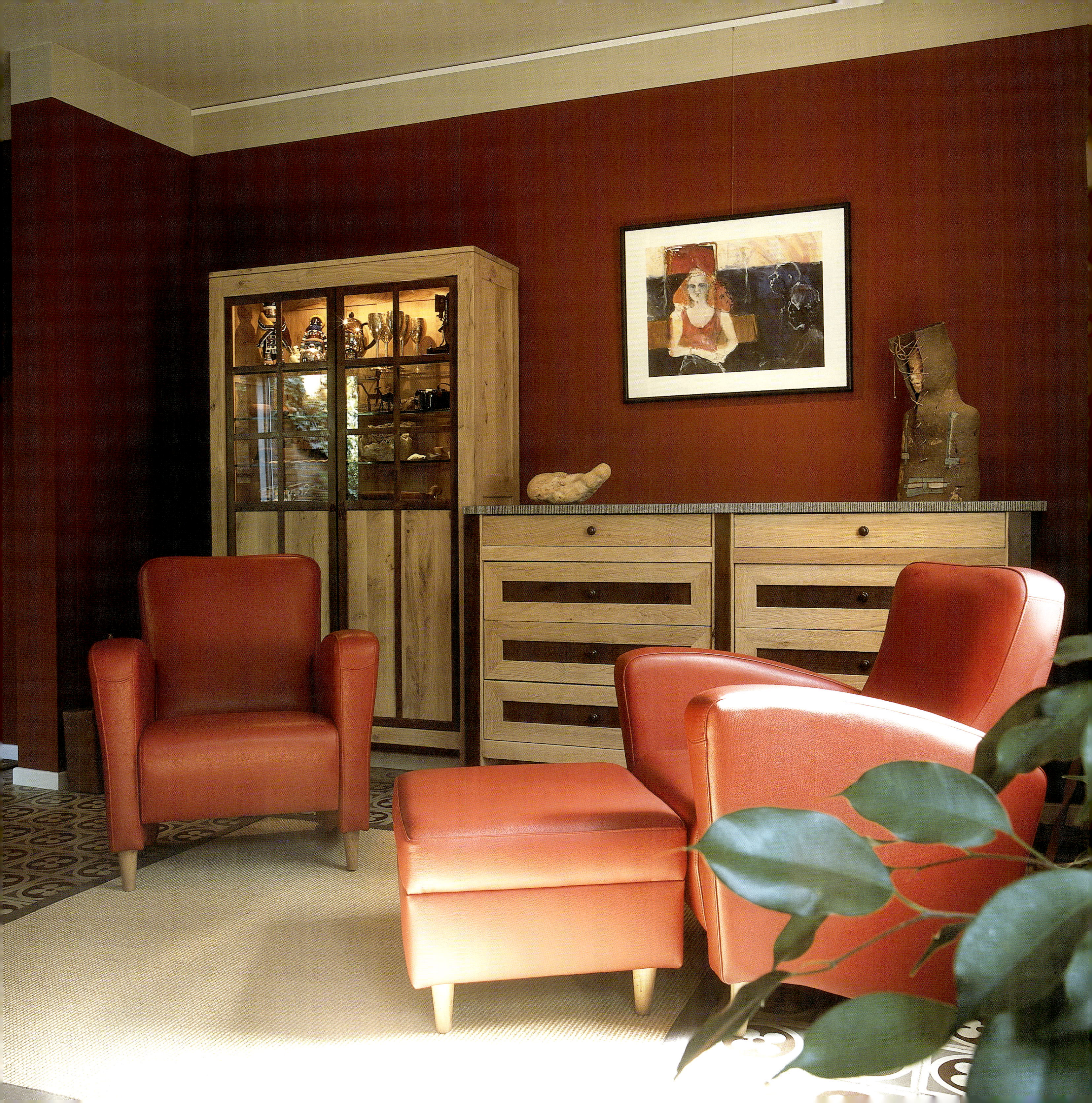

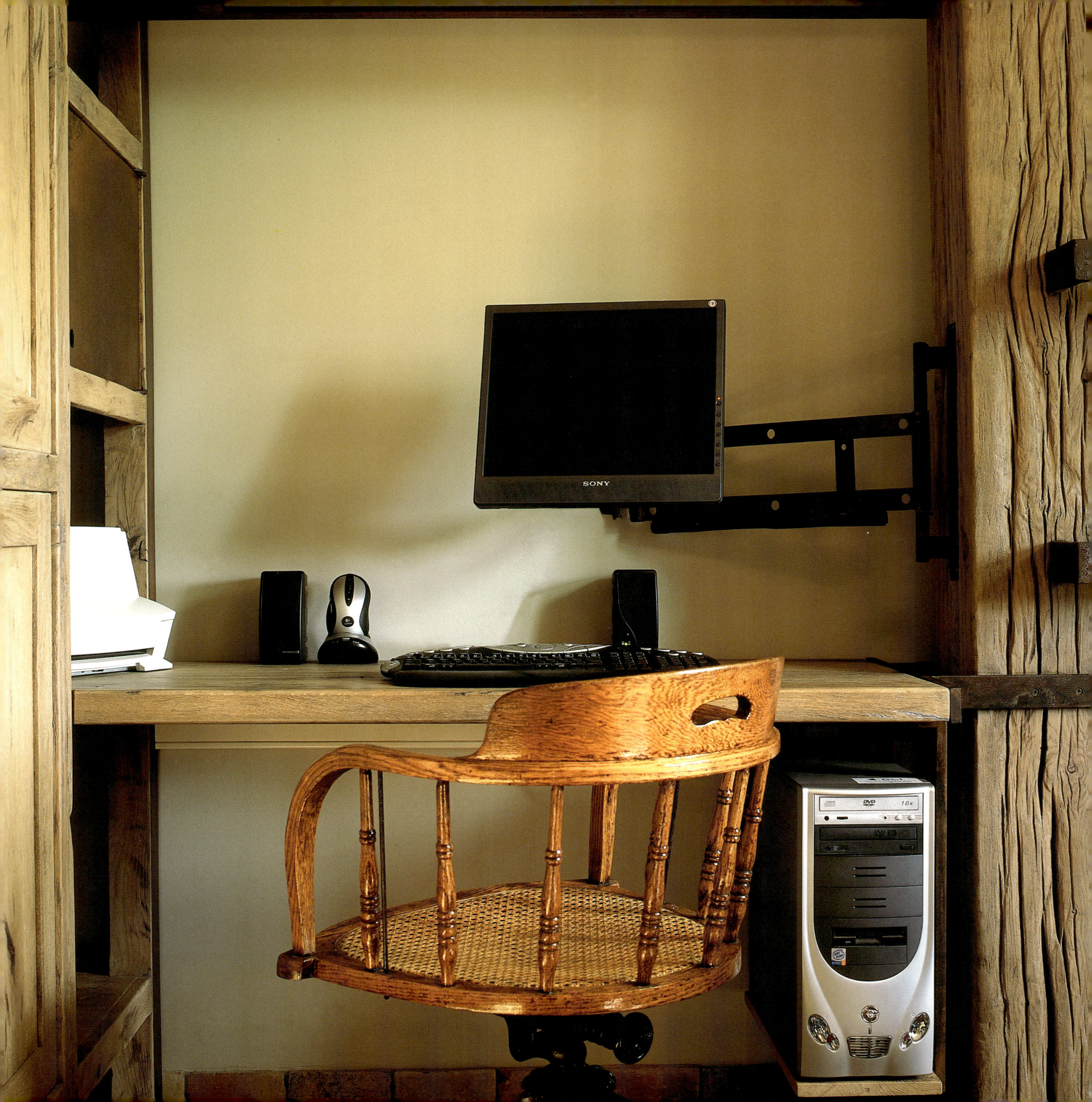
SONY

> 'Als kind maakte ik al boomhutten waar de hele buurt naar kwam kijken'

den de mensen dan weer minder en ga zo maar door. Eigenlijk wilden ze gewoon antiek op maat. En daarom ben ik begonnen kopie-antiek te maken. Dat heb ik een hele tijd gedaan tot ik het eind jaren negentig helemaal zat was. Ik had gewoon het gevoel dat mijn creativiteit werd gesmoord. Ik moest alleen maar doen wat de mensen mij vroegen en had verder geen eigen inbreng. Daarom heb ik toen gezegd: 'Ik stop ermee!' Ik heb een uitverkoop gehouden en ben gaan nadenken over een nieuw concept. Gelukkig ben ik in die periode de juiste mensen tegen het lijf gelopen. We zijn samen een nieuwe koers gaan varen."

Dirk voelt zich goed wanneer hij met ruwe, 'afgeleefde' en verweerde materialen kan werken. "De creativiteit om dingen te maken met hout had ik als kind al. Toen maakte ik al boomhutten waar de hele buurt naar kwam kijken. Nu ik opnieuw creatief kan zijn met hout, voel ik me weer een kind", lacht hij. Hoewel het allemaal begon met hout, gebruiken Cousaert en Van der Donckt inmiddels allerhande herstelmaterialen. "Zo kwamen we laatst de steigerpalen van de haven van Nieuwpoort tegen die we gebruiken om buitenmeubilair mee te maken." De showroom in Kluisbergen is geen toonzaal in de klassieke betekenis van het woord. "Het is niet de bedoeling dat mensen hier stukken uit de showroom komen kopen. Het is enkel een inspiratieruimte waar klanten ideeën kunnen opdoen. We maken immers alles op maat. De creativiteit staat voorop. De toonzaal is enkel bedoeld om de klant verliefd te laten worden. En dan gaan we de klant aftasten en uitvragen. Zo komen we tot unieke stukken op maat van de klant."

Iemand die danig onder de indruk was van de uniciteit en exclusiviteit van deze verweerde meubels van recuperatiematerialen, was de eigenaar van dit herenhuis in het Gentse. Hij had niet alleen een rondleiding gekregen in de toonzaal, maar had ook

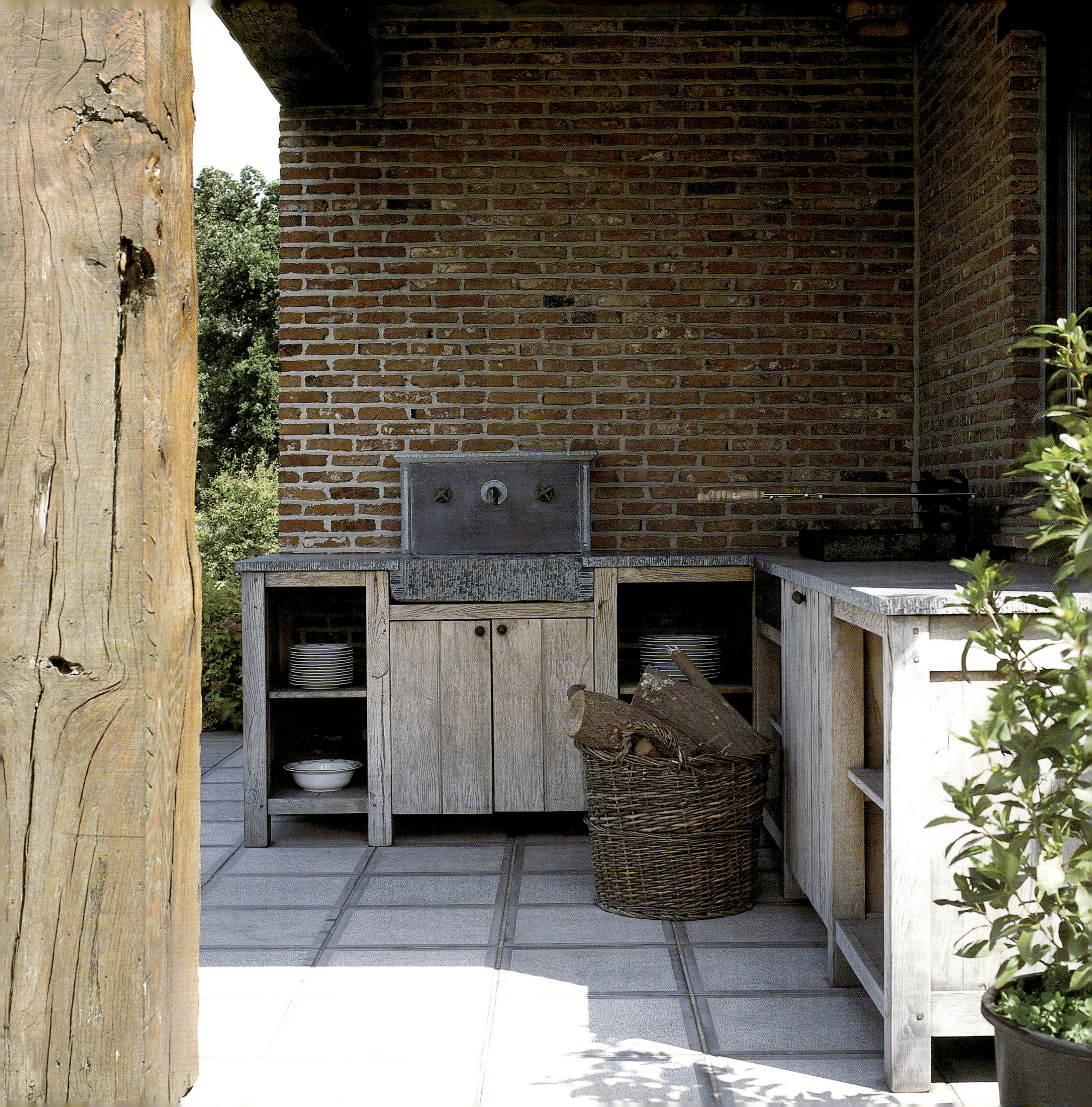

> 'In het atelier ziet u hoe alles op ambachtelijke wijze gemaakt wordt'

een blik achter de schermen mogen werpen. "Als klanten dat vragen, laten we ze graag onze ateliers zien. Dan zien ze hoe alles nog op de ambachtelijke manier gemaakt wordt. Dat waarderen ze enorm." Toen deze bewoner het atelier had gezien, wist hij onmiddellijk dat hij al zijn meubilair door Dirk en zijn team zou laten maken. "Het is een erg creatief persoon, met liefde en zin voor esthetiek", aldus Dirk. "We zaten meteen op dezelfde golflengte." De man heeft door de jaren heen heel wat stukken bij elkaar gespaard. De kunstwerken en reissouvenirs moesten een plekje krijgen in het interieur. "Dat hebben we mooi opgelost door nissen in de muur te maken. In de verlichte nissen komen de kunstwerken en reissouvenirs helemaal tot hun recht." Dirk creëerde zo stillevens achter glas.

Dat de man oog heeft voor vormgeving blijkt ook uit zijn keuze voor dit oude pand uit de jaren twintig. Het is een vrijstaande woning buiten het stadscentrum met de statige allures van een herenhuis. De bewoner heeft bewust getracht zoveel mogelijk van de originele elementen die in het huis aanwezig waren te behouden. De oorspronkelijke deuren, vloeren en plafonds geven het huis charme. Het warme rood op de muren zorgt voor een geslaagde combinatie. En dan is er nog het meubilair natuurlijk! Diverse meubelstukken komen van Cousaert-Van der Donckt: de dressoirkast met ijzeren vlakken ingewerkt in de lades, de eettafel met twee ingelegde bladen van blauwe hardsteen en het barmeubel met klapdeur. De man hield duidelijk van de combinatie van verschillende materialen. Die combinatie moest dan ook terugkomen in de buitenkeuken. Daar liet Veronique oude eik en arduin met elkaar versmelten. "Meneer wilde kunnen barbecueën op zijn overdekt

> 'Oude eik en arduin versmelten met elkaar in de buitenkeuken'

terras. Ze hebben ook een grote tuin en daarom was een buitenkeuken de ideale oplossing om zowel te kunnen barbecueën, buiten te eten en ondertussen te genieten van de tuin."

Dat de oude, ruwe, robuuste materialen voor zich spreken, blijkt ook in het bureau van meneer. Omdat hij vaak thuis werkt, was het erg belangrijk dat het bureaumeubel gerieflijk, overzichtelijk en praktisch zou zijn. Vandaar dat bijvoorbeeld werd gekozen voor veel bergruimte en een uittrekbare, beweeglijke arm waar het computerscherm op werd gemonteerd. Het is het beste bewijs dat esthetiek en een praktische invulling perfect samengaan. "De eigenaars zijn dan ook erg trots op hun meubilair. Dat geeft zo'n enorme voldoening: wij komen bij de klanten vaak over als een hechte familie en smeden echt een band met de klant. Als die dan achteraf tevreden is, dan maakt dat je dag goed. Daar doen we het uiteindelijk voor!"

∗

Cousaert-Van der Donckt
Stationsstraat 160, 9690 Kluisbergen (B), tel.: 0032(0)55/38.70.53, fax: 0032(0)55/38.60.39
e-mail: info@cousaert-vanderdonckt.be, website: www.cousaert-vanderdonckt.be

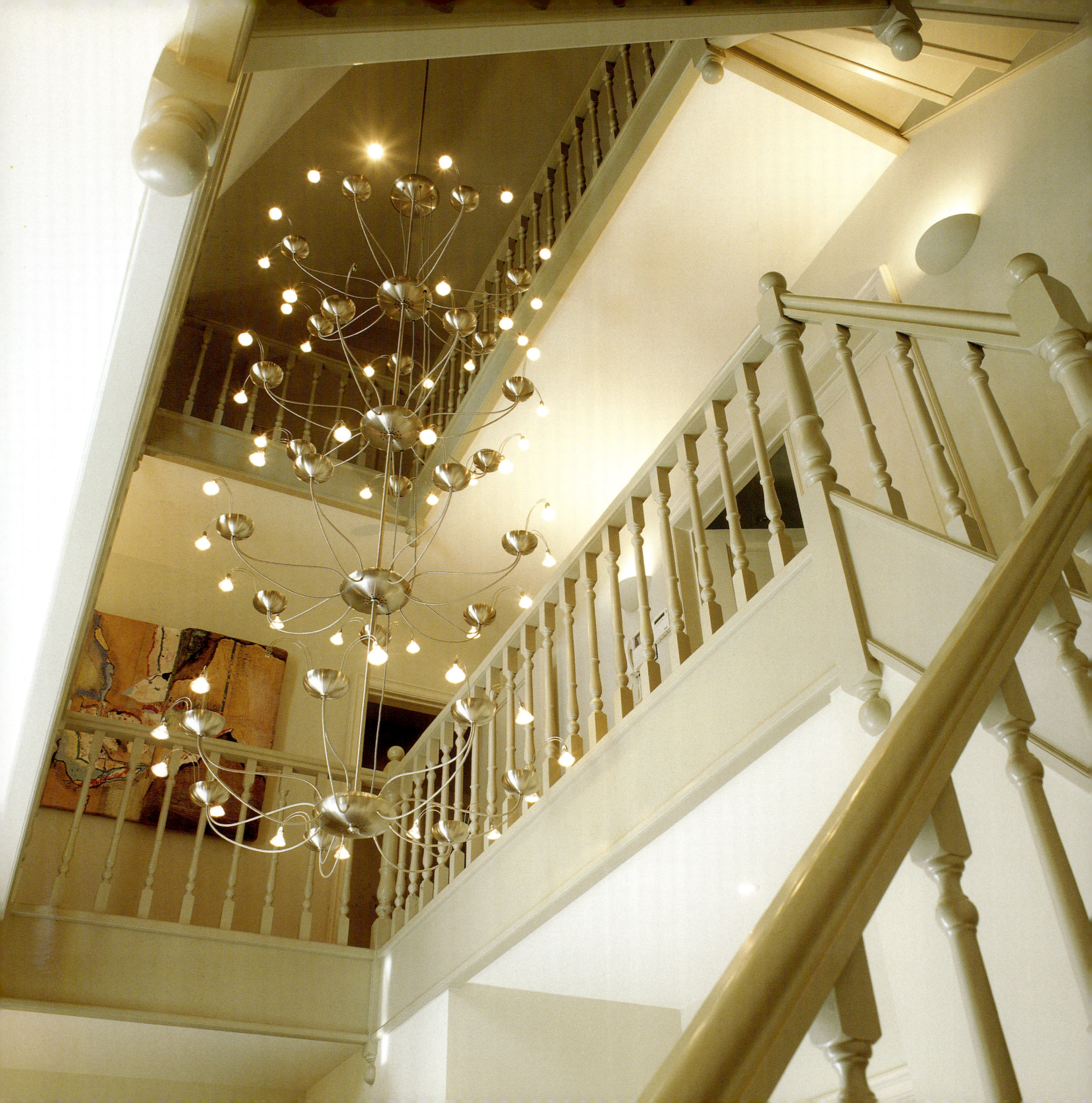

STIJLVOL WONEN COMPLEET
SPHERE HOME INTERIORS

SOBERE GEZELLIGHEID, OOSTERS GETINT

Hier heerst soberheid en tegelijk ontdekt u in het geheel een gezelligheidsfactor. Het tijdloze kader wordt op smaak gebracht met enkele welgekozen Oosterse elementen en collector's items van bij ons. Zo ontstaat een lichte mix van culturen. En getuigt dit interieur van een hoogst persoonlijke toets.

> 'De lijn die de eigenaars met het beeld aangeven in de hal wordt consequent doorgetrokken in de eetkamer met Chinees antiek'

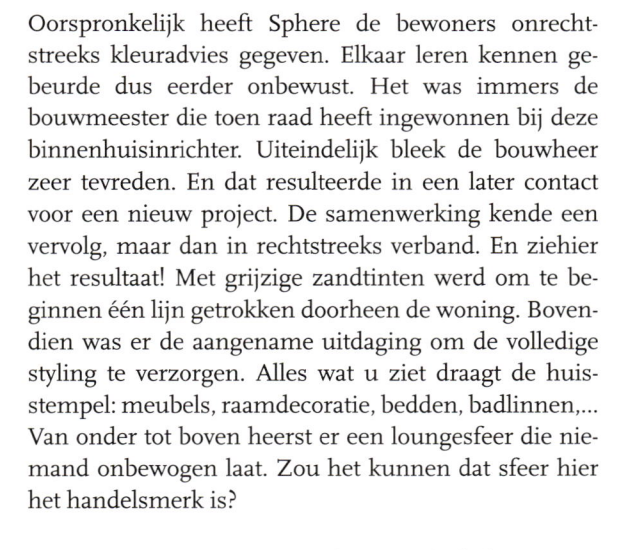

Oorspronkelijk heeft Sphere de bewoners onrechtstreeks kleuradvies gegeven. Elkaar leren kennen gebeurde dus eerder onbewust. Het was immers de bouwmeester die toen raad heeft ingewonnen bij deze binnenhuisinrichter. Uiteindelijk bleek de bouwheer zeer tevreden. En dat resulteerde in een later contact voor een nieuw project. De samenwerking kende een vervolg, maar dan in rechtstreeks verband. En ziehier het resultaat! Met grijzige zandtinten werd om te beginnen één lijn getrokken doorheen de woning. Bovendien was er de aangename uitdaging om de volledige styling te verzorgen. Alles wat u ziet draagt de huisstempel: meubels, raamdecoratie, bedden, badlinnen,... Van onder tot boven heerst er een loungesfeer die niemand onbewogen laat. Zou het kunnen dat sfeer hier het handelsmerk is?

Een hemels mooie luchter flatteert de hal. Met een antiek beeld van Oosterse origine wordt meteen de juiste toon gezet. Een vleugje exotisme kleurt het sobere kader, in een unieke combinatie. In dit geval hadden de bewoners dit object reeds in hun bezit, er is gewoon een goede plaats voor gezocht. Dikwijls put decoratrice Christel De Vos uit een grote voorraad die constant aangroeit. Het afschuimen van antiekwinkels lijkt voor haar wel een gepassioneerde hobby en zo heeft zij altijd

'Door variatie te brengen in de aankleding blijft wonen een boeiend gegeven en geeft u het leven een zuurstofkuur'

iets achter de hand. Op een dag komen de verzamelde stukken sowieso van pas. Als een ruimte erom vraagt, wordt de verzameling aangesproken.

Kloppend hart van deze villa is de huiskamer. U zou kunnen stellen dat de andere leefruimten er rond werden gebouwd. De huiskamer toont u een harmonisch samenspel van ecru en antracietgrijs. De schouw werd in een iets donkerder kleedje gestoken. Aan ambachtelijk gesmede roedes hangen gordijnen in Tafta. Koord doet dienst als wegbinder. Dezelfde verfijnde zijde werd gebruikt voor de optrekgordijnen in de eetkamer. Aldus hebben de eigenaars de lichtinval overal perfect onder controle. Kasten en linnen zetels werden op

'Grijzige zandtinten zorgen voor eenheid en een toets van chocoladekleur stemt tot rust'

'Boven beschikken de ouders werkelijk over een privé-oase in een zee van ruimte'

'De meisjeskamer wordt opgefleurd met lila accenten en bij de jongen zorgen kadertjes voor een sportieve look'

maat gemaakt. En om het plaatje compleet te maken wordt er gewerkt met glaswerk van Gunther Lambert, decoratie van Flamant en zilvertin van Rita Jordens. Het is belangrijk dat de basis van uw interieur in de plooi valt. De decoratie kan u rustig aanpassen naarge-lang het seizoen. Met kussens, plaids, bloemstukken en siervoorwerpen haalt u telkens de seizoenen in huis. Zo toont uw interieur iedere keer een ander gezicht. Op die manier blijft wonen een boeiend gegeven en geeft u het leven een zuurstofkuur.

In de eetkamer vindt u ook weer een Oosters accent. Wat de eigenaars aangeven in de hal wordt hier consequent doorgetrokken door Christel en haar team. Het betreft een antieke Chinese kast. Bovenop zorgen op een voet gemonteerde karrenwielen van weleer voor een originele blikvanger. Ook hier weer Tafta gordijnen en aan een smal raam een store in hetzelfde materiaal. U belandt daarna in een comfortabele zetel met Nubuck kussens in de tv-kamer. Door de chocoladekleur is deze ruimte ideaal om tot rust te komen. De keuken draagt stores (met een U-bies) bestaande uit 50% katoen en 50% linnen voor het onderhoudsgemak. Want wat ben je met een schitte-

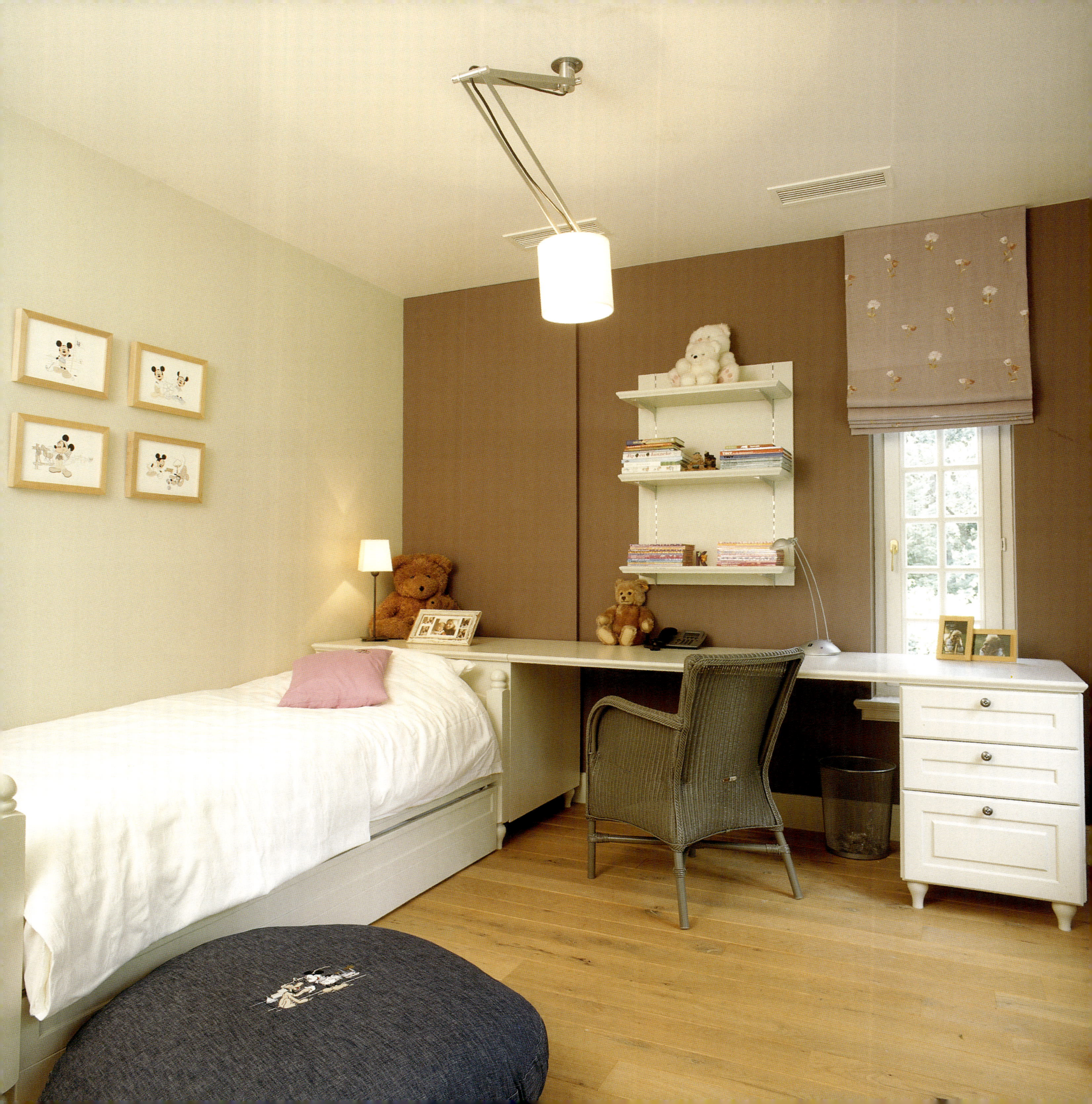

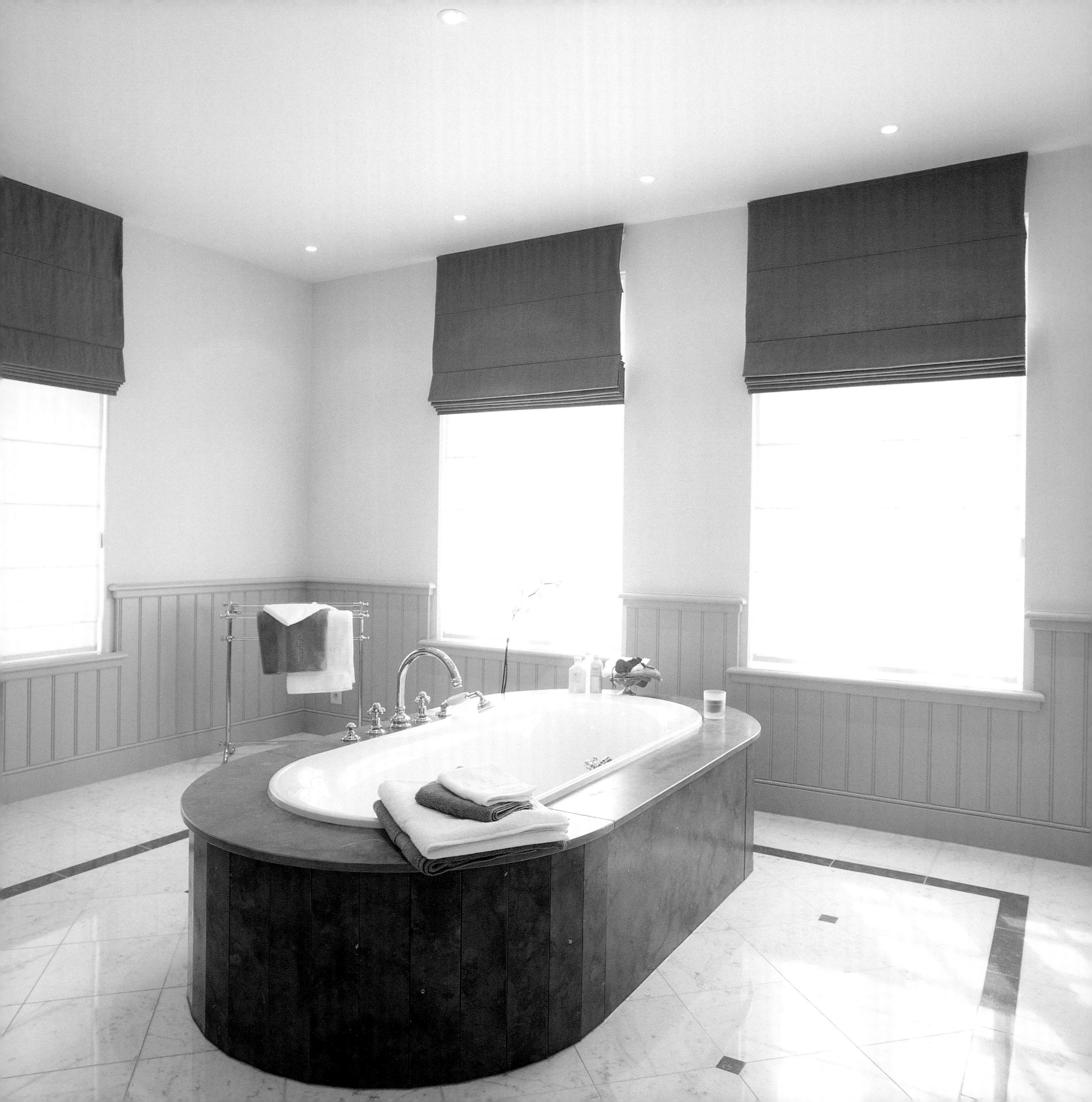

rend interieur als de praktische kant van de zaak tegenvalt! De eigenheid van allerlei authentieke materialen wordt in dit huis bewaard zoals het hoort, vandaar dat u aloude Bourgondische dals aantreft als keukenvloer. En toch voorkomt Sphere een al te klassieke benadering. Zoals steeds valt de eigen stijl onder de noemer: tijdloos en up to date.

Boven beschikken de ouders werkelijk over een privé-oase in een zee van ruimte. Tafta gordijnen en stores worden stijlvol gecombineerd met bedlinnen, een zetel en een bedbank op maat. De dekbedovertrek is van Scapa Home. We laten de glazen dubbele deur openzwaaien en strijken neer in de badkamer. Ook hier zorgt chocolade voor een rustgevend effect. U vindt de tint in de marmer van het losstaand bad en in de noppen en de biesjes van de vloer. Enkele handdoeken vinden eveneens aansluiting. De stores werden echt geënt op het bad. U mag spreken van een conform verlengstuk. En de totaliteit verwerft aldus een homogeen karakter. De kinderen hadden inspraak qua kleurenkeuze en daardoor hebben zij nog meer het gevoel dat hun kamer bij hen past. In de jongenskamer werd gekozen voor Corde. Een stoere knuffelbeer prijkt op het bedlinnen in donkerblauw en wit. Voor de sportieve look zorgen prenten met auto's en vliegtuigen in schabben. Het bed en de wandkast zijn versmolten. Handig is de schuif die met een simpele beweging van de hand tot logeerbed kan worden omgetoverd. Een muur in Moyen Age breekt de zandtint van de meisjeskamer.

Het bedlinnen en de kadertjes met Disneyfiguren zijn van Donaldson. Aan het bureau een makkelijke Lloyd Loom stoel. En om het geheel helemaal op te fleuren zijn er de lila accenten van het kussen en de schattige store in linnen met bloemetjesmotief.

Bij het zwembad, met de statige gevel op de achtergrond, nodigen gestroomlijnde ligstoelen uit om te relaxen en de tijd te vergeten. Of zinkt u liever weg in het salon van de poolhouse. Dit Cleyberg ontwerp is verkrijgbaar in tropisch hout of vergrijsd riet (zoals hier). De collectie is zeer duurzaam en dus uitermate geschikt om een buitensalon te creëren. Haal de kussens wel tijdig onder dak, maar zowel het riet als het hout kan best tegen alle weersomstandigheden. Het is trouwens 'in' om de lijn door te trekken naar de tuin. Mensen leven graag binnen en buiten. Sphere creëert dan ook dezer dagen zeer veel woonkamers in de natuur.

Het was in 1995 dat Christel De Vos haar eerste decoratiewinkel opende hartje Schilde. Al snel werd een sneeuwbaleffect genoteerd. Gevolg: er moest een tweede winkel worden geopend, in de hoofdstraat van Brasschaat. Beide winkels zijn ingericht als woningen zodat u er reële sferen kunt opsnuiven. Vandaag kunnen mensen nog steeds bij Sphere terecht voor een meubelstuk, gordijnen of een kleinigheid. Maar u bent uiteraard ook welkom voor totaalinrichting. Om projecten nog beter te kunnen opvolgen deelt Christel nu het zaakvoerderschap met Björn Van Tornhaut. Samen geven zij leiding aan een bijzonder gemotiveerde ploeg. En intussen mag u Sphere Projects noteren als een feit. Deze derde locatie is een woning die van a tot z werd gekneed door Christel, Björn & Co. U kunt er proeven van alle woonfacetten om rustig tot beslissingen te komen. U treft er de architect van het bedrijf, materialen staan er tentoongesteld en in de stoffenkamer komt eenieder beslist aan zijn trekken. Kortom, als u hier een afspraak maakt, wordt u nooit gestoord en kan men zich optimaal concentreren op uw project.

Elke samenwerking start met een luisterend oor. Sphere heeft in de eerste plaats als doel de opdrachtgever ter wille te zijn. Wat verlangt u van een interieur? Van welke kleuren houdt u? Hoe leeft u? Dat alles moet blijken uit een eerste gesprek en er wordt terdege rekening mee gehouden bij het concipiëren. Inspraak is alvast een sleutelwoord op dit adres. Verder wordt er dan gewerkt in vertrouwen. De klant weet wat hij van Sphere mag verwachten, dat de zaak staat voor integere klasse en eigenheid. Niet zelden krijgt het team carte blanche. Het geheel getuigt altijd van een hoog Spheregehalte, maar ademt tegelijk ook uw smaak. En is het niet precies de kunst om dit compromis waar te maken? ✳

Sphere Home Interiors

Turnhoutsebaan 308, 2970 Schilde (B), tel.: 0032(0)3/383.50.67, fax: 0032(0)3/383.32.51, e-mail: info@sphere-interiors.be, website: www.sphere-interiors.be
Bredabaan 197, 2930 Brasschaat (B), tel.: 0032(0)3/651.27.40, fax: 0032(0)3/651.27.41

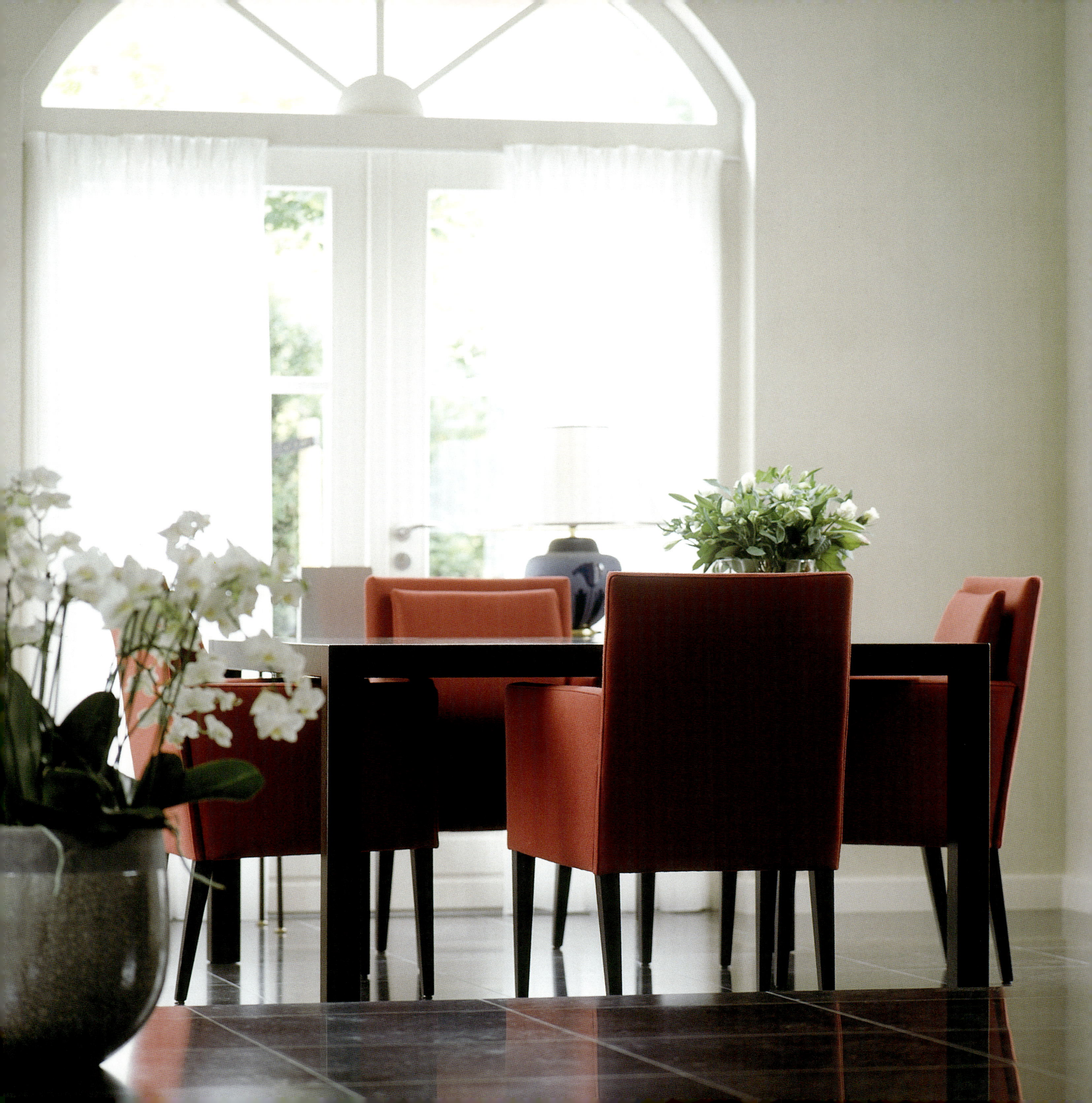

STIJLVOL WONEN COMPLEET
JET KEUKEN- EN INTERIEURBOUWERS

Balanceren tussen contrast en harmonie

Kleuren maken of kraken een interieur. In deze woning vormden de kleur van de trap, de deuren en de kasten de basis waarbij de rest van het kleurenpalet is gekozen. Om een harmonieuze sfeer te krijgen en tegelijkertijd elke ruimte een zekere eigenheid te geven, kozen de bewoners voor de gulden middenweg tussen contrast en harmonie.

"Wij wilden iets wat tijdloos is, iets wat blijft", steekt onze gesprekspartner, de eigenaar van deze nieuwbouwvilla, gemotiveerd van wal. "We hebben bewust gekozen voor een huis dat niet onder een bepaalde stijl valt, dat je dus niet zomaar in een hokje kunt stoppen." Het resultaat getuigt inderdaad van een tijdloze architectuur waarin elementen uit diverse stromingen en stijlen werden samengevoegd tot een eigentijds en vooral persoonlijk geheel. "Het gevolg is dat we ons huis in alle mogelijke sferen kunnen inrichten. De stijl van het huis leent zich net zo goed voor een moderne als voor een klassieke inrichting. We hebben de vrijheid om het in te richten zoals wij graag willen, en het over vijftien jaar misschien helemaal anders te doen."

De plattegrond van de woning beschrijft een rechthoek. "Een eenvoudige, neutrale vorm die op diverse manieren kan worden ingevuld", licht de eigenaar toe. Dat die eenvoud perfect werkt, bewijst het feit dat er regelmatig voorbijgangers halt houden voor hun huis en zonder scrupules aanbellen om te vragen wie het ontworpen heeft. Wat is hun geheim? "Je neemt gewoon de stijl die je mooi vindt en maakt het strakker en eenvoudiger zodat het een eigen charme krijgt. Want het zijn juist de eenvoudige vormen en lijnen die – in combinatie met de natuurlijke materialen – voor zich spreken." Met hun filosofie zaten de bewoners op dezelfde golflengte als de mensen van Jet Keuken- en Interieurbouwers. Zij tekenden voor de keuken, badkamers, dressing en al het andere kastenwerk. "Het is de kunst om je in te houden, om te balanceren tussen sober en weelderig. Daarbij draait het allemaal om de juiste verhoudingen. En dat hebben ze bij Jet als geen ander begrepen."

'We hebben bewust gekozen voor een huis dat niet onder een bepaalde stijl valt, dat je niet zomaar in een hokje kunt stoppen'

Bij het verkennen van de benedenverdieping valt op hoe ruimtelijk en open de woning is. Nadat we hebben plaatsgenomen in de knusse bank in de woonkamer kijken we recht in de eetkamer met daarachter de landelijke keuken. Het lijkt wel of de bewoners een fobie voor deuren hebben. Doordat deze drie ruimtes, die aan de achterzijde van de woning liggen, telkens verspringen en dus geen rechte lijn vormen, worden ze toch ietwat van elkaar gescheiden. Hoewel ze samen één leefruimte vormen, zijn de bewoners er in geslaagd elk vertrek een eigen sfeer te laten uitademen. "Dat was voor ons absoluut noodzakelijk. Al was het maar om aan te tonen dat elke ruimte een andere functie heeft. Ook houden wij van openheid en veel licht. Dat verklaart meteen de vele ramen in de achtergevel. Onze vorige woning was net zo. En als je eenmaal zo'n open, luchtig huis hebt gehad, wil je niks anders meer."

Waarom ze zo verknocht zijn aan een huis zonder deuren? "In de eerste plaats omwille van het sociale aspect. Bij ons maakt het niet uit waar je zit, je staat

'De landelijke keuken nodigt uit om plaats te nemen, te tafelen, huiswerk te maken of gewoon om te kletsen'

altijd en overal in contact met elkaar. Je kan altijd iets tegen elkaar zeggen, zonder te moeten schreeuwen en je hebt ook nooit het gevoel dat je alleen bent. Wanneer we vroeger mensen over de vloer kregen, zat mijn vrouw de hele tijd in de keuken. Gezellig is anders natuurlijk! Dat is nu gelukkig verleden tijd."

De open leefkeuken met ontbijthoek vormt nu zelfs het bruisende hart van de woning: hier gebeurt het allemaal! En dan hebben we het natuurlijk niet alleen over het koken of afwassen, maar ook het gezinsleven speelt zich grotendeels hier af. Dat komt omdat de landelijke keuken werkelijk uitnodigt om hier plaats te nemen, te tafelen, huiswerk te maken of gewoon om te kletsen. De kleur (koffie met veel melk, zoals de eigenaar het noemt) en de indeling (een U-vorm die doorloopt in de eetkamer en vervolgens in de woonkamer) verklaren die aantrekkingskracht. Het spoelgedeelte ligt centraal in de keuken, maar kreeg een verhoogde

> 'Ik denk dat we het juiste evenwicht hebben gevonden tussen strakke, rechte lijnen en weelderige versieringen'

toog voor de spoelbak zodat deze netjes aan het zicht wordt onttrokken. De schouw die het afzuigsysteem herbergt, en ook de kroonlijst, kastdeuren, greepjes en verzoet granieten werkblad, zorgt voor een landelijke toon. Toch mogen de meest hedendaagse keukentoestellen niet ontbreken en mogen ze gerust gezien worden. Een stoomoven met hoge druk bijvoorbeeld verhoogt het kookcomfort aanzienlijk. En het culinaire resultaat is, volgens kenners althans, een streling voor de smaakpapillen.

De profielen, lijsten, verhoudingen en deurbeslag in de keuken komen terug in al het kastenwerk van de woning. De dressing, kasten in de slaapkamers,

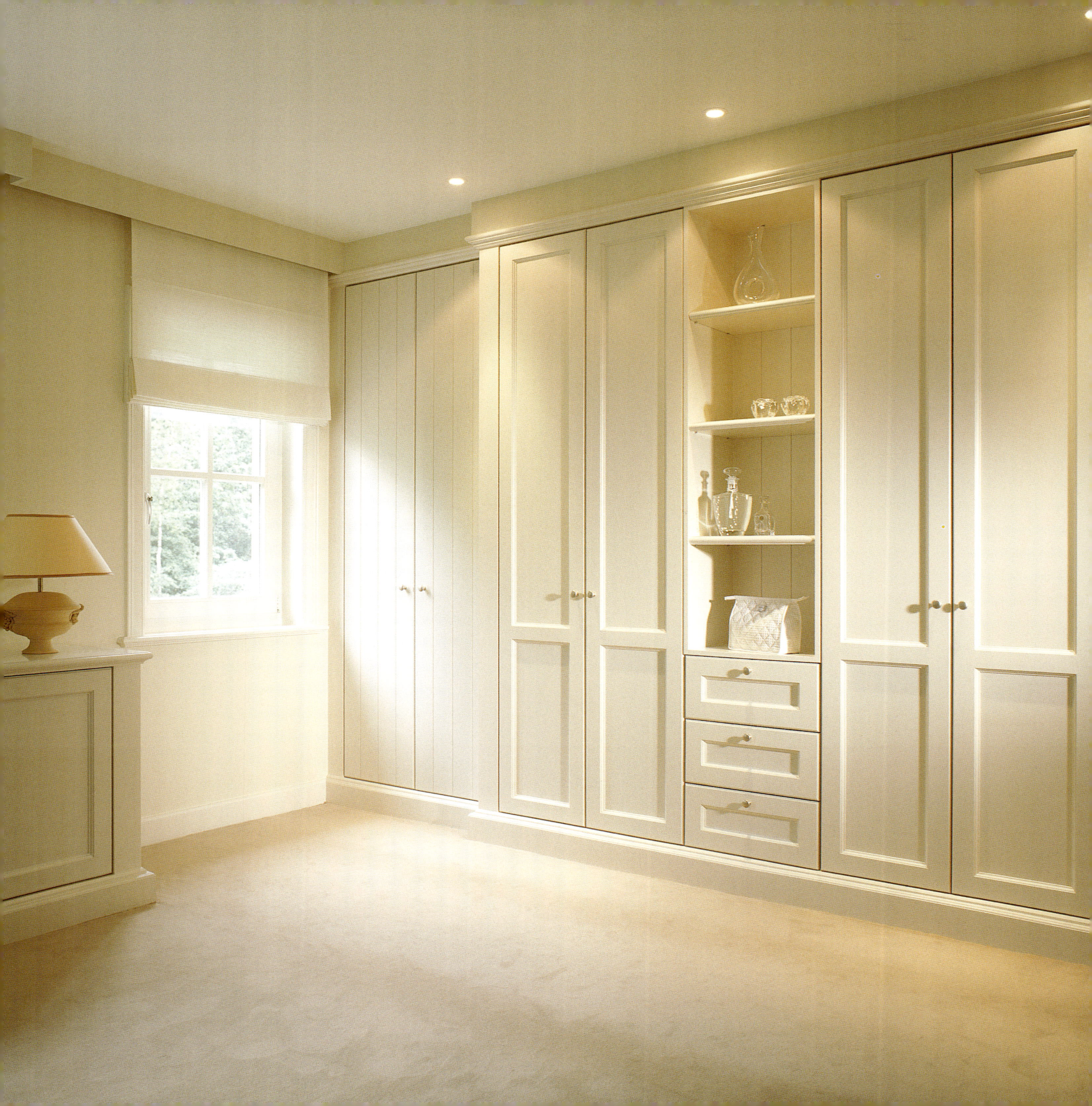

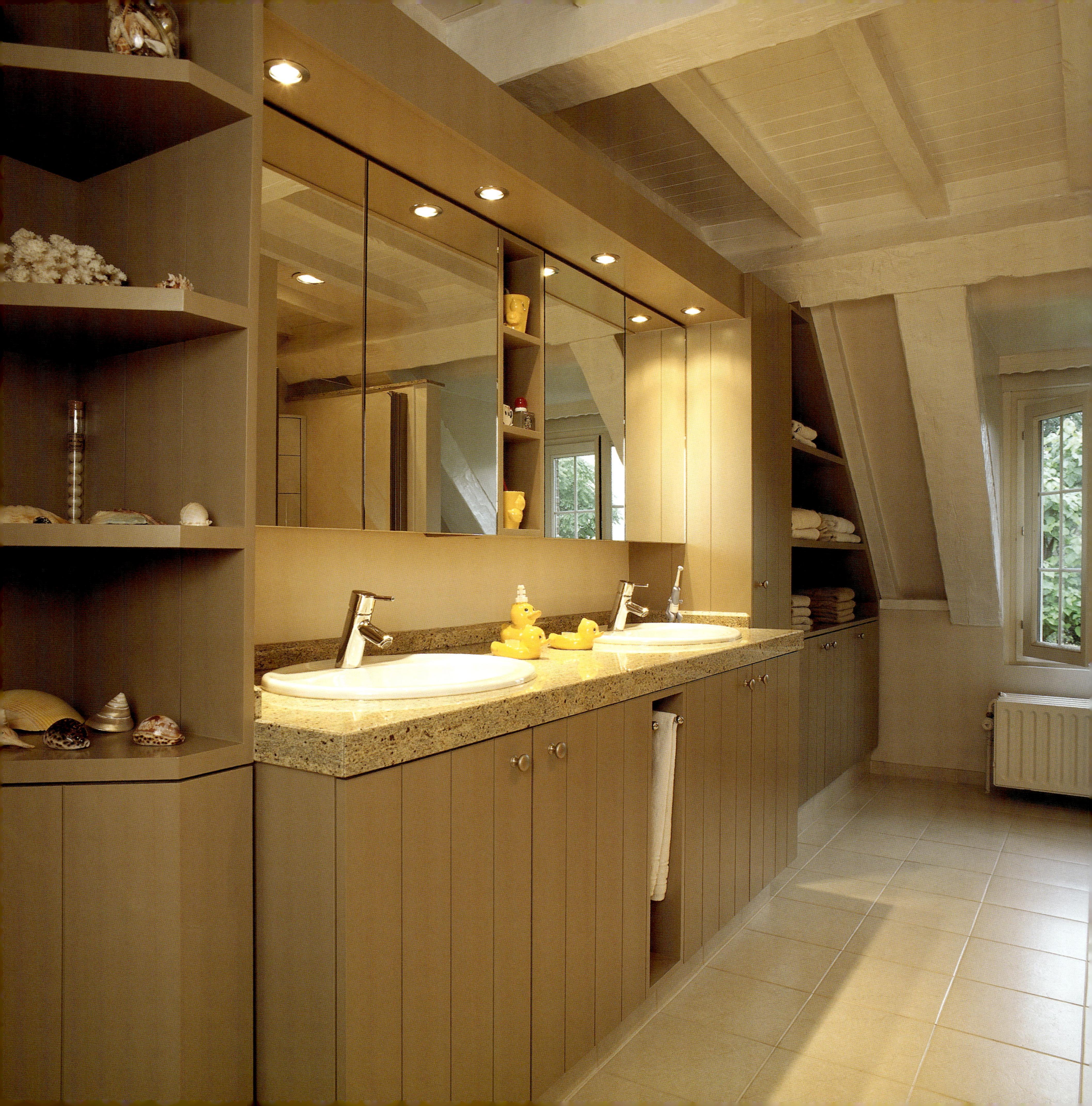

radiatorkasten en badkamers zijn op dezelfde manier opgevat. En toch zien we hier en daar kleine variaties op hetzelfde thema. Zo komt in sommige kasten een subtiel plankenmotief terug en werkt men de ene keer met vlakke lades en de andere keer met lades met een kader aan de voorkant. In de badkamer zorgen het warme rood op de muren en het dikke werkblad voor een kleine accentverschuiving. "Ook die van de kinderen is ietsje anders. Omdat het voor de jongens wat speelser mocht", aldus een zichtbaar trotse bewoner. "We hebben echt gebalanceerd tussen strakke, rechte lijnen enerzijds en een weelderige versiering anderzijds. Ik denk dat we het juiste evenwicht hebben gevonden." Waar dat evenwicht precies ligt, is niet erg duidelijk. "We hebben namelijk vanuit het onderbuikgevoel gewerkt. Voor zoiets bestaat immers geen wiskundige formule. Je hebt het of je hebt het niet. En bij Jet hebben ze het duidelijk wel!" Het resultaat is dat er harmonie in het hele interieur heerst. En die brengt rust in het geheel. Rust die erg welkom is in dit gezin van drukbezette mensen. "Uiteindelijk is dat altijd de opzet geweest: een plek creëren om de batterijen op te laden. Wanneer je zoals wij heel de hele dag druk in de weer bent, heb je behoefte aan rust. En van die rust wilden we thuis kunnen genieten. Ik kan zonder blozen zeggen dat we daar goed in zijn geslaagd."

*

Jet Keuken- en Interieurbouwers
Antwerpsesteenweg 103, 2350 Vosselaar (B), tel.: 0032(0)14/61.63.63, fax: 0032(0)14/61.49.45,
e-mail: info@jetkeukens.be, website: www.jetkeukens.be

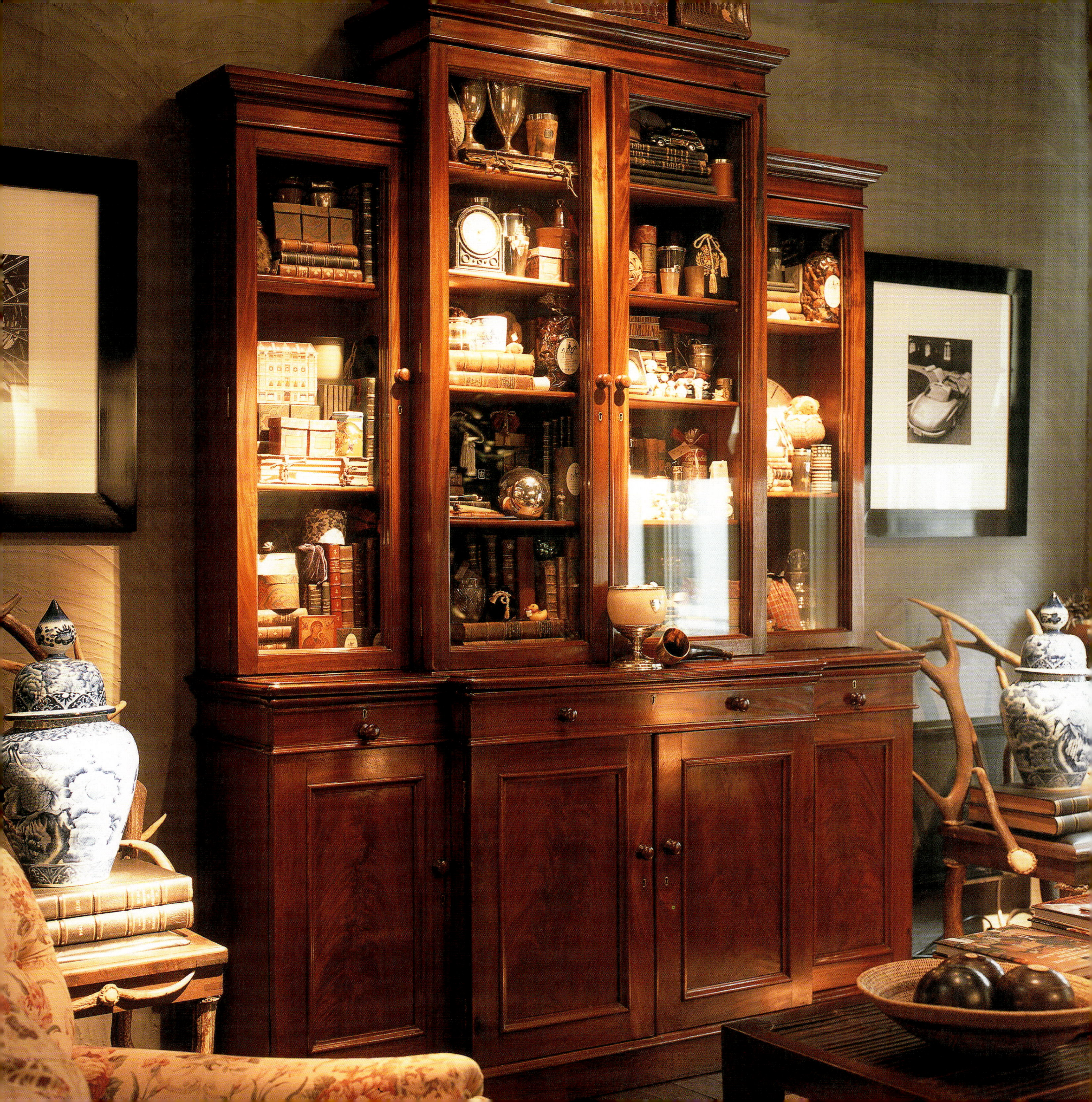

STIJLVOL WONEN COMPLEET
PIETER PORTERS DECORATIONS

SCHIKKING VORMT HARTVEROVERENDE TAFERELEN

Buiten wintert het, maar binnen wachten u hartveroverende taferelen.
Het is de originele wijze waarop de schikking zich openbaart die de glunderende sfeer bepaalt.
Er wordt subtiel omgesprongen met vormen en kleurenpalet. Fingerspitzengefühl alom.

Achter een gekaleide gevel treedt u binnen in de unieke wereld van decorateur Pieter Porters. We zijn te gast bij collega Frederic Ratinckx. Hier worden op een afgewogen manier tinten gecombineerd. Let bij het betreden van de hal op de heerlijke wisselwerking tussen antraciet onderaan, de lambrisering in abrikoos en het mokka van wanden en plafond met kruisgewelf. De vloer toont u wit en blauw van gepolijste hardsteen in dambordmotief. De hal oogt sober chic en weelderig strak. En aldus is de toon gezet voor de hele woning. Zullen we binnenkijken?

Op de eettafel werd gerei verzameld om straks van een feestmaal te proeven met alle zintuigen. Het

> 'De hal oogt sober chic en weelderig strak. En aldus is de toon gezet voor de hele woning'

stilleven heeft iets lentefris, ook al schittert er kunstsneeuw op de fruitige siertaart die een centrale plaats bekleedt. Het is altijd prettig om een beetje de winter in huis te halen deze tijd van het jaar. Neen, uiteraard niet de vrieskou, maar wel de uitstraling. Laat iets 'besneeuwen' en u creëert meteen een moment om knus van te genieten, ver van vorst en ijzel. Als bovendien de gloed van kaarsen de ruimte vult, is de stemming compleet. Het is alsof het wit - net als in de tuin - genoeglijk oplicht door de zon.

Architect Bart De Beule, met wie Pieter Porters steeds samenwerkt, wist indertijd twee panden naadloos te versmelten. En zo ontstond een kader waar de decorateur zich ten volle weet uit te leven. In de met zorg gedecoreerde voorraadkast heerst symmetrie en ook hier wordt gul met kaarslicht gewerkt. Deze pure aanschouwing zet ons aan om met geprikkelde nieuwsgierigheid de keuken te ontdekken. Dit is een werkruimte en dat mag gezien worden. Kasten in massieve eik omhelzen een fornuis naar aloud model, bovenaan afgewerkt met handgemaakte witjes die de stempel 'antiek' verdienen. Handig en tegelijk oogstrelend is de waterboord aan het werkblad in Franse natuursteen. Dankzij de behandeling met een vlekstopmiddel behoudt het materiaal zijn charme. Het hout blijft bewust onbehandeld zodat het verder kan leven. Dit verweerde karakter vinden we ook terug in de tegelvloer Pietro Scuro. Maar

lavendelblauw bepaalt uiteindelijk de algemene teneur. U lijkt wel te gast in een zuiders vakantiehuis.

Niet zozeer de decoratie op zich maar wel de wijze waarop alles tegenover mekaar wordt uitgespeeld, zorgt voor de magie die uitgaat van dit interieur. U mag spreken van een complete synergie gebaseerd op intuïtief aanvoelen en vakkennis. Ieder element legt zijn volledige gewicht in de schaal om te komen tot het doel: mensen een origineel huiselijk gevoel

'Hier is het hemels ontwaken onder gewitte oude balken, tussen muren in een kleur verwant aan olifantenhuid'

geven. Dat gebeurt om te beginnen doordat de kleuren zich stijlvol verzoenen. Maar ook de voorwerpen spreken een eigen taal en voeren vooral een dialoog die u keer op keer in vervoering brengt.

Optisch lijkt de mahoniekast in het salon nog ranker door de koffers erbovenop. Het meubel wordt geflankeerd door stoelen die extra de aandacht trekken, omwille van de rug die bestaat uit het gewei van herten. Achter glas vallen zeer uiteenlopende spullen te bewonderen, maar de authenticiteit staat in geen geval ter discussie. Heuse collector items zijn het: boeken, emblemen, Victoriaanse potten, zilveren trofeeën, vazen uit China. Bij een klok die op de kop werd getikt op een markt in New York pralen hoornen bekers. Dat brengt ons bij het tafereel op de rand van de kast. Bij een beker met zilveren voet en drinkrand rust een aloude hoorn. Hier zit muziek in. Kijk goed en u herkent dat de beker eigenlijk zijn

'Er schittert kunstsneeuw op de fruitige siertaart en de gloed van kaarsen vult de ruimte'

vorm te danken heeft aan een half struisvogelei. Al dit moois heeft iets gemeenschappelijks: het karakter is warmhartig, klassiek en tijdloos.

U denkt op het eerste gezicht allicht dat er een snoeivorm opduikt naast de Grand Prix rozen op het bureau. Met gedroogd herfstblad heeft Pieter tweemaal een soort van Italiaanse topiari gecreëerd. Het is alsof u een plant in huis haalt, maar u moet er niet naar omzien. Bovendien droogt zo'n natuurlijk ornament voorbeeldig in. U beleeft er dus zeer lang plezier aan. Seizoen na seizoen tekent dit werkstuk zich af en wekt telkens weer een andere emotie. En nu we het toch hebben over wakker worden... Dat is

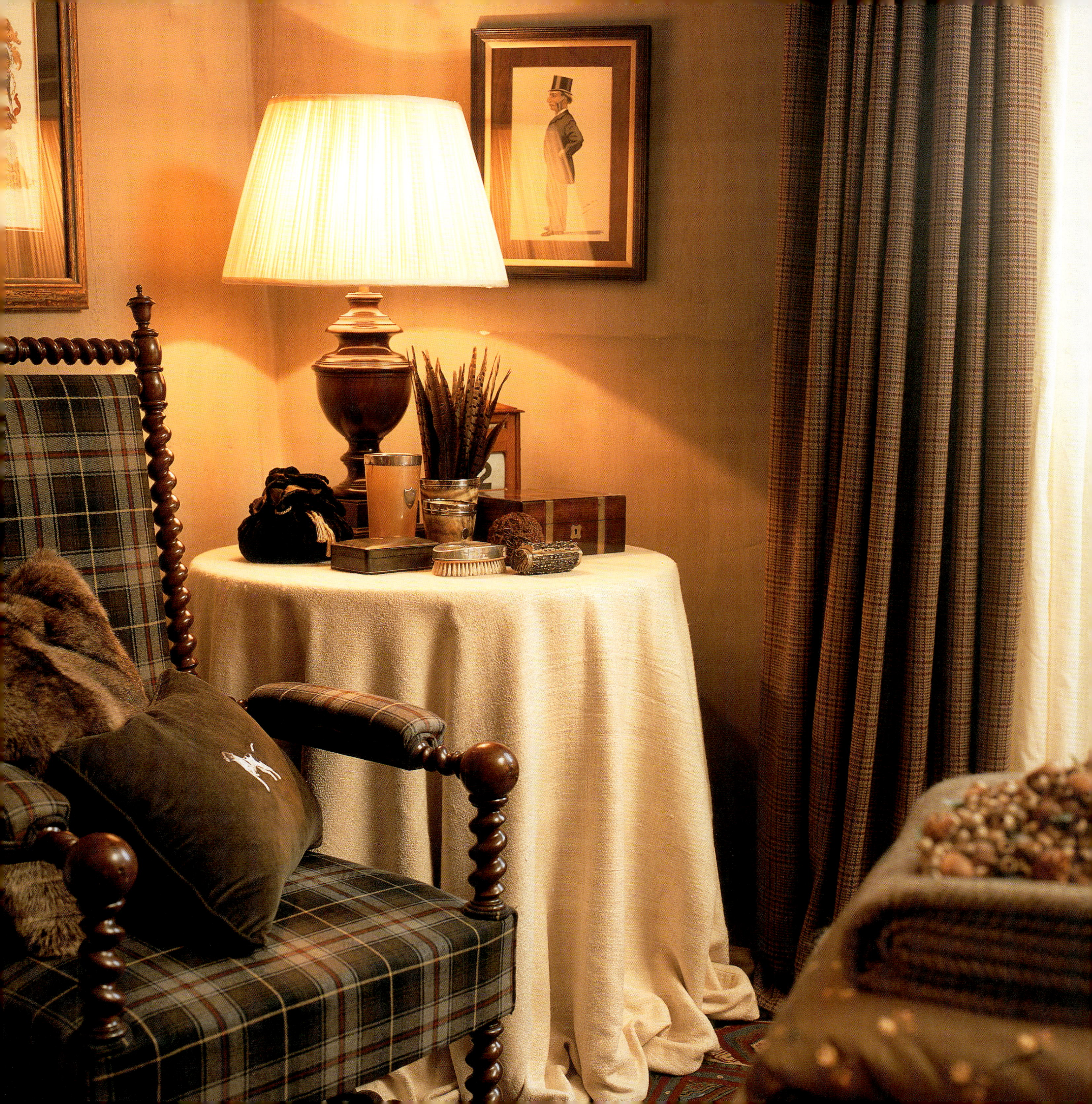

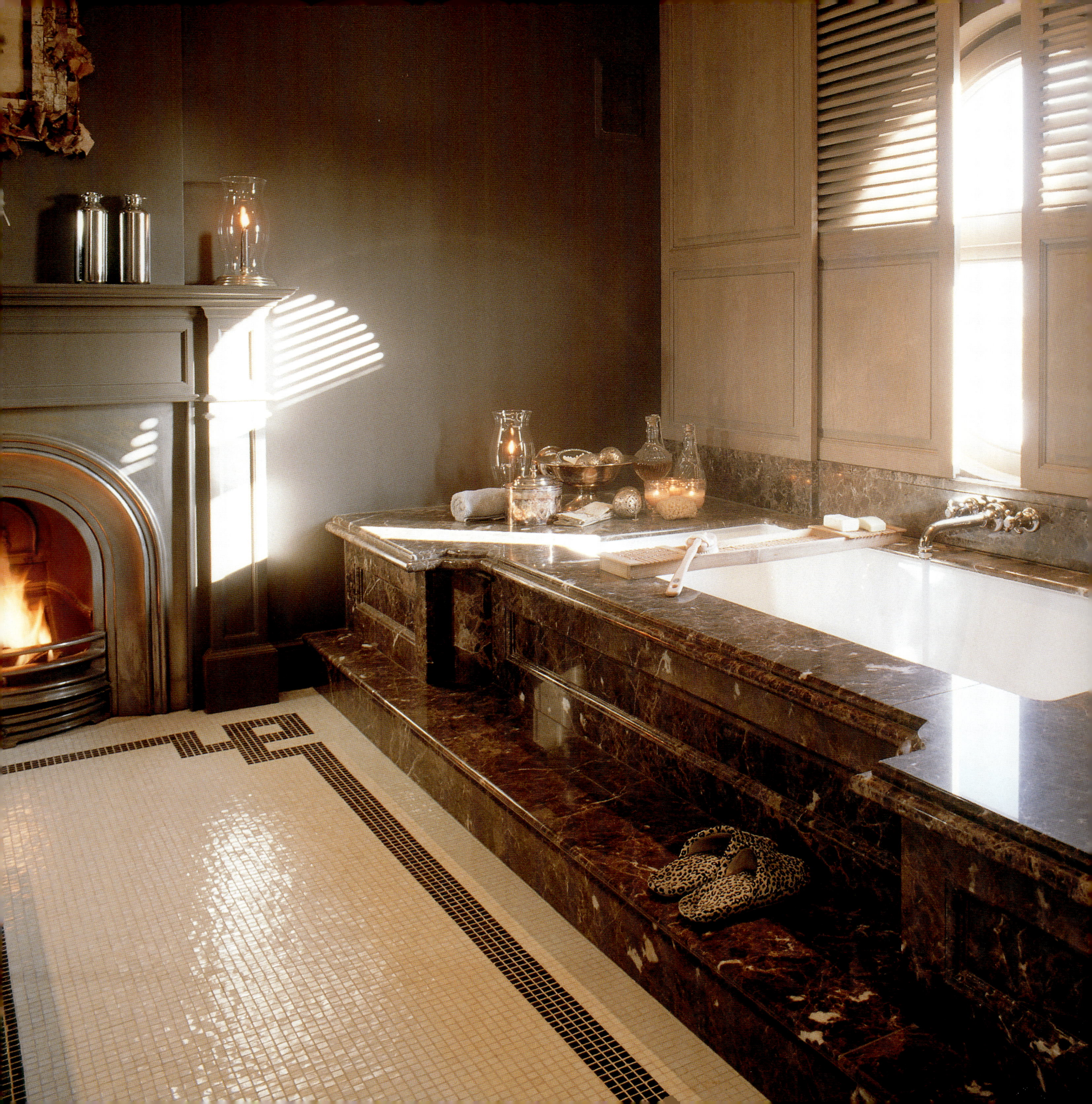

'De zon trekt schrille strepen en zet aldus de badkamerhaard in vuur en vlam'

pas hemels als het gebeurt zoals hier, onder gewitte oude balken, omringd door dingen om te koesteren tussen muren in een kleur verwant aan olifantenhuid. Bij de op maat gemaakte dressing hoort een vitrinekast die een retrogevoel oproept. De pootjes werden onderuit gehaald en nu hangt dit meubel dus in al zijn (gouden) glorie te pronken in het schijnsel van een afgedankte, maar klasse uitstralende fabriekslamp. Verschuifbare binnenluiken in typische Louvre-stijl gunnen ons vervolgens een blik op het winterlandschap. We bevinden ons nu aan het bad in Spaanse marmer. Het bad is voorzien van een zogenaamde doublurerand. Van verfijnde afwerking gesproken. De zon weerkaatst op de sneeuw, trekt schrille strepen en zet aldus de haard in vuur en vlam. De badkamer neemt een lichtbad. Blikvanger boven de schouw is een portret van weleer met een wel zeer speciale lijst samengesteld uit diverse stukken schors. Met de veer van een Zuid-Afrikaanse pauw trekt de decorateur als het ware een lijn die schouw en portret organisch verbindt. Dan wordt de haard effectief aangestoken en begint de decoratie op de badrand aan een nieuw leven. Er valt plots een ander licht op de voorwerpen, waardoor hun impact verandert. Een interessante vaststelling.

U beseft intussen wel dat Porters tekent voor een ietwat barokke woonstijl. De decorateur noemt het graag landelijk klassiek. Toch wil Pieter met ieder nieuw concept bewijzen dat hij een brede kijk heeft op wonen. Moderne meubels uit de dertiger jaren zijn nu eigenlijk klassiekers. U kunt ze dan ook goed combineren met antiek. Het resultaat heeft iets tijdloos en oogt zeker niet kil noch koel. Maar pas wel op dat u een interieur niet gaat overladen. Door het aantal stukken te beperken, geeft u ze net een uitgesproken zeggingskracht. Minder is meer.

Eigenlijk kan u stellen dat Pieter het landelijke uithuwelijkt aan het strakke. De authentieke Engelse aanpak krijgt aldus een eigentijdse zweem. Als basis werkt de decorateur met oerdegelijk klassiek meubilair. Want enkel zo kan een interieur naar zijn oordeel de toekomst trotseren. En tijdens de sobere benadering wordt alvast nooit het functionele aspect uit het oog verloren. Qua decoratie verschillen de accenten soms van week tot week. Laat een interieur mee evolueren met de seizoenen en uw eigen stemmingen.

Contrast mag best, het houdt het geheel boeiend. Maar er gaat wel een sterk eenheidsgevoel uit van dit interieur. Pieter Porters kiest duidelijk voor een compositie die begeestert en toch rust uitstraalt. ✻

Pieter Porters Decorations
Kipdorpvest 44, 2000 Antwerpen (B), tel.: 0032(0)3/213.35.75, fax: 0032(0)3/213.19.04,
e-mail: info@houseofporters.com, website: www.houseofporters.com

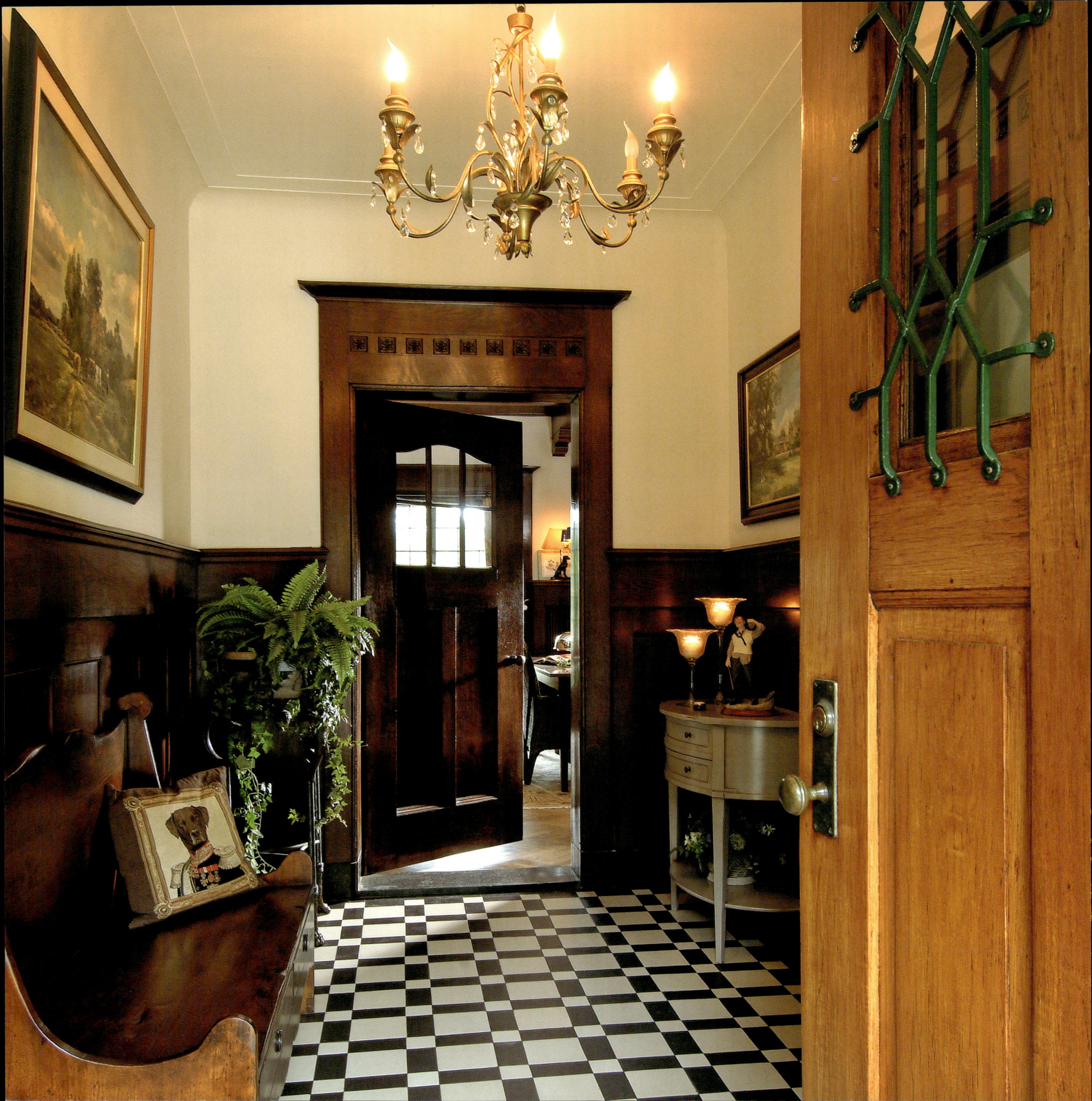

STIJLVOL WONEN COMPLEET
SMELLINK CLASSICS

Engels landhuis met Franse meubels

Henk en Diane kochten dit landhuis uit 1919 vijf jaar geleden vanwege de typisch Engelse, authentieke uitstraling. Toch richtten ze het allesbehalve Engels in. Ze kozen juist voor een Frans interieur met landelijke, Franse 'meubles de famille'.

Henk Smellink is de derde generatie van een familie van meubelmakers. "Mijn opa is ooit begonnen met het zelf maken van meubels. Mijn vader maakte ze ook nog zelf, maar richtte zich meer op de verkoop", aldus Henk. Tegenwoordig is Smellink Classics onder leiding van kleinzoon Henk al vijftien jaar een meubelzaak die gespecialiseerd is in Engelse, Franse, Belgische, Nederlandse en Italiaanse meubels op maat. "Vooral de Franse meubels liggen tegenwoordig erg goed in de markt. Wij hebben zo ongeveer de volledige collectie van Grange in onze showroom staan." Dit meubelmerk dankt zijn naam aan zijn ontwerper, Joseph Grange, die in 1904 meubels begon te maken voor de geestelijken van Saint-Symphorien-sur-Coise, een klein dorpje in de bergen vlakbij Lyon. Meer dan honderd jaar later is het een merknaam met een uitgebreide collectie van 'meubles de famille' voor alle leeftijden, in alle stijlen van klassiek tot hedendaags.

Dat het stuk voor stuk fraaie en kwalitatief hoogstaande meubels zijn, bewijst Henk wanneer hij ons meetroont naar zijn privé-woning op vijf minuutjes van het industrieterrein van Oldenzaal waar zijn winkel gevestigd is. "Oldenzaal is een klein, maar gezellig stadje in een bosrijke omgeving", vertelt Henk tijdens de rit. Bij

'De statige entree met de grootte van een fikse woonkamer wordt haast volledig gedomineerd door de donkere eikenhouten trap'

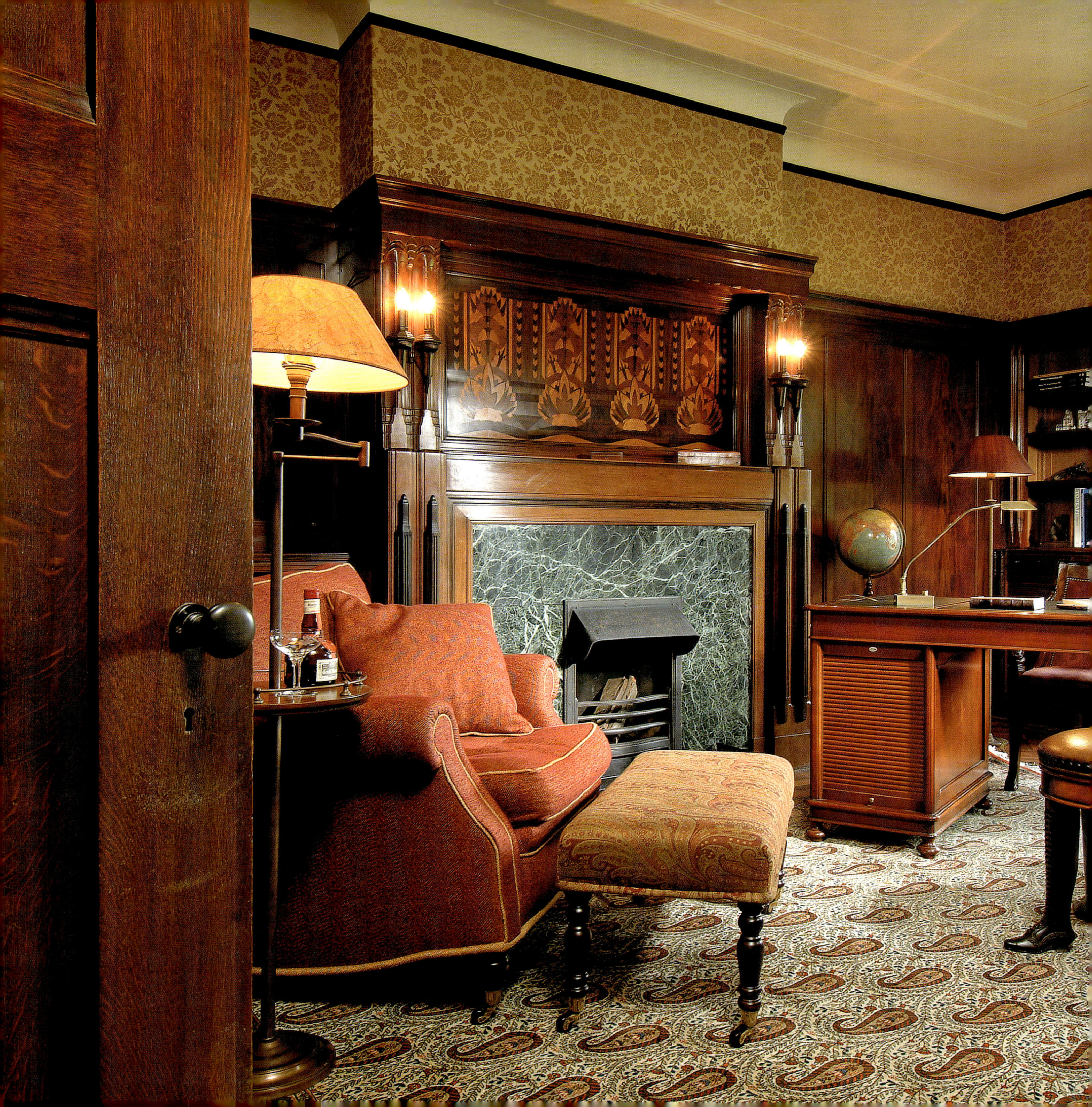

het verlaten van Oldenzaal ontwaren we aan onze linkerkant een landgoed met veel groen, een riante vijver en achteraan een statig Engels landhuis. "Hier moeten we zijn", roept Henk uit. Hij slaat linksaf en we rijden door een lange laan omzoomd door oude bomen het huis tegemoet. "De Hulst heet het landgoed, naar het gelijknamige park dat hier al in 1767 werd aangelegd. Later, toen in 1919 de textielindustrie hier bloeide, liet een textielfabrikant een villa bouwen in de vorm van een classicistisch herenhuis. Het is een landhuis met twee verdiepingen en een onregelmatige indeling. Door de loggia's, veranda's en balkons creëerde de architect hier een directe relatie met de omgeving. En daar genieten wij nog elke dag van", aldus de eigenaar.

Henk en Diane kochten het vijf jaar geleden van Henk's tante. "Die had er toen dertig jaar in gewoond. Dat maakt dat we het huis op voorhand al goed kenden. We wisten perfect hoe charmant en authentiek het huis nog was." Toen ze het kochten, bestond er dan

'Op de enorme zolderverdieping woonde vorige eeuw het personeel. Nu zijn de vertrekken onder het oude dakgebinte ingericht als logeerkamers'

zaken deed. De eetkamer met oude planken vloer in visgraatmotief, de grote schouw met kleine geglazuurde tegels, de rustieke donkere eikenhouten balken in het plafond en de grote, hoge zware houten ramen met glas in lood verwijzen nog steeds naar die periode. Net als het houtsnijwerk met het motief van een katoenplant die boven de schouw in het bureau van meneer hangt. Daardoor heerst er een Engels, haast Victoriaans sfeertje.

ook geen twijfel over dat ze alle oorspronkelijke elementen zouden behouden. "We hebben getracht de authenticiteit te bewaren en alles intact te laten. De vloeren, parketten, plafonds en lambrisering zijn allemaal authentiek. De elementen die moesten worden opgeknapt, hebben we zoveel mogelijk in de stijl van vroeger gerenoveerd." Die stukken en oude materialen geven het huis nog steeds de allure en grandeur van de glorietijd waarin de textielindustrie in Oldenzaal goede

Toch is het niet alleen Engelse grandeur die u hier tegenkomt. "De meubels zijn immers allemaal klassiek Frans, ze komen stuk voor stuk uit de Grange-collectie. Hoewel de meeste mensen in een Engels landhuis ook echt Engelse meubels zouden zetten, hebben wij voor de Franse aanpak gekozen. En toch staat het perfect bij elkaar! Door die Franse stijl consequent toe te passen, is het gewoon een erg leuke

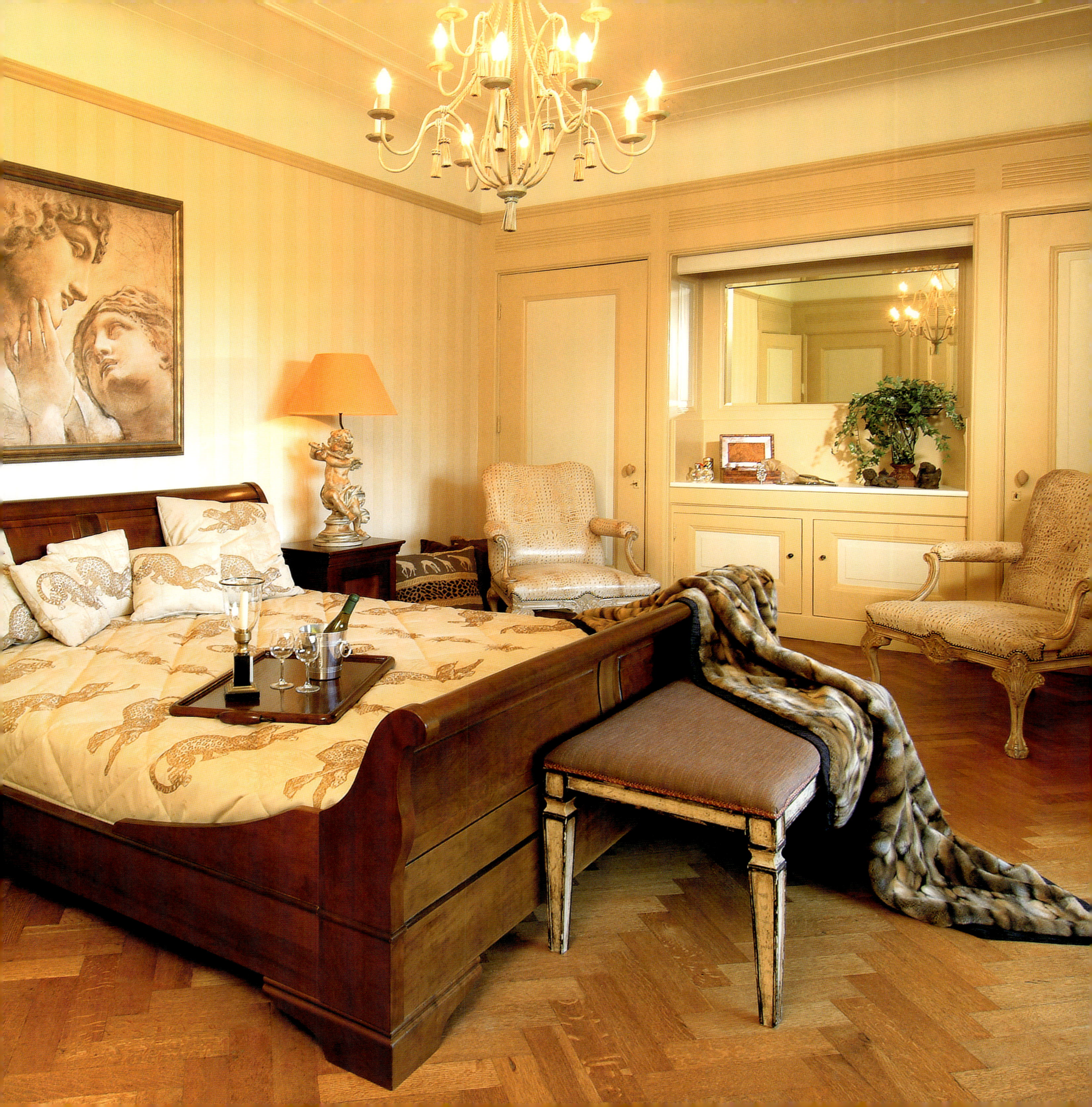

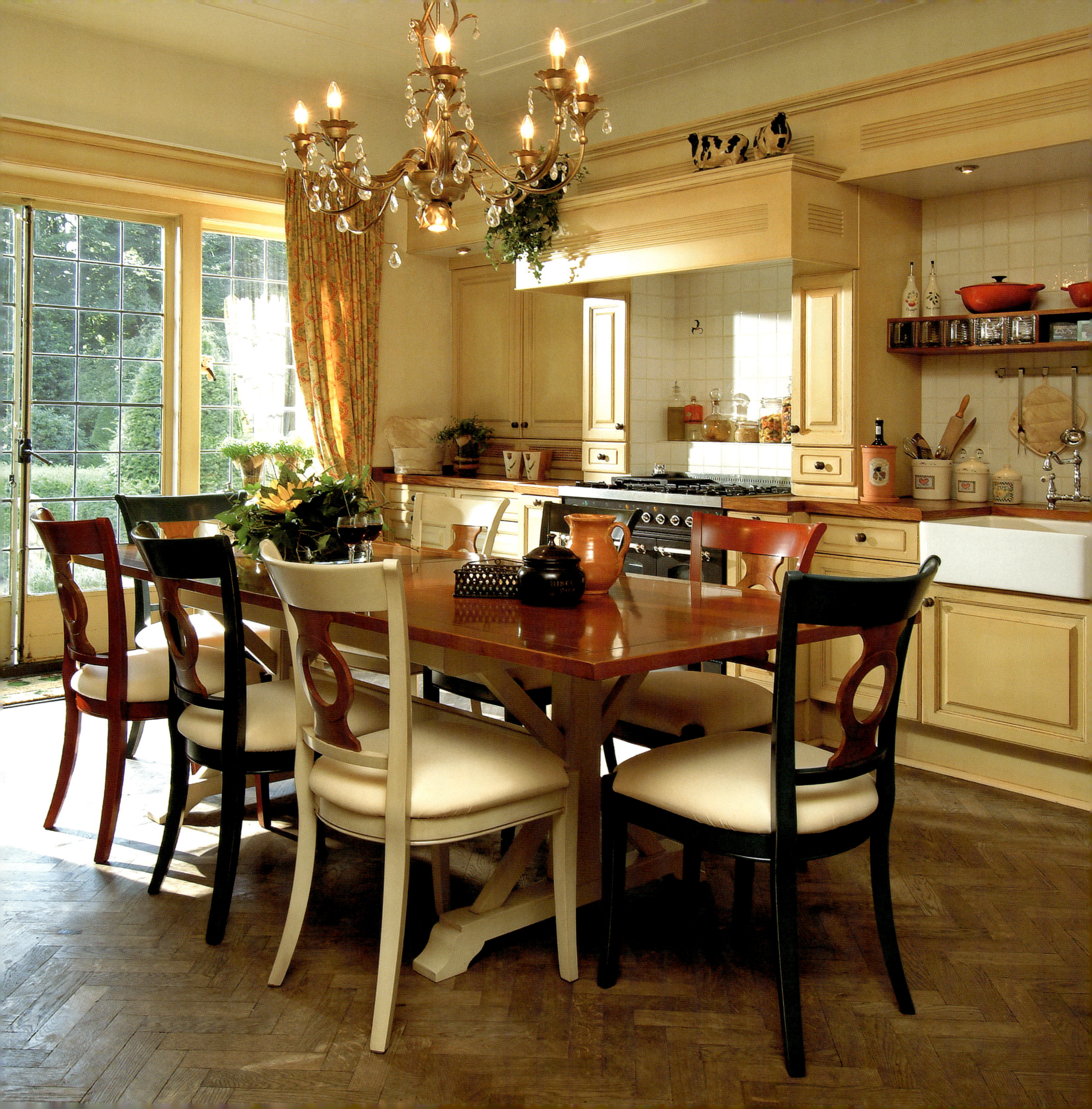

mix." In de eetkamer kunnen de grote ramen ook allemaal open waardoor ze toegang geven tot het overdekt terras. Links en rechts van het grastapijt bevinden zich uitgestrekte bossen waar de honden van het gezin zich helemaal uitleven door er te jagen op konijnen en ander klein wild. Ook het terras met Hollandse kleiklinkers werd sfeervol ingericht met Franse tuinmeubels. Zij dienen om de drempel tussen interieur en tuin te overbruggen. Die link komt trouwens door de volledige woning heen terug. Dat de oorspronkelijke eigenaar een tuinliefhebber was, is daarmee bewezen: grote ramen, terrassen en balkons maken het mogelijk om overal van het buitengebeuren te kunnen genieten. De tuin is dan ook niet de eerste de beste: het eindeloze domein, zeg maar park, werd immers ontworpen door de bekende Nederlandse tuinarchitect Leonard Springer.

Centraal in de woning bevindt zich de monumentale traphal. De statige entree met de grootte van een fikse woonkamer wordt haast volledig gedomineerd door de reusachtige donkere eikenhouten trap. De uitzonderlijk grote, zware uitvoering geeft het de uitstraling van een kasteeltrap. De krakende trap leidt ons de bovenverdieping waar vele lage, brede zware deuren uitkomen op de lange nachthal. Elke slaapkamer biedt hier uitzicht op een ander deel van het prachtige landgoed. Een dubbele deur leidt naar het balkon boven op het overdekte terras van beneden. Nog een aparte trap voert ons naar de zolderverdieping. "Dit gedeelte was vroeger het onderkomen van het personeel. De dienstbodes en bedienden hadden hier hun eigen verdieping." Onder het hoge oude dakgebinte en met de vele dakkapellen heeft deze verdieping nog wel iets knus en sfeervols. Het is haast een volledige woning op zich. "De slaapkamers van het personeel waren ook erg groot voor die tijd." Nu doen deze vertrekken dienst als logeerkamers. En ook hier komen de Franse meubels terug. Slapen, wonen en werken in Franse stijl in een Engels landhuis; wij zouden er makkelijk aan kunnen wennen! ✳

'Het landgoed heet De Hulst, naar het park dat hier al in 1767 werd aangelegd'

Smellink Classics
Ainsworthstraat 31, 7575 BS Oldenzaal (NL), tel.: 0031(0)541/52.32.22, fax: 0031(0)541/52.32.44
e-mail: info@grangeholland.nl, website: www.grangeholland.nl

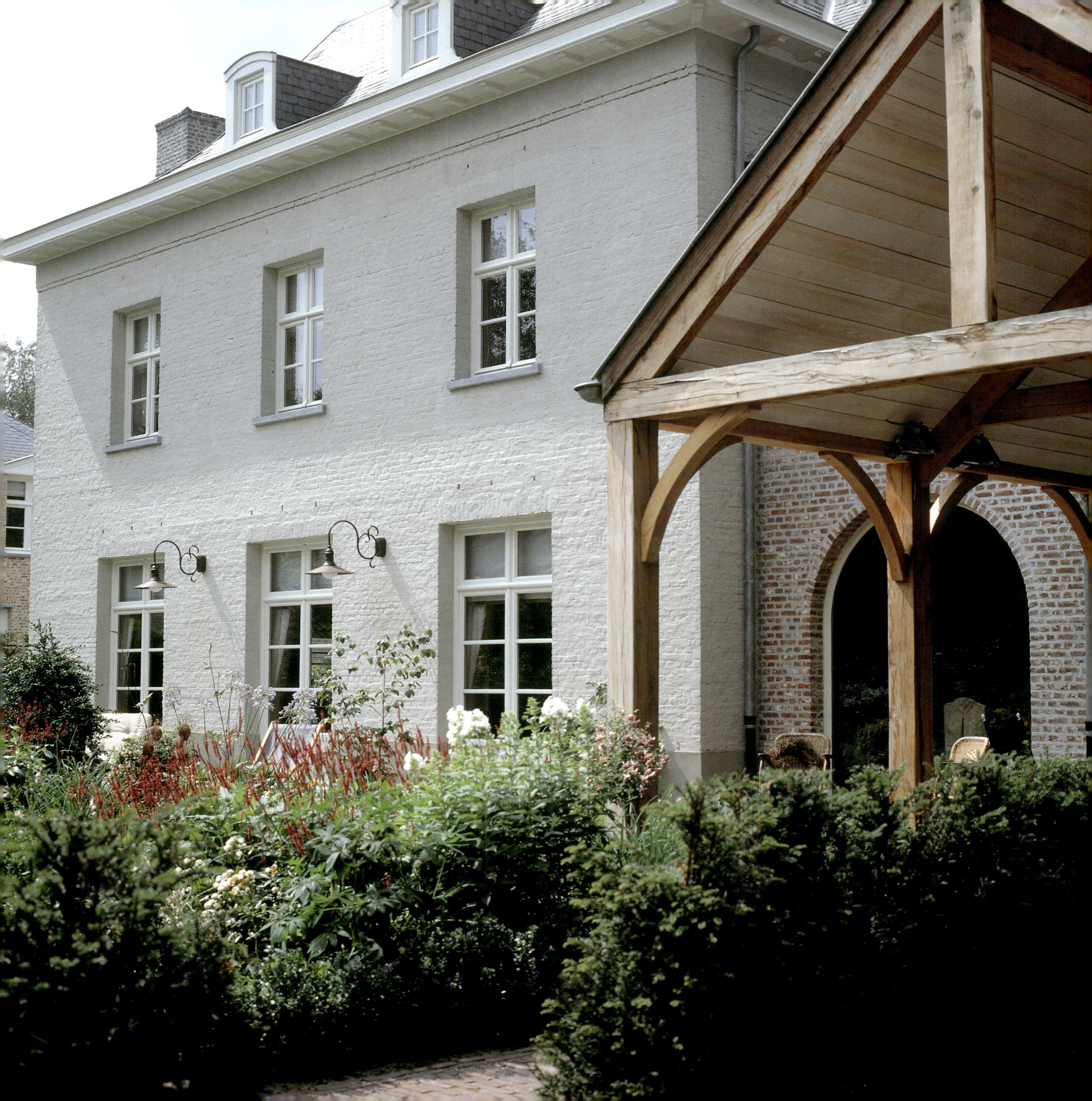

STIJLVOL WONEN COMPLEET
WOONSTIJL VILLABOUW

Actuele luxe, elan van weleer

Het elan van weleer roept bij de vrouw des huize jeugdherinneringen op aan het ouderlijk huis. Vanuit deze nostalgische gevoelens is deze dame meteen van deze nieuwe woning gaan houden om zo het interieur met liefde aan te kleden. En het zal dan ook niemand verwonderen dat haar gezin hier uiteindelijk een heuse thuis heeft gevonden.

'Bewonder hoe de greige kalei van het hoofdgebouw smaakvol contrasteert met de pure steen van de zijgebouwen'

Via een poort geflankeerd door geblokte zuilen met bollen bovenop belanden we op een binnenkoer met in waaiers gelegde kasseitjes. Een statige villa van Woonstijl toont zich in vol ornaat. De gerecupereerde papensteen werd in kruisverband gemetst. Bewonder hoe de greige kalei van het hoofdgebouw smaakvol contrasteert met de pure steen van de zijgebouwen. De luiken sluiten aan bij dit zachte timbre. Op het dak worden natuurleien en blauwe Boomse pannen – allebei succesvol gerecupereerd – tegen mekaar uitgespeeld. Wat een geslaagde wisselwerking. Onderaan is er een gecementeerde plint in een bruintint. Oog in oog staat u met de trekkers van de dubbele voordeur omkaderd door blauwe hardsteen. Links en rechts prijkt een passende lamp. Een waaier laat het licht in de hal. Blauwe hortensia's en een antiek Veramine tapijt uit het verre Oosten kleuren de ruimte. Maar het is toch vooral de authentieke vloer die de aandacht trekt. Een partij oeroude dals van serieuze dikte werd verwerkt op dit adres. Het gaat om liefst 170 m² die ter plaatse werd proper gemaakt en gesorteerd. Dit antieke gegeven gooit zijn gewicht in de schaal op tal van plaatsen: hal, keuken, terras en oranjerie. Groot is dan ook de impact. Deze woning draagt precies daardoor een doorleefd cachet.

In de woonkamer met eiken plankenvloer zet een variëteit van Italiaanse aardetinten de toon. De 18e eeuwse schouw werd uitgerust met een cassette. Aan de charme als vanouds wordt niet geraakt maar de bewoners genieten graag van actuele luxe en gelijk hebben ze! Op de secretaire ligt het boek dat alle schetsen, tekeningen en glasramen verzamelt van Frans van Immerseel. Een uniek exemplaar omdat deze Vlaamse kunstenaar het net voor zijn overlijden heeft gesigneerd. Van het salon kunt u naar een aansluitende tv-kamer of de, van lambrisering voorziene, eetkamer die in verbinding staat met de keuken. Boven de ronde eettafel steelt een exclusieve luchter de show. Er is een zekere band met de natuur; een strak zwart frame draagt immers gekleurde metalen bladeren. De stoelen herinneren aan vroeger door hun algemene vorm, zitting en rug in vlechtwerk, maar omwille van het witte patina krijgt het vrij traditioneel ogend kader rondom plots een meer eigen-

tijds accent. Sierlijke plafondlijsten kaderen de woonkamer in met klassieke bravoure.

De keuken blijkt strakker maar getuigt daarom niet van minder klasse. Plafondlijsten zijn er niet, de kleur van de wanden loopt door in een boord die mooi afsteekt tegen het blanke plafond. Dat brengt ons naar de badkamer die hoort bij de master bedroom in zandkleur op de eerste etage waar een 'poudreuse' tegen de muur pronkt. Daar werd een-

'Een partij oeroude dals gooit zijn gewicht in de schaal en geeft deze woning een doorleefd cachet'

> 'Door eens iets te herschikken helpt mevrouw haar interieur aan een nieuwe invalshoek. En iedereen ervaart dit als boeiend'

zelfde kunstgreep toegepast. Keuken en badkamer hebben trouwens nog iets gemeen: een schilderij van dochterlief. Beneden gaat het om een stadsgezicht in bonte kleuren boven een met agave versierde muurtafel. Bij het bad hangt een werk met een magische uitstraling. Wie aandachtig kijkt ontdekt zeepbellen... Het palet van de badkamer is wel enigszins gedurfd. Rode kalkverf tekent de muren. Dankzij fixatie heeft het vocht er geen vat op. Voor extra karakter zorgt de rode marmer met speelse aders. De vloertegels in lichte aubergine bekleden ook de wanden van de open douche maar dan zonder de donkere noppen. En zo strijken we neer in de maagdelijk witte dressing. Een dynamisch geschilderd doek fungeert als blikvanger boven het bed in oudroze, een ontwerp van de Nederlandse topdesigner Jan des Bouvrie. De blauwe kamer straalt iets stoers uit. Voor een subtiele toets in de pastelgroene gastenkamer zorgen miniatuurschilderijtjes van James Mooney. U bent dan aanbeland in het favoriete vertrek van de heer des huize. Dit is zijn knusse stek, een eigen plek! Hier (onder de nok) ontvangt hij zijn vrienden om gezellig te biljarten. Op tv worden allerlei sportevenementen op de voet gevolgd. De souvenirs verwijzen naar Afrika, de reisbestemming bij uitstek van mijnheer. U ziet regisseurstoelen met zebramotief, maskers en dieren van ginds als object: een kro-

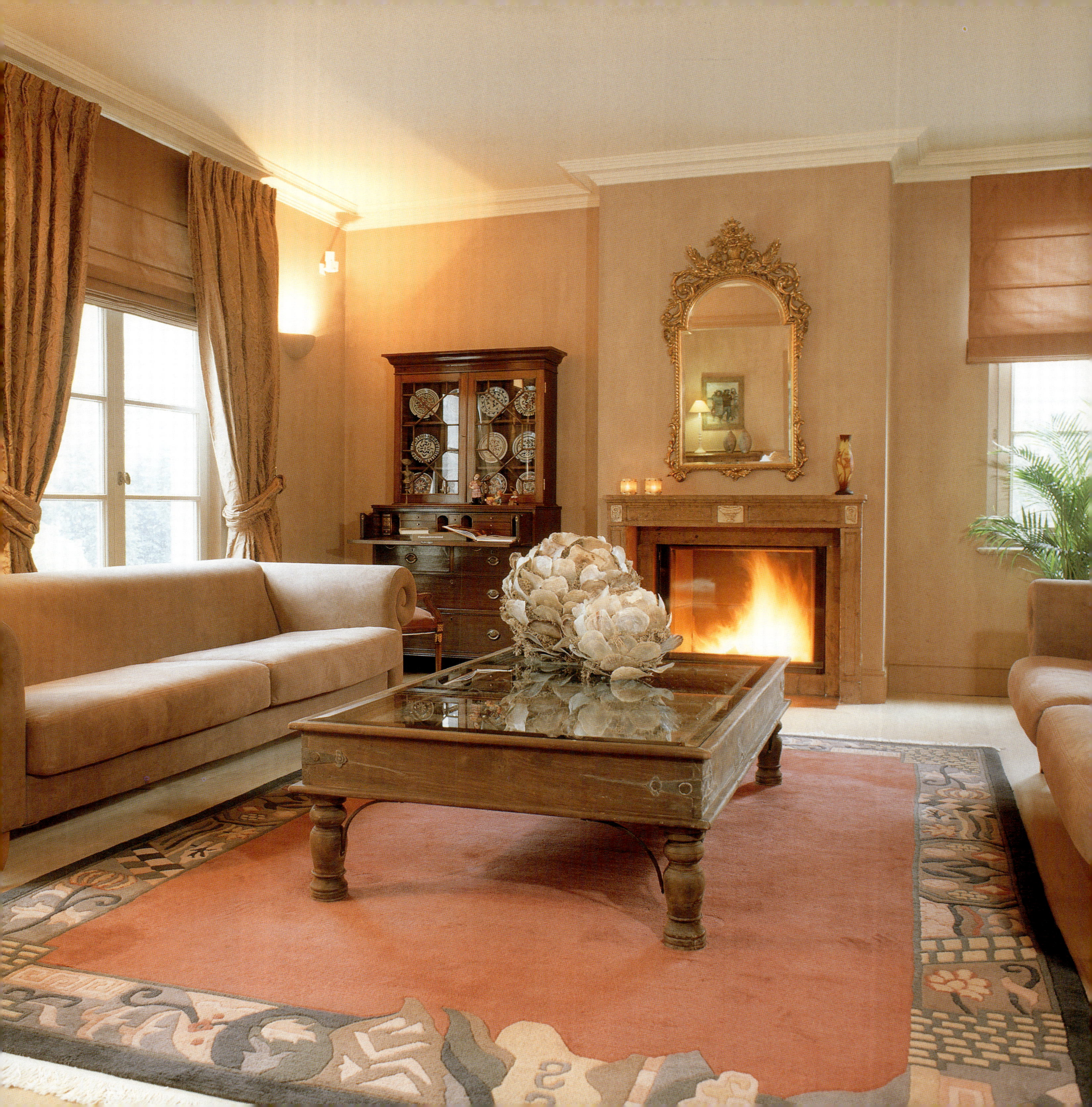

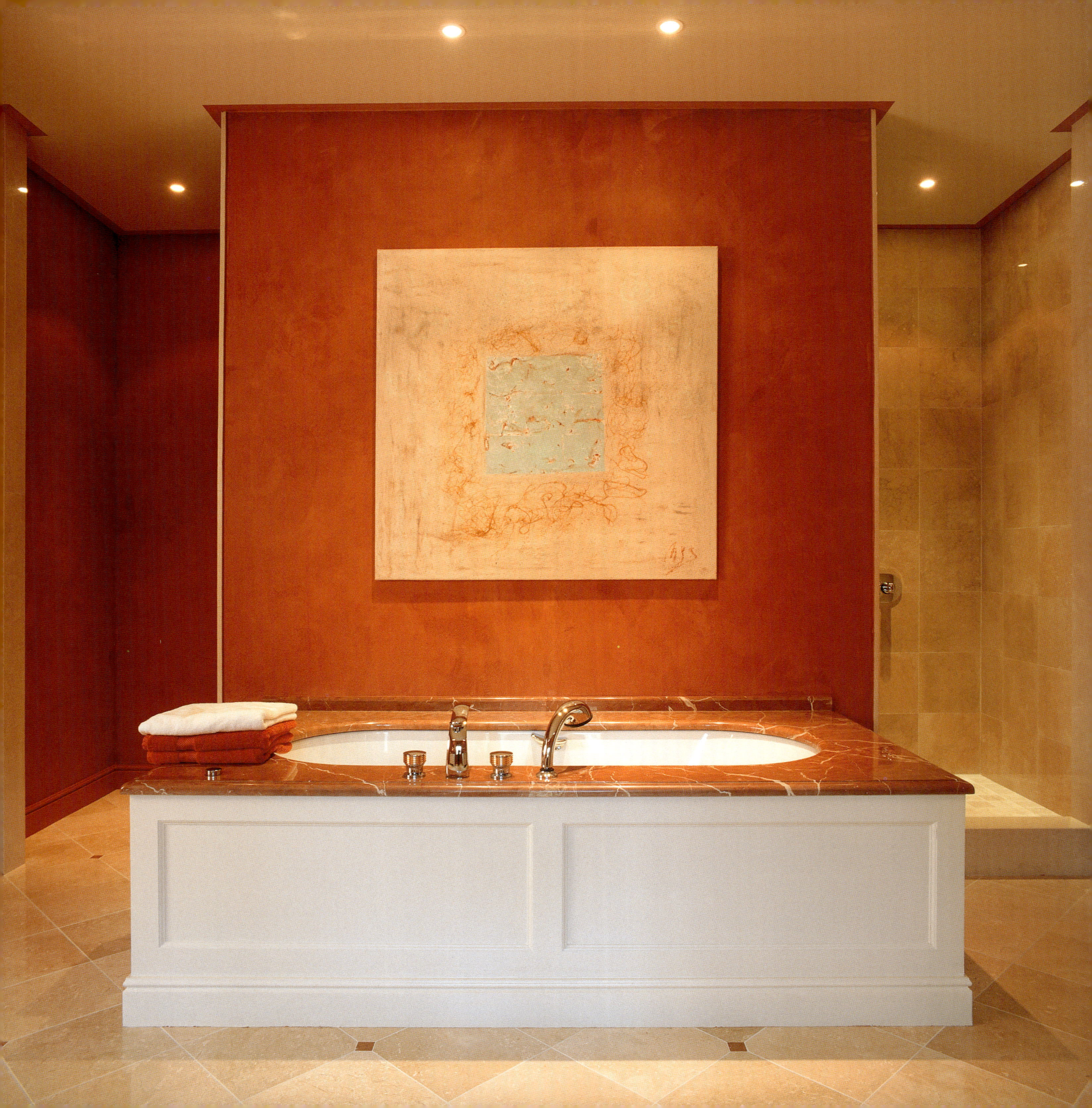

Wijlen de ambachtsman zou fier zijn dat zijn handgemaakt stuk vandaag met zo een ereplaats wordt bedacht. Het is belangrijk dat u luistert naar wat elke ruimte vraagt qua inrichting. Wie de dingen goed aanvoelt weet tegen welke muur welke kast thuishoort en of een hoek gediend is met een bepaald tafereel. Zet de puntjes op de i en u zult merken dat uw huis of appartement aan uitstraling wint. Noteer ook dat er in deze villa heel wat voorwerpen, meubels en schilderijen naar de zolder zijn verwezen. Hier houdt men van een beetje leegte en het is ook de bedoeling om af en toe eens een voorraad naar beneden te verhuizen en vice versa. Door eens iets te herschikken helpt mevrouw haar interieur aan een nieuwe invalshoek. En iedereen ervaart dit als boeiend.

Door de Zuid-Oost oriëntatie verwarmt de zon de vele, windarme zitplaatsen tot na de middag en later is de koelte welgekomen. Van het overdekte terras waar een gemetselde haard uitnodigt om iets lekkers te grillen, is het maar een kleine stap naar de oranjerie met steenrode look. Binnen heerst er een sacrale sfeer. Een gipsofilia krans tooit de Franse schouw met een haardplaat anno 1731 en breit er een elegant verlengstuk aan op tafel. Ramen met boog verleiden om naar buiten te kijken. Hagen van buxus en taxus leiden de weelderige tuin in goede banen. Dals gaan over in gebakken klinkers. Naarmate we naar achteren schrijden in de tuin breekt de bloemenweelde en het groen meer uit de bolster van de borders, om finaal glooiend op te gaan in de natuur. 's Avonds in de zomer is het zalig op het bankirai terras bij het water. U heeft er een subliem uitzicht op de schaars verlichte villa. Dit moet het aards paradijs zijn of toch dicht in de buurt. Aloude en nieuwe elementen, kunst van vroeger en nu, antieke meubels en voorwerpen die verwijzen naar een stukje familiegeschiedenis: het heeft allemaal zijn bestemming

kodil en witte en zwarte ossenpikkers, houtsnijwerk van lokale kunstenaars. Als de trap ons terugbrengt naar de hal valt op hoe het hout gebeitst werd om zich perfect te integreren in het grijzige geheel. Naast een robuuste antieke kast en een beeld uit Venezuela tikt er een staande klok waarvan het steekwerk indertijd werd verzorgd door de vader van mevrouw.

gevonden in deze genoeglijke woning. Deze realisatie van Woonstijl is alvast zuiver op de graat. Edele materialen werden vakkundig en stijlvol verwerkt. Voor de gastvrouw was het dan ook liefde op het eerste gezicht. Met complete overgave heeft zij deze villa naar haar hand gezet en een aangename en originele ziel geschonken. *

'Bij het bad hangt een werk met een magische uitstraling. Wie aandachtig kijkt ontdekt zeepbellen...'

Woonstijl Villabouw
Botermelkbaan 65, 2900 Schoten (B), tel.: 0032(0)3/658.89.89, fax: 0032(0)3/658.08.35,
e-mail: woonstijl@yucom.be, website: www.woonstijlvillabouw.be

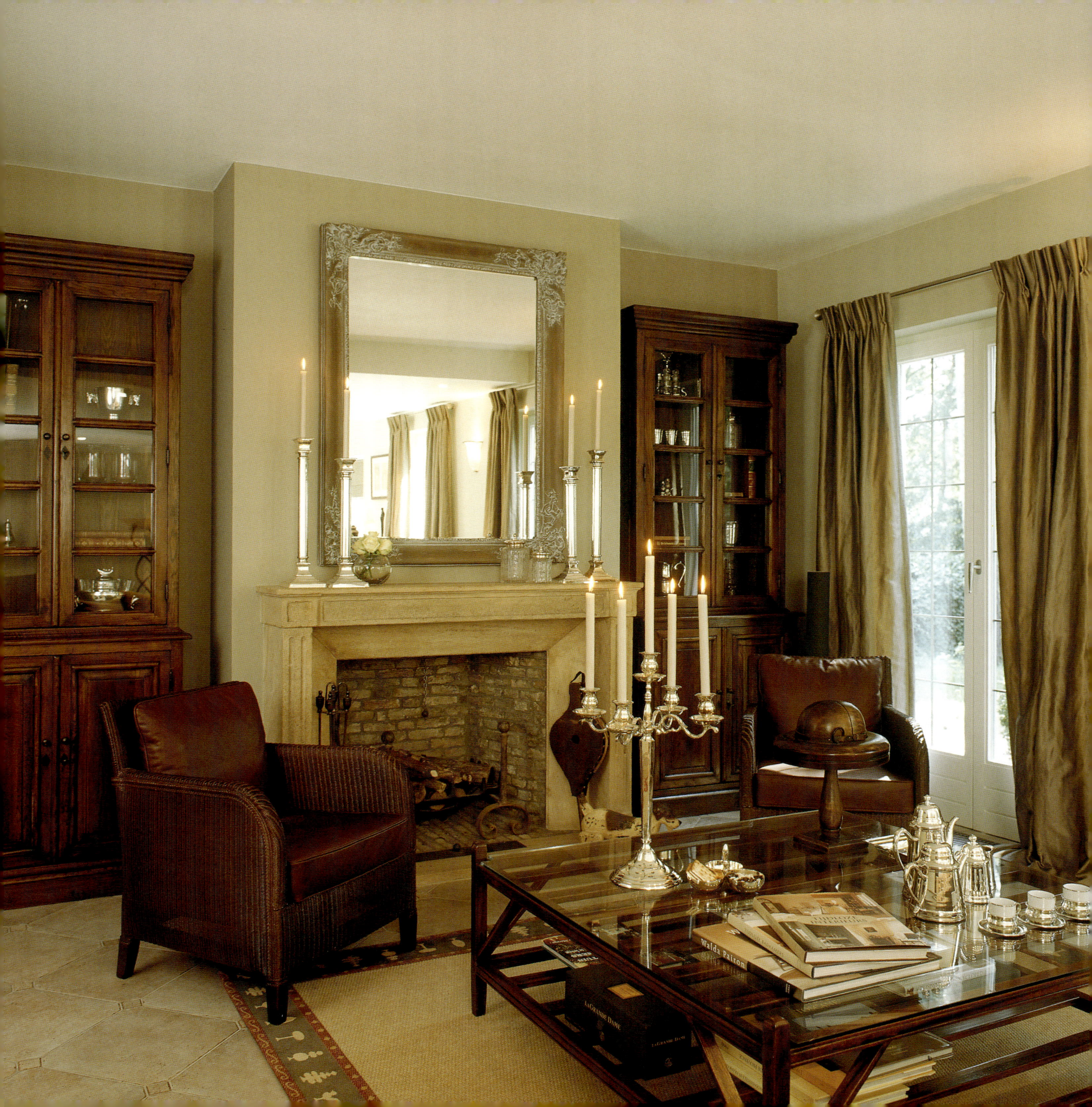
Walda Pairon

STIJLVOL WONEN COMPLEET
SENSE HOME INTERIORS

Ruimte om te relaxen

Herhaling geeft dit huis herkenbaarheid en rustgevende harmonie mee. Van het open karakter genieten de eigenaars met volle teugen. De natuur stroomt binnen en geeft eenieder energie. En dat de inrichting gericht is op volwaardig relaxen, daar kan niemand iets op tegen hebben, toch?

In deze gezellige Franse villa, gebouwd omstreeks 1980, tekent Sense Home Interiors niet enkel voor de aankleding. Het pand werd volledig verbouwd en er was van in de beginfase een grote betrokkenheid van de binnenhuisinrichter uit Rijmenam. Het decoratieteam heeft dus een flinke hand in het eindresultaat. Vooreerst heeft

'Voor een perfecte integratie werden de schouw in Franse steen en de spiegel verouderd met een doorleefd patina'

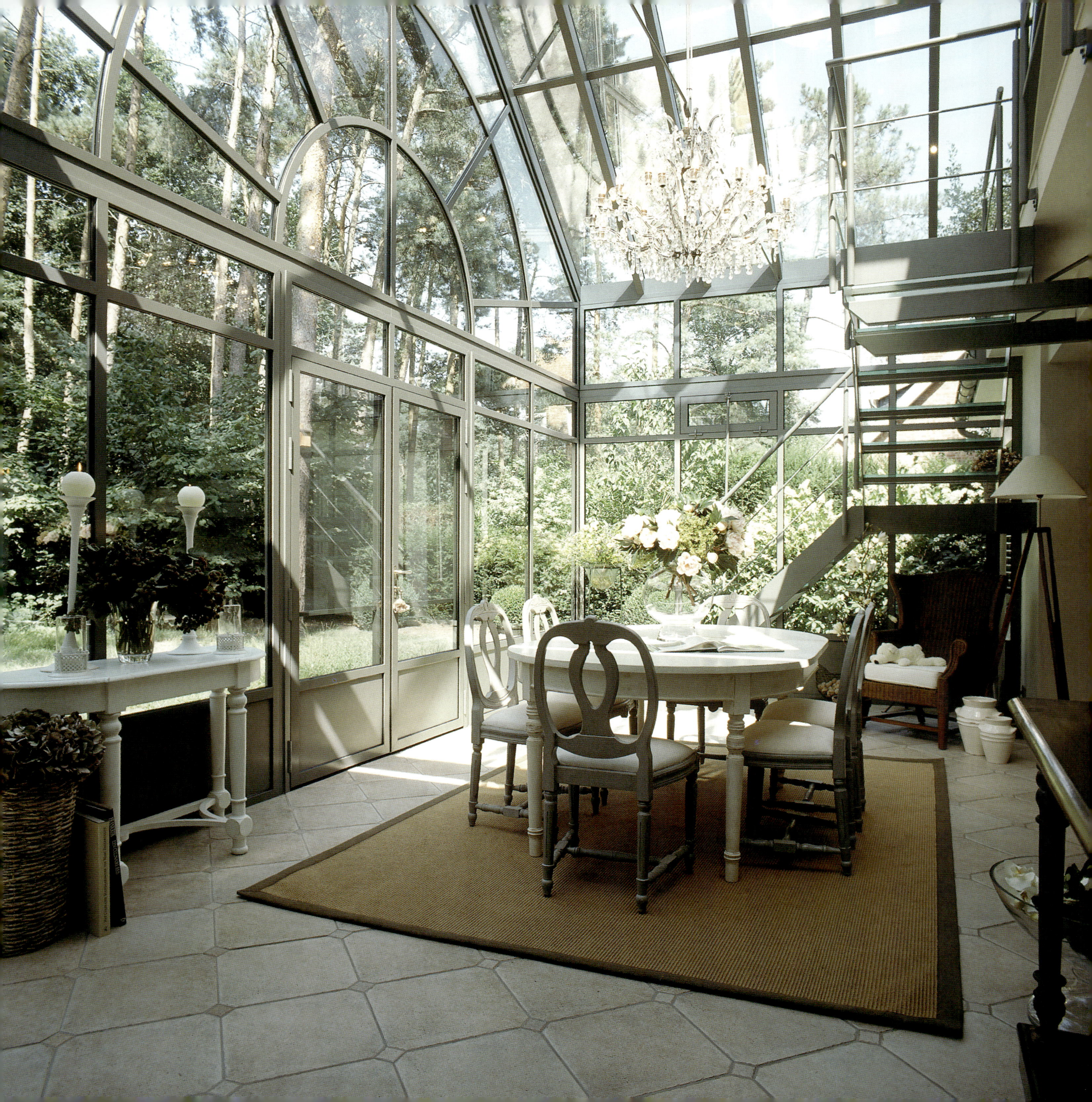

Sense mee de herindeling bepaald. Zo werd beneden en boven een zeer grote openheid gecreëerd. Achteraan verschaft een oranjerie in blauwgrijs niet enkel de bewoners maar ook het zonlicht toegang. Op een zwevend plafond bevindt zich de mezzanine. De schuifdeuren in gezandstraald glas en het heldere matrijsraam die erop uit geven, zorgen ook daar voor openheid. De tegelvloer van het gelijkvloers werd doorgetrokken in de oranjerie. Boven liet Sense een nieuwe chapelaag aanbrengen en parket leggen. Met pleisterplaten werden wanden gevormd. Na het schilderwerk was het tijd voor de totaalinrichting: raamdecoratie, meubels, tapijten, siervoorwerpen.

Bij de ronde tafel in antiek wit (die zoals u hier kunt zien omvormbaar is tot een ovale) hoort een dito console. Het tapijt in sisal draagt een katoenen boord en grijzige stoelen vervolledigen het tafereel. Let op de luchter die vervaardigd werd uit oud glas. Braambessentakken vonden recht uit de tuin een plaatsje op de console, tussenin houten kandelaars met bolle kaarsen. De zonnige ruimte telt twee zithoekjes. Je krijgt er telkens een ander beeld van de tuin. Bij een vierkant en aan beide kanten uitklapbaar bijzettafeltje in acajoukleurige eik wordt een Bridge stoel gecombineerd. Een schattig ontwerp dat het nodige zitcomfort biedt, omwille van de ronding en de rieten rug en zitting. Onder de trap hoort bij een 3-pikkel Stanley lamp en potterie een gemakkelijke rieten zetel. Bloeiende magnolia's fleuren het geheel op.

Eigenlijk fungeert de oranjerie als een eetkamer met hoekjes om te verpozen. U belandt dan in de open keuken met een aparte ontbijthoek. Sia leverde het knappe aardewerk. Naast een terrine, voorraadpotten en een karaf bestaan er nog vuurvaste schotels. Sierlijke letters duiden aan waarvoor elk stuk bestemd is, maar stoort u zich daar toch niet aan als u er een andere bestemming voor in gedachten heeft – de inscriptie is eerder decoratief bedoeld. Voor een perfecte integratie werden de schouw in Franse steen en de spiegel verouderd met een doorleefd patina. De gordijnen in 100 % zijde, voorzien van een Vlaams hoofd en opgehangen aan roedes in geborstelde nikkel, kiezen partij voor de gebruikte Flamant verven. Jab leverde de stof en het eigen atelier deed de rest. U mag spreken van een 'changeant' in 100 % zijde. De kleur van de stof varieert volgens de lichtinval en brengt zo leven in huis. Twee loomstoelen van Vincent Sheppard met kussens in door en door gekleurd Aniline leder prijken oog in oog met een Batiste 3-zit met linnen van Libeco, om knus in weg te zinken. Kwalitatief maatwerk dat aan de eisen van ieder indi-

'In de zithoekjes, opgefleurd door magnolia's, krijg je telkens een ander beeld van de tuin'

vidu kan worden aangepast en waarbij de keuze qua bekleding volledig is. De console met een rappel van braambessen als versiering is duidelijk familie van de zogenaamde architectensalontafel. Het koffieservies van Rita Jordens in gepolijst tin blijkt omzeggens onderhoudsvrij. Soms begint Sense van nul, maar soms luidt de opdracht: "Vertrek vanuit een bestaande situatie en kleur binnen de lijntjes". Bij een muurtafel kreeg een stilleven met glaswerk en beelden verder vorm met Romeinse pentekeningen

'Gordijnen en stores in de huiskamer hebben een 'changeant' in 100 % zijde. De kleur van de stof varieert volgens de lichtinval en brengt zo leven in huis'

en buffetlampen van Sense. Boven de secretaire worden gelijkaardige afbeeldingen hernomen. Eenheid troef. Mijnheer luiert graag in zijn Jefferson zetel op acajou pootjes, met een krant of een tijdschrift bij de hand, tot mevrouw thuiskomt en hij haar charmant gezelschap verkiest. In een erker met stores afgeleid van de gordijnen, die garant staan voor een perfecte lichttoevoer naargelang het moment, vindt u een loveseat. Een meubel om als paar verliefd op te zijn en in te blijven. De champagne staat alvast klaar om het geluk-

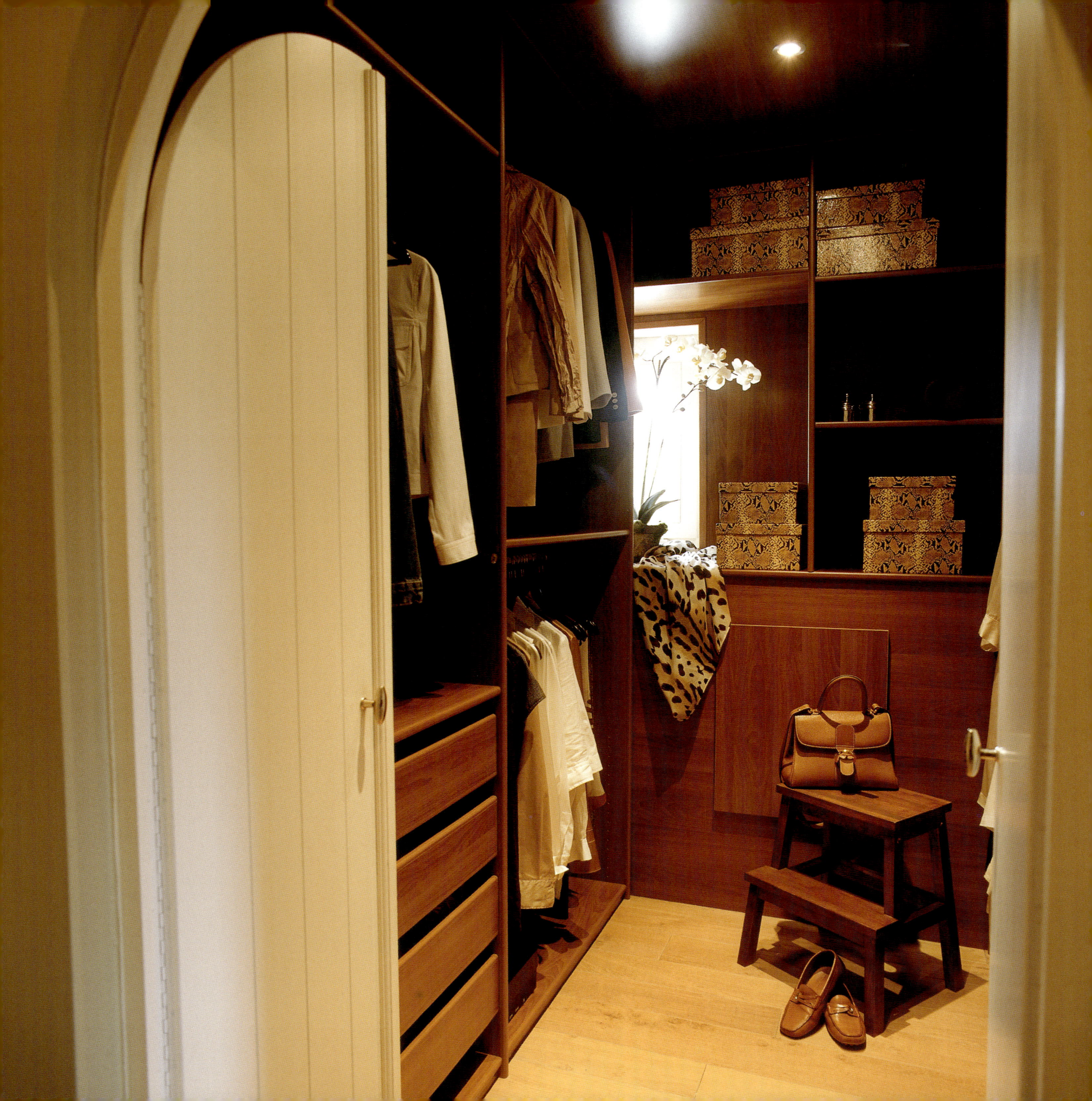

'Beeldig is de lambrisering in limestone die het speelse silhouet van het gietijzeren geëmailleerd bad accentueert'

'Een zekere afscheiding wordt bekomen door de wastafel met een lage wand te omringen'

'In de kerselaren dressing wordt de beperkte ruimte echt optimaal benut'

Ficelle. Die worden immers subtiel herhaald in de rest van de vertrekken op de eerste etage. Zo vindt u het Grand cru van de tapijtboord op de mezzanine terug in het beklede bed van Meridiani in donkere fineereik en de gordijnen van slaap- en badkamer, waar in de stof een streepje Ficelle van de muren opduikt. Ook voor de slaap- en badkamer trekt het team de kaart van de openheid. Maar een zekere afscheiding wordt toch bekomen door de wastafel met een lage wand te omringen. Hier is gewerkt met matte olieverf in plaats van met verf, als bescherming tegen condens. Beeldig is de lambrisering in limestone die het speelse silhouet van het gietijzeren geëmailleerd bad accentueert. Een store met een zijgeleiding zorgt voor een praktische aankleding van het dakraam. Tot slot leidt de lichtjes met olie vergrijsde parket ons naar de dressing volledig in kerselaar, tot het plafond met ingewerkte spotjes toe. Hoe gerieflijk. De beperkte ruimte wordt echt optimaal benut.

In nauw overleg met de klant en in alle vertrouwen creëerde Sense Home Interiors hier een interieur om

kig samenzijn met luister te vieren. De glazen trap in de tuinkamer brengt ons naar de mezzanine waar het zalig toeven is op een chaise longue. Daar wordt meteen de toon gezet met de chique kleuren Grand cru en

van te snoepen. De juiste beslissingen werden getroffen en tijdens de realisatie liep alles van een leien dakje. Dit concept in een verbouwd kader oogt dan ook uiterst persoonlijk. ∗

Sense Home Interiors
Brugstraat 34, 2820 Rijmenam-Bonheiden (B), tel.: 0032(0)15/50.06.28, fax: 0032(0)15/50.06.21,
e-mail: info@thatmakessense.be, website: www.thatmakessense.be

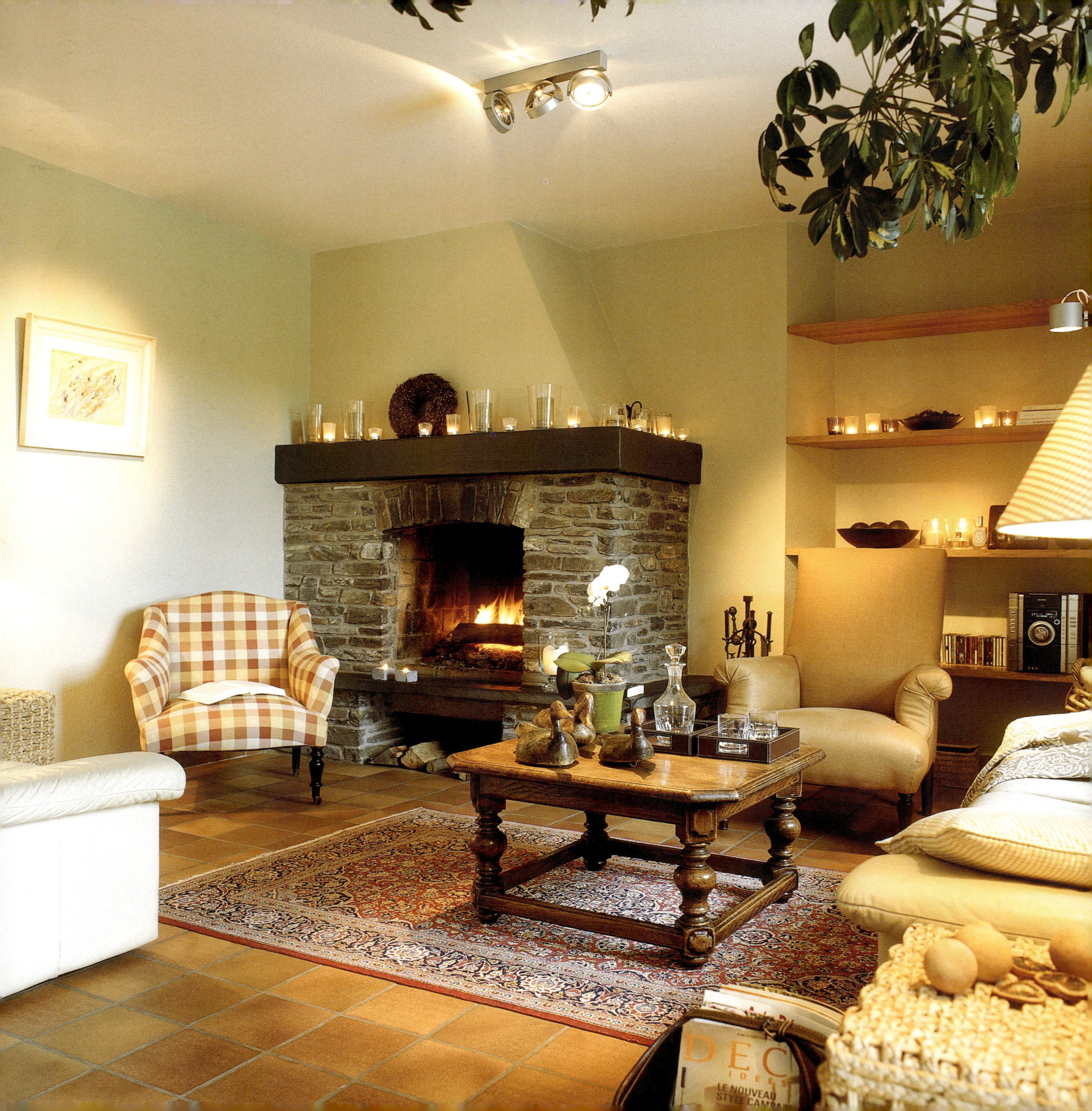
LE NOUVEAU

STIJLVOL WONEN COMPLEET
ILSE DE MEULEMEESTER INTERIEUR

Achter de schoolpoort

Diep in de Belgische Ardennen, vlakbij de Semois-vallei en de Franse grens, ligt een piepklein dorpje met zo'n honderd inwoners. Meneer en mevrouw leerden elkaar hier jaren geleden kennen tijdens hun vakantie. Sindsdien is het een tweede thuis geworden: ze trouwden er, lieten er hun vijf kinderen dopen en renoveerden het vervallen dorpsschooltje.

Het verhaal van hoe dit stel elkaar leerde kennen, hoe ze trouwden en een kroostrijk gezin stichtten, zou zo kunnen dienen als filmscript voor een romantische 'tearjerker'. Met als grote verschil dat dit verhaal alleen maar positieve ontwikkelingen kent! "Mijn grootmoeder is hier geboren en heeft hier haar hele leven gewoond", begint haar verhaal. "Ik ben opgegroeid in Charleroi en kwam als kind hier altijd op vakantie. Zo heb ik mijn huidige man leren kennen. Hij is Antwerpenaar en was toevallig ook op vakantie in de buurt. Van het een kwam het ander... En uiteindelijk belandden we in Antwerpen waar we samen een huis kochten."

'Het huis dat ze kochten was het oude schoolgebouw, een van de eerste huizen van het dorp'

Toch bleven de twee hunkeren naar de plek waar ze elkaar voor het eerst ontmoetten. Ze hadden duidelijk hun hart verloren aan het pittoreske dorpje bovenop een statige heuvel. Vandaar dat ze er op zoek gingen naar een vakantiewoning, maar er bleek weinig te koop te staan. Tot ineens het voormalige schoolgebouwtje openbaar werd verkocht. "Dat was echt uitzonderlijk!", legt mevrouw uit. "De meeste huizen die hier vrijkomen worden verdeeld onder kinderen en familieleden. Vandaar dat hier eigenlijk ook maar drie of vier families wonen. Het was jaren geleden dat hier voor het laatst een huis openbaar was verkocht." Het heeft duidelijk zijn charme; het leven in een Ardens dorpje, waar iedereen elkaar kent, waar er een keer per week een visboer en slager door het dorp komen, waar met andere woorden een echte dorpsmentaliteit heerst. "Dat heeft natuurlijk ook zijn nadelen: er wordt veel geroddeld en omdat

wij hier niet geboren zijn, blijven we in hun ogen buitenstaanders. Maar dat nemen we graag op de koop toe, hoor." Niet alleen de ouders hebben hier hun hart verloren, ook de kinderen van het gezin vinden de vakanties in de Ardennen geweldig: "Zij spelen in het dorp met hun vriendjes of trekken het bos in. Ze kijken steeds naar onze uitstapjes uit. Vandaar dat we hier ook zo vaak mogelijk komen. Als het een beetje goed weer is, zitten we elk weekend hier."
Het huis dat ze kochten was het oude schoolgebouw,

een van de eerste huizen van het dorp. "Het dateert van 1852. Mijn grootmoeder is er nog op school gegaan. Net als de meeste inwoners van het dorp trouwens. Er was één leraar en die gaf hier les aan alle klassen van het lager onderwijs. We hebben het huis in 1981 gekocht en zijn er twee jaar later zelf ingetrokken. Dat het zo lang heeft geduurd, komt doordat het huis helemaal was verloederd. Ook de indeling moest helemaal veranderd worden: de eetkamer waar we nu zitten was immers het klaslokaal.

En boven, waar nu de badkamer is, was het bureau van de burgemeester, zetelde de gemeenteraad en was nog een trouwzaal. De tuin was de speelplaats en

'Waar nu de badkamer is, was ooit het bureau van de burgemeester'

waar nu de keuken is, was een grote hal met de trap. Uiteindelijk hebben we binnen alles gesloopt tot er nog slechts vier muren overeind stonden." Het plafond van de benedenverdieping, waar het enige klasje was, was uitzonderlijk hoog. "Dat hebben we verlaagd om de twee verdiepingen op dezelfde kamerhoogte te brengen." De buitenkant is wel helemaal behouden. "Op die manier wilden we de authenticiteit van het huis bewaren." Ook de tuinmuren zijn nog origineel, met een dikte van maar liefst

95 centimeter. "We hebben het huis immers niet alleen omwille van de locatie gekocht, maar ook voor de stijl en de architectuur."

Enkele jaren geleden was ook het interieur aan een opfrisbeurt toe. "Ik kende Ilse de Meulemeester al erg lang. Ik heb haar leren kennen door haar winkel in Antwerpen, net om onze hoek. Ik kwam er regelmatig over de vloer voor nieuwe stoffen, maar wist toen nog helemaal niet dat Ilse een Bekende Vlaming was", lacht de Waalse. "Door de jaren heen zijn we vriendinnen geworden. Het lag dan ook voor

'Heel wat fraaie stukken uit de antiekcollectie van meneer kregen hier een plaatsje'

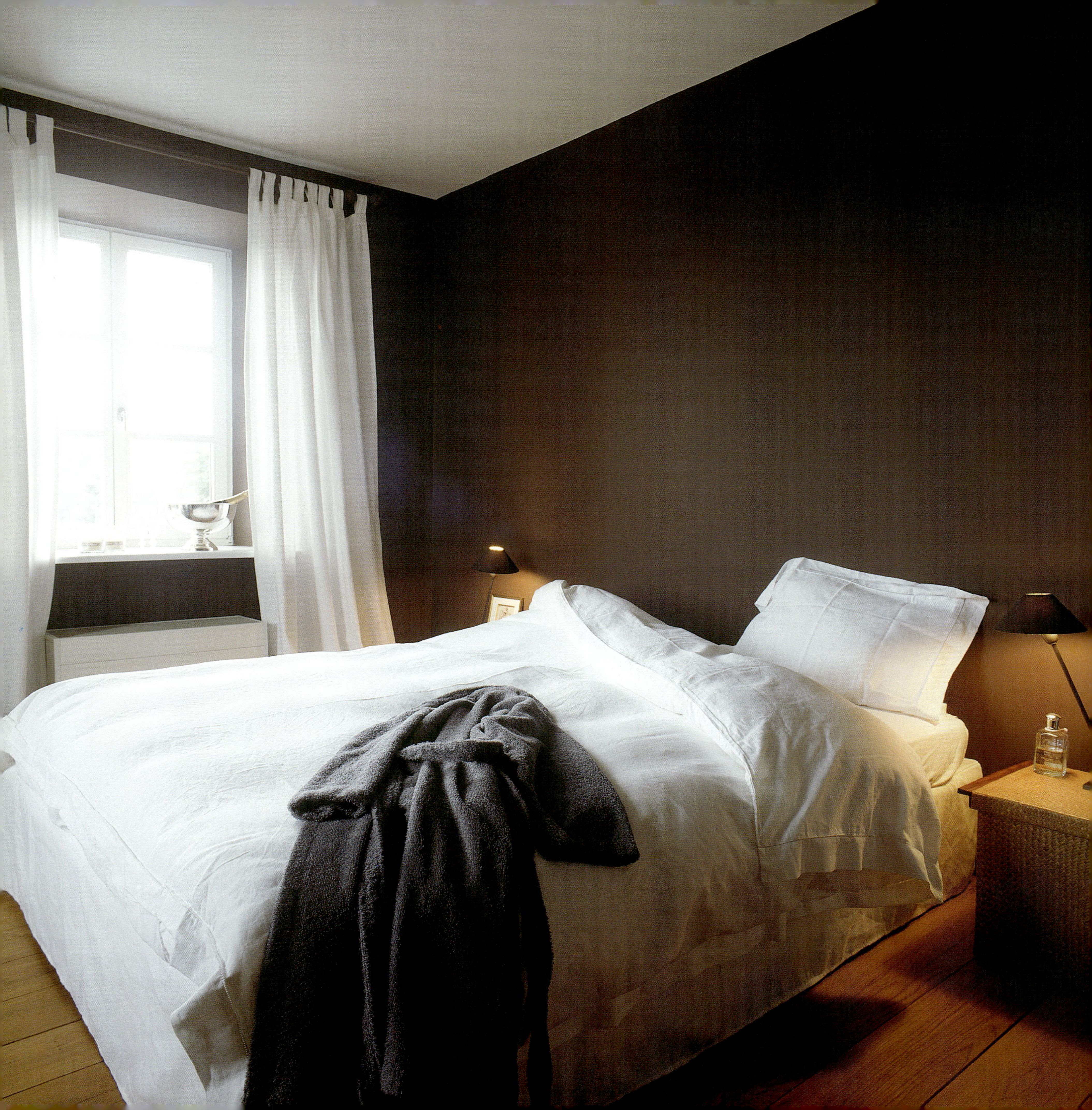

de hand dat zij de inrichting van onze vakantiewoning zou doen. Zij heeft de stoffen gekozen, de gordijnen, de stores, de verlichting, de kleuren, de accessoires, ..." Dat wil echter niet zeggen dat mevrouw geen inbreng had. "Ik wist op voorhand perfect hoe het er moest uitzien. Ilse was het 'instrument' dat onze wensen heeft vertaald naar een concrete stoffen-, kleuren- en materiaalkeuze."

Zo vond het paar de zithoek met de donkere schouw te zwaar. Ilse liet die schilderen zodat deze minder zwaar en rustiek oogt. Omdat meneer zowel beroepsmatig als in zijn vrije tijd veel met antiek bezig is, kregen heel wat fraaie antieke stukken uit zijn persoonlijke verzameling hier een plaatsje. Louis Philippe kasten uit de negentiende eeuw, een bureaustoel uit het Directoiretijdperk en een Régence armstoel uit de negentiende eeuw zijn maar enkele stukken uit de exquise collectie van het gezin. De combinatie met de oude fauteuil van grootmoeder die werd opgeschuurd en nu in de slaapkamer staat en de mooie oude plankenvloer van negentiende-eeuwse eikenhouten balken van een stationsgebouw toont aan hoe het gezin zich graag laat omringen met verweerde dingen. "Ik houd gewoon van al wat oud is", legt meneer uit. Toch oogt het interieur helemaal niet zwaar: antieke stukken worden immers afgewisseld met zachte, warme kleuren en soms zelfs fleurige, kleurrijke accenten. Dat geldt des te meer voor de buitenkant: zo werd de rechthoekige achtergevel opgefleurd met blauwe regen en een druivelaar. Het azuurblauwe zwembad kan als exotisch accent ook tellen. In het midden van de achtergevel werd een dubbele deur geplaatst en daarnaast hangt nog de schoolbel die het gezin dagelijks herinnert aan het schooltje dat hier ooit was. Later werd een nieuw schoolgebouw pal naast hun huis gebouwd. Het geluid van de schoolbel en gillende kinderen op de speelplaats blijft hier dan ook alomtegenwoordig aanwezig... ✶

'Het verhaal van dit stel zou zo kunnen dienen als filmscript voor een romantische tearjerker'

Ilse de Meulemeester
Van Breestraat 2, 2018 Antwerpen (B), tel.: 0032(0)3/232.14.82, fax: 0032(0)3/232.14.81,
e-mail: info@ilsedemeulemeester.be, website: www.ilsedemeulemeester.be

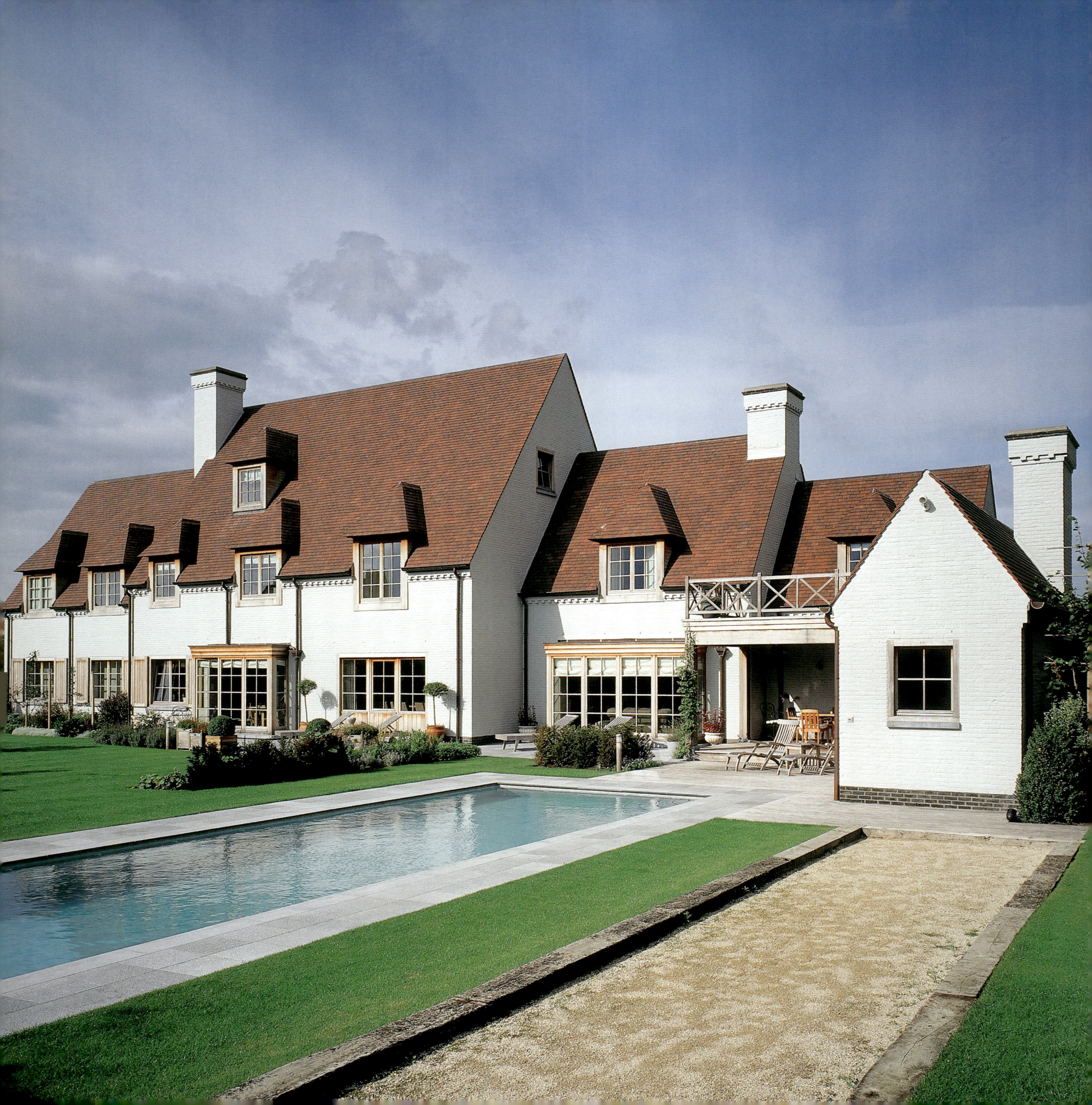

STIJLVOL WONEN COMPLEET
BELIM BOUWTEAM

Waar de natuur gezelligheid ademt

*Een woning badend in het groen.
Binnen wordt er bovendien gewerkt
met materialen 'puur natuur'.
En zo komt het dat het geheel
op natuurlijke wijze tot rust stemt
en gezelligheid ademt.
Het is hier ontspannen leven
en volop genieten geblazen,
winter en zomer, zeker weten.*

'Alles is erop gericht de aangename zuidwesterzon in de achtertuin te koesteren en daar ook binnenshuis van te profiteren'

Met dit concept dat de allure heeft van een knusse oase zijn de opdrachtgevers niet aan hun proefstuk toe. Het is immers reeds de derde keer dat zij hebben gebouwd. Driemaal is scheepsrecht! Belim Bouwteam kreeg te maken met een opdrachtgever die zeer goed wist wat hij wou. Gedecideerde lieden dus. Het betekende dan ook een enorme uitdaging om al die specifieke wensen te vervullen. Maar gelukkig heeft een goede verstaander maar een half woord nodig, zoals het spreekwoord zegt. Een duidelijk afgelijnd beeld was reeds geruime tijd op het netvlies van de klant gebrand. Nu moest deze fata morgana nog enkel ware vorm krijgen. Ideeën dienden concreet vertaald naar de realiteit. Oplossingen zoeken, materiaalgebruik afwegen en werkwijzen uitstippelen, dat was het credo van de aannemer. De vraag was niet "Wat gaan we doen", maar wel: "Hoe gaan we het aanpakken?" Geen sinecure, maar wel een kolfje naar de hand van de bouwonderneming uit Melle. En jawel hoor: opzet compleet geslaagd. Met deze villa uitermate rijk aan klasse werd voor de bewoners een droom werkelijkheid.

Het ontwerp is van architect Guy Peeters en Belim Bouwteam tekent voor de realisatie, gaande van alle coördinerende taken tot de uitvoering in de praktijk. Dit brengt uiteraard heel wat rompslomp en beslommeringen met zich en deze villabouwer verlost u met graagte daarvan. Geen wonder dus dat de klant heeft gekozen voor de alles omvattende werkwijze. Waar bouwen voor velen uitgroeit tot een juk te zwaar om dragen, slaapt u hier heel de tijd op beide oren. Hier had de klant een klaar doel voor ogen en de villabouwer heeft dit ronduit perfect ingeschat. De gevel laat vermoeden dat het interieur een zee aan ruimte biedt. Toch staat u niet voor een mastodont. De koperen regenpijpen spelen in die zin een schitterende dubbelrol. De afvoer van water is vanzelfsprekend nuttig te noemen, maar de regenpijpen verdelen tevens de achtergevel in compartimenten. De dakkapellen hebben trouwens ook een dergelijke impact. Visueel wordt de achtergevel als het ware gebroken. Majestueus en cosy gaan aldus op dit adres samen. Er heerst dan ook, binnen en buiten, een hartige sfeer die niemand koud laat.

'Een duidelijk afgelijnd beeld was op het netvlies gebrand. En nu heeft de fata morgana ware vorm gekregen'

'Door het veelvuldig gebruik van naturel hout en natuursteen belandt u in een roes van comfort'

Portaal, dakkapellen, ramen en luiken in onbehandeld afzelia geven de blank geschilderde buitenzijde een aparte look. Noteer dat het raamkader in het metselwerk zit zodat het natuurlijke van het hout nog meer tot uiting komt. De geprononceerde muizentand aan dakrand en bovenaan de hoge schouwen werkt karakterverhogend. Rustieke tegelpannen zorgen mee voor een Engelse uitstraling. En toch maakt deze woning op geen enkel punt een sombere indruk. Er kan eerder sprake zijn van een lumineuze aanpak, letterlijk en figuurlijk. Helderheid troef en het benutten van de ruimte gebeurt zonder meer subliem. Ontdek verder ook eens hoe het licht de terrassen (boven en beneden), erkers en woonvertrekken in het zonnetje zet. Er zijn zoveel mogelijkheden in en rond deze villa die lichtjes wordt ingepalmd door borders, potplanten en klimmers, en zo beeldig versmelt met het groen rondom. Via de poolhouse en een overdekt terras met barbecue bereiken we het zwembad, als plots een mooie bedenking in ons

'Er heerst, binnen en buiten, een hartige sfeer die niemand koud laat'

opkomt: het leven is hier iedere dag weer een feest. De voordeur opent een wereld van genoeglijkheid, want in de royale hal wordt meteen de juiste toon gezet met een houten trap en een natuurstenen vloer. Tijd dan nu om even dieper in te gaan op de verstandige ordening van het gelijkvloers. Alles is erop gericht de aangename zuidwesterzon in de achtertuin te koesteren en daar ook binnenshuis van de profiteren. Vandaar dat de keuken, twee eetkamers, evenveel salons en een overdekt terras zich schoon op een rij bevinden. Interieur en exterieur versmelten. De verbondenheid tussen kamers binnen en buiten is compleet. Maximaal genot verzekerd voor

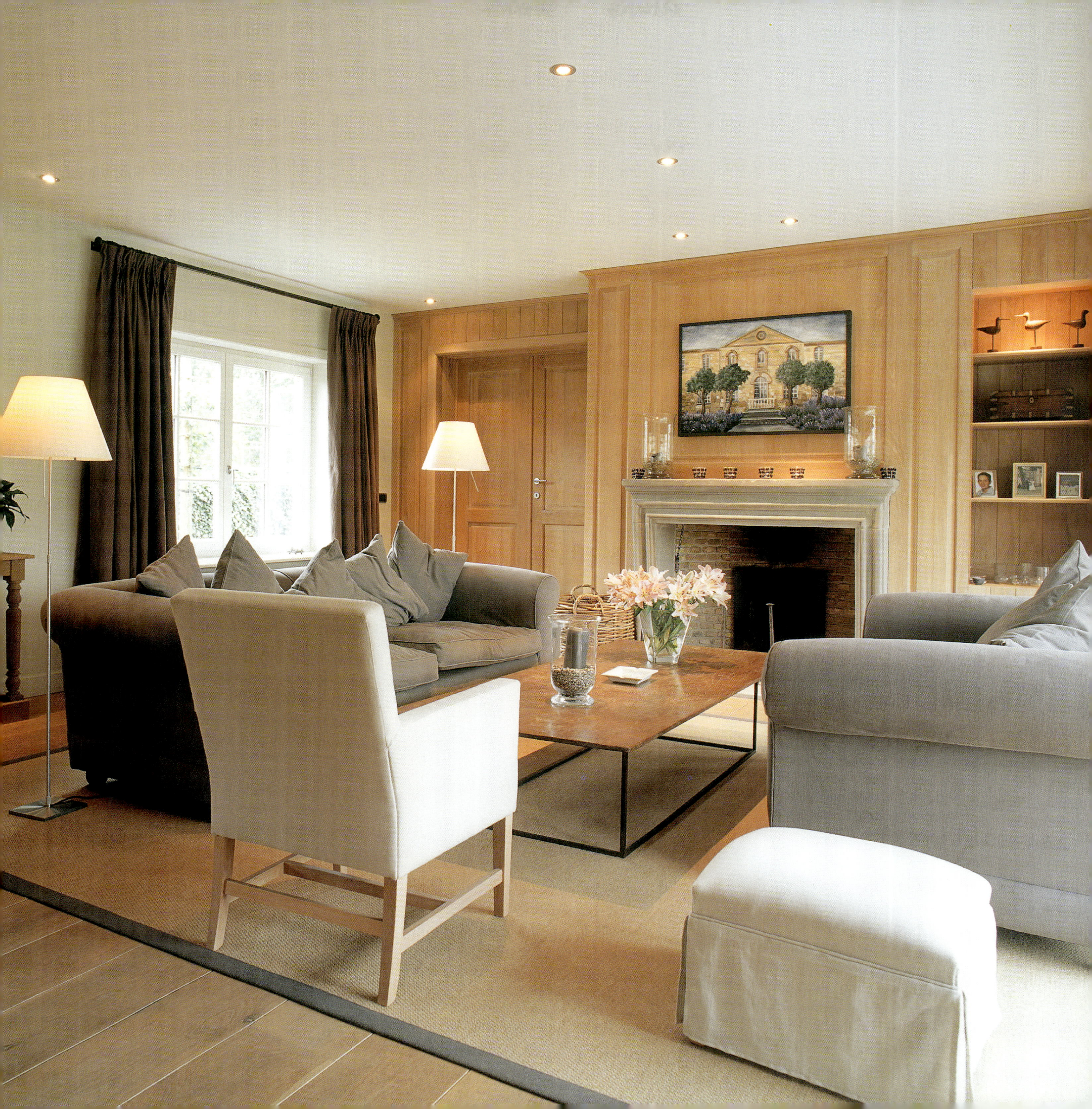

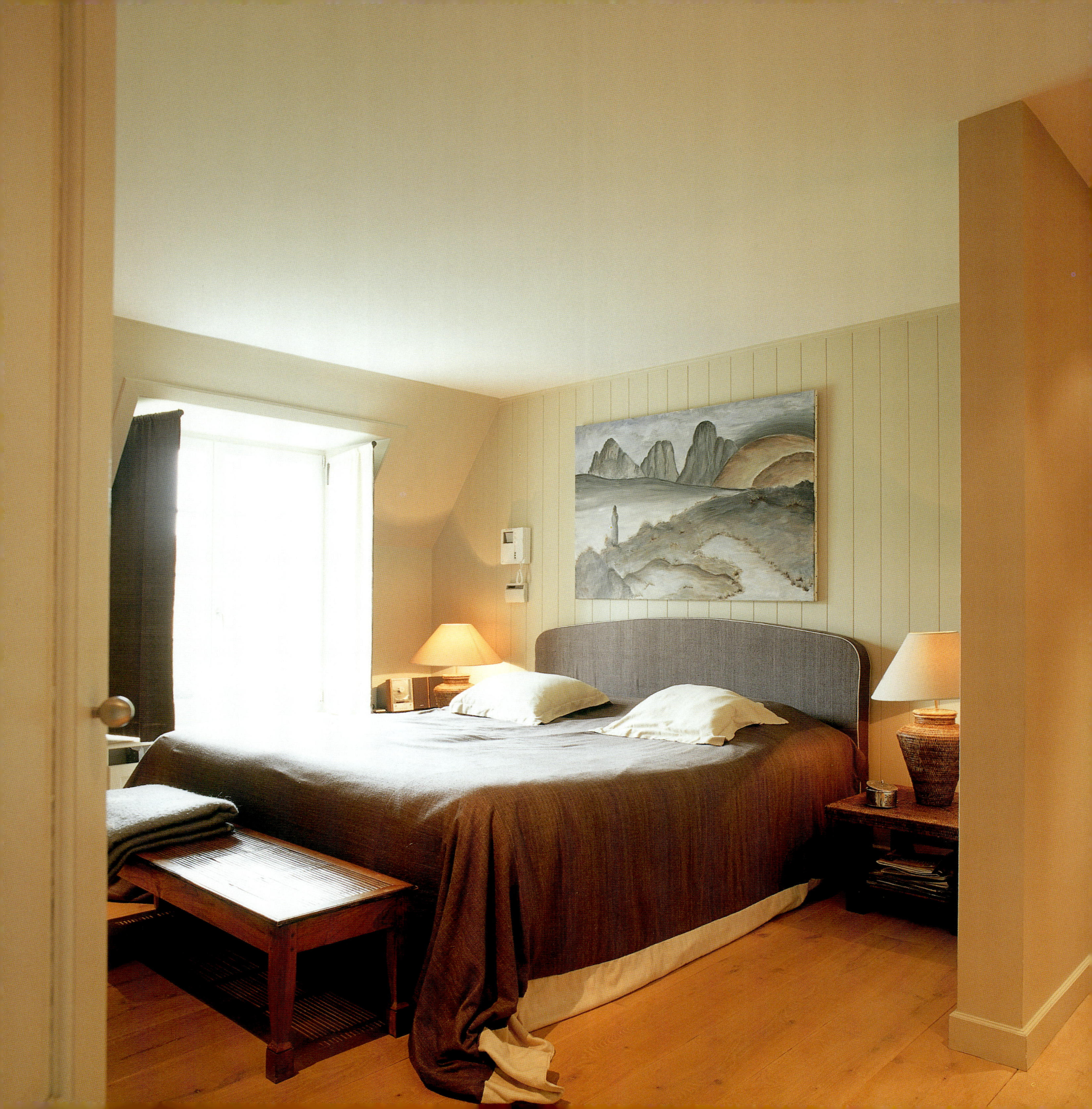

echte levensgenieters. En of het hier zalig is om lekker gastvrij te zijn.

Er werd opvallend veel naturel hout gebruikt, wat het fijne warmtegevoel versterkt en zo belandt u in een roes van comfort. Kijk maar her en der naar de eiken plankenvloer en de boiserie rond de haard. Anderzijds duikt er ook veel natuursteen op, bijvoorbeeld in de eetkamer voor dagelijks gebruik en de keuken. Duurzaam materiaal met een natuurlijke finesse. In de keuken wordt die natuursteen trouwens doorgetrokken naar de werkbladen. Er is daar een best te smaken compromis gevonden tussen de charme van weleer en het comfort van deze tijd. Functionaliteit in een retrokleedje of aloude authenticiteit anno 21e eeuw, al naargelang hoe u het bekijkt. Overwogen lichtaccenten zorgen overal voor een intieme stemming.

U beschikt in dit type van woningen over een zolder die absoluut bruikbaar is als hobbyruimte. Of de kinderen kunnen er naar hartelust spelen. Op de eerste verdieping, die zich eveneens ontpopt als een volwaardige etage, ziet u wederom hoe hout en natuursteen hun natuurlijke stempel drukken. De combinatie treft u aan in de badkamer met ovalen bad en dito wasbakken. Leuk detail: de douchecel is voorzien van een groot raam. Hout zorgt elders voor variaties op eenzelfde thema. Dit edele materiaal heeft diverse gezichten. Dat ziet u onder andere in de slaapkamer:

'Met deze villa uitermate rijk aan klasse werd voor de bewoners een droom werkelijkheid'

de plankenvloer is naturel en de beplanking achter het bed werd vanille geverfd. Master bedroom, badkamer, dressing en aparte zithoek vormen eigenlijk een appartement op zich. Privacy verzekerd voor het ouderlijk koppel. Dat herinnert ons (tussen haakjes) aan de extra zitkamer met bibliotheek, beneden, waar het altijd mogelijk is voor volwassenen of jongeren om zich even af te zonderen. Iedereen kan hier zichzelf zijn in dit huis. Allerlei activiteiten zijn mogelijk zonder perse in mekaars vaarwater verzeild te geraken.

Door consequent de kaart te trekken van heldere kleuren, natuursteen en hout openbaart zich in heel het huis een consequente stijl, een herkenbare en geprononceerde lijn. Er gaat rust uit van die eenvoud en eenheid. Dat geldt trouwens ook voor de buitenkant met zijn entourage. De natuurlijke benadering – doorgedreven tot in de kleinste details – resulteert hier in een woning met een rustige natuur.

Elk project van Belim Bouwteam komt tot stand in nauw overleg met de opdrachtgever en de opvolging gebeurt nauwgezet van a tot z. Het resultaat is dus altijd even persoonlijk en uniek. Dit bedrijf bouwt dan wel sleutel-op-de-deur, toch wordt er nooit gekozen voor standaardoplossingen. U heeft als klant geen kopzorgen en krijgt voor een billijke prijs een woning op maat. ✻

Belim Bouwteam
Gontrode Heirweg 138, 9090 Melle (B), tel.: 0032(0)9/272.50.00, fax: 0032(0)9/272.50.01,
e-mail: info@belim.be, website: www.belim.be

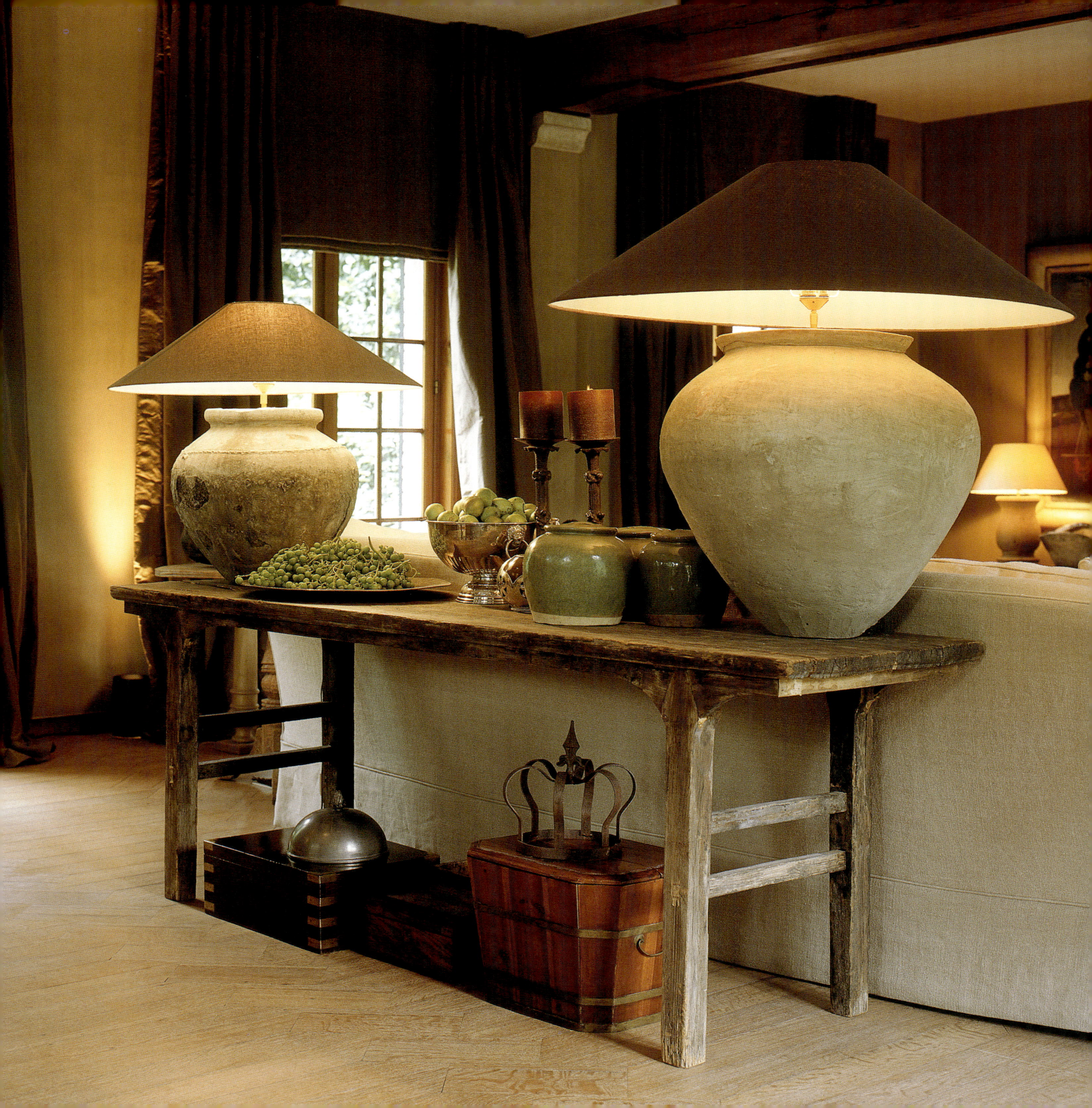

STIJLVOL WONEN COMPLEET
DE APPELBOOM

Ieder zijn eigen sfeer

Deze klassieke woning ligt pal in het centrum en tegelijk volledig verzonken in het groen. Op die manier zit het gezin overal vlakbij en geniet het van een oase van rust. De landelijke sfeer van de omgeving vinden we ook terug in de architectuur van de woning. En die werd doorgetrokken naar het interieur.

'Peggi is er perfect in geslaagd om de visie, de smaak en persoonlijkheid van de bewoners terug te laten komen in het interieur'

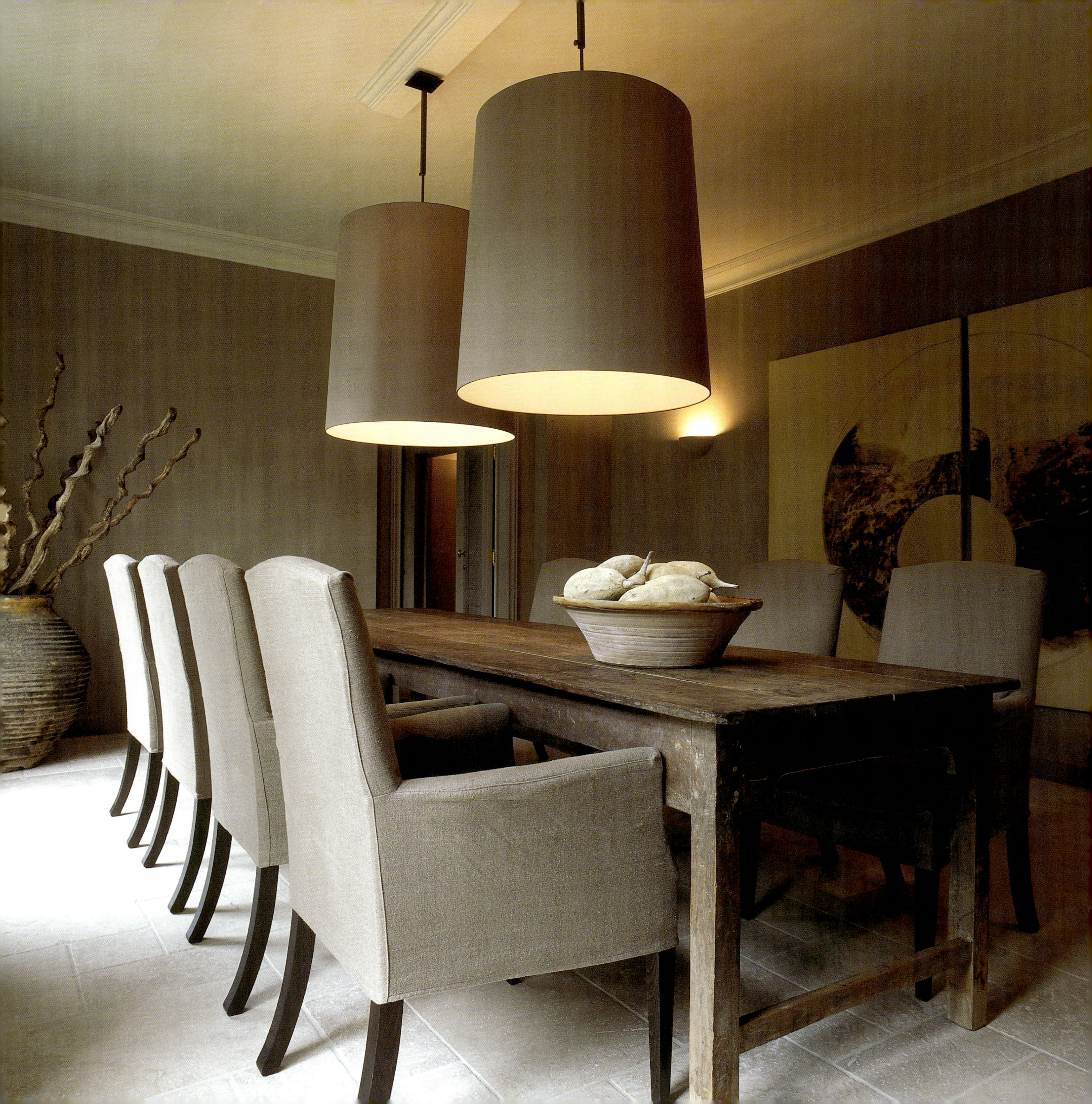

> 'Peggi wilde de landelijke sfeer van de omgeving laten terugkomen in het interieur'

> 'Iedereen heeft zijn eigen gamma van kleuren die hij of zij mooi vindt'

"Het echtpaar vond het tijd om alles in een nieuw jasje te steken", aldus decoratrice Peggi Kramer van De Appelboom. "Omwille van de stijl van het huis en de omgeving vond ik dat ik die landelijke sfeer moest laten terugkomen in het interieur. Bij zo'n mooi huis moet je gewoon de lijn doortrekken. Rekening houdende met de wensen van de klant uiteraard!" Het gezin kon zich helemaal vinden in dat idee. Het resultaat mag er dan ook zijn: Peggi is er perfect in geslaagd om de visie, de smaak en persoonlijkheid van de bewoners terug te laten komen in het interieur.

"Het zijn mensen die absoluut een eigen mening hebben en die houden van kleur. Dus op dat vlak zaten we al helemaal op de juiste golflengte!" De 'sfeerconsulente' zoals ze zichzelf noemt, vindt kleur

'Interieur is geen "geijkt iets". Inrichten is elke keer anders'

namelijk erg belangrijk in het interieur. "Ik zeg altijd: iedereen heeft zijn eigen tinten, een eigen gamma van kleuren die hij of zij mooi vindt. En het is mijn taak om mensen te testen met kleurenstalen en me te verdiepen in de smaak van de klant om te weten te komen wat zijn of haar voorkeur is. Dat is de enige manier om tot het juiste eindresultaat te komen."

Daarnaast vindt Peggi het erg belangrijk dat er een 'klik' is tussen de klant en haar. "Ik moet voelen dat ik het vertrouwen krijg van de mensen", vertelt ze. "Anders werkt het niet. Want interieur is geen 'geijkt iets'. Inrichten is elke keer weer anders, je moet je

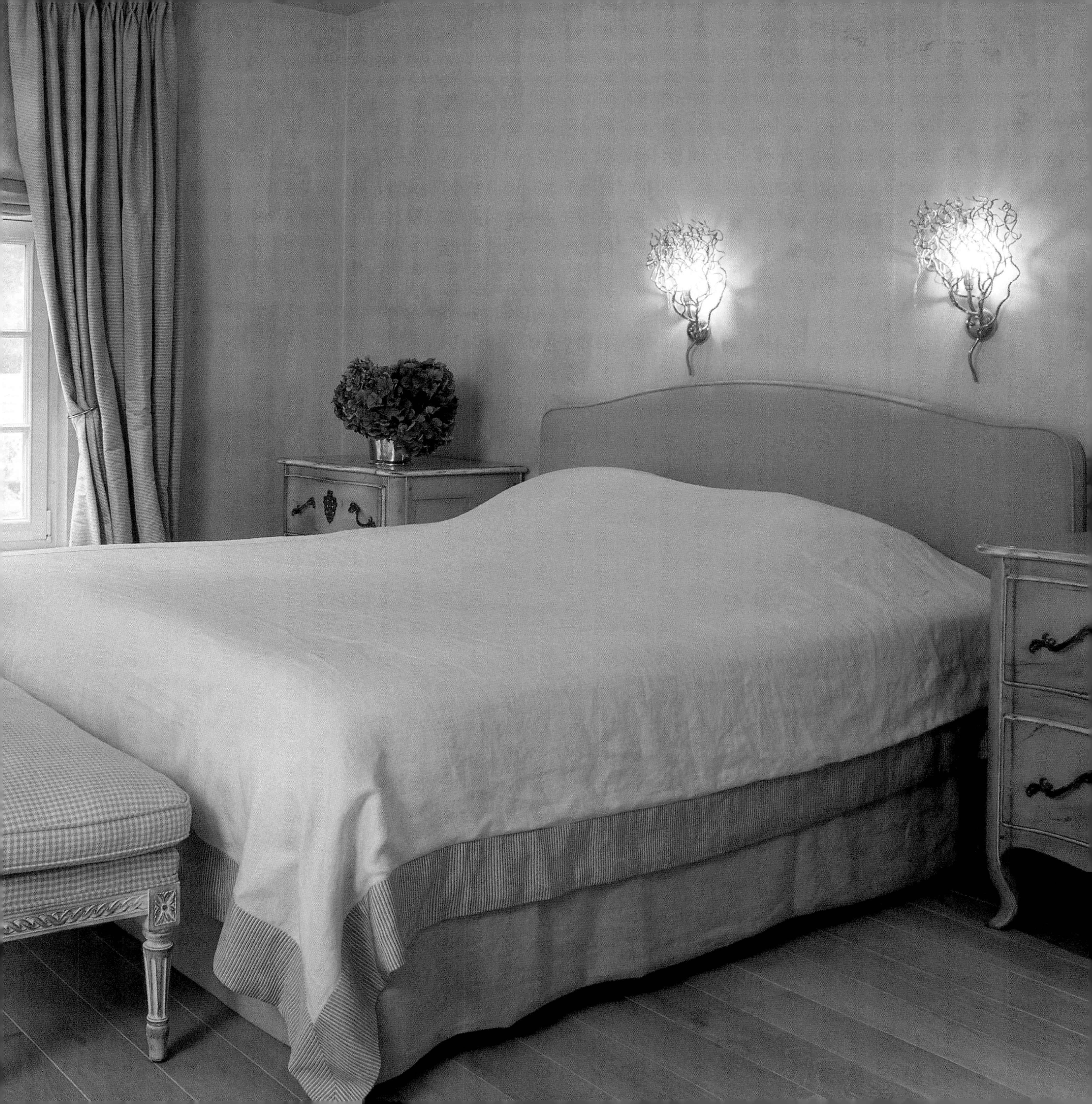

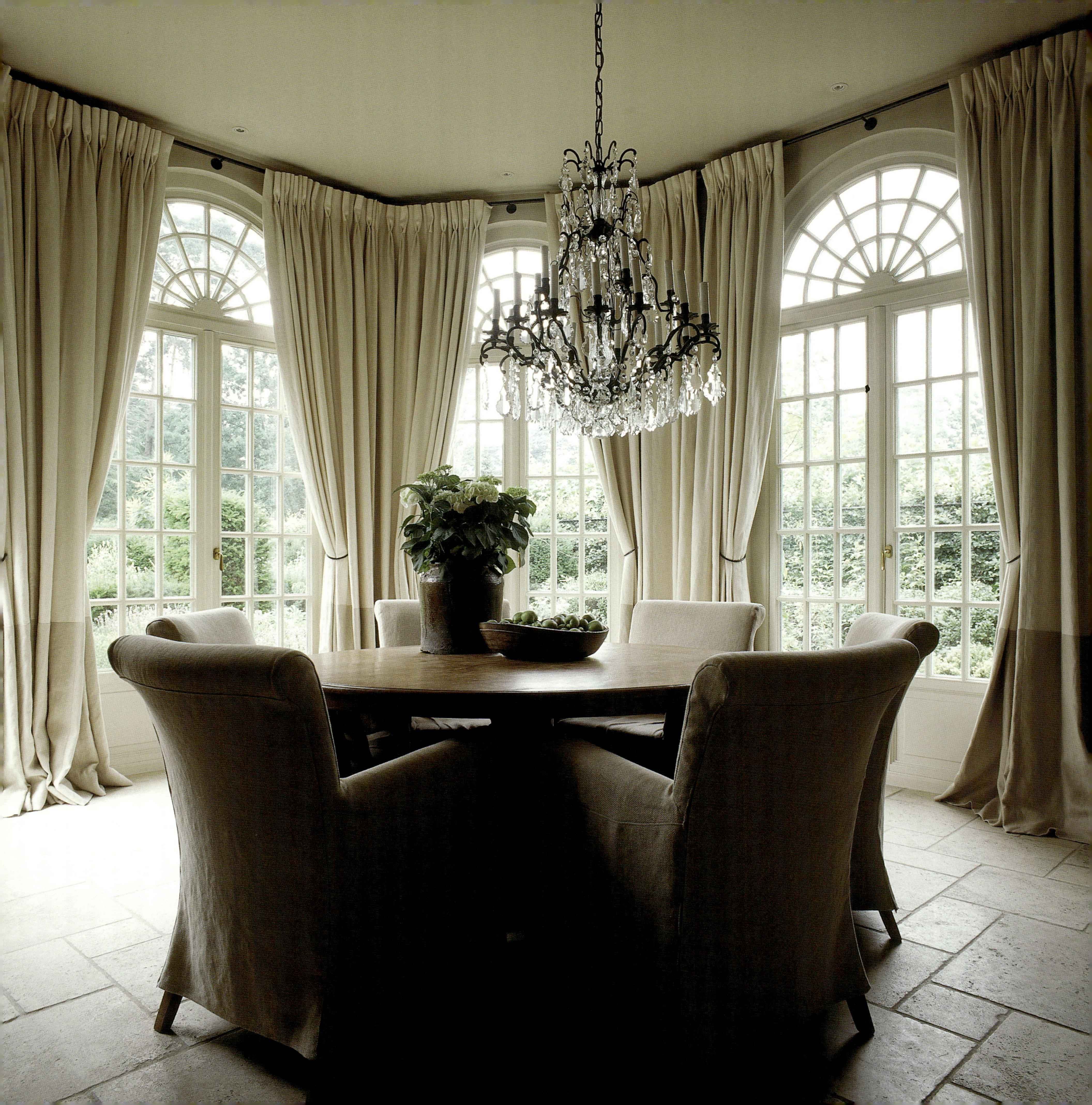

'De "sfeerconsulente" zoals ze zichzelf noemt, vindt kleur erg belangrijk in het interieur'

elke keer weer opnieuw verdiepen in de klant. Zo creëren we elke keer een nieuw interieur, op maat van de klant."

Peggi gaat altijd eerst even in het huis een kijkje nemen. "Dat vind ik erg belangrijk. Het is de enige manier om de sfeer te kunnen proeven en te zien hoe de lichtinval is. Pas dan gaan we rond de tafel zitten en kijken we naar wat de klant mooi vindt en waar hij of zij naartoe wil." Op basis van die gesprekken kiest Peggi in overleg de stoffen en de kleuren. Wat de meubels betreft, heeft ze door de jaren heen een netwerk van leveranciers en contacten opgebouwd die perfect weten wat voor soort spullen zij mooi vindt. "Als ze iets tegenkomen waarvan ze denken dat het iets voor mij is, dan bellen ze me gewoon op en ga ik kijken. Zo krijg ik de mooiste en origineelste dingen bij elkaar!" En komt ze tot prachtige resultaten. ✶

De Appelboom
Duinendreef 24, 2950 Kapellen (B), tel.: 0032(0)3/685.54.17, fax: 0032(0)3/685.14.08,
e-mail: de.appelboom@skynet.be, website: www.deappelboom.com

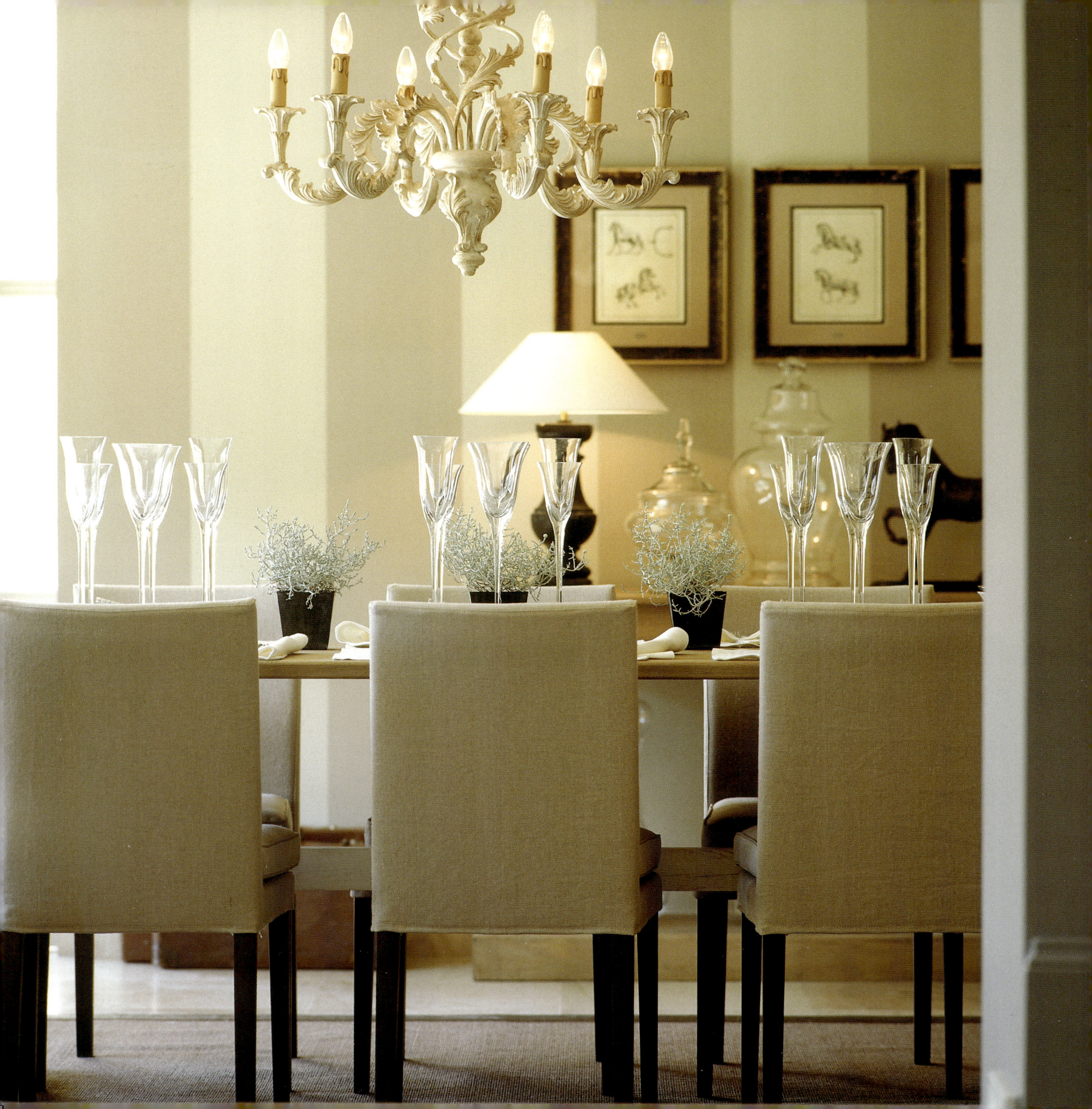

STIJLVOL WONEN COMPLEET
SLOTS

*D*OOR OPENHEID OMARMD

Er zijn maar weinig binnendeuren om de openheid niet te verstoren. Door de lichtopties en het mengen van kleuren heerst er een unieke sfeer. En met subtiele decoratieve accenten, zowel klassieke als moderne, met een retro knipoog en soms ook met exotische fleur, wordt de juiste toon gezet in deze verbouwde woning.

Hier werd de aankleding van a tot z verzorgd door Slots. Meer nog, het team geraakte ook nauw betrokken bij de verbouwing van het pand. Er werd heel wat goede raad ingewonnen bij Slots. Een goed idee, want op die manier zorgt u dat de basis goed zit. Goed begonnen, half gewonnen. Want het is toch belangrijk om de juiste vloer te kiezen, niet? Daar moet u immers straks al de rest van het interieur op afstemmen, of liever: die moet zich staande kunnen houden in het geheel achteraf. Voor de tuin werkte Slots hier samen met een groenspecialist en de sierstukken werden door de winkel zelf geleverd: potterie, teakhouten bloembakken, tuinmeubels en kandelaars in lood. Wat het meest opvalt in de natuur zijn allicht de waterbestendige knuffels. De levendige tuin biedt een gedroomd decor voor een echte thuis. Eerst en vooral werd kleuradvies verstrekt omtrent buitendeuren, inrijpoorten, vensters en luiken. Hoe groter de vlakken, hoe donkerder de tint. Er is gewerkt met menging om een uniek resultaat te bekomen. Liefst vier lagen verf werden aangebracht voor de duurzaamheid. Gaandeweg werden de kleuren ook een beetje bijgestuurd. Dat is het voordeel van schilderen in lagen, dan voel je aan welk accent de gevel precies nodig heeft en kun je de menging vlot aanpassen. In ieder geval, dankzij het schilderwerk heeft de gevel een stijlvollere aanblik gekregen.

Bij het binnengaan vult een grote luchter de sobere ruimte. We staan nu in een ruime traphal. In een hoek een designstoel met een overtrek in dierenhuid. Op een chromen console met leggers in leder en glas wordt een opgezette zwaan geflankeerd door stalen lampen. De kleur neigt naar taupe, maar neen, ook

*'Op een modern bureau klassieke lederen accessoires.
En de stationsklok blijft bij de tijd'*

hier werd door menging een eigen tint op punt gesteld. Het toilet ligt volledig in die lijn met een console met wasbak bovenop. De hal leidt naar een sas dat royaal uitkijkt op de achtertuin via een raam voorzien van een zijden store met een zacht verticaal streepje en slepende gordijnen in linnen met een waxlaag. Op de grond een tapijt met een print die doet denken aan een prachtig dier. De console van de hal wordt hier hernomen. Bovenop prijken antieke en nieuwe wereldbollen en rechts werden paspoppen gegroepeerd. Waar de hal eerder strak oogt, is in de woonkamer, links van het sas, geopteerd voor iets meer weelderigheid, gezelligheid zeg maar. Er ligt blanke parket. De plafonds werden geschilderd in Craie en de wanden houden het midden tussen taupe en krijtkleur. Ook hier werd weer naar originaliteit gestreefd; bij Slots vindt u echt een waaier van kleuren. Hanglampen met kapjes op elke pilaster zetten de ladderkast met boeken en voorwerpen in de kijker. Links en rechts van de open haard verbergen ingemaakte kasten (die de kleur van de muur volgen) de bar en audiovisuele apparatuur. Een met stores ge-

'Hanglampen zetten de ladderkast in de kijker en op de eiken schouwmantel schittert een lange rij theelichtjes'

tooide erker zorgt voor enige versmelting met het buitengebeuren. Bij een mini gateleg staan twee oude zetels die door Slots werden heropgemaakt. Op de eiken schouwmantel schittert een lange rij theelichtjes. Zetels met elk een ander karakter voeren een speelse dialoog – zo zijn er de wollen Bergères, een 3-

zit in beige linnen en de anderhalve in bruin velours. Luchters zijn er niet in de woonkamer om zo ook weer de openheid te vrijwaren. Missen doe je ze niet, want plafondspots zijn sfeerbrengers bij uitstek. Er worden gasten verwacht: op een bijzettafel staat de champagne al koel. Een verzameling voetbanken verraadt dat de mensen die hier wonen al eens graag languit genieten van 't leven. Zij zijn naar eigen zeggen veel huiselijker geworden. Het nieuwe huis zet hen volop aan om meer thuis te blijven.

Rechts van het sas bevindt zich de eetkamer en ook die overgang verloopt deurloos. Een stapje naar omlaag en we zijn er. Onder een gepatineerde luchter een Cross tafel. De gewitte voet draagt een eiken blad. De uitzonderlijk hoge glazen zijn prachtig. Ertussenin prijken bijzondere plantjes Callesophalis die dit feestelijke tafereel iets abstracts geven. De ruimte werd geverfd in verticale banden die aanleunen bij Bord de Seine en Blanc des Dunes. Op het dressoir twee buffetlampen met balusterpoten, glaswerk en een bronzen paard als centrale blikvanger. Het tapijt in sisal werd afgewerkt met een lederen sierboord. U heeft een ruime keuze qua sierboorden bij Slots. Op die manier geeft u uw interieur automatisch een eigen toets. De keuken doet honger krijgen, zeker als u het boodschappenlijstje bekijkt. Boven een spoelbak grootmoeders stijl staan op een krijtbord immers de woorden 'brood, tomaat en pesto' geschreven. Het is zalig tafelen in een aanpalend vertrek waar het zonneterras lonkt. In de eetkamer leidt een dubbele schuifdeur naar het bureau met zijn mannelijke uitstraling. De kleur van de wanden werd perfect afgestemd op de store. Op de strakke eiken tafel vindt u lederen accessoires. Een stationsklok blijft bij de tijd. En om de link te leggen tussen klassiek en modern is er de bureaulamp in leder en metaal. Mijnheer ontvangt zijn bezoekers in een schaapslederen fauteuil.

De overloop is tevens een zithoek en een speelhoek. Zetel en bijzettafel hebben een overtrek van dierenhuid. Er slingert retro speelgoed rond dat evengoed

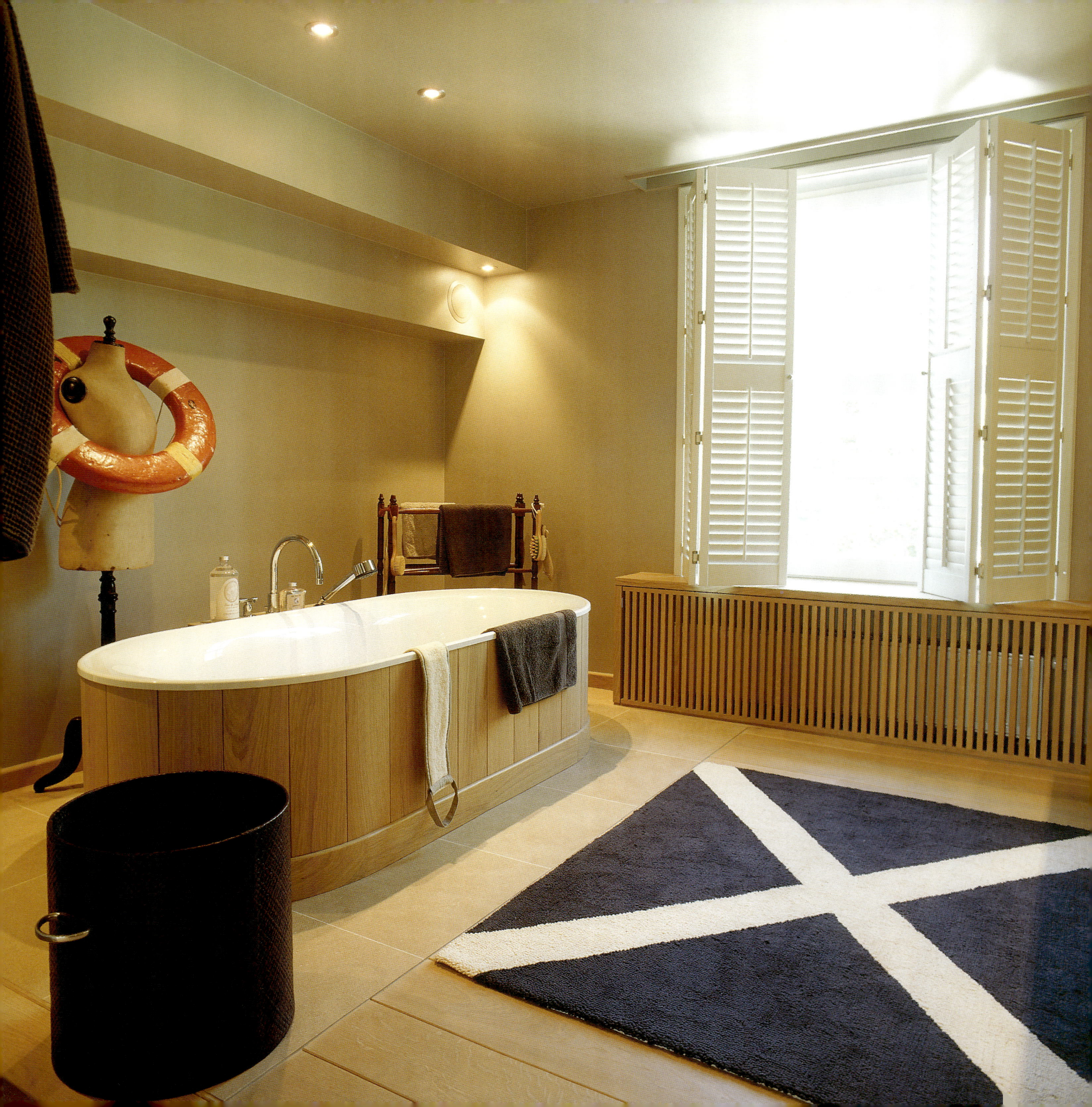

> 'Een comfortabel tapijt zorgt voor een gedurfde inkleuring van de door de binnenluiken met een doezelig licht overgoten badkamer'

bruikbaar als decoratief is en de speelmat toont ons een zebraprint. Dochter Camille heeft in samenspraak met de decoratrices van Slots gekozen voor een kamer met pit. Kijk maar naar het lipstickrood! Net waar de kleur te schreeuwerig zou worden, zorgen crème stroken voor voldoende breking. Bij de ouderlijke slaapkamer horen een dressing en een badkamer. Een mooi geheel. Plankenvloer loopt als een rode draad doorheen de drie ruimten. Wel ligt het hout haaks in de dressing voor de variatie. Rond het ovale bad dat losstaand staat opgesteld, is gewerkt met natuursteen. De timmerlieden hebben alvast hun beste beentje voorgezet, te oordelen aan de stielvaardige beplanking rondom. Leuk zijn de witte binnenluiken en het klapdeurtje naar het toilet. De binnenluiken, bij Slots op maat verkrijgbaar, overgieten bovendien het kader met een doezelig licht. Voor een gedurfde inkleuring zorgt een comfortabel blauw tapijt met wit kruis. Prettig is de paspop met de oude reddingsboei om de nek. Het lijkt een detail, maar de details maken het verschil: alle radiatoren worden aan het oog onttrokken door kasten in verfijnd latwerk. Net als de maatkasten getuigen deze werkstukken van gedegen vakmanschap. De sobere slaapkamer haalt zijn warmte van het rood van het wollen tapijt om in weg te zinken en het bekleed bed van Anker Bedding, ontworpen door Chris Mestdagh. De blanke bedovertrek in satijn is ton sur ton gestreept en op een rekje pronken zeldzame kroontjes. Dat maar om duidelijk te maken hoe belangrijk subtiliteit wel is in sfeerschepping.

Deze interieurzaak in West-Vlaanderen, op een boogscheut van de Franse grens, creëerde uiteindelijk een geheel om te koesteren en dat tegelijk ook mensen koestert. Een open woning die u liefdevol omarmt. ✻

Slots
IJzeren Bareel 20a, 8587 Spiere-Helkijn (B), tel.: 0032(0)56/46.11.70, fax: 0032(0)56/45.73.50,
e-mail: contact@slotsdeco.com, website: www.slotsdeco.com

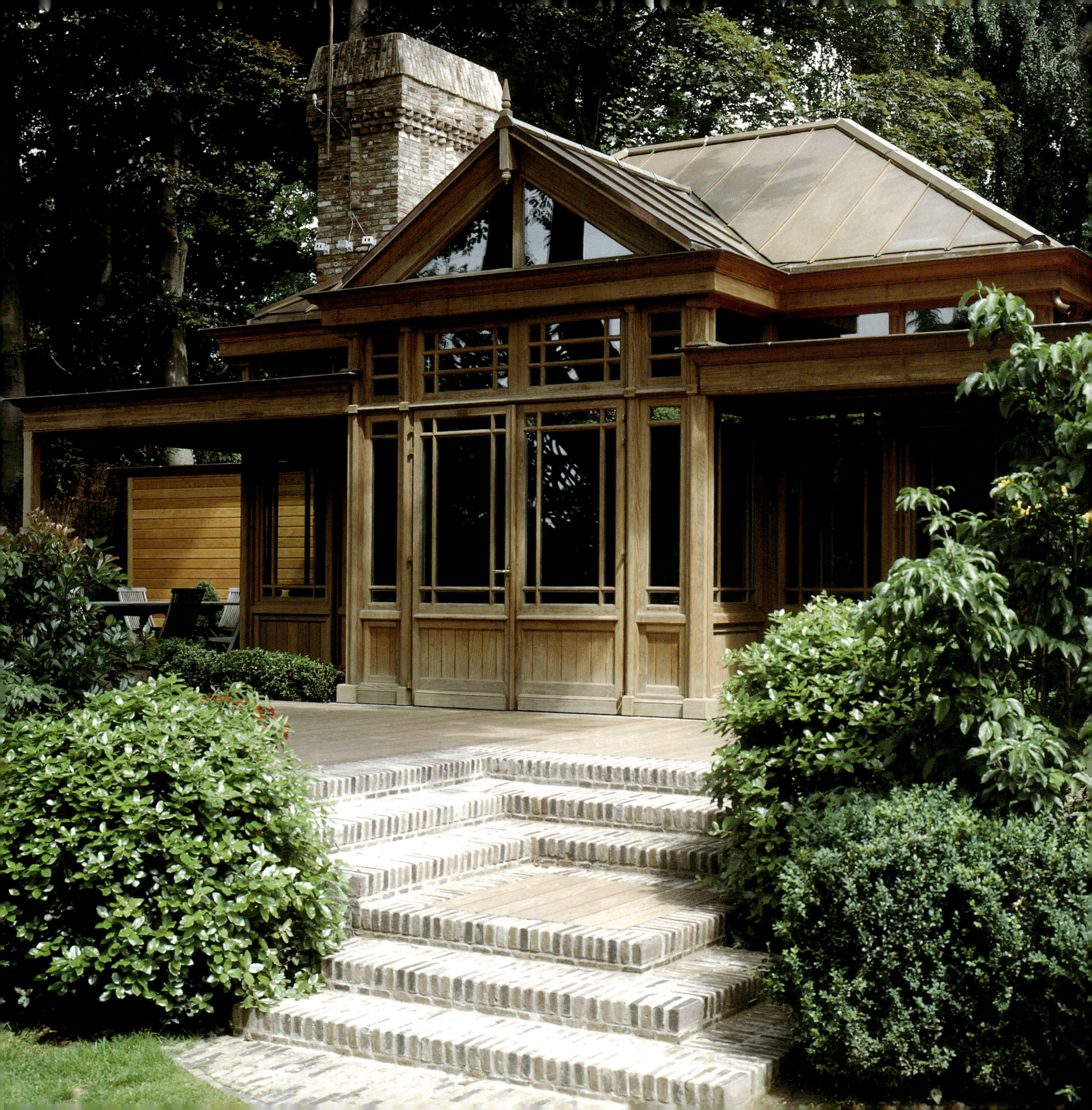

STIJLVOL WONEN COMPLEET
LLOYD HAMILTON

Vergroeid met de natuur

In tuinkamers voelen niet enkel planten zich goed maar ook mensen. Je bloeit als het ware open. En of u nu kiest voor een oranjerie in gelakt tropisch hardhout of u laat, zoals hier, het klimaat zijn werk doen met de naturelle materie, zodat zich een doorleefd patina vormt, de uitstraling is altijd even warm en de klasse ronduit tijdloos.

Eigenlijk is het altijd de bedoeling om een glazen kamer één te laten worden met het groen en de woning, of het nu een versmelting in dezelfde lijn betreft of er een zekere contrastwerking wordt nagestreefd. Het gaat immers om een ruimte die zowel bij de tuin als het interieur hoort. Elke oranjerie zorgt ervoor dat je met één voet buiten en één voet binnen

'Elk ontwerp wordt gerealiseerd met precisie typerend voor deze eeuw van technologische revoluties, maar een ambachtelijke ingesteldheid van weleer'

> 'De constructie start aan de voorzijde met een blinde muur
> en pakt zo aan de achterkant uit als een zelfstandig bijgebouw'

leeft. Een interessant gegeven als u er rekening mee houdt dat het weer dikwijls maar zus en zo is bij ons. Herfst, winter, lente en zomer, de zon lijkt altijd te schijnen. Lloyd Hamilton, actief in Europa maar stilaan ook in Amerika, staat alvast voor hoogstaande kwaliteit. Hun oranjerieën en serres in edel tropisch hardhout vallen terecht op omwille van de authenticiteit en uitzonderlijke graad van afwerking. Op die manier krijgt uw woning nog meer persoonlijke stijl. Een oranjerie moet om te beginnen perfect aansluiten bij het huis in kwestie. Eenheid troef. Aldus geeft het concept de bestaande situatie een meerwaarde. Een kleine of grote uitbreiding van keuken of woonkamer? Een totaal losstaande tuinkamer? De overdekking van een zwembad? Steeds is het de zorg van Lloyd Hamilton om een esthetisch verzorgd product af te leveren dat op aparte wijze aansluit bij de woning en de groene structuur rondom. En op dit adres in het Brusselse is dat zeer zeker het geval.

Dankzij de tuinkamer is deze villa met rieten dak vergroeid met de Engelse tuin. De natuur slorpt als het ware het gebouw op. Qua formaat kan het tellen! Het concept in afromosia hout en glas bevindt zich aan de linkerflank. De constructie start aan de voorzijde met een blinde muur (om inkijk te vermijden en dus de privacy te garanderen) en pakt zo aan de achter-

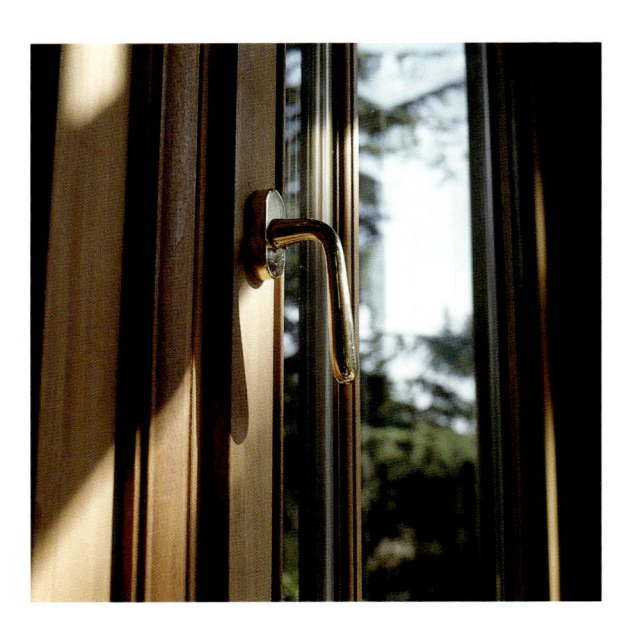

> 'Het balkenplafond met
> massieve beplanking oogt
> imposant en dat geldt ook
> voor de gietijzeren luchter'

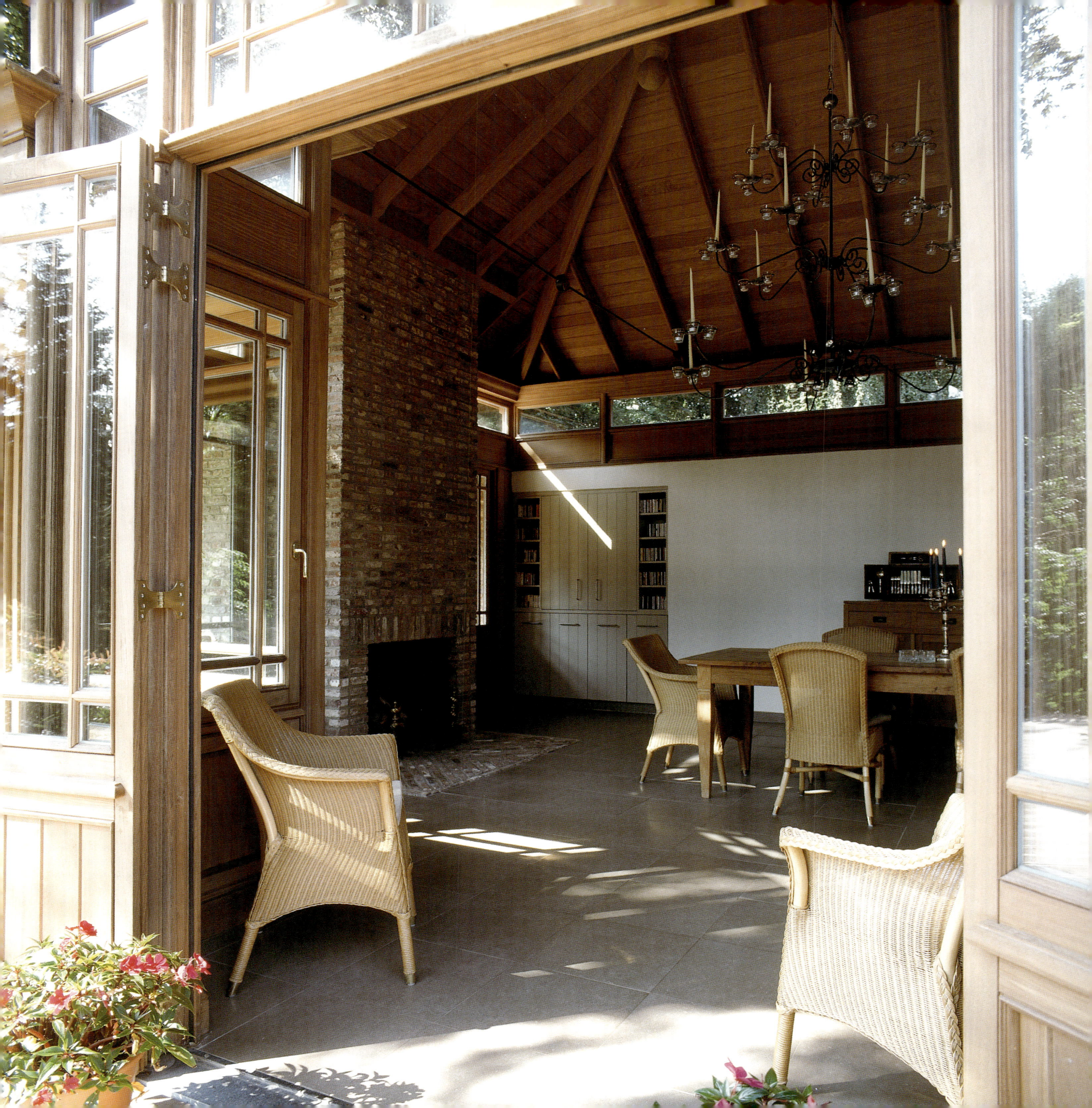

'Herfst, winter, lente en zomer, de zon lijkt altijd te schijnen'

kant uit als een zelfstandig bijgebouw. De eigenaars hebben er een heuse huiskamer van gemaakt. Onderonsjes in gezinsverband of in grotere groep, met familie of vrienden, groeien er telkens uit tot een onvergetelijk treffen; hier is al menige keer duchtig gefeest. De enorme schouw voedt een open haard en een barbecue op het terras. Let op de verfijnde details van deze tuinkamer: koperen sluitwerk, dakbedekking in koperstaande naad, dubbele geprofileerde kroonlijsten en een ornamentje op de top van de kopgevel. De panelen, in vakjargon "schoot" genoemd, onderaan de deuren en draaikipramen, werden afgewerkt in massieve beplanking in plaats van met gangbare platbandmoulures. Uniek! Speciale aandacht vraagt de glasverdeling die precies identiek is aan deze van de woning. En aldus ontstaat een homogeen geheel dat bovendien iets

'Welgekozen decoratieve accenten maken van huis en tuinkamer een thuis'

'Het geheel in glas, koper en afromosia heeft iets sprookjesachtigs'

sprookjesachtigs heeft. U betreedt dit huzarenstuk van Lloyd Hamilton via een erker. De dubbele zwaaideur opent naar buiten. Links en rechts komt de oversteek goed van pas. Zo ontstaan er automatisch overdekte terrassen. Wat in het Engels lyrisch wordt omschreven als 'porch'. Ziet u uzelf al luieren in een schommelstoel met een boek en een goed glas, bij valavond op een zomerdag? Verder lonkt het houten terras voor de deur,

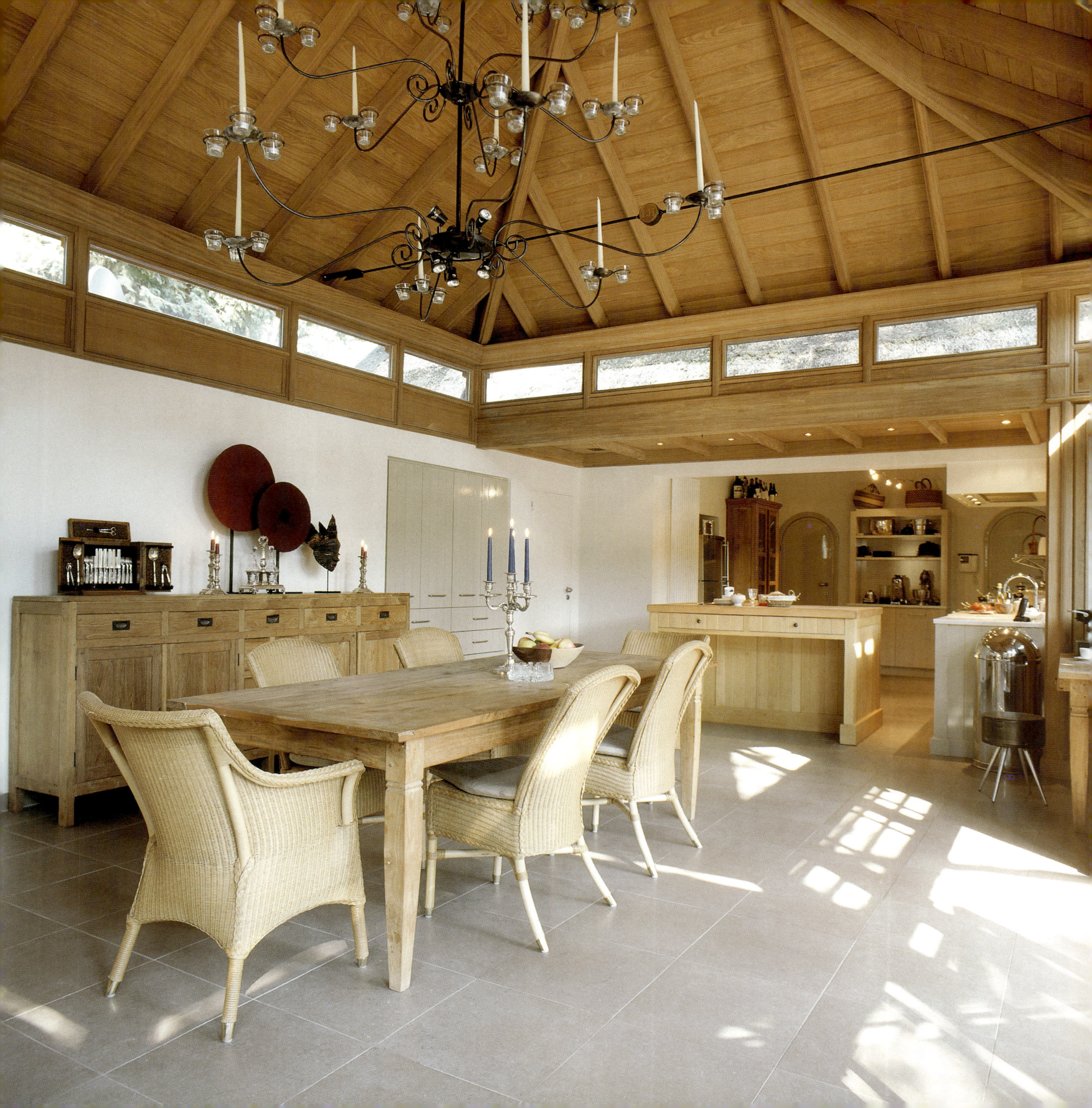

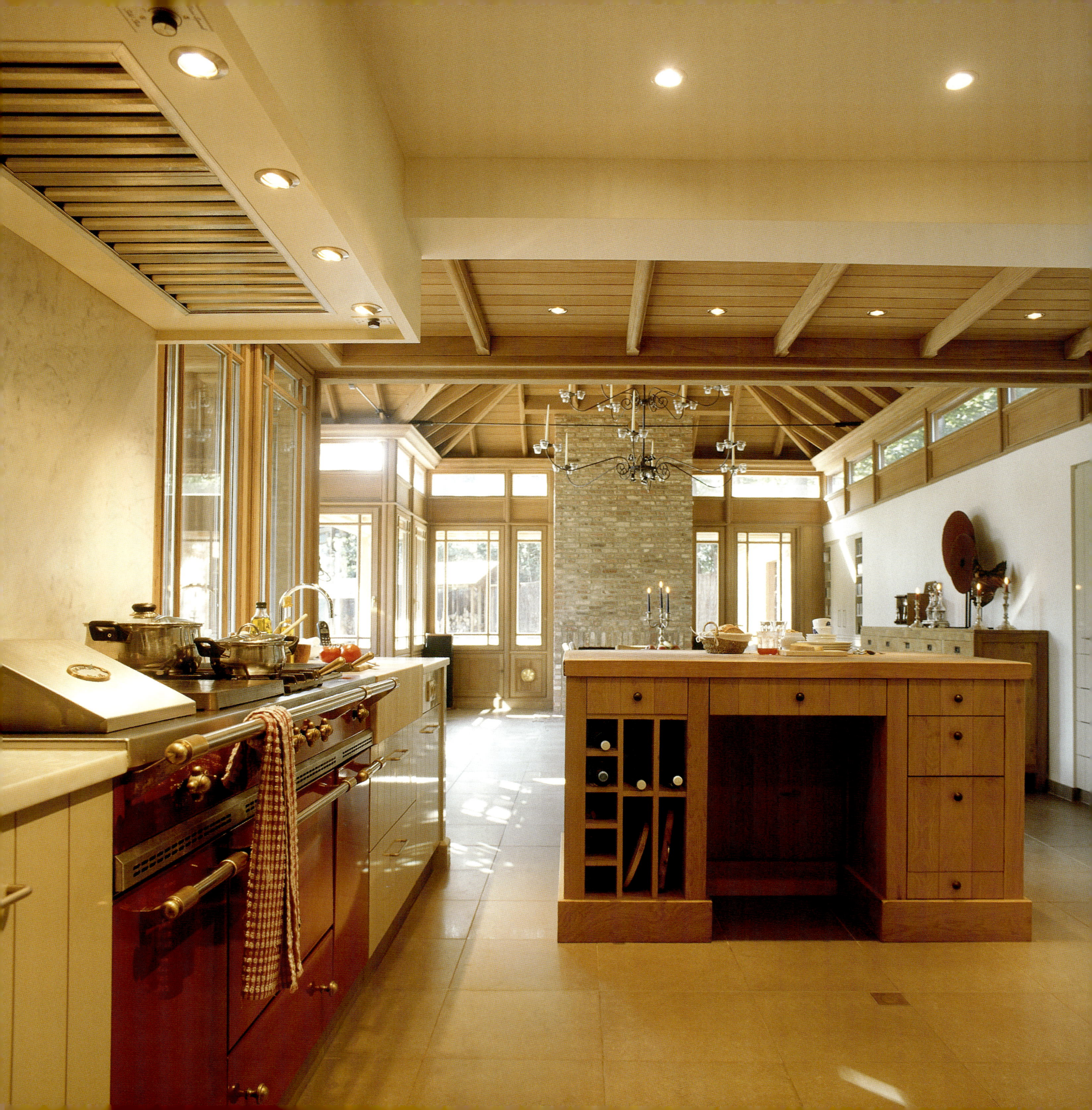

'In deze oranjerie leven de mensen met één voet buiten en één voet binnen. Interessant, als u beseft dat het weer dikwijls maar zus en zo is bij ons'

maar het gebeurt ook vaak dat mensen zich hier effectief een plaatsje zoeken tussen het weelderige groen om er te genieten van de rust. De hond, die op gezelschap is gesteld, is ook altijd graag van de partij.

Om de rieten dakoversteek te behouden werd een plat gedeelte geconstrueerd met een balkenstructuur. Pas dan start het eigenlijke dak van de oranjerie. De keuken in huis en de eetkamer (lees: tuinkamer) versmelten alsof het altijd zo de bedoeling is geweest, reeds jaren geleden. Een keukenblok prijkt fier op de overgang. De stenen vloer loopt door, maar het gepleisterd plafond gaat wel over in een gedeelte waar de nok meespeelt. Het balkenplafond met massieve beplanking oogt imposant. Dat geldt trouwens ook voor de gietijzeren luchter met kaarsjes boven de ruwe houten tafel voorzien van gemakkelijke stoelen in loom. Op het tafelblad schitteren kaarsen bij een schaal met fruit. Het dressoir naast de ingemaakte kast toont ons Afrikaanse souvenirs en antiek zilverwerk. Met eigen decoratieve accenten, subtiel maar precies gekozen, hebben de bewoners van hun huis en tuinkamer een thuis gemaakt.

Lloyd Hamilton heeft hier een oranjerie met klasse neergeplant die zich perfect verzoent met de omgeving en waar mensen zich goed voelen. Voor pasklare oplossingen bent u bij deze projectontwikkelaar met artisanale allure aan het verkeerde adres. Standaardwerk is niet aan hem besteed. Met precisie typerend voor deze eeuw van technologische revoluties, maar een ambachtelijke ingesteldheid van weleer, worden de ontwerpen uitgetekend en in het atelier vervaardigd. Daarna valt de puzzel op de werf op zijn plaats. Resultaat: ieder project, groot of klein, ademt een eigen sfeer die niemand onbewogen laat. ✻

Lloyd Hamilton
Nijverheidslaan 9a, 8570 Vichte (B), tel.: 0032(0)56/77.36.08, fax: 0032(0)56/77.36.09,
e-mail: info@lloydhamilton.be, website: www.lloydhamilton.be

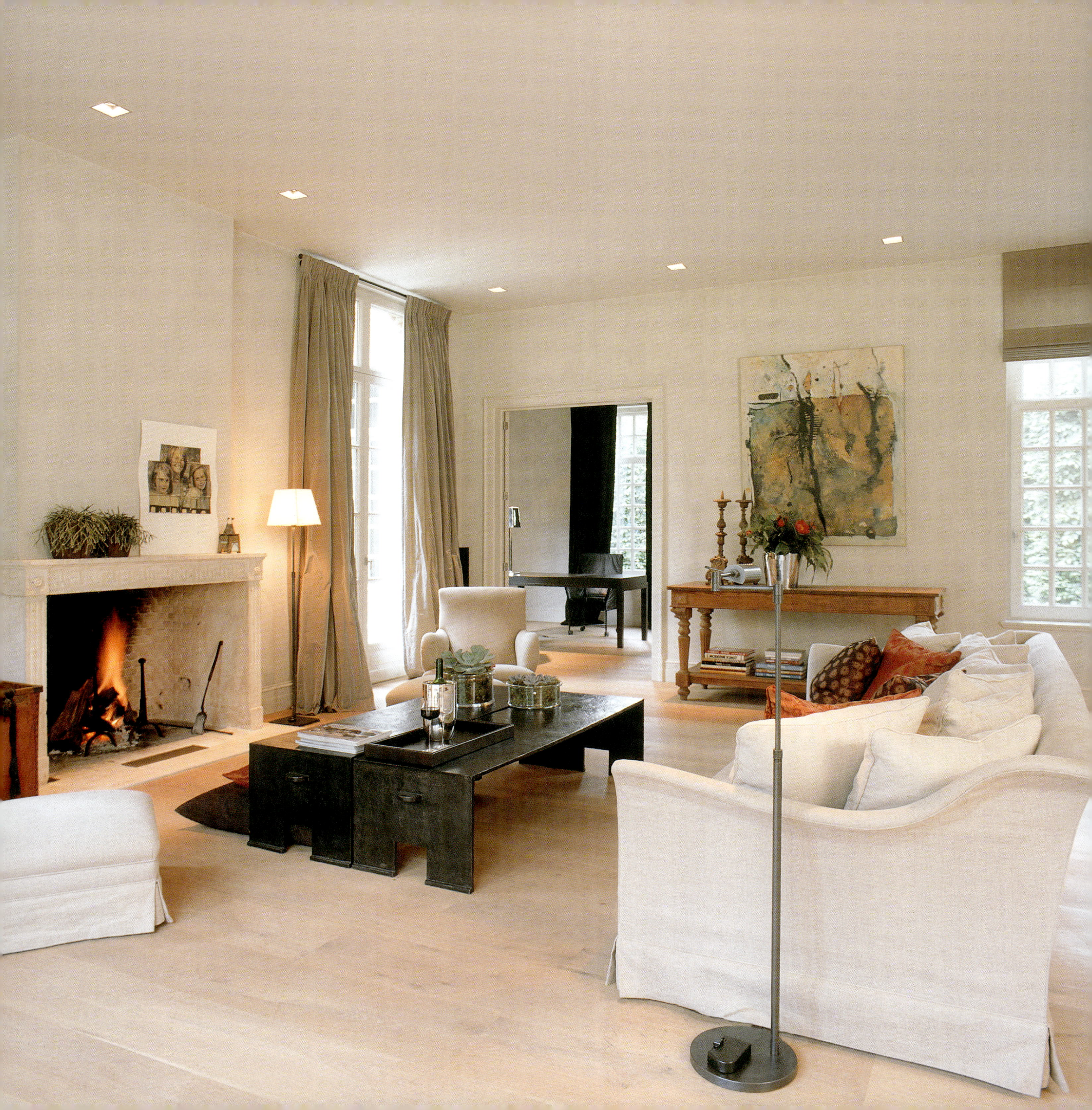

STIJLVOL WONEN COMPLEET
SPHERE HOME INTERIORS

Harmonieuze stemming maakt gelukkig

In heel het huis is gewerkt in tonen van eenzelfde palet, meubels en voorwerpen getuigen van kwalitatieve klasse en alle ruimten tonen ons hun evenwichtig karakter. De aldus opgeroepen stemming stemt tot rust en maakt de bewoners gelukkig, iedere dag weer opnieuw.

'De zetels ogen sober maar elegant en het zitcomfort is om bij weg te dromen'

In deze woning, vandaag gebouwd met een knipoog naar weleer, heeft Sphere samen met Ina Beyens het interieur vorm gegeven, ingekleurd en aangekleed. Na het voltooien van de ruwbouw kwam er dan ook een grote betrokkenheid aan te pas. Eerst werd de schrijnwerkerij behartigd - u ziet onder andere diverse ingemaakte kasten. Volgende stap: kleuradvies verlenen. Uit de stoffering volgt dan automatisch het schilderwerk. Mooi op elkaar afstemmen is de boodschap. Met kalkverf in grijzige zandtinten brengt Sphere meteen een lijn in het geheel die zorgt voor een eenheidsgevoel dat niemand koud laat. Maar het blijkt niet enkel kleur die de leidraad bepaalt voor deze woning. Op een of andere manier zijn alle elementen familie van elkaar, zonder dat er echter eentonigheid wordt op opgeroepen. Eenvormigheid is eerder het juiste woord.

Met raamdecoratie in grijze tafta, deels stores en deels overgordijnen, wordt tegelijk een weelderig en ietwat strak beeld opgeroepen. De keuken is zelfs gordijnloos om de openheid naar de tuin optimaal te bewaren. Voor de realisatie werd er samengewerkt met Obumex en het servies is van Gunther Lambert. Ontbijten gebeurt met een jeugdig servies dat de toepasselijke naam 'Good Morning' meekreeg. Zo zet u gegarandeerd de dag in met een positieve noot. De zogenaamde familyroom die in verbinding staat met keuken en eetkamer, en waar het zalig is om tv te kijken, toont ons een op maat gemaakte longchair, sluimerend bij een typisch wijntafeltje met bolle leeslamp en stenen bollen aan de voet. Kussen en plaid zijn van Viktor Rhomberg. Eigenlijk zijn de zetels van Sphere bijzonder herkenbaar. Het ontwerp oogt steeds sober maar elegant en het zitcomfort is om bij weg te dromen. Er naar kijken is leuk, er gezellig in neerstrijken nog leuker. In het salon met open haard staan we in vuur en vlam voor het tafeltje van Christian Liègre. Dit bronzen meubel bestaat in feite uit twee smalle stukken die u kunt schikken naar wens. De meubels in het aan de woonkamer grenzend kantoor zijn trouwens van dezelfde hand.

Het wordt duidelijk feest in de majestueuze eetkamer. U waant zich te gast op een kasteel voor een royaal gan-

'Terwijl u van het ene vertrek naar het andere gaat, lijkt u de kleur van wanden, plafonds en raamgarnering wel mee te nemen'

gendiner. Voor een warm accent zorgt alvast het gebombeerde tafelkleed. De antieke stoelen kregen een nieuwe, wat ruwe linnen stof aangemeten in de kleur van de wanden. Een fleurig, eigentijds schilderij (dat zich hier duidelijk thuis voelt) breekt de muur terwijl de ramen ertegenover, geflatteerd door strakke stores, schitteren in de zon. Nu valt op hoe hoog de plafonds wel zijn. Met de dubbele deuren open heeft u een sublieme doorkijk en de as leidt zelfs uw blik tot in de tuin. Deze villa verdient beslist de stempel 'stijlvol'.

Boven belanden we eerst in de nok, een logeerkamer of liever een kleine hotelsuite waar gasten van dromen. Spelen een rol van betekenis in het blanke kader omwille van hun donkere toets: tafeltjes in ebbenhout, nubuk gordijnen met een aparte look, terracotta getinte kussens en een poef, alias salontafel, in huid. Dakvensters en staande lampen van Stephane Davidts zetten het compacte huwelijk van twee hoekige zetels in het zonnetje. De kinderkamers op dezelfde etage zijn haast identiek. Enkel de combinatie van kleuren verschilt lichtjes. En of de jongeren in hun paradijs met hoog Flamant en Donaldson gehalte, nachtrust en speelpret vinden! De sanitaire ruimte biedt naast een douchecabine twee eiken spoeltafels met arduinen blad. Voor het badlinnen en de verzorgingsproducten tekenen respectievelijk Scapa en Waterl'eau. Dat we tenslotte in bewondering staan voor de ouderlijke vertrekken op de bovenverdieping, zal niemand verwonderen. De slaapkamer met bed in flanel beschikt over een open

> *'Met grijzige kalkverf zit er meteen een lijn in het geheel die zorgt voor een eenheidsgevoel dat niemand koud laat'*

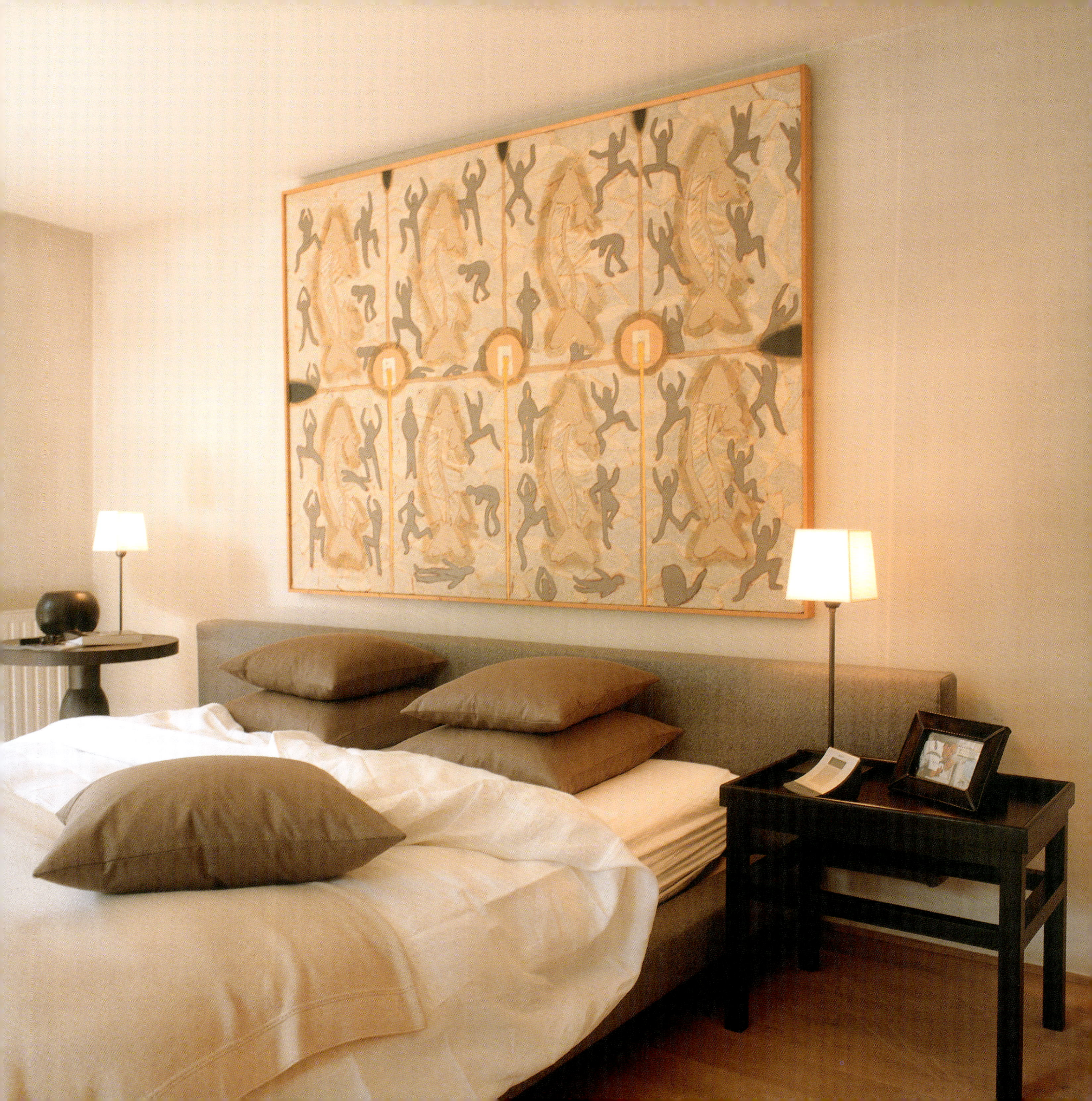

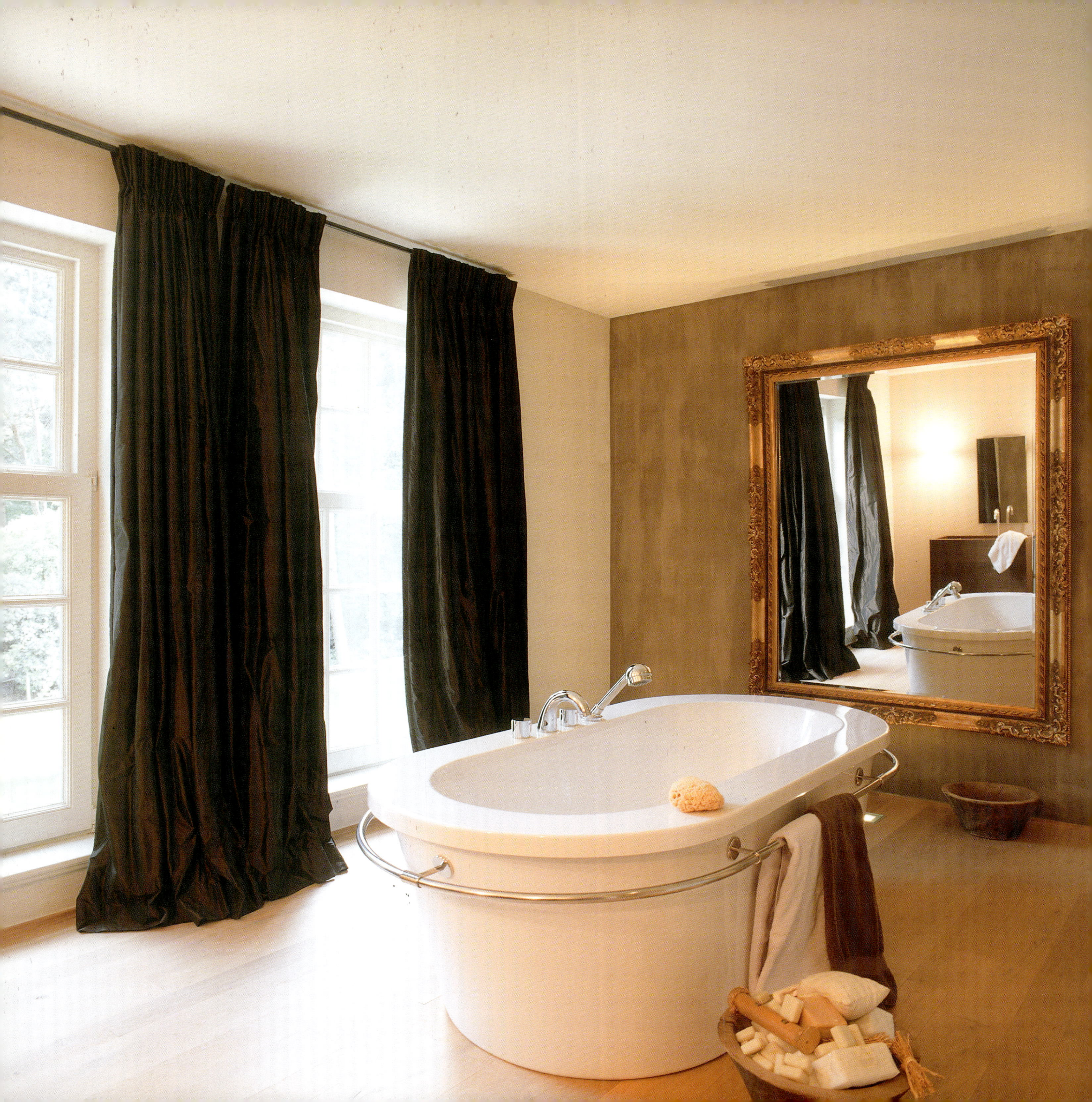

> 'Blokvormige wastafels en gordijnen in chocoladetint vinden compositorisch een orgelpunt in een donkere muur met grote spiegel'

dressing. Maar het is toch vooral de badkamer die tot de verbeelding spreekt. Blokvormige wastafels en gordijnen in chocoladetint vinden compositorisch een orgelpunt in een donkere muur met grote spiegel. En dan is er uiteraard nog het centrale bad van Philippe Starck dat extra aandacht verdient.

De creaties van Sphere Home Interiors zijn door hun ingetogen en doorleefde uitstraling als een uitnodiging om volop van het leven te genieten. Het brengt ons terug naar de bezieler van de zaak en de essentie van haar zienswijze. Decoreren zit Christel De Vos gewoon in het bloed. Het startte met een eerste winkel in Schilde en al snel werd er een tweede geopend in Brasschaat. Onder de noemer Sphere sferen creëren, dat is het opzet van Christel De Vos en Björn Van Tornhaut die inmiddels uitgroeide tot haar rechterhand.

Er is geen moment dat Christel niet met decoreren in haar hoofd zit. Zelfs op reis kan zij het niet laten om ideeën te sprokkelen die dan prompt worden verwerkt en uitmonden in een persoonlijk resultaat. De interieurs van Sphere stralen inderdaad een herkenbare persoonlijkheid uit. Er gaat om te beginnen een sterk thuisgevoel van uit. Elk tafereel charmeert en laat zich vlot aan- en inpassen ergens anders. Alles bekoort zo natuurlijk, vertrouwd en knus, terwijl de originaliteit toch steeds om de hoek komt kijken. De naam Sphere klinkt niet alleen universeel, het werk

is dat ook. Elk concept voelt zich nog wel elders in zijn nopjes, u kunt het dus gemakkelijk ergens anders naar uw hand zetten. Als u door de winkels wandelt, ontdekt u diverse vertrekken die u concreet inspireren voor de thuissituatie. Het is dan perfect mogelijk dat u slechts met een kleinigheid buiten gaat die weliswaar een zekere impact heeft op uw interieur. Of u kunt evengoed in Sphere een partner vinden die u compleet adviseert bij de aanpak van uw woning, kantoor of flat, met als enig doel dat u zich uiteindelijk goed zult voelen in een eigen leefwereld.

Gemoedelijkheid vormt de fil rouge. Dat ligt voor een stuk aan de merkleveranciers van het huis. En toch zijn dit slechts de pionnen in een kader met een bepalende stemming. Kleurgebruik, keuze van linnen en het afwegen van de decoratie, maken een doorleefde en tegelijk zeer leefbare indruk. Christel

De Vos streeft steeds naar wat u zou kunnen noemen: sobere gezelligheid. Terwijl u van het ene vertrek naar het andere gaat, lijkt u de kleur van wanden, plafonds en raamgarnering wel mee te nemen. Deze decoratrice vindt het namelijk heel belangrijk dat alles versmelt tot een harmonisch geheel. De gedekte tafels ogen smakelijk en smaakvol. Eten hoort bij de geneugten des levens, vandaar dat er ook veel aandacht wordt besteed aan de aankleding van de dis. En bij Sphere leeft het interieur ook altijd een beetje mee met de seizoenen. De basisstukken blijven behouden maar met plaids, kussens en voorwerpen brengt deze decoratiezaak variatie in huis. Zandkleuren, vergrijsde tinten, taupe en ivoor tekenen de vertrekken. Soms neigt een kleur naar een andere, zonder dat u ze exact kan thuisbrengen. Soms zou u zweren dat een zandkleur iets groenigs heeft. Boeiend! Let verder nog op de details want die maken het verschil.

Sphere Home Interiors werkt werkelijk op maat van de klant. Denk dan aan het maken van zetels en tafels en anderzijds ook aan het inlevingsvermogen. Christel, Björn en hun medewerkers creëren ruimten om u echt in thuis te voelen. Daarbij is het van belang om bepaalde principes na te leven en vooral ook rekening te houden met de mensen die ergens wonen. Hoe leven zij en wat houdt hen bezig, dat bepaalt mee hoe alles vorm krijgt. Kortom, hier krijgt een interieur eigenlijk uw gezicht. ✱

Sphere Home Interiors
Turnhoutsebaan 308, 2970 Schilde (B), tel.: 0032(0)3/383.50.67, fax: 0032(0)3/383.32.51, e-mail: info@sphere-interiors.be, website: www.sphere-interiors.be
Bredabaan 197, 2930 Brasschaat (B), tel.: 0032(0)3/651.27.40, fax: 0032(0)3/651.27.41

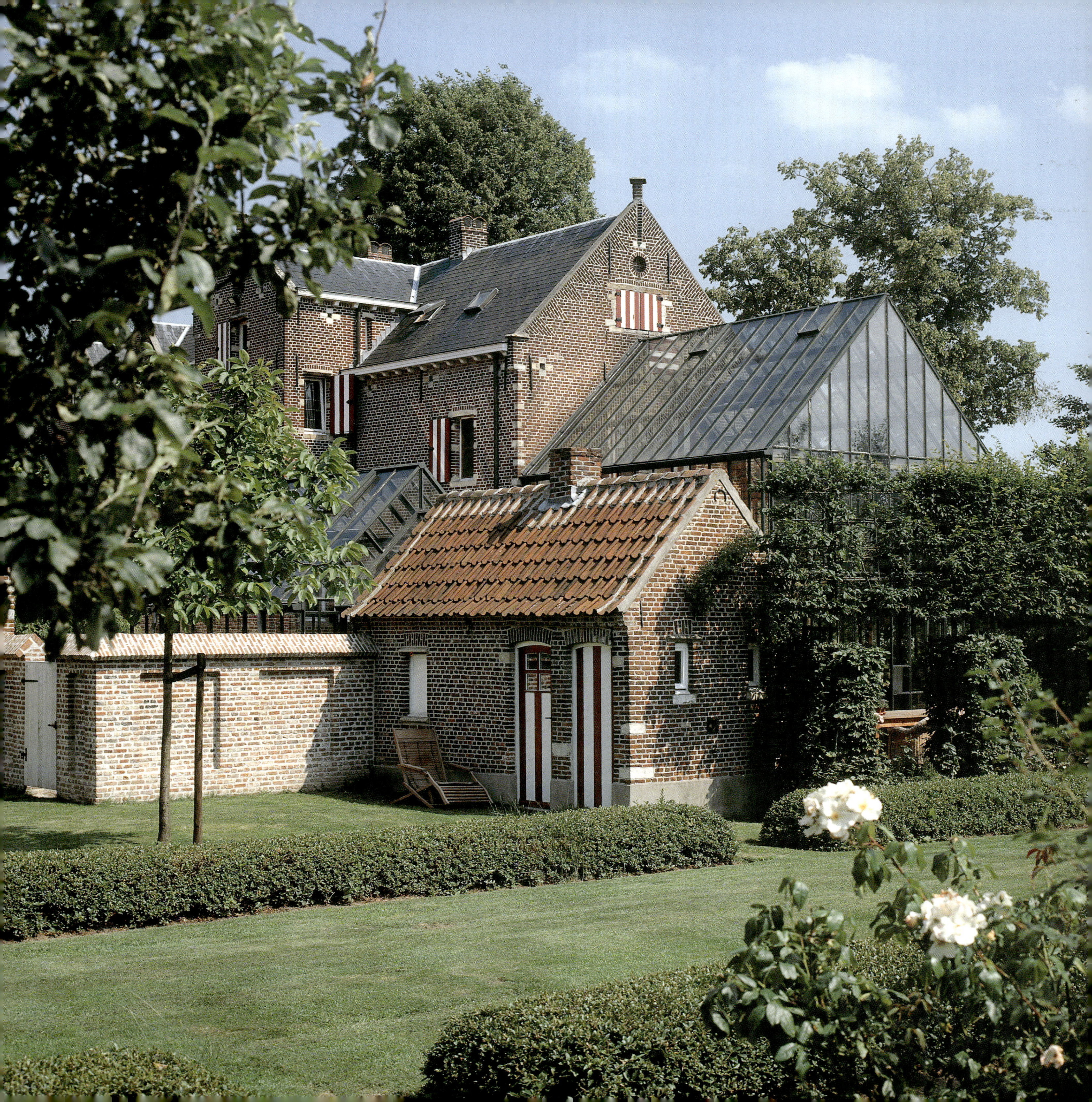

STIJLVOL WONEN COMPLEET
MINIFLAT

Soberheid achter glas

Miniflat realiseerde deze oranjerie volgens de regels van de kunst en op aangeven van architect Stijn Peeters. Droomt u ook van de ideale gesloten en toch open ruimte? Zou u dolgraag de zon heel het jaar rond in huis halen? Uw woning als het ware openbreken? Wel, dat is wat zich hier volkomen openbaart. En toch was het geen sinecure om een tuinkamer te concipiëren die perfect aansluit bij een 17e eeuws pand dat verder werd uitgebouwd omstreeks 1744. De kern van de zaak: logisch denken en bouwen. Om te beginnen mogen de oplossingen niet te ver worden gezocht. Sobere aanpak, juiste aanpak. Diverse specialisten hebben aldus in nauwe samenwerking een kader gecreëerd dat functioneel is en waar mensen zich goed voelen.

Na een regenbui verschijnt te midden van de nevel die langzaam oplost in zonlicht, een aloude kasteelhoeve met stalen tuinkamer in passende stijl. Decoratief trekt de vrouw des huizes de originele maar gezellige kaart. Soberheid troef. En daardoor komt de authenticiteit van het geheel werkelijk optimaal tot zijn recht.

Een laan met linden brengt ons ter plekke en zo ontdekken we gaandeweg hoe de oranjerie en de hoeve natuurlijk versmelten. Op haar beurt wordt deze oranjerie ook nog eens opgenomen door de natuur. De op unieke wijze gesnoeide haagbeuk vormt immers een muur rond het concept van glas en staal. U mag spreken van een groene kamer met grote ramen. Pilaren en horizontale stukken in haagbeuk bieden de oranjerie en het terras beschutting en tegelijk kan de totaliteit ademen. Er is gekozen voor een oranjerie die in feite het bestaande deel met een nieuw, sanitair gedeelte verbindt. Qua vorm sluit de realisatie (met een dakgebinte in drie niveaus) naadloos aan bij de architectuur. De stalen profielen zijn uiterst dun en zo ontstaat een transparant geheel dat

'In het dwarse stuk van de tuinkamer voert een verzameling schelpen u in gedachten mee overzee naar allerlei vakantiebestemmingen'

zich visueel niet opdringt. De sfeer rond het bestaande gebouw mocht absoluut niet verstoord worden. Daarom werd de basisvorm echt doorgetrokken in de oranjerie. Door het ontwerp Engels groen te schilderen, verzinkt de serre bovendien in de omgeving. Zo zit u letterlijk en figuurlijk in het groen. Een veel gehoorde kritiek: in de winter krijg je zo'n oranjerie niet warm en 's zomers is het er ondraaglijk van de hitte. Fout! Echt fris is het hier nooit. De zon doet haar werk en de warmte blijft goed binnen. Op hete dagen is het eveneens best te harden in deze tuinkamer. Doordat de constructie zo hoog is, stijgt de zwoele lucht, die dan ontsnapt via enkele dakvensters die u naar believen veel of minder kunt openen door middel van bedieningskoord. Mocht dat onvoldoende zijn: er zijn tal van deuren en ramen die u kunt openen. Het zonlicht laat zich trouwens tevens filteren met groenige optrekgordijnen. En bij koud weer zijn er nog de verwarmingselementen die zich subtiel verschuilen onder de tabletten.

Oranjeriebouwer, architect en klant zaten duidelijk op dezelfde golflengte. Naast plannen worden er best maquettes gemaakt. Op papier is het immers vaak moeilijk om u in te beelden hoe een ruimte aanvoelt. Een degelijke voorstudie vormt dan ook een onontbeerlijk uitgangspunt. Samen met plan en maquette wordt ook een overzicht van de werkzaamheden opgesteld zodat alles achteraf strikt gecoördineerd verloopt. Kosten noch moeite worden gespaard om u het gewenste comfort te bieden. De boodschap luidt eenduidig: uw verwachtingen inwilligen. En maatwerk is daarbij het sleutelwoord. Het staal van deze tuinkamer werd indertijd ter plaatse gelakt. Dezer dagen opteert Miniflat voor meer geavanceerde technieken die de duurzaamheid verhogen maar wel nog een authentiek karakter garanderen. Er zijn twee methoden. Eerst is er de stalen oranjerie waarbij de comforteisen niet zo hoog liggen en waarbij vooral het tuinkamereffect wordt beoogd. Hier gebruikt de bouwer de smalst mogelijke profielen (4 cm) en voor het dak een zelf ontwikkeld thermisch onderbroken systeem waarin elk type van beglazing past. Er kan enkel gewerkt worden met naar buiten draaiende deur- en raamelementen. Deze uitvoering benadert het best de look van de stalen oranjerieën van weleer. En dan is er nog de tuinkamer die u de luxe biedt van een heuse woonkamer. Hier duiken stalen kokerprofielen op met een breedte van 6 cm. Daardoor kan alle mogelijk

'Een wild boeket kleurt het oude zilverwerk op de oranjerietafel. Straks schijnt de zon volop, maar dit is alvast een zonnig tafereel'

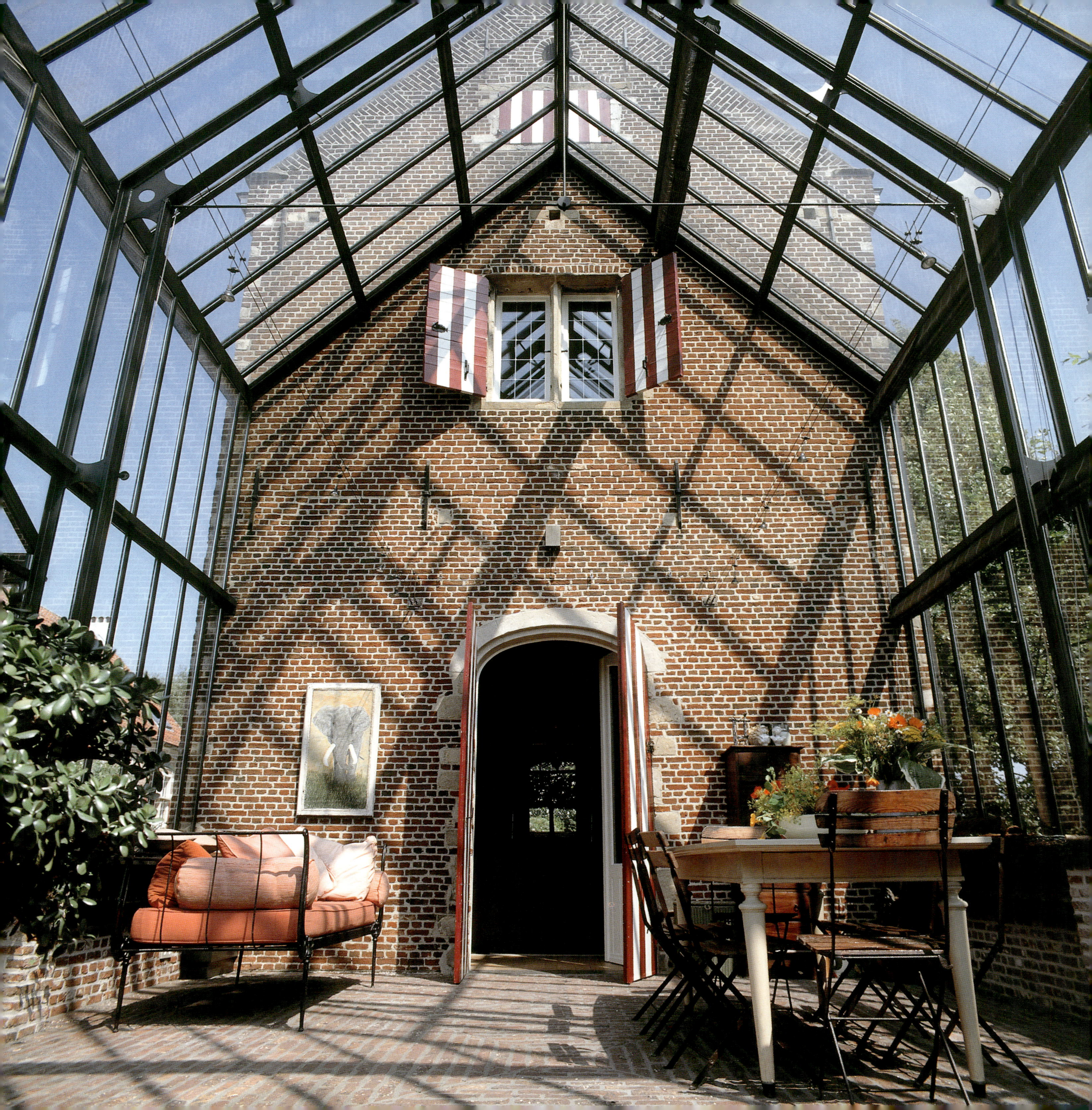

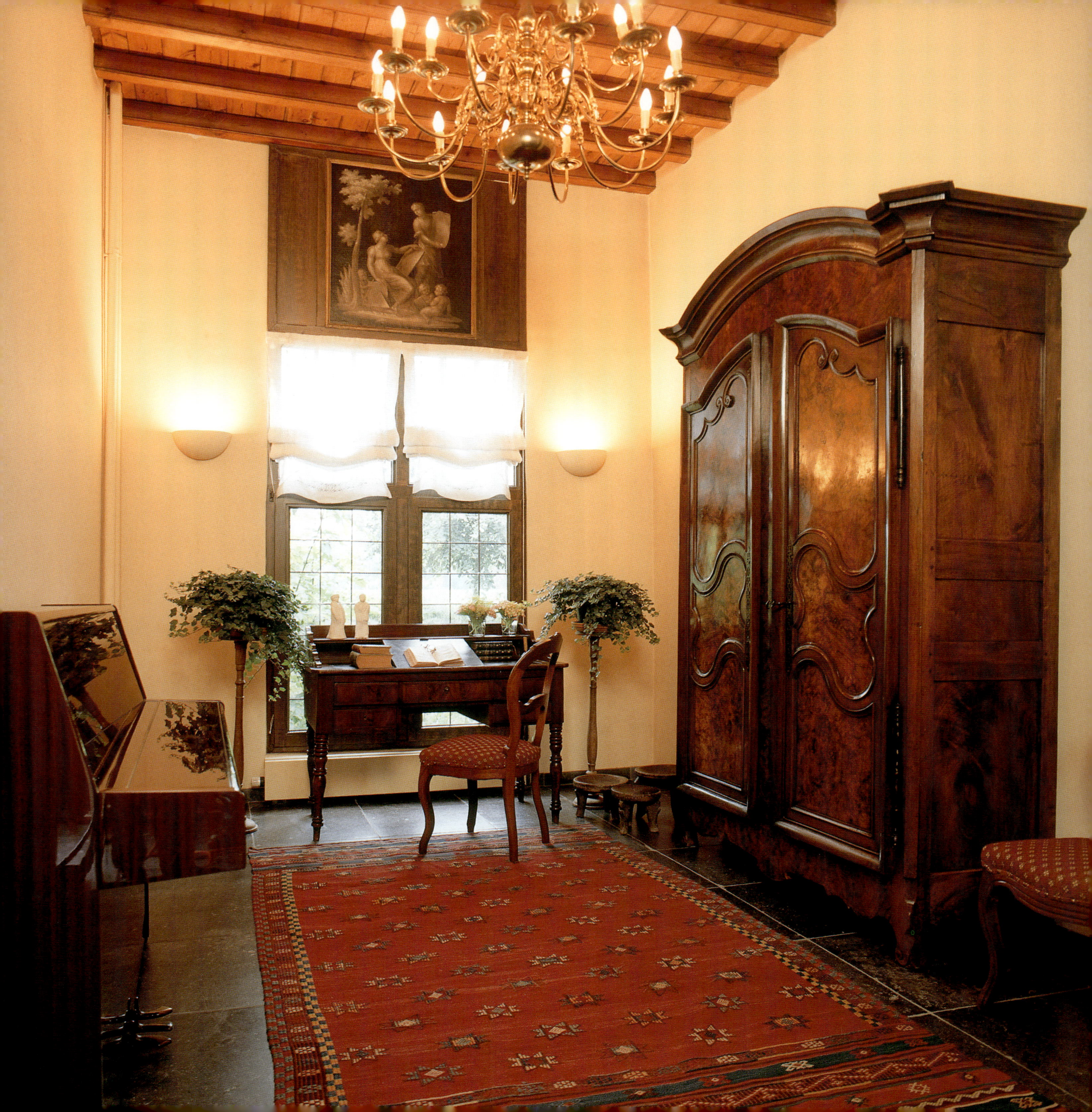

hoog rendementsglas worden verwerkt. Het dak komt tot stand zoals reeds genoemd. In beide gevallen wordt de staalconstructie volledig gelast en samengesteld in eigen atelier. Daarna volgt een antiroest- en zinkbehandeling en tot slot wordt bij hoge temperatuur een dubbele laag poederlak aangebracht.

Vooral tijdens de zogenaamde tussenseizoenen is de tuinkamer een geliefd plekje om te genieten. Uit de aankleding van hoeve en serre blijkt dat de bewoners hier een creatief leven leiden. Het keramiek en de schilderijen zijn dan ook van eigen hand. Familiestukken worden voorts gecombineerd met voorwerpen en meubels die her en der op de kop werden getikt. Deze zelf vervaardigde en met zorg verzamelde dingen geven het interieur überhaupt een zeer persoonlijke toets. En is het niet dat waar het bij decoreren op aan komt? In een oranjerie horen verder uiteraard kuipplanten en hier haalt de gastvrouw ook graag naar binnen wat de pluktuin te bieden heeft. Kijk maar hoe het wilde boeket van Oost-Indische kers en pastinaak het oude zilverwerk op tafel kleurt. Het tafereel oogt alvast zonnig, in afwachting van de zon die straks effectief aan de hemel zal prijken. De vloer van de tuinkamer toont ons een op de zijkant gelegde, oude klampsteen die doorloopt tot op het terras. Voor de borstwering werd een gerecupereerde gevelsteen gebruikt. Dankzij deze materiaalkeuze krijgt u de indruk dat de oranjerie hier al altijd heeft gestaan. Het lijkt wel alsof de constructie samen met de hoeve uit de grond is gerezen indertijd. De borstwering maakt van de oranjerie iets minder een oranjerie en meer een echte leefruimte om het jaar rond van de seizoenen te proeven en de tuin rondom te ervaren als een oase van rust. Anderzijds blijkt er ook altijd beweging in de tuin. Een koppel torenvalken vliegt af en aan, op de slotgracht stoeien eenden en af en toe duikt er een vis op. De borstwering heeft nog een bijkomend voordeel. Daardoor telt de oranjerie heel veel vensterbanken die door de bewoners gretig worden versierd met kaarsen in windlichten, manden met geurpotpourri en, vanzelfsprekend, de eigen creaties in keramiek. Deze prikkelen de fantasie; u kunt er in zien wat u zelf wil. Bij een zitbank met een aloud gietijzeren frame (dat ooit deel uitmaakte van een bed) zijn precies UFO's geland. Onze gastvrouw heeft het over UCO's: Unidentified Ceramic Objects. Grapje! Feit is, deze vier

'Op het salontafeltje bij de zetels rond het haardvuur herinnert een mandoline aan grootvader. Ook hier beroert de aankleding de juiste snaar'

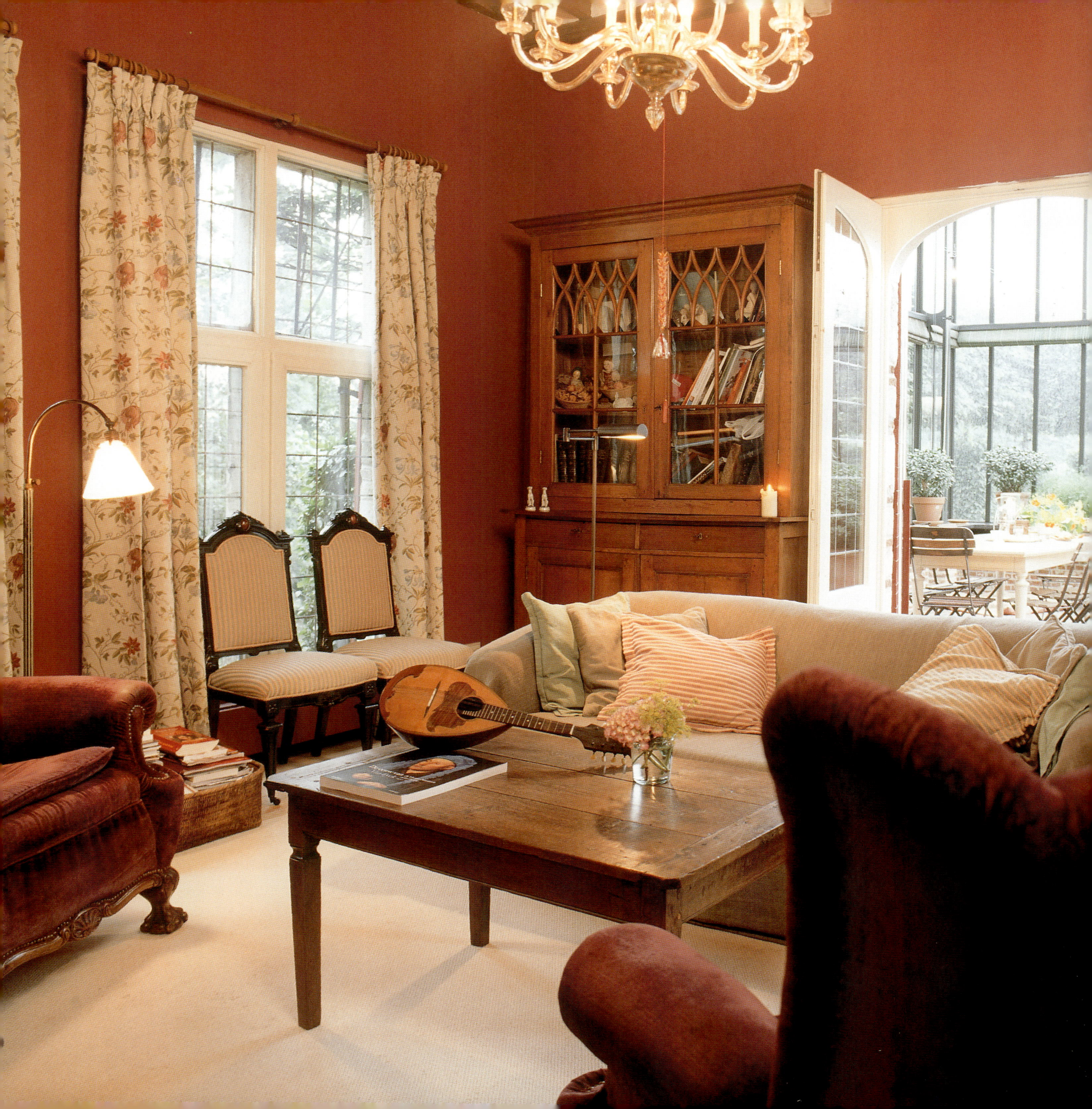

op een rij in aardewerk harmoniëren qua kleur bijzonder goed met de kussens.

Van het gevelhoge gedeelte van deze Miniflat oranjerie is het maar een klein stapje naar het stemmige salon. Het dubbele raam staat uitnodigend open en we laten ook de wit en wijnrood gestreepte luiken achter ons. Deze maken het mogelijk om het salon 's nachts compleet af te sluiten. Boven in de oranjerie ziet u het slaapkamerraam. Geopend kan het ouderlijk paar ook in bed profiteren van de oranjeriesfeer. In het van plankenvloer voorziene salon weten de bewoners de juiste snaar te beroeren. Op het tafeltje bij de zetels rond het haardvuur herinnert een mandoline aan grootvader. Op de schouw wordt een zwanger beeld geflankeerd door bosjes roze pioenen. Meteen is de link gelegd naar de tint van de wanden. De witte ramen staan niet in schril contrast met de ruimte in een rood dat neigt naar oud roze, oh neen. Wist u dat de slimme schilder een tikje van de complementaire kleur – en in dit geval is dat groen – bij de witte verf doet om de kleuren te verzoenen. In de hal prijkt een rode kilim op de blauwstenen dals. Het bureautje toont ons een intimistisch tafereel met boeken, een leesbril, hortensia's en twee aarden figuren die wegdromen bij het raam. Dat is precies wat iedereen overkomt die hier even gaat zitten. Wij belanden uiteindelijk op een teakhouten bank op de gekasseide binnenkoer. Daar vindt u dan weer een extra ingang naar de oranjerie. Dit iets lager gelegen gedeelte wordt gebruikt als serre om planten te kweken. Een dwars tussenstuk maakt de verbinding met dat deel van de oranjerie waar geleefd wordt. Daar prijken organisch gegroeide torens in keramiek en een verzameling schelpen die ons in gedachten meevoert overzee naar allerlei exotische en andere vakantiebestemmingen.

Op het terras weerspiegelt de oranjerie in een plas water op tafel. Maar na regen komt zonneschijn, zegt men. Jawel hoor. De zon schijnt nu volop. We zien hoe een reiger zijn vleugels strekt en zorgeloos geniet van het hemelsblauwe luchtruim. En de oranjerie ziet er gewoon schitterend uit in al zijn soberheid. ✳

'Door de gastvrouw gebakken aardewerk harmonieert bijzonder goed met de kussens van een zitbank met een aloud gietijzeren frame'

Miniflat
Korspelsesteenweg 96, 3581 Beverlo (B), tel.: 0032(0)11/40.20.74, fax: 0032(0)11/34.16.21,
e-mail: info@miniflat.com, website: www.miniflat.com

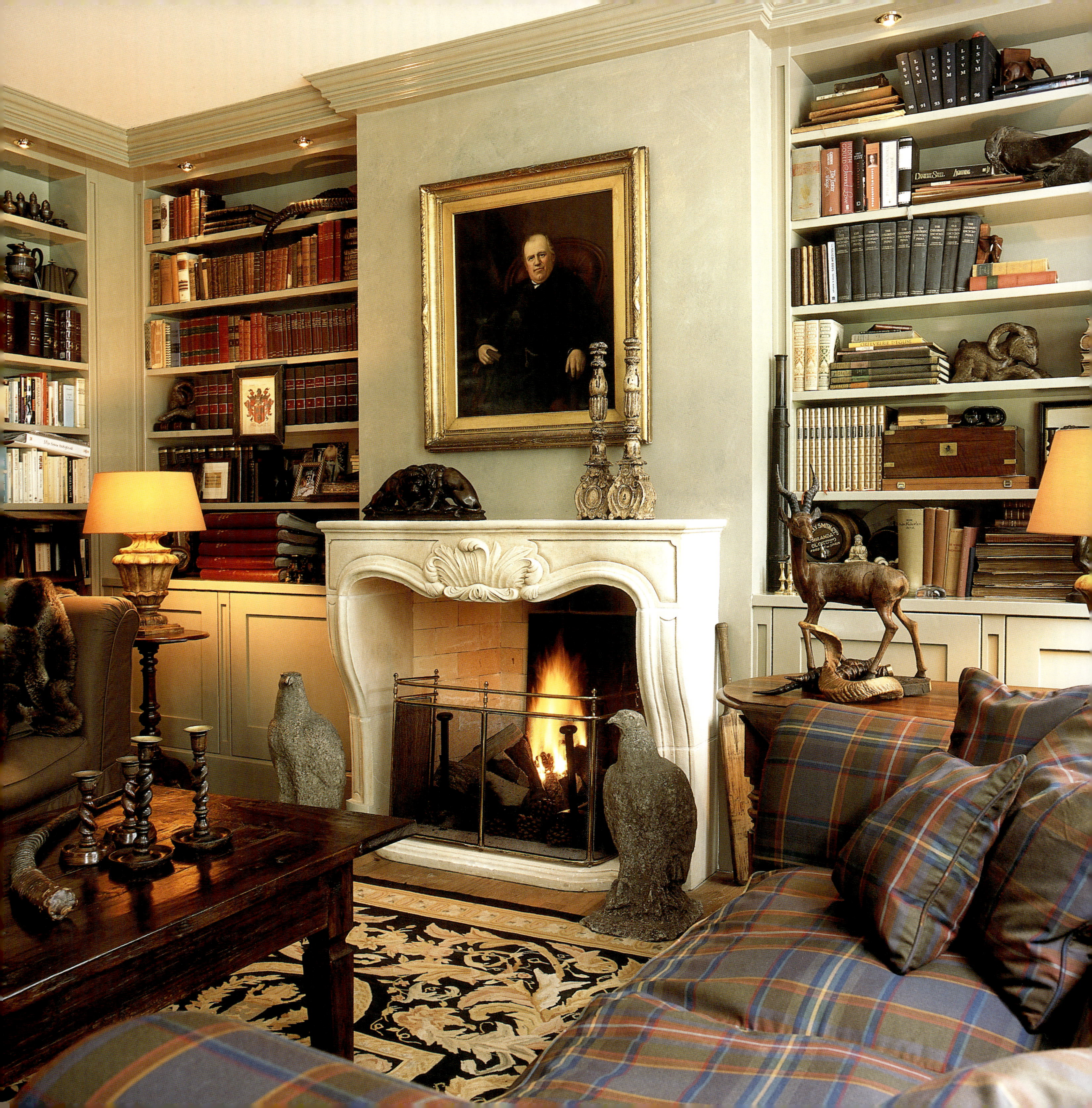

STIJLVOL WONEN COMPLEET
ANNEKE DEKKERS SCHOUWEN EN VLOEREN

*D*E GRANDEUR VAN WELEER HERLEEFT

Hoewel dit huis in slechte staat was toen de huidige bewoners het kochten, stond één ding onmiddellijk vast: ze zouden het opnieuw de allures en grandeur geven van het jachthuis zoals het meer dan honderd jaar geleden werd gebouwd. Geweien, jachtaccessoires en vooral veel rustieke schouwen en oude vloeren klaarden de klus.

'De passie voor de jacht die de kasteelheer koesterde, komt nog steeds terug in de inrichting'

'Eerst de schouw en daar omheen het interieur; dat is de enige juiste volgorde'

Het is alweer een jaar of zes geleden dat Karin Dekkers, eigenares van Anneke Dekkers Schouwen en Vloeren, samen met haar man dit pand kocht. "Zowel de ligging als de uitstraling van het huis deden me onmiddellijk zweven", vertelt Karin overtuigd. "Ik ben hier om de hoek opgegroeid en heb het altijd al een mooi huis gevonden. Vooral die typische boogramen vond ik altijd al prachtig." Het was dan ook zonder twijfel een mix van nostalgie en passie voor het rustieke die haar verliefd deed worden. Het pand dateert van de negentiende eeuw en was in die tijd het jachthuis bij kasteel Endegeest, genoemd naar de geestgrond van hier. Het kasteel staat er nog steeds, in de bossen achter het huis.

De passie voor de jacht, die de kasteelheer die hier ooit woonde koesterde, is in het huis blijven rondwaren. Nog steeds herinneren vele elementen aan die hobby. Aan de buitenkant geven de boogramen en luikjes het pand de allures van een jachthuis.

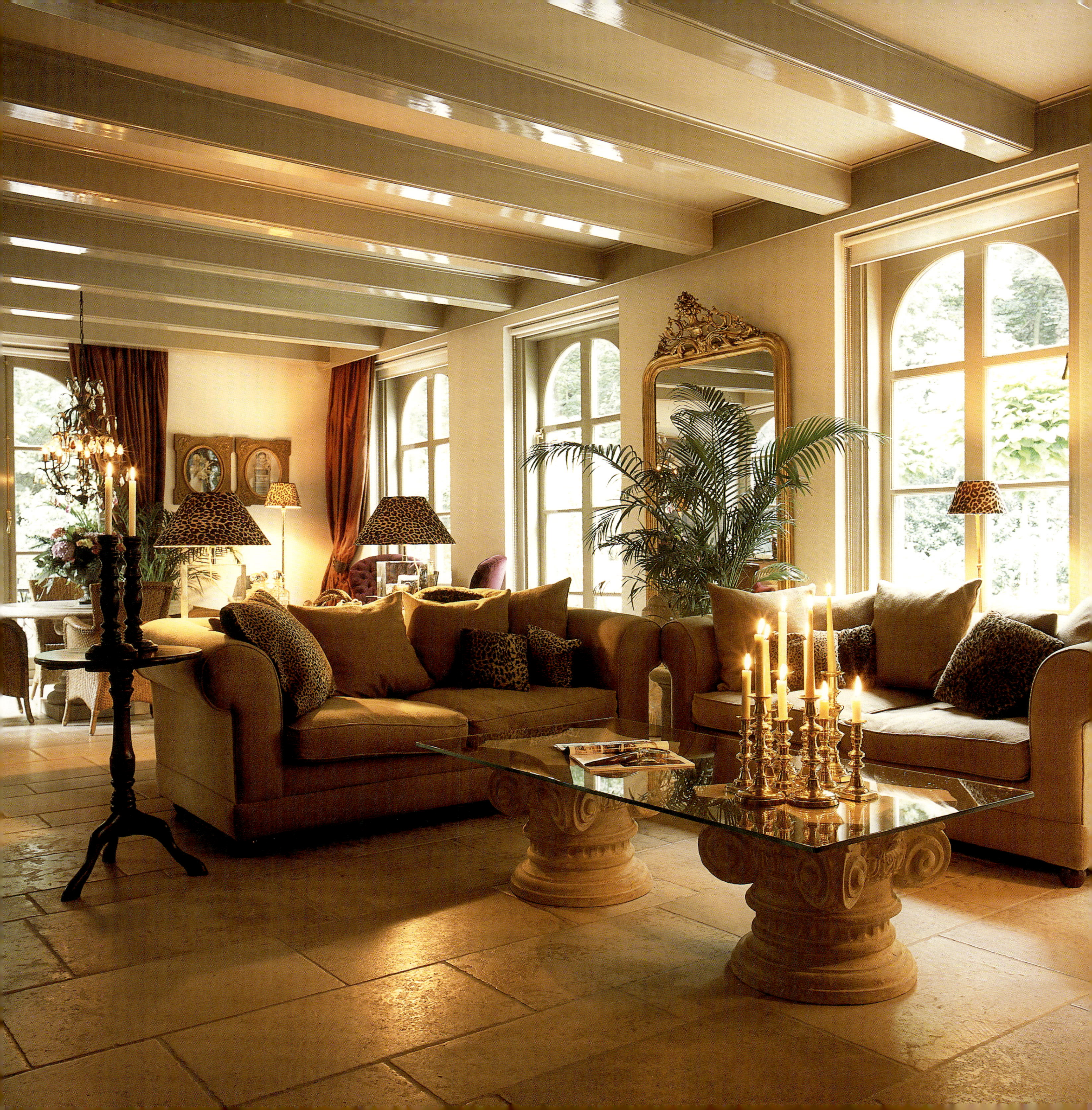

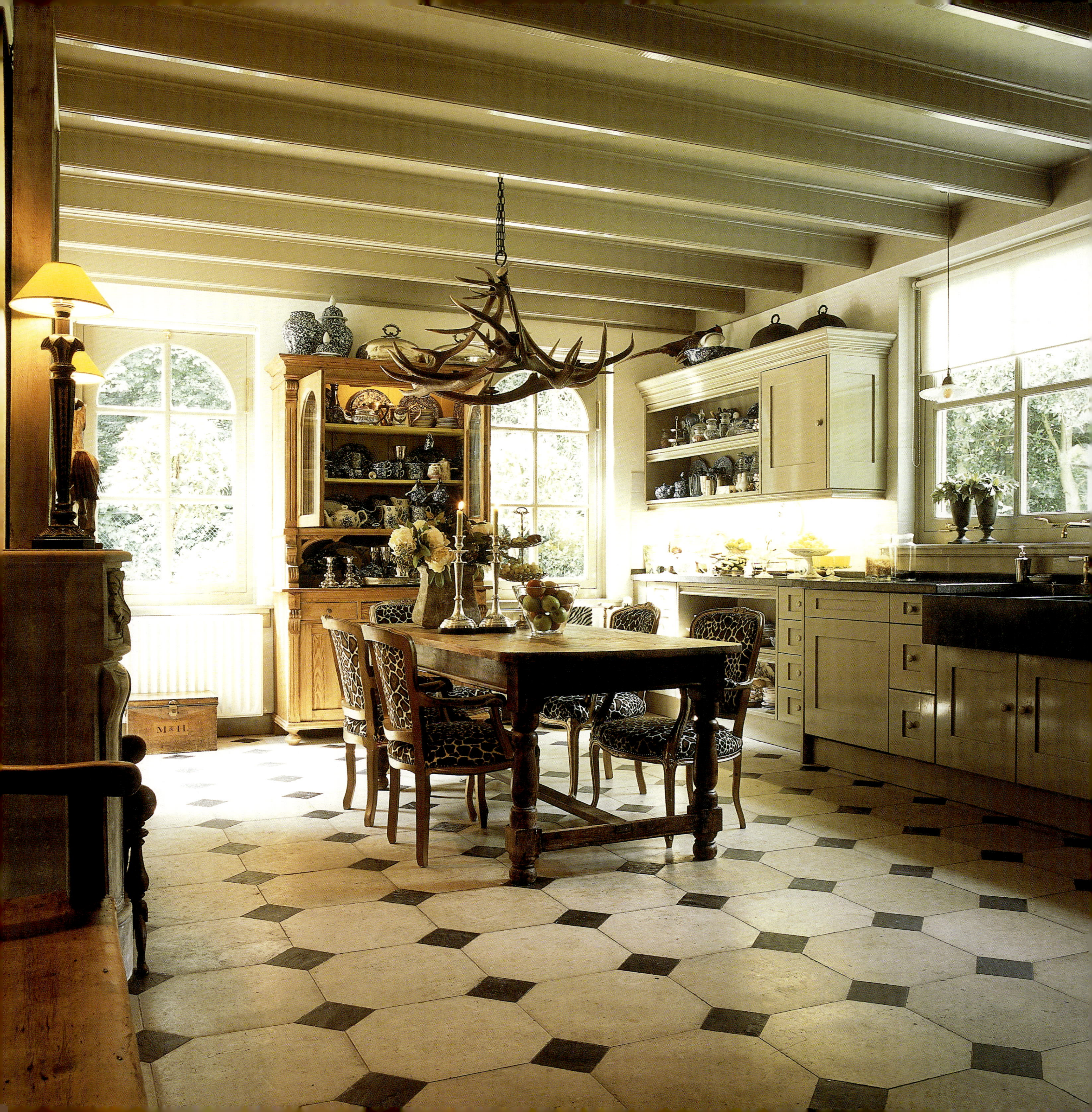

'Een rustieke schouw vormt het kloppende hart van een huis'

En boven de dubbele deur pronkt niet alleen een hertengewei, maar ook een naambordje. 'Het Jagthuys' lezen we in sierlijke letters. Hoewel het er sterk op lijkt dat het huis er altijd al zo uitgezien heeft, was het pand in behoorlijk slechte staat toen de huidige bewoners het kochten. "Het had namelijk een hele poos leeggestaan. En door de jaren heen was het pand al verscheidene keren uitgebreid waarbij verschillende stijlen door elkaar waren toegepast. Het was echt een potpourri van stijlen", lacht Karin. "Terwijl ik juist een huis wilde dat één harmonieuze sfeer ademde!" Zo werden de boogramen die zij zo graag zag doorgetrokken naar de hele woning: "Alle rechte ramen werden vervangen door boogramen en kregen zwarte luiken." Door de gevels wit te schilderen creëerde het stel een speels resultaat. Het pand heeft met het zwart-wit contrast, de boogramen, de luikjes, de uitbouwen en de dakkapellen wel iets weg van een peperkoekenhuisje. Toch oogt het tegelijk erg statig en stijlvol. Inderdaad, net een oud jachthuis...

Daarna was de binnenkant aan de beurt. "We hebben alle binnenmuren gesloopt omdat we de indeling maar niks vonden. Zo hebben we het huis helemaal opnieuw kunnen indelen naar onze smaak en comfort." Ook werd de keuken aanzienlijk uitgebreid: aan de achterkant liet Karin een stuk aanbouwen waar nu een ruime leefkeuken met geïntegreerde eetkamer is. "Omdat wij nou eenmaal houden van lekker tafelen!", legt mevrouw uit. Wat de inrichting betreft, stond van meet af aan vast dat rustieke schouwen en oude vloeren de toon zouden zetten. "Een rustieke schouw vormt immers het kloppende hart van een huis", volgens Karin. "Schouwen en vloeren zijn de basis van een interieur. Ze stralen letterlijk en figuurlijk warmte en gezelligheid uit. Daarom hebben wij in elke ruimte de volledige styling en decoratie afgestemd op de schouw. Dat is de juiste volgorde: eerst de schouw en daar omheen het interieur", zegt de eigenares overtuigend.

Voor een zaakvoerder van een bedrijf gespecialiseerd in antieke bouwmaterialen waren oude natuurstenen

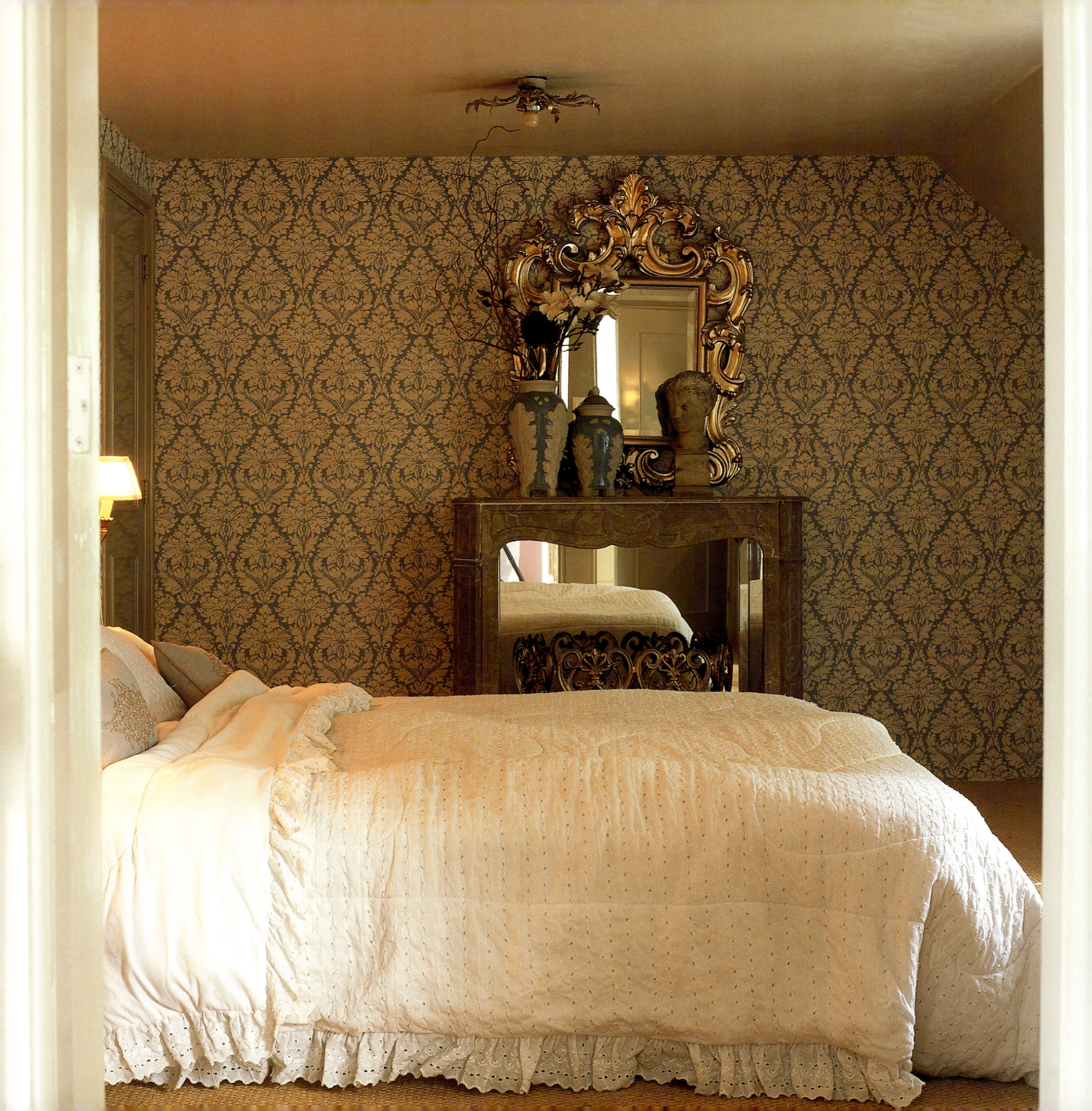

> 'Karin is net om de hoek opgegroeid en vond het altijd al een mooi huis'

vloeren en schouwen in elke ruimte een must. "Ik ben met die dingen opgegroeid", aldus Karin. Ze is de dochter van Anneke Dekkers naar wie de zaak is genoemd. Zo komt het dat er tegenwoordig in de ruime salon een monumentale kasteelschouw pronkt. "Zo hoorde het!" De schouw beeldt griffioenen uit die een wapenschild dragen. "Geef toe: zo'n grote vuuropening nodigt toch uit om een groot, gezellig en warm vuur te stoken om de hele avond knus omheen te blijven zitten?" We kunnen alleen maar beamen. "En de vloer met bijpassende Bourgondische dallen zet die sfeer alleen nog maar meer kracht bij!"

Omdat elke ruimte volgens Karins visie zijn eigen schouw vraagt, koos ze in de enorme leefkeuken voor een schouw met druivenmotief: "Die staan symbool voor onze hedonistische levensvisie!", lacht ze. "De gebeeldhouwde druiventrossen verwijzen naar onze passie voor wijnen. Wanneer we aan tafel zitten kijken we recht in het knapperende haardvuur. De betoverende vlammen maken van elke maaltijd een feest. En zo zit de sfeer hier meteen goed!" De bibliotheek mocht er ietsje mannelijker uitzien en daarom werd gekozen voor een stoere schouw op hoge poten met een groot bloemmotief. "Doordat deze schouw zo hoog staat, heeft deze toch een grote vuuropening. Verder is de schouw eerder verfijnd, maar door de uitvergrote bloem heeft deze toch heel wat 'power'. Dat geeft de schouw een stoere uitstraling. De bibliotheek kreeg vorm rond de schouw met de sfeer en uitstraling van een echte mannenkamer tot gevolg. Omdat vooral meneer, met de toepasselijke naam De Jager, zich hier zo graag terugtrekt. Het veelvuldig gebruik van hertengeweien, opgezette fazanten en andere accessoires en decoratieartikelen in het thema van de jacht doen de naam 'Het Jagthuys' alle eer aan. De grandeur van weleer leeft hier helemaal op... ✳

Anneke Dekkers Schouwen en Vloeren
Burgemeester Ketelaarstraat 42, 2361 AE Warmond (NL), tel.: 0031(0)71/301.14.61, fax: 0031(0)71/301.36.05
e-mail: info@annekedekkers.nl, website: www.annekedekkers.nl

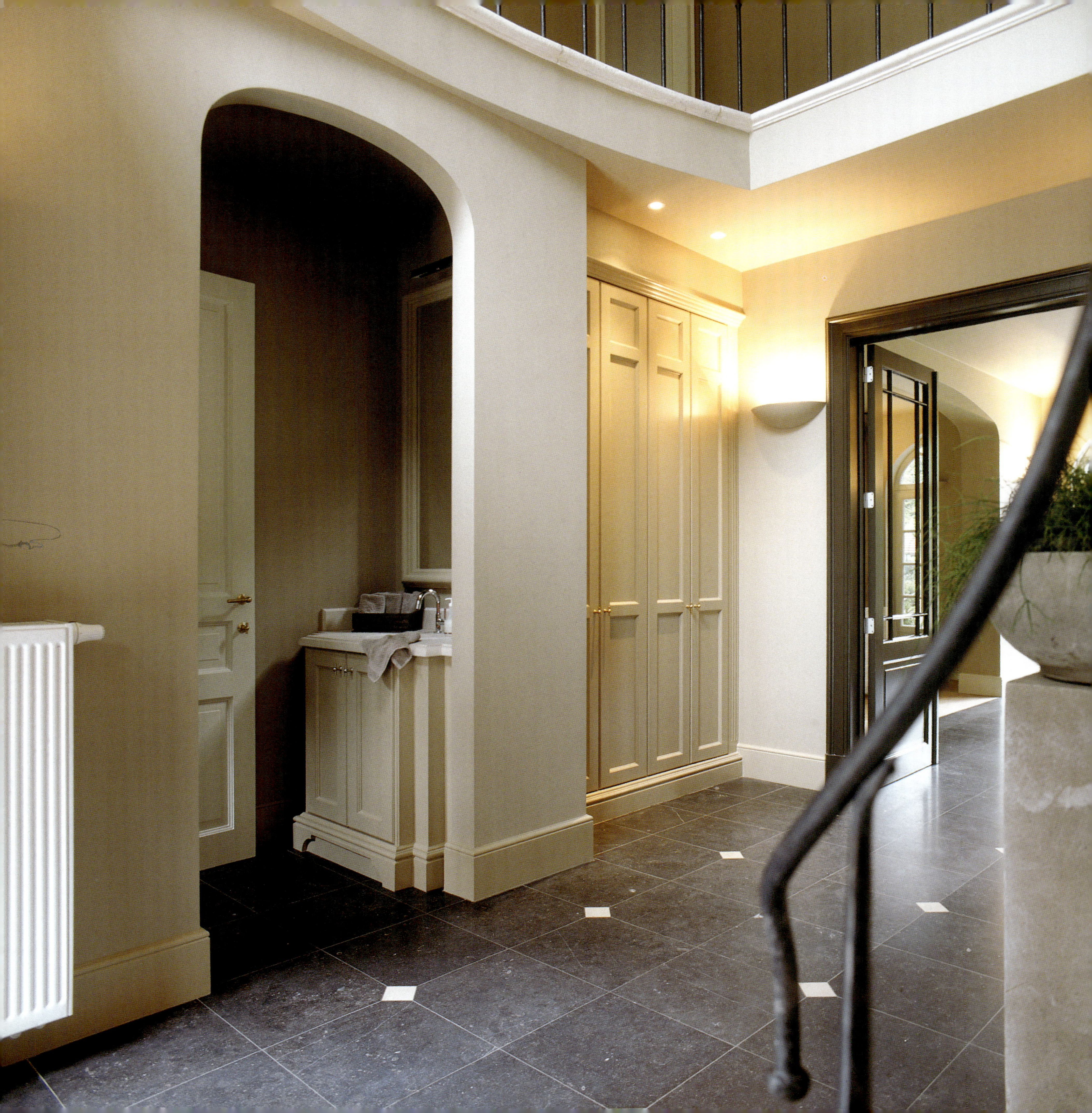

STIJLVOL WONEN COMPLEET
JET KEUKEN- EN INTERIEURBOUWERS

Crème als fil rouge

De gemoedelijke Engelse sfeer heeft op dit adres strakke kantjes en blijkt aldus eigentijds klassiek. Dankzij de serene afwerking met een beperkt aantal materialen, weliswaar van edele kwaliteit, heerst er overal rust. En de oogstrelende crèmekleur van de leefkeuken loopt als een fil rouge doorheen het hele interieur.

Tussen twee forse pilasters, voorbij uit de kluiten gewassen rododendrons, lacht een fiere villagevel ons toe in Schoten. We staan plots op een gekasseide binnenkoer omgeven door boompjes. Ossenogen knipogen links en rechts van de voordeur op een veld van sierpleister. Bovenop een puntig fronton. Opzij metselwerk en uiterst rechts de ingang naar de wasplaats. De façade lijkt te groeten: "Van harte welkom". En zo openbaart de hal zich majestueus. Fris groen in ruwe schalen op dito zuilen pronkt rank op de arduinen vloer met blanke noppen. Links bewondert u een op maat gemaakte vestiairekast van Jet-keukens. Een boogvorm leidt ons naar het toilet waar het licht automatisch aan en uitgaat. Bij het buitenkomen stoten we op een schattig hoekje met een wasbak en een grote, met hout omkaderde spiegel. De onderkast is voorzien van een uitspringende plint en mooi uitgewerkte voetjes. Het blad in zandsteen volgt die vorm perfect. Wederom vlekkeloos handwerk van deze fabrikant. Er is trouwens bewust gekozen om de zandsteen van de trap te hernemen voor het een-

'Ossenogen knipogen links en rechts van de voordeur en de hal openbaart zich majestueus'

'Iets bespreken tussen pot en pint kan voortaan ook thuis, in de stemmige bar'

heidsgevoel. Maar die trap nemen we straks. Naar de keuken dan eerst, waar met hart en ziel gekookt en geleefd wordt. Het onderhoudsvriendelijke werkblad in verzoete Jasberg kent een verlengstuk in een opstaande rand en een heus paneel boven het fornuis. Op deze manier vermijdt Jet-keukens dat de voegen van de Hollandse witjes door opspatten zouden verkleuren. Let op de verfijnde afwerking: kroon-

'Design dampkap, kraanwerk en Amerikaanse koelkast situeren dit vrij traditionele keukenontwerp toch in deze tijd'

lijsten, knopjes en schelpgrepen in roestvrij staal en uitgefreesd verlek dat ovaalvormig de twee ronde spoelbakken omarmt. Zijn de spoelbakken hoekig, dan volgt de cascade deze lijn. Praktisch is dit concept evengoed en niet in het minst omwille van de actuele toestellen. U heeft hier een magnetron en een gewone oven ter beschikking en naast de elektrische kookplaat verzinkt een friteuse in het aanrecht. Van de vaatwasser geen spoor, die verschuilt zich met bedieningspaneel en al achter een kastdeur. De ruimte wordt verder optimaal benut. Zo passen er barkrukken onder het middenblok, dat dan als tafel fungeert voor ontbijt of snelle hap. We treffen er ook een wijnrek en uitschuifbare elementen zoals rieten mandjes, een sorteersysteem voor afval en snijplank. In de overige kasten kunnen de bewoners uiteraard nog heel veel voorraad kwijt. Servies en glazen horen in de vitrinekast die een aparte hoek vormt met een geïntegreerd tafeltje. De kinderen kunnen er hun huiswerk maken onder het toeziend oog van de chef van dienst. Of deze laatste kan er een menu samenstellen aan de hand van een kookboek. Deze hoek heeft ook weer een ossenoog van een raam. Het geheel oogt vrij traditioneel, maar de designdampkap, het kraanwerk en de uiterst handige Amerikaanse koelkast situeren het ontwerp toch in deze tijd. Met de lak zet de keuken de toon voor het hele vertrek en de rest van het huis. Binnendeuren en ramen werden immers ook crème geschilderd. De keuken mondt uit in een 8-hoekige erker met een royale ronde eettafel en Lloydt loom stoelen. En van daar is het maar een stapje naar het terras.

> 'De linnenkoker in de kinderbadkamer geeft uit in de wasplaats beneden'

Er is gekozen voor een tv-loos salon; zo'n toestel is al te snel een stoorzender in het sociaal contact. Maar je vindt de buis wel in de aanpalende zitkamer, een trede hoger gelegen. Jet-keukens heeft er een wandvullende bibliotheekkast geïnstalleerd. Dit maatmeubel werd bruin gelakt, in harmonie met de wanden en gordijnen. De trekkers zijn roestkleurig. Door het vlechtwerk vragen de luidsprekers van de geluidsinstallatie visueel geen aandacht. We staan bij het kolossale beeld van een Chinese strijder en de stemmige bar lonkt. Hier werd echt een café gecreëerd met een tap. Schitterend bedacht. Dan hoeft een mens niet altijd met vrienden uithuizig te zijn. Je ontvangt ze toch gewoon gezellig hier. Iets bespreken tussen pot en pint (of iets sterkers) kan voortaan dus ook thuis! Kasten en toog getuigen van een exquise finesse. Kijk maar naar de sierlijsten, de stijlen met lepelgroeven, de accentverlichting en het blad in graniet zoals u die ook aantreft in de keuken. Het schaakbord wacht op spelers. Van hier kunt u naar een twee-

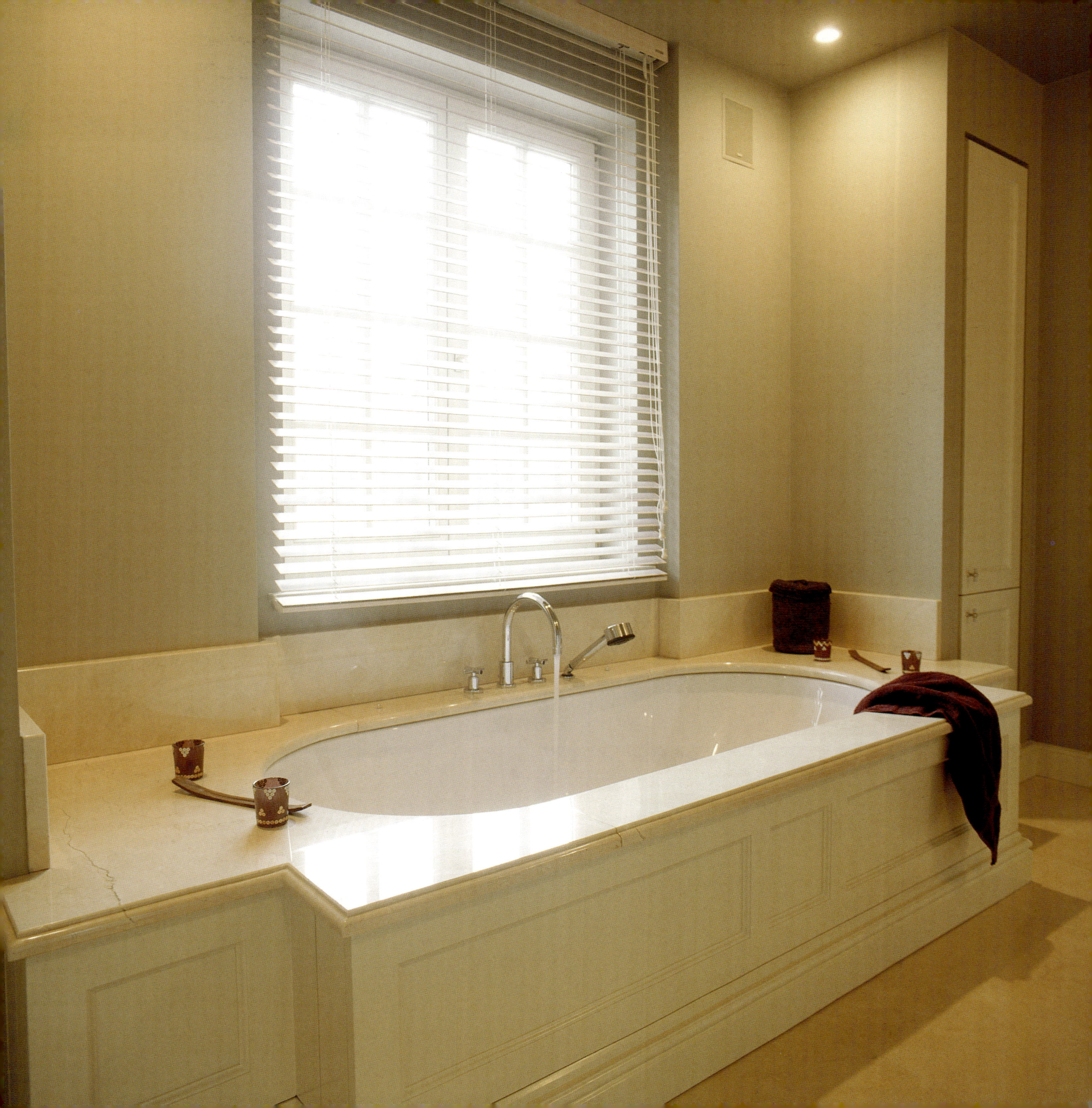

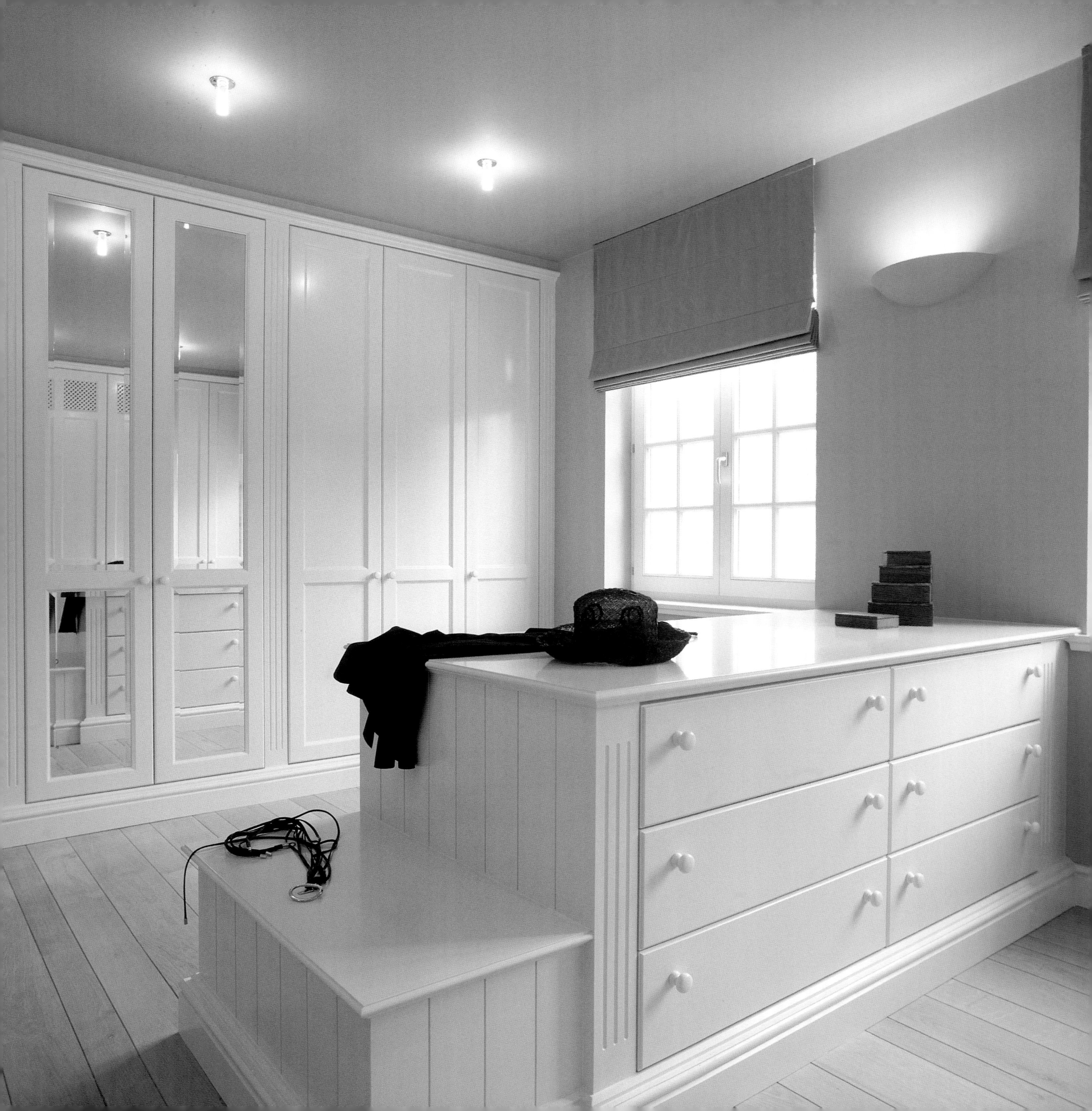

de terras dat grenst aan het zwembad. Er is een gemetselde barbecue, die uiteraard in de zomer zijn nut bewijst. Op winteravonden zoekt het gezelschap eerder de knusse warmte op van de open haard.

Op de kleur na zijn de kinderkamers op de eerste verdieping bijna identiek. Ook hier weer kunt u wandvullende maatkasten van Jet-keukens bewonderen. Behang en een houten rand vormen als het ware een verhoogde lambrisering. In de badkamer met getrommelde vloer in dambordmotief verraden drie lavabo's dat er evenveel kinderen zijn. De linnenkoker in de kast naast de douche geeft uit in de wasplaats beneden. Makkelijk, niet? Crème tekent wederom het gelaat van de vertrekken van de ouders. Volgens het licht van het moment veranderen de trekken. De tint heeft dan ook iets geheimzinnigs. Soms lijkt het grijs, soms bruin, beige of iets tussenin, greige. Het gaat om een slaapkamer, een badkamer en een ruime dressing die samen een knappe entiteit vormen. Twee deuren dragen een spiegel met facetrand en in de kasten met verluchting bovenaan kunnen mijnheer en mevrouw hun schoenen kwijt. Op de kop van het middenblok een zitbank om even ontspannen te gaan zitten bij de kledingkeuze. Dressing en badkamer ademen zorgeloosheid - met extra dank aan de plankenvloer. En ook hier zorgen bijzonder hoge plinten voor een luxueus elan. De

'Crèmekleur tekent het gelaat van de vertrekken en volgens het licht van het moment veranderen de trekken'

badkamer toont ons spiegelkasten in nissen boven twee wastafels met zijkanten in beplanking. Om de hoek links bevindt zich de douche en aan de overzijde het toilet. Centraal houdt een sierradiator de handdoeken warm. Het bad heeft een onderbouw in gelakte panelen en bovenop is gewerkt met prachtige marmer Crema Marfil. De tegels sluiten aan. Lamellen aan het raam zorgen voor een idyllische lichtinval en voorkomen inkijk. Met kabbelende muziek uit verborgen boxen is dit de intieme genietplek bij uitstek...

Veel klanten kloppen aan met illustraties onder de arm en een boel ideeën in hun hoofd. In gezamenlijk overleg krijgt een persoonlijk ontwerp zo stilaan vaste vorm. Vervolgens wordt dit basisplan bijgestuurd. Na goedkeuring van de offerte verschijnt de detailtekening op papier. Ter plaatse opmeten is dan aan de orde. De instructies voor afvoer en nutsvoorzieningen worden aangeduid op de muur of op plan gezet. En rekening houdend met de vastgelegde timing gaat het atelier dan aan de slag. Voor de montage van een keuken of een badkamer is telkens maar één persoon verantwoordelijk, wat een feilloze opvolging van a tot z garandeert. Er wordt gewerkt met MDF en het lakken gebeurt grotendeels op de werf. Tot slot worden de deuren precies afgeregeld. Vakmanschap meesterschap: een gezegde dat beslist geldt voor Jet-keukens. ✳

Jet Keuken- en Interieurbouwers
Antwerpsesteenweg 103, 2350 Vosselaar (B), tel.: 0032(0)14/61.63.63, fax: 0032(0)14/61.49.45,
e-mail: info@jetkeukens.be, website: www.jetkeukens.be

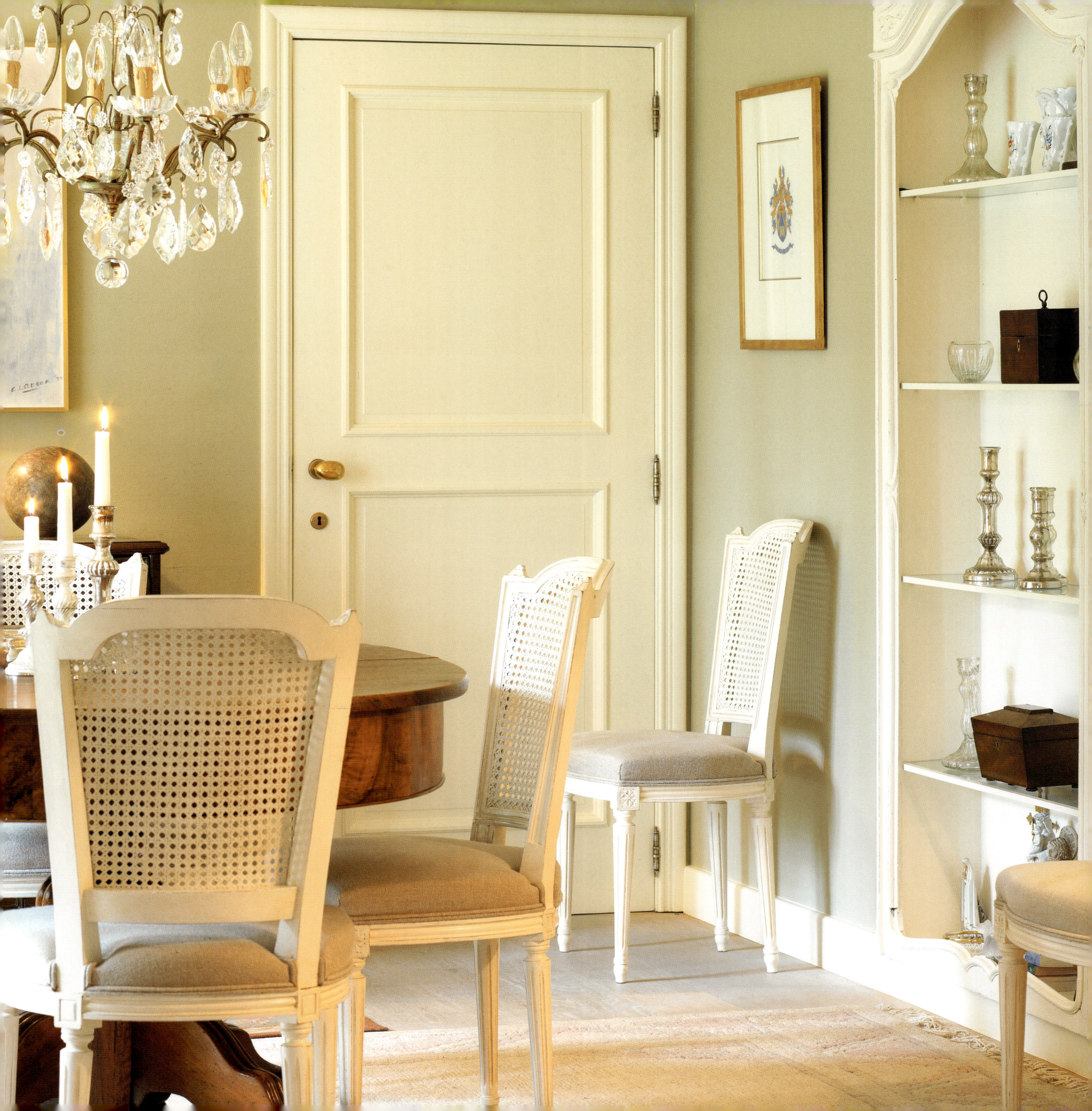

STIJLVOL WONEN COMPLEET
PIETER PORTERS DECORATIONS

Interieur met een facelift

In de jaren zeventig was je een pionier als je een fermette (woning in hoevestijl) liet bouwen. Anno 2005 waren de bewoners de donkere kleuren, zware eikenhouten balken en deuren en lage plafonds van hun fermette echter meer dan beu. Decorateur Pieter Porters werd ingeschakeld voor een 'restyling': de donkere oubollige woning werd, in samenspraak met de bewoners, flink onder handen genomen en in een fris en hedendaags jasje gestoken.

'Restylen' is de trend van het moment. Gezichten, lichamen, garderobes, kapsels, huizen en interieurs; alles krijgt een nieuwe look, snit, touch en feel. Alles kan en alles mag! De meest afzichtelijke, ouderwetse dingen worden met enkele eenvoudige ingrepen hippe trendsetters. Een likje verf, wat plamuur, een beetje opschuren, afbramen en retoucheren, opliften, straktrekken, opblazen of wegzuigen; de specialisten zijn tovenaars die in een handomdraai wonderen verrichten. Wie deze meesterlijke gave als geen ander beheerst, is Pieter Porters. Met een virtuoze fijnzinnigheid, oog voor detail én voor het geheel nam hij deze fermette onder handen.

Hoewel niet ieder talent even graag in zijn kaarten laat kijken, maakte Pieter voor het boek Stijlvol Wonen III graag een uitzondering en liet ons een blik in

'De oubollige woning werd flink onder handen genomen en in een fris en hedendaags jasje gestoken'

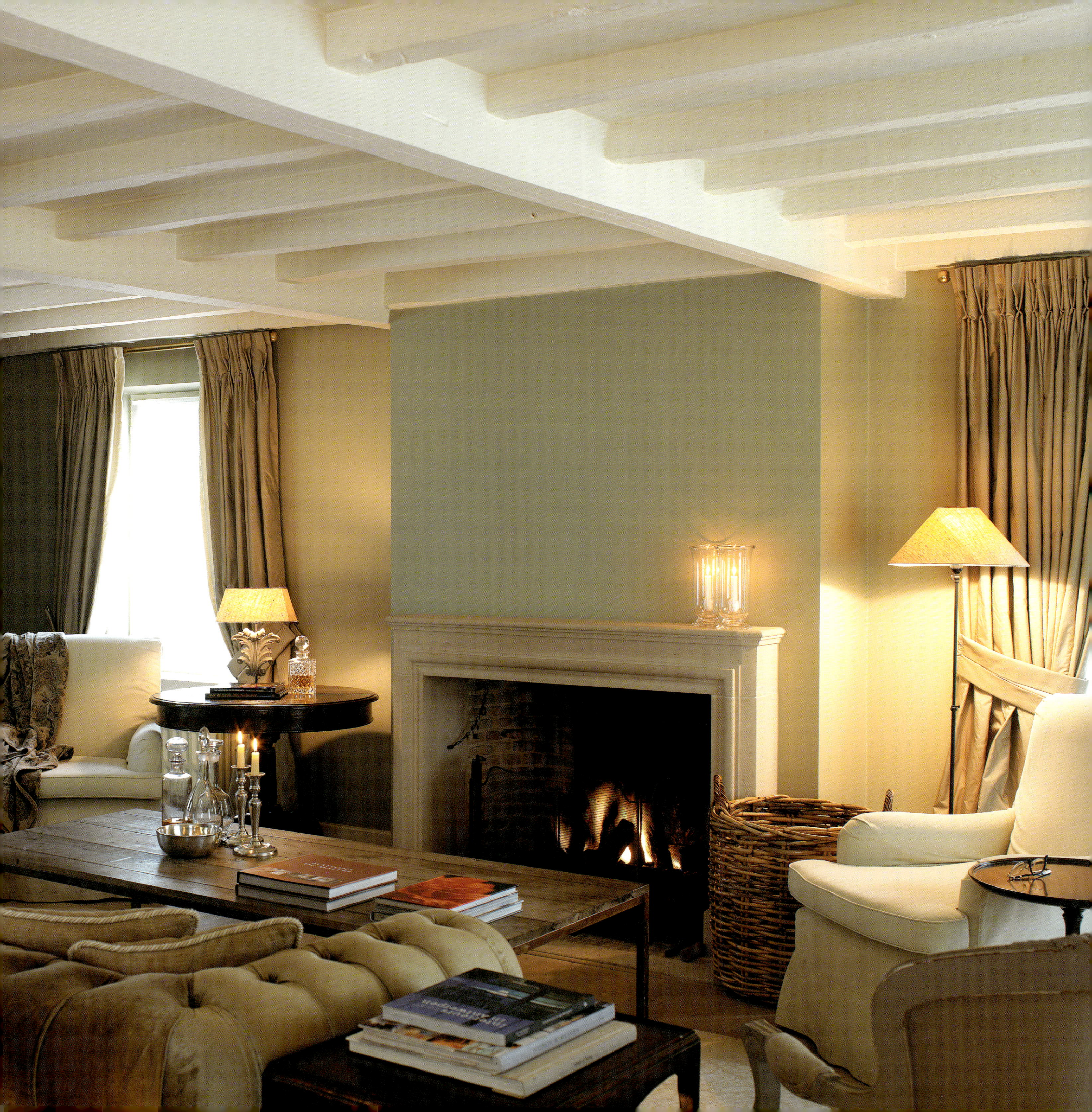

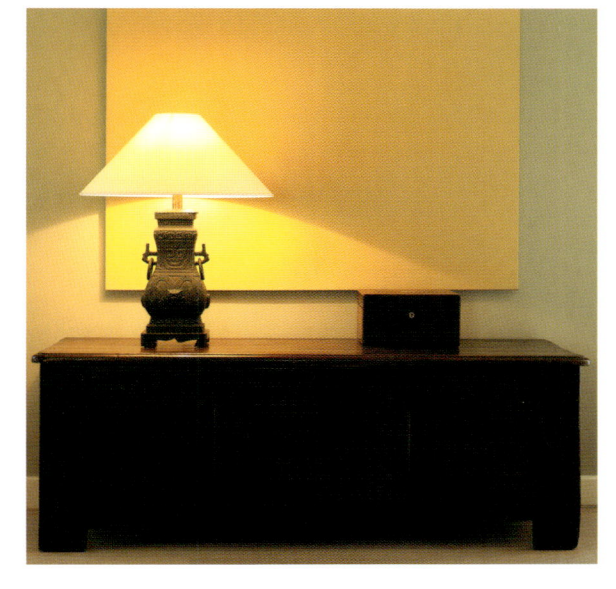

zijn 'keuken' werpen. Samen bekeken we het draaiboek van de renovatie. "Hoewel de bewoners hun fermette goed beu waren, zaten er ontegenzeggelijk nog veel waardevolle elementen in. Die zouden met een kleine opsmuk ten goede zouden komen aan het interieur. Van uitbreken en helemaal opnieuw beginnen was dus geen sprake. We hebben gewerkt met wat er allemaal voorhanden was en dat hebben we aangepakt", aldus de meester. Op die manier hoefde

'De woonkamer is een symbiose van Frans en Engels'

het gezin geen afstand te doen van familiestukken en meubels waar ze een emotionele band mee heeft. Ook slaagde Pieter er hierdoor in binnen een acceptabel budget te werken.

In de eerste fase werden de plafonds licht geschilderd en alle muren voorzien van bleke kleuren. "Kijken we bijvoorbeeld naar de hal. De eiken trap hebben we laten bewerken en volledig vergrijsd. De muren kregen een kalkachtig patina en een geschilderde plint." Dat bestaande elementen ook kunnen bijdragen aan een nieuwe look bewees Pieter door de console en armstoel van zijn klant te patineren en te bekleden met Belgisch linnen. Hetzelfde principe paste hij toe in de eetkamer. Ook hier werden de stoelen met linnen gestoffeerd en gepatineerd. De deuren, het plafond, de ingemaakte kast en de plint liet Pieter in dezelfde crèmekleur schilderen. De muren kregen een kalkachtig patina met een olijfgroene kleur. De ronde eettafel is een antiek erfstuk dat werd gedecoreerd met bijpassende kandelaars in 'boerenzilver' (kwikzilver). De witte lelies werden erg kort afgesneden en in een wijnglas gepresenteerd.

"Mensen moeten durven bloemen kort af te snijden. Dat toont veel gezelliger en romantischer dan een ruiker met lange stengels. Door die lange stengels ziet het er al gauw uit als een wielrennersboeket", geeft Pieter graag als advies aan onze lezers mee.

De lichte eetkamer kreeg een vervolg in de salon: de twee vormen samen één grote leefruimte. Die visuele eenheid wordt nog versterkt doordat het plafond met geschilderde eikenhouten balken de twee ruimtes met elkaar verbindt. Ook het olijfgroen van de muren werd hier herhaald: één kleur, één ruimte, één sfeer. Omdat mevrouw het zat was om met hout te sjouwen naar de open haard kozen ze voor een gashaard. Maar dan wel een die nauwelijks van een echte haard met echte vlammen valt te onderscheiden. "De woonkamer is een symbiose van Frans en Engels; ik heb er gekozen voor een Engelse Chesterfield die is

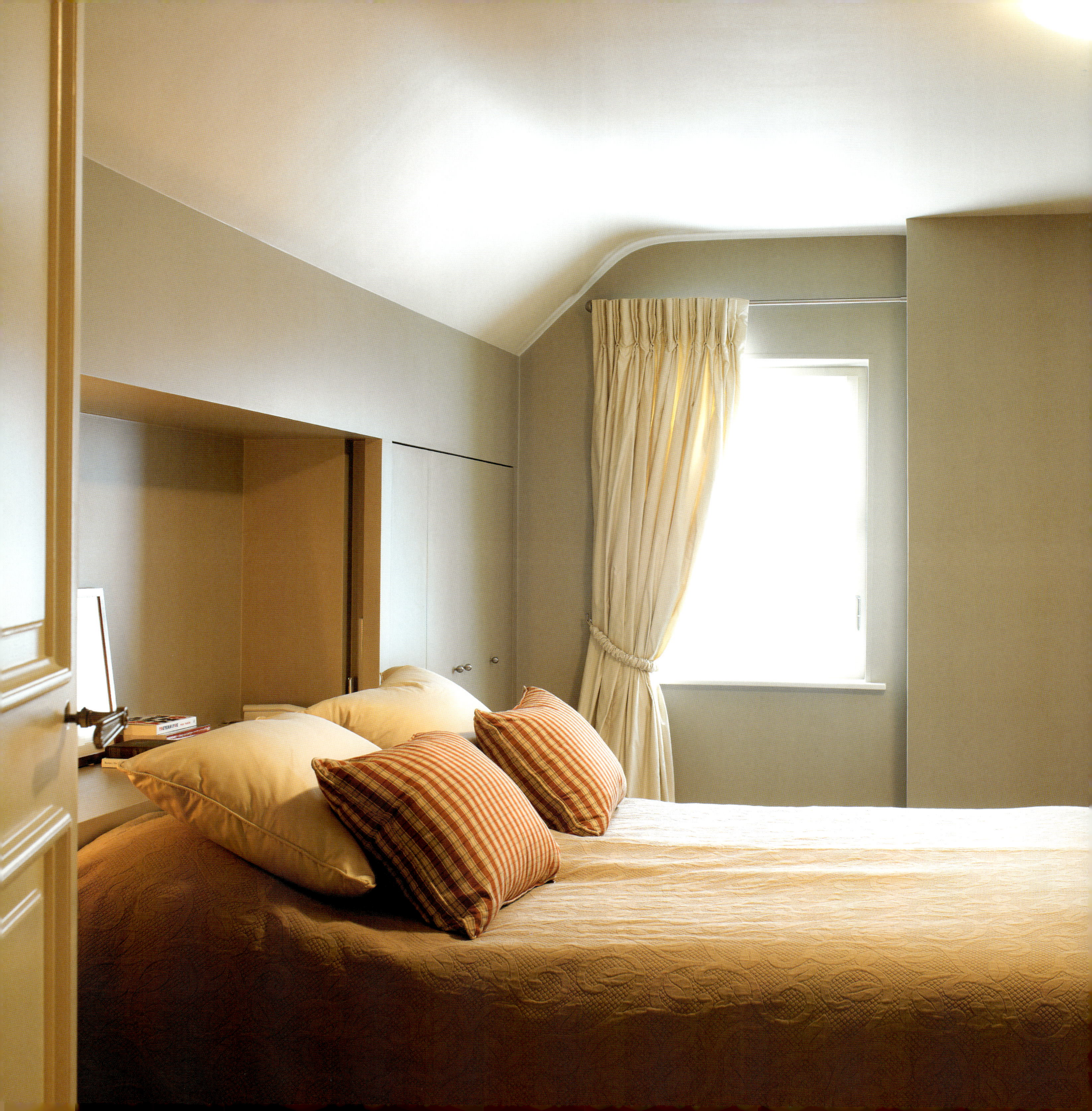

> 'De sobere grijzig groene tinten zorgen voor rust, en die is erg welkom in een slaapkamer'

bekleed met velours en twee Franse stoeltjes in linnen." De salontafel werd op maat gemaakt van een smeedijzeren onderstel met een blad van oude planken. De knusse gordijnen zijn van kunststof zijde die werd afgebiesd met een iets blekere kunststof zijde en aan de dagkant wit werd afgeboord. De bergère in de hoek van de woonkamer komt uit de eigen zetelcollectie van Pieter Porters; een kopie van een oude rijkelijke wingchair. De paarse ribfluwelen hoes maakt de bergère een erg knus en is om die reden erg geliefd zitmeubel in het gezin. Het tafeltje naast de bergère kreeg een dikke plaid als tafelkleed. Het houtsnijwerk dat statig op het tafeltje pronkt is afkomstig van een achttiende-eeuwse lambrisering. Nog in de salon staat tegen de andere muur een oude kist uit de privécollectie van de familie die modern werd gepresenteerd door er een hedendaags groot geel doek van de hand van mevrouw boven te hangen. Het kleine mahoniehouten koffertje dat op de grote kist staat oogt speels. Het nakomelingetje staat er trots te pronken en geniet van de aandacht die zijn grote broer naar zich toehaalt.

Toen de bewoners de fermette lieten bouwen, kozen ze voor een veranda achter de woning om er te genieten van de tuin. Pieter wilde de pvc-veranda het aanzien geven van een sierlijke, luchtige, houten oranjerie. Door de profielen te schilderen en daarna met een sleeptechniek te bewerken zodat er groeven in ontstonden, gaf hij ze de warme uitstraling van hout waardoor de tuinkamer haast lijkt te zweven. De bank die er baadt in het zonlicht is echt gemaakt om in te lezen: de rechte rug en heerlijk zachte zitting zijn perfect om in te genieten van een goed boek. Zelfs een dikke pil met van die kleine lettertjes die anders eindeloos op het nachtkastje blijft liggen, is hier in een wip verslonden. De twee Franse armstoeltjes zijn ook weer gestoffeerd met linnen met een visgraatmotief. De gordijnen zijn van een naturel gaas om desgewenst de brandende zon te weren. De oranjerie doet tegelijkertijd dienst als tweede eetkamer, bijvoorbeeld bij familiefeesten. Om de link te leggen met de andere vertrekken komen ook hier weer dezelfde kleuren terug, zij het dan in een iets blekere tint. Aan een echte oranjerietafel (een smeedijzeren onderstel met een houten blad), gezeten op een van de fijne Franse stoeltjes, genieten gasten van een heerlijke maaltijd en natuurlijk van een fraai uitzicht op de tuin. Twee schilderijen van de hand van mevrouw zorgen voor een kleurrijke noot tussen de bleke kleuren. "Ze wilde zo meer kracht en kleur geven aan de oranjerie", licht Pieter toe. De zachte, frisse tinten vond Pieter ook erg geschikt voor de slaapkamer. "De sobere grijsgroene tinten zorgen voor rust, en die is erg welkom in een slaapkamer", verklaart Pieter zijn keuze. Bijpassende gordijnen en bedlinnen en kussens op maat maken van het geheel een dromerig plaatje. Slapeloze nachten zijn aan de trotse eigenaars van deze 'fermette met een facelift' alvast niet besteed... ✱

Pieter Porters Decorations
Kipdorpvest 44, 2000 Antwerpen (B), tel.: 0032(0)3/213.35.75, fax: 0032(0)3/213.19.04,
e-mail: info@houseofporters.com, website: www.houseofporters.com

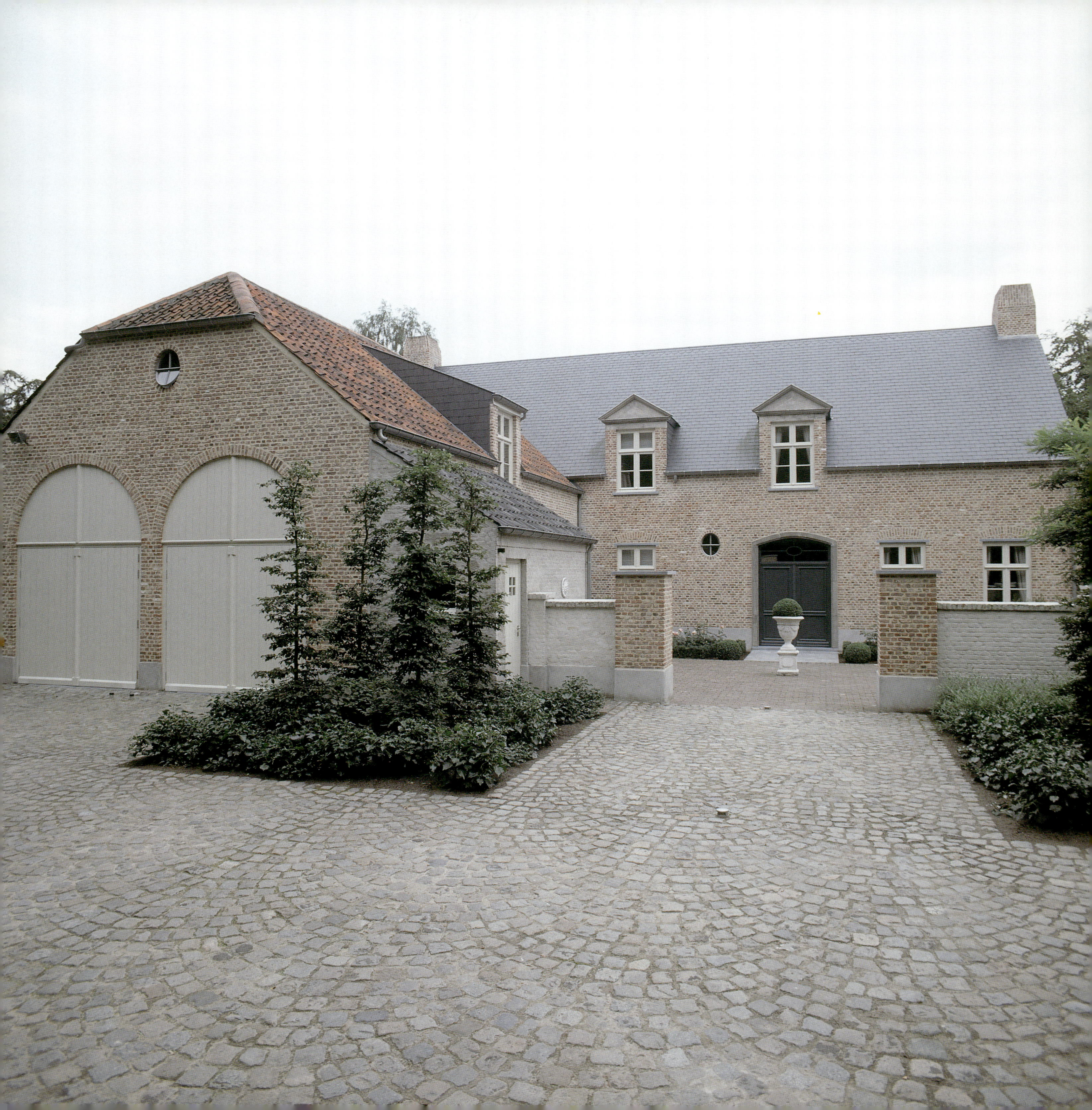

STIJLVOL WONEN COMPLEET
WOONSTIJL VILLABOUW

Eigen stempel siert

Hoewel deze klassieke realisatie met eigentijdse trekjes slechts van gisteren dateert, geeft het resultaat binnen en buiten een doorleefde aanblik. Toch zit u nooit opgescheept met een déjà-vu-effect. Op alle punten is er gekozen voor unieke oplossingen. En zo bewijst deze tijdloze villa het meteen: eigen stempel siert.

Hier hebben de eigenaars een ware partner gevonden in hun villabouwer Woonstijl en dat merkt u aan het resultaat. De heer en vrouw des huize zijn bijzonder begaan met hun manier van leven en ontwikkelen aldus op passionele wijze een eigen wooncultuur, zeg maar. Thuis genieten staat centraal. Daarom heeft hij de basisplannen voor de woning getekend - zowel de gevels als de indeling van de ruimte, en zich over de realisatie van de tuin ontfermd. Zij mag qua interieurinrichting de coördinatie op haar naam schrijven. Kortom, deze mensen hebben een persoonlijke visie. De bouwfirma strijkt de eer op dit alles mee in de praktijk te hebben gebracht. Van in het begin klikte het tussen beide partijen, er werd meteen gedacht in eenzelfde richting. Jawel hoor, bouwheer en aannemer hebben mekaar duidelijk gevonden in een begeesterd project.

Blijkbaar heeft de klant dus heel wat ideeën aangereikt. Woonstijl, het bedrijf van Omer en Wout Jacobs, heeft daar goed op geanticipeerd en in overleg is men dan uiteindelijk gekomen tot een woning die getuigt van woonstijl. Laten we de aanzet voor het bouwen en inrichten van deze in kruisverband gemetste woning eens even ontleden. Er is gewerkt vanuit persoonlijke noden, daarbij steeds in het achterhoofd houdend hoe elders huizen vorm krijgen en wat de bewoners hier daar wel of niet goed aan vinden. Voor zichzelf hebben zij getracht de perfectie te benaderen door in gedachten bestaande huizen te versmelten, er het beste uit te halen en zo in realiteit, samen met de aannemer, te komen tot een verbeterd geheel. Dit concept oogt dan ook apart. In de

'Het ossenoog lijkt te knipogen "Kom maar gezellig binnen" en men heeft alvast de 'rode loper' uitgerold, vermomd als hardstenen loopstrook'

'Door het gebruik van doorleef-de dals maakt deze villa indruk van zodra u binnen gaat'

bebouwbare zone van twintig op twintig meter werd nauwgezet gezocht naar de juiste verhoudingen. Sleutelwoorden zijn verder beslist 'centreren en doorkijk'. Van de hal kijkt u recht in de tuin en dat is ook zo als u het interne zwembad opzoekt dat op één lijn ligt met de eetkamer. Salon, keuken en eetkamer vormen de kruisende as die van raam tot raam reikt en dus ook een subliem buitenzicht biedt.

Achter een poort belanden we eerst op een gekasseid erf om vervolgens een door rozen en lavendel ingekleurd binnenhof te betreden. De zon komt kijken en laat het stenen zonnetje schijnen aan de muur. Het ossenoog lijkt te knipogen "Kom maar gezellig binnen" en men heeft alvast de 'rode loper' uitgerold, vermomd als hardstenen loopstrook. Zowel de ommuring als de gevel getuigt qua materiaalkeuze en -behandeling van originaliteit. Partijen rode en zwarte pannen met geschiedenis worden uitgespeeld tegen moderne leien. De gerecupereerde gevelsteen werd puur natuur verwerkt maar ook deels behandeld met grijzige kalei. Blauwesteen tooit de ramen boven- en onderaan. De timpanen van de dakkapellen en de stijlen aan de voordeur zijn daarentegen in verweerde natuursteen. Oud en nieuw prima gecombineerd.

En daardoor lijkt het alsof dit gebouw hier al veel langer staat.

De vloer van de hal loopt door tot aan het grote raam dat uitkijkt op de achtertuin en zo naar links tot in de

'De zon komt kijken in de binnenhof en laat aan de muur het stenen zonnetje schijnen'

*'Wie kookt zondert zich niet af en wie wil is welkom aan 'de toog' voor aperitief met babbel.
Want ook in de keuken staat genieten centraal'*

keuken. Bij wijze van intro kan dit gelden! Door het gebruik van zware tegels met doorleefde look maakt deze villa indruk van zodra u binnen gaat. De dals vinden dan voorbeeldig aansluiting met de arduinen inleg van de houten tafel in de eetkamer. Daar ligt een wit geoliede eiken plankenvloer, alsook in de woonkamer aan de andere kant van de as. De gordijnen, die royaal op de grond vallen en voorzien zijn van een sierlijke wegbindkoord, volgen het donkergrijs van de beklede eetkamerstoelen. Uniformiteit qua kleur zorgt voor rust. Zo zijn de wanden op het gelijkvloers geschilderd in crai. Je voelt de hand van de meester in de beheerste verticale borstelstreken. Dat summiere streepje laat het schilderwerk ademen. Voor enig tegengewicht zorgt de mistral tint van de deuren en één muur in het salon. Door menging werd de zandtoon van het keukenmeubilair als het ware geënt op de situatie. Voor subtiele warme accenten rondom de zandstenen haard (die brandend een zelden geziene genoeglijkheid uitstraalt) zorgen kussens, staande lampen, kaarsen en bloemstukjes met gevriesdroogde rozen, dat alles kleurmatig verwant aan de rode wijn in het glas op de salontafel. Er is bewust gekozen voor maar een enkele eethoek die

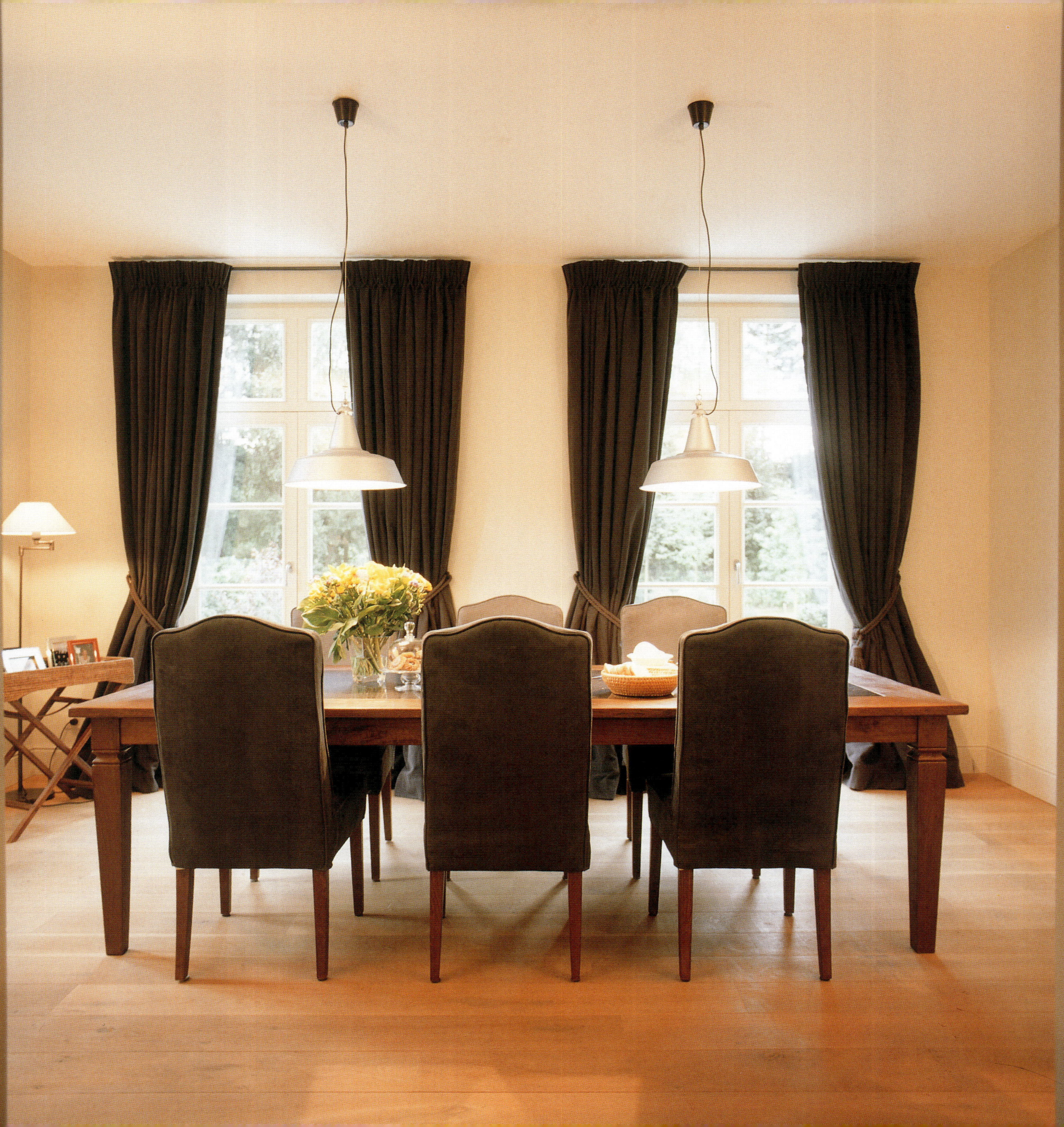

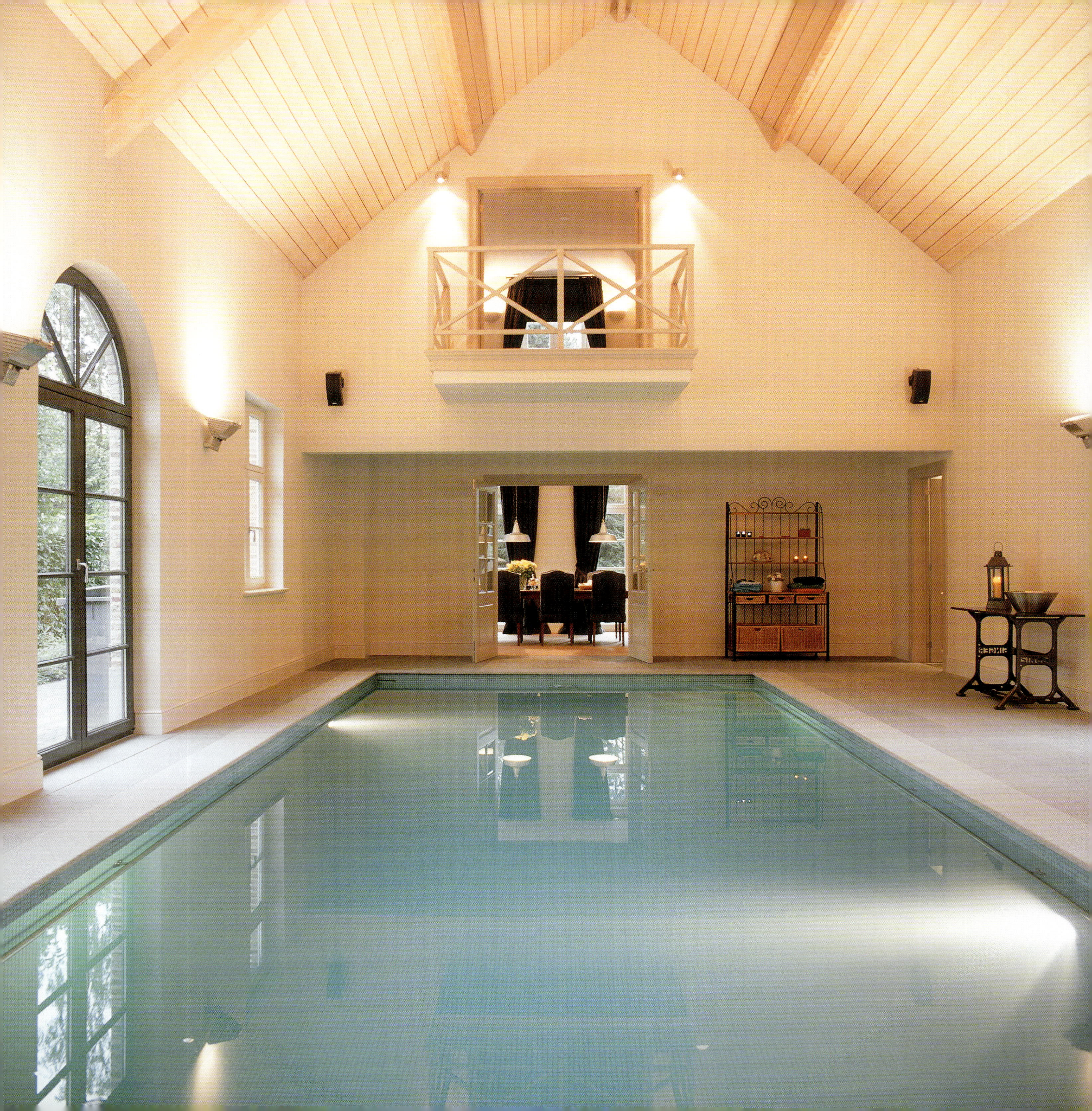

nauw aansluit bij de keuken. Deze eetkamer is er evengoed om te ontbijten als om gasten culinair te ontvangen. Hier is het dus altijd feest aan tafel! De gastvrouw zondert zich niet af in haar keuken en wie wil is welkom aan 'de toog' aldaar voor aperitief met babbel. De eetkamer grenst aan het zwembad. En of er duchtig gebruik van gemaakt wordt om fris en monter een dag te beginnen of ontspannend af te ronden na het werk. Eigenlijk vormt het zwembad met wit gepatineerde nok een multifunctionele ruimte op zich. De betegeling is idem in de aanpalende garage. Met de tussenwand open creëren de bewoners een ruime feestzaal bij het water. Bovendien kunnen ook de deuren naar het terras en de binnenhof nog open. Vieren in open lucht is er dus ook bij.

Boven de garage bevindt zich een knus kantoor. Het heeft een aparte ingang. Aan de vergadertafel hebben de leden van een confererend gezelschap sterke drank en sigaren bij de hand om een zaak te beklinken. De aubergine muur achter de tafel biedt het vertrek in crai een kleurig wederwoord. De raamdecoratie sluit mooi aan. Bij valavond gooit het ossenoog zijn schaduw sfeervol op het plafond. Sfeer is er ook in de ouderlijke slaapkamer die u bereikt via een eiken trap in de hal. Deze slaapkamer geeft via een balkon uit op het zwembad in de diepte. Ook hier heeft de gastvrouw een flinke hand in de aankleding. U strijkt neer op een bedsprei in crème. Een harige plaid en twee dito kussens zijn duidelijk familie van de optrekgordijnen en overgordijnen in chocolade. De nachtkastjes brengen het grijs bekleed bed in een koloniale roes. Besluit: zelf combineren leidt automatisch tot een fascinerend nieuw geheel. Donkere vloernoppen en lijvige tabletten geven de blanke badkamer een uitgesproken karakter. Handig toch hoe de spiegels opbergruimte verbergen. Wat fijn om thuis te komen in een woonkader waar de eigen toets het verschil maakt.

Deze villa houdt boeiend het midden tussen modern en klassiek, zonder ooit te verzanden in monotonie en drukdoenerij. Een tussenweg die velen onder u zal bevallen. Strakheid krijgt aldus een vertrouwde ondertoon en tijdloos sober ademt plots een traditionele gezelligheid.   ✻

'De nachtkastjes brengen het grijs bekleed bed in een koloniale roes.
Wat fijn om thuis te komen in een woonkader waar de eigen toets het verschil maakt'

Woonstijl Villabouw
Botermelkbaan 65, 2900 Schoten (B), tel.: 0032(0)3/658.89.89, fax: 0032(0)3/658.08.35,
e-mail: woonstijl@yucom.be, website: www.woonstijlvillabouw.be

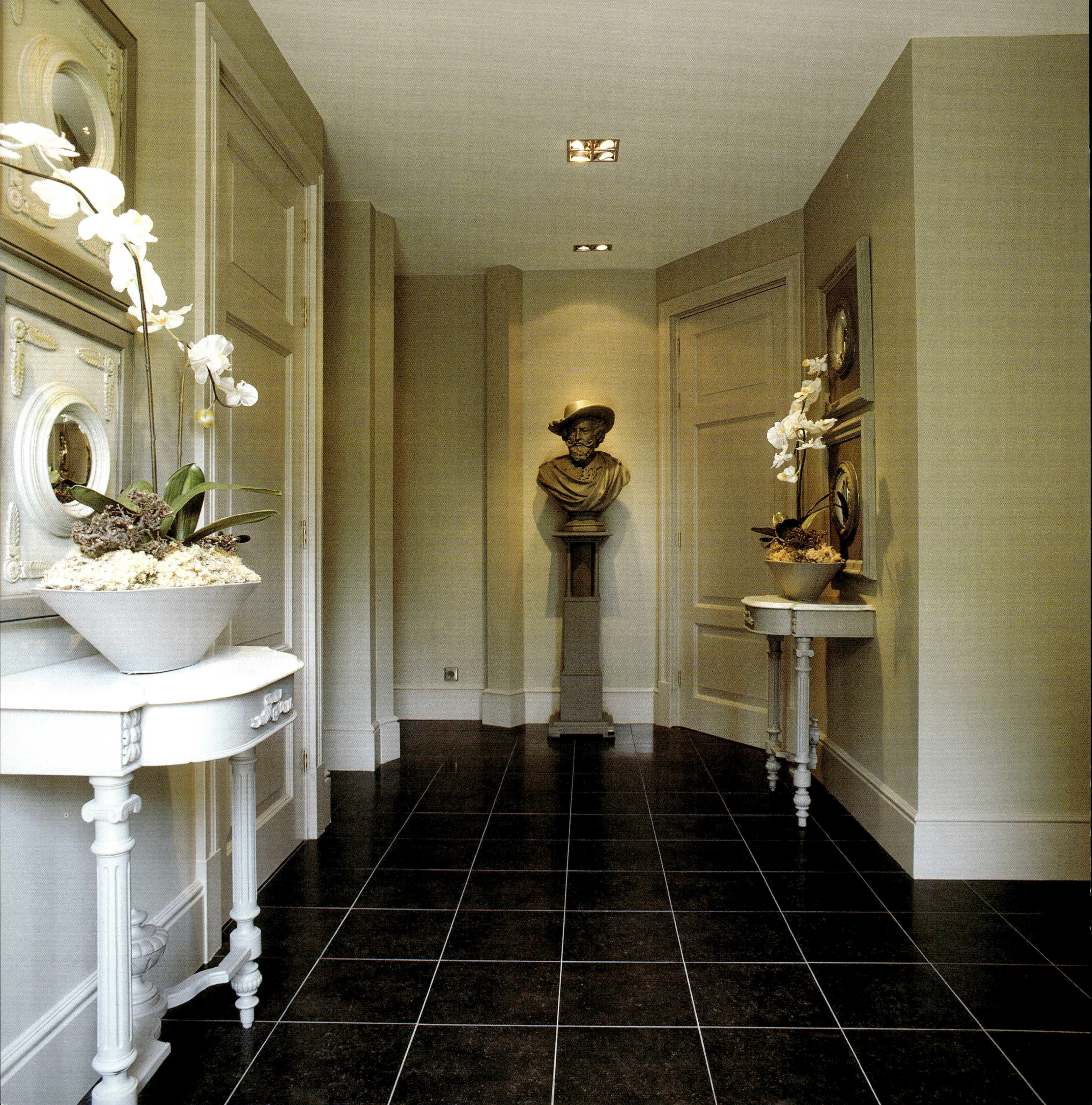

STIJLVOL WONEN COMPLEET
MARTIN DE BOER

Werkverslaafd

Er zouden meer werkgevers moeten zijn die hun bedrijf zo huiselijk en met stijl inrichten. Het komt de gang van zaken ten goede. Sfeer op kantoor, omdat mensen belangrijk zijn. Klanten vinden het aangenaam om hier even te temporiseren, personeel gaat elke dag ontspannen aan de slag. Op dit adres word je met plezier werkverslaafd.

'De gedistingeerde hal straalt rust uit en wie in de 'wachtkamer' moet wachten, vergeet de tijd'

'Door de interieuringreep van Martin de Boer hoeft niemand nog tegen zijn zin te gaan werken'

Zaakvoerder Fred Theijsmeijer gaf in opdracht van Vinken Vastgoed bv in Vinkeveen aan Martin de Boer de opdracht om een thuisgevoel te creëren in een verbouwd kantoor. Dit gebeurde na het bewonderen van hotel Haagsche Suites, een andere realisatie van de decorateur. Om te beginnen onderging het pand anno 1930 een complete renovatie. Er rees een aanbouw uit de grond en de bestaande ruimte werd herverdeeld. En pas dan startte Martin met zijn totaalinrichting met antiek, maatwerk en curieuze spullen. De lege vertrekken inspireerden hem tot de creatie van een tot in de puntjes verzorgd interieur met een exquise uitstraling. Opdrachtgever en binnenhuisinrichter hebben mekaar echt gevonden. In hun vak hebben zij immers het nastreven van perfectie gemeen.

In de hal leidt een hardstenen vloer ons naar de gipsen buste van een edelman. Muurtafeltjes met een marmeren blad uit 1870 volgen de muren in zachte mokkatinten. Vier butlerspiegels doen links en rechts twee orchideeën schitteren. Dit gedistingeerde kader straalt rust uit en zet zo meteen de toon voor de rest van de woning. In de serre werd de symmetrie ten top gedreven met retro windlichten op ronde bijzettafels, plantengroen en buffetlampen met een voet speciaal gedraaid van oud hout. Centraal prijkt een Chesterfield met een toch wel aparte look. Chesterfields zijn enkel verkrijgbaar met een lederen bekleding. Welnu, Martin heeft dit exemplaar laten overtrekken met een stof die aansluit bij het grijs van de klinkers, de wanden en de gordijnen in velours. In vooraanzicht kadert een gepatineerd ornament de windlichten in. Bolvormen en een gevlochten tak geven het tafereel een speels karakter. Te midden van deze opvallende ruimte prijkt een opgezette pauw in het omfloerste licht van een geblindeerd raam. Wie in deze 'wachtkamer' moet wachten zal zich niet gauw vervelen en vergeet trouwens ook gelijk de tijd.

In het kantoor van de directeur van Vinken Vastgoed prijkt een oud verguld portret dat hij reeds in zijn bezit had. Het gaf Martin de aanzet om een stapeling met boeken en bolvormen neer te zetten op de schouw, in combinatie met ranke lampen en een zonnespiegel. Dit hoekje met een tafeltje en twee stoelen heeft iets koesterend door de gedecoreerde vacht. Het is er heerlijk verpozen met een klant en een goed glas. Op het Engels bureau met zwartlederen blad houden bronzen leeuwen weer de symmetrie en dus ook het evenwicht van de compositie in stand. Hetzelfde kan gezegd worden van de bronzen bustes van achtenswaardige heren in de hoeken van de kamer, als het ware gelauwerd door een in het oog springende magnoliatak.

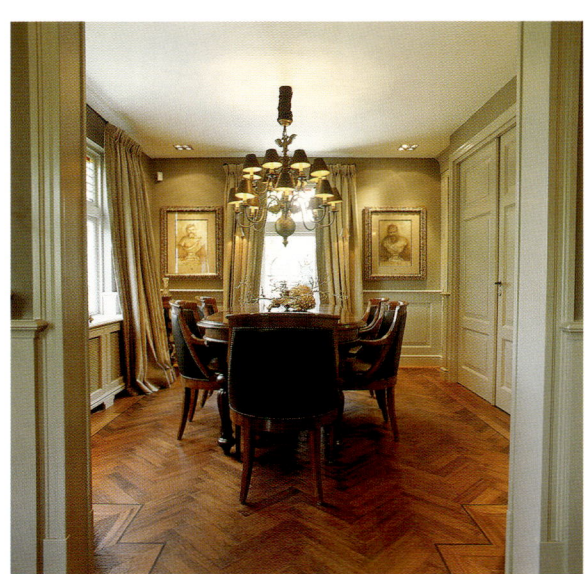

Het visgraatparket loopt net als de leverkleur van de muren door van het kantoor tot in de vergaderzaal.

'Op het Engels bureau houden bronzen leeuwen de symmetrie en dus ook het evenwicht van de compositie in stand'

Er hangt een identieke bronzen luchter, oud maar met nieuwe lampenkappen. De twee ruimten vormen aldus zowat een geheel. We laten dan de dubbele deur effectief achter ons om verwonderd stil te staan bij de wandvullende kasten en de lambrisering die heel de ruimte omsluiten. Het is een imposant gezicht! Bij de tafel met in het midden glasbollen en katoenproppen, horen comfortabele lederen stoelen uit 1960 (en ze zijn nog in zeer goede staat). Omdat ordermappen en dergelijke niet mooi ogen, worden ze weggeborgen in het onderste gedeelte van de kasten. Achter de vitrines spelen oude boeken wel een decoratieve rol van betekenis.

Dankzij de leefkeuken heeft dit bedrijf helemaal een huiselijk karakter. De mensen die er werken strijken

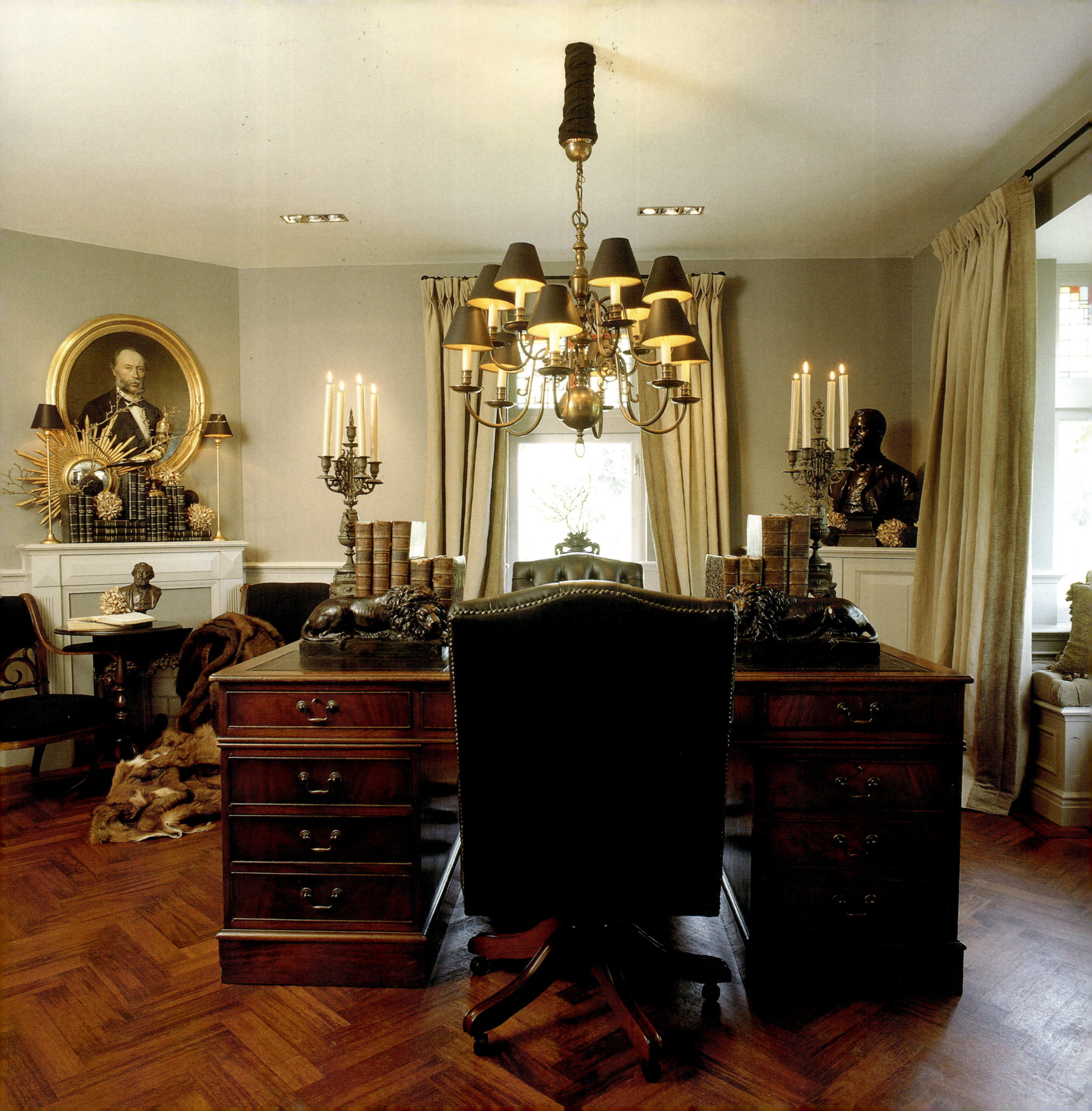

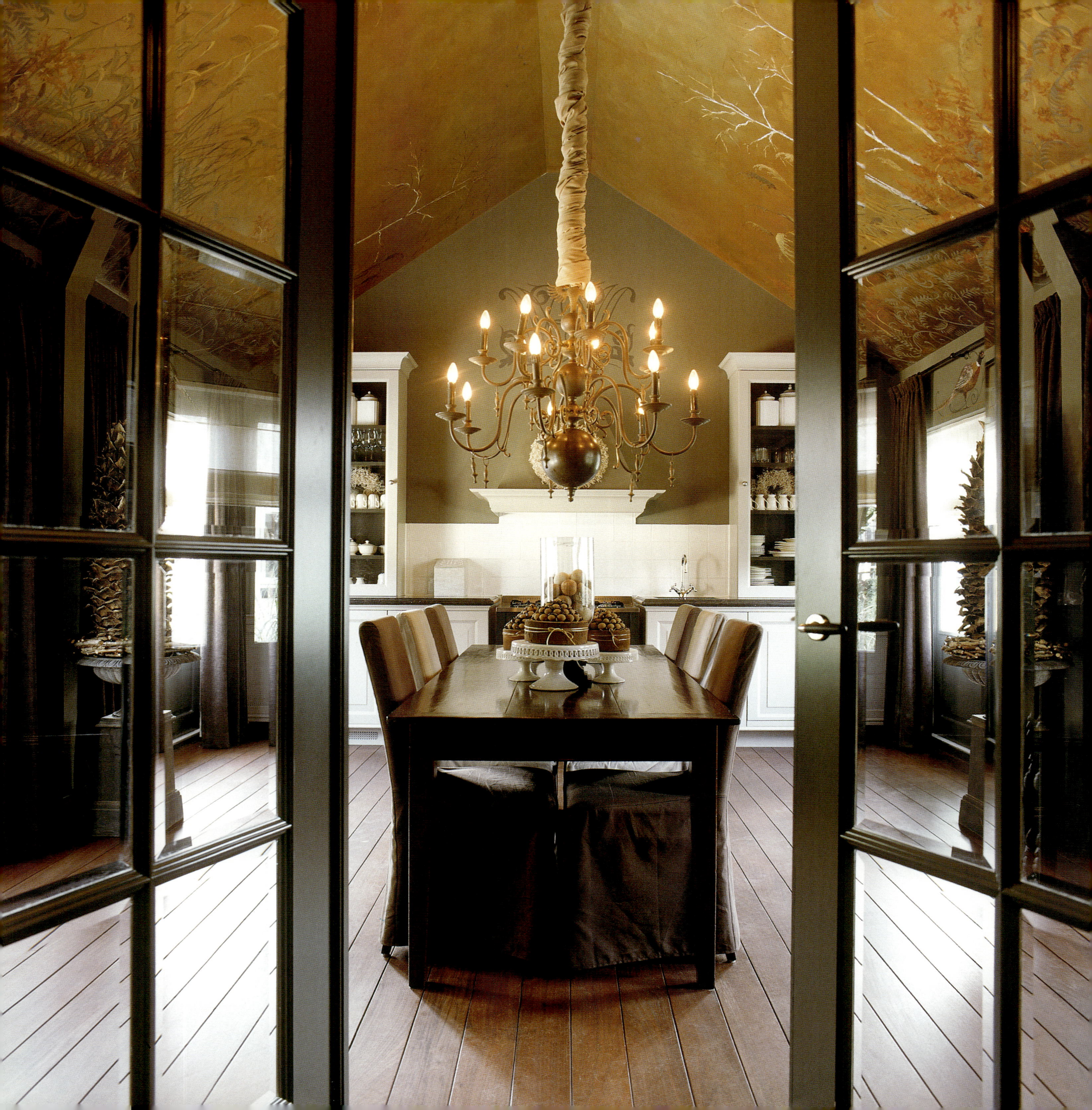

er graag neer tijdens hun lunchpauze. Soms is er een kok van dienst en worden er klanten culinair ontvangen. Een waardig alternatief voor een restaurantbezoek. Sterker nog, men vindt het zelfs veel fijner om 'thuis' te kunnen tafelen bij Vinken Vastgoed. In deze aangebouwde ruimte speelt de nok mee, vooral ook door de gezellige herfstschildering die Martin er heeft laten op aanbrengen. Met de verrukkelijke siertaarten krijg je alvast het water in de mond. Zin om plaats te nemen op de beklede stoelen? Boomstronken van tropische oorsprong hebben een intrigerende functie. De symmetrie is ook hier weer aanwezig: kolomkasten flankeren het aanrecht en licht gepatineerde Mechelse kasten doen dat aan de overkant met de deur. Er zijn heel wat mogelijkheden om de keuken open te gooien en de tuin binnen te halen. Bij zacht weer wordt er met genoegen buiten getafeld. Omdat de boog niet altijd gespannen kan staan. Want dat is nu eenmaal de filosofie bij Vinken. Het vastgoedportefeuillebeheer verloopt op dit adres zeer gemoedelijk omwille van het kader en de stemming die er heerst. Klanten voelen zich hier goed en idem dito voor al diegenen die hier werken. Deze omgeving praat en werkt makkelijker. Iemand bezwaren? Toch leuk als het knus is op kantoor, zo hoeft niemand tegen zijn of haar zin te gaan werken! U mag dan ook stellen dat de interieuringreep van Martin de Boer in alle opzichten zijn vruchten afwerpt. Zowel op zakelijk als op menselijk vlak is de zaak er op vooruit gegaan. *

Martin de Boer

't Sas 15, 4811 WC Breda (NL), tel.: 0031(0)76/514.43.54, GSM: 0031(0)6/539.516.53, website: www.sasbreda.nl & www.warmewintershow.nl
Vinken Vastgoed bv, Herenweg 25, 3645 DE Vinkeveen (NL), tel.: 0031(0)29/721.90.10, fax: 0031(0)29/721.90.11, e-mail: info@vinkenvastgoed.nl

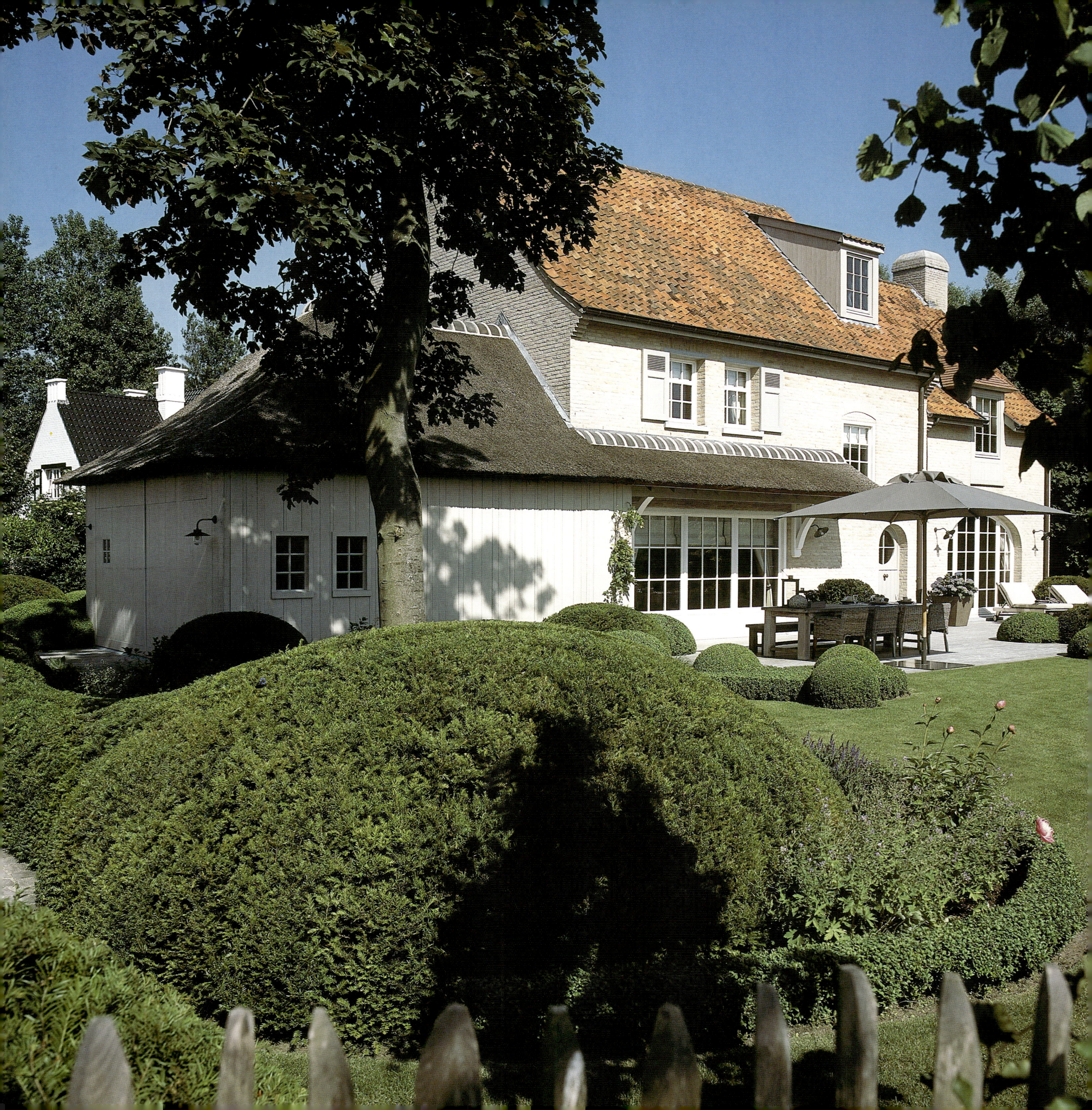

STIJLVOL WONEN COMPLEET
BELIM BOUWTEAM

TERUG NAAR DE ROOTS

Wie aan de kust heeft gewoond, voelt zich er thuis. En wil er met andere woorden nooit meer weg. Dat is meteen de reden waarom dit gezin na enkele omzwervingen terugkeerde naar het kustdorpje waar de gezinsleden opgroeiden. Nu ze opnieuw dag in dag uit in de nabijheid van de zee vertoeven, voelen ze zich eindelijk weer thuis.

We rijden tussen de wuivende korenhalmen, langs bermen begroeid met knalrode klaprozen en wiegend riet. Achter dit fraaie, glooiende polderlandschap ontwaren we het kustdorpje waar onze gastheer en -vrouw ons staan op te wachten voor een rondleiding in hun woning. Het stel werd hier geboren, groeide er op, trouwde er en kreeg er een dochter. Toen besloten ze elders te gaan wonen. De lokroep van de zee, van hun roots, bleek echter al snel onweerstaanbaar en daarom besloten ze om terug te keren. "Dus gingen we op zoek naar een leuk huis in ons geboortedorp", legt meneer uit. "We zijn altijd al verliefd geweest op die typische kusthuizen met witgeschilderde gevels, rode dakpannen en trapgevels. Daar gingen we dan ook naar op zoek." Dat bleek echter niet zo eenvoudig te vinden. "Tot we op het huis stuitten dat hier aanvankelijk stond. Het beantwoordde helemaal aan onze eisen zodat we het onmiddellijk kochten en wilden renoveren. Helaas bleek al snel dat er nog maar weinig meer van te

'De lokroep van de zee, van hun roots, bleek onweerstaanbaar en daarom besloten ze om terug te keren naar hun geboortedorp'

maken was. Vooral van binnen was het in zo'n erbarmelijke staat dat we het wel moesten platgooien en opnieuw bouwen."

"Toen vaststond dat het een nieuwbouw zou worden, zijn we interieurboeken en -tijdschriften gaan doorpluizen. Zo kwamen we bij Belim Bouwteam terecht." Na het bekijken van enkele referenties stond helemaal vast wat ze wilden: "We wilden een kusthuis met de uitstraling van een Knokse villa, maar dan met een hedendaagse look, met veel open ruimtes en weinig deuren, waar alles in elkaar vloeit met toch leuke kantjes en hoekjes om het wat charmanter te maken." Een waslijst met andere woorden! Toch bleken architect en bouwfirma de wensen van het echtpaar perfect te begrijpen: "Het klikte meteen!"

Het gezin koos ervoor om de tuin en het privé-gedeelte aan de straatkant te laten maken. "Omdat de straatkant de zonnekant is, hebben we ervoor gekozen om het huis omgekeerd op het perceel te positioneren. Dat kwam bovendien ook veel beter uit voor de indeling: alle leefruimtes konden we dan naar het zuiden richten." Het doet wel even vreemd aan wanneer we door de automatische houten poort rijden en om het huis moeten lopen om bij de voordeur te komen. Wanneer we echter binnen worden rondgeleid en de bewoners horen vertellen over hoe ze op hun terras in alle beslo-

'Bogen vervangen de deuren en maken de benedenverdieping tot een grote, open, luchtige ruimte'

tenheid in het zonnetje eten en genieten van rust en intimiteit, moeten we eerlijkheidshalve toegeven dat ze hiermee ongetwijfeld een goede en doordachte beslissing hebben genomen. Het maakt het leven in en rond huis immers veel aangenamer. En zonniger!

De keuken is een van de weinige ruimtes op de benedenverdieping die niet op de zuidkant georiënteerd zijn. "Voor het ontwerp hebben we ons laten inspireren door een keuken die we op tv hadden gezien", vertelt mevrouw. "Aanvankelijk wilden we MDF, maar

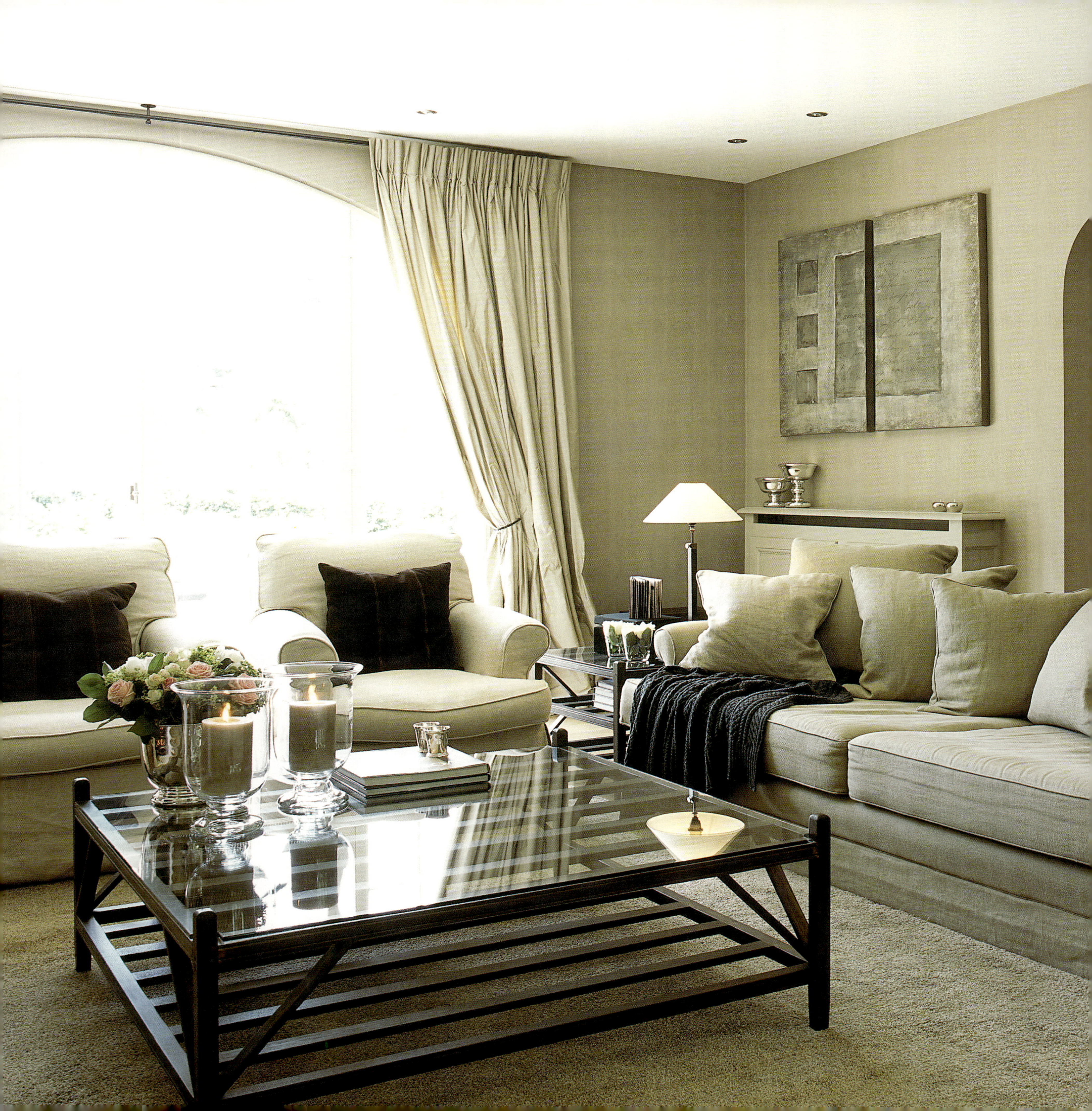

toen we dit zagen in een televisieprogramma zijn we snel overgestapt naar eik die we hebben laten zandstralen en vervolgens hebben laten logen." De keuken is niet alleen mooi, ze is ook erg praktisch en onderhoudsvriendelijk. "Dat is erg belangrijk met een dochter van zeven in huis", lacht ze. Om diezelfde reden kozen ze hier voor een terracottavloer. "Verder is de volledige benedenverdieping voorzien van parket. We wilden allemaal dezelfde vloerbekleding om een beetje harmonie te creëren. Daarom zie je beneden ook allemaal rustige kleuren die op elkaar zijn afgestemd." Niet alleen de kleuren zorgen voor een visuele brug tussen keuken en eetkamer, ook de enorme boog die als doorgang dienst doet, bevordert het contact tussen moeder die achter de pannen staat en dochter die aan de eettafel zit te kleuren. Het is trouwens niet de enige boogvorm die we hier tegenkomen: ook de scheiding tussen eetkamer en salon wordt geaccentueerd met een boog. Deze bogen vervangen de deuren en maken de benedenverdieping

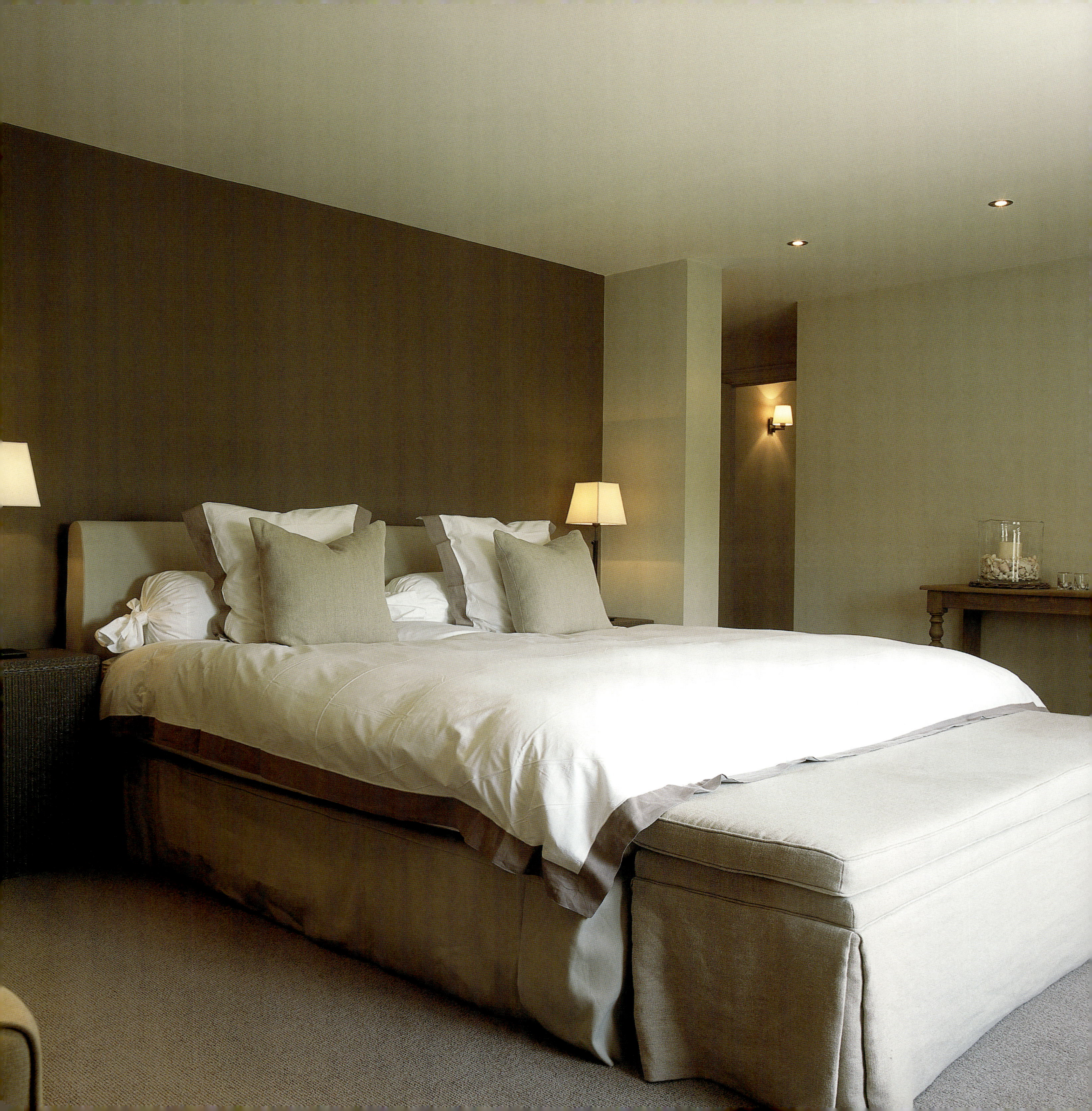

> 'Het leuke aan de master bedroom is dat u hier helemaal rond kunt lopen van slaapkamer naar dressing en badkamer'

tot een grote, open, luchtige ruimte. Er is zelfs geen aparte traphal; de trap staat gewoon in de eetkamer en is enkel afgescheiden door een wand. In eetkamer en salon komen diezelfde boogvormen terug in de boogramen die de bewoners toegang verlenen tot het terras. De woonkamer is ingericht met een basispalet van zachte, harmonieuze tinten. Dat heeft als voordeel dat enkele nieuwe accessoires, kussentjes en plaids eenvoudig een geheel nieuwe dimensie aan de ruimte geven. Een volledige restyling heeft daardoor nog maar weinig om het lijf!

Boven heeft ieder zijn compartiment: de dochter heeft naast een slaapkamer een eigen badkamer en de ouders hebben een ruim slaapgedeelte met geïntegreerde dressing en badkamer. Het leuke aan het compartiment van de ouders is dat u hier helemaal rond kunt lopen: van de slaapkamer komt u in de dressing, als u doorloopt in de badkamer en vandaar opnieuw in de slaapkamer. Op die manier hebben de ouders alles bij de hand en genieten ze toch van de nodige privacy om zich om te kleden of een bad of douche te nemen. Het is maar een van de weinige dingen die ons doen vermoeden dat meneer en mevrouw erg doordacht zijn te werk gegaan bij het ontwerp en de indeling van deze nieuwbouwwoning. Al snel komt de aap uit de mouw, want wanneer we informeren naar de professionele activiteit van meneer blijkt dat hij bouwkundig tekenaar is. Het verklaart meteen waarom dit huis zoveel originele en persoonlijke accenten bevat.

> 'Vele variaties en afwisseling van materialen en verhoudingen zorgen voor een speels effect'

Dat geldt des te meer wanneer we even rond het huis wandelen en de buitenkant bekijken. Vooral aan de achterkant van het huis valt op hoe vele variaties en afwisseling van materialen en verhoudingen voor een speels effect zorgen. Door bijvoorbeeld te spelen met de ramen (een combinatie van blokramen die gelijk met de gevel komen en ramen die een steen diep in de gevel liggen) creëerde Belim diepte. Het verspringen van de dakhoogte, de combinatie van gerecupereerde Boomse dakpannen met een rieten dak én een dakkapel met tegelpannen en de afgeschuurde planken van de garage maken het huis een blikvanger in de straat. We begrijpen nu waarom zoveel toeristen en fietsers hier even stoppen: niet om even uit te rusten zoals we aanvankelijk dachten, maar om dit pareltje te bekijken! ✳

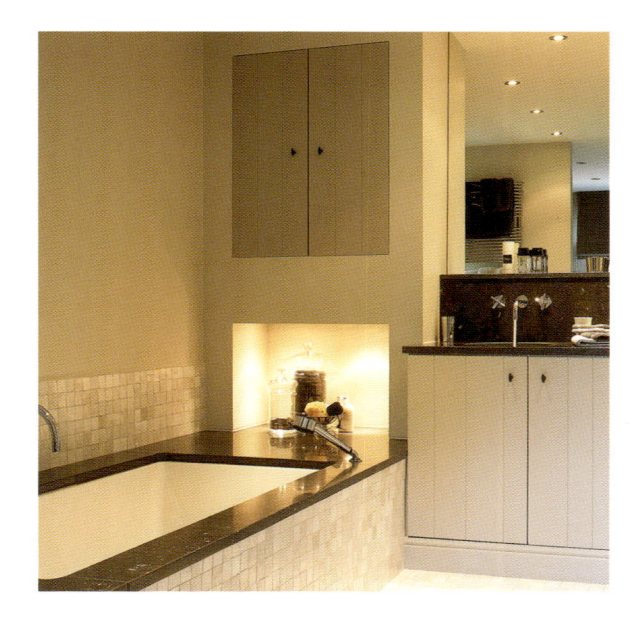

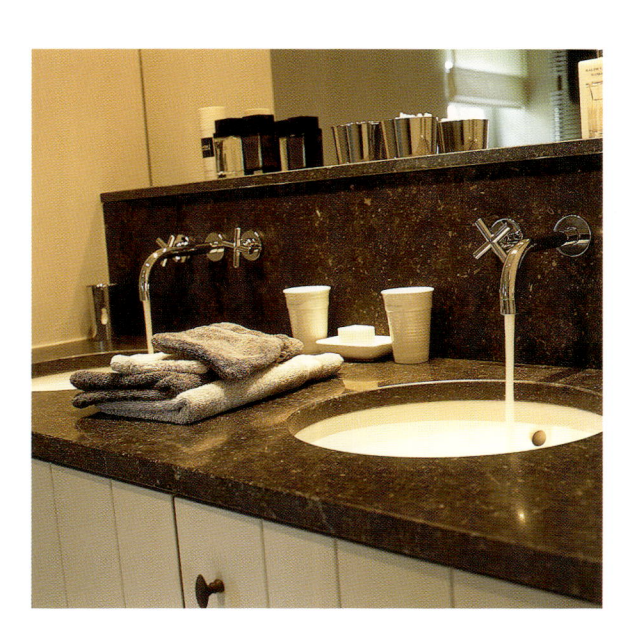

Belim Bouwteam
Gontrode Heirweg 138, 9090 Melle (B), tel.: 0032(0)9/272.50.00, fax: 0032(0)9/272.50.01,
e-mail: info@belim.be, website: www.belim.be

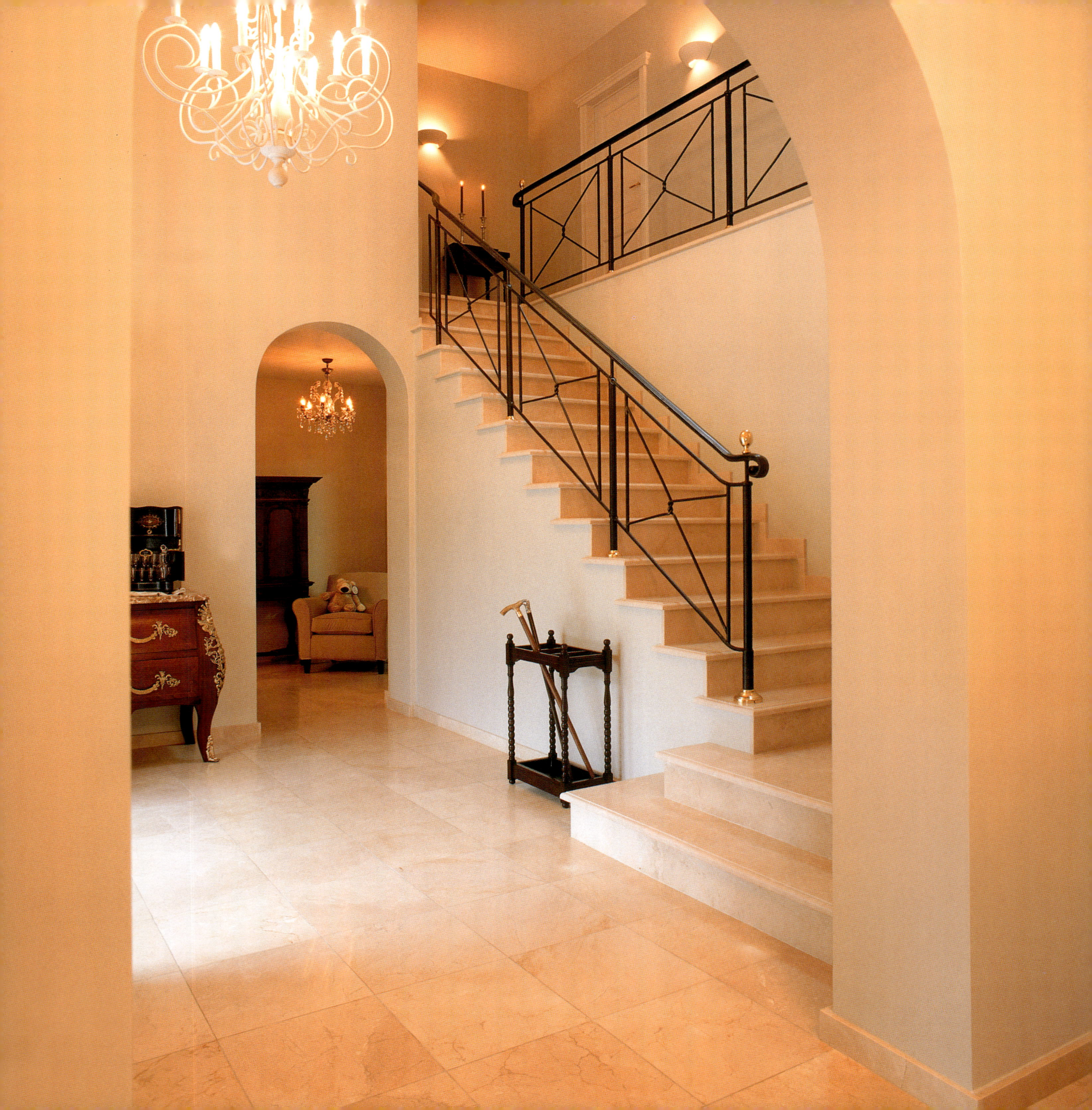

STIJLVOL WONEN COMPLEET
SENSE HOME INTERIORS

Puntjes op de i van decoratie

In een kader dat aanzet tot grenzeloos cocoonen, waar de kleuren van verven, vloeren en stoffering perfect op elkaar zijn afgestemd en de meubels kieskeurig hun plek hebben gevonden, zet de interieurspecialiste van dienst met haar uitgelezen decoratie de puntjes op de i.

Met een sober aangeklede maar toch rijkelijk aandoende hal valt Sense Home Interiors meteen met de deur in huis. Achter een boogvorm tekent zich een sierlijke smeedijzeren Flamant luchter af tegen muren geverfd in craie. De luchter werd geverfd in oud wit. Typisch: dit ontwerp oogt tegelijk klassiek en eigentijds. Van een 'gastvrije' inkom gesproken, wel deze ontvangt u gegarandeerd met open armen! De hal telt ook nog een hoekje dat uitkijkt op het groen. Jil Iliegems trekt er de symmetrische kaart. Centraal prijken een kandelaar en een kristallen luchter. Voor de flankering zorgen Louis

'Kaarslicht streelt het glaswerk en een bronskleurige luchter spant de kroon'

Philippe lampen en componisten in brons op consoles. De voortuin lijkt wel een prentje door de stores en overgordijnen die het raam voorbeeldig inkaderen.

De eetkamer maakt zich op voor een feest dat nog lang zal nawerken. Zuiver op de graat zijn de zijde overgordijnen voorzien van een verticale sierpand. Door de lichte glans maakt deze raamdecoratie indruk. Echt chic staat het gerei in gepolijst tin op tafel waar de stoelen een hoes hebben gekregen in

> 'Maatwerk zet de toon in het huiskantoor waar een wandvullende kast een bureau heeft als verlengstuk'

100% linnen. En zo kleurt de natuur een beetje deze woning. Smakelijk klinken de namen van het servies: Cavana gemengd met Scarlet Grey en de bestekken met houtgreep: Oregon in havana kleur. Goed om weten: de tête à tête gedekte tafel beschikt over een rolsysteem zoals weleer zodat u in een handomdraai met de hendel de lengte laat variëren (drie standen zijn er). Bij de aubergine tafellopers horen dito servetten. Kaarslicht streelt het glaswerk en een bronskleurige luchter spant de kroon. Op een zware kast zorgen blauwwitte potten voor een wat Oosterse zweem - ja hoor, culturen laten zich dezer dagen prettig verzoenen in het interieur. De muur achter de kast reikt niet tot het plafond waardoor op subtiele wijze ruimte wordt gerealiseerd en tegelijkertijd ieder vertrek zijn intimiteit bewaart.

Vast en zeker multifunctioneel is deze 5-delige salontafel in donkere bamboe op een papyrustapijt met boord in croco. De bijzettafeltjes schikt u makkelijk volgens de behoeften. Let op de overgordijnen die de boog in het plafond volgen en de zetels ervoor doen hetzelfde. U denkt allicht dat er hier een doordeweekse open haard in Franse steen werd gemonteerd. Mis! Deze schouw heeft dan wel een charmante authentieke look, de inbouw is warmteregulerend en uiterst vriendelijk voor de gezondheid. Bovendien verkoopt dit ontwerp geen last qua restafval. Bij een secretaire, model Regent, tikt een retro klok en de afgeronde stoel met gevlochten zitting wacht geduldig. Deze woonkamer vindt eigenlijk op organische wijze een mooi evenwicht. Het gehanteerde palet met visonkleur en natuurtinten is daar beslist niet vreemd aan.

> 'Met de keuken ontwaakt de herinnering aan een verblijf in de Provence'

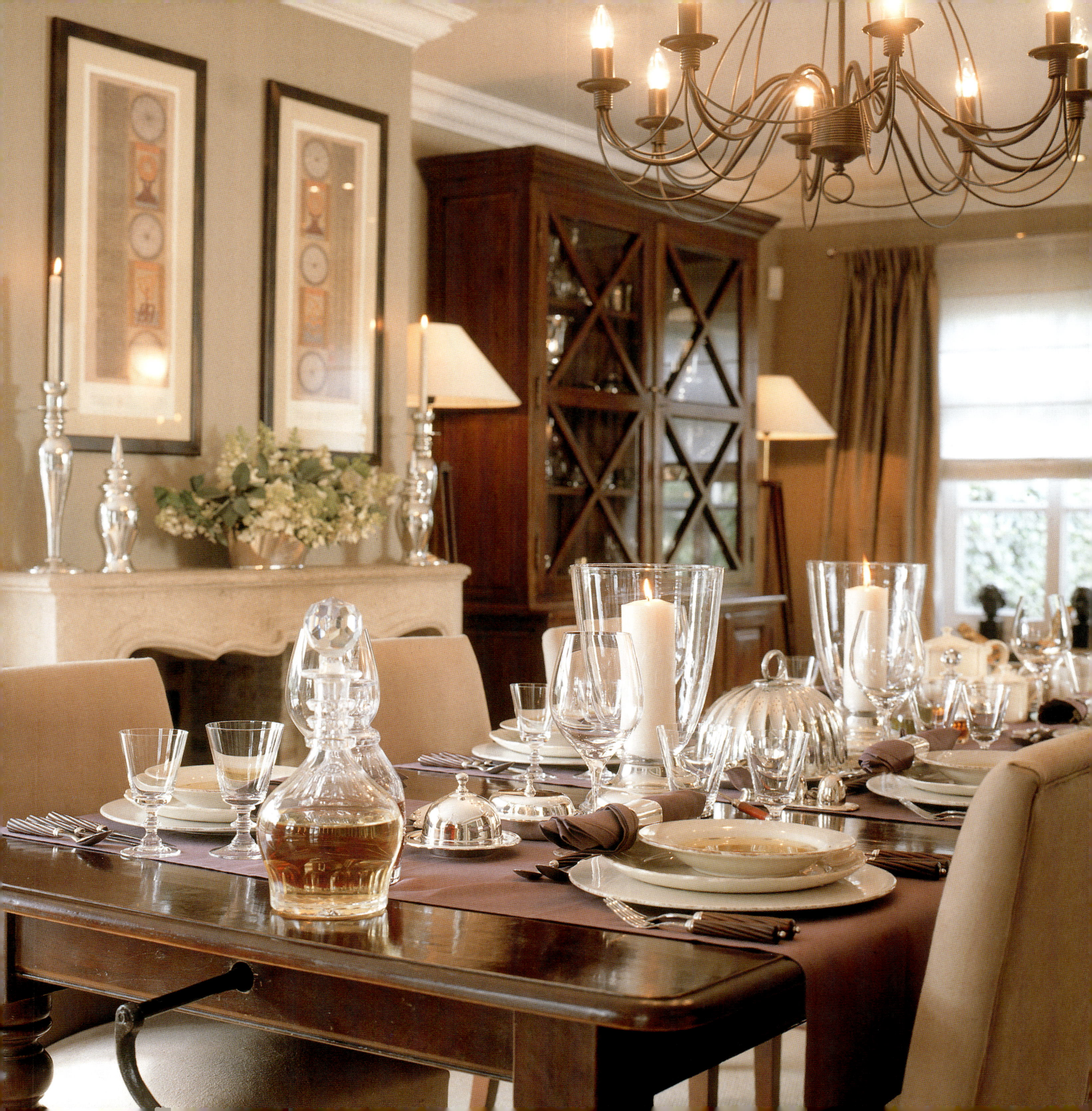

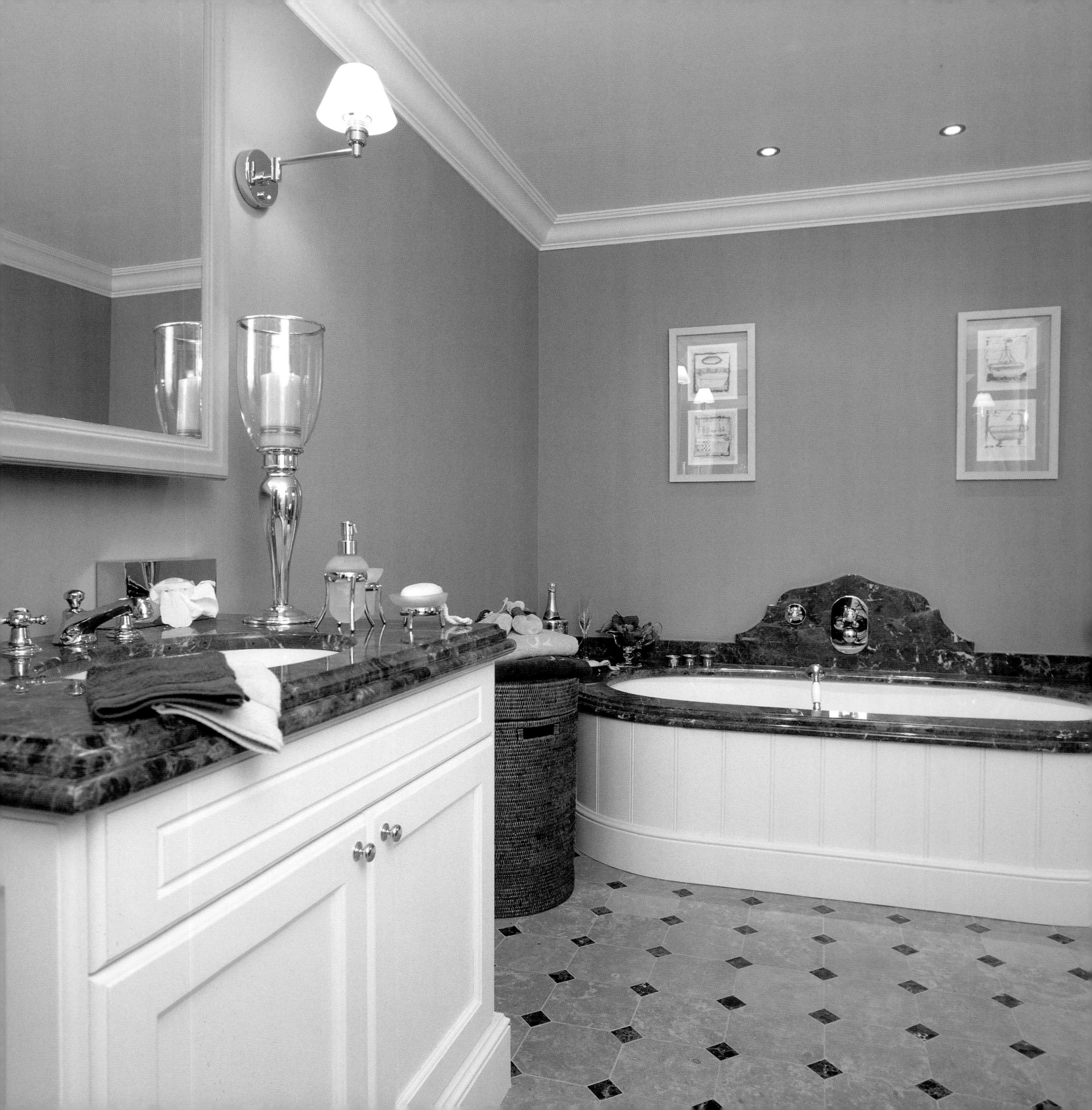

Sense Home Interiors presenteert in deze compleet gerestylde villa een handgeschilderde MDF maatkeuken. Aan het plafond een lamp met een katrol als vanouds. Het heldere milieu wordt zonnig ingekleurd met een store in een grote ruit. Opeens ontwaakt de herinnering aan een verblijf in de Provence en er speelt een glimlach om onze lippen. Alweer trek in vakantie! Via de hal gaat het dan naar het huiskantoor en ook daar zet maatwerk de toon. De wandvullende kast heeft een bureau als verlengstuk. Wat contrasteert de crèmekleur van de meubels ideaal met de iets donkerdere wand. Jil en haar team voelen bij het uitwerken van dergelijke concepten goed aan wat de ruimte en de opdrachtgever vraagt. De opvolging gebeurt nauwgezet van a tot z.

Na het paperassenwerk vindt een mens ook graag nog eens tijd om zich compleet te ontspannen en dat kan best in het vertrek in monseigneur rood. De Lloyd Loom zetels van Vincent Sheppard dragen bruine lederen kussens die prachtig zitten. En als garnering aan de vensters noteren we effen Amerikaanse stores in saba tint en overgordijnen in wilde zijde met een streepmotief. De trap brengt ons bij de badkamer in Franse natuursteen van Maron. Let op de donkere noppen die de vloer een extra dimensie geven. Bad en lavabo werden door Sense afgewerkt in MDF en dan blank geschilderd.

Plafondlijsten omlijnen het geheel zoals het hoort, terwijl windlichten pronken bij de spiegelkast. En ook in de slaapkamer heerst een warme gezelligheid door het kleurgebruik en de aankleding. Het comfortabele bed van Meridiani werd compleet afgestemd op de wensen van de klant door een hoofdeind toe te voegen in donkere massieve eik met langgerekte en kunstig gedraaide spijlen op de uithoeken. Dit bed heeft stijl. Nachtkastjes vormen een aardig stel. De bedsprei in zijde, gewatteerd en doorstikt, accordeert stemmig met de gordijnen en als kers op de taart zijn er kussens in aubergine.

Dochterlief heeft een schattige kamer. De pluchen muizen - drie op een rij - zijn om te zoenen. Als het zandmannetje straks langskomt, wachten haar zoete dromen... Toch handig voor mama dat de stof van het beklede bed afneembaar is. Overgordijnen in ecru pakken uit met een sierpand in camel.

Als decoratrice geniet Jil Iliegems van een grote creatieve vrijheid binnen de lijnen die zij in samenspraak met de klant heeft uitgetekend. Onder één hoedje spelen luidt de boodschap. En dat leidt ook hier weer tot een zeer harmonieus en persoonlijk interieur dat aanzet om graag thuis te komen. ✻

'Donkere noppen geven de badkamervloer een extra dimensie'

'Het bed heeft stijl en de nachtkastjes vormen een aardig stel'

Sense Home Interiors
Brugstraat 34, 2820 Rijmenam-Bonheiden (B), tel.: 0032(0)15/50.06.28, fax: 0032(0)15/50.06.21,
e-mail: info@thatmakessense.be, website: www.thatmakessense.be

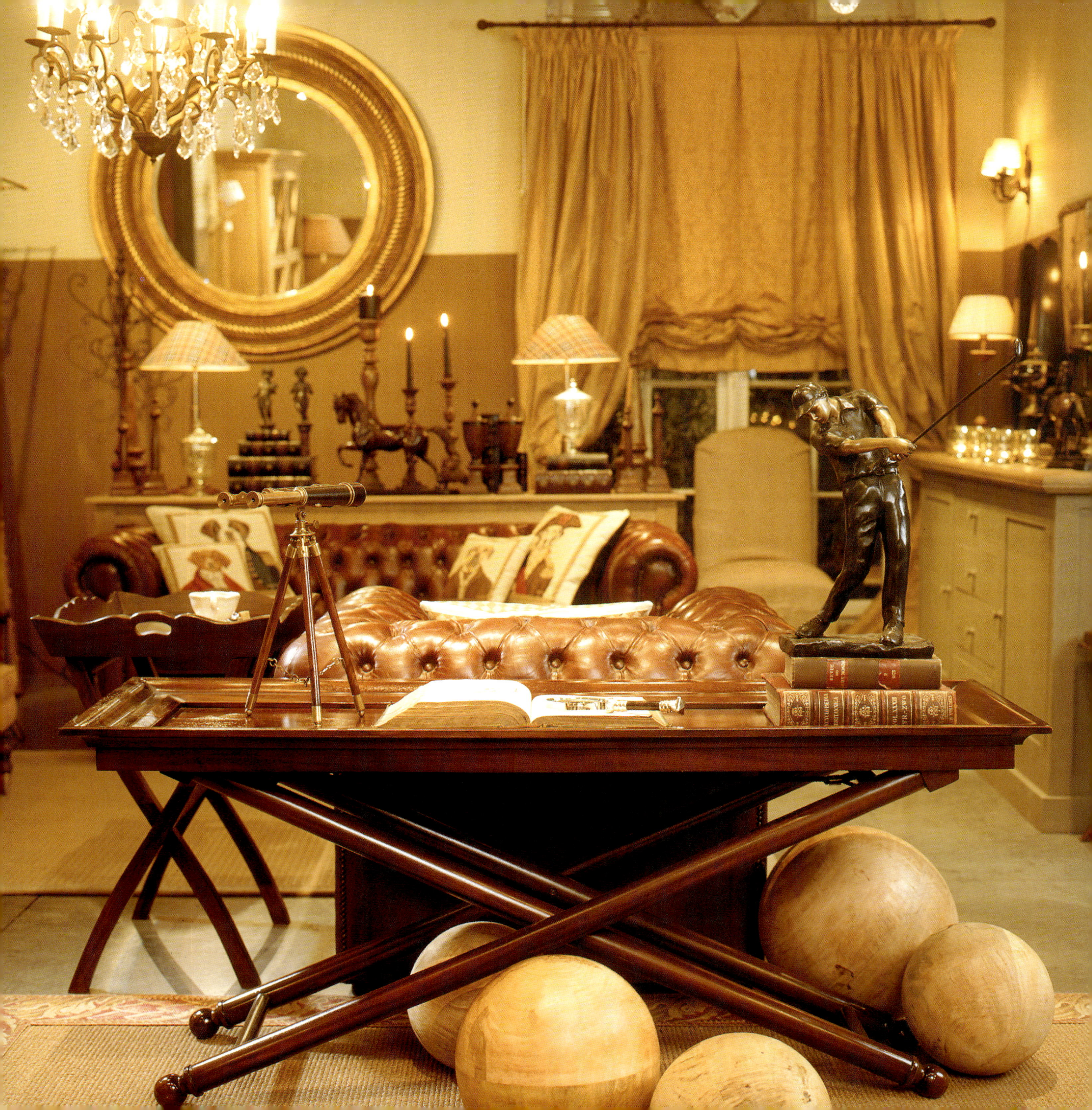

STIJLVOL WONEN COMPLEET
SLOTS

*H*OEVE VINDT TWEEDE ADEM

Met een perfect uitgebalanceerd kleurenpalet werd een tijdloos kader gecreëerd waarin meubels en decoratie, in een originele mix, maar steeds gezelligheid ademend, een eigen leven leiden. Het inspireert de bewoners om de dagdagelijkse realiteit steeds opnieuw boeiend te beleven. En zo heeft deze hoeve haar tweede adem gevonden.

'Het salon ziet er schitterend uit, vooral door de opzichtige vergulde spiegel die de vele lichtpunten wel lijkt te vermenigvuldigen'

Het was mevrouw Slots die indertijd deze zaak in huis- en tuindecoratie op de sporen zette. Vandaag hebben haar dochter en zoon de dagelijkse leiding in handen. Ann is begaan met totaalinrichting en Philip bekommert zich om de organisatie van het bedrijf. De klant ziet de winkel als een ware inspiratiebron voor stijlvol wonen. Al kuierend ontdekt u concrete ruimten en hoekjes, het lijkt wel alsof u te gast bent in een prachtig pand dat bewoond is. Heel wat ideeën zijn in een handomdraai toepasbaar bij u thuis. Van cadeauartikelen tot eenvoudige decoratie en van zetels tot maatkasten, u vindt het hier bij de vleet. Maar u kunt ook advies inwinnen omtrent de inrichting van uw woning of appartement. Welke kleuren kiezen? Hoe best combineren? Wat zal het effect zijn van een bepaalde ingreep? En als u een handig team wil inschakelen bij de realisatie van al uw mooie plannen, ook dan bent u bij Slots aan het juiste adres.

Aangekomen bij de eeuwenoude boerderij Driehoven in Kooigem treffen we de heer des huize op de binnenkoer met zijn paard Rejo. Verticale banden in rood en ecru flatteren de hal die ons meteen een vertrouwd beeld schenkt door de ietwat nostalgische aanpak. Aloude elementen kregen een plaats: speelgoedwagen, hoedendoos en golfzak. Het trapje leidt naar een zolder, maar die weg gaan we niet. Laat ons nu de woonvertrekken bezoeken. Er heerst eigentijdse

> 'Als straks de laatste amoureuze zin aan het papier is toevertrouwd, wordt de omslag op de secretaire verzegeld'

> 'Muurbeplanking in pralinékleur sluit naadloos aan bij het timbre van het bed dat uitgevoerd werd in leder en loom'

huiselijkheid in de eetkamer. Let op de afgebladderde deur die hier enkel een decoratieve functie heeft. Een eiken vitrinekast gevuld met tafelgerei en verzamelobjecten fungeert als een breekpunt in de blanke ruimte. Bij de ovalen tafel staan antieke stoelen die door Slots werden opgemaakt; zowel het patineren als het stofferen gebeurde in eigen atelier. Vlammetjes doen het Côté Table porselein oplichten en met een bolvorm van takken, mos, schelpen en witte zijdebloemen zit de tafelopsmuk volledig in dezelfde lijn. Dit tafereel in evenwicht zet aan tot een ontspannen ontbijt en een rustig vervolg van de dag.

Maatkeukens van Slots krijgen altijd het patina mee waar de ruimte om vraagt. Elk ontwerp wordt dus als het ware geënt op het kader en hier is dat niet anders. De voile store komt uit eigen atelier. Er is gekozen voor een werkblad in verzoete blauwe hardsteen met een opstaande spatrand. Bij de retro spoelbak hoort dito kraanwerk. Thematische kaders volgen de lijn van de lambrisering gevormd door de tinten Artichaud (onderaan) en Poussière. Typisch Engels servies met bloempjes wacht geduldig op de aanvang van een gemoedelijk koffie- en theekransje. Het raster met de

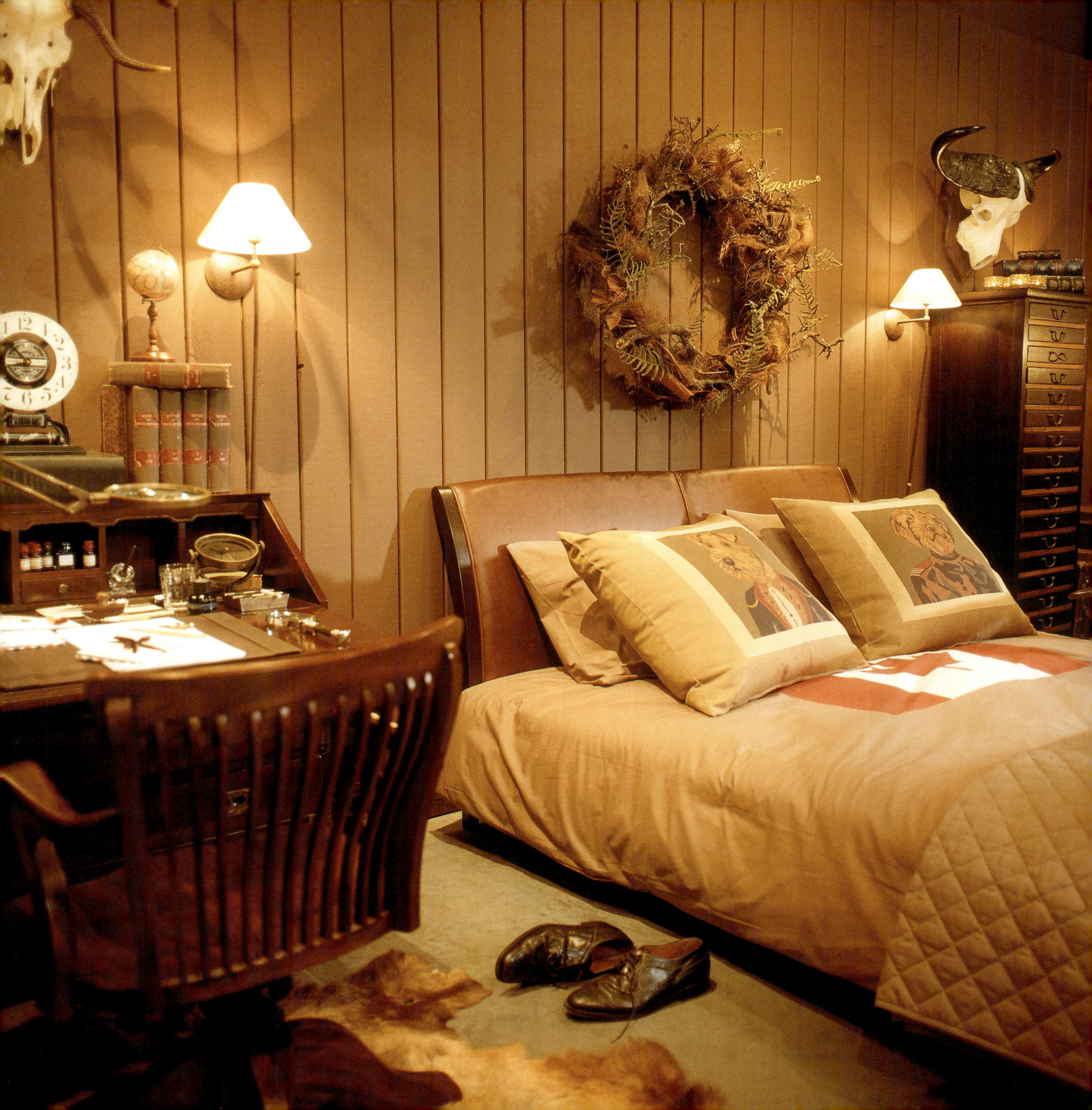

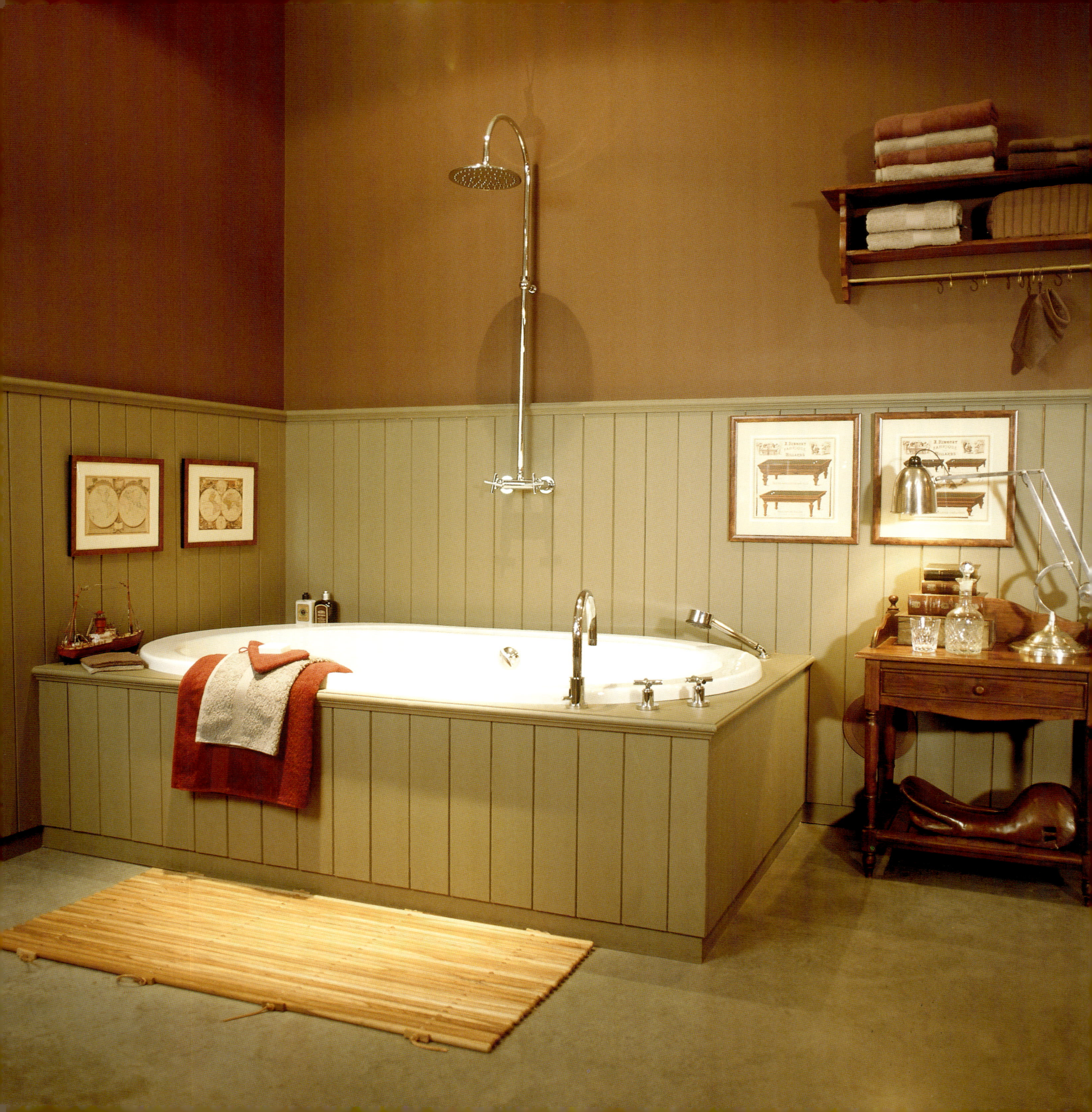

'Bij het bad ligt een feest-voor-de-voeten-tapijt in teakhouten latten'

haken boven het werkblad zou uit een slagerij kunnen komen. En zo belanden we in het leefgedeelte van de keuken. De abdijtafel Marcus werd getooid met linnen van Sia en verfijnd rozig aardewerk. Ranke kaarsen op een kunstig schab geven het schilderwerk een magische gloed.

Tijd om neer te strijken in Chesterfields vervaardigd naar aloud model. De authenticiteit straalt af op de rest van de ruimte. Bij de effen gordijnen horen stores in dezelfde stof maar met een motiefje. Met de kleuren Café au lait en Moutarde werden de wanden geverfd alsof er een hoge lambrisering is. Kaders met theepotten volgen die aftekening. Dat de Café au lait kleur dit salon een warme uitstraling geeft, staat vast. De gepatineerde dressoir draagt een naturel blad. Bovenop maken ornamenten, potten, beelden en glaswerk grote sier. De butler tray staat er gedienstig bij. Op een stapeltje oude boeken prijkt een bronzen golfspeler. Lichtpunten zijn er overvloedig: kristallen luchters, kandelaars, buffetlampen en wandarmaturen. De opzichtige vergulde spiegel van Flamant lijkt de vele lichtpunten te vermenigvuldigen. Daardoor ziet het salon er gewoon schitterend uit. En de mensen die er verpozen voelen zich idem dito.

De stemmige slaapkamer getuigt duidelijk van een koloniaal elan. Boven het bed een enorme krans vervaardigd bij Slots. Het hoofdeinde rust tegen een muur van beplanking in een pralinékleur die naadloos aansluit bij het timbre van het bed dat uitgevoerd werd in leder en loom. Op de kussens ziet u als mensen vermomde honden. Trofeeën verwijzen naar de jacht en tapijten met prints refererend aan dierenhuiden maken het plaatje compleet. De eiken secretaire luisterend naar de naam Penelope kreeg een acajoubehandeling. Op het schrijfblad ligt nonchalant tussen allerlei bureauartikelen een liefdesbrief in wording. Mevrouw haar aanhef spreekt reeds boekdelen: Chèr August... Als straks de laatste amoureuze zin aan het papier is toevertrouwd, wordt de omslag verzegeld met was en een persoonlijke stempel. Inhoud enkel bestemd voor de geliefde bestemmeling. Al even cosy oogt de dressing. Het Praliné van de slaapkamer wordt er hernomen, maar dan in verticale banden afgewisseld met Fin de Siècle. In de badkamer duikt dezelfde kleurencombinatie op in de lambrisering, het houtwerk rond het bad en de muren. Slaapkamer, dressing en badkamer vormen aldus een geslaagd geheel. De wastafel in de dressing oogt beeldig. Bij het bad ligt een feest-voor-de-voeten-tapijt in teakhouten latten. Textiel en badproducten zijn van L'Occitane.

'De hal schenkt u meteen een vertrouwd beeld door de ietwat nostalgische aanpak'

Bij Slots is het heerlijk snuisteren tussen een meer dan compleet aanbod bestaande uit terracotta, tuinmeubilair in teak, op maat gemaakte keukens en badkamers, allerlei accessoires, kraanwerk, exclusieve zetels, kasten en voorwerpen. En vergeten we ook niet de unieke stoffencollectie. Niet zelden roepen klanten die voor een kleinigheid waren gekomen, de hulp in van de Slots decoratrices omtrent parket bijvoorbeeld. Wees gerust: vakbekwame lieden zorgen voor een vlotte plaatsing bij u thuis. Bij een totaalinrichting streeft Slots steeds naar een harmonisch huwelijk tussen bestaande elementen en nieuwe. Op die manier ziet u uw souvenirs geïntegreerd in een verfrissende totaliteit. Soms komt deze binnenhuisinrichter wat gedurfd uit de hoek. Maar bovenal realiseert Slots interieurs naar uw individuele smaak en persoonlijkheid. ✻

Slots
IJzeren Bareel 20a, 8587 Spiere-Helkijn (B), tel.: 0032(0)56/46.11.70, fax: 0032(0)56/45.73.50,
e-mail: contact@slotsdeco.com, website: www.slotsdeco.com

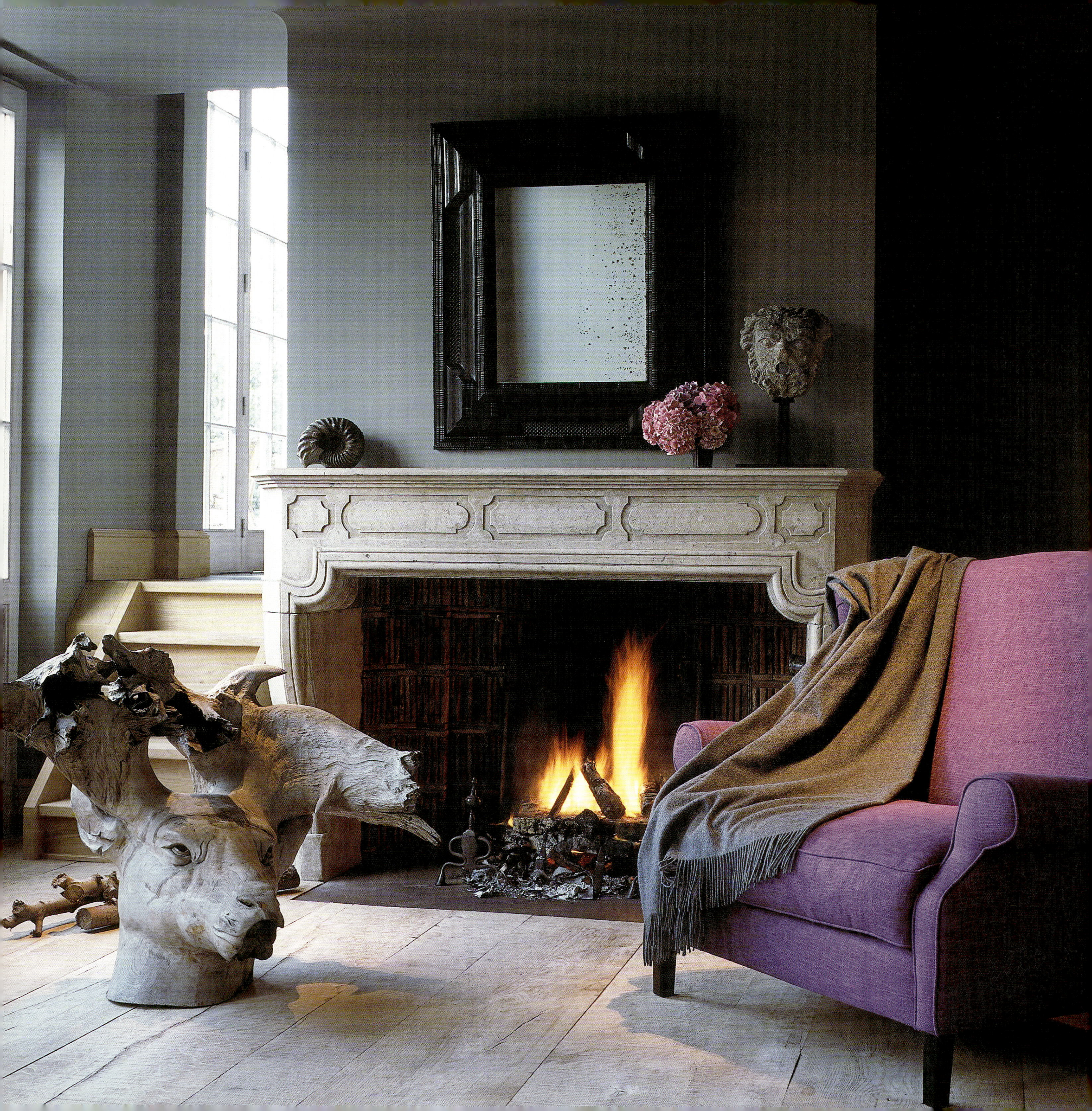

STIJLVOL WONEN COMPLEET
LEON VAN DEN BOGAERT

Het juiste stuk op de juiste plaats

Een zwarte badkamer? Een felgroene hal? Je moet er maar opkomen. En er het lef voor hebben! De reden voor deze gedurfde keuze: "Een woning mag je nooit onverschillig laten. Het moet je iets doen: of je vindt het prachtig, of je vindt het foeilelijk", aldus de eigenaar. Benieuwd wat u ervan vindt...

"Een huis, een interieur moet in de eerste plaats een bepaald gevoel uitstralen, het moet een reactie oproepen", vertelt Vincent Van den Bogaert over zijn privéwoning. "Er zijn tegenwoordig zoveel woningen waarvan je achteraf niet eens meer weet wat je nu eigenlijk gezien hebt. Dan zit het fout! Je moet ervoor zorgen dat je een bepaalde uitstraling creëert, het huis een ziel geeft die niemand onberoerd laat."

De familiewoning bestaat uit een oud en een nieuw gedeelte. Het oude gedeelte is een herenpand dat dateert uit 1900 en nog tal van originele, klassieke elementen bevatte toen de familie dit kocht. "Uit respect voor de woning en de authenticiteit ervan hebben we die oude elementen niet veranderd. Om in de aparte sfeer van 1900 te blijven, hebben we dit gedeelte van het huis ook erg klassiek ingericht, helemaal in dezelfde stijl als het huis." Alleen in de hal werd de witte carrara marmer uitgebroken om opnieuw gelegd te worden in een dominoverband met een oude grijze marmer. "Om de hal wat meer cachet te geven", legt Vincent uit. "Verder is alles helemaal intact gebleven. Zo hebben we bijvoorbeeld onder het dak een ruimtelijke loft gemaakt waar je op het oude hou-

'Om in de sfeer van 1900 te blijven, hebben we het oude gedeelte klassiek ingericht'

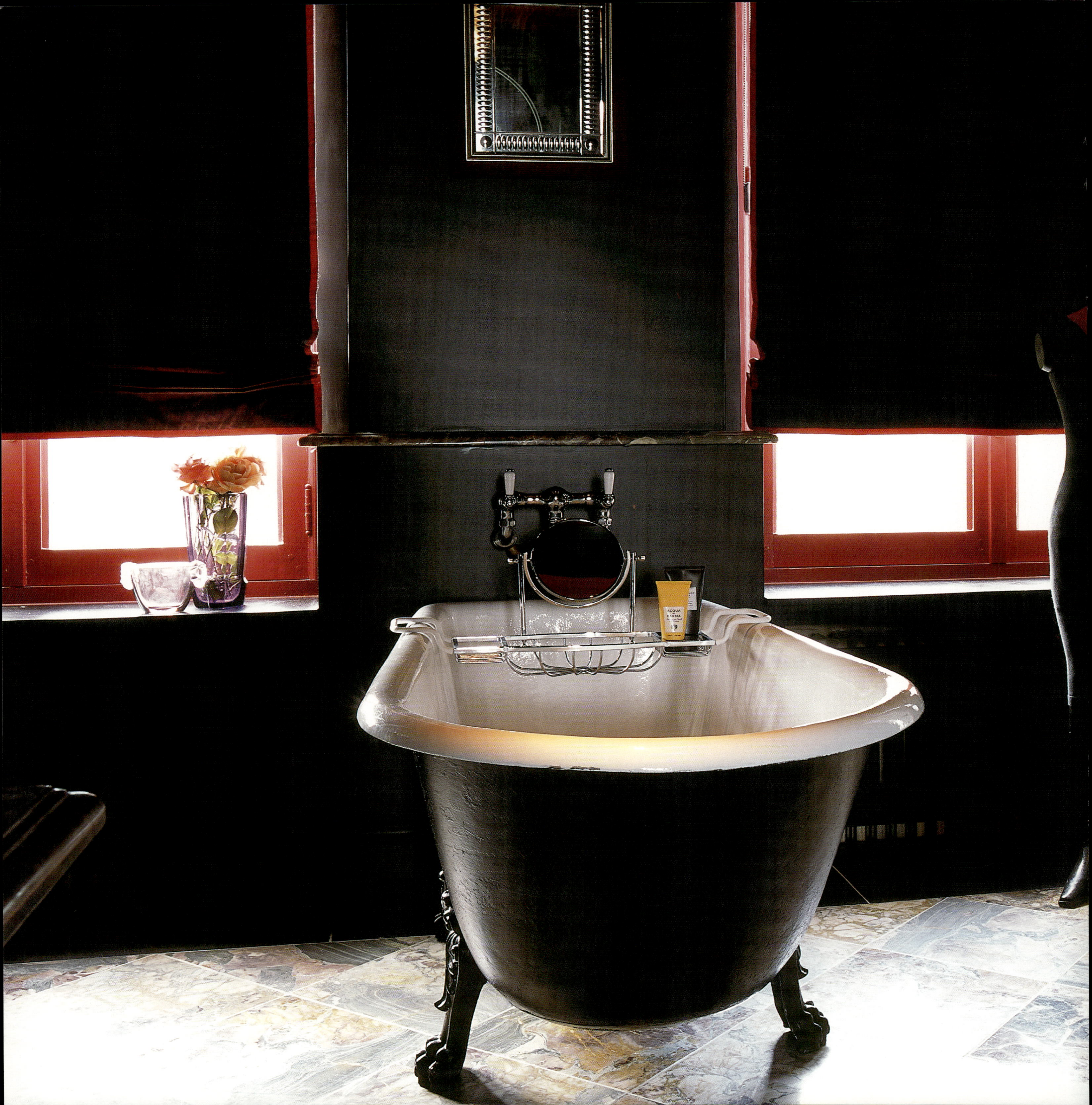
ACQUA

'In de badkamer koos Vincent voor zwarte muren en rode accenten, een gedurfde kleurstelling'

ten dakgebinte kijkt. En om in de klassieke sfeer te blijven, hebben we een echte jachtkamer ingericht op de eerste verdieping." Hoewel de familie de stijl van het herenhuis wel kan waarderen, is het niet helemaal hun ding. Vandaar dat ze de klassieke elementen van het oude gedeelte hebben willen compenseren door een nieuw gedeelte aan te bouwen. En door met gedurfde, aparte kleuren te werken die de antieke stukken in een heel ander daglicht plaatsen. De ruimte waar Vincent het verst is gegaan in zijn kleurkeuze is ongetwijfeld de badkamer op de eerste verdieping. "Ik heb hier gekozen voor zwarte muren en rode accenten, een minder voor de hand liggende kleurstelling. Wanneer je hier binnenkomt, word je helemaal overvallen, overmand door die sfeer", aldus Vincent. Alles is dan ook zwart: de muren, de radiatoren, het badkamermeubel, tot zelfs de buitenkant van het bad toe! Enkel het warme rood van het plafond, de ramen en enkele decoraties zoals de paspop zorgen voor een beetje kleur in die zee van zwart. "Op die manier hebben we hier een kader gecreëerd waarin het heerlijk baden en genieten is met wat achtergrondmuziek. En dat is uiteindelijk toch de bedoeling? Een bad dient toch niet voor een snelle wasbeurt, maar juist voor een uitvoerig badritueel?" Dat deze gedurfde inrichting een reactie vraagt, daarover bestaat geen twijfel. "Voor ons

'Het is net de kunst om mooie stukken te verwerken in een hedendaags decor'

werkt het perfect: wij hebben echt het gevoel dat we hier opgevangen worden door het huis. Voor ons is het een natuurlijke omgeving geworden, wij voelen ons hier helemaal thuis."

Het nieuwe gedeelte dat Vincent recent liet aanbouwen herbergt de leefkeuken en de bibliotheek. Boven bevindt zich hier nog een bureau. De keuken is van prachtig verweerd hout met zwarte marmer. Het is een erg ruime leefkeuken met grote eettafel waar heerlijk getafeld en gefeest wordt. De grote boogramen maken van de leefkeuken een kamer die baadt in het zonlicht en waaruit je zicht hebt op de enorme tuin. De zoon des huizes geniet steeds met volle teugen van 'zijn' tuin waar hij heerlijk kan ravotten met zijn vriendjes. En de ouders slaan het allemaal gelaten gade vanuit de leefkeuken bij een aperitiefje of in het gezelschap van vrienden.

"Natuurlijk draait het allemaal om de sfeer. Het is niet de schouw of vloer die dat bepaalt, maar het kunnen vertalen van die elementen naar het interieur. Je moet

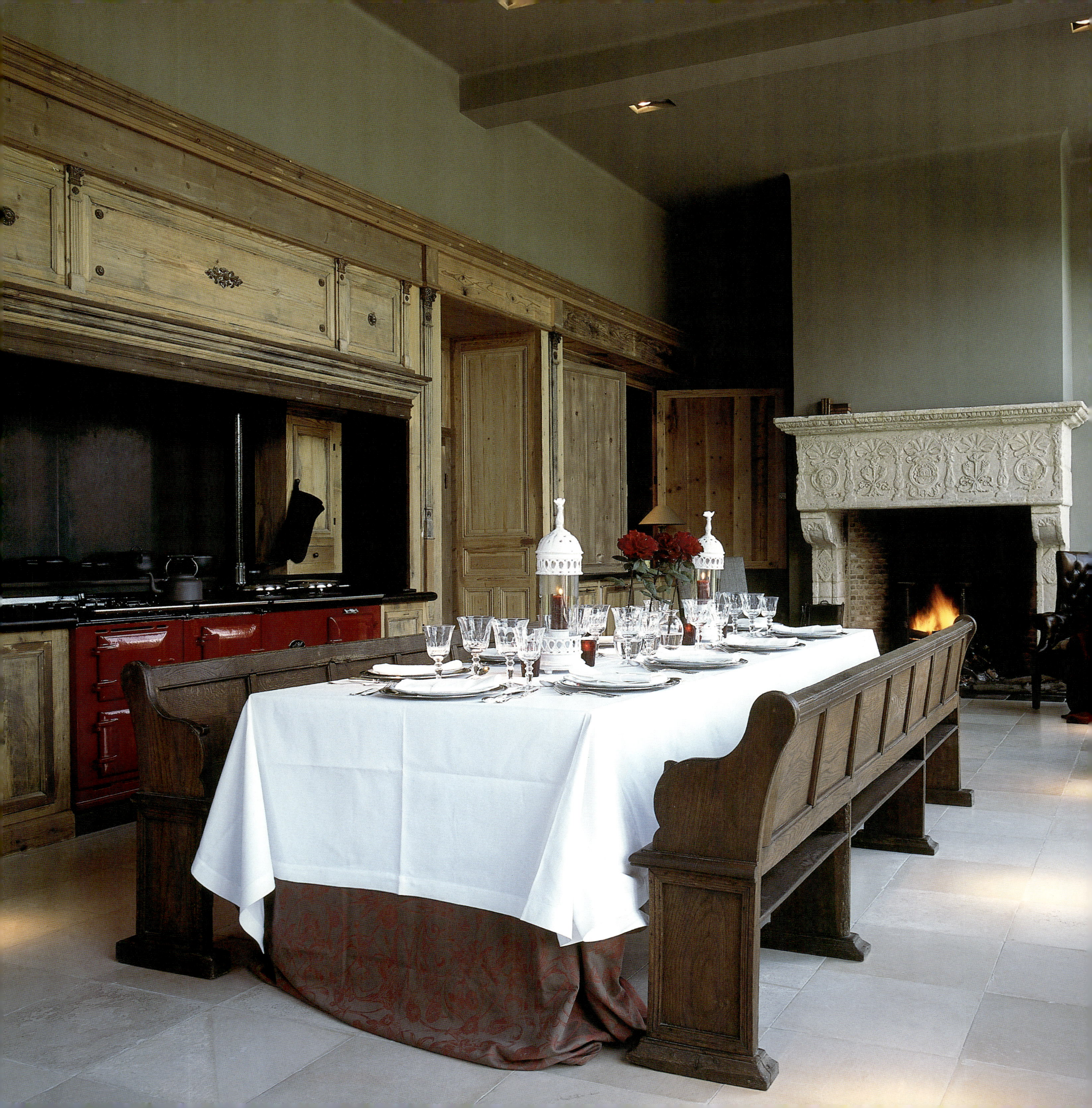

uitgaan van goede, mooie stukken die blijvend zijn en een meerwaarde geven aan een woning om die dan vervolgens te verwerken in een hedendaags decor. Als je mooie stukken hebt, moet je die apart laten belichten. Dat is de enige manier om ze helemaal tot hun recht te laten komen. Je mag een kamer nooit volproppen met antieke stukken, want dan krijg je het gevoel dat je in een museum leeft. In ons huis hebben we zelfs het tegenovergestelde gedaan. En daardoor springt de haard er juist uit! De haard is zo meer dan een haard geworden, het is een meubel, hét sfeerelement in huis. Het is toch niet omdat het een Lodewijk XVI-schouw is, dat die ook in een Lodewijk XVI-interieur moet staan?" Als medezaakvoerder van Leon Van Den Bogaert, specialist in antieke sierschouwen, weet Vincent duidelijk waar hij over spreekt. "De tijd dat mensen een haard kochten enkel en alleen om zich te verwarmen is al lang voorbij. De haard is het vertrekpunt, de basis voor het interieur. En dat maakt dat wij een haard ook zo moeten behandelen, ook zo moeten integreren in het interieur. Dat houdt twee dingen in: ten eerste moet je ervoor zorgen dat je de juiste mooie en waardevolle stukken koopt. Maar dat is met onze collectie van meer dan drieduizend unieke, zeldzame schouwen geen probleem!", lacht hij. "Vervolgens komt het erop aan om met die stukken een creatie te maken. Het gaat er om het juiste stuk in het juiste decor te plaatsen. Want het interieur, de omgeving, de setting maken het stuk en bepalen de sfeer. Dan pas komt het helemaal tot zijn recht. Dan wordt het een kunstwerk." ✻

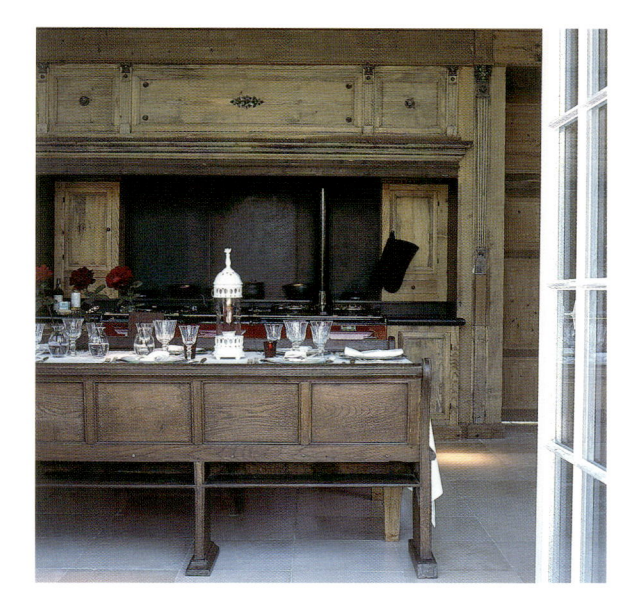

Leon Van Den Bogaert
Nerenweg 1, 9270 Kalken (B), tel.: 0032(0)9/367.52.01, fax: 0032(0)9/367.99.90
e-mail: vincent.vdb@skynet.be

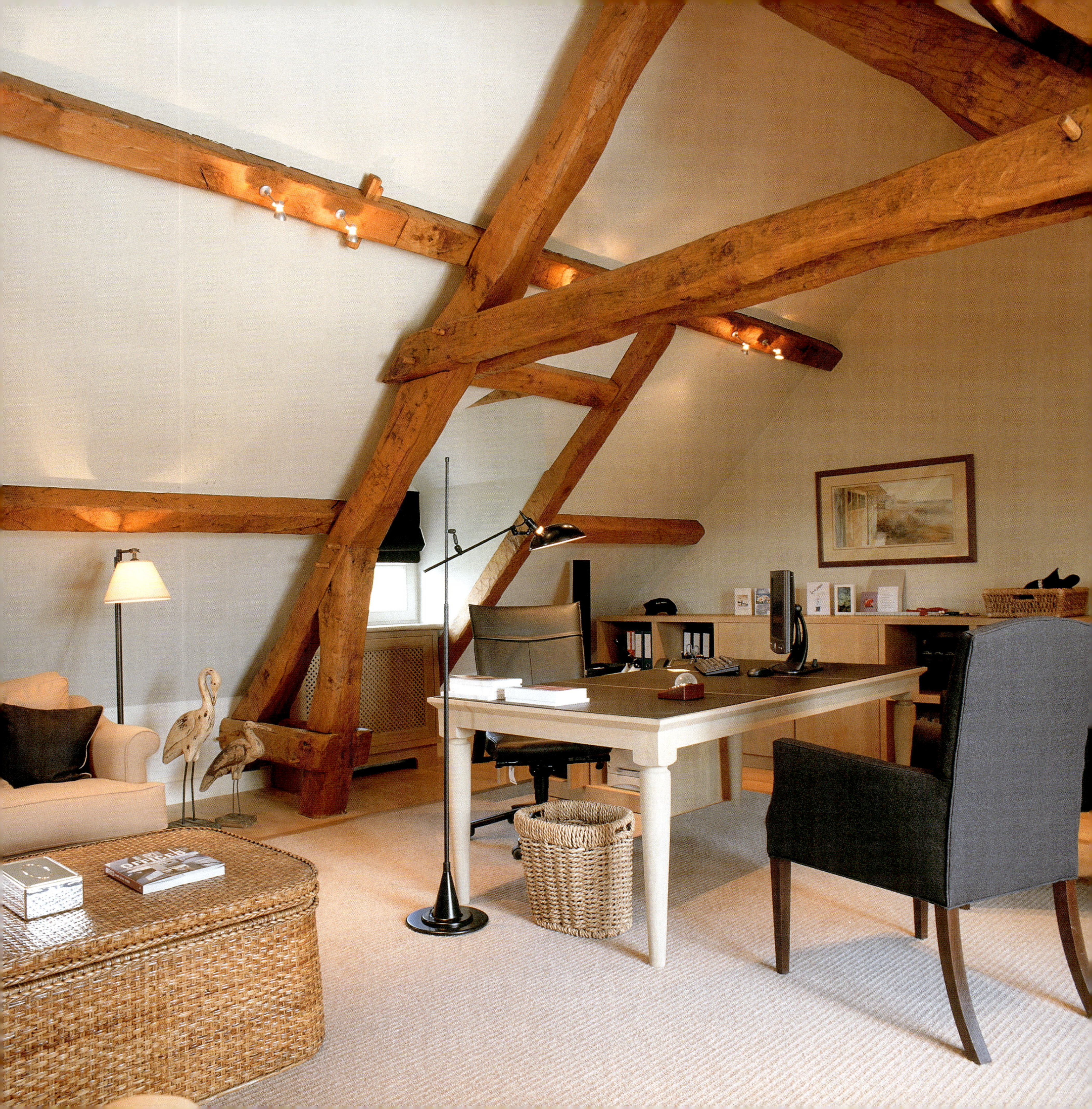

STIJLVOL WONEN COMPLEET
SPHERE HOME INTERIORS

Consequent de lijn doorgetrokken

Deze decoratrice bekent kleur. Door hier een eerder klassiek kader origineel te benaderen, krijgt het een apart elan. In elk vertrek duiken elementen op die complementair zijn, wat een vertrouwd beeld oproept dat toch blijft verrassen. Resultaat: een warme thuis met eigentijds karakter.

Zoals de naam laat vermoeden: sfeer is het sleutelwoord bij Sphere. Deze gerenoveerde hoeve illustreert alvast perfect waar het om gaat. Christel De Vos, die twee succesvolle interieurzaken runt in Schilde en Brasschaat, kreeg in dit aloude pand een bepaalde vrijheid bij de aankleding. Eerst werd het kleurenpalet bepaald. Daarbij gaat zij af op haar gevoel en houdt tevens rekening met de smaak van de klant. De gordijnen sluiten mooi aan bij de wanden en de plafonds zijn blank. Meteen is de toon gezet voor het hele interieur. De verdere invulling kan beginnen. Er zijn dikwijls meubels en voorwerpen waar mensen aan gehecht zijn en daar wordt dan een geschikt plaatsje voor gezocht. Voorts doet Christel allerlei voorstellen qua nieuwe elementen

> 'De trap brengt ons bij een berg lectuur en literatuur. Deze kast met ladder spreekt boekdelen. Maatwerk op hoog niveau'

volgens wat elke ruimte en elk hoekje vraagt. Daar maakt u dan een keuze uit. De persoonlijkheid van een interieur wordt volledig bepaald door de intense samenwerking tussen twee partijen: opdrachtgever en decoratrice. Van deze laatste mag u verwachten dat ze zeer begaan is met elk project, of het nu een villa is, een appartement, een kantoor of vakantiewoning.

Christel De Vos gaat nooit over één nacht ijs. Goed luisteren naar wat de klant verlangt om beter de situatie te begrijpen en in te schatten welk beeld reeds leeft in zijn of haar hoofd, luidt het credo. De levenswijze van de klant beïnvloedt alvast de decoratieve interpretatie uitermate. Dan worden de krachtlijnen bepaald. Wensen in praktijk brengen en verlangens vertalen, zo moet u dat zien. En dat alles resulteert uiteindelijk in een nauwgezette opvolging. Dat dit groeiproces (want dat is het telkens weer opnieuw) intensief, met hart en ziel en met een eigen touch verloopt, zal u geenszins verwonderen maar toch wel verbaasd doen opkijken. De inkomhal van deze woning maakt meteen indruk. Let op het gaanderijeffect. Het grijs van de muren oogt innemend en de gordijnen volgen die teneur. Blikvanger is een enorme kunstig gepatineerde kast.

Hier werd de hulp van Sphere reeds in de ruwbouwfase ingeroepen. Christel mag dan ook de lambriseringen en ingemaakte kasten op haar naam schrijven. Stijlvolle charme en gebruiksvriendelijkheid gaan duidelijk hand in hand. Compositie is een sterk punt, er wordt steeds gezorgd voor voldoende tegengewicht en overal hangt een warme gloed. De weelde voelt aangenaam aan maar nooit 'overdone'. Plaats dit interieur gewoon onder de noemer rustgevend en gezellig. Ontdek wat daarmee wordt bedoeld in de leefkeuken die een thuis vond in een serre met authentiek cachet. Zwembad en poolhouse lonken. Op het terras prijken loden plantenbakken van Rita

'Bruin gebeitste of blank gekalkte houten balken, u ontwaakt hier steeds onder een natuurlijke hemel'

'Het is niet enkel het boeket dat de woonkamer opfleurt, er zijn ook de kussens en stoffen met subtiel bloemmotief'

Jordens. Handig toch die wieltjes! Binnen vormt de eiken eettafel van Sphere in combinatie met de loom stoelen van Vincent Sheppard alvast een toonbeeld van sfeer. De kast sluit qua kleur perfect aan bij de profielen van de serre. Onder een smeedijzeren luchter van Gunther Lambert komen verfijnde siervoorwerpen tot hun recht. Deze collectie luchters is zeer uitgebreid en elk model is verkrijgbaar in verschillende formaten. Typisch is het luchtige karakter. Dergelijke luchters vallen niet op en toch maakt hun aanwezigheid het verschil. Naargelang de ruimte kiest u dus voor het juiste ontwerp.

Het is niet enkel het boeket dat de woonkamer opfleurt, er zijn ook de kussens en stoffen van Ralph Lauren. Het bloemmotief oogt subtiel en flatteert daardoor het vertrek in plaats van de sfeer te schaden. Naast de met orchideeën getooide schouw krijgen

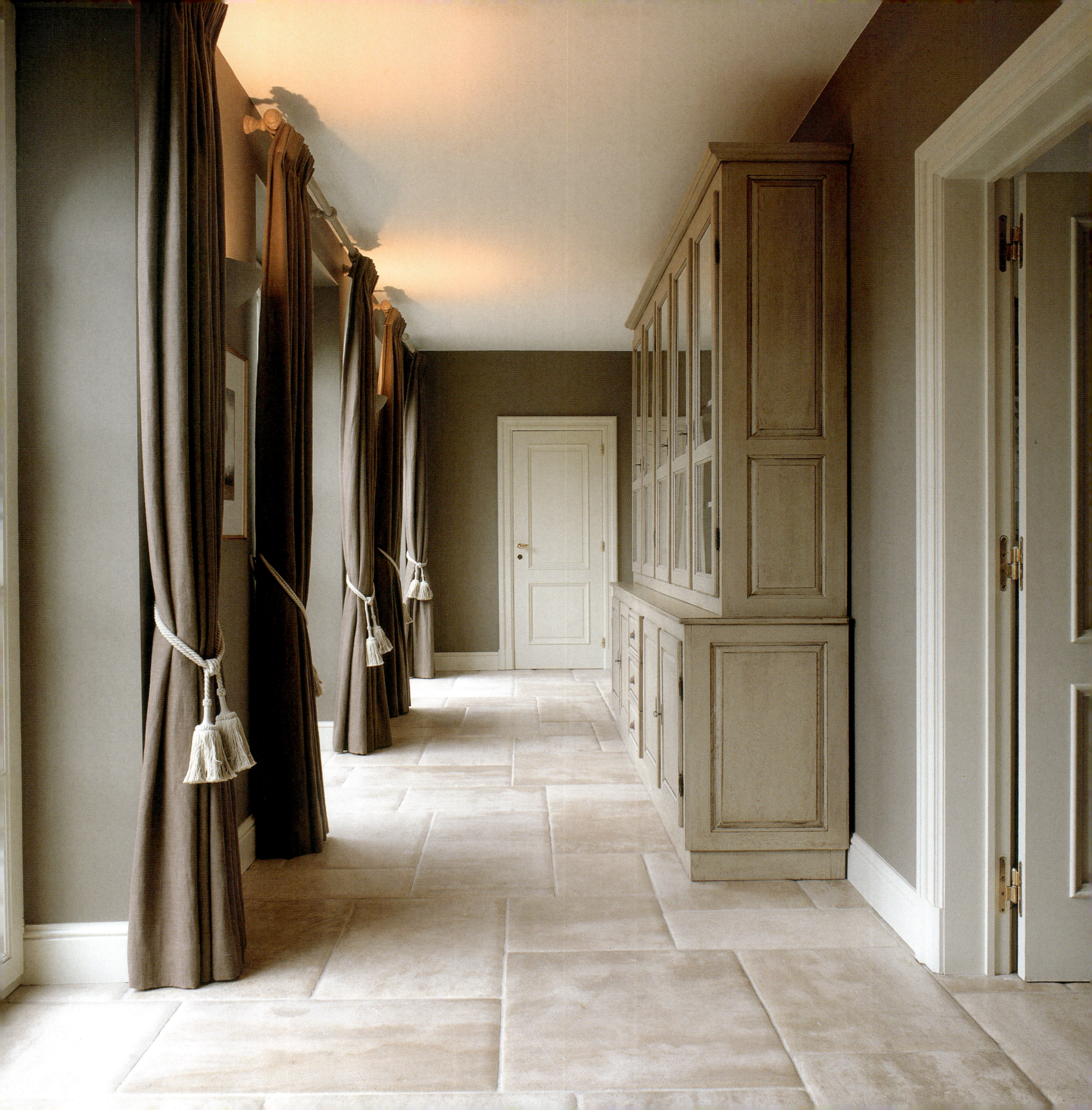

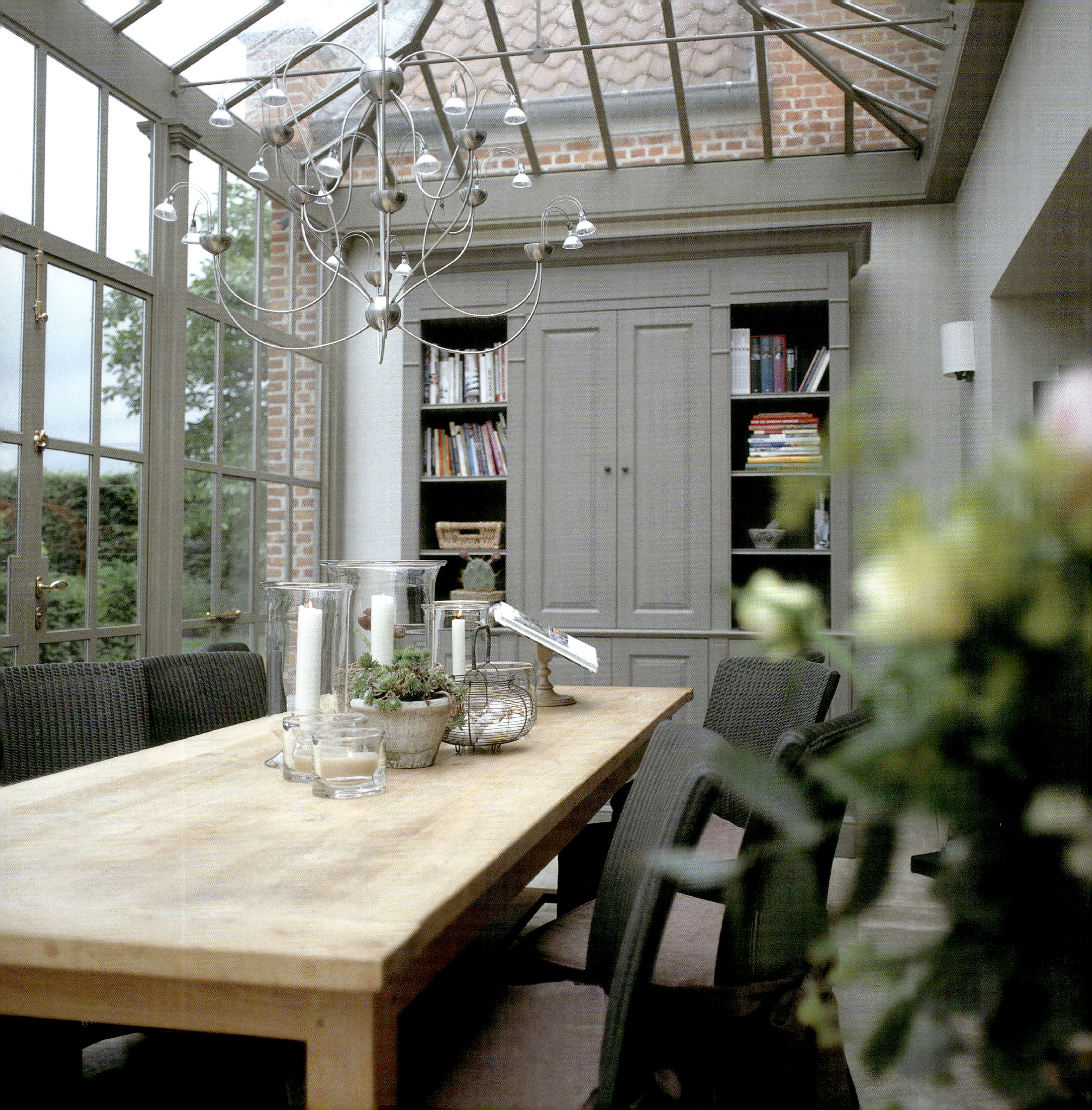

> 'Naast de met orchideeën getooide schouw krijgen boeken op een plank een decoratieve betekenis, terwijl de tv visueel eerder op de achtergrond blijft'

boeken op een plank een decoratieve betekenis, terwijl de flatscreen tv visueel eerder op de achtergrond blijft. Het bureautje nodigt uit om gezellig in familiekring wat briefwisseling en paperassenwerk bij te houden. De trap in het van het huis gescheiden bureau brengt ons bij een berg lectuur en literatuur. Deze kast met ladder spreekt boekdelen. Maatwerk op hoog niveau. En zo belanden we in een knus kantoor met mannelijke uitstraling. Er is gewerkt met Andrew Martin flanel in camel en grijstinten. De werktafel heeft een ingewerkt lederen blad. Wat zalig om hier, vlakbij huis en toch privé, de dagtaak aan te vatten.

In de slaapkamers laat Sphere het dakgebinte voor een stuk meespelen in de sfeerschepping. Bruin gebeitste of blank gekalkte houten balken, u ontwaakt hier steeds onder een natuurlijke hemel. De master bedroom toont ons raamdecoratie en een bedsprei op maat in Dedar stof. De slaapstee werd ontworpen door Oliver Strelli en u doezelt weg in bedlinnen van Scapa of Scotland. Rieten manden fungeren als nachttafeltje en een zetel biedt rust. De bedbank draagt het label Sphere, alsook de ingemaakte kasten die het dak volgen. De speciale finishing touch komt van lampen in brons en hout. De kinderkamers hebben een leuke Donaldson look. Plaids zijn seizoensgebonden en zo krijgt een ruimte telkens een ander accent. In de nok hangt een retro vlieger van Flamant. Hier indutten is altijd een beetje reizen in de tijd, op een wolk naar dromenland.

Uiteraard staat Christel De Vos niet alleen. De decoratrice wordt bijgestaan door Björn Van Tornhaut en een hele ploeg vaste en freelance medewerkers. Samenwerken met Sphere voor een totaal interieurgebeuren begint steeds met een goed gesprek en zelfs meerdere. Klant en realisator moeten elkaar als het ware vinden. Er ontstaat een band die tot slot zijn

> 'Luchtig is de luchter in de leefkeuken, want het ontwerp valt niet op en maakt toch het verschil'

vruchten afwerpt. Er worden bestaande projecten bezocht zodat u zich een idee kunt vormen van de richtingen die het uitkan en hoe er gewerkt wordt in de realiteit. Tijd dan voor de eerste stap: samen stoffen en kleuren kiezen op basis van foto's, staalkaart en producten in de winkels. Tonen en toetsen moet je kunnen zien en voelen. Zetels kunt u uitproberen en het effect van een compositie ervaart u aan de lijve. Het doel: alle zintuigen overtuigen. Dat u daarbij kunt rekenen op een deskundige begeleiding is een hele opluchting. Steeds kunt u bij iemand terecht. Maak een afspraak of wip gewoon even binnen op de zaak. Sphere neemt uw twijfels weg en er is altijd ruimte om een concept bij te sturen. Verlost van alle rompslomp, geen zorgen voor u.

Toch dient onderstreept dat hier nooit iets aan elkaar wordt gebreid. Kortom, er is een omlijnd plan, een route die gevolgd wordt. Het geheel krijgt op voorhand reeds vorm in een soort van verbeeldingswereld. Sphere houdt dan die totaliteit voor ogen en waakt over de realisatie. U weet dus precies wat u mag verwachten. De lijn wordt doorgetrokken. Consequent tot in de puntjes. ✱

Sphere Home Interiors
Turnhoutsebaan 308, 2970 Schilde (B), tel.: 0032(0)3/383.50.67, fax: 0032(0)3/383.32.51, e-mail: info@sphere-interiors.be, website: www.sphere-interiors.be
Bredabaan 197, 2930 Brasschaat (B), tel.: 0032(0)3/651.27.40, fax: 0032(0)3/651.27.41

pronotaria in certum
quia non debet afpirari
on dico nunc rationem.
Quai licet acceptus sis
Ietari non tamen ut par
ffet efferri te video;

cribebat Brecht' anno
alutis MDXX'II

STIJLVOL WONEN COMPLEET
JET KEUKEN- EN INTERIEURBOUWERS

Eenheid brengt rust

Alle kleuren in huis behoren tot eenzelfde familie. Elementen worden hernomen in diverse ruimten. Opties die kortom sober uit de hoek komen. En zo ontstaat een stijlvol kader waar mensen zich werkelijk thuis voelen. Het verhaal van deze bepalende maar beperkt gehouden keuzes start alvast in de keuken.

Een pad van kleiklinkers brengt ons langs bebloemde bedden omzoomd door lavendel en buxus bij een gevel die herinnert aan een domeinwoning van weleer. Hier reeds wordt met de geschilderde deuren en ramen de toon gezet voor het interieur. De met blauwesteen omkaderde voordeur biedt perspectief: u mag deze villa ongehinderd ontdekken van onder tot boven... De Latijnse tekst in een nis van de hal spreekt tot de verbeelding. Ornamenten met engeltjes lichten op. Op de overloop een detail uit een beroemd schilderij: God

'Terwijl engeltjes oplichten in de hal brengt een boogvorm ons naar de vestiaire'

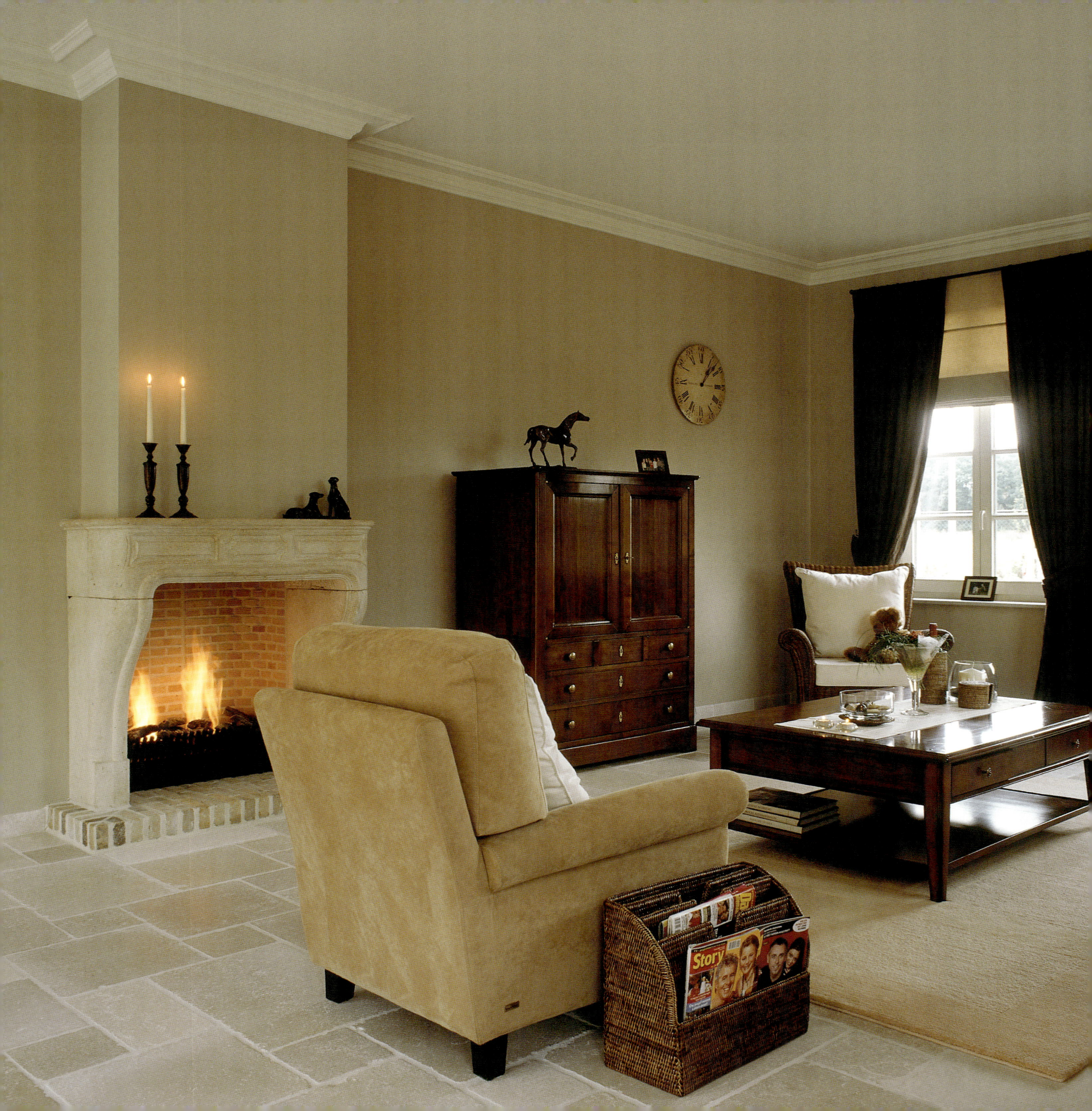
Story

die in een handomdraai de eerste mens tot leven brengt. Maar voor we de trap opgaan lopen we even langs de vestiaire, een greige maatkast van Jet, te bereiken via een boog. U zult er nog passeren in dit huis. De vorm werd bewust laag gehouden. Om de typische waaier aldus te vermijden. Origineel.

De aloude Engelse look van de keuken vindt perfect aansluiting bij de loomstoelen die de teakhouten eettafel begeleiden. Taupe benadert het best de tint. Door de muren en de dubbele deuren naar de hal lichter in te kleuren staat dit verfijnde keukenontwerp optimaal in de kijker. Let op het subtiele spel tussen handgeschilderd MDF en vergrijsde eik. Topjes en schelpjes in tinkleur zorgen voor extra karakter. Kasten in schouwstijlen flankeren de inductiekookplaat en de in het werkblad verzonken friteuse. Op het tablet van de schouw erboven hebben theelichtjes, een krans en glaswerk een sfeerbepalende vinger in de pap. Hogerop vindt de schouw aansluiting met het plafond via een sierlijst. De warmeluchtoven springt in het oog, maar koelkast, magnetron en vaatwasser worden aan het oog onttrokken. Het werkeiland biedt onderdak aan rieten mandjes, een wijnrek, opbergkasten en een handig sorteersysteem voor afval. Dit laatste mag toch niet ontbreken in deze milieubewuste tijd! Kolommen met lepelgroeven en zijkanten in beplanking typeren deze keuken. Boven de inductiekookplaat is gewerkt met Botticino wandtegeltjes. Die smeden een verbond met de tegelvloer in getrommelde en verouderde Pietra Mediterrane. Voor het werkblad werd hetzelfde materiaal gebruikt, maar dan gezandstraald. In de store duiken de hoofdkleuren op in ruitvorm. Een overdekt terras laat de laagstaande zon de hele dag binnen op winterdagen. 's Zomers wordt de hitte daarentegen buiten gesloten en daar is niemand rouwig om. Samengevat kunt u stellen dat Jet-keukens hier tekent voor een klassieke en toch verrassend moderne creatie om honger naar te krijgen. En de rest

'Voorheen woonde het koppel op een appartement arm aan opbergruimte. Daarom werd meteen de opdracht gegeven om dat euvel hier te verhelpen'

van de woning ziet er trouwens al even tijdloos uit. Dat het geheel van een unieke lichtinval geniet is een feit. Het doorkijkeffect mag er anders ook wel zijn! Bij het binnenkomen kijkt u zo in de paradijselijke achtertuin met zwembad. Van de keuken heeft u een subliem zicht op de eetkamer en het salon. De kruising van deze assen wordt door de vloer geaccentueerd. In keuken, eetkamer en salon liggen de tegels immers in Romeins verband, de hal toont ons dezelfde steen in banen en met een mozaïekboord. Van dit

'Net als de leefkeuken in vergrijsde eik en taupekleurig MDF ziet de woning er verrassend tijdloos uit'

'breekpunt' gaat het naar de woonvertrekken. De Oudheid intrigeert duidelijk het gelukkige stel dat hier woont. Na de Latijnse tekst in de hal en God en Adam die vingertoetsen op de overloop, prijkt een kader met Griekse koppen boven de consoletafel in het salon. Bij een Franse haard nodigen stoffen zetels uit tot verpozing. Er hangt een gemoedelijke koloniale sfeer door de voorwerpen: rieten buffetlamp, schom-

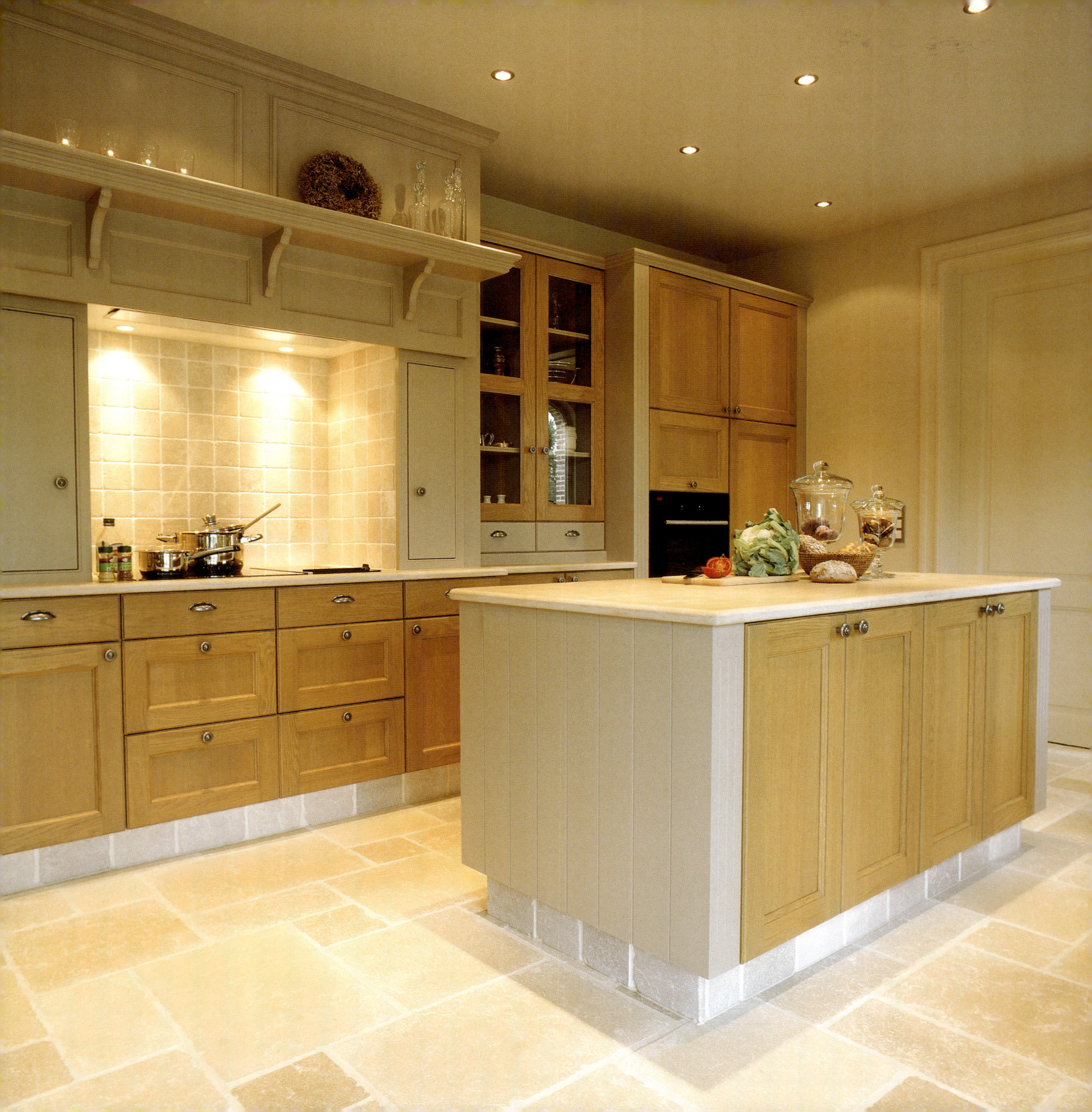

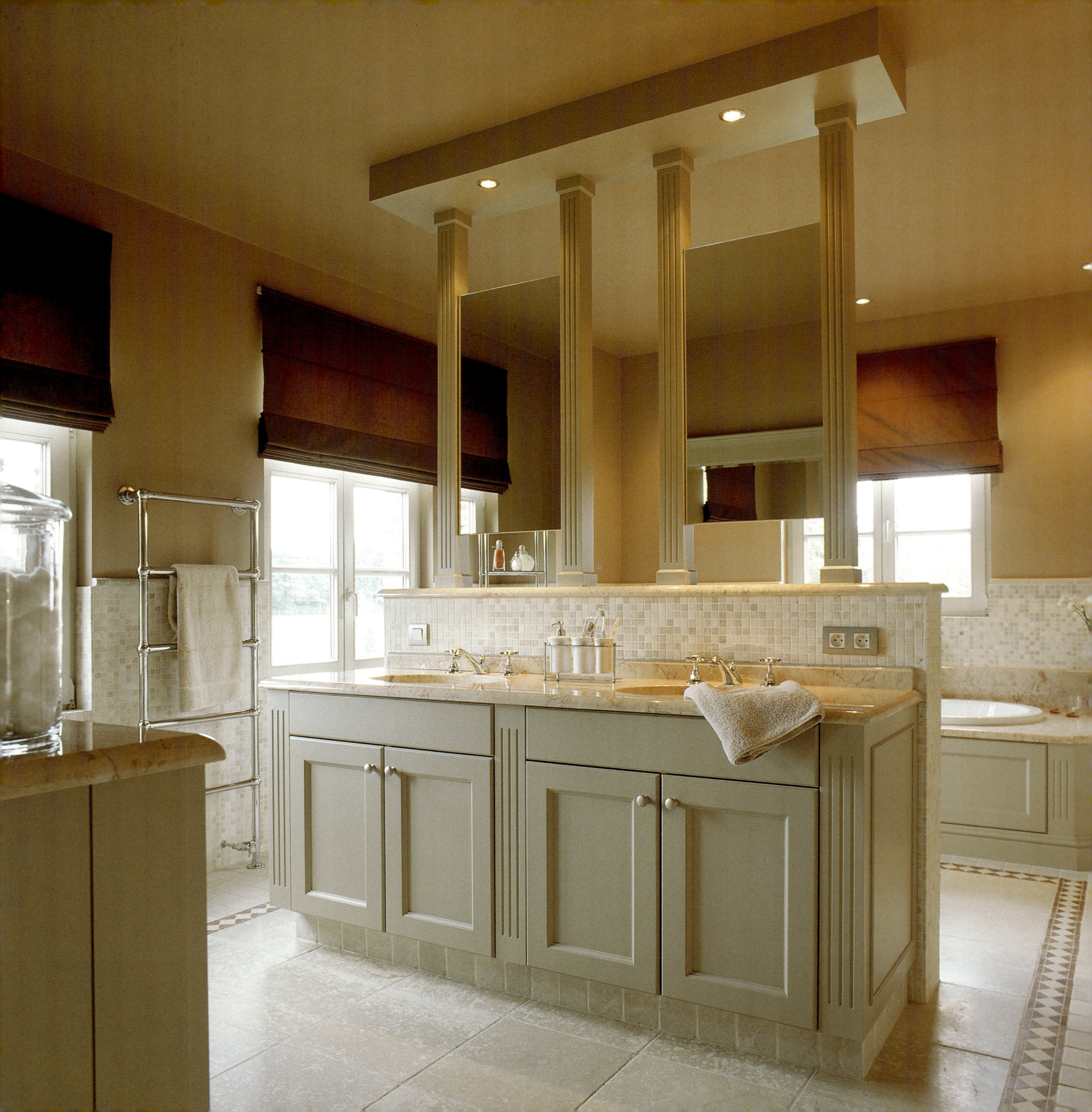

melpaard, kadertjes, retro klok. De fles wijn vraagt om ontkurkt te worden en de tijd te doen stilstaan. De eetkamer met meubilair in kerselaar brengt ons dan terug naar de hal. In het bloemstuk op tafel speelt een kalebas de eerste viool. Het lijkt wel of de designer van de luchter de Calla's rondom als model heeft genomen voor de kelkvormige lampen. Materiaalherhaling doet zich voor in de hal, want het keukenwerkblad keert terug in de treden. In de ouderlijke badkamer wordt de betegeling van de keuken gebruikt, maar op enigszins andere wijze. Wandtegels vormen nu een prachtige tegelvloer. De kleine exemplaren van beneden omringen grotere versies in het midden, gescheiden door middel van een fantasiebies in terracotta. Stores in roestbruin sluiten aan. Een losstaande spoeltafel, zoals hier, zie je niet zoveel. En toch is het resultaat bijzonder geslaagd. Tussen de spiegels is er een doorkijk naar het bad. Op die manier houden de partners altijd contact. Knus! Bad, wasbakken en toilettafel schitteren door het gebruik van gepolijste Rosalia marmer. Met mozaïek werd een lambrisering aangebracht die doorloopt tot in de douche en het toilet om de hoek. Boogvormen leiden naar de dressing en de slaapkamer. Jet-keukens zorgt voor integratie van de kasten in de dressing dankzij een sobere plint. Kolommen met lepelgroeven staan ook hier op het visitekaartje met klasse. Deuren zijn er niet in de privé-oase van het koppel. Openheid troef. Ingemaakte kasten zijn er dan weer wel bij de vleet. Voorheen woonden mijnheer en mevrouw op een appartement arm aan opbergruimte. Aan Jet werd daarom meteen de opdracht gegeven om dat euvel hier te verhelpen. De hoofdslaapkamer heeft aldus veel kastruimte. Wandvullende meubels zijn het, mooi versmolten met een MDF schouwmantel die uiterst decoratief een radiator aan het oog onttrekt. Het snoezige beertje op bed hield de dame over aan haar eerste Valentijnsdag.

Bewoners en Jet-keukens hebben mekaar echt gevonden in deze realisatie. Het klikte. De samenwerking liep op wieltjes. En dat merk je aan het prentje. Feilloos aangevoeld. Harmonie alom. Vandaar dat u te gast was in een woning die getuigt van warmhartige eenheid en rustgevende gezelligheid. ✶

Jet Keuken- en Interieurbouwers
Antwerpsesteenweg 103, 2350 Vosselaar (B), tel.: 0032(0)14/61.63.63, fax: 0032(0)14/61.49.45,
e-mail: info@jetkeukens.be, website: www.jetkeukens.be

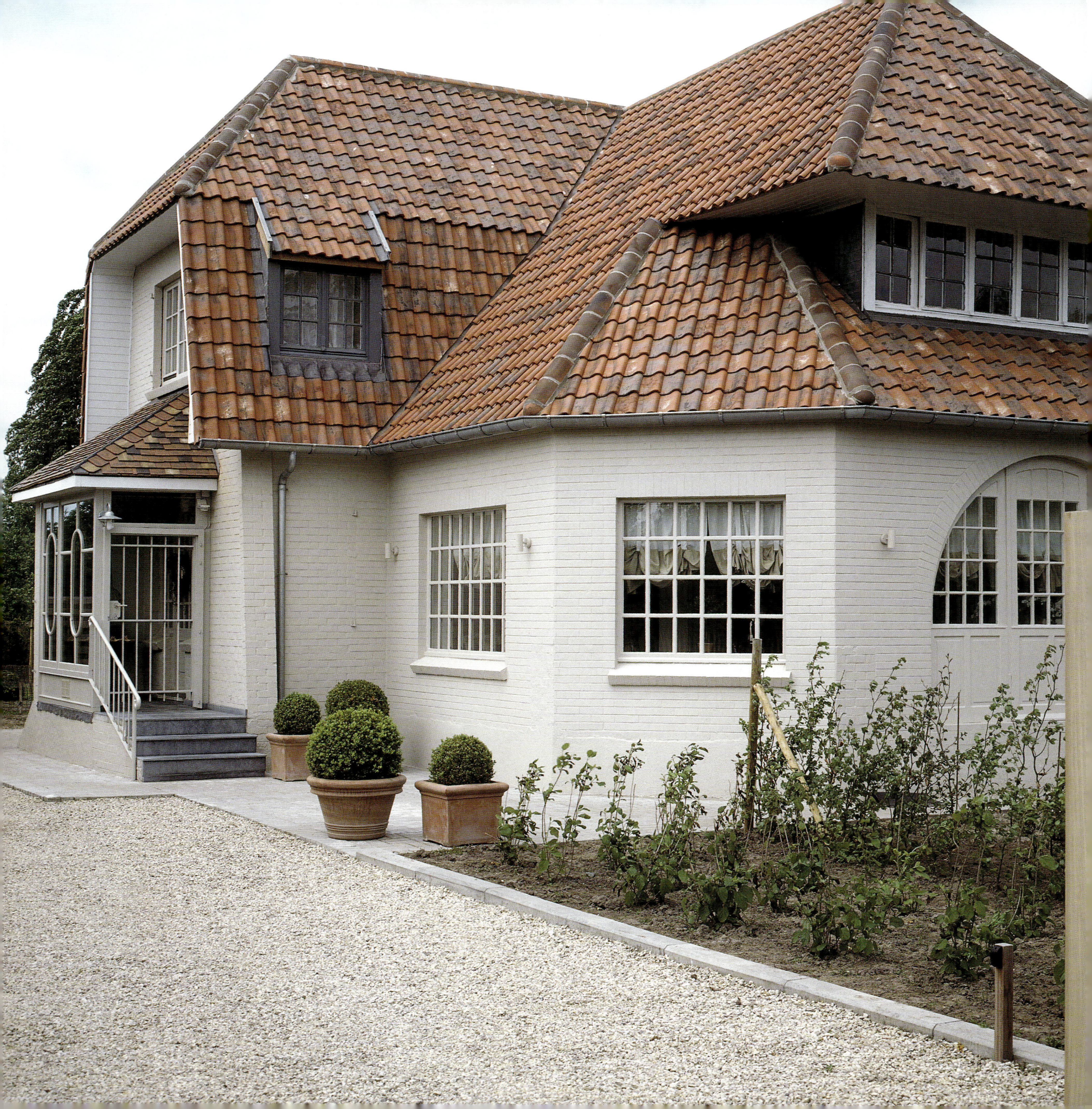

STIJLVOL WONEN COMPLEET
SLOTS

Alle dagen vakantie

De zee in de druilerige regen; het is geen gezicht. De kust die normaal in deze tijd van het jaar wordt overspoeld door joelende kinderen, fietsende oudjes en verliefde koppeltjes biedt een troosteloze aanblik. Toch worden we overmand door een heerlijk vakantiegevoel wanneer we op onze bestemming aankomen: het lichte interieur, gedomineerd door witte tinten, tovert spontaan een glimlach op ons gezicht. In dit huis is het altijd een beetje vakantie...

'De bewoonster heeft geleerd van haar interieur te genieten. Nu heeft ze er alle dagen vakantie'

De gastvrouw leidt ons graag binnen door het ijzeren hek dat dienst doet als voordeur in het schilderachtige portaaltje. Het frisse interieur staat in schril contrast met het gure weer en zorgt op die manier toch voor een beetje vakantiesfeer. Bij een kopje koffie en het aanschouwen van het decor warmen we spontaan op. We bevinden ons in een grote ruimte die fungeert als woonkamer, eetkamer en keuken. Openheid in huis mag dan de nieuwste trend zijn, zoals het hier in de meest extreme vorm werd toegepast hebben we het nog maar weinig gezien. Hoe dat komt? "Dit huis was vroeger een horecazaak", vertelt mevrouw ons. "Waar nu de voortuin is, was de parkeerplaats en waar jij nu zit, was ooit de dansvloer." We moeten even wennen aan het idee, maar al gauw begint het ons te dagen: de keuken, die bestaat uit een lange toog die van de voorkant helemaal tot achteraan de woning loopt, was vroeger de bar!

"Tot een jaar geleden woonde ik nog in Brugge", aldus de bewoonster. "Ik baatte een restaurant uit hier in de

'De decoratrice adviseerde om de bar te laten staan:
"Daar kun je perfect de keuken van maken!"'

stad en was op zoek naar een huis dichter bij mijn werk. Het liefst wilde ik een cottage, maar die was niet te vinden." Tot ze op een dag zag dat dit gebouw te koop stond. "Ik was niet onmiddellijk verliefd op het huis. Ik vond enkel de buitenkant en vooral de ramen mooi. Toen ik binnenkwam was hier slechts één grote ruimte, die dan nog in erbarmelijke staat was. En boven was het nog erger gesteld", lacht ze. "Daar was er niets: geen elektriciteit, geen verwarming, ..." Ze wist ook niet wat ze met de benedenverdieping aan moest: "Ik had totaal geen idee van hoe ik die ruimte moest indelen. Laat staan dat ik wist waar de keuken moest komen!" Tot ze een keertje ging kijken met haar vriendin Magda, decoratrice bij interieurzaak Slots. "Die zei onmiddellijk: 'Laat die toog toch staan! Daar kun je perfect een keuken van maken.' En zo hebben we het uiteindelijk gedaan!"

Wat de inrichting betreft, was het van het begin af aan de bedoeling om een vakantiesfeer te creëren. Met alleen maar witte tinten. "Vroeger had ik donke-

'Onze gastvrouw houdt van wit: niet alleen het interieur, maar ook haar kleerkast telt alleen maar witte tinten'

re, antieke meubels. Tot ik op een dag zin kreeg in lichte tinten en de donkere planken van de vloer begon af te schuren en ze boende met witte boenwas." Ook de kasten en meubels kregen een wit tintje. En gaandeweg werd alles wit. Tot zelfs haar kleren toe! "Mijn kleerkast hangt vol met wit en beige", lacht ze verontschuldigend. Sindsdien is het al wit en beige dat de klok slaat. "Ik vind het niet alleen goed passen en licht ogen, het maakt de ruimte ook groter. Bovendien houd ik het graag luchtig, vandaar dat ik ook steevast alle deuren openzet wanneer ik 's avonds thuis kom. Dan ga ik het liefst nog even buiten op het terras zitten en steek ik enkele theelichtjes aan. Dan kom ik helemaal tot rust, dan is het heel even net of ik met vakantie ben." Het terras is toegankelijk via

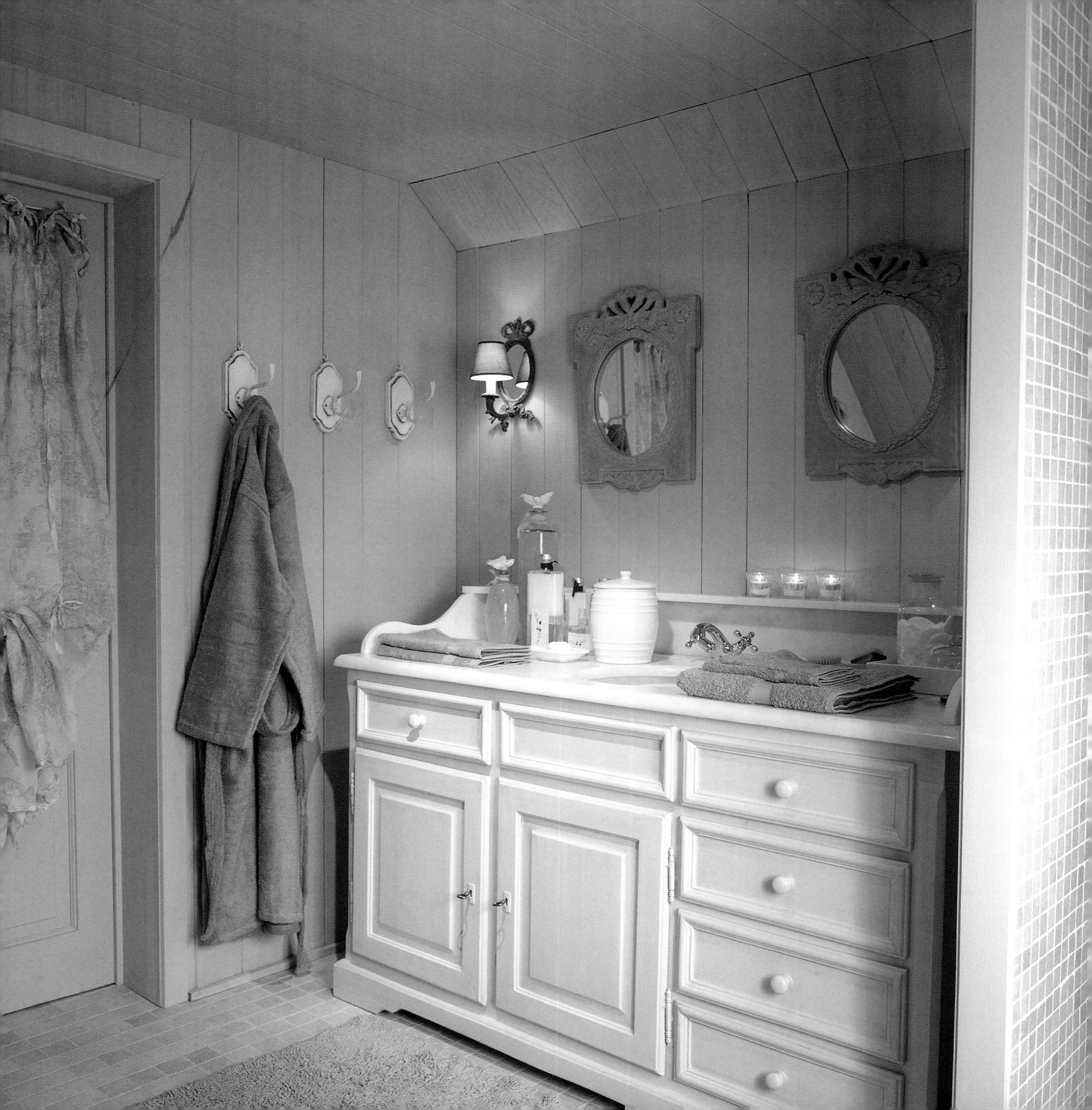

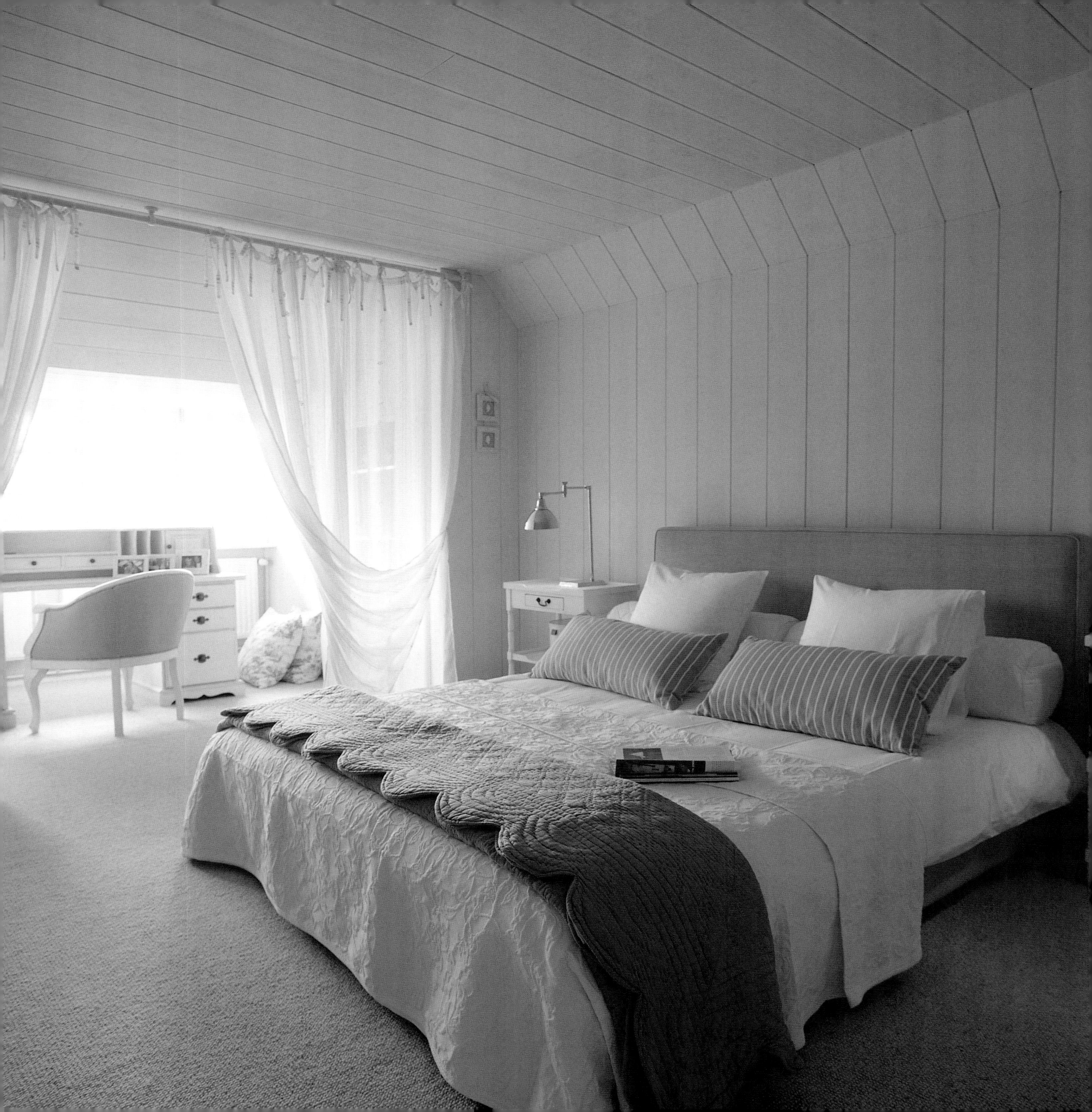

een dubbele deur die wordt geflankeerd door twee olijfbomen en biedt zicht op de uitgestrekte tuin. Het verklaart meteen waarom ze in de achtergevel nog een extra raam liet aanbrengen. Vooral wanneer ze aan het koken is, vindt ze het heerlijk om tegelijk van haar tuin te kunnen genieten. De vroegere koeltoog herbergt nu haar keukenkasten. En voor de vloer liet ze kleine arduinen klinkers leggen. "Aanvankelijk vond ik ze te licht. Toen kwamen de mensen van Slots met het idee om de vloer te behandelen met olie. Eerst dacht ik dat ze een grapje maakten. Maar het bleek wel degelijk een schitterende tip: niet alleen is de blauwe hardsteen nu veel donkerder en dus mooier, de natuursteen is ook veel beter beschermd tegen spatten. En dat is geen overbodige luxe in de keuken!"

Onze gastvrouw is iemand die veel belang hecht aan kleine decoraties. Kijk bijvoorbeeld naar de talloze hoedendozen en manden die we overal terugvinden. "Die zijn intussen een beetje een obsessie geworden", lacht ze. Dat soort spullen haalt ze steevast bij Slots. "Ik weet nog goed die keer dat ik voor het eerst bij hen binnenkwam. Ik was onmiddellijk verliefd! Ik kom er nog steeds regelmatig om ideeën op te doen." Hoewel het interieur door de zorgvuldig gekozen stukken en in elkaar vloeiende kleuren een harmonieus geheel vormt, wist ze op voorhand helemaal niet hoe het er zou gaan uitzien. "Ik koop gewoon spullen die ik mooi vind, zelfs zonder dat ik in de winkel weet waar ik ze ga zetten. Pas wanneer ik thuis kom, krijgt alles een plaatsje en krijgt het interieur vorm. Dat zoeken en plaatsen is trouwens iets wat ik altijd graag heb gedaan. Vroeger deed ik zelfs niets anders dan continu nieuwe dingen kopen en het interieur veranderen. Gelukkig ben ik inmiddels wat rustiger geworden", lacht mevrouw hartelijk. Het lijkt wel alsof ze eindelijk geleerd heeft om te genieten van haar interieur. "Nu klopt het ook, heb ik tenminste het gevoel dat het af is. En daardoor kom ik er nu tot rust. Heb ik er alle dagen vakantie!" *

'De hoedendozen en manden die mevrouw spaart, zijn zo'n beetje een obsessie geworden'

Slots
IJzeren Bareel 20a, 8587 Spiere-Helkijn (B), tel.: 0032(0)56/46.11.70, fax: 0032(0)56/45.73.50,
e-mail: contact@slotsdeco.com, website: www.slotsdeco.com

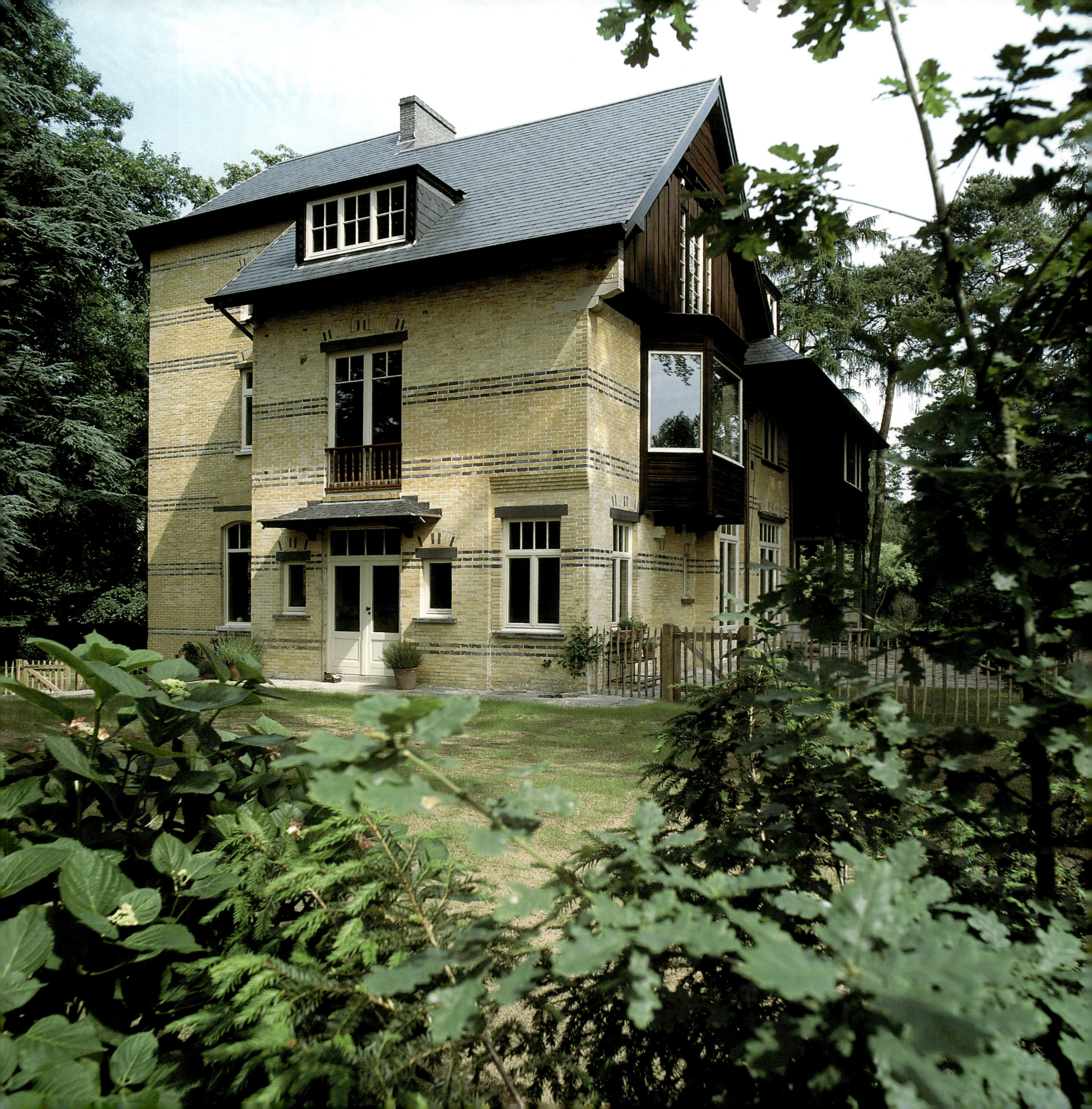

STIJLVOL WONEN COMPLEET
BELIM BOUWTEAM

Met liefde gerenoveerde ziel

Niet ver van de kerktoren in een uit een sprookje weggeplukt dorpje belanden we in een droom van een domein. Verzonken in het slapende groen rondom een vijver, werd een verloren gewaande ziel met liefde gerenoveerd. En sinds die vakkundige ingreep straalt het aloude pand terug van geluk.

'Dankzij de positieve ingesteldheid en de constructieve aanpak werd een bijzonder deel van ons erfgoed gered'

Belim Bouwteam staat bekend als een gerenommeerde nieuwbouwspecialist. Toch ging het bedrijf de enorme uitdaging aan om deze renovatie tot een goed einde te brengen. De beweegredenen waren lovenswaardig: een waardevolle maar compleet onderkomen woning van de teloorgang redden en zo een unieke sfeer vrijwaren voor de toekomst en de nieuwe eigenaars oprecht steunen in hun keuze om hier een stijlvolle thuis te creëren. Het resultaat mag gezien worden! Met deskundigheid en gedrevenheid kun je blijkbaar hemel en aarde bewegen. En reken maar dat de intense samenwerking tussen klant, architect en bouwfirma ook nu weer sterk speelt. Communicatie is het sleutelwoord en er groeit dan altijd een voedingsbodem die vruchten afwerpt. Vanuit een positieve ingesteldheid kwam, in nauw overleg, een constructieve aanpak tot stand. Gevolg: hoe complex de situatie ook was, op de werf liep alles op wieltjes en gaandeweg kreeg de fata morgana steevast reële vorm.

Correct verbouwen is geen sinecure. Men moet de juiste weg bewandelen en mag zich niet vergrijpen aan te ver gezochte oplossingen. Zonder zich te bezondigen aan stijlfouten werd eigentijdse luxe hier geënt op een charmant gegeven van weleer. Dankzij reiniging en onopdringerige reparatiewerken lijdt de prachtige gevel op dit adres alvast geen gezichtsverlies. De vensters werden vervangen zonder aan de bestaande raamopeningen te tornen en aldus blijft de verfijnde tekening in de gevel tot de verbeelding spreken. De wit gelakte houten ramen werden ter plaatse nog eens handmatig geschilderd. Het houtwerk in de punt kreeg een opfrisbeurt. Met het dak diende daarentegen resoluut korte metten gemaakt. Ongedierte had het gebinte aangetast. Vandaar. De afwerking gebeurde met natuurleien. Hoewel de 'lintelen' boven de ramen een aanpassing vroegen en er her en der zelfs gevelstenen vernieuwd werden en scheuren gedicht, merk je daar niks van in het totaalbeeld. En is dat niet precies de kunst van het restaureren? Het huis oogt zoals in de vervlogen glorietijd. Er lijkt niets veranderd. Je zou zweren dat de klok hier is blijven stilstaan...

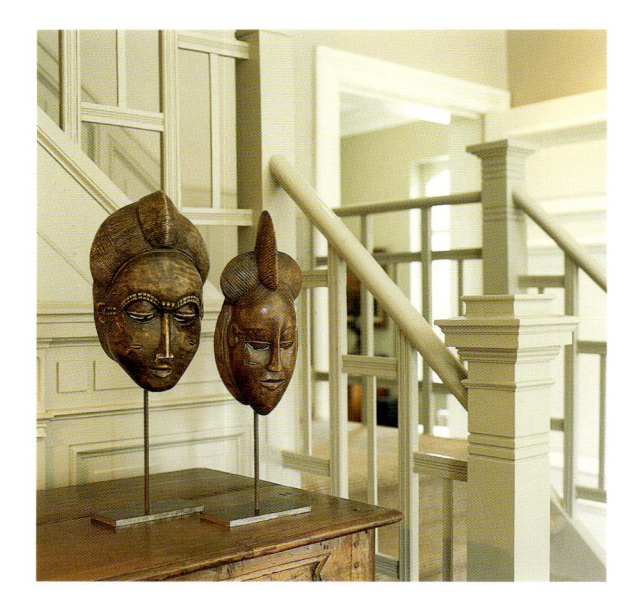

We schrijven 1903 als Villa Galgenput wordt opgetrokken. Vandaag blijft de naam behouden uit respect voor het verleden en ook wel omdat, zo wordt gefluisterd, er aan raken ongeluk zou kunnen brengen. De nieuwe voordeur met retro look brengt ons, subtiel in het licht gezet, naar een trap in de hal. Naturelle treden worden sierlijk uitgespeeld tegen een gelakte borstwering. En zo belandt u in een eerste vertrek waar een vleugel de aandacht trekt. Dubbele glazen deuren leiden naar het salon. Als mijnheer de piano klassieke klanken ontlokt, is het feest in huis. Het stemmige interieur laat dan het hart van de men-

'Als mijnheer de piano klassieke klanken ontlokt, laat het stemmige interieur het hart van de mensen zingen'

sen zingen. In de eetkamer voelen tafelgenodigden zich altijd onmiddellijk thuis. Maskers van een reis naar Ivoorkust smeden banden op het dressoir, een speer tekent zich af bij een raam en de door Catrie geschilderde boer lijkt te knikken dat het goed is. Wanneer er geen gasten zijn, eet het gezin in de leefkeuken. Het strakke ontwerp straalt toch warmte uit door kleine accenten: de grijze glazen kast licht binnenin rood op en grootmoeders fornuis staat te stoven. Aan de muur een gestileerd werk van de wereldberoemde Keith Haring. "Het enige wat ik zeker meeneem als ik hier ooit vertrek, is mijn Aga", stelt mevrouw. Het terras sluit aan bij de leefkeuken en het is er subliem genieten van tuin en vijver. Er werd hier een verse muur gecreëerd die even oud lijkt als het eigenlijke gebouw. Met de voorlopig oningerichte zolder kan het later nog alle kanten op. Het kan een hobbyruimte worden, al of niet in combinatie met een logeerkamer. Op de eerste etage lopen we via de master bedroom naar een knusse kinderkamer met een bed onder een voile baldakijn. Hier voelt dochterlief zich beslist veilig en kan dan gesust dromenland opzoeken. Boven de spoeltafels schitteren spiegels in een blank gepatineerde lijst en het losstaande, omkaste bad steelt de show. Het rood van de wanden en de Marokkaanse Zelliges tegels in de douche flatteert de ruimte op originele wijze. Let op de lichtpunten onderaan in de douchemuren. Zulke details maken het verschil. De woning werd door Belim Bouwteam uitgekleed tot op de ruwbouw. Om de parketvloer te sparen werden de nutsvoorzieningen voornamelijk weggewerkt in plafonds en kasten. Vroeger werd het grondwater opgepompt en dus was het nodig om een aansluiting op het leidingnet te voorzien. Pleister- en schilderwerk werd gecoördineerd en opgevolgd van a tot z. Stucwerk diende gerepareerd, aangepast en gedeeltelijk vervangen, omwille van ouderdom en de verlaging van sommige plafonds. Ruimten kregen hoge plinten aangemeten. In hal en keuken werden natuurstenen tegels gelegd. Het kookvertrek werd kortom helemaal vernieuwd. Aan comfort alvast geen gebrek. U ziet een stoomoven, een microgolf en een

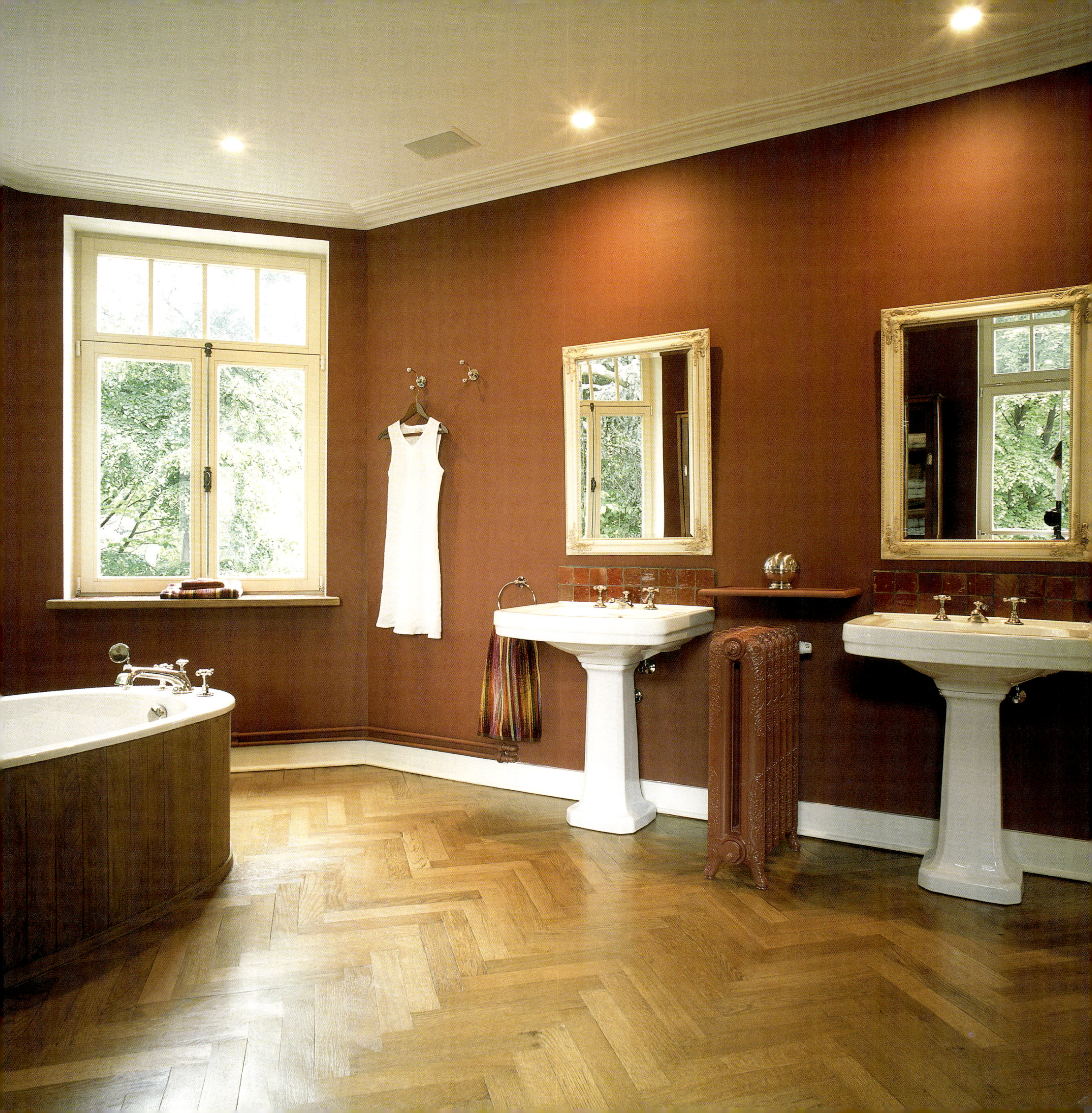

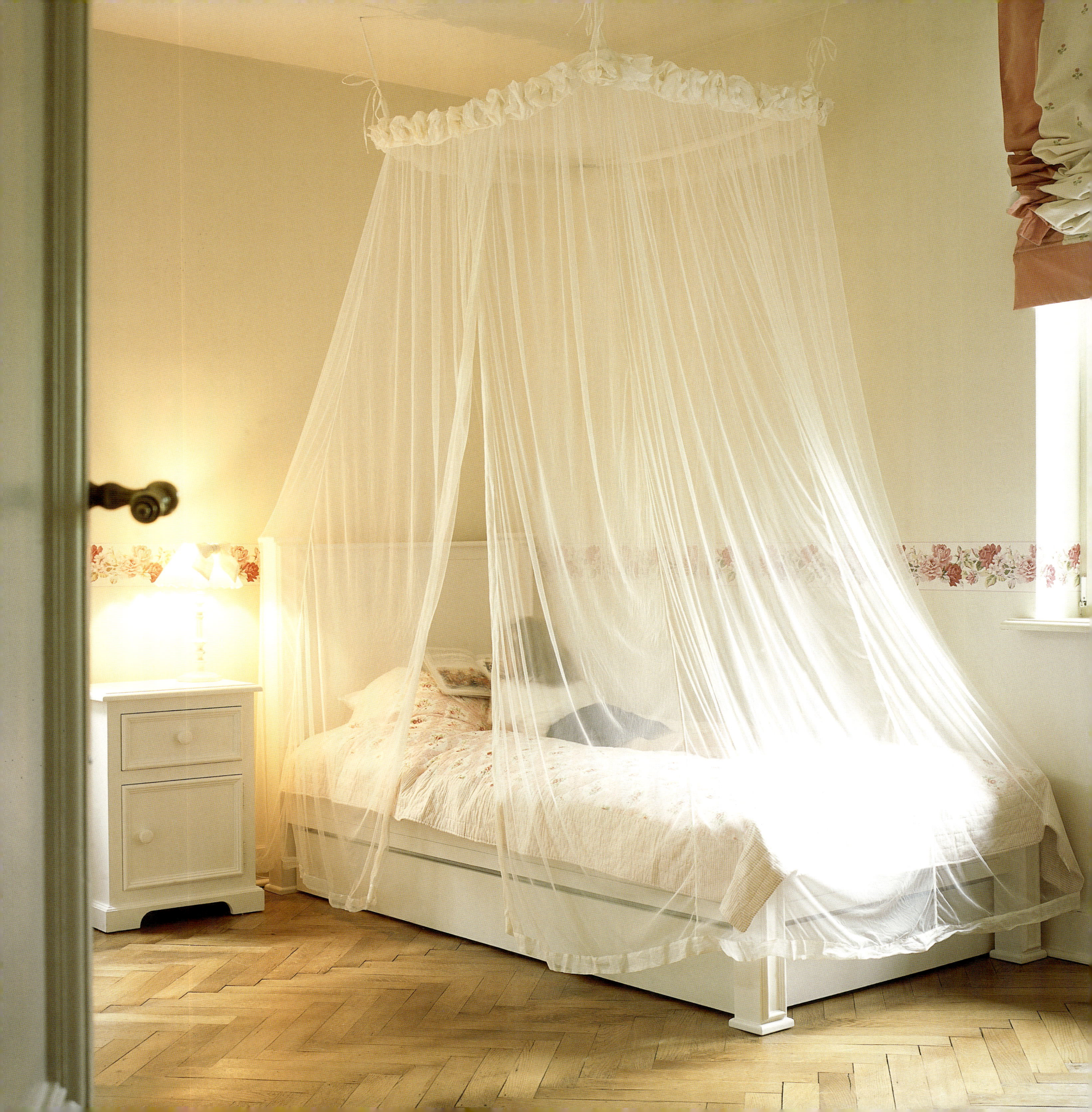

Amerikaanse koelkast. Met een indrukwekkend domoticasysteem in de kelder worden geluid en licht in heel het huis geregeld. Mogelijkheden legio. Sfeer alom. De ramen kregen een dubbele beglazing, maar het sluitwerk oogt wel als vanouds. Het is kenmerkend voor deze realisatie: aan de authenticiteit van het geheel werd met geen vinger geraakt. En zo reikt het heden het verleden harmonisch de hand.

Zeg nooit nooit. Hoewel deze bouwfirma uit Melle zich niet bepaald specialiseert in verbouwingen is een dergelijk project, op uitdrukkelijke vraag van de klant, voor herhaling vatbaar. Hier hebben partners mekaar gevonden in een opbouwend verband. Belangrijk: door de handen in mekaar te slaan werd een bijzonder deel van ons erfgoed gered. Het was geen evident groeiproces, dat niet, maar eind goed al goed. Belim Bouwteam heeft dan ook aan deze opdrachtgever alweer een vriend overgehouden. En ook dat is niet onbelangrijk. ✻

'In haar kamer voelt dochterlief zich veilig en kan gesust dromenland opzoeken'

Belim Bouwteam
Gontrode Heirweg 138, 9090 Melle (B), tel.: 0032(0)9/272.50.00, fax: 0032(0)9/272.50.01,
e-mail: info@belim.be, website: www.belim.be

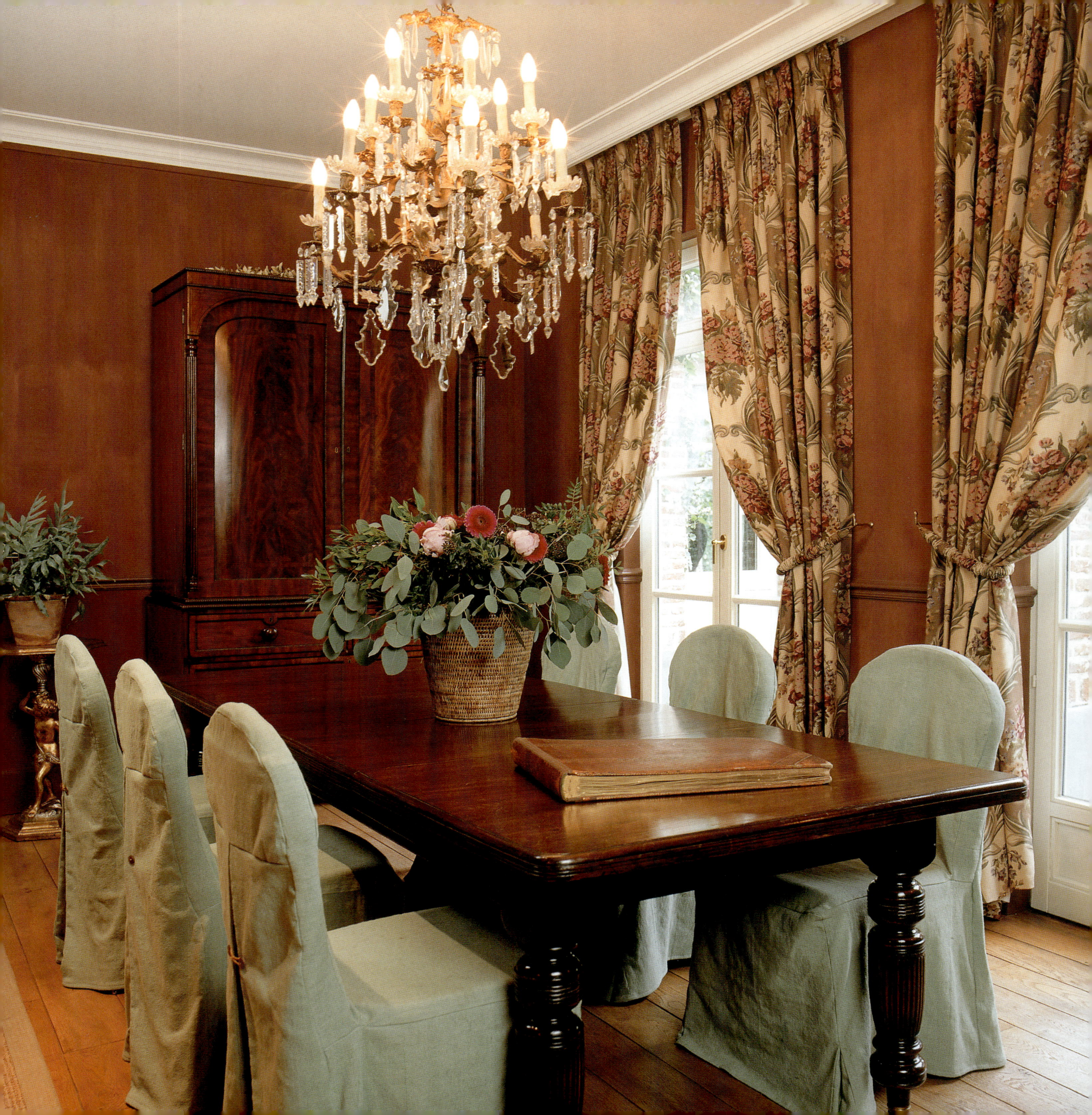

STIJLVOL WONEN COMPLEET
PETER DECKERS SCHILDER- EN DECORATIEWERKEN

DE KLEUR BEPAALT DE SFEER

De impact van kleur blijkt iedere keer weer als u een interieur, nieuw of gerenoveerd, voor en na de schilderwerken aanschouwt. U mag spreken van 'dag en nacht verschil'. Ruimten gaan een ander leven leiden en krijgen plots de juiste uitstraling. Besluit: de kleur bepaalt de sfeer.

Deze villa werd volgens de regels van de kunst onder handen genomen door Schildersbedrijf Peter Deckers. Elke toon is speciaal gemengd met eigen pigmenten, vandaar dat elk resultaat anders overkomt en een persoonlijke stempel draagt. Vaak kunt u de gebruikte tinten niet echt thuisbrengen, laat staan benoemen. Dat verhoogt uiteraard het exclusieve van de zaak en zo hoort het ook. Elke woning heeft immers nood aan een eigen kleurenpalet. Ideaal is het om eerst gordijnen te kiezen. Dan kan de schilder zijn verven daarop afstemmen. Kijk maar naar de hal! Daar ogen de wanden in kalkverf net iets donkerder dan de zandkleur van de raamdecoratie. Toch zijn de twee tinten duidelijk familie van mekaar. Plinten en ramen volgen de crèmetoon van de trap met loper in kokos. En aldus ontstaat een kader dat rust en klasse uitstraalt. De bronzen beelden kunnen zich geen betere standplaats inbeelden en op een kast doet een lamp een windlicht en een ingedroogd bloemstuk oplichten tegen de geschilderde achtergrond. Wat is het fijn om hier thuis te komen.

Oude dals op de vloer van de hal brengen ons via een met een guirlande getooide dubbele deur naar de eetkamer voorzien van eikenhouten parket. Er is gekozen voor muren in ossenbloedrood. Een diepe, gedurfde maar aparte kleur die de ruimte flatteert. Dat het hier wederom een kalkpatina betreft, komt de finaliteit alleen maar ten goede. Met deze manier van schilderen ontstaat steeds een vlak dat getuigt van een warme schakering. Er zit leven in deze verftechniek. De stoelplint volgt de muur. Plafond en binnendeuren tekenen zich af in een gebroken wit. Daardoor krijgt deze eetkamer een ietwat strak karakter en vormt aldus een ideaal kader om gasten in stijl te ontvangen.

Eens het schilderwerk voltooid, is het uiteraard de bedoeling dat u het vertrek decoreert met meubels, kunstwerken en objecten. Alles moet een juiste plaats krijgen. Anderzijds gebeurt het wel meer dat mensen hun interieur laten schilderen in functie van de aanwezige bezittingen. Dan wordt als het ware

'De wanden in de hal zijn net iets donkerder dan de zandkleur van de raamdecoratie. En aldus ontstaat een kader dat rust en klasse uitstraalt'

'Eerst bleken de keukenkasten te grijs waardoor het contrast met de muren niet groot genoeg was. Met de tweede en derde verflaag werd daar een mouw aan gepast'

een milieu geschapen waar de dingen het best tot hun recht komen. Hier hebben de oude geschilderde portretten in vergulde lijsten aan waarde gewonnen sinds de muren ossenbloedrood werden gekleurd. En ook het tafereel met rozen, aardewerk en een fles frambozenlikeur Philippe de Bourgogne op het Engels dressoir voelt zich nu helemaal thuis. Straks worden de glazen gevuld (met of zonder een ijsblokje) en komen er herinneringen boven aan een onvergetelijke reis naar het zuiden van Frankrijk.

Voor de aanvang van de werken wordt in samenspraak met de klant gekozen voor bepaalde schildertechnieken en kleuren. Dat resulteert in het aanbrengen van een aantal stalen ter plaatse. Het geeft de bewoners van het pand de gelegenheid om het effect een tijdje te laten inwerken. Al snel zal blijken of een tint voor bijsturing vatbaar is of niet. Eigenlijk moet u ontdekken wat een ruimte precies vraagt. Kijk rustig naar de totaliteit, volg de stem die u diep in uw binnenste influistert wat naar uw gevoel de beste oplossing is en vergeet ook niet rekening te houden met het advies van de specialist, Peter Deckers. Eens de eerste laag verf aangebracht, is er trouwens nog geen man over boord, wees gerust. Niet zelden gebeurt het dat de kleur tijdens het schilderen nog wordt aangepast. Hier was dat het geval in de keuken. De kasten bleken eerst te grijs waardoor het contrast met de muren niet groot genoeg was. Met de tweede en derde verflaag werd daar een mouw aan gepast. Nu sluit de kleur perfect aan bij het doorleefde patina van de ronde eettafel. In het salon werd de kalkverf alweer zoals het hoort geënt op de raamdecoratie. Maar nu is er gekozen voor enkele tinten lichter, wat de helderheid van het geheel natuurlijk ten goede komt. De radiatorkasten dragen dezelfde kleur en verzinken daardoor zoals het hoort. Wat wel terecht opvalt is de trompe l'oeil met boeken, evenals een console met rieten schuifjes. Bovenop doen kaarsen en theelichtjes glaswerk glunderen. En zo belanden we om de hoek aan een schrijftafel. De tweede eetkamer is geschilderd in omber. Het licht van de tuin zet de zachtheid van de 3-lagige acryl in de verf. Achter de lange tafel in ruw hout - in perfecte harmonie met de aardetint van de gordijnen en de stoffen zitting van twee van de zes stoelen - reikt het groen op de vensterbank het groen buiten de hand. Een stilleven puur natuur. In de plaats vlakbij staan wasmachine en droogkast op rugvriendelijke hoogte. De ruimte wekt een frivole indruk door het gebruik van zacht blauw. Het geeft een mens zin om met plezier de was en de plas te doen. Onderweg naar de etages lopen we op een nis in lichtgrijs. Het babybeeldje met het lachende gezicht is tevreden, net als de mensen die hier wonen.

De kinderkamer toont u hoe Peter Deckers Schilder- en Decoratiewerken een leuke lambrisering creëert met verf. Een donkerblauw geschilderde sierlat verdeelt de wanden in boven en onder. Dat wordt nog eens geaccentueerd door respectievelijk met licht- en donkergrijs te werken. En zo gaat het naar de badkamer in natuursteen. Daar worden gebroken wit en taupe tegen mekaar uitgespeeld. Er is lakverf gebruikt

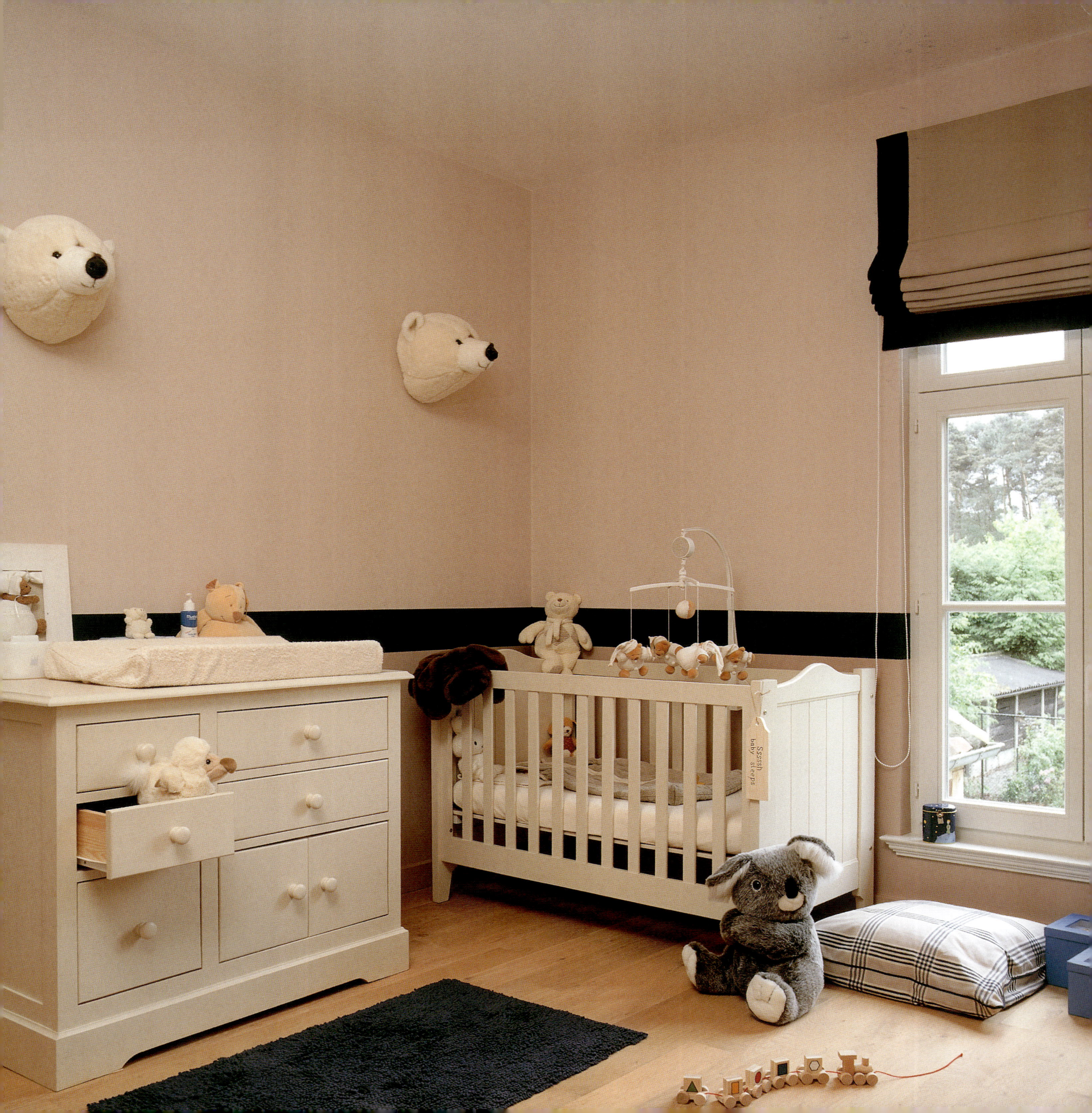
Sssssh
baby sleeps

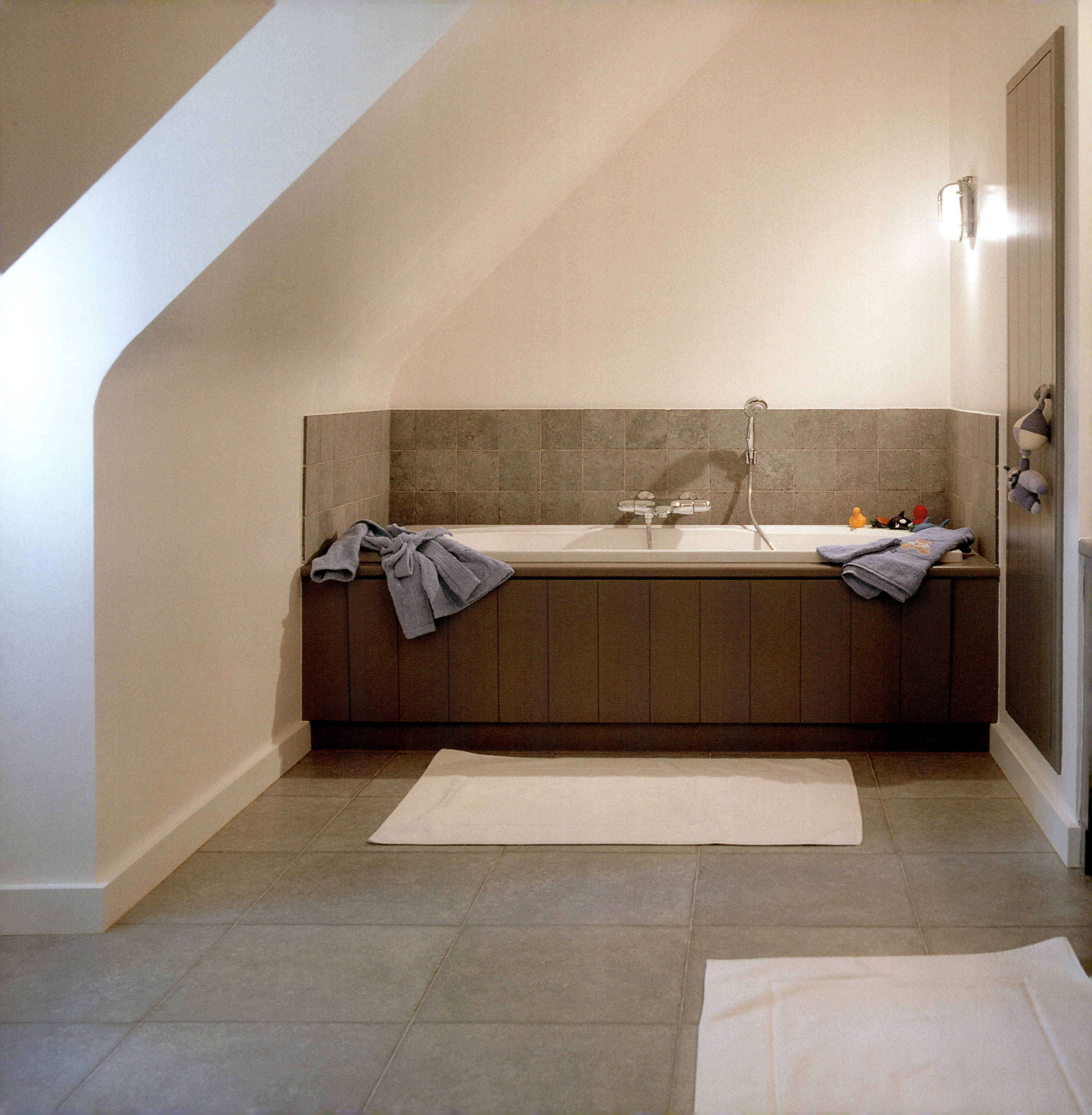

'Allerlei siervoorwerpen voelen zich in de knusse badkamer in gebroken wit en taupe als een vis in het water'

omdat die beter bestand is tegen vocht. Allerlei siervoorwerpen voelen zich in dit knusse vertrek als een vis in het water. Via de nachthal komen we dan in de ouderlijke slaapkamer die uitgeeft op een dressing. Het minutieus aangebrachte lakwerk oogt luchtig en sfeervol in het licht van plafondspots en hanglampen. Handig: centraal blok met kasten, om nog te zwijgen van het wandmeubilair en de wandhoge spiegels. Ruimte bij de vleet om de garderobe van een koppel in onder te brengen. In de slaapkamer valt nog op dat de schelpvormige wandarmaturen en de gordijnroede versmelten met de muren. Enkel de stores permitteren zich een bescheiden ruitmotief. En ook hier is kalkverf gebruikt waarvan de kleur moeilijk te definiëren valt. U kunt enkel uw hart laten spreken. Het resultaat voelt aan als een hemel vol sterren...

Uit de afwerking blijkt steeds een grote zin voor perfectie. Op elke werf zijn twee tot maximum zes schilders actief en een vakman met jaren ervaring in het bedrijf heeft de leiding. De werklieden zijn polyvalent inzetbaar en dat garandeert een grote soepelheid qua service. Er wordt gestreefd naar een zo correct mogelijke opleveringstermijn. Dat alle schilders fier zijn op hun metier is voelbaar en merkbaar in de unieke resultaten. Geen ambachtsman die de goede naam van de firma niet trouwvol eer betoont. Iedereen zet mee de puntjes op de i. En dat blijkt eens te meer uit deze realisatie van Peter Deckers en team. ✶

Peter Deckers Schilder- en Decoratiewerken
Industriepark A53, 2220 Heist-op-den-Berg (B), tel.: 0032(0)15/24.99.96, fax: 0032(0)15/24.55.98,
e-mail: decoratiewerkendeckers@skynet.be en info@peter-deckers.be

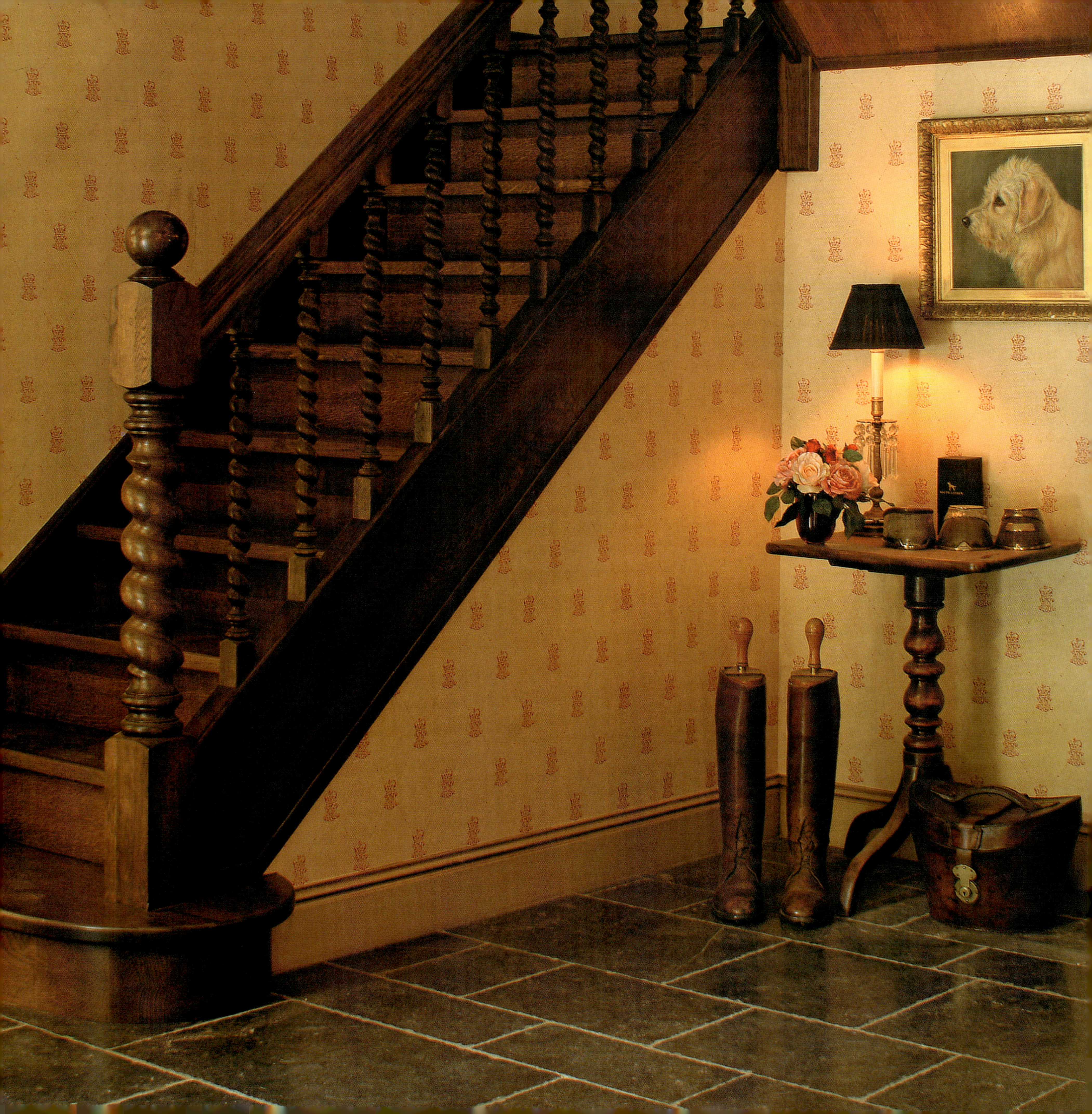

STIJLVOL WONEN COMPLEET
MISS MARPLE HOME INTERIORS

Anglofielen in hart en nieren

Sylvia en Harrie noemen zichzelf overtuigd echte 'Engeland-gangers'. Sinds jaar en dag zijn ze verzot op die authentieke Engelse plattelandstijl. Wat ooit begon als een zoektocht naar leuke spullen om hun eigen woning in te richten, groeide al snel uit tot een ware obsessie en uiteindelijk tot een eigen interieurzaak. Een verhaal over passie, geluk, tegenslagen en hondjes, heel veel hondjes...

'Het huis in typische Georgian-stijl is een kopie van een bestaande woning in Engeland'

We rijden in de richting van het stadje Doorn bij Utrecht, langs prachtige kastelen en door groene bossen die enkele kilometer verderop overgaan in natuurpark de Utrechtse Heuvelrug. Op de grens tussen Doorn en het natuurgebied, aan de rand van een rustige wijk, ontmoeten we Sylvia en Harrie in hun nieuwbouwvilla gebouwd met oude materialen te midden van de bossen. "Onze tuin ligt eigenlijk al in het natuurpark", vertelt Sylvia zichtbaar trots. "Het is hier echt zalig wonen: het is een ideale omgeving voor de kinderen om op te groeien en toch zitten we tegelijk vlakbij het dorp, de school, de winkels, …", aldus een stralende gastvrouw.

Sinds de showroom vorige zomer afbrandde, doen dit huis en het typisch Engelse tuingebouw dienst als showroom voor de klanten van Miss Marple. Dat is de interieurzaak die het stel zo'n tien jaar geleden is gestart. "Het begon allemaal met het zoeken naar spullen voor de inrichting van ons huis. Of nee, eigenlijk begon het allemaal al veel vroeger. Die liefde voor Engeland kennen we immers al heel lang. Zo lang als ik herinner, gaan wij elk jaar op vakantie naar Engeland. Toen we doorhadden dat in eigen land ook veel mensen die Engelse spullen mooi vonden, ben ik een cursus interior decorator en cursussen over de Engelse manier van gordijnen maken gaan volgen", aldus Sylvia. "En van het een kwam het ander: voor we het goed en wel beseften zaten we er midden in, adviseerde ik klanten over kleuren, stoffen, behang en meubels. Miss Marple was geboren!"

Nog steeds is de familie Veerman vaak aan de andere kant van het Kanaal terug te vinden. "Bij elke trip hebben we achteraf wel een duizend of tweeduizend kilometer extra op de teller staan", aldus Sylvia. Dat ze daarbij ook schatten van leuke decoratiespullen aantreffen, blijkt wanneer we worden rondgeleid in de privéwoning van het gezin. Die ademt namelijk zowel aan de buiten- als aan de binnenkant pure Engelse stijl. Aan de buitenkant valt in de eerste plaats de typische Georgian architectuur op. "Het huis is een kopie van een bestaande woning in Enge-

'Ook de typisch Engelse gastvrijheid hebben ze hier onder de knie'

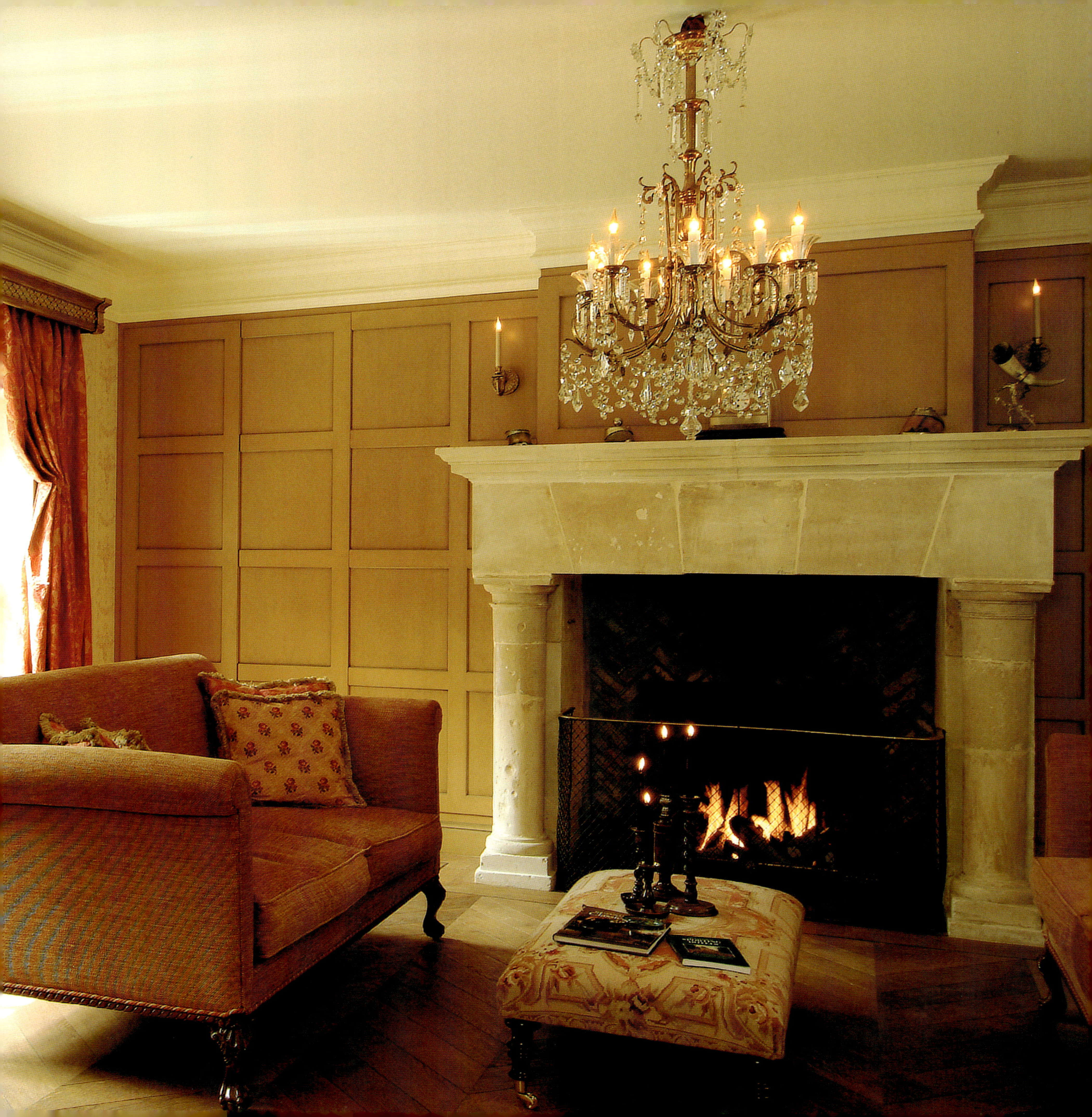

land", vertelt onze gastvrouw. "We reden er toevallig langs, zijn onmiddellijk gestopt en hebben gevraagd of we even binnen een kijkje mochten nemen. Bij dat bezoekje hebben we alles met onze ogen gestolen: de bouwstijl, maar ook de volledige indeling hebben we hier in Doorn nagemaakt. Alles is exact hetzelfde, tot zelfs de stenen portiek toe!" Op het dak staat een grote schoorsteen met zogenaamde 'crownpot' die ze zelf met de vrachtwagen uit Engeland hebben meegebracht. De voorgevel is erg symmetrisch opgetrokken met in het midden een portaal en twee rijen van zes 'sash windows' of guillotineramen. En naast de voordeur vinden we een 'shoescraper' in de vorm van een hoefijzer. Uit Engeland natuurlijk! "Het zijn die kleine details die het 'm doen, vind je niet?"

Wanneer de voordeur opengaat worden we hartelijk begroet door maar liefst vier honden: drie Jack Russells en een Pointer, die ons de rest van de dag zullen vergezellen. Voor wie er nog aan twijfelde: het zijn Engelse jachthonden. Jacht is dan ook een alomtegenwoordig thema in het interieur van de Veermans. "De jacht is immers een typisch Engels gegeven. We jagen zelf niet, maar we houden wel van die hele sfeer en entourage. We gaan dan ook regelmatig naar jachtbijeenkomsten in Engeland. Wat je daar allemaal ziet! Honden, antiek, kledij, tuinen, eten, ... Allemaal typische dingen uit het Engelse buitenleven. Supergezellig gewoon."

We worden binnengeleid in de woonkamer met parket gelegd in een Hongaarse punt en een grote witstenen Franse schouw. Frans? Inderdaad! Maar dat is dan ook zowat het enige in heel het huis dat niet uit Engeland komt. Zullen we even voor u opsommen? Wat dacht u van de oude kroonluchter die ooit een gaslamp was, maar werd omgebouwd tot een elektrische? De paardenhoeven, een typisch verzamelobject uit de Victoriaanse periode, die werden gebruikt als

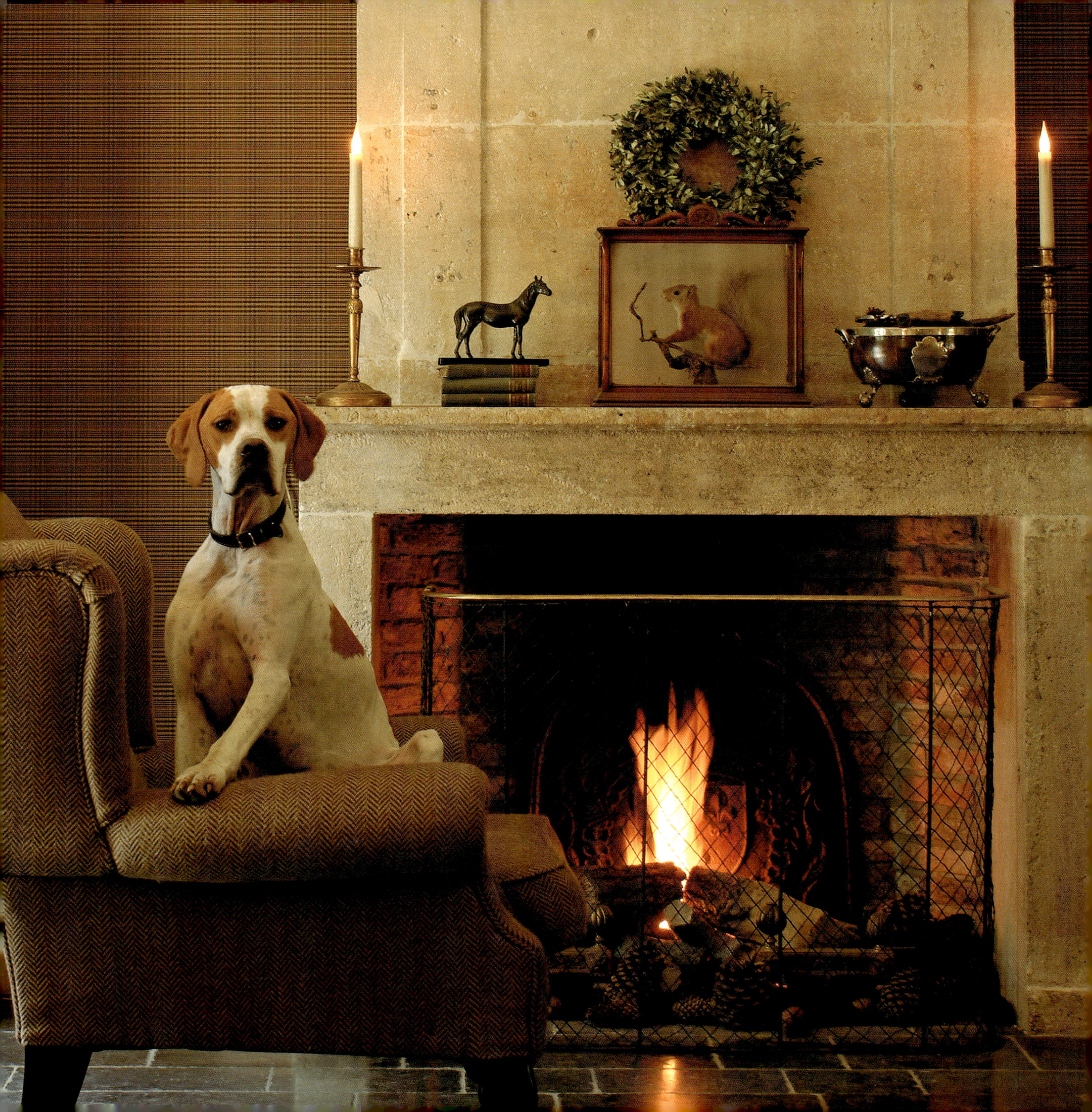

'De zithoek met open haard en het warme behang maken van de keuken een tweede woonkamer'

kandelaar of inktpot waardoor het overleden paard toch nog een beetje bij de familie was? De dining aan de overkant van de hal met jachttrofeeën, kroonlijsten met 'dental cornice' motief uit het Georgian tijdperk, gordijnen met teugels als embrasses en typisch Engels ophangsysteem met 'pelmets'? Alsof dat nog niet genoeg is, merken we dat de televisie in het bureau van Harrie staat afgestemd op... een cricketwedstrijd! Hier ademen ze gewoon Engeland...

Na een uitgebreide rondleiding nemen we plaats in de leefkeuken, die het hart van het huis vormt. Hier bekleedt een druk, doch warm behang met grote ruit de muren. Elk vertrek kreeg trouwens ander behangpapier, en toch sluiten ze stuk voor stuk naadloos op elkaar aan. "In de keuken vertoeven wij zelf het meest", legt Sylvia uit. De ruimte is er dan ook op berekend: de keuken is niet alleen erg groot, ze is ook ingericht met een eethoek en zithoek. Vooral de zithoek met open haard en het warme behang maken van de kitchen/family-room een tweede woonkamer. "En dat was juist de bedoeling!", lacht mevrouw. "In Engeland zie je niet anders!" Het is het zoveelste bewijs dat deze mensen perfect weten wat er in Engeland leeft en gebeurt. "Juist", beaamt Sylvia volmondig. "En dat is nu net onze troef: wij doen echt moeite om bepaalde dingen in Engeland te pakken te krijgen, bij ons is het allemaal authentiek. Neem nu de roedes en 'pelmets' waar we de gordijnen mee ophangen. Die worden allemaal met de hand gemaakt in Engeland. Dat soort dingen vind je op het vasteland gewoon niet. Bovendien vinden mensen het ook leuk om het verhaal en de herkomst van een bepaald stuk te weten. En die krijg je er bij ons in het lang en het breed bij!", lacht ze hartelijk. Want ook de typisch Engelse gastvrijheid en hartelijke ontvangst hebben ze hier onder de knie! ✱

Miss Marple Home Interiors
Van Galenlaan 36a, 3941 VD Doorn (NL), tel.: 0031(0)343/42.03.74, fax: 0031(0)343/53.96.03
e-mail: info@miss-marple.nl, website: www.miss-marple.nl

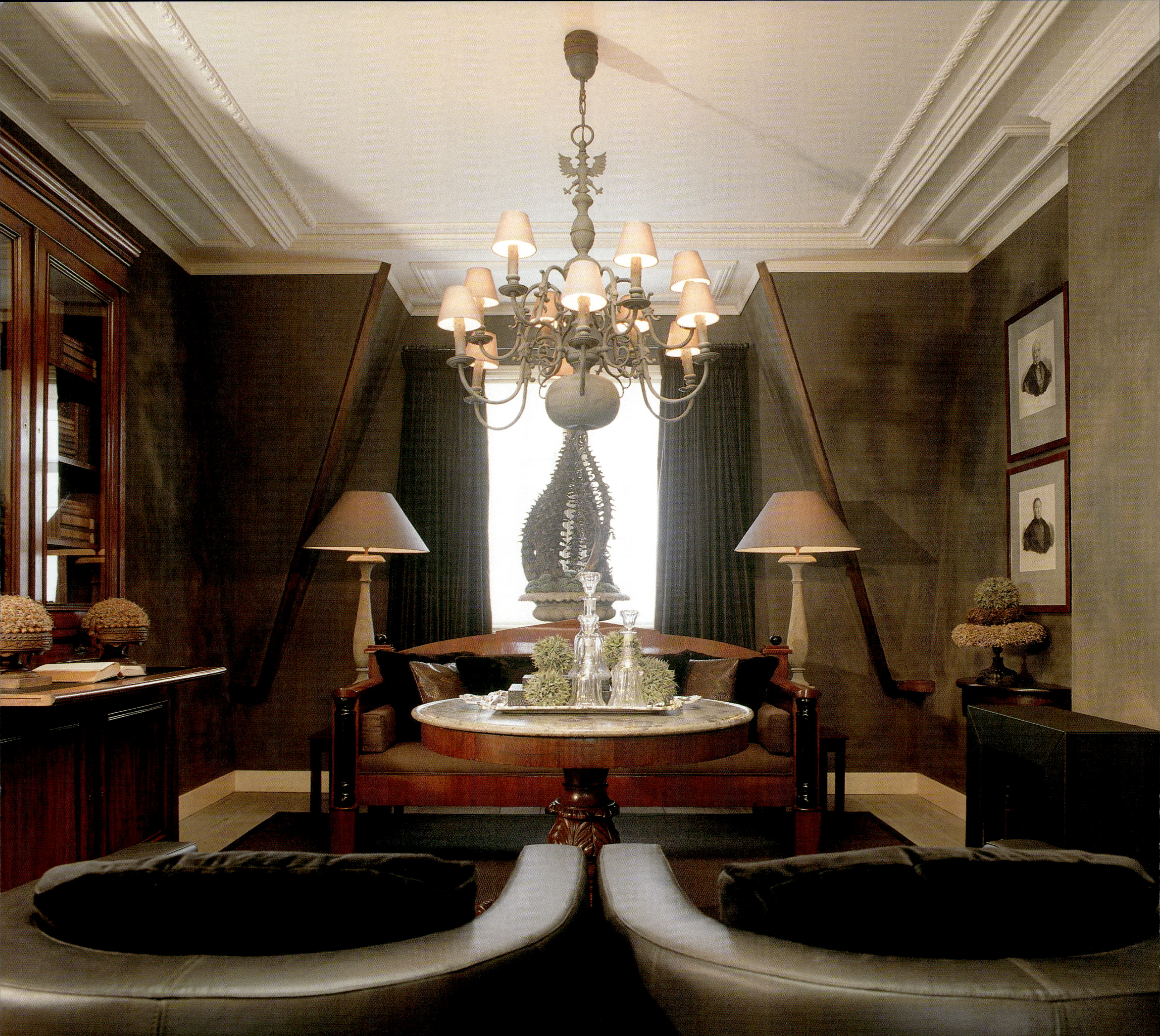

STIJLVOL WONEN COMPLEET
MARTIN DE BOER

Stapelpassie

U merkt het meteen: deze decorateur is stapel op stapelen.
Passioneel worden voorwerpen verzameld
om een geslaagd huwelijk aan te gaan.
Maar valt het u ook op dat elk gestapeld tafereel een hechte
groep vormt en er aldus een coherent geheel ontstaat?

Deze door Martin de Boer aangeklede woning pakt uit met een hal die zijn gasten zonder meer een warm hart toedraagt. Dat heeft te maken met de wijnrode wanden, maar ook met een stilleven dat tot de verbeelding spreekt en u aldus hartelijk welkom heet. Voor de flankering van een vaandel uit 1901 zorgen twee 17e-eeuwse lantaarns die ooit plechtstatig werden rondgedragen in een kerkelijke processie. Een gewit tafeltje tekent zich af samen met de boeken en het bloemstuk op het marmeren blad. Een magisch

'Met contrastwerking weet deze decorateur zijn interieurs inhoud te geven'

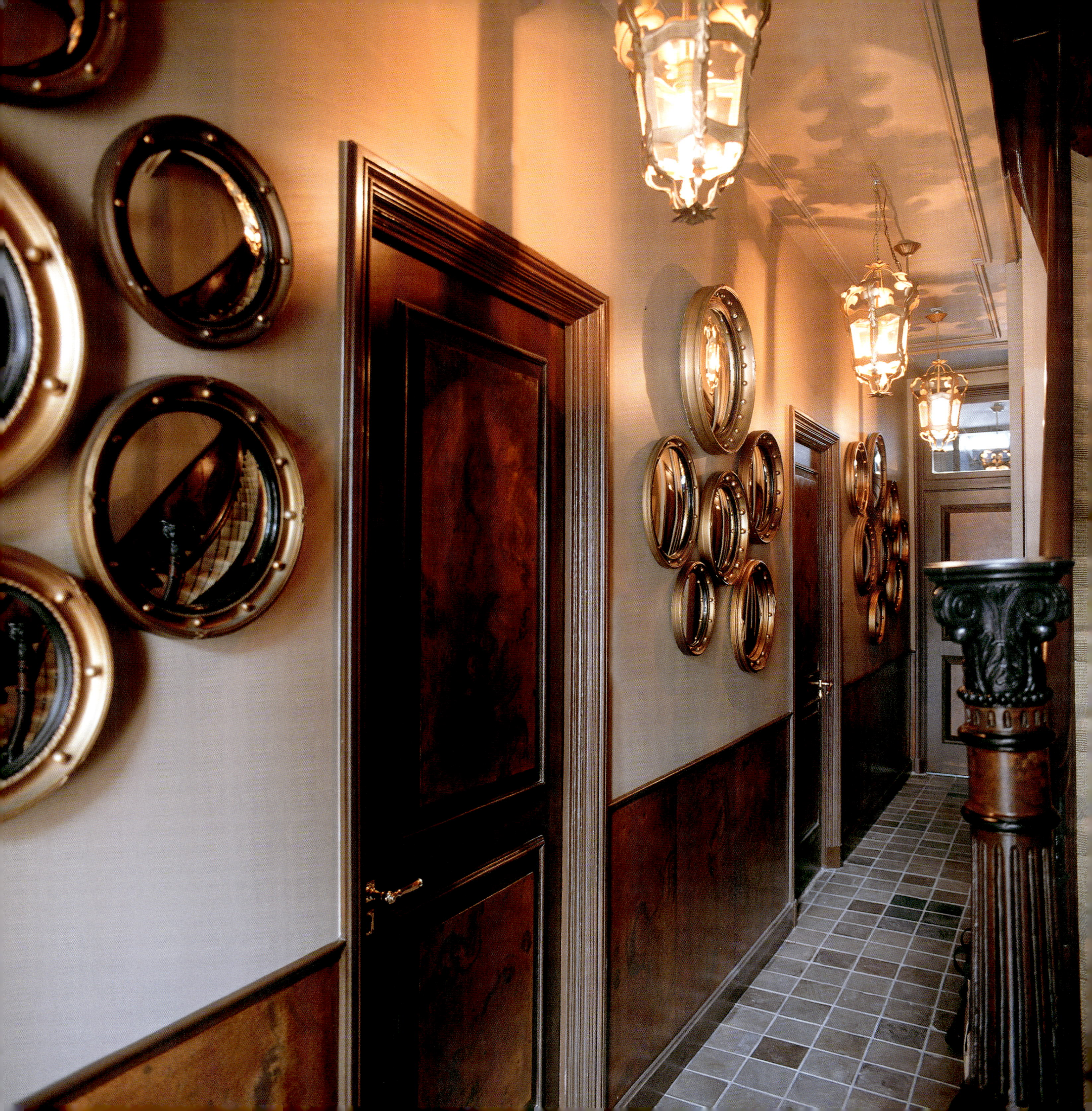

schijnsel maakt u nieuwsgierig naar de wereld achter de deur. En zo wordt u dan vlot naar de traphal geloodst met zijn hardstenen vloertegeltjes en een lambrisering die oogt als notelaar. Hier heeft de ambachtsman, die de schildertechniek beheerst als vanouds, simpel hout veredeld. Boven de lambrisering gooien drie groepen van Engelse butlerspiegels een apart licht op de zaak. Elk stuk toont u namelijk de ruimte in een ander perspectief.

De aloude trap met gietijzeren spijlen kreeg een ge-

'Een collectie Engelse butlerspiegels toont u de hal in een ander perspectief'

zellig sisaltapijt aangemeten. En zo belanden we op de gedurfde slaapkamer. De grenen plankenvloer werd grijzig getint en zit daardoor op één lijn met de wan-

den in donkergrijs. Er is latex gebruikt gemengd met kalk zodat u de hand van de meester voelt in de kwast. Het door Martin op maat gemaakt bed vraagt en verdient ook de nodige aandacht. Let op het gekapitoneerd hoofdeinde van liefst 1m80 hoog! De lampjes links en rechts zijn niet bepaald laag en dienen zo het bedhoofd van antwoord. Voor een heus origineel accent zorgen pas de nachttafels, het zijn immers hangconsoles die herinneren aan een kerkelijk verleden. Het voeteneind leidt onze blik naar twaalf inge-

'Bolvormen lijken wel de lijm van de taferelen en met dat bindmiddel lukt het om het geheel aangenaam in te lepelen'

kaderde portretten van Brusselse professoren uit het jaar 1892. Martin vond deze toch wel opmerkelijke collectie in een nietszeggende map. Stijlvol ingekaderd blijkt de zeggingskracht. Maagdelijk blank beddengoed laat donkere kussens en een verwante bedsprei opvallen. Deze decorateur schuwt de contrastwerking niet en weet zo zijn interieurs inhoud te geven. In de strakke badkamer is de zwartwit tegenstelling zowaar nog sterker. En toch is er een nauwe band tussen de twee ruimten, aangehaald door een gemeenschappelijk element van weleer. Het gaat om glas in lood. Wakker worden met de zon groeit dankzij deze dakramen steevast uit tot een ritueel.

Via een dubbele schuifdeur komen we in het salon. Er liggen fluwelen kussens in de strakke leren zetels. De decoratie uit zich weer symmetrisch. Zo zijn er de oude schalen en bollen beplakt met eikels die de mahoniehouten boekenkast met uittrekbaar schrijfblad tooien. Bij een raam pronkt een takkenconstructie te midden van twee staande lampen. Op een zilveren dienblad combineert Martin de Boer glaswerk met bolle planten. Door het veelvuldig gebruik van bolvormen maakt de decorateur de cirkel rond. Bolvormen lijken wel de lijm van zijn taferelen en met dat bindmiddel lukt het hem om het geheel als het ware aangenaam in te lepelen. Dat brengt ons bij de keuken die getuigt van een eigentijds karakter. Werkblad in hardsteen en beslag en dampkap in geborsteld roestvrij staal voelen zich lekker bij de kasten in gebroken wit.

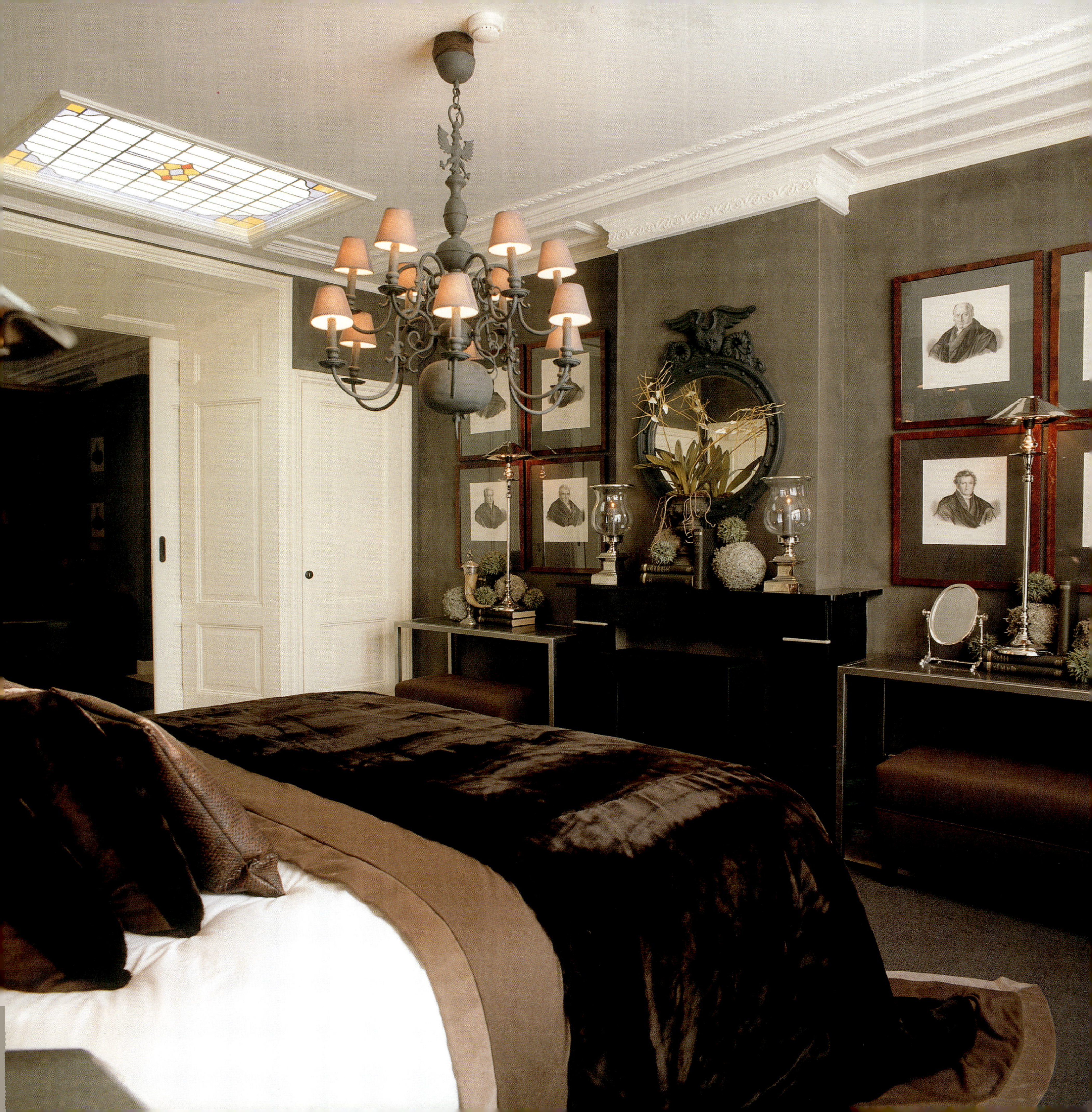

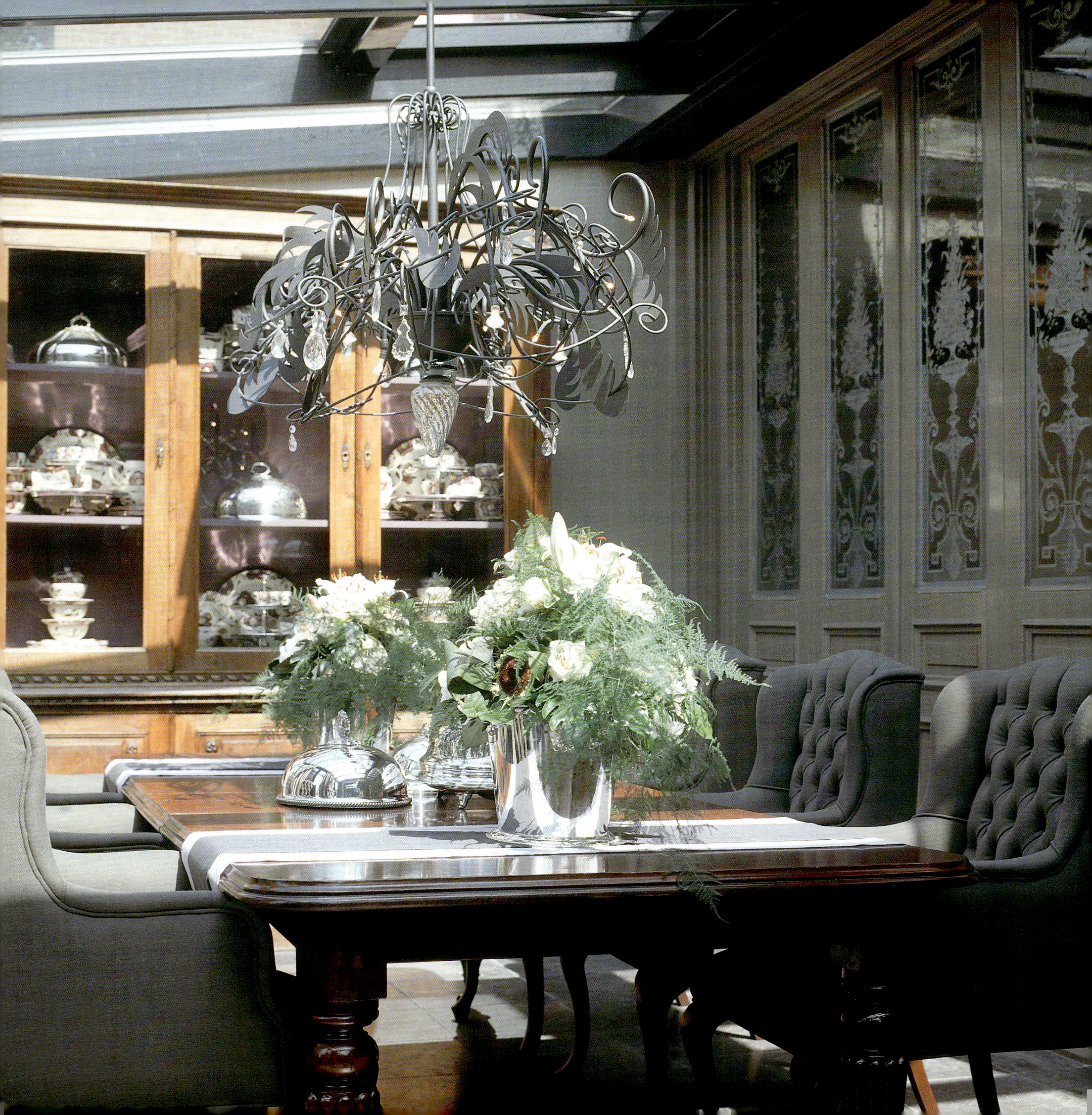

Met een serre als eetkamer groeit elk tafelmoment uit tot een tuinfeest. Door het invallend zonlicht en de luchter (die het predikaat kunstwerk verdient) met de vele halogeenpuntjes, leidt elke gedekte tafel de gasten hier in bekoring, of het nu winter is of zomer. Het linnen van de stoelen neigt naar koffie, net als de geschilderde oude deuren met geëtst glas die de doorgang verzekeren. Het interieur van de kast werd paars geverfd en die kleur keert terug in het zorgvuldig opgestapeld porselein. Appetijtelijk geheel! Wat zou de kok nu in petto hebben? Straks lichten de cloches allicht een tipje op van de culinaire sluier maar voorlopig spelen deze stolpen een decoratieve glansrol.

In november en december houdt Martin telkens viermaal een opendeurweekend op zijn boerderij aan de Luitertweg 22 te Zundert. In Breda kunt u constant terecht in 't Sas, een lifestyle complex hartje centrum met onder andere woonwinkels, een restaurant, hotel en bloemenzaak. Martin de Boer is er de medeontwikkelaar van. De gehele sfeer van dit unieke winkelproject is tot stand gekomen onder zijn supervisie. En in 't Sas heeft Martin trouwens ook een antiekzaak. Bezoekers kennen de binnenhuisinrichter als een joviale man die houdt van gezelligheid. Naar eigen zeggen heeft hij trouwens door zijn vak al aardig wat vrienden gemaakt. Want voor je de woning of het appartement van iemand naar behoren kunt decoreren, moet je zijn leefwereld en verwachtingen terdege leren kennen. Na het opdoen van inspiratie krijgt een concept dan al snel vaste vorm, plots lijkt het wel op Martins netvlies gebrand. Daarna is het zaak om de juiste elementen te verzamelen.

De interieurs van deze decorateur ademen klassieke charme zonder voeling te verliezen met het heden. Trends hebben hun invloed en daardoor evolueert hij ook met de dag. Maar steeds is er een filtering die leidt tot eigenheid. Martin laat graag alles eens bezinken om te komen tot een persoonlijke interpretatie van de realiteit. Zijn leergierigheid speelt hem altijd parten in positieve zin. Decoreren: een uitermate boeiend groeiproces dat nooit eindigt.

Martin de Boer is al van kindsbeen af een verwoed verzamelaar. Toen al wist hij zich te omringen met meubels en objecten die - of ze nu heel oud zijn of niet - iets speciaals uitstralen dat u mag bestempelen als tijdloos mooi. In zijn geboortedorp Papendrecht was Martin gegarandeerd op post als de inwoners hun grof vuil op het trottoir hadden staan. Uit die tijd bezit de decorateur zelfs nu nog spullen die hij blijvend koestert. En tot op vandaag blijft Martin hamsteren als een perfectionist met als bedoeling waardevolle dingen een tweede leven te geven. ✳

'Straks lichten de cloches allicht een tipje op van de culinaire sluier'

Martin de Boer, Papillon bv Antiek en Woondecoratie
't Sas 15, 4811 WC Breda (NL), tel.: 0031(0)76/514.43.54, fax: 0031(0)76/514.43.54, gsm: 0031(0)6/539.516.53,
website: www.warmewintershow.nl en www.haagschesuites.nl

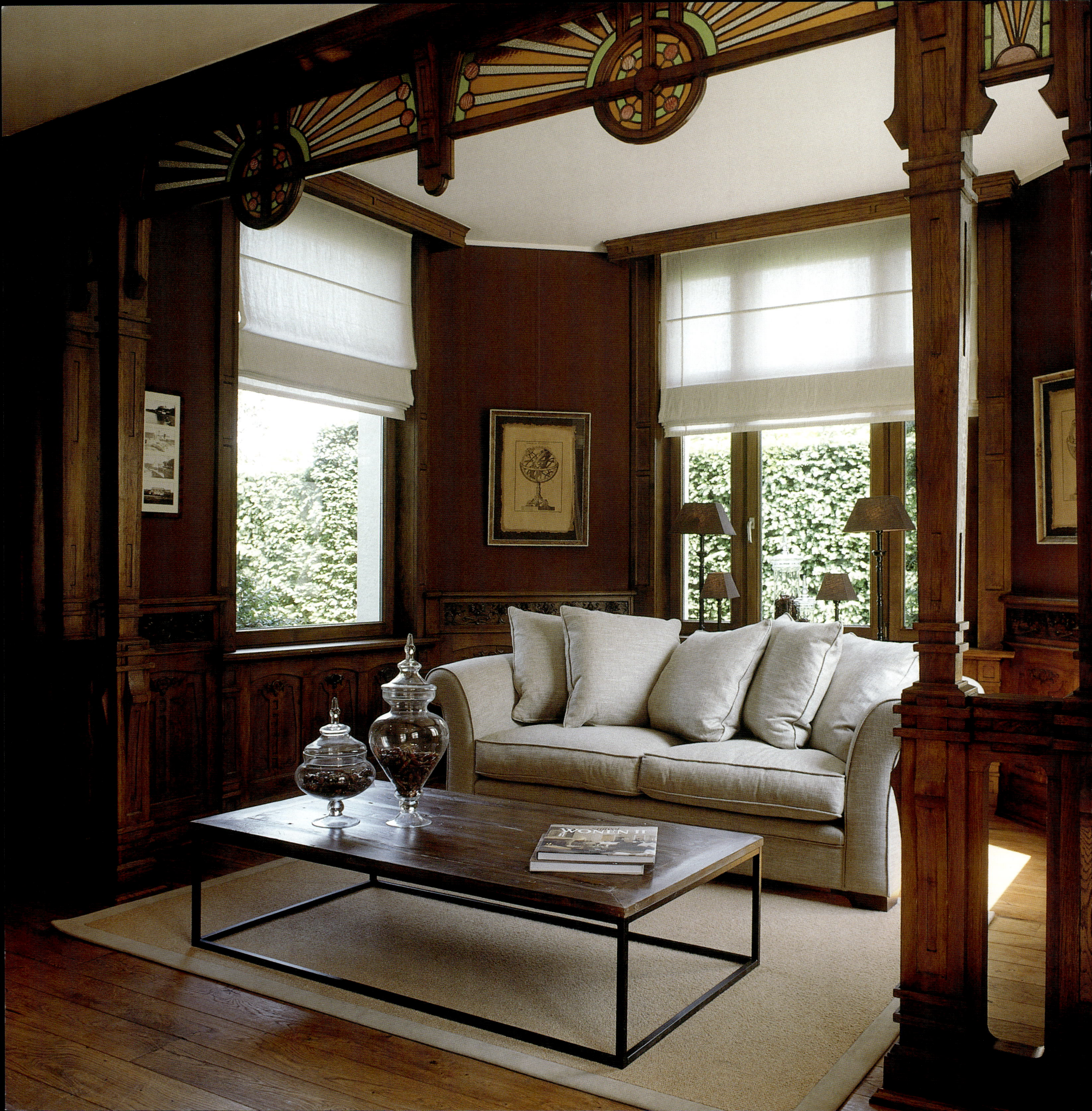
WONEN II

STIJLVOL WONEN COMPLEET
SENSE HOME INTERIORS

Liever licht en luchtig

Een enorme koepel in de woonkamer, een oranjerie, een erker en heel veel glas; dan kan het niet anders dan dat de bewoners houden van licht, luchtig, open en transparant. Overal willen genieten van de tuin, van binnenvallend zonlicht en van de openheid tussen de verschillende vertrekken waren de drijfveren. En die vertaalden ze ook naar het interieur...

'De dieprode kleur 'Monseigneur' versterkt de warme, mannelijke sfeer in de bibliotheek annex bureau van meneer'

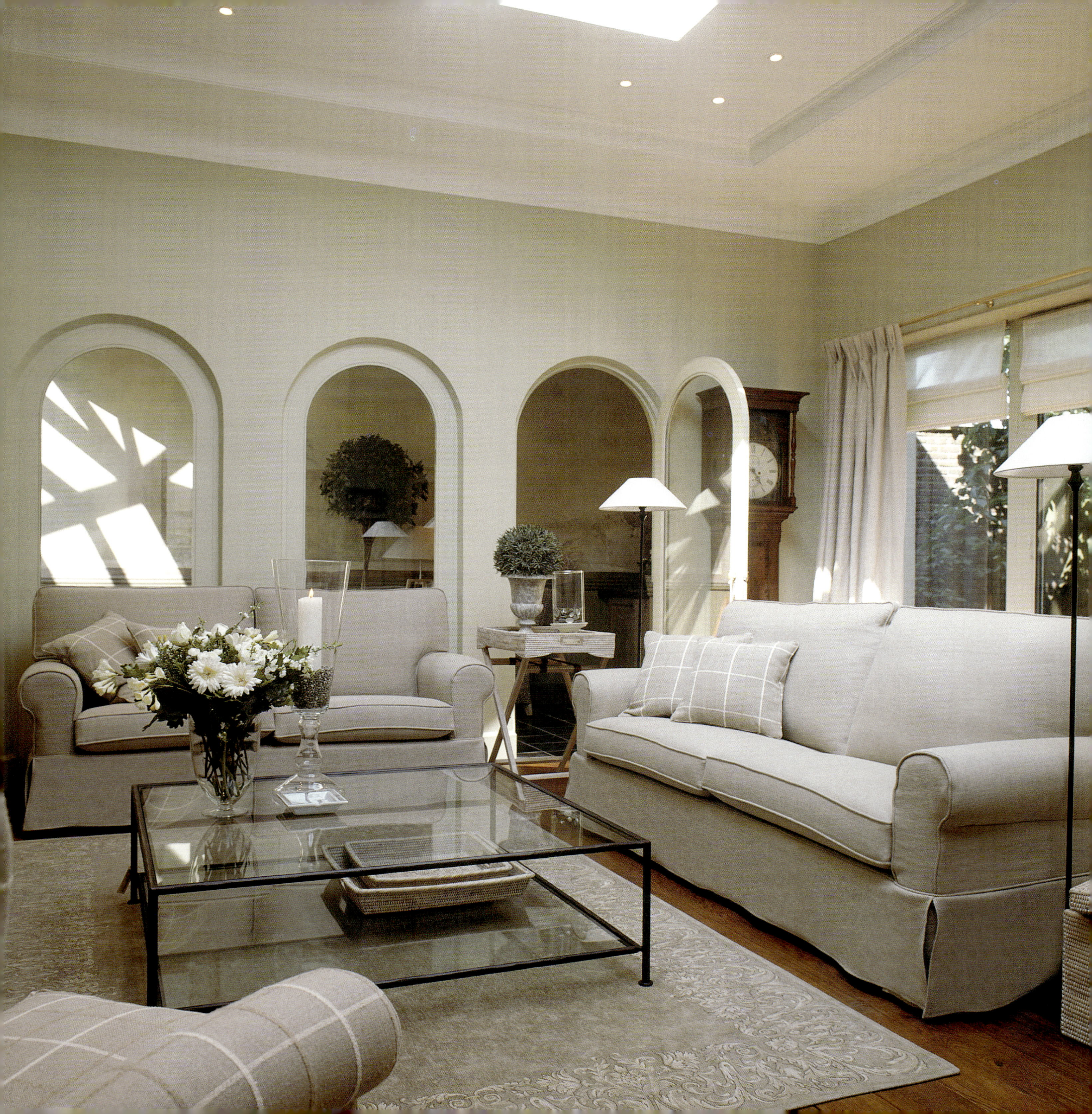

> 'De grote glazen koepel doet de woonkamer in een heerlijk zonnetje baden'

Laat ons beginnen bij de zithoek, die eigenlijk één grote erker in de voorgevel is. Het is een leeshoek die door een houten 'boiserie' is gescheiden van het bureau van meneer. Het statige houtwerk van geboende eik met glas-in-lood draagt iets van Art Deco in zich en oogt eerder mannelijk. Het verklaart meteen waarom onze gastheer hier zijn werkruimte wilde. Hij installeerde er zijn bureau met bibliotheek. Om bij die warme, mannelijke sfeer te blijven, werd gekozen voor 'monseigneur' van Flamant, een warme, maar gedurfde kleur. "Het heeft wel even geduurd voor we die knoop hebben doorgehakt", licht meneer toe. "We vonden het van meet af aan een mooie kleur, maar wisten toch niet helemaal zeker wat het zou geven. Achteraf zijn we erg blij dat we hebben doorgezet", lacht hij. De aanpalende leeshoek kreeg een salontafel van gerecupereerde treinbielzen en smeedijzer. Plaatsnemen in de knusse bank is als gaan zitten in de tuin: neergevleid in de erker worden de bewoners immers omringd door grote ramen waardoor ze van alle hoeken zicht hebben op hun voortuin, een typisch Engelse, strakke tuin met hagen van buxus en taxus. Bij het verlaten van het bureau annex bibliotheek lopen we de hal in. De ingemaakte vestiairekast aan het einde van de gang werd in twee kleuren geschilderd om deze diepte te geven. We passeren de vestiaire en het gastentoilet met leuke metrotegeltjes en een gedurfde combinatie van zwart en wit. De ruime koepel in de woonkamer doet de leefruimte in een heerlijk zonnetje baden. Transparantie en overvloedige lichtinval werden ook vertaald naar interieur en decoratie. Zo werd het glas van de koepel bijvoorbeeld herhaald in het blad van de salontafel, in de vele ramen met zicht op de achtertuin en de glaspartijen met boogvorm die een glimp tonen van de achterliggende oranjerie. Daarnaast zorgen de lichte tinten op de muren voor een extra frisse dimensie die het veelvuldige zonlicht extra in de verf zet. Hetzelfde geldt voor de keuze die Sense maakte voor de stoffen: zowel de fauteuils als de raamdecoratie werden gestoffeerd met linnen, een natuurlijk materiaal dat erg stevig is en erg licht oogt. Het tijdloze, witte boeket past dan ook perfect bij dit geheel. Om de zachte kleuren te doorbreken en het geheel meer karakter te geven koos Sense hier en daar voor een donker element. Zoals bijvoorbeeld de massieve eiken tafel met inklapbare zijpanelen, een kopie van een antieke Engelse 'gateleg'-tafel. De stoelen met

'Door middel van maatwerk werden
zelfs de kleinste details op elkaar afgestemd'

witte frames, die werden uitgevoerd in dezelfde kleur als de vitrinekast, moeten voorkomen dat de donkere kleuren teveel zouden gaan domineren.

Van de zithoek is het maar enkele stappen naar de oranjerie die door de kinderen werd omgedoopt tot speelkamer. Opnieuw een grote koepel, vele ramen die uitkomen op de achtertuin en een glazen schuifwand zijn het zoveelste bewijs dat deze mensen houden van licht en openheid. De oranjerie doet ook dienst als tweede eetkamer waar het gezin gezellig kan tafelen met zicht op de tuin. Doordat hier bewust voor een andere kleurstelling werd gekozen, ademt de oranjerie een geheel andere sfeer dan de woonkamer. De lambriseringen met een patina van 'gris souris' en de trompe l'oeil muurschilderingen zorgen voor een apart ruimtelijk effect. Doordat de mensen van Sense, die dit totaalinterieur verzorgden, alles van maatwerk konden voorzien, werden zelfs de kleinste details op elkaar afgestemd. De lambrisering sluit naadloos aan bij de op maat gemaakte kasten met natuurstenen werkblad, dat opnieuw in harmonie is met de vloer. Omdat het de kleine dingen zijn die het doen...

De master bedroom ademt één en al romantiek: Sense kreeg in deze ruimte carte blanche en koos voor een knusse uitnodigende boxspring met kanten bedlinnen tegen een gebloemd behangpapier en aangepaste raamdecoratie, wat de slaapkamer een nostalgisch sfeertje geeft. Het contrast is dan ook groot met de speelse kinderkamer. Het lage plafond is een overblijfsel van vroeger – het pand is maar liefst 150 jaar oud. Het geeft de kamer een eigen charme. Geen wonder dat dit de geliefkoosde plek is van de zoon des huizes. Het veelvuldige gebruik van jeansstof zorgt voor een jongensachtige atmosfeer. Het rood van de Lexington bedsprei versterkt die nog. Voor het ontwerp van de raamdecoratie liet de binnenhuisarchitecte van Sense zich inspireren door de

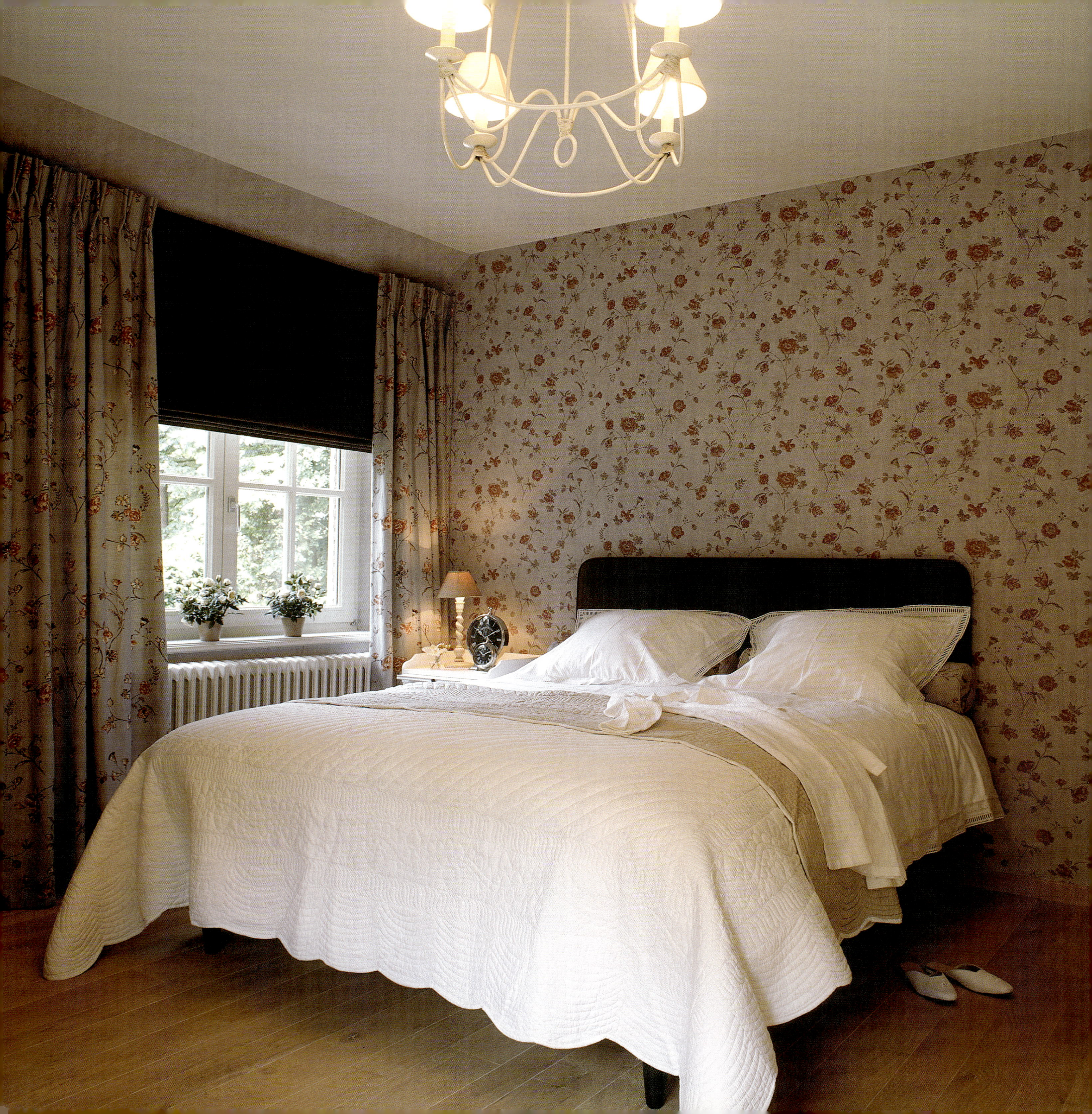

houten balken in het plafond. De volumineuze sleep geeft het geheel een speels accent. Het wit gepatineerde bed volgt dezelfde lijn. Net als het bureau.

De badkamer is dan weer eerder strak met grote tegels in wit en olifantengrijs, die de inrichting domineren. De overgang naar de geschilderde muur werd verzacht met een kasjmieren fries en arduinen boordje in dezelfde tint. Belangrijk waren verder de rechte lijnen van de strakke porseleinen wastafels,

'Door het kanten bedlinnen en gebloemd behang ademt de master bedroom één en al romantiek en nostalgie'

bad, spiegels en handdoekhouders. De grijze en witte tinten worden herhaald in het badlinnen dat uit de collectie van Flamant en Scapa komt. Op die manier werden zelfs de kleinste details op elkaar afgestemd met als resultaat een harmonieus geheel waarbij alle elementen als puzzelstukjes in elkaar passen. Zorgvuldig uitgekiende kleurenpaletten, bijpassende stoffering en maatwerk tot in de kleinste details maakten van elke ruimte een plaatje; dé specialiteit bij uitstek van Sense. *

Sense Home Interiors
Brugstraat 34, 2820 Rijmenam (Bonheiden) (B), tel.: 0032(0)15/50.06.28, fax: 0032(0)15/50.06.21,
e-mail: info@thatmakessense.be, website: www.thatmakessense.be

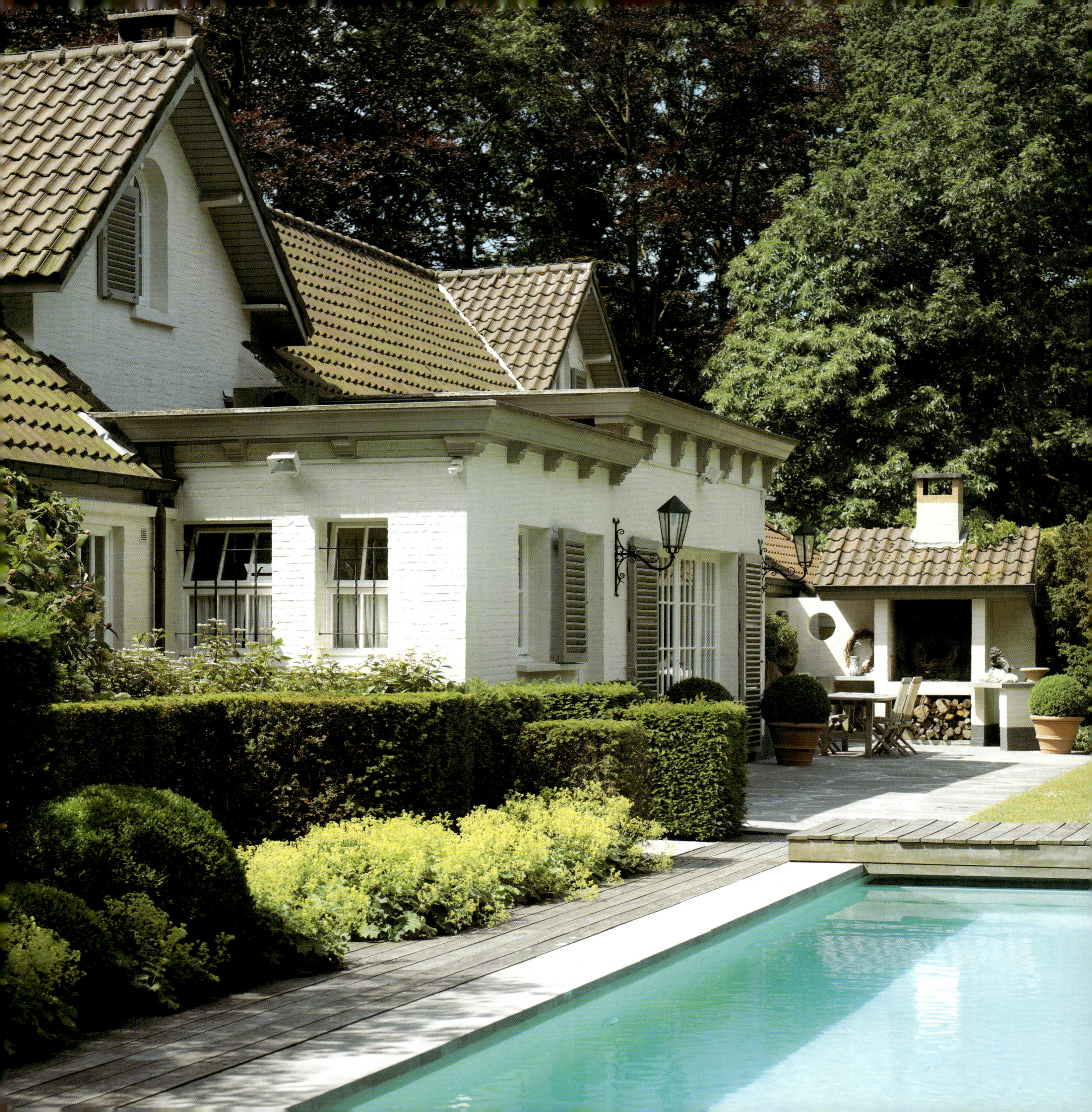

STIJLVOL WONEN COMPLEET
PIETER PORTERS DECORATIONS

Een filmisch plaatje

Denkt u zich eens in dat u 's ochtends ontwaakt in een koetshuis in de schaduw van een statig kasteel, omgeven door een eindeloos park met eeuwenoude bomen en een uitgestrekte vijver. Dat u de gordijnen opentrekt en wordt verblind door zonnestralen die dauwdruppels doen fonkelen als parels; dat u in de verte zwarte zwanen sierlijk over het water ziet glijden en verder niets hoort dan het ruisen van de bomen. Wie wordt er niet warm bij het schilderen van zo'n plaatje?

Het zou het begin kunnen zijn van een mierzoete melige kostuumfilm, met Julia Roberts en George Clooney in de hoofdrollen. Het is 1875 en Julia en George – allebei gekleed in ouderwets katoenen nachtkleding – worden smoorverliefd in elkaars armen wakker in dit kingsize bed. Dan draait de camera weg, glijdt over de twee antieke nachttafeltjes, de oude Engelse commode met een collage van zes prenten en draait dan naar het raam om in te zoomen op het prachtige landschap. Als dat geen filmisch plaatje is!

Het stel dat hier woont heeft het voorrecht deze scène elke ochtend opnieuw te mogen beleven. Het ontwaken is dan ook elke keer weer een feestelijk moment. Enkele jaren geleden kregen zij de kans het koetshuis aan te kopen, mét park. Daar hoefden ze geen twee keer over na te denken. Sindsdien hebben ze er nog geen seconde spijt van gehad. Dat de buitenkant van de woning zo'n schilderachtig plaatje is, heeft niet alleen te maken met de natuurlijke omgeving. De huidige bewoners hebben er ook een aanzienlijke hand in gehad. Bij de keuken creëerden ze namelijk een groot terras waar ze een vergrijsde eiken tafel op maat neerzetten met kunststof stoelen, waar het atelier van Porters een vergrijsd, oud patina op heeft gezet. En het azuurblauwe zwembad, dat de exotische sfeer van een lagune ademt, versterkt dat idyllische beeld nog.

Niet alleen de buitenkant zou zo het decor voor een film kunnen zijn, ook het interieur verdient de nodige credits. Bleke kleuren en groentinten voor de balken in het plafond en de muren geven de woonkamer een hedendaagse uitstraling. Pieter Porters, die verantwoordelijk is voor het interieur, liet ook een dubbele deur met glas plaatsen als scheiding tussen woonkamer en keuken. "Dit om eventuele tocht in de

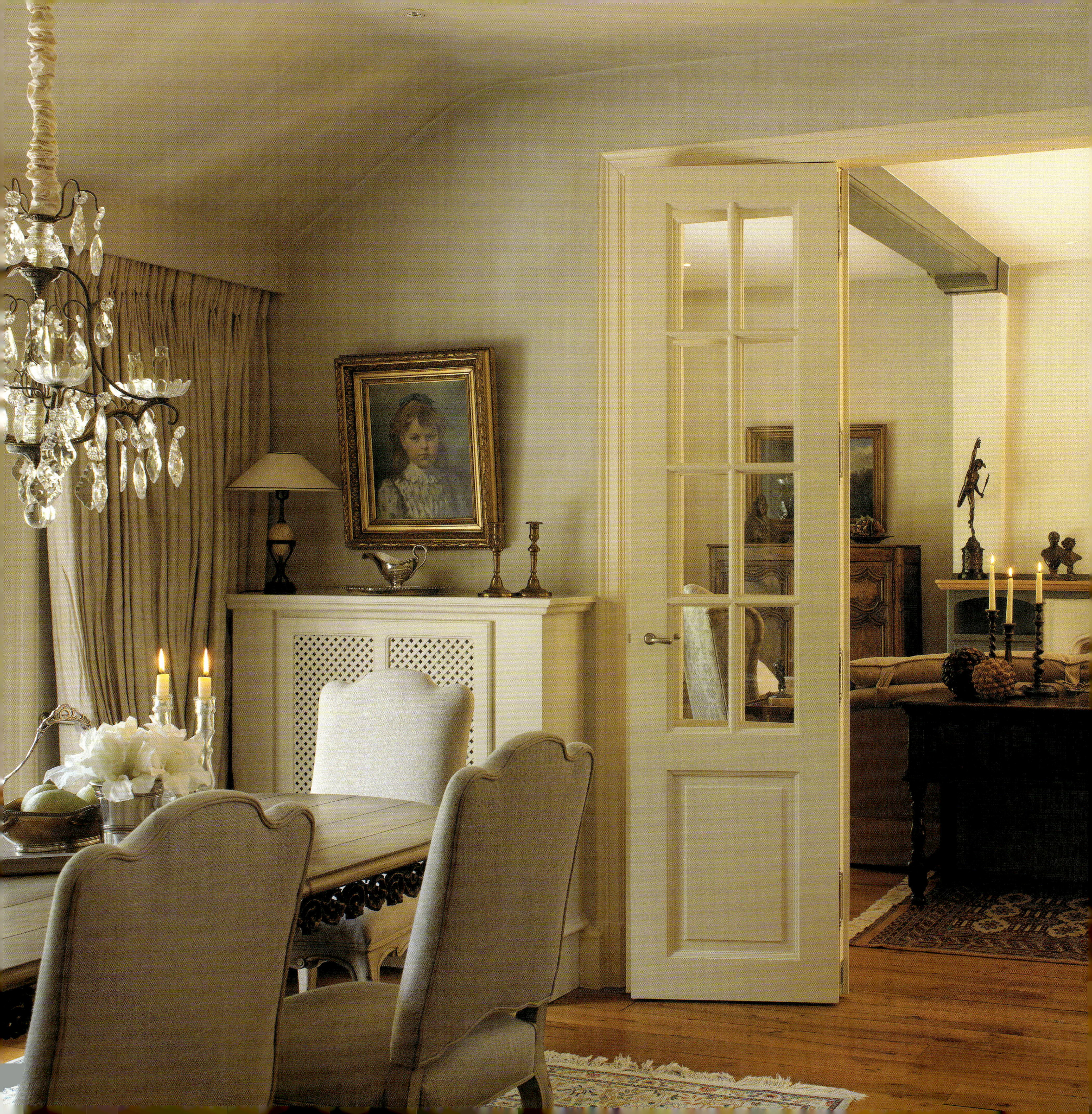

'De schilderachtige omgeving van het koetshuis zou zo het decor van een mierzoete romantische film kunnen zijn'

winter te voorkomen", licht de decorateur toe. Daarmee raakt Pieter meteen een tweede dimensie van het interieur aan, namelijk het praktische aspect. "Een interieur mag geen etalage zijn. Als je in je eigen huis bang bent om ergens te gaan zitten of iets aan te raken, dan ben je verkeerd bezig. Het interieur moet de bewoners dienen en niet andersom", legt hij filosofisch uit. "De inrichting van een huis moet om diezelfde reden bij de bewoners passen", gaat Pieter verder. "Vandaar dat ik het belangrijk vind om te weten hoe mensen leven en wonen in hun huis voor ik aan de slag ga. Alle kamers moeten immers gebruikt worden en overal moet men zich even goed voelen. Dat houdt ook in dat je elke dag van je mooie spullen moet genieten, en dus niet alleen bij speciale gelegenheden."

Een schoolvoorbeeld van hoe praktisch dit interieur wel is, is ongetwijfeld de 'donszetel' in de woonkamer. "Het dons onder de rug, het achterwerk en de zijkant maakt dat je altijd goed zit. De zetel past zich namelijk aan het lichaam aan." Het hoeft dan ook niet te verbazen dat dit de lievelingszetel is van het hele gezin. Op de salontafel, een eiken exemplaar dat op maat werd gemaakt en later mahonie werd gekleurd, plaatste Pieter een houten kistje waar men de afstandsbediening, zakdoeken en allerhande prullaria instopt. De console achter de sofa werd opgeknapt. Dat Pieter een meester is in het creëren van decoratieve stillevens

'Deze bewoners zijn echte hamsteraars: ze hebben heel wat souvenirs verzameld die allemaal werden opgeknapt'

bewijst hij hier opnieuw met de verzameling van karaffen op een oude spiegelplateau met ernaast twee groepen van drie houten getorste kandelaars met bollen van noten als kersen op een taart. Om ervoor te zorgen dat de bewoners zich 'thuis' zouden voelen, vond Pieter het ook erg belangrijk om veel van de spullen die het gezin door de jaren heen bijeen had gespaard opnieuw te gebruiken. "Deze mensen zijn echte 'hamsteraars', ze hebben heel wat souvenirs verzameld, van reissouvenirs over erfstukken tot kunst.

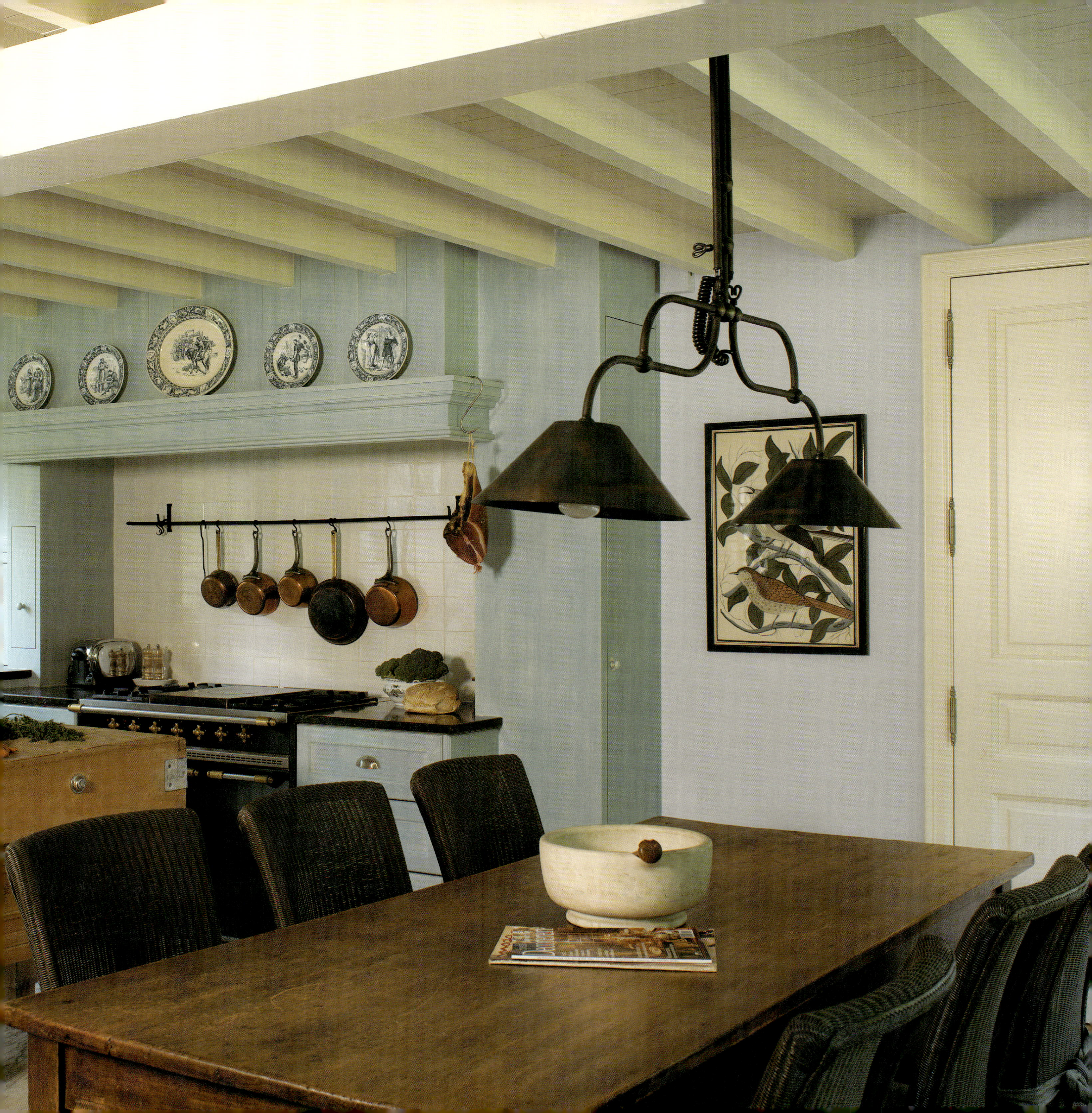

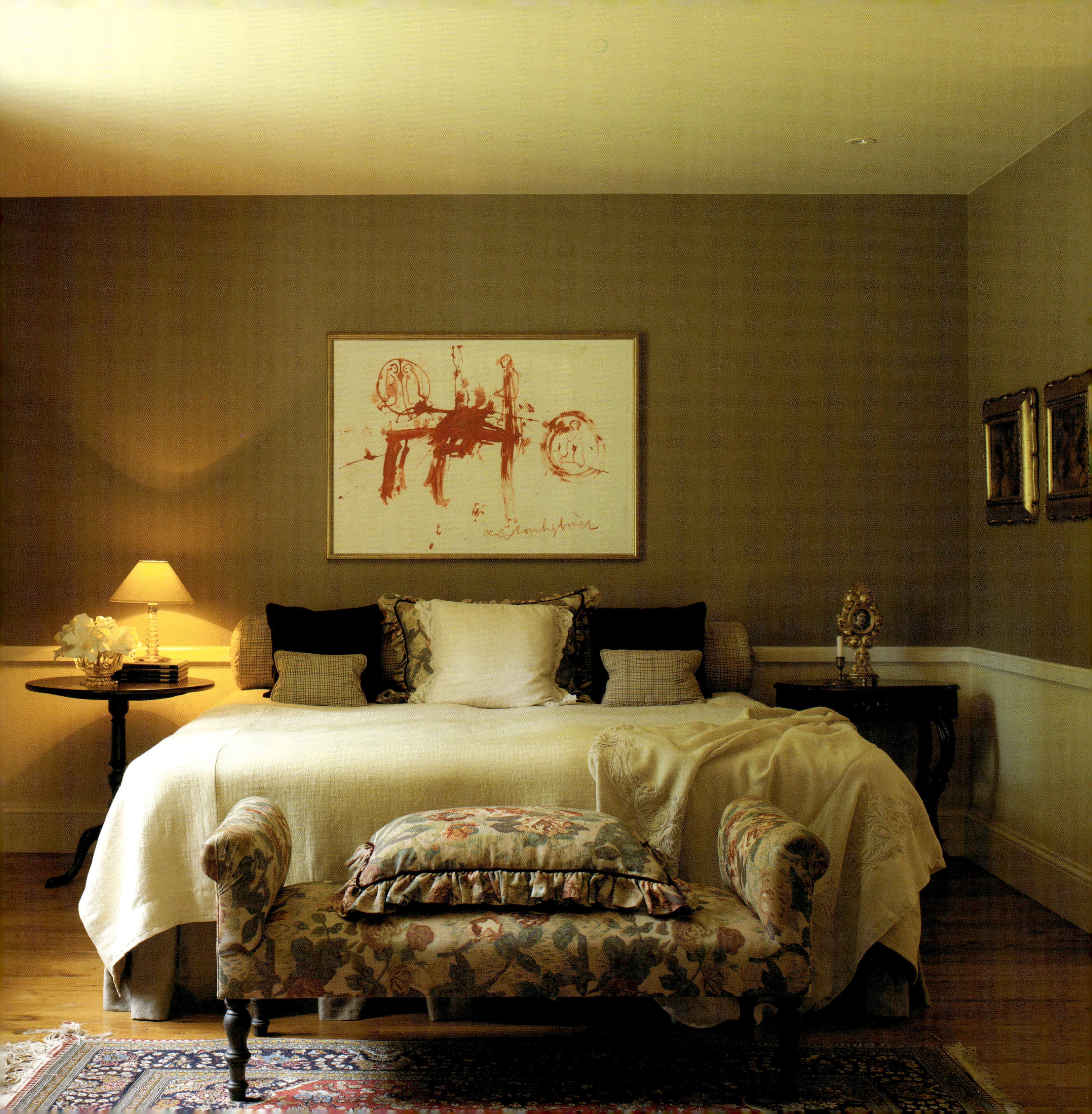

Die heb ik allemaal gerecupereerd. Zo kunnen de bewoners vandaag tenminste een verhaal vertellen over hun interieur. Op die manier komt het huis tot leven, leven de herinneringen voort en krijgt de woning een ziel, een geschiedenis en karakter."

Een opstapje leidt naar een volgend niveau waar onder de trap een leeshoek werd gecreëerd. Al het houtwerk van de balustrade en de trap werden in bijpassend groen geschilderd. Een leesbergère onder de trap nodigt er uit om een boek te lezen of gewoon een dutje te doen. De trolley werd op maat gemaakt om er boeken in te kunnen plaatsen. Schilderijen uit de collectie werden gegroepeerd opgehangen. De keuken werd opgefrist door de balken een licht kleurtje te geven. Ook de muren en kasten kregen een lichtblauwe tint waardoor de ruimte erg luchtig oogt. Een oud beenhouwersblok doet dienst als kookeiland en als snijplank. De overloop tussen de dressing en de badkamer is opgefleurd met een antieke tafel, die niet alleen stijlvol oogt maar ook een praktische functie heeft als tafel om overhemden op te persen. "Precies wat ik bedoel! Ook antiek kan gebruiksvriendelijk zijn", fulmineert Pieter. En met dit interieur voegde hij de daad bij het woord en bewijst hij dat praktisch en mooi elkaar niet moeten afstoten, maar net zo goed hand in hand kunnen gaan. ✳

Pieter Porters Decorations
Kipdorpvest 44, 2000 Antwerpen (B), tel.: 0032(0)3/213.35.75, fax: 0032(0)3/213.19.04,
e-mail: info@houseofporters.com, website: www.houseofporters.com

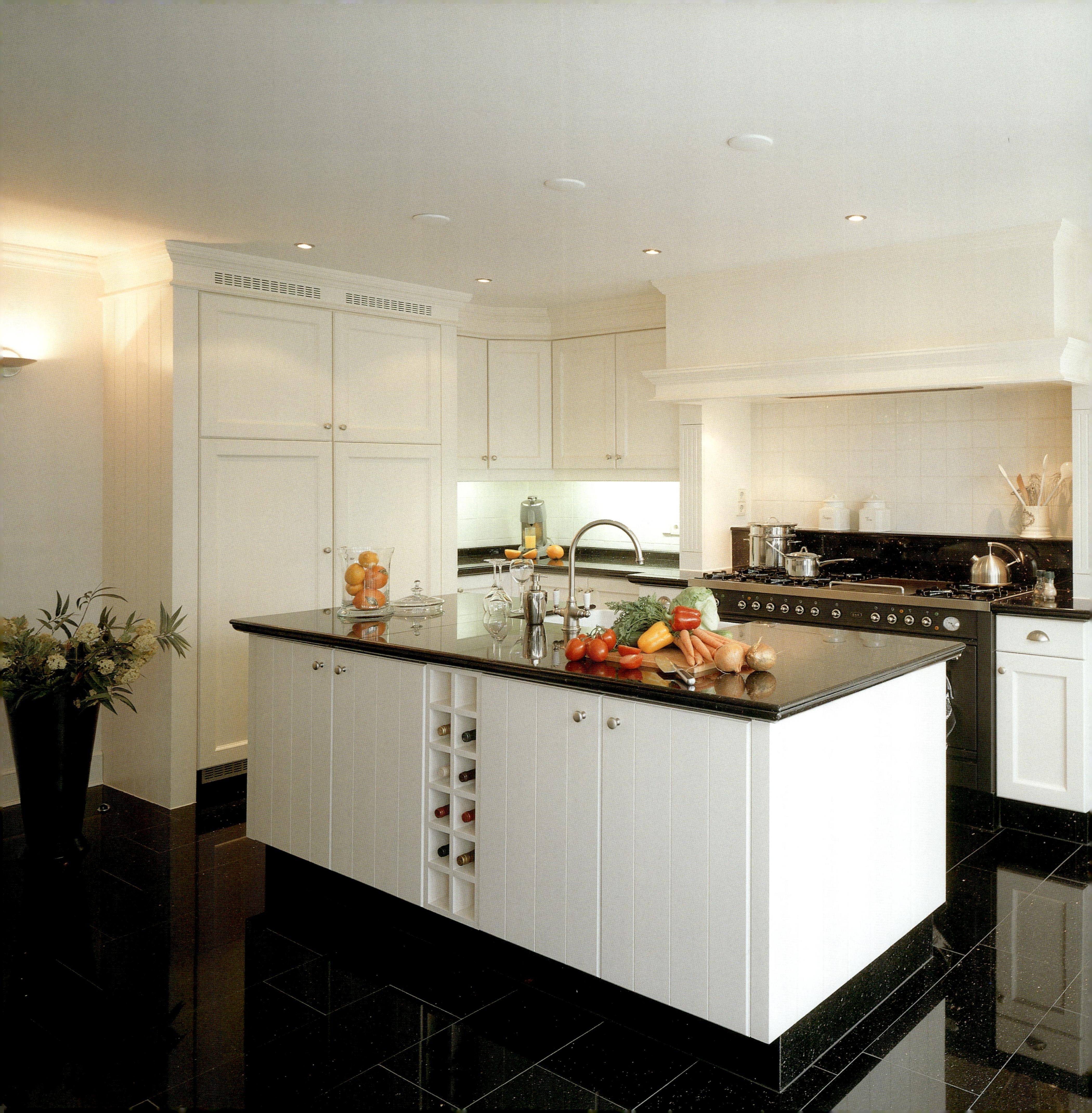

STIJLVOL WONEN COMPLEET
JET KEUKEN- EN INTERIEURBOUWERS

Kloppend hart, herleefde ziel

Door de ziel van deze woning, die een zekere geschiedenis met zich meedraagt, bloot te leggen en de renovatie aan te pakken volgens de regels van de kunst, kende het geheel een zinderende heropleving die nu velen zal aanspreken en inspireren. Made in Belgium, maar geproefd in Nederland.

We belanden in het kloppend hart van een villa in Amsterdam: een stijlvolle creatie van Jet-keukens. Het concept getuigt van gedistingeerde klasse en bovendien wordt u een perfecte weerspiegeling voorgehouden van de persoonlijkheid van de bewoners. Eigen smaak leidt hier duidelijk tot eigenheid, zuiver op de graat. In het meubilair combineert de keukenbouwer een structuur in muurvast MDF met massiefhouten fronten. Door het ter plaatse aflakken werd het houtwerk als het ware geënt op de ruimte. De kleur neigt naar zacht jasmijn en maakt zowel een gezellige als een strakke indruk. Er kwamen liefst vier lagen lak aan te pas.

De gepolijste werkbladen in zwarte graniet zien er ronduit schitterend uit. Maar eigenlijk wordt de toon reeds gezet met de betegeling in de hal die doorloopt tot in de keuken. De tabletten breien er enkel een logisch vervolg aan. En al het roestvrij staal dat geborsteld werd, zorgt voor het juiste, goed overwogen accent, om zo het geheel werkelijk op smaak te brengen, zeg maar. Het is net als het mespuntje zout, de exacte draai van de pepermolen en het spel tussen kruiden die samen een gerecht dat ietsje meer geven. Echt chic wat zich hier gehemeltestrelend ontplooit. Let verder nog op de exquise wisselwerking tussen de trekkers die niet meer zijn dan eenvoudige dopjes en de schelpvormige greepjes die wat extra gewicht in de schaal leggen.

> 'Geborsteld roestvrij staal zorgt voor het juiste, goed overwogen accent, om zo de keuken op smaak te brengen'

Er is uiteraard gedacht aan de praktische kant van de zaak. Een keuken dient niet alleen om naar te kijken,

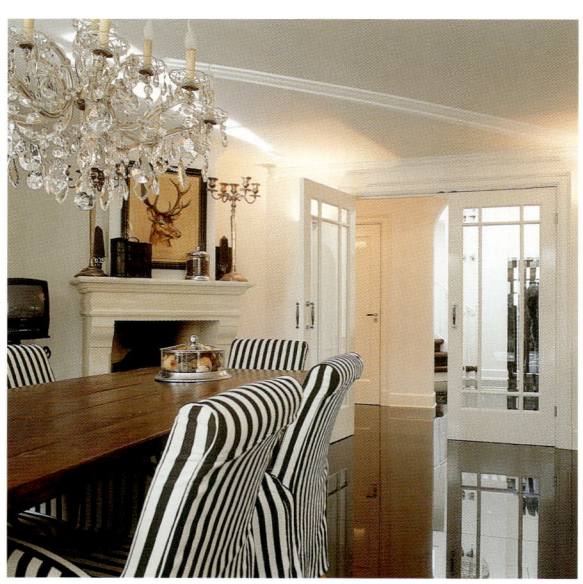

'Het contrast tussen blank en donker wordt doorgetrokken in het zwart-wit kleedje van de stoelen, die dus van hetzelfde laken een broek hebben gekregen'

u moet er immers handig kunnen in koken ook. Aan comfort en opbergruimte geen gebrek. Twee van lepelgroeven voorziene zuilen links en rechts van het fornuis functioneren als nis. Zo heeft u steeds allerlei bij de hand om maaltijden hun finishing touch te geven. Achter een Engelse kroonlijst zit een krachtige dampkap verscholen en onder de dubbele oven kan u borden verwarmen. Uittrekbare mandjes komen van pas voor keukenlinnen en de voorraad aardappelen. Een glazen liftdeur onttrekt de stoomoven aan het zicht. Koelkast en diepvriezer vragen eveneens geen aandacht maar bewijzen wel hun diensten. Subtiel verwerkte roosters zorgen boven- en onderaan voor de nodige verluchting.

Het centrale werkblad bereikt u zonder een stap te verzetten. Draai even om uw as en u staat aan de uitgietbak met zijn retro imago. Deze wordt geflankeerd door liefst twee weggewerkte vaatwassers. Aan de andere zijde van het 'eiland' vindt u kasten en in het midden een rek voor wijn. De kastdeuren kregen een planken uitvoering mee. Dit breekt de algemene lijn enigszins en zo wordt eentonigheid vermeden. Bekijk ook eens het gepolijste graniet van nabij. Het blad is niet drie (zoals veelal) maar vijf centimeter. Door die dikte en bijkomend ook de fraaie rand tekent deze keuken zich nog tastbaarder af. Het brengt ons automatisch bij de sierlijke plafondlijsten en plinten die het geheel passend inkaderen. Tijd dan nu om stil te staan bij het culinaire tafereel an sich. De glanzende vloer houdt de keuken een spiegel voor en die extra dimensie streelt het oog. Dit concept van Jet leeft. Het kloppend hart van deze villa lijkt wel letterlijk te kloppen.

Door het ruime eetgedeelte mag u deze werkkeuken tegelijk bestempelen als een heuse leefkeuken. Om

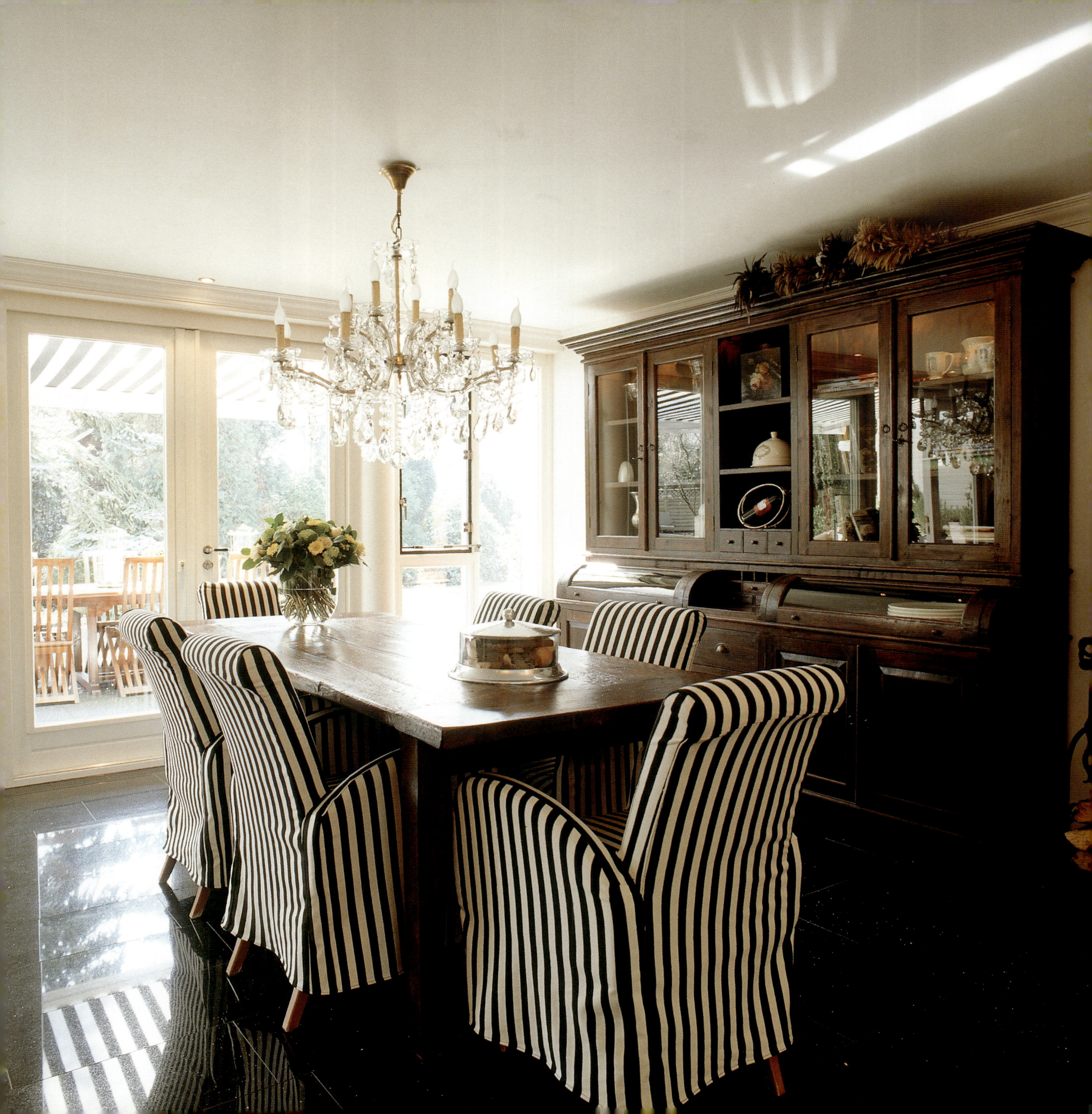

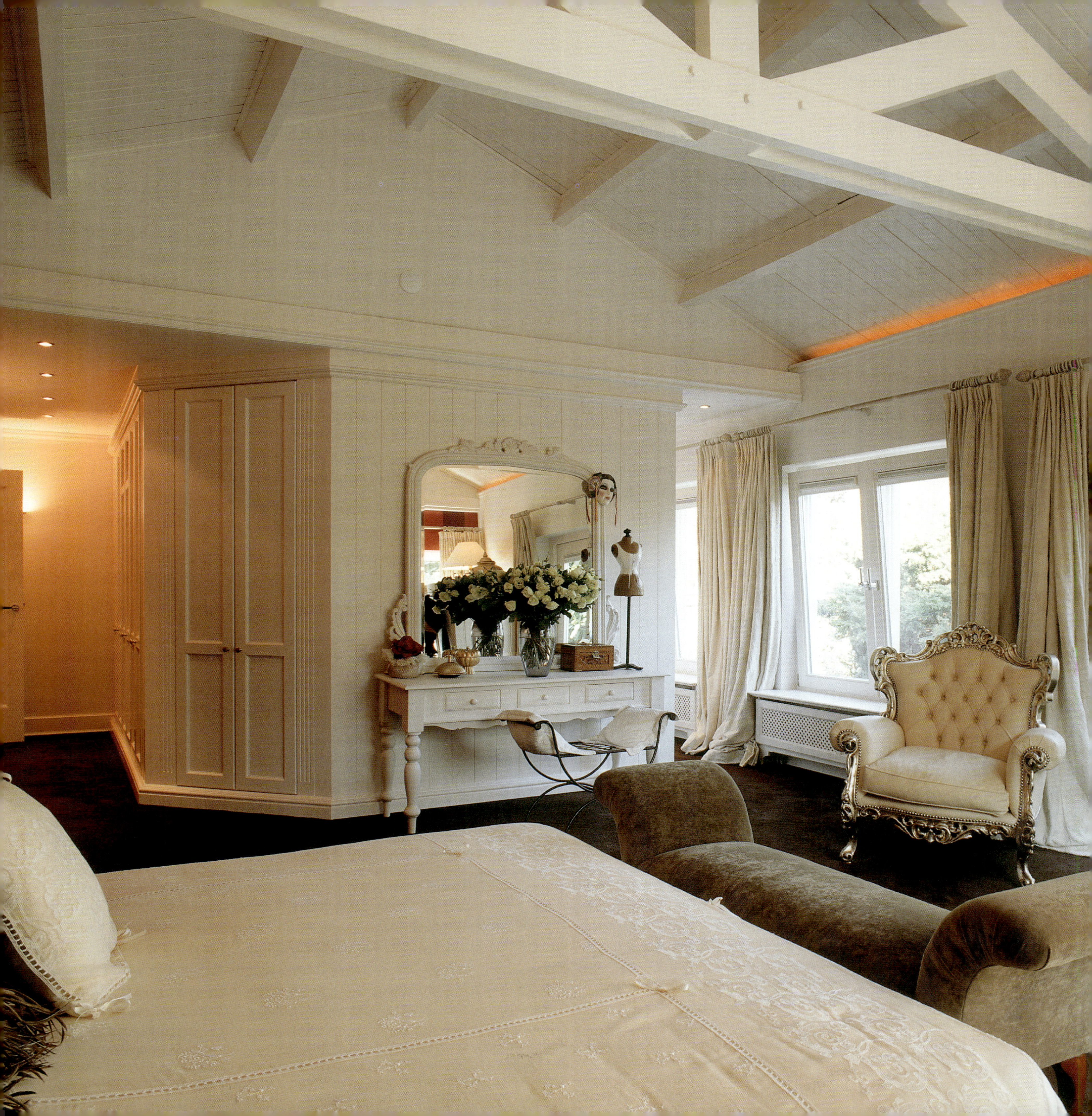

'Heel de woning getuigt van gedistingeerde klasse en weerspiegelt de persoonlijkheid van de bewoners'

het eenheidsgevoel te versterken wordt het contrast tussen blank hout en donkere graniet doorgetrokken in het zwart-wit kleedje van de stoelen, die dus van hetzelfde laken een broek hebben gekregen. Bij de antieke tafel hoort een dito kast en boven het grote zware blad hangt een authentieke kroonluchter. Gecombineerd met gerichte dimbare spots en enkele wandlampen gaan sfeer en functionaliteit hier hand in hand. Een haard in kalksteen - die ook effectief gebruikt wordt om de winters het vuur aan de schenen te leggen - maakt het plaatje compleet.

Het renovatieverhaal van deze woning is boeiend en Jet speelt daarbij een belangrijke rol. Er werd namelijk heel wat meer gerealiseerd dan de keuken. Zo zijn er de hoge plinten en deuromlijstingen die respect afdwingen: de file rouge doorheen de villa. Qua kleur blijft dit houtwerk neutraal en toch zet het de totaliteit in de verf. Er is gekozen voor hoogglanslak omwille van de duurzaamheid en omdat het meer cachet geeft. Naast de voorbereidingen in het atelier wordt alles ter plaatse aangemeten en geschilderd.

Een royaal gelijkvloers vertrek vormt omzeggens een huis in huis. Op de achtergrond versmelten de radiatorkasten met het decor. Waar het bed staat zorgt de nok voor een aangenaam ruimtegevoel. Het koppel beschikt over een gebruiksvriendelijke dressing. Typisch kwaliteitsmaatwerk van Jet. Er is genoeg plaats voor de garderobe van beide partners. Ieder heeft zijn knus plekje links en rechts van de toilettafel getooid met een paspop en een spiegel waaraan een masker bengelt dat vakantieherinneringen oproept aan het feeërieke Venetië. Dan krijgen de kaarsen in de vergulde kandelaar plots vlammen.

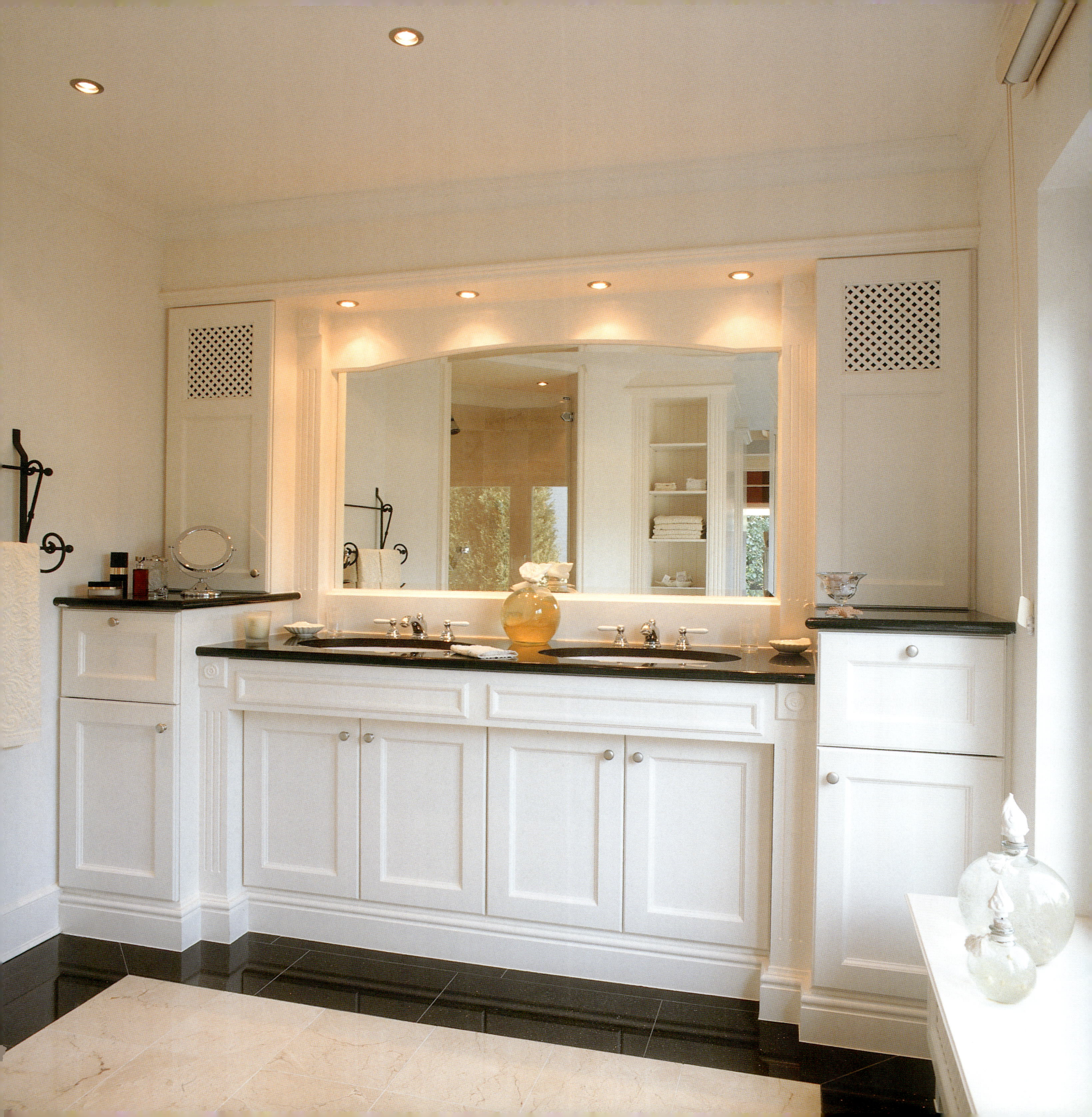

En meteen ogen de dingen en vooral het behang met rode en bordeaux banden die het bedhoofdeinde kleuren, nog vuriger. Passie laait op. Resultaat: een ruimte om zielsveel van te houden.

Volg de ronde beweging van de kasten. Voel hoe het vloerkleed verandert in tegelvloer. En zo belandt u automatisch bij de wastafel. Het graniet is identiek aan dat van de keuken. Idem dito voor de sobere deurknopjes in geborsteld roestvrij staal. Hoewel alles naadloos (en zonder binnendeuren) in mekaar overvloeit, fungeert de dressing toch als een soort van buffer tussen slaap- en badkamer. Daar vragen wij uw aandacht voor de uiterst verfijnde afwerking: rozet boven stijlen met lepelgroeven, kolommen met vlechtwerk, verzonken spiegel met in facet geslepen rand. Jawel, ook dit is Jet op zijn best.

Op de salontafel doet een kaars een zilveren champagne-emmer en bijhorende kelken oplichten. Kralen liggen los gedrapeerd over de rand van het antieke houten dienblad dat suikergoed en rode appeltjes aanbiedt. Ook hier duiken radiatorkasten op van Jet. Zonder warmte geen gezelligheid, maar esthetisch mag u dergelijke toestellen niet bepaald noemen. Het omkasten is dan ook een goede zaak, zeker weten. Storende verwarmingselementen kunnen maar beter worden weggewerkt. Integratie gelukt. Karkas en vlechtwerk zijn in massief hout en werden gewit. Bovenop prijkt een tablet in dezelfde tint, voorzien van een kunstige rand. Gebombeerde maar daarom niet bombastische overgordijnen laten de ruime woonkamer baden in weelde. Er gaat rust uit van de met een oude spiegel behangen schouw. Dat heeft allicht iets te maken met de symmetrische schikking van kandelaars en potten rond een klok als blikvanger. Bloemengeel fleurt summier het dienblad met familiekiekjes op. Zetels nodigen uit om in weg te zinken. Dat alles wekt een tijdloze indruk. Precies of het hier zo al eeuwen onaangeroerd is gebleven. En toch werd het recent gerealiseerd. Bewoners en Jet-keukens zijn er samen alvast in geslaagd een interieur met een blijvend karakter te creëren. ✳

> 'Met de haard en een warme douche weet men de winters het vuur aan de schenen te leggen'

Jet Keuken- en Interieurbouwers
Antwerpsesteenweg 103, 2350 Vosselaar (B), tel.: 0032(0)14/61.63.63, fax: 0032(0)14/61.49.45,
e-mail: info@jetkeukens.be, website: www.jetkeukens.be

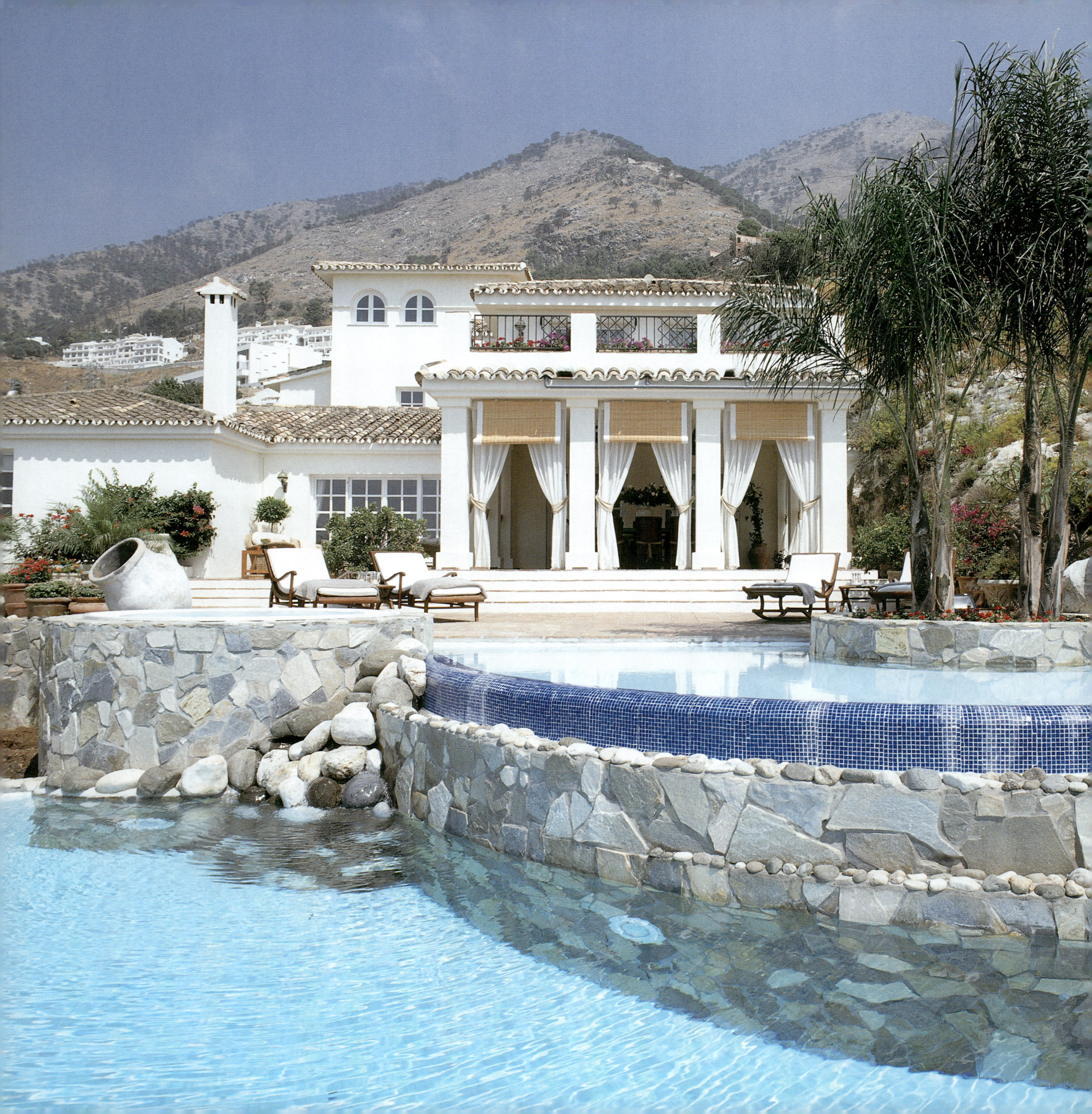

STIJLVOL WONEN COMPLEET
ILSE DE MEULEMEESTER INTERIEUR

Magische woondroom waargemaakt in Marbella

Er is een hemelsbreed verschil tussen de voor en na van deze volledig verbouwde villa in het zuiden en daar heeft de intense samenwerking tussen bewoners en decorateurs alles mee te maken. Het engagement was uitermate uitgesproken en het resultaat is dat ook. Om jaar in jaar uit en dag en nacht met volle teugen van vakantie te proeven.

Er was eens... een klant die bij Ilse De Meulemeester Interieur zetels bestelde op maat. Wegens grote tevredenheid over kwaliteit en persoonlijke service verscheen er enige tijd later een uitnodiging en meteen ook een enorme uitdaging ter tafel: "Help ons mee onze woondroom waar te maken in Marbella". Ilse De Meulemeester Interieur volgde toen het concept op van naaldje tot draadje. Er werd in de eerste plaats een tweede thuis gecreëerd, een idyllische plek die de fijngevoeligheid van de klant weerspiegelt. Een tijdloze villa is het geworden die over heel de lijn getuigt van creativiteit maar waarbij men het functio-

'Naar analogie met de woning werd het zwembad trapsgewijs aangelegd in terrassen'

nele aspect nooit uit het oog verliest. Uit de aankleding blijkt een voorliefde voor natuurlijke stoffen en kleuren. Door optimaal te spelen met licht zet het decoratieteam de zin voor harmonie extra in de schijnwerper. En daar komt bovenop dat het geheel

aanspreekt met een mediterrane flair die niemand koud laat. Droomt u wel eens van een paradijselijk oord waar het driehonderd dagen per jaar stralend weer is en van een woning aldaar met allure, dan zal deze villa onder de Spaanse zon u beslist aanspreken. Marbella ligt op een punt waar twee culturen raken, de Moorse en de Romaanse. Deze originele mix is terug te vinden in de plaatselijke bouwstijl. Typisch zijn de gevelfrontons, schouwen als torentjes, balustrades en zuilen, de ramen met bogen en de zinderende kleuren. Maar hoewel deze benadering eigen aan de streek ook hier wel her en der de kop opsteekt, blijft deze bouwcoördinator toch sowieso trouw aan het aloude principe van bij ons: vakmanschap is meesterschap.

Deze exclusieve villa ligt wat afgelegen op een bergflank dicht bij het typische Spaanse dorpje Mijas en laat dus het mondaine stadsleven rusten. Toch ligt de Middellandse Zee vlakbij en staat u uiteraard in no time op één van de vele golfterreinen, als u dat wenst. Terwijl u ontspannen een balletje slaat kabbelt de tijd langzaam voorbij... Maar Marbella heeft nog meer te bieden dan zon en zee en golf, het is een heuse uitvalsbasis. Van hieruit staat u op anderhalf uur op de toppen van de Sierra Nevada om zalig te skiën. Ook de zwoele golf van Gibraltar lonkt voor een bezoek. En vlakbij ligt de jachthaven Puerto Banus. Ilse De Meu-

'Het door de raamdecoratie spaarzaam gedoseerd licht laat de slaapkamers zweven tussen hemel en aarde'

lemeester Interieur was van bij het prille begin betrokken bij de zaak. Aldus zat de verbouwing van dit bestaande pand meteen in de goede richting. Buiten de ruwbouw is men eigenlijk van nul begonnen, mag u wel zeggen. Naast het verstrekken van deskundig advies omtrent de bouwaanpak, hebben de interieurspecialisten zich verdienstelijk gemaakt op allerlei andere vlakken: er werd nagedacht over dressings, maatkasten, zetels, bedden, meubels en tapijten, de stoffering was in hun handen, men heeft de kleuren op mekaar afgestemd en ook de raamdecoratie verzorgd. De zogenaamde finca in de tuin, het huisje voor de logés, werd bewust wat ruw gehouden zoals het hoort. En toch biedt het alle comfort. De gevel van het hoofdgebouw werd in een aangename crèmekleur gezet en het interieur is er veel lichter en knusser op geworden. Het zwembad werd naar analogie met de woning trapsgewijs aangelegd in terrassen en biedt nu eveneens een jacuzzi.

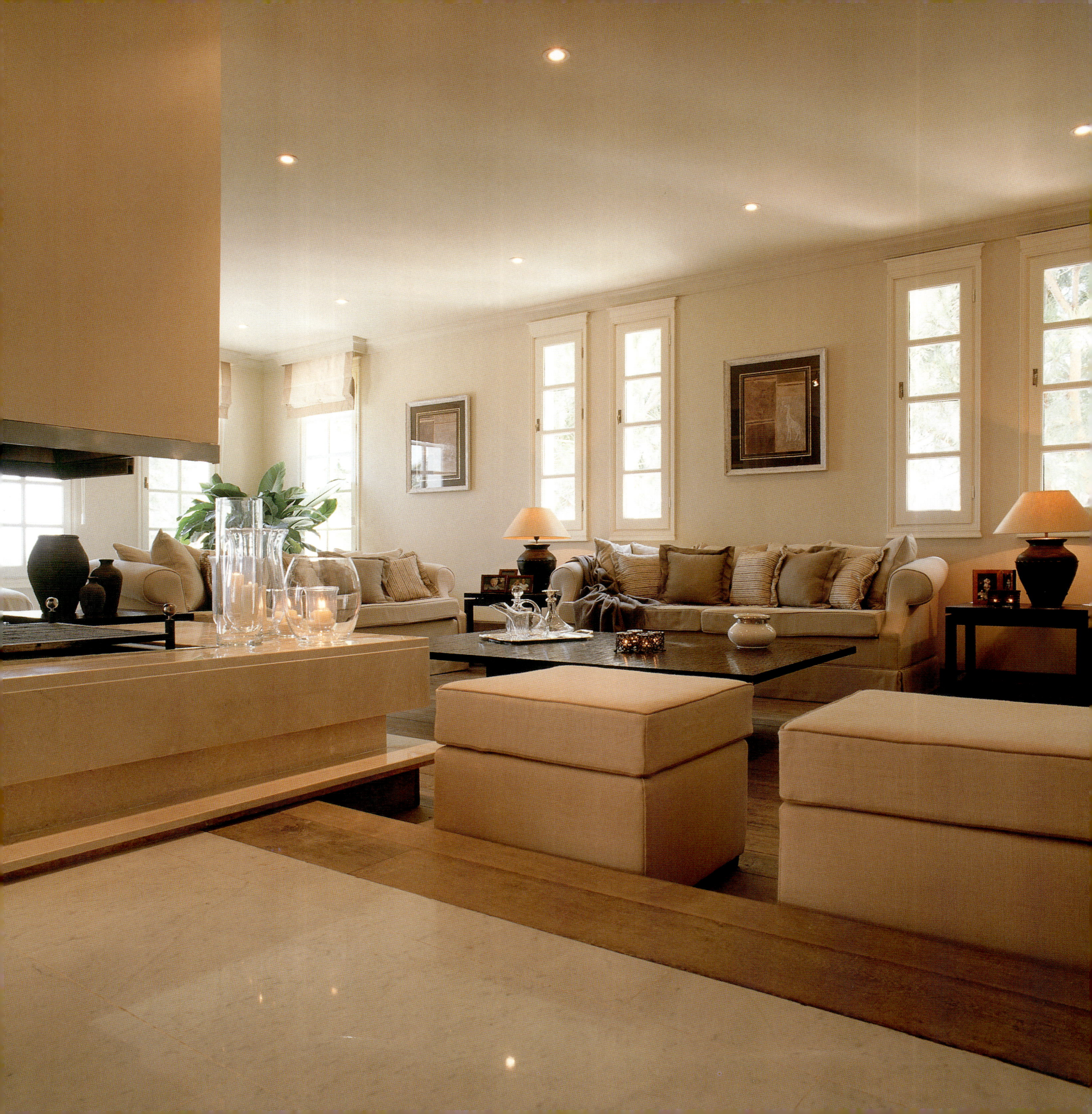

Het is een authentieke staldeur die ons naar binnen leidt. Het oude slot geeft cachet. Alvast een originele manier om met de deur in huis te vallen! Daar heeft Ilse De Meulemeester Interieur vooreerst zoveel mogelijk leegte geschapen om beter te kunnen aanvoelen wat de villa precies nodig had. Het salon toont ons een klein niveauverschil geaccentueerd door het materiaalgebruik; in de eetkamer ligt namelijk vloerkleed en in de zithoek oude vergrijsde eiken parket. Een Abacca tapijt in dikke gevlochten koord prijkt onder de oude smeedijzeren tafel waarvan het blad in zijn geheel uit een

'Een thermische voering beschermt de gordijnstof tegen de zon en zo zet u ook warmte en fel licht buitenspel'

boomstam werd gehaald. In de zetels maken allerlei kussens het bont zonder echter het esthetisch evenwicht van de woonkamer te verstoren. Belangrijk: de gordijnen zijn voorzien van een thermische voering om de stof te beschermen tegen de zon en tegelijk zet u zo warmte en fel licht buitenspel. Het betreft hier stores in wilde zijde, in de eetkamer gekoppeld aan linnen overgordijnen, bovenaan verfijnd afgewerkt met 'lichetjes' en aan de zijkanten met een boord in de lengte, eveneens in wilde zijde. Van de woonkamer gaat het naar een terras voorzien van teakhouten tafels, rieten zetels met beige zitting en twee dito poefs. We belanden in een gaanderij aangekleed met houten rolstores met beige bies in de lengte en voile overgordijnen beeldig gedrapeerd dankzij de steun van een mokka 'embrasse sur forme'. Met de stores naar beneden is het hier gegarandeerd windarm.

De kelder is niet vrij van Marokkaanse invloeden. Hier vinden de bewoners koelte in de zomer en gezellige warmte als het dan toch eens uitzonderlijk een beetje wintert. Aan de ingang zijn de gedubbelde gordijnen met chique sierrand en boudin genietbaar zowel bij het binnen- als buitengaan. Alles om de geest te verstrooien blijkt aanwezig: bar, homecinema en een uitverkoren wijnvoorraad. Let op de gefronste stores in rood fluweel die zo speciaal ogen omdat bij het optrekken de verfijnde zijde van de plooien te voorschijn komt. Met de zitjes van de handgemaakte smeedijzeren barkrukken houden de binnenhuisinrichters deze teneur aan en een muur van theelichtjes, achter traliewerk ver-

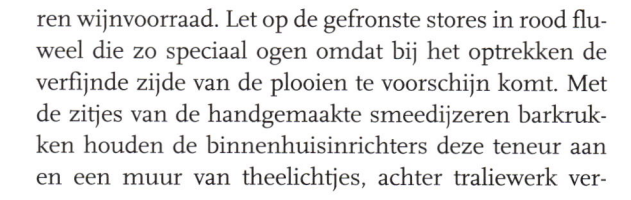

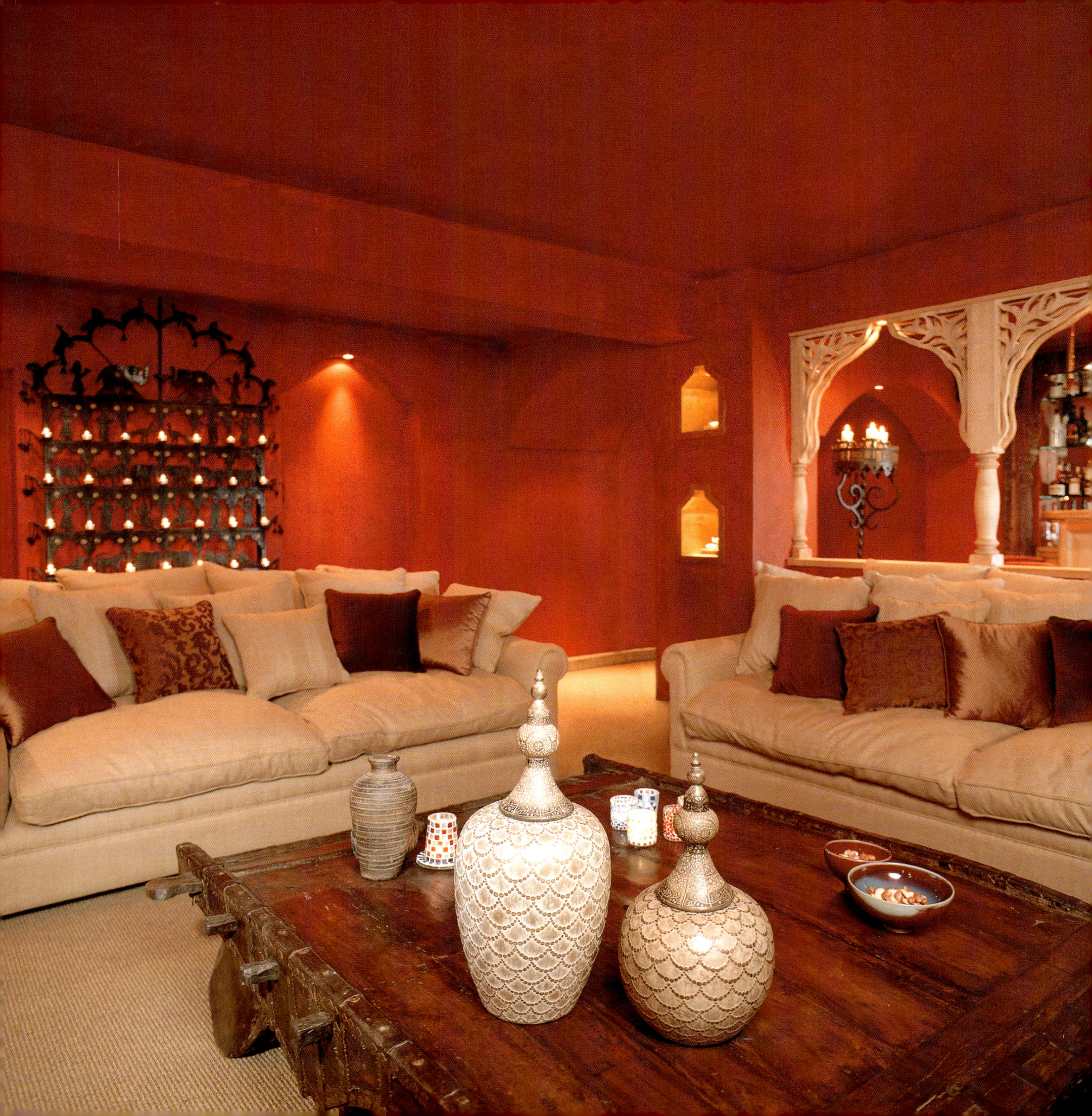

scholen lampen en vele intrigerende nissen zorgen voor een sacrale sfeer. De madonna aan de muur is hier dan ook op haar plaats. U laat ze verdwijnen door het tv-scherm uit de wandkast te toveren. En of de realisatie van deze woondroom de klant veel voldoening schenkt, iedere dag weer opnieuw. De mensen van Ilse De Meulemeester Interieur mogen dan ook terecht fier zijn op dit prestigeproject en bij hen heerst wat u zou kunnen noemen: creatieve voldoening. U moet maar eens de vertrekken op de eerste etage ontdekken met accenten van taupe, ecru en kakigroen. Zo is er een badkamer die hout en geweven riet combineert met kraanwerk in mat roestvrij staal. Het door de raamdecoratie spaarzaam gedoseerd licht laat de slaapkamers zweven tussen hemel en aarde. Exquise taferelen zijn het. In de torenkamer bieden de vergrote en van bogen voorziene ramen u een panorama waar geen woorden voor zijn. En dan wacht er u nog een tweede, kleiner maar daarom niet minder charmant huis in de tuin. Leuk zijn de zandkleurige galletten die u een ruggensteun geven in de keuken met blank meubilair.

In feite gaat het op dit adres om een royale woning met een annex voor de gasten. Maar dit tweede verblijf is zo magisch mooi - zeker naarmate de avond valt en de palmbomen oplichten - dat u zich wel kunt voorstellen dat de eigenaars ervan dromen hun oorspronkelijke thuis te verlaten om hier voor altijd te komen wonen... *

Ilse De Meulemeester Interieur
Van Breestraat 2, 2018 Antwerpen (B), tel.: 0032(0)3/232.14.82, fax: 0032(0)3/232.14.81,
e-mail: info@ilsedemeulemeester.be, website: www.ilsedemeulemeester.be

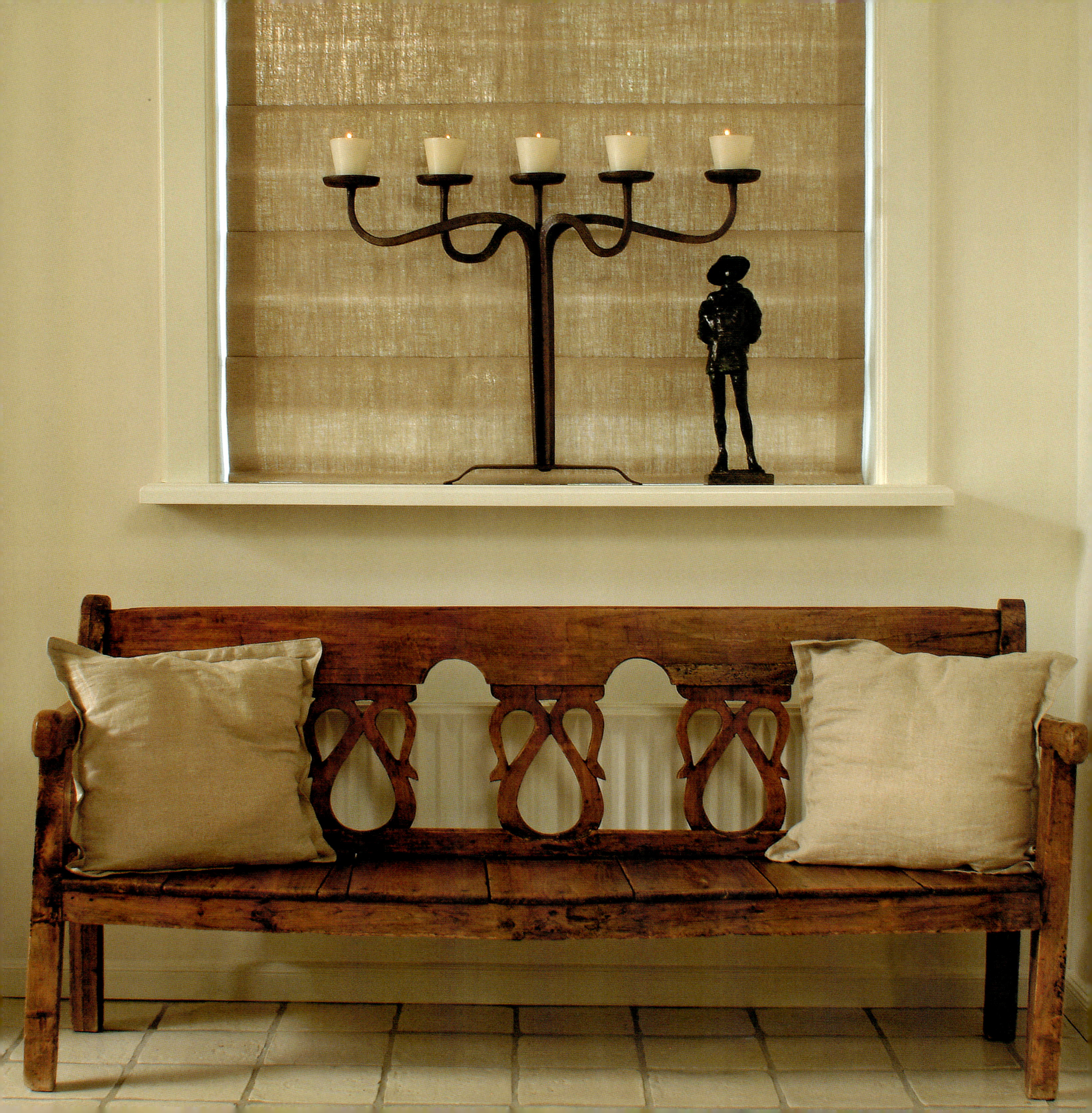

STIJLVOL WONEN COMPLEET
ALEX JANMAAT ANTIEK & INTERIEUR

Anders leren kijken naar interieur

"Wij beschouwen het zo'n beetje als onze missie om mensen anders te leren kijken naar een interieur", is de visie van Alex Janmaat en beeldend kunstenaar Leo Bos. Door nieuwe elementen toe te voegen aan de bestaande, krijgt elk interieur een nieuw elan. Hoe dat precies in zijn werk gaat, tonen ze graag met dit project.

'Alex is er in de woning in geslaagd het interieur te laten harmoniëren met de stijlvolle persoonlijkheden van haar bewoners'

"Wij werken in de eerste plaats met oude, verweerde, houten materialen. Of het nu om decoraties, ornamenten of meubels gaat; oude, robuuste objecten zijn onze basiselementen die een bepaalde sfeer creëren. Maar dat is natuurlijk niet alles. De kunstwerken van Leo Bos verwerken we graag in het interieur met een mogelijke integratie van de meubels die klanten reeds hebben. Daar leren wij de mensen anders naar hun interieur te kijken. Door nieuwe invalshoeken te tonen bieden wij de klant de mogelijkheid ook het alternatief eens te proberen. Op die manier willen we hun ogen openen. Als de mensen het zelf zien, zijn ze ontzettend tevreden", vat Alex de filosofie van Alex Janmaat Antiek samen.

"Veel mensen hebben oog voor esthetiek en kunst, zoals de eigenaars van deze woning bijvoorbeeld. Die mensen voelen de juiste kleuren en verhoudingen zo goed aan dat het werkelijk een genot was om met hen samen te werken." Het stel is actief in de modebranche en dat maakt dat de twee professioneel al veel met vormgeving en esthetiek bezig zijn.

'Het laten terugkomen van subtiele elementen is Alex op het lijf geschreven'

'Veel wit laat de kunstwerken en meubels nog meer tot hun recht komen'

Daarnaast zijn het echte kunstliefhebbers en antiekverzamelaars. "Wij doen al jaren niets liever dan kunstgalerieën en antiekmarkten afschuimen", zeggen ze zelf. "Daarbij hebben we ondertussen al aardig wat spullen verzameld. We merken wel dat het steeds moeilijker wordt mooie spullen te vinden. Maar dat maakt de zoektocht spannend en de voldoening des te groter wanneer je dan toch weer iets leuks vindt", vertelt het echtpaar enthousiast. Op die manier leerden ze jaren geleden ook Alex Janmaat kennen. "Alex stond op een antiekbeurs en zijn aparte stijl sprak ons onmiddellijk aan. We vinden het in de eerste plaats belangrijk dat een stuk origineel is, dat het is gemaakt van eerlijke materialen. En dat vonden we helemaal bij Alex terug." Alex is er in de woning in geslaagd het nieuwe interieur te laten harmoniëren met de stijlvolle persoonlijkheden van haar bewoners. Wanneer we binnen worden gelaten, worden we dan ook meteen helemaal ondergedompeld in de typische sfeer van het huis. "Je wordt er als het ware ingezogen", verwoordt Leo Bos het. De hal is erg licht en luchtig. Dat komt door het veelvuldig gebruik van wit. Zowel de muren, deuren als de trap werden wit geschilderd. Daarmee wordt meteen de toon gezet voor de volledige woning. Door veel wit te gebruiken creëert men een decor dat de kunstwerken en meubels nog meer tot hun recht laat komen. Een beetje het idee van een kunstgalerie dus. "Het is echt een interieur om van te genieten. Telkens als je er naar kijkt, ontdek je weer iets nieuws. Het laten terugkomen van subtiele elementen is Alex dan ook op het lijf geschreven. Zoals blijkt uit het volgende voor-

'We vinden het in de eerste plaats belangrijk dat een stuk origineel is, dat het is gemaakt van eerlijke materialen'

'Als kijker vind je het gewoon mooi, maar eigenlijk zit er veel meer achter. Dat besef je pas als je heel goed kijkt'

'Vanuit alle hoeken ademt het huis sfeer en stijl uit'

beeld: "Kijk maar eens naar de hal. Daar staat een prachtige felrode staande klok. Ernaast hangt een speels drieluik dat een kat afbeeldt – ook weer in datzelfde rood – en het kistje dat eronder staat is ook rood geschilderd. Op die manier loopt er letterlijk een rode draad doorheen", lacht Alex. "En vormt het één geheel." Het is daarbij de kunst om het juiste spanningsveld te vinden. Als kijker vind je het gewoon mooi, maar eigenlijk zit er veel meer achter. Dat besef je pas als je heel goed kijkt.

Het is maar één van de vele voorbeelden die Alex zo uit zijn mouw schudt. Dit interieur is namelijk een aaneenschakeling, een verzameling van stillevens. Die niet alleen op zichzelf mooi zijn, maar ook

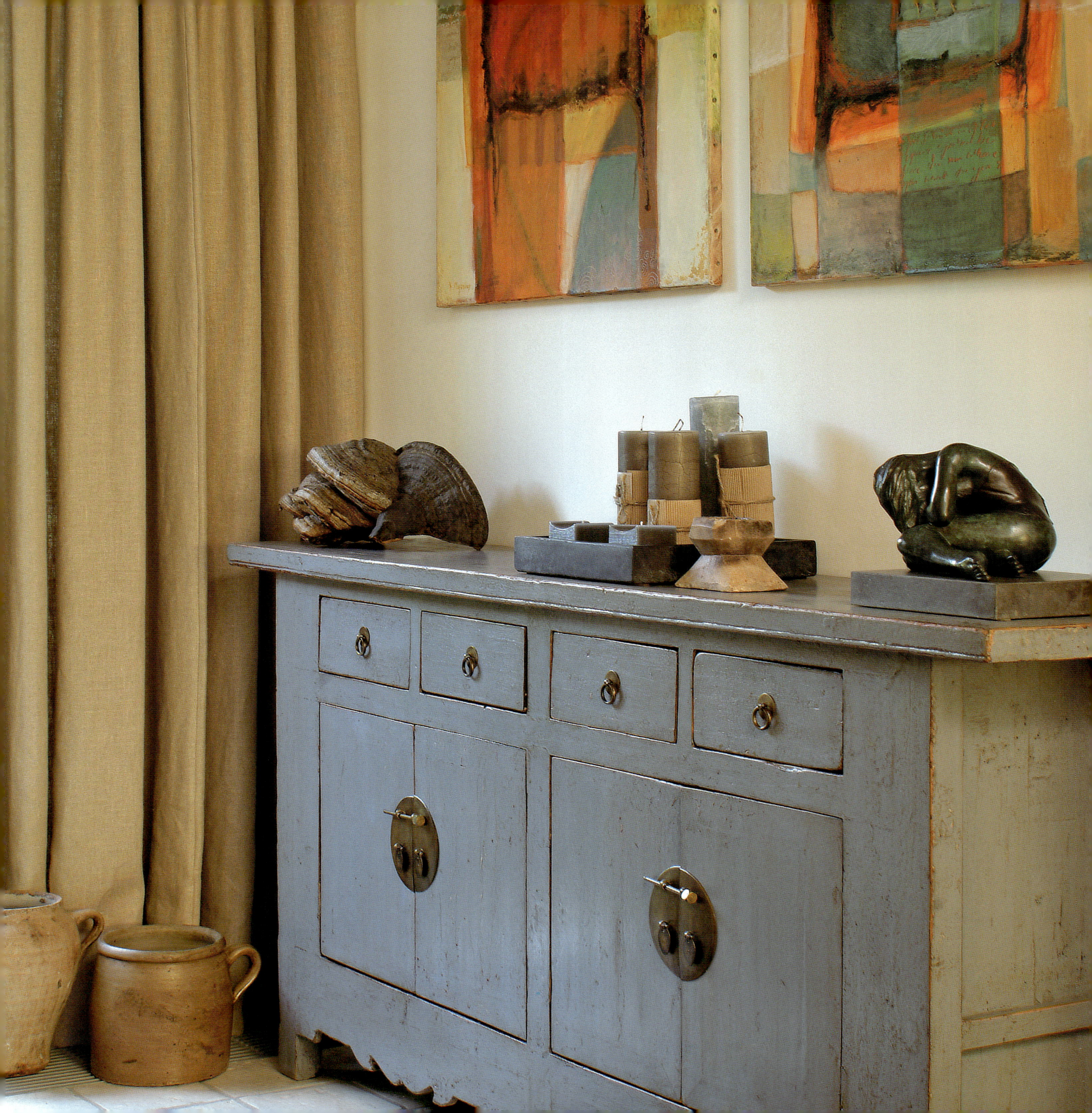

samen een eenheid vormen. Bovendien verandert het interieur continu. "Ik houd er namelijk van om regelmatig spullen te veranderen of te verplaatsen", legt de bewoonster uit. Daardoor is dit interieur permanent in beweging. Zeker bij de wisseling van de seizoenen wordt het interieur telkens in een nieuw jasje gestoken. "Bovendien koop ik regelmatig nieuwe stukken. Als ik iets koop, vind ik het wel belangrijk dat die dingen multifunctioneel zijn. Dat ik ze met andere woorden overal kan plaatsen en dus regelmatig kan veranderen. En dat het gebruikt kan en mag worden! Ons beste servies en zilverwerk gebruiken wij regelmatig. Zoiets koop je toch niet enkel en alleen om in de kast te zetten en naar te kijken? Al deze elementen maken ons huis leefbaar en persoonlijk." ✳

'Dit interieur is een aaneenschakeling, een verzameling van stillevens die samen een eenheid vormen'

Alex Janmaat Antiek & Interieur
Goudsestraatweg 34, 3421 GK Oudewater (NL), tel.: 0031(0)348/56.34.22, fax: 0031(0)348/56.57.68,
e-mail: info@alexjanmaatantiek.nl, website: www.alexjanmaatantiek.nl

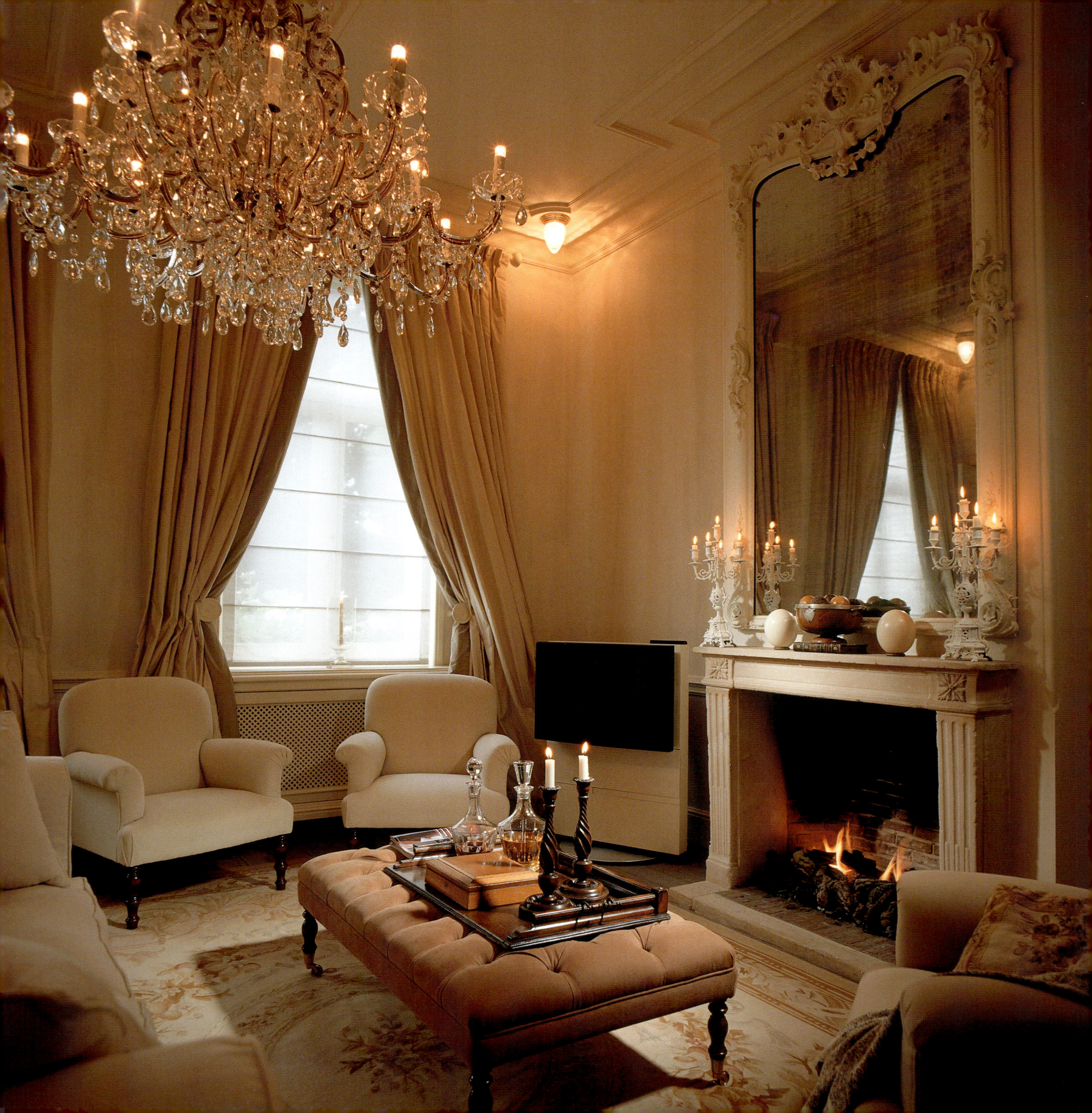

STIJLVOL WONEN COMPLEET
PIETER PORTERS DECORATIONS

Herboren charme anno vandaag

Door de restauratie met nieuwe elementen die herinneren aan toen is in een oude boerderij de charme herboren. Toch heerst er een beheerste soberheid qua decoratie en daardoor oogt het geheel anno vandaag. Om gehemeltestrelend en zinnenprikkelend van te genieten, en niet enkel als het zomert.

'Vermits het interieur reeds een authentieke sfeer begon te ademen, koos de decorateur voor aankleding in mineur'

Ook hier heeft Pieter Porters een beroep gedaan op architect Bart De Beule. Het zijn in zulke panden de plafondlijsten en lambriseringen van weleer die onmiskenbaar de toon zetten. En vermits er hier geen aanwezig waren, werd daar eerst werk van gemaakt. De boodschap: realiseren als vanouds. Zo kreeg de trap een nieuwe spijl en werd verder helemaal opgelapt. Na een witte schilderbeurt was integratie dan prompt een feit. Gebombeerde verwarmingskasten zorgen ook voor een dergelijke verzoening met het interieur. En met eenzelfde doel werden overal de stopcontacten en lichtschakelaars mee geverfd. Boogvormen geven het kader, onder andere in de badkamer, een sympathiek signatuur.

Zoals altijd heeft Pieter beminnelijke gezelligheid geschapen. Maar vermits het interieur reeds een authentieke sfeer begon te ademen, koos de decorateur voor aankleding in mineur. En precies daardoor heeft deze doorheen de jaren in verval geraakte hoeve zijn authenticiteit heroverd. Pieter heeft gewerkt met Aubusson tapijten. Net zoals er in de tuin inheemse planten en bomen pronken, vindt hij dat een interieur vraagt om een vloerkleed van bij ons en ook de luchters zijn typisch Vlaams. De bewoners zijn echte liefhebbers van moderne kunst. Porters groepeert en vermijdt aldus een kakofonie. Artistieke collages zijn het die zorgen voor een welgekomen verademing.

'U zou zweren dat de nieuwe schouw hier altijd heeft gestaan'

Wel is er gekozen om zeer klassiek in te lijsten en de kaders idem dito op te hangen. Strak geordend per zes in het salon bijvoorbeeld of in blok en trapsgewijs bij de trap. Om het salon iets mee te geven van een kasteel is er wat rijkelijker gedecoreerd, terwijl het in de keuken eerder back tot basic is. De hal met gepolijste arduinen vloer zorgt alvast voor een ontvangst in stijl.

Onder de trap prijkt een antieke commode die precies voor deze plaats lijkt gemaakt. Hoedendozen en koffertjes met een verleden completeren het tafereel. Bij een raam opgemaakt met gemoltoneerde zijden gordijnen in crème en een store in naturelle voile zorgen oude staanders om hoeden te presenteren voor een juist, ietwat abstract accent. In plaats van 'embrasses'

'Het keukenmeubilair in Franse eik werd gerookt voor de look en daarna licht geolied voor het onderhoudsgemak'

duiken er hier eens sierlijke gordijnknoppen op. De raamdecoratie reikt origineel genoeg eens niet tot op de grond maar slechts tot op de radiatorkast.

Met drie tinten van wit creëert Pieter Porters in de woonkamer een doorleefd kalkeffect en het huwelijk met de vergrijsde parket is geslaagd. Deuren en deurstijlen kregen een crèmekleur. Kandelaars, B&O-tv en spiegel in ex-goudkleur werden mee wit gelakt en verzinken daardoor beeldig. De blanke zetels werden voorzien van needle point kussens, wat de verfijning ten goede komt. Kleine wijntafeltjes komen van pas als bijzet. Een haast vergaan houten beeld van Jezus Christus uit de 18e eeuw werd hier verdiend op een voetstuk 'gelegd'. U zou zweren dat de nieuwe schouw hier altijd heeft gestaan. De open haard is in feite een gashaard maar dat merkt u niet. Even charmant, maar u profiteert wel van de bijkomende voordelen: nooit aanmaakproblemen noch restafval. En dat alles wordt (boven een footstoel) in het licht gezet door een

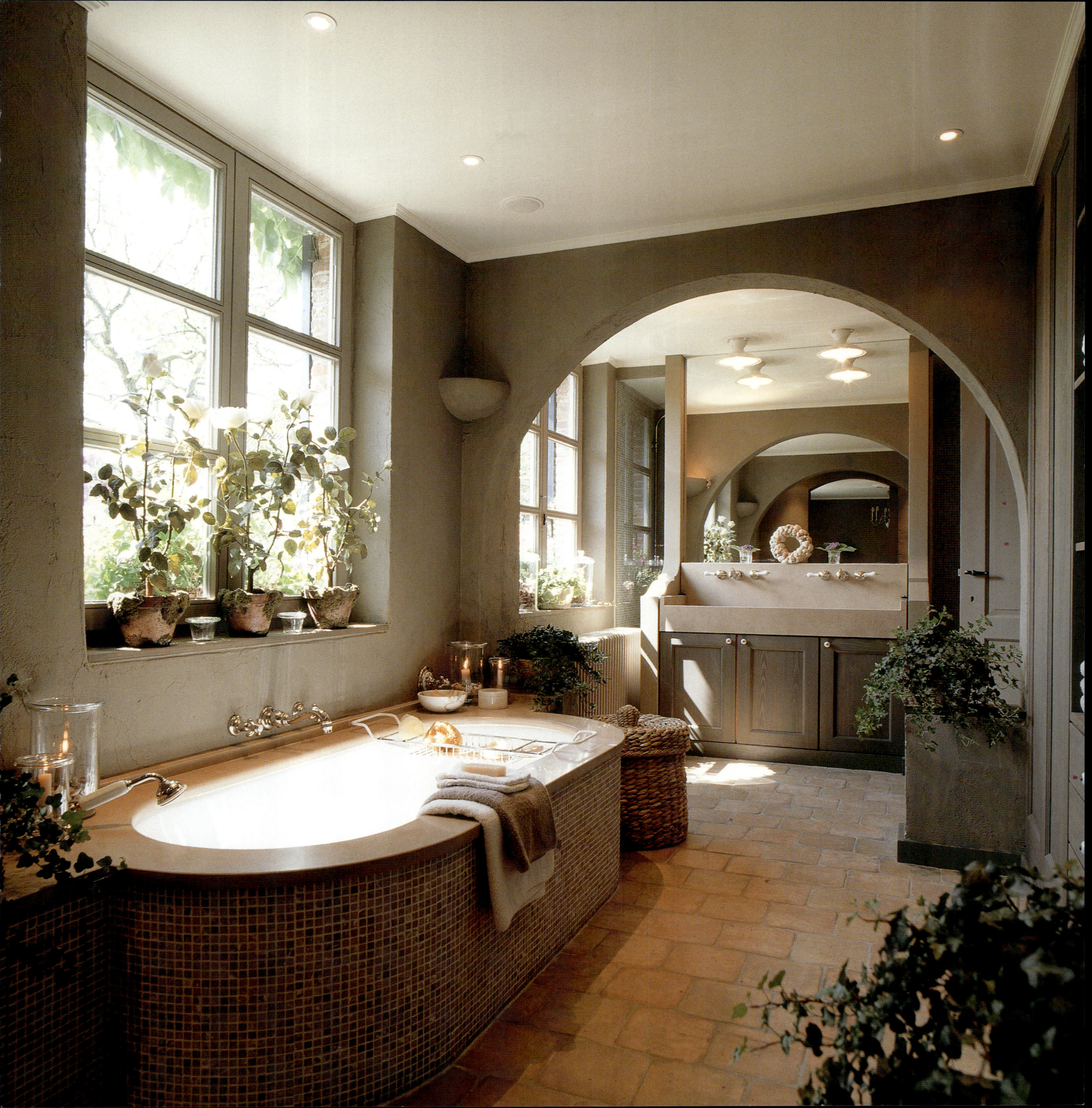

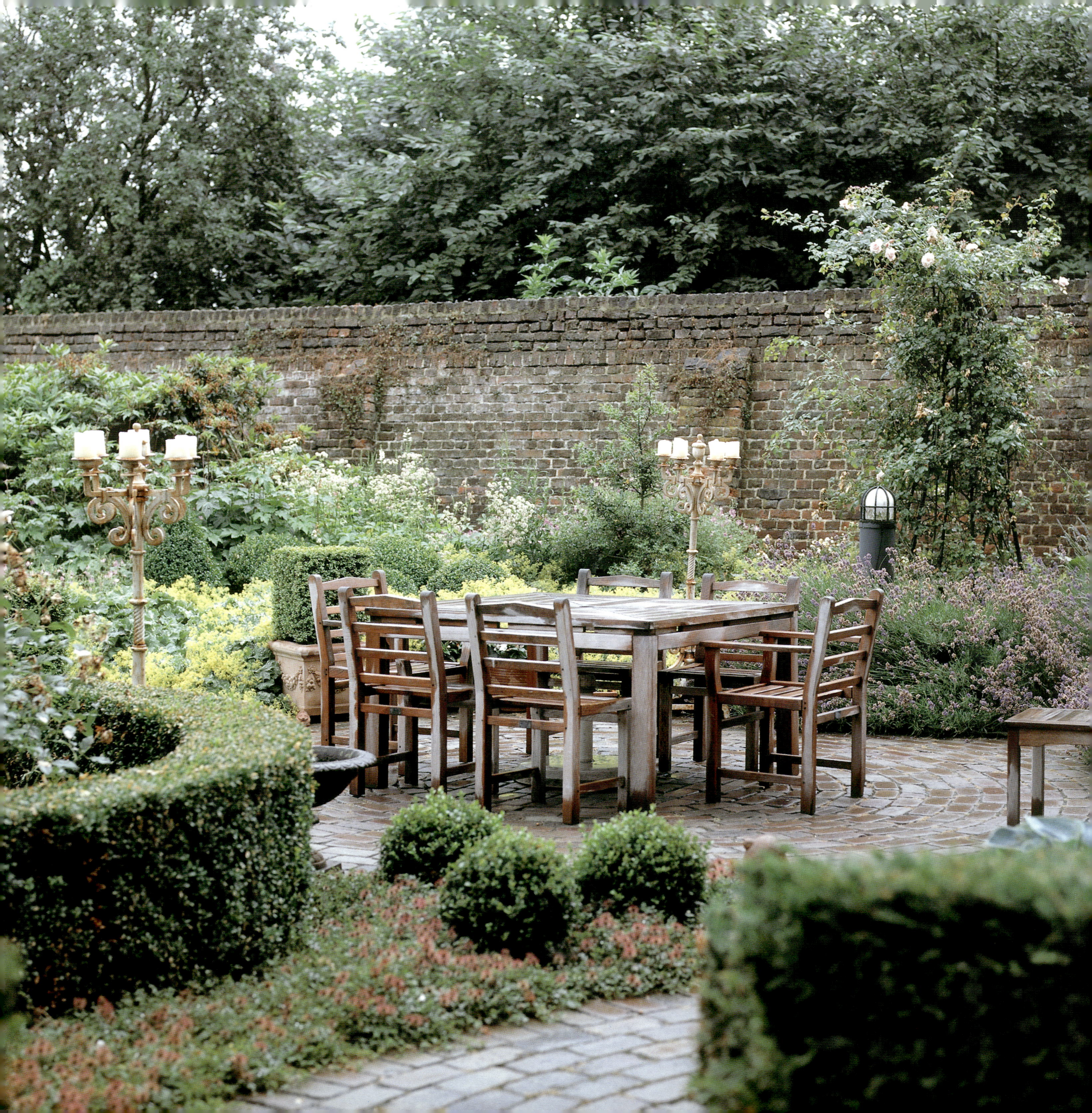

enorme kristallen Strass luchter, speciaal voor Pieter Porters vervaardigd in Tsjechië. Dat dit het bureau is van de heer des huize mag best gezien worden! De decorateur gaat dus voor een wat mannelijke aankleding: leren bergères, zware gordijnen, antieke schrijftafel en Aubussin tapijt met Empiretekening. Om die reden opteert Pieter hier trouwens voor een koperen luchter, waar hij elders vaak voor een geschilderde versie kiest. Mijnheer mag best fier zijn op zijn privaat vertrek in mosgroen dat goed harmonieert met de maatkast in vergrijsde eik. Geen wonder dus dat hij hier niet enkel werkend vertoeft maar ook eens om gezellig te lezen. Hij ontvangt er zelfs zijn vrienden en dan wordt er wel eens gekaart.

Zo een hoeve vraagt gewoon om een stijlvolle landhuiskeuken. Het meubilair in Franse eik werd gerookt voor de look en daarna licht geolied voor het onderhoudsgemak. Met de kleur van de vloer en het werkblad in arduin, herhaald in de lak van deuren en plinten, zorgt de decorateur voor een gesmaakte grijzige toets. Een lavendelkrans fleurt het servies op dat nonchalant de tafel dekt en eentje met schelpen doet dit met het retro doch sobere nikkelen kraanwerk in de badkamer waar bruin meubilair met klasse har-

'Een lavendelkrans fleurt het servies op dat nonchalant de tafel dekt en eentje met schelpen doet dit met het kraanwerk in de badkamer'

monieert met de muren in olifantenhuid. De deuren zijn grijs geceruseerd en de Italiaanse terracottavloer is prachtig. De boog wordt als het ware doorgetrokken in de vorm van het met mozaïekjes afgezet bad. Er zijn geen gordijnen zodat de achtertuin optimaal de ruimte inkleurt. Afsluiten kan steeds dankzij luiken aan de buitenzijde. De dubbele spoeltafel oogt toch wel curieus. Dit originele ontwerp heeft banden met de drinkbakken van weleer. En dat brengt ons via een sas naar het groen. De romantische tuin getuigt van maturiteit, hoewel het concept nog niet lang geleden het levenslicht zag. Een doorkijkstructuur van haagbeuk leidt onze blik naar een verweerd beeld op een sokkel en uiteindelijk belanden we op de plek waar wingerd met wilde passie de stallen heeft ingepakt. Paarden steken hun kop naar buiten. En zo blijkt eens te meer de paradijselijkheid van deze met de natuur verweven hoeve.

Dit stemmige totaalproject van Pieter Porters laat de eigenaars en hun gasten - levensgenieters eerste klas - proeven met alle zintuigen van seizoen tot seizoen. Hier maakt de eigen wooncultuur wezenlijk deel uit van een groter gegeven dat valt onder de noemer 'exquise levensstijl'. ✽

Pieter Porters Decorations
Kipdorpvest 44, 2000 Antwerpen (B), tel.: 0032(0)3/213.35.75, fax: 0032(0)3/213.19.04,
e-mail: info@houseofporters.com, website: www.houseofporters.com

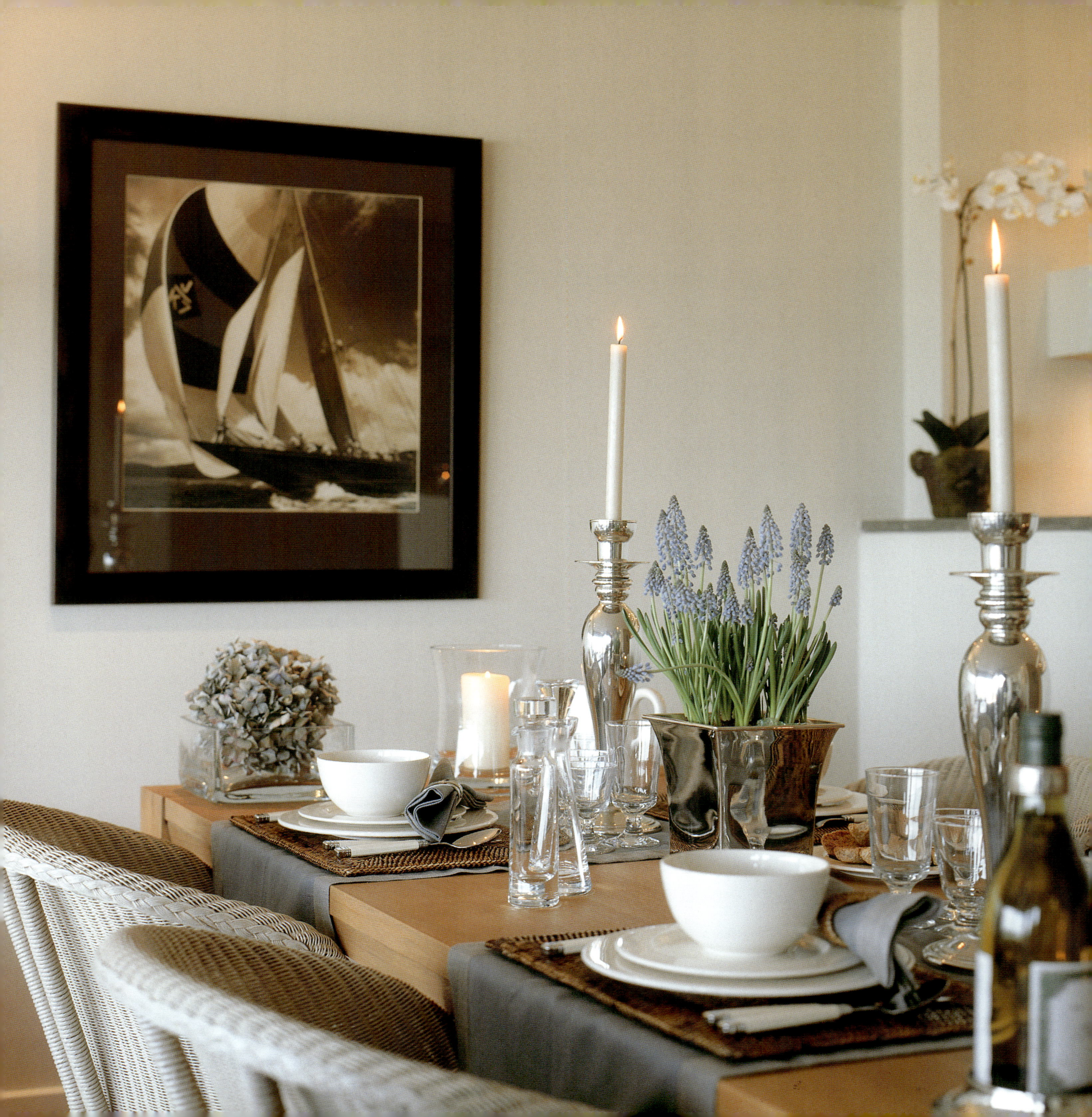

STIJLVOL WONEN COMPLEET
SENSE HOME INTERIORS

Genieten van de golven

De zee spoelt aan en waait meteen een beetje binnen in een loft aan de Belgische kust, waar het zalig vertoeven is van seizoen tot seizoen. Verfrissende ideeën zorgen voor een aangenaam briesje, maar altijd, soms minder soms meer, zwemt het interieur in de zon.

Met de complete herinrichting van dit appartement met zicht op de dijk, bewijst Sense Home Interiors dat je niet per se veel oppervlakte nodig hebt om genoeglijk te kunnen genieten van een maximum aan comfort. Binnenwanden werden neergehaald zodat verschillende kleinere kamers versmolten tot een nieuw geheel. Behalve badkamer en toilet - die samen een apart en gesloten blok vormen - vloeit de indeling van de flat volledig in elkaar over. Alles in één. Het loft-effect gesublimeerd. En overal ervaart u eenzelfde subliem uitzicht op de horizon en het schuimende zilte nat. Hier heerst vakantiestemming het jaar rond.

Door de verbouwing is volop ruimte gecreëerd en in eerste instantie verantwoordelijk voor deze verregaande ingreep zijn decoratrice Jil Iliegems van Sense en medewerker Bart De Beule. Elke vierkante meter wordt optimaal benut. Het bed laat zich mooi opgedekt naar omhoog klappen. Bewegingsvrijheid gegarandeerd in de woonkamer dus. Bij het ontwaken bedient u, met een simpele druk op de knop, de volledig automatische optrekgordijnen. Een uniek panoramisch zicht wordt tevoorschijn getoverd. Hier koos Jil een voile met een fijn streepje, volkomen in harmonie met de muren en het meubilair en gevoerd met een roomkleurige verduisteringsstof. Als zich achter een schuifwand bovendien nog een logeervertrek openbaart waardoor het concept ook veel groter lijkt, beseft u helemaal hoeveel leefruimte er eigen-

'Ronde ramen verwijzen naar patrijspoorten en zo ontstaat binnen een maritieme golf'

'Overal ervaart u eenzelfde subliem uitzicht op de horizon en het schuimende zilte nat'

lijk wel is in deze betrekkelijk kleine flat. Even krijgt u het gevoel echt rond te reizen met een boot. Niet enkel de zee vlakbij is daarvoor verantwoordelijk, maar ook de maritieme golf in huis. Ronde ramen verwijzen naar patrijspoorten. Plaids, een vaartuigje en een katrol verwijzen naar de thuishaven. Subtiele accenten die er mogen wezen. En dan is er nog de prachtige en duurzame vloer: merbau scheepsdek met eikstrip. Parket met een apart cachet. U lijkt wel te gast op een cruiseschip en even later vindt u privacy in een luxueuze kajuit. Wat dacht u van de badkamer in natuursteen Crema marfill? Rond het bad is gewerkt met wit gevoegde bruine mozaïek. Deze aanpak geeft zeggingskracht. Het ronde raam biedt u hier eveneens een zicht op zee. Maar u kan ook de uitschuifbare spiegel gebruiken en dat maakt binnenkijken onmogelijk. Nu is het venstertje slechts voor de helft bedekt en zo weerspiegelt de open maatkeuken in krasvrije meubelplaat. Dit eigentijdse ontwerp heeft klassieke charme. Let op het lijnenspel bepaald door de blinde grepen. Handig blijkt mooi en sober oogt sterk. Of hoe functionaliteit ook esthetisch kan zijn.

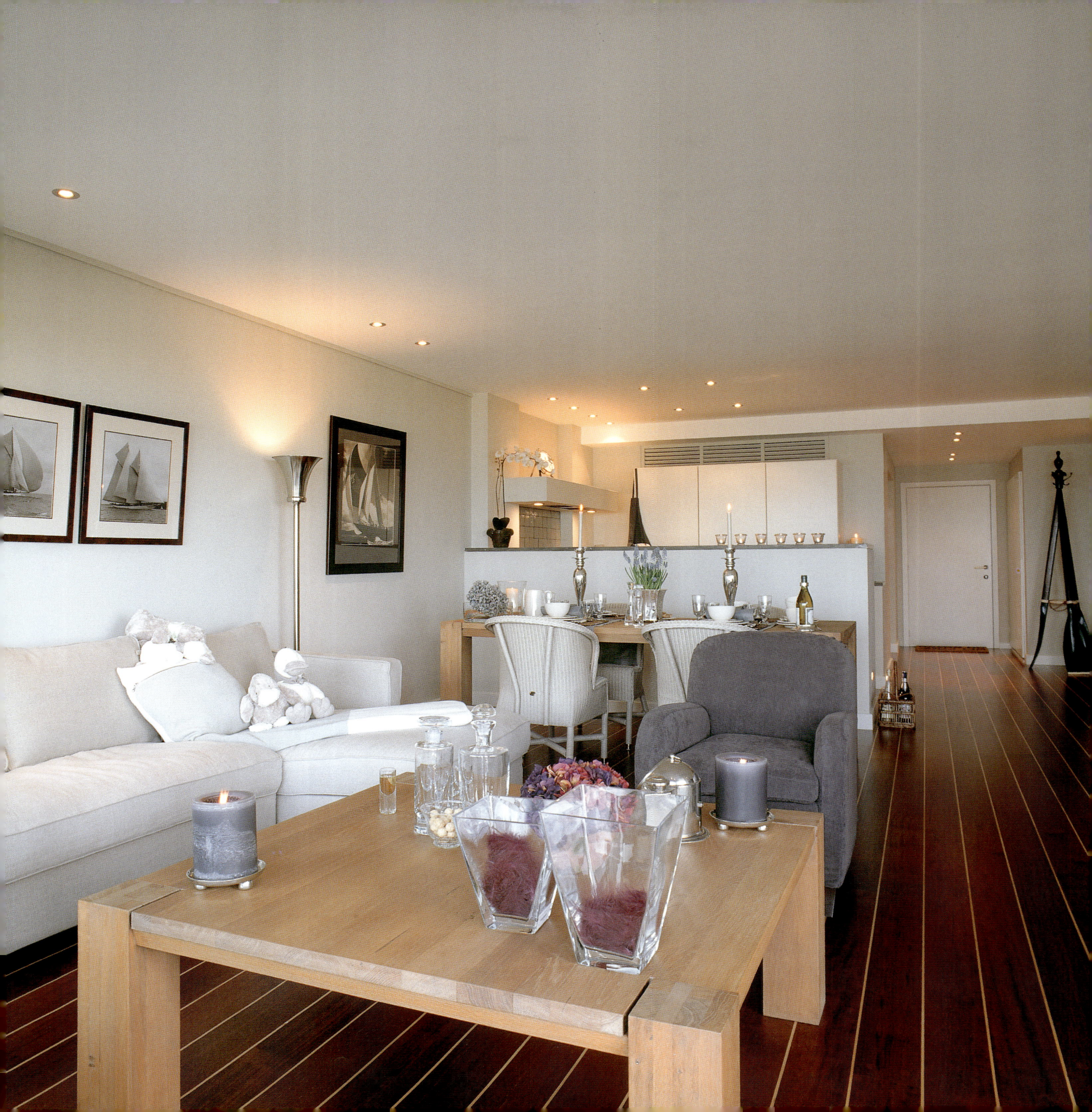

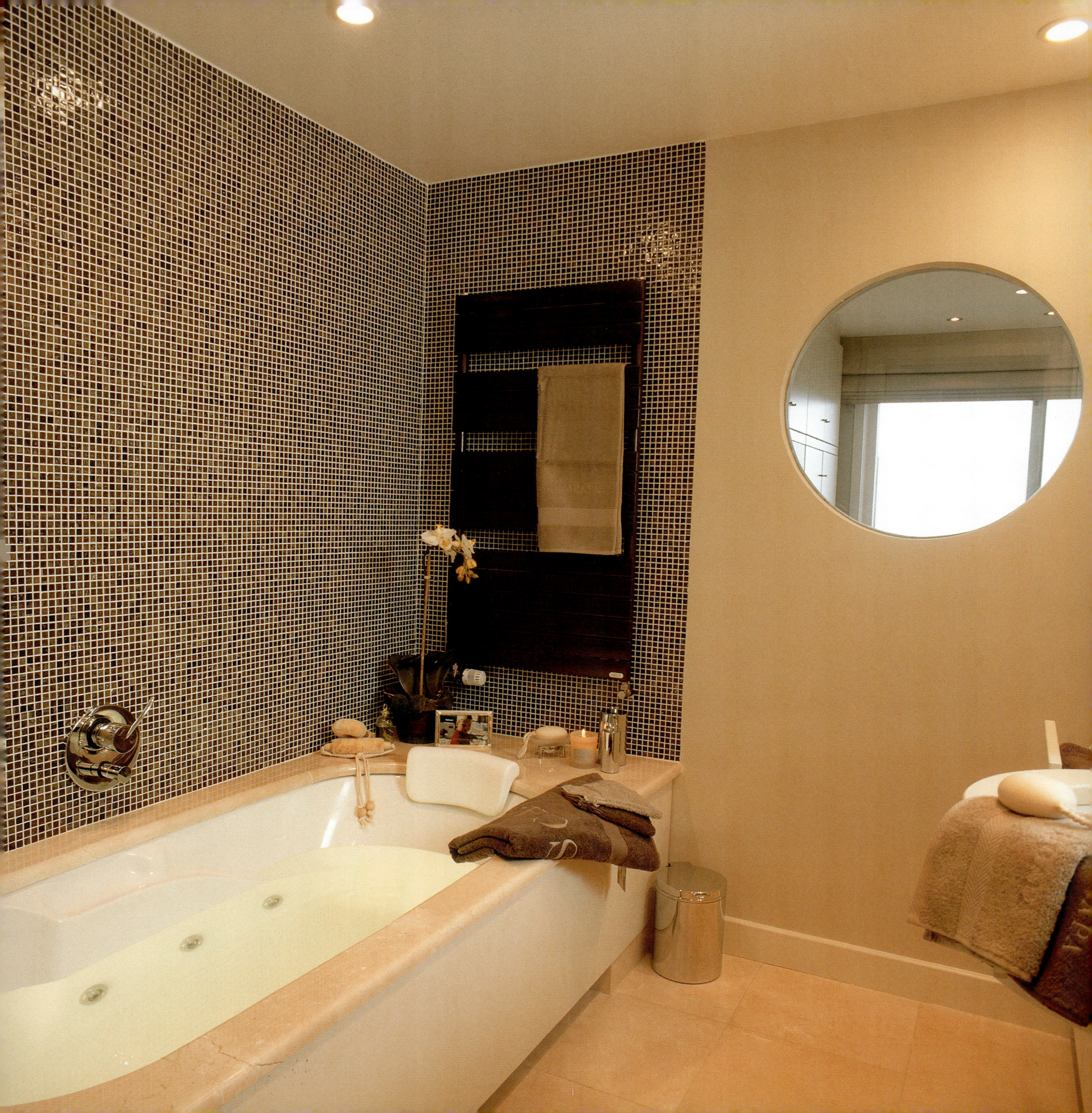

Geslaagd is ook de combinatie van de roomkleur met de wandtegeltjes Marok blue en het 3 cm dikke werkblad Azul kaskai. In dit kader past dan ook een adellijke orchidee. Vermeldenswaard is nog de binnenuitvoering van de keuken in notelaar. En zo wordt vlot de link gelegd naar de houtvloer. Tastbaar aanwezig is de kleur craie. Een toon die rust brengt. Het sanitaire blok geeft u dan weer een andere aanblik. Deze wanden werden geschilderd in meer in het oog springend bord de Seine. Contrast doet leven. Iets wat trouwens ook geldt voor het salon, waar de zithoek die uitloopt op een chaise longue, van top tot teen vervaardigd uit linnen 'puur natuur', contrasteert met een eenpersoonszetel in donkergrijs velours. Elementen die mekaar karaktervol van wederwoord dienen. Jawel hoor: het màg maar met mate. Het dient gezegd dat deze Italiaanse designzetels van Meridiani zich echt thuis voelen in elk interieur, klassiek of modern. Dit Belmondo modulesysteem heeft verder als voordeel dat u de samenstelling volledig zelf bepaalt. Zo zet u een salon werkelijk naar uw hand. De eettafel wordt vergezeld van een kleinere versie in het salon (allebei in massief eiken). Deze op maat gemaakte meubels met robuuste look maken alvast indruk. Hier ziet u een naturelle uitvoering, maar het hout is ook verkrijgbaar in wit cerusé of donker getint. Kandelaars in gepolijst tin glanzen als zilverwerk maar hebben als voordelen dat verkleuring niet optreedt en onderhoud

'Ook de badkamer, in wit gevoegde bruine mozaïek, kijkt uit op zee, maar het venstertje kan zich wel verschuilen achter een uitschuifbare spiegel'

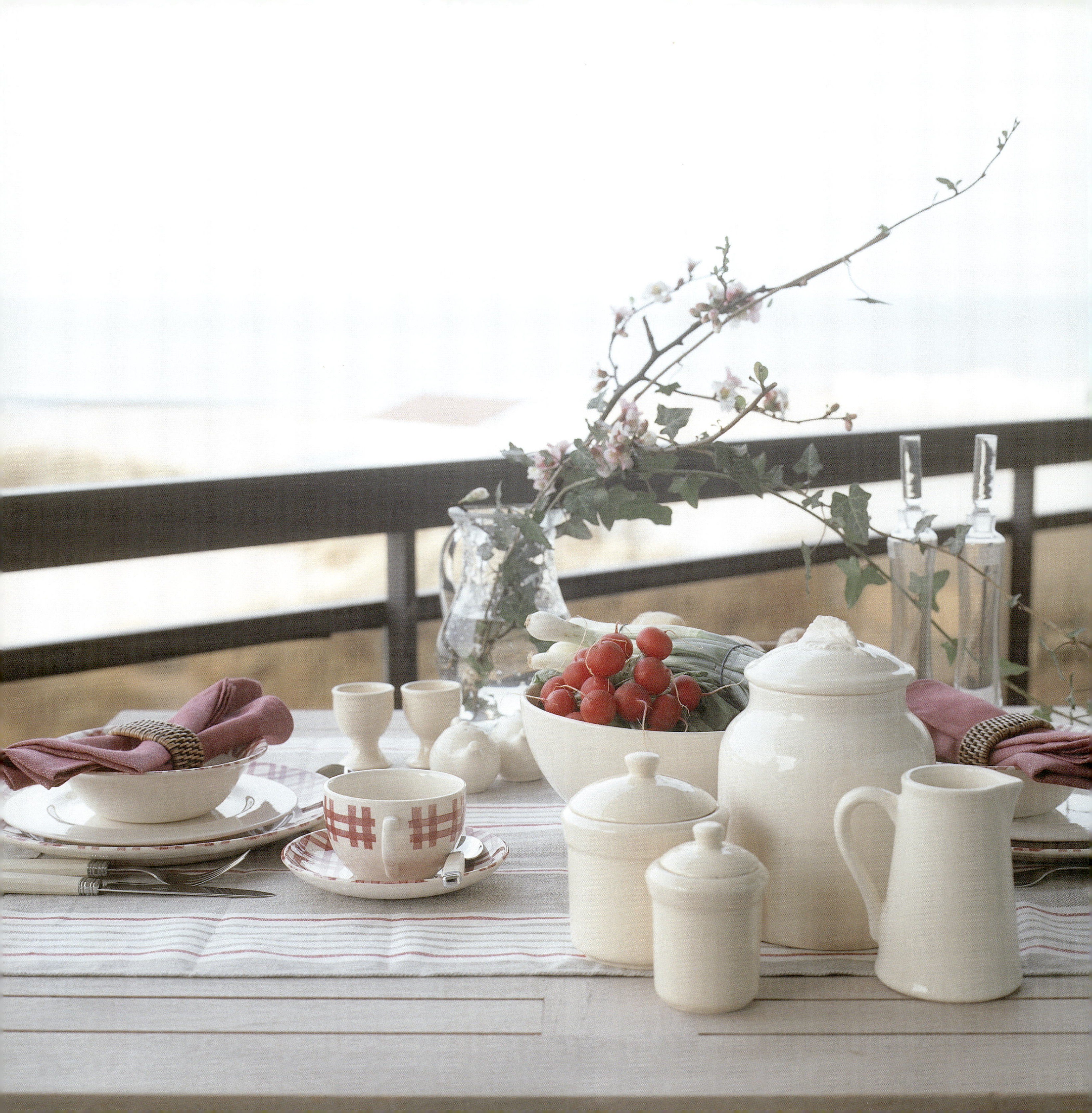

zich nauwelijks opdringt. Het servies is van Flamant en de lijn heet Frise. Blauwe druifjes fleuren het tafereel op. En bij het raam zit een houten pop. Poseert deze figuur soms voor een schilder die aan het werk is? U doet deze pose allicht wegdromen ver overzee. En dat brengt ons op het ruime terras met meubilair in teak. De omgeving hult zich momenteel nog in een zachte nevel zodat water in lucht opgaat en andersom. Het wordt een schitterende dag. Straks zal de zon hoog aan de hemel prijken. Tijd dan nu voor het ontbijt. Een eerste bloesem siert het blanke aardewerk. Lente aan tafel! Voor de inrichting van een nieuwbouw of bij een verbouwing gaat het team van Sense Home Interiors voor een gericht advies. De levenswijze van de klant fungeert als inspiratiebron en daarnaast is het een creatieve wisselwerking die zorgt dat het resultaat er bevredigend uitziet. Hier toetst men dus steeds de fantasie aan de realiteit. Dat men respect toont voor dingen die u liever bewaart, zal bij u vast en zeker respect oproepen. Aan sommige familiestukken kleven immers gevoelsmatige herinneringen en het is dan ook zonde om deze van de hand te doen. Liever zal men zulke elementen stijlvol integreren in een nieuw geheel.

De betrokkenheid is sowieso zeer groot. Hier creëert Jil interieurs voor mensen en dus krijgt elk kader zijn eigenheid mee. Van gesprekken tot realisatie, steeds weer beschouwt men het als een enorme uitdaging om de wensen van de klant te vertalen naar de realiteit. Belangrijk: u, uw gezin en gasten moeten zich in alle omstandigheden goed voelen in de woonomgeving. Centraal staan daarbij begrippen als duurzaam, tijdloos en vooral gezelligheid. Het is precies de kunst om een gezellig interieur te scheppen door alles op elkaar af te stemmen en zo een persoonlijk resultaat te bekomen. Geen enkele ruimte die Sense Home Interiors niet aankan: hal, woonkamer, keuken, oranjerie, badkamer en slaapvertrekken. Overal heerst eenzelfde genoeglijkheid en de subtiele accenten maken het verschil. Kaarsen in fraaie stolpen, glaswerk, zilveren couverts en prachtig aardewerk van de collecties van Flamant zorgen voor de unieke finishing touch. Op de achtergrond weerklinkt een cd met hemelse muziek. De sfeer is compleet. Het Sense-team voelt perfect aan wat een woning of appartement vraagt. Men weet hier dan ook steeds de juiste stukjes als een puzzel in elkaar te passen. ✶

Sense Home Interiors
Brugstraat 34, 2820 Rijmenam-Bonheiden (B), tel.: 0032(0)15/50.06.28, fax: 0032(0)15/50.06.21,
e-mail: info@thatmakessense.be, website: www.thatmakessense.be

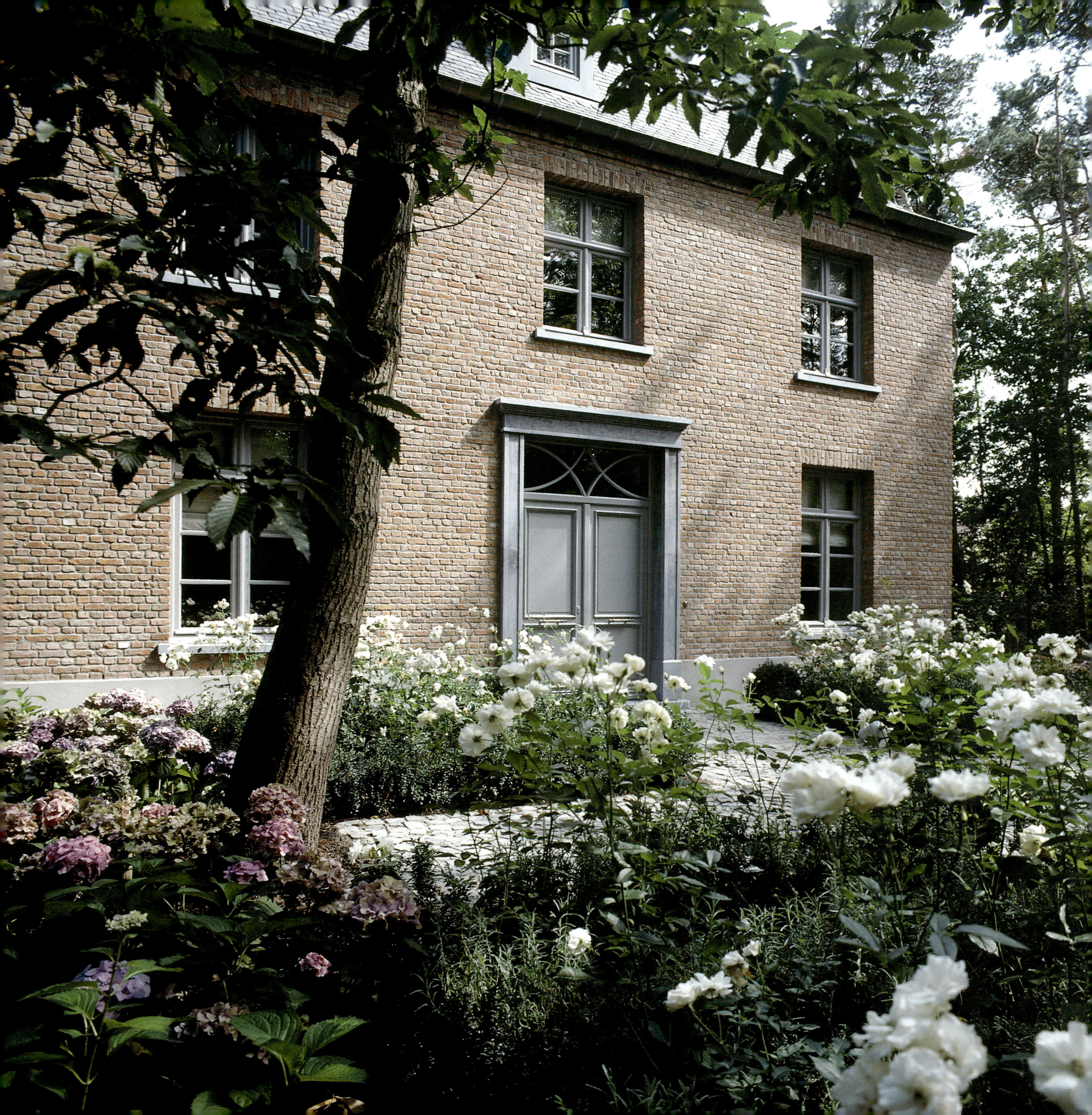

STIJLVOL WONEN COMPLEET
WOONSTIJL VILLABOUW

OPEN HUIS

Grijs loopt als een fil rouge doorheen deze villa met sobere aankleding. Het geheel getuigt van eenvoud en een strak classicisme, waardoor het net zoveel indruk maakt. U ontdekt hier een moderne thuis met stijl. En dat binnen een eerder beperkt kader een riant gevoel heerst, is mooi meegenomen.

'Sober grijs geeft de gevel een tijdloos en eigentijds aangezicht'

Door gebladerte projecteert de zon schaduwvlekken op de gekasseide plek voor de deur. Verscholen in het groen van het Molenbos en de bossen van de Paters Trappisten van Westmalle ontdekken we een concept dat nauwe banden heeft met de landhuizen van weleer. Er is gewerkt met een gerecupereerde, rode Beerse machinesteen in kruisverband en een gecementeerde plint. Het perceel is 21 m breed en de gevel 15 (opp.: 1000 m²). Let op het schilddak in aloude leien met zijn vier schuine kanten. Zowel vooraan als achteraan is er een nokvenster dat zich knap aftekent tegen de hemel. Naast een ruime eerste verdieping beschikken de bewoners daardoor nog over een volwaardige zolder. Bovenop is er een platform met een zogenaamde sneeuwzak. In de winter kunnen de vlokkenpakken er wat blijven hangen, om daarna vei-

'Gaandeweg zal de villa verzinken in het groen. Met een natuurlijke integratie als uiteindelijk doel'

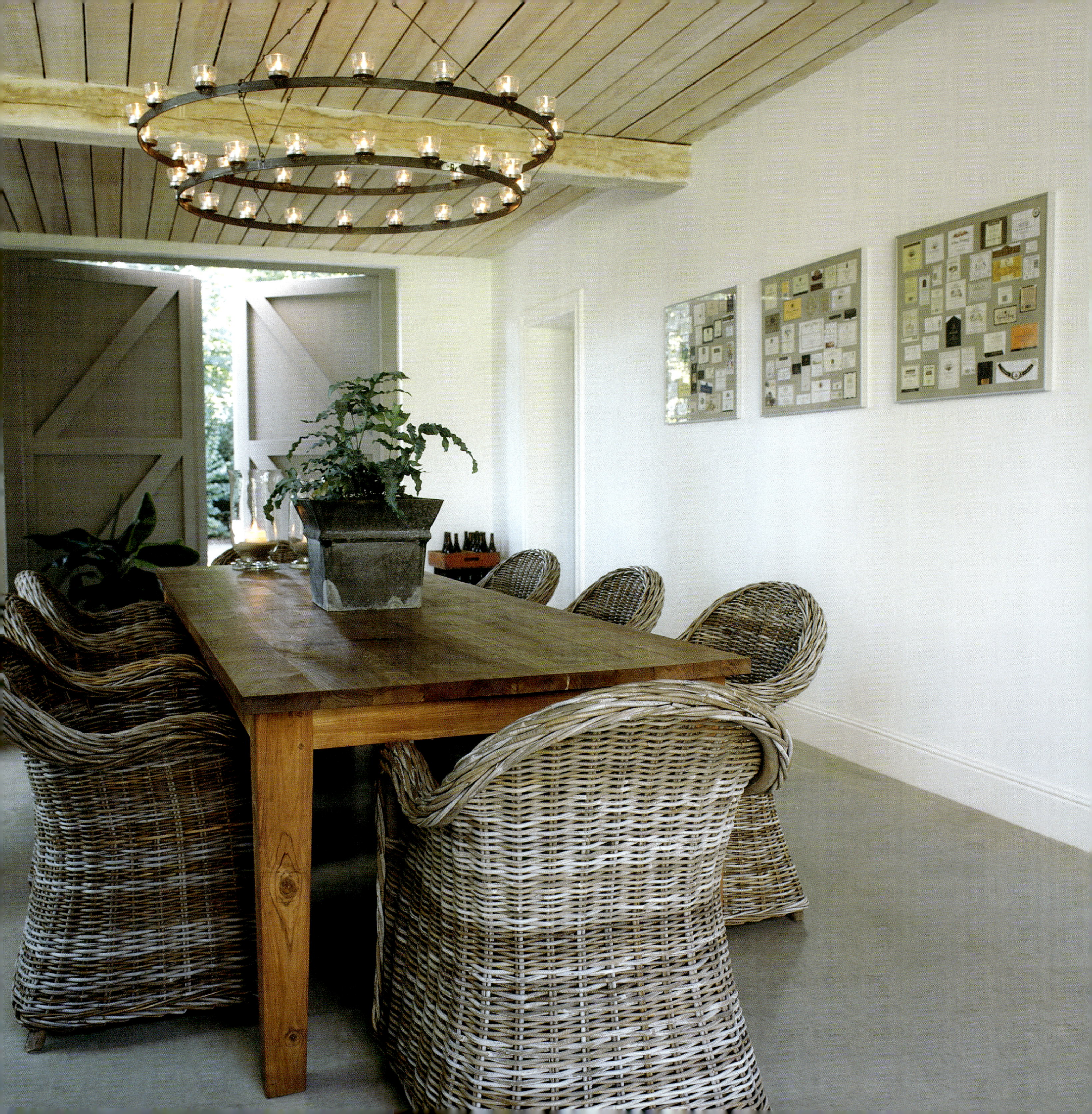

lig weg te smelten richting afvoerpijpen. Cappuccinnegoten omzomen het dak summier. Een budgetvriendelijke maar vooral passende en strakke oplossing. Een zinken gevellamp sluit zich daar bij aan.

'Ook Max, de schattige West Highland terriër, voelt zich opperbest in deze woning'

Dit sobere grijs geeft de gevel een tijdloos en eigentijds aangezicht. Door te werken met een beperkt pallet en de gevel niet te overladen boeit het concept uitermate. Er wordt veel ton sur ton gewerkt om de

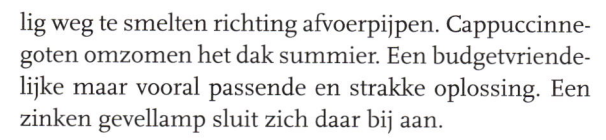

'In heel het huis is de muziek onafhankelijk regelbaar volgens de stemming van het moment'

Bedden met hortensia's, rozen en lavendel brengen ons bij de voordeur. Wingerd pakt de gevel langzaam maar zeker in. Deuren en ramen werden duurzaam gelakt en het voegsel is eveneens in dezelfde kleur.

'Op een beperkte oppervlakte werd een groots interieur gecreëerd met alle comfort'

> 'Schilderijen voelen zich hier thuis als in een galerij'

pure rust te bewaren. In huis worden identieke troeven uitgespeeld. De hal is ruim. Meteen belanden we bij een actueel thema waar hier positief wordt op geanticipeerd. Een gevoelig punt voor velen, een uitdaging voor Woonstijl Villabouw. De bouwgronden in onze contreien slinken zienderogen qua formaat. Woonstijl slaagt erin om evenveel comfort te creëren op een beperkte oppervlakte. Het interieur heeft iets groots. Woonstijl uit Schoten realiseert dus met opvallend gemak een groot programma op een vrij kleine grond.

Schilderijen voelen zich in de hal thuis als in een galerij. Muren en trap werden blank gelakt en zo verhoogt het ruimtegevoel. De trap oogt luchtig door het schilderwerk, maar haalt zijn zeggingskracht uit de uitsparing van armleuning en treden in eik. Het hout werd behandeld met een hardwax en heeft daardoor een wat grijzige en matte look. In het salon heeft Max intussen zijn plaatsje ingenomen bij de brandende haard. Ook de schattige West Highland terriër voelt zich hier opperbest in deze inspirerende woning. We volgen de aslijn naar de eetkamer met zicht op de achtertuin. Van daaruit leidt de as die kruist onze blik naar de ingebouwde, het jaar rond bruikbare barbecue, in de autostelplaats, die nog nooit een wagen heeft gezien! Want de bewoners hebben er een feestruimte van gemaakt,

> 'Handgeglazuurde Italiaanse tegels lijken wel te dansen boven de kookplaat en zorgen zo voor een portie nonchalance'

als overstap naar buiten. Boven een teakhouten maattafel hangt een kaarsenluchter. In een hoek staat een kast gevuld met heerlijke wijnen. Tafelen is op dit adres duidelijk een sociaal gebeuren om familie en vrienden aan het hart te drukken. En dat brengt ons in de keuken.

Landelijkheid viert er hoogtij en toch houdt men de strakke lijn aan. Handgeglazuurde tegels lijken wel te dansen boven de kookplaat en zorgen zo voor een portie nonchalance. Je merkt echt wel dat hier veel

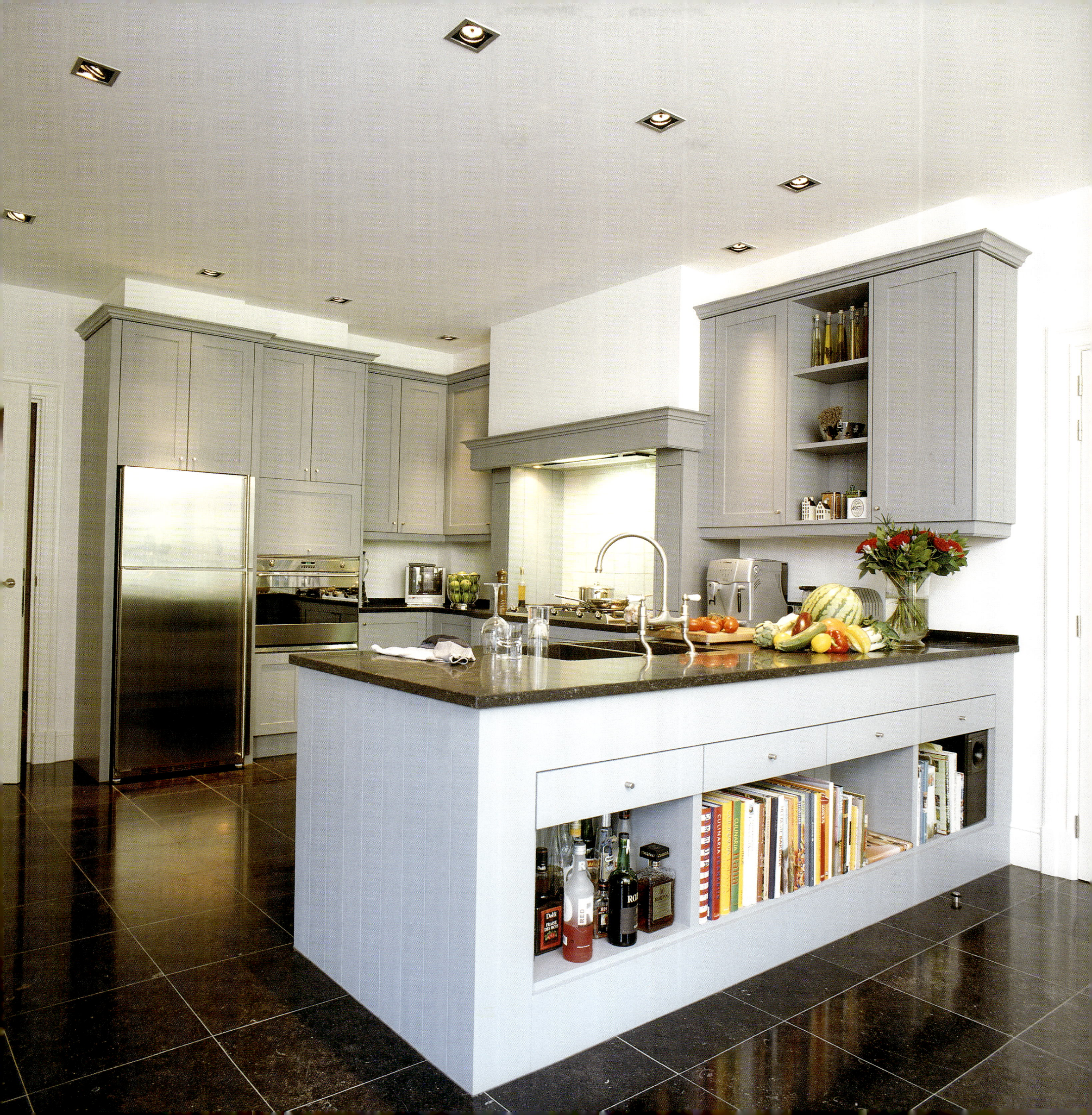

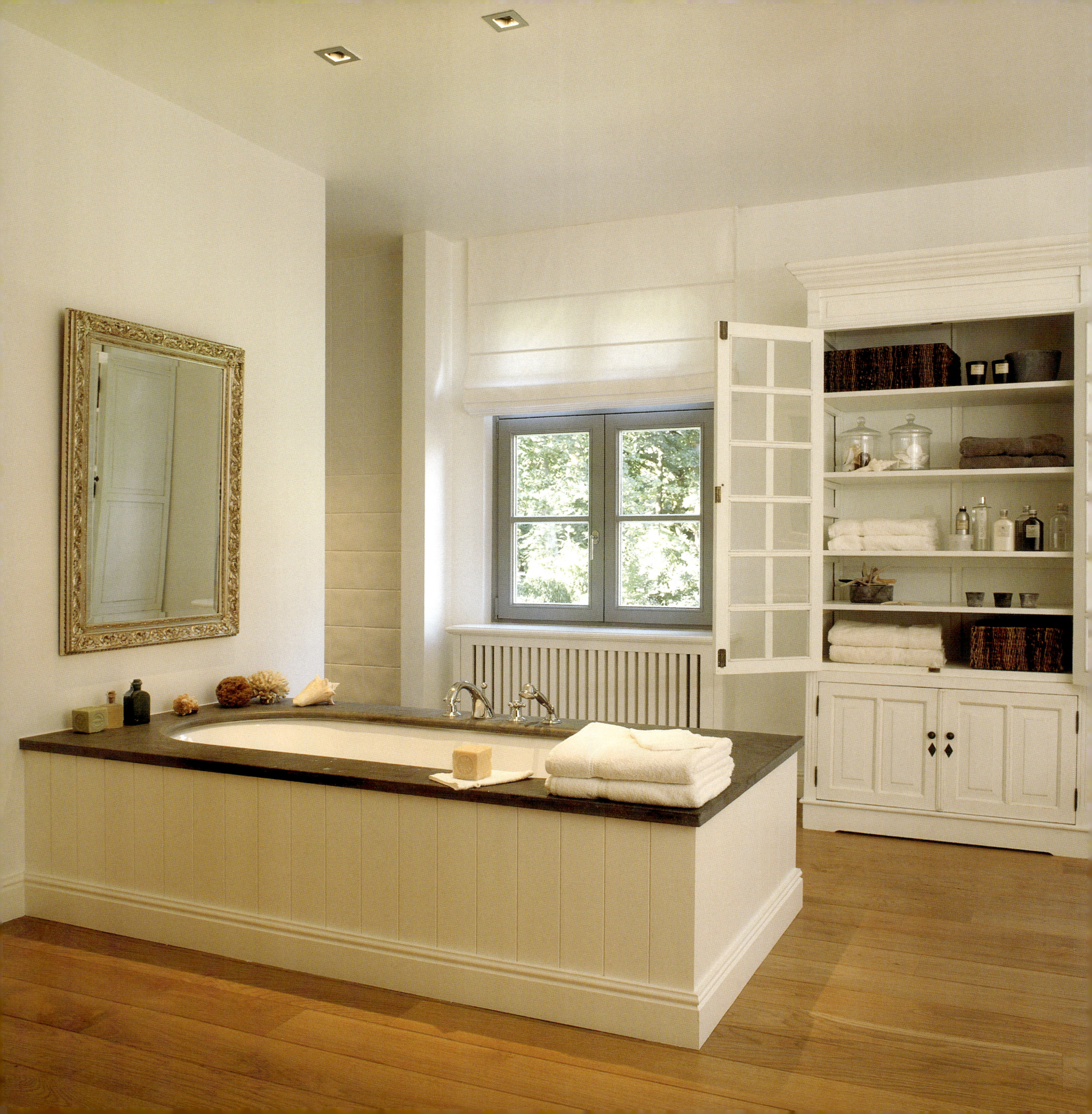

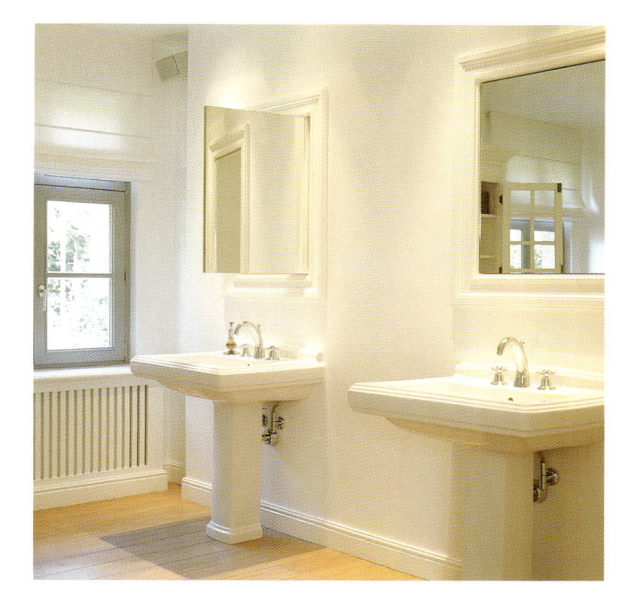

gekokkereld wordt. Heerlijk! Een licht koloniaal accent is de slaapkamer en aanpalende dressing niet vreemd. Eigenlijk is de dressing echt een ruime instapkast. Handig: een reusachtige uittrekbare spiegel. Afrikaanse stoelen worden ingekaderd door Tafta gordijnen. Zoals overal in huis zorgen hoge plinten voor een luxueuze uitstraling. Boven de retro spoelbakken verzinken spiegelkasten in de muur. De blauwe hardsteen rond het bad keert weer in de open douche met regensproeier. Je ziet de zaagvorm en die ruwheid bepaalt net de charme. Kunst met een grote K verrijkt de sfeer op de bovenverdieping. Het betreft ijzersterk werk van wijlen kunstenaar Frans Van Immerseel, vader van de vrouw des huizes. In heel het huis is de muziek onafhankelijk regelbaar volgens de stemming van het moment en dus ook hier in deze sluimerende vertrekken. Terug op het gelijkvloers belanden we nog in een aparte audiovisuele kamer. Op die manier weert men hier de tv als stoorzender uit het salon. Achteraan kijkt u uit op de tuin met een strakke vijver. Blauweregen en klimop slokken met mondjesmaat de achtergevel een beetje op. Zoveel mogelijk bomen bleven gespaard en zullen er op termijn nog worden bij geplant. Gaandeweg zal de villa dan ook versmelten in het groen. Met een natuurlijke integratie als uiteindelijk doel. Op het terras vindt men alvast nu al knusse beschutting, soms tot in de late uren. Gezelligheid alom. Wat een verademing. De bewoners hebben letterlijk en figuurlijk een open huis. *

Woonstijl Villabouw
Botermelkbaan 65, 2900 Schoten (B), tel.: 0032(0)3/658.89.89, fax: 0032(0)3/658.08.35,
e-mail: woonstijl@yucom.be, website: www.woonstijlvillabouw.be

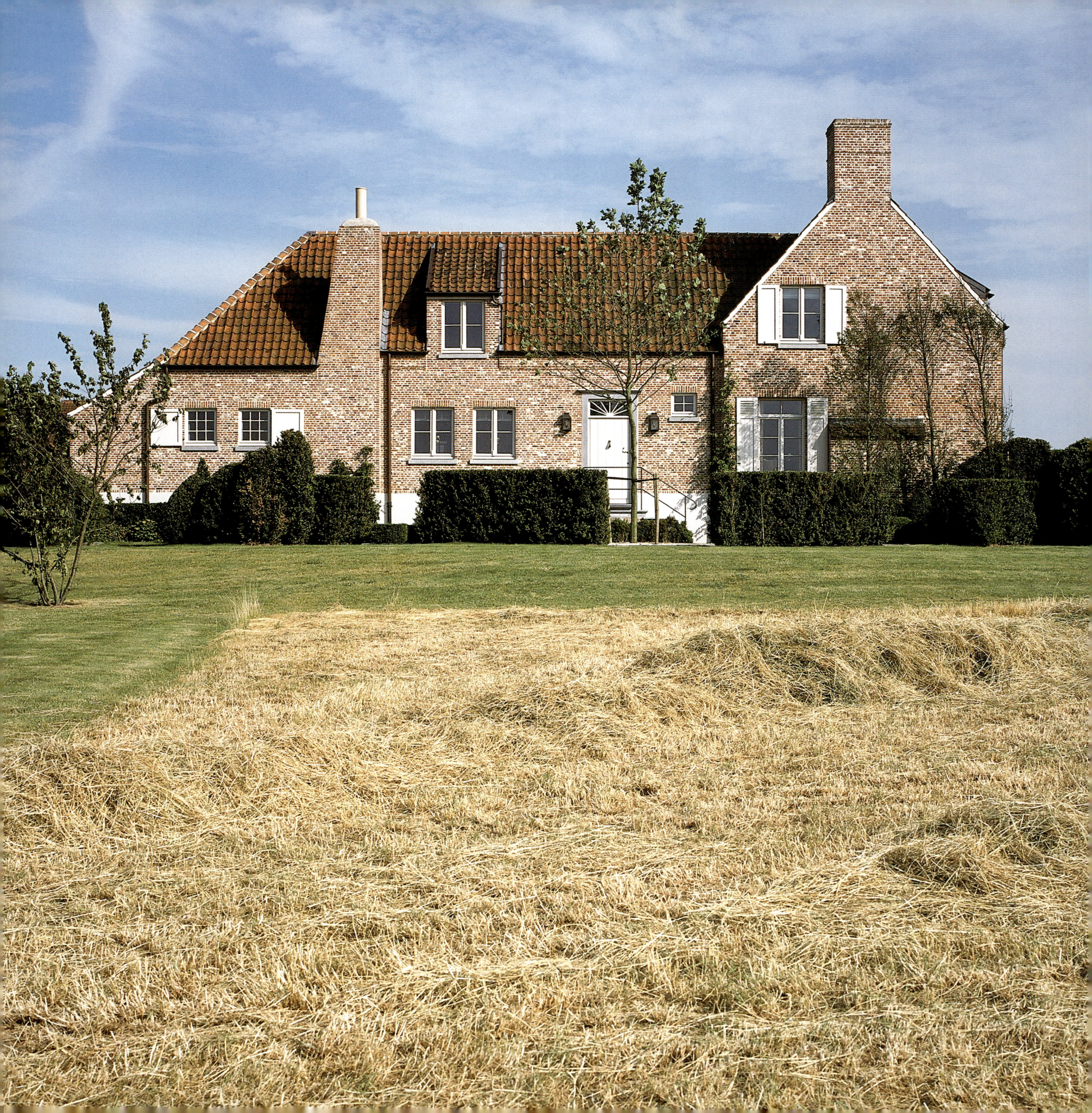

STIJLVOL WONEN COMPLEET
BELIM BOUWTEAM

Uit liefde voor het platteland

Toen meneer en mevrouw dit perceel kochten, lagen meteen de stijl en architectuur van de woning vast: in harmonie met de omgeving zou het een landelijk huis worden. Het liefst een dat er ook nog eens echt oud uitziet: uit liefde voor het platteland...

Dat dit echtpaar op het platteland zou gaan wonen, stond altijd al als een paal boven water. En dat op hun bouwgrond een landelijke woning zou komen, was daar niet meer dan een logisch gevolg van. Toen ze eindelijk het stuk grond van hun leven gevonden hadden, gingen ze dus op zoek naar huizen die ze mooi

'Wanneer we buiten het hoekje omlopen, komen we terecht in een stukje onvervalste Provence'

'Ze wilden wel nieuw bouwen, maar het resultaat mocht er niet te nieuw uitzien'

vonden. Ze reden door velden en weilanden en wanneer ze een huis tegenkwamen dat hen beviel, trokken ze de stoute schoenen aan en belden aan om te vragen wie ze had gebouwd. Zo kwamen ze meer dan eens bij dezelfde naam uit: Belim Bouwteam.

Voor het echtpaar was het allerbelangrijkste om een woning te creëren die er uitziet alsof het een oud huis is. Ze wilden wel nieuw bouwen, maar het resultaat mocht er niet te nieuw uitzien. Dat lijkt heel wat eenvoudiger dan het is. Tegenwoordig worden immers ontelbare woningen gebouwd volgens aloude bouwstijl, maar weinigen slagen erin voorbijgangers of bezoekers echt te doen twijfelen aan de authenticiteit ervan. In dat streven kende het stel geluk bij een ongeluk. In een eerste fase mochten ze op dit perceel enkel een langgevelhoeve bouwen. Pas later kregen ze toestemming om nog een stuk bij te bouwen. Dat maakt dat het huis uit twee delen bestaat, waarbij de tweedeling nog werd geaccentueerd door het gebruik van verschillende dakbedekkingen en gevelbekledingen die

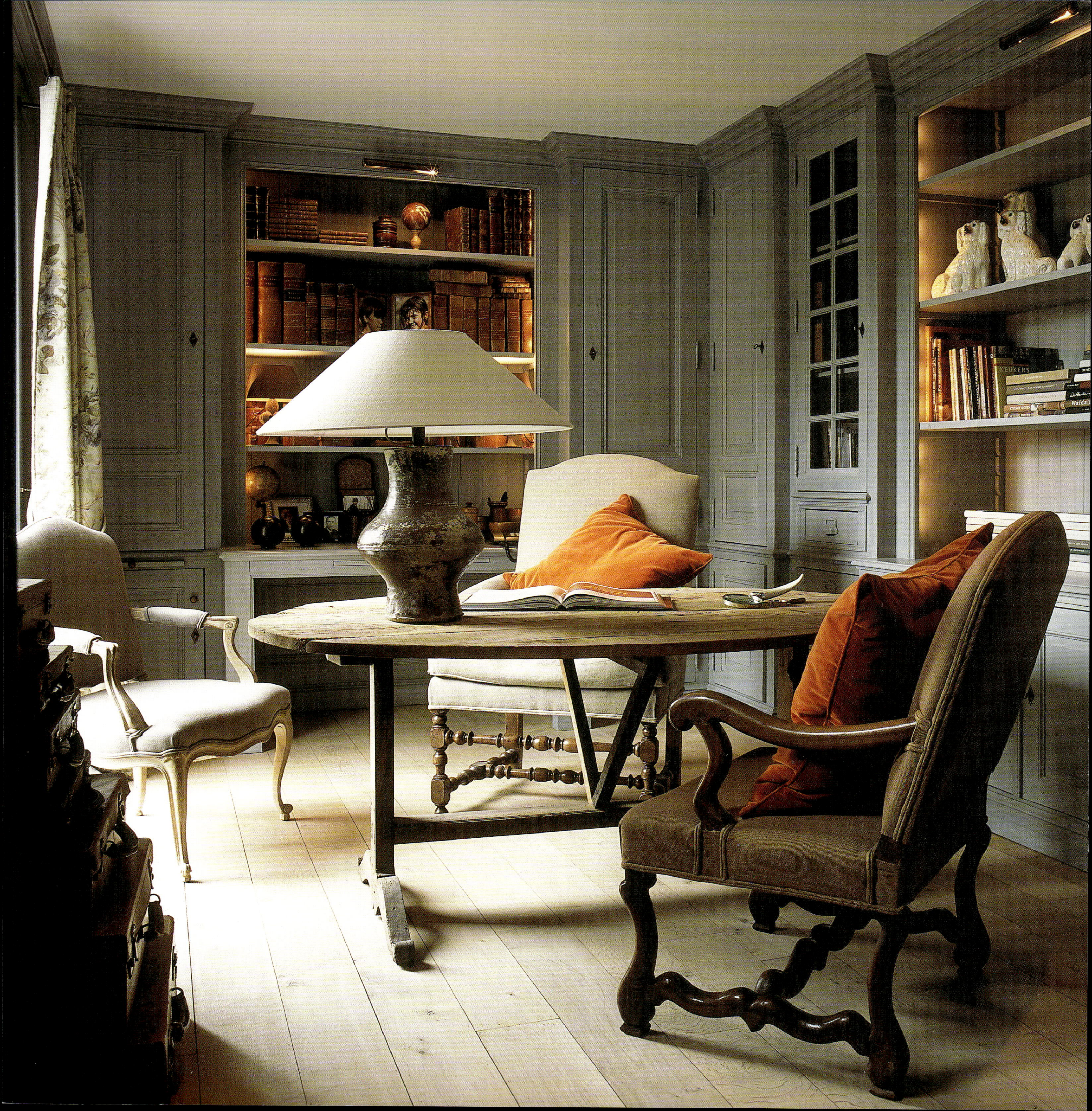
KEUKENS

de authenticiteit alleen maar ten goede komen. Het hoofdgebouw, dat op de plaats staat waar eerder een hoeve stond, is opgetrokken uit baksteen en bekleed met rode dakpannen. Het zijgebouw werd gekaleid en kreeg donkere dakpannen. Het herbergt de dagelijkse salon met een bureautje boven.

Wanneer we buiten het hoekje omlopen, komen we terecht in een stukje onvervalste Provence. Er staat een grote houten tuintafel onder verkoelende dakplatanen, volledig ingesloten door hagen en een tuinmuur. Hier zitten de bewoners beschut en worden ze bedwelmd door de heerlijk geurende kruiden die groeien in bakken van gevlochten hazelaartakken. Vooral 's middags is het hier heerlijk toeven in de schaduw van de platanen en uit het zicht van nieuwsgierige voorbijgangers. Door het poortje in de tuinmuur kijken we uit op de eindeloze weilanden waar paarden lopen te grazen. Een losstaand eikenhouten schuurtje dat grenst aan de tuinmuur doet dienst als garage en als overdekt terras.

> 'In harmonie met de omgeving wilde het stel een landelijke woning bouwen'

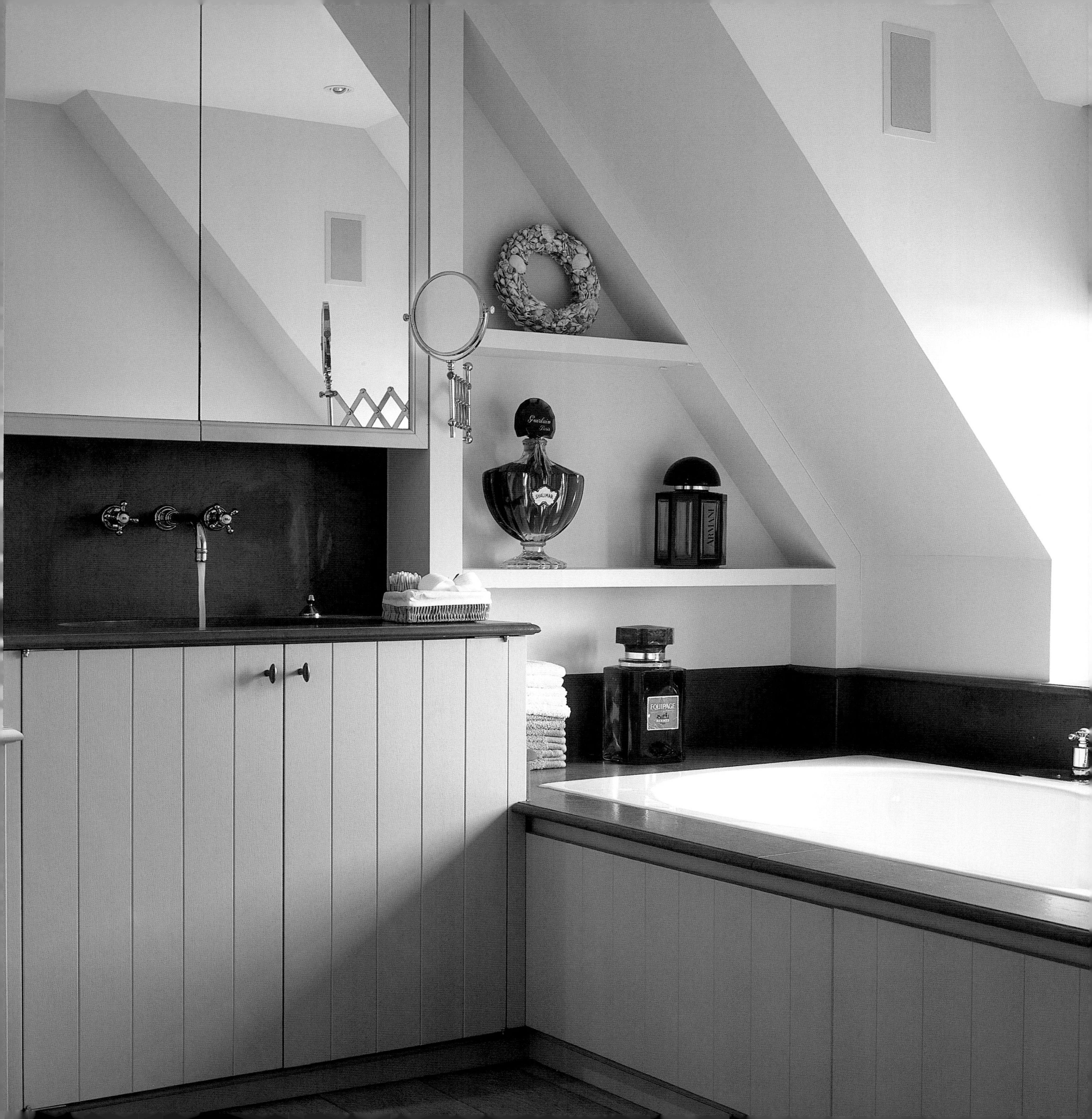
Guerlain
Paris
SHALIMAR
ARMANI
EQUIPAGE

Dit is het geliefkoosde plekje van het gezin om de avond door te brengen. Onder het houten dakgebinte is het heerlijk genieten van de mooie nazomeravonden en de ondergaande zon.

Het zijn de vele kleine details die maken dat het huis er echt oud uitziet. Kijken we bijvoorbeeld naar de grote, robuuste, stoere schoorsteen, of naar de oprit van oude kasseien. Voor het echtpaar mocht het allemaal wat nonchalanter zijn. En die visie komt dan ook overal terug: in de tuin, de architectuur en zelfs het interieur. De ruime keuken in landelijke stijl is daar een goed voorbeeld van: het plankenmotief, het zware en robuuste fornuis, het zware natuurstenen werkblad... Maar de zwarte Marokkaanse zelliges in de schouw en de aubergine vitrinekast tonen tegelijk ook weer aan dat stoer en nonchalant ook verfijnd en stijlvol kunnen zijn. De keuken verbindt de eetkamer en de hal met 'het achterhuis' waar de dagelijkse living is. Daar eet het stel wanneer ze maar met z'n tweetjes zijn. Ze maakten er ook een gezellige zithoek. Opvallend is dat hier overal binnenluikjes hangen. De bewoners vonden die donkere zwarte ramen 's avonds blijkbaar maar niks.

Het vertrek waar wij ons al helemaal zien zitten met een spannend boek in de hand is het bureau in het zijgebouw. De leuke kleur van de bibliotheek geeft de ruimte een mannelijke sfeer. En door hier en daar dan nog knaloranje kussentjes neer te leggen, krijgt het bureau helemaal een eigenzinnig karakter. Mevrouw gebruikt namelijk graag kleur om leven in het interieur te brengen. De grote eetkamer, die volledig rondom werd bekleed met houten lambriseringen die tot het plafond doorlopen, ademt een warm en feestelijk sfeertje. De witstenen open haard, de kristallen kroonluchter en de vitrinekast met porselein zetten die toon nog meer kracht bij. Achter de eetkamer bevindt zich tot slot de woonkamer. De kalkverven hier zijn dezelfde kleur als de salon uit hun vorige woning. De twee zijn gewoon helemaal weg van deze kleur. Maar liefst vier deuren komen hier uit op het terras. Er is bewust niet gekozen voor een grote glaspartij, maar juist voor deze deuren met kleine glasverdelingen: ze houden ervan om door van die kleine raampjes, te gluren. Zo geniet het stel des te meer van het glooiende landschap, van de paarden die in de achterliggende weilanden lopen te grazen, kortom van het platteland in al zijn pracht en glorie. Want daar was het uiteindelijk allemaal om te doen... ✶

Belim Bouwteam
Gontrode Heirweg 138, 9090 Melle (B), tel.: 0032(0)9/272.50.00, fax: 0032(0)9/272.50.01,
e-mail: info@belim.be, website: www.belim.be

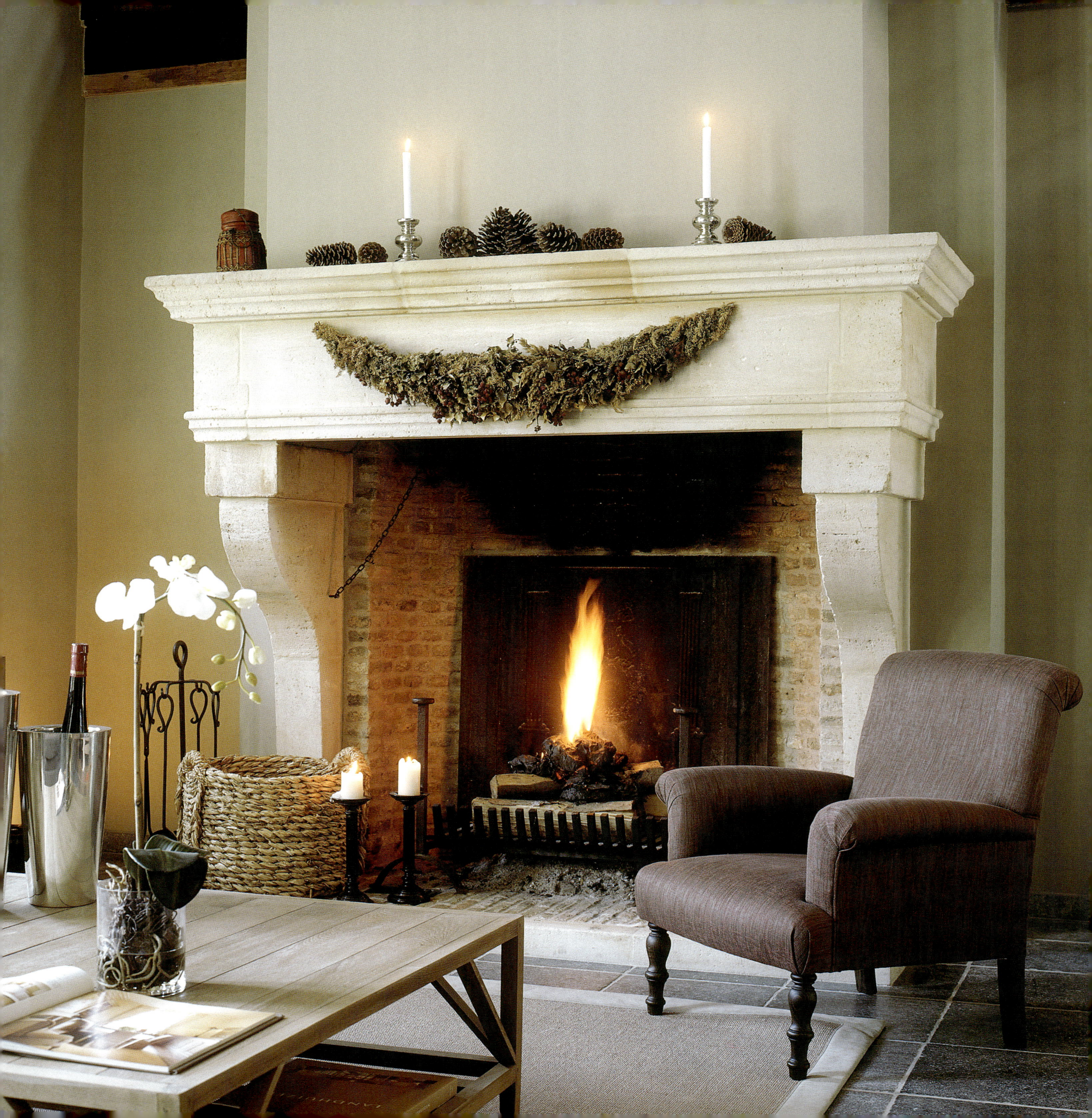

STIJLVOL WONEN COMPLEET
SENSE HOME INTERIORS

Landelijke hoeve in ere hersteld

Oude huizen hebben zo hun charme. Krakende houten vloeren, piepende oude deuren, houten dakgebinten en plafonds; het zijn onbetaalbare elementen die een woning karakter en gezelligheid geven. Deze hoeve had het allemaal, maar was wel dringend aan een opfrisbeurt toe. De bewoners restaureerden buiten- en binnenkant waardoor de landelijke hoeve zijn vergane glorie terugwon.

Toen de huidige bewoners de hoeve voor het eerst zagen vielen ze onmiddellijk voor de originele houten balken in het plafond, het dakgebinte van de schuur en het opkamertje. Er bestond geen twijfel over dat deze elementen zouden blijven. Toch was er nog heel wat werk aan de winkel. De schuur zou immers woonkamer worden, mét uitzicht op het originele dakgebinte tot in de nok. Vandaar dat werd gekozen voor een vide. Er werd een open haard geïnstalleerd met monumentale witstenen schouw die helemaal tot in de nok loopt. Die openheid resulteerde in een visuele verruiming van de leefruimte.

Na maanden van slopende (letterlijk én figuurlijk) verbouwingswerkzaamheden werd het interieur onder handen genomen. Om zoveel mogelijk in de sfeer van de omgeving te blijven en de stijl van het huis alle eer aan te doen, werd gekozen voor een landelijke inrichting. Toen de bewoners een kijkje gingen nemen bij

'Om zoveel mogelijk in de sfeer van het huis en de omgeving te blijven, werd gekozen voor een landelijke inrichting'

'De leefruimte beneden werd geschilderd in groenige mistraltinten en natureltonen die werden gecombineerd met verweerde eik'

Sense stond meteen vast welke keuken ze wilden. De landelijke keuken uit de showroom werd integraal (met enkele aanpassingen naar de juiste afmetingen) in de hoeve geplaatst. De maatkeuken en inrichting van de showroom vielen zo in de smaak dat de bewoners zich meteen bij Sense lieten adviseren over de juiste kleurstelling, raamdecoratie, dressing, badkamer, stoffering én meubilair. Samen kozen ze voor oude materialen die pasten bij de bestaande elementen, veel maatwerk en een harmonieus kleurenpalet

'Reissouvenirs en -foto's zorgen voor een aangename vakantiesfeer in huis'

op basis van zandtinten.
Kijken we bijvoorbeeld even naar de kleuren op de benedenverdieping. Daar kozen ze voor naturelkleuren van Flamant. De leefruimte beneden werd volledig geschilderd in groenige natureltonen die werden gecombineerd met verweerde eik. Op basis van de Old White en Mistral werden de zeteltjes van Marie's Corner gekozen. Zowel model, kleur als stoffering zijn op elkaar afgestemd voor een harmonieuze sfeer, een strak en sober interieur met een tijdloos karakter. Om in diezelfde stijl te blijven werd ook de bijzettafel, salontafel en console uit massieve, verweerde eik toegevoegd. Het fonkelende zilverwerk en de verlichting van Stéphane Davidts zorgen voor een sfeervol en fris accent. Daarnaast heeft de bewoonster getracht het

'Om de kinderkamer jongensachtig te maken, werd jeansstof gebruikt'

interieur een persoonlijke toets te geven door her en der reissouvenirs en -foto's te verwerken die voor een aangename vakantiesfeer in huis zorgen.

De landelijke keuken wordt gedomineerd door grijstinten, door frisse tonen die speels en landelijk met elkaar verbinden. De kasten zijn van MDF, geschilderd in dezelfde tonen. Voor de accessoires en handgrepen is bewust gekozen voor hoogglanzend roestvrij staal dat qua materiaal perfect past bij de keukenaccessoires. Voor het werkblad van de keuken werd gekozen voor blauwe hardsteen dat werd afgewerkt met een papegaaienbek. De kooflijst met een lichte en een donkere tint zorgt voor een elegante uitstraling. Op die manier slaagde men erin veel bergruimte en elegantie met elkaar te combineren. En dat is natuurlijk de belangrijkste voorwaarde die een kok aan zijn of haar keuken stelt.

'In de landelijke keuken slaagde men erin veel bergruimte en elegantie met elkaar te combineren'

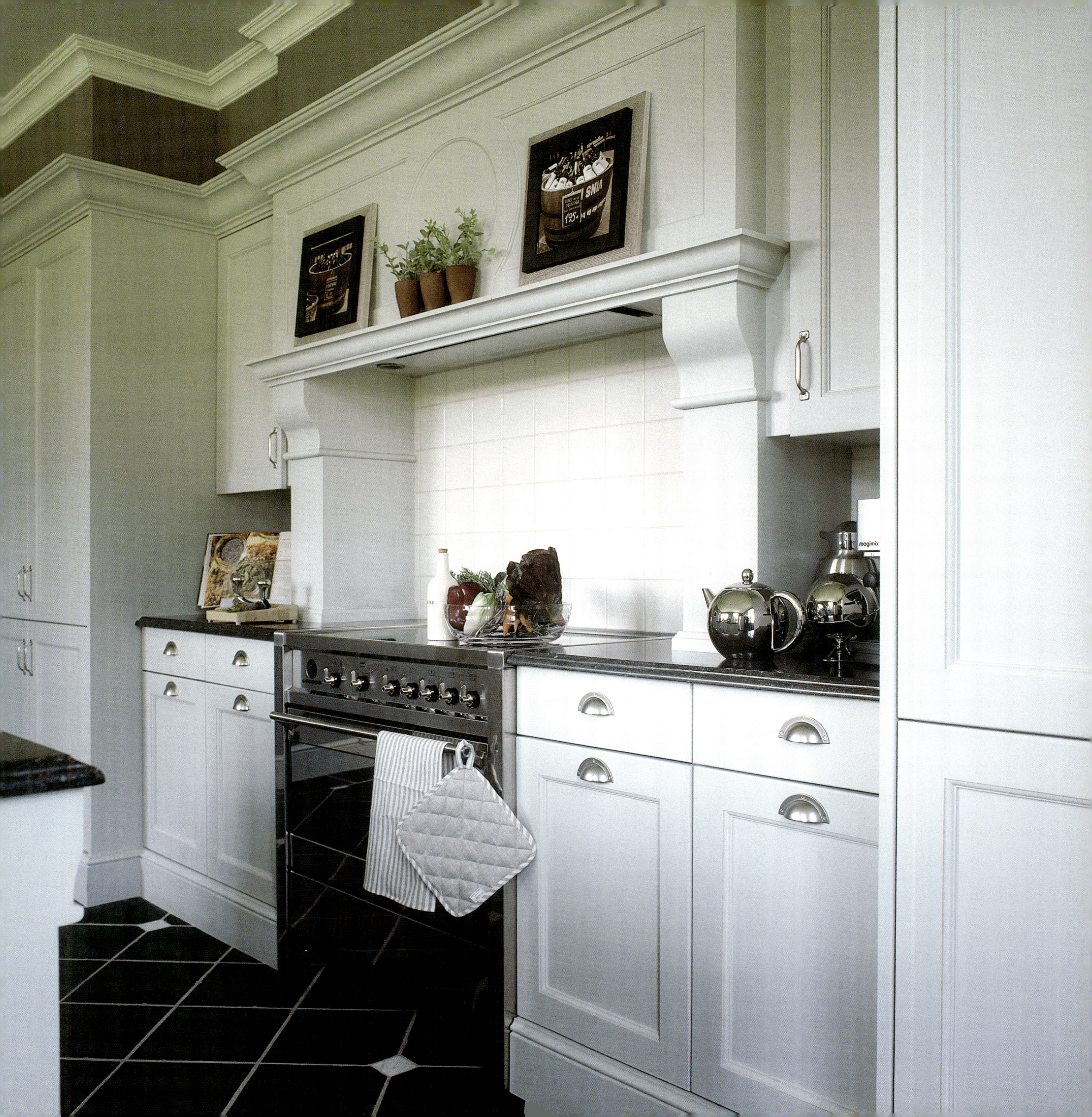
magimix

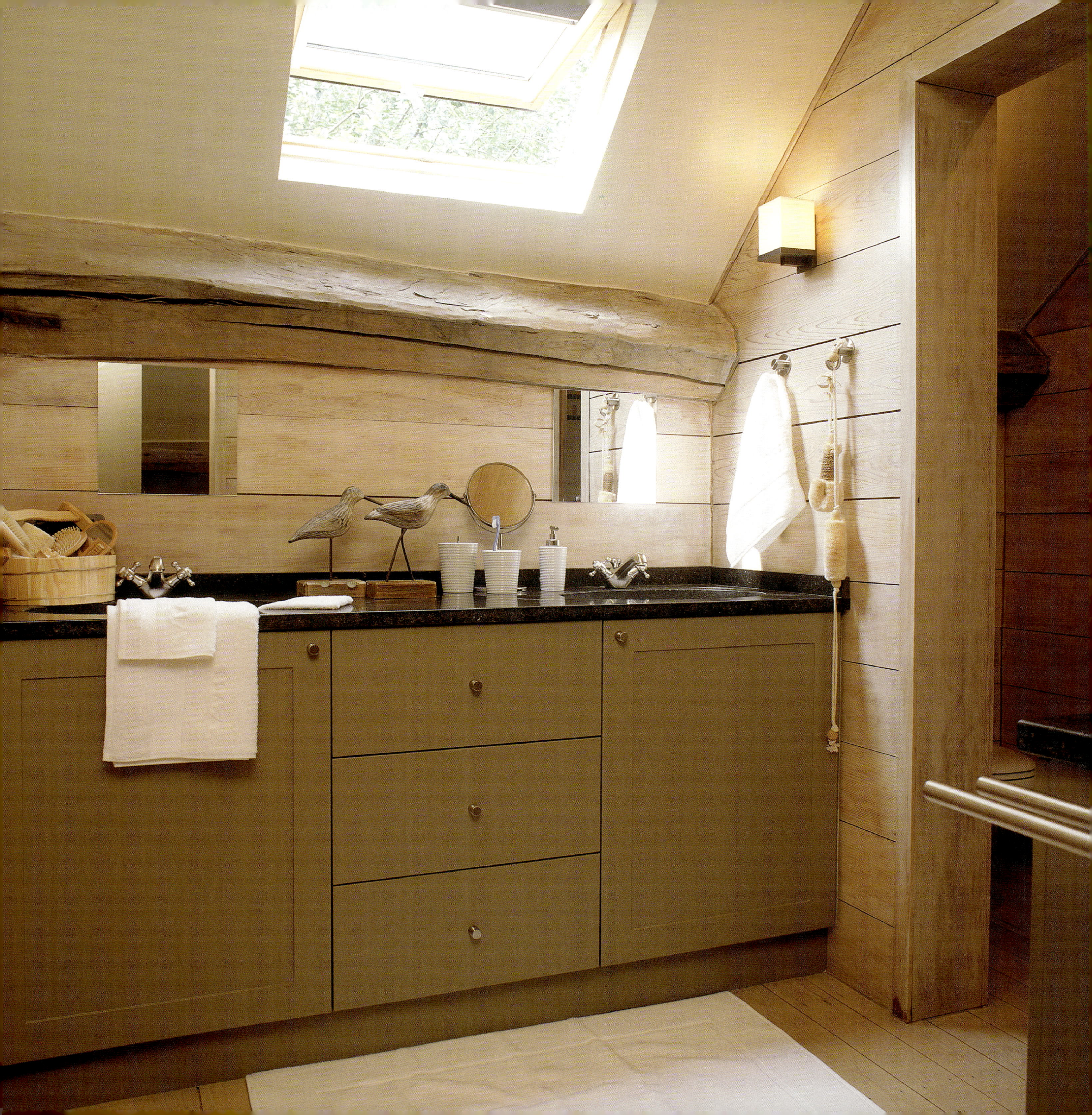

In de badkamer werden de oude materialen die reeds aanwezig waren behouden. Voor het badmeubilair koos men voor maatwerk in dezelfde stijl. De kasten werden door Sense op maat gemaakt en de ruimte werd rondom met planken bekleed. Ze kozen daar voor grenen hout, behandeld met colourwax. De raamdecoratie voor het dakraam in het schuine dak is een knap staaltje van maatwerk. Het bijpassende badlinnen van Scapa getuigt eveneens van goede smaak. De combinatie van al deze elementen maakt dat de badkamer een harmonieus geheel vormt, met respect voor de oudheid en authenticiteit van het gebouw. De open badkamer loopt door in de slaapkamer die op zijn beurt weer in verbinding staat met de dressing. Op die manier vormen deze drie ruimtes één geheel; het slaapcompartiment van de ouders. Op de vloer van de slaapkamer ligt een tapijt van Jab Anstoetz dat werd afgewerkt met een lederen boord. Het is van wol waardoor het erg zacht aanvoelt aan de voeten. De bedsprei is van dezelfde fabrikant en kreeg eveneens een donkere boord. De olijftinten zorgen voor een aangename, rustgevende sfeer.

De zachte tinten vormen een groot contrast met de felrode lipstickkleur in de jeugdkamer. Het maatwerk werd geschilderd in krijtkleur waardoor het felle, harde rood nog meer opvalt. Het is de slaapkamer van de zoon die gerust een beetje kleurrijk mocht zijn. En jongensachtig! Daarom werd gekozen voor denim voor de optrekgordijnen. De vloer is het originele parket dat werd opgeschuurd en met witte olie werd afgewerkt. De ruwe, verweerde look geeft het iets stoers, wat perfect samengaat met de denim. In het bedlinnen van Lexington komen dezelfde rode, blauwe en witte kleuren terug. De zwevende kast is aan de muren bevestigd en onder het bed zitten nog lades voor extra bergruimte. Op die manier werd de kamer praktisch, stoer, jeugdig én jongensachtig. En zo heeft Sense ervoor gezorgd dat elke kamer hier zijn eigenheid, aangepast aan zijn bewoner(s) heeft.

∗

'De bewoners gaven de landelijke hoeve zijn vergane glorie terug'

Sense Home Interiors
Brugstraat 34, 2820 Rijmenam (Bonheiden) (B), tel.: 0032(0)15/50.06.28, fax: 0032(0)15/50.06.21,
e-mail: info@thatmakessense.be, website: www.thatmakessense.be

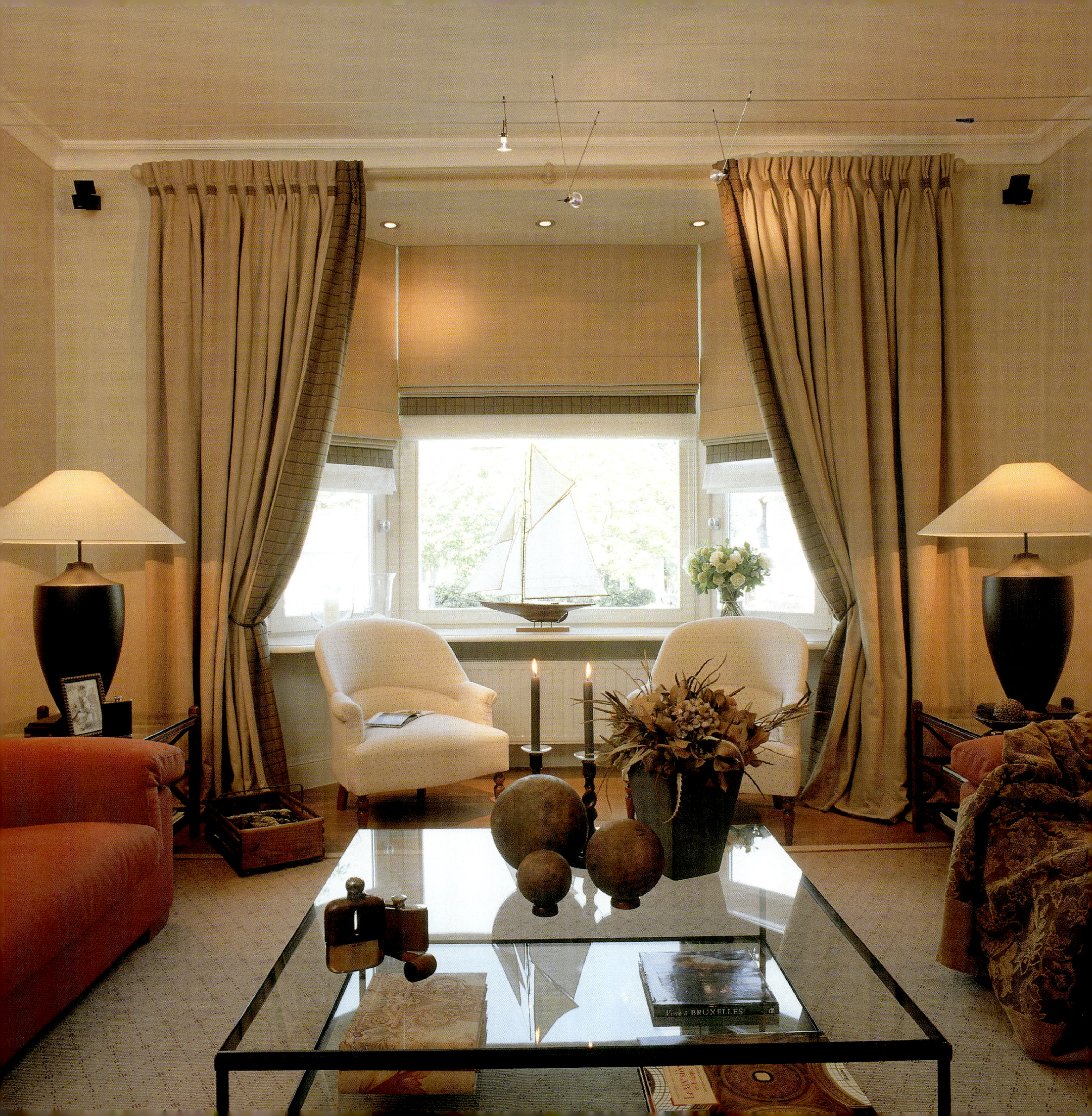
Vivre à BRUXELLES

STIJLVOL WONEN COMPLEET
ILSE DE MEULEMEESTER INTERIEUR

Hier heeft de raamdecoratie een flinke hand in het uittekenen van een kader dat blaakt van gezelligheid. De zon krijgt de kans om het interieur te veroveren - met mondjesmaat of à volonté - en zet zo elk hoekje in een ander daglicht. Tegelijk valt op hoe de verfijnde stoffen het geheel flatteren met een aparte uitstraling.

MEESTERLIJK GEORKESTREERDE LICHTINVAL

Woonruimten aankleden en zo een sfeer creëren die bijblijft, het is een talent dat Ilse De Meulemeester van nature uit heeft meegekregen. Geboren in een gezin van hoteliers mocht Ilse van haar ouders ieder seizoen het hotel decoreren en beleefde daar steeds veel plezier aan. Toen heeft zij onbewust de basis gelegd voor haar latere opdrachten als decoratrice... De details maken het verschil en er gaat een hartver-

'In de eetkamer werden de stoelen opgemaakt met raffia in een toon die in zacht contrast staat met de kalkverf van de muren'

warmende begeestering uit van elke totaliteit. Gordijnen geven de ramen de juiste zeggingskracht. Stores garanderen privacy en geven het zonlicht tegelijk maximale speelkans. Tapijten en zetels met plaids en kussentjes vormen een genoeglijk kader waarin de met smaak gekozen decoratieve elementen zich uitleven, elk in hun eigen specifieke rol. Stemmige taferelen zijn het met een hoge aaibaarheidsfactor.

U bent te gast in een huis gebouwd rond 1970. Dankzij een grondige renovatie herleeft de ziel vandaag volledig. Door de bijzondere aankleding is de woning zelfs toe aan een tweede jeugd. Normaal gezien wordt het schilderwerk afgestemd op de raamdecoratie. Maar hier moest men omgekeerd werken. De kleuren voor de wanden lagen immers al vast. Een serieuze uitdaging, maar Ilse en team zijn geslaagd met verve. Bolvormen en aloude koffers pronken bij het raam in de hal. Met een store in voile kunnen de bewoners binnenkijken voorkomen. De Italiaanse overgordijnen in greige dragen een summiere zwarte ruit. Een stof die beeldig combineert met de donkere vloertegels en de muren in Hardwich wit, en die bovendien de ruimte doet oplichten. Er is gekozen voor een eenvoudige plooi. Men spreekt van têtes flamandes. De houten roede werd mee geverfd met de muur en speelt daardoor bewust een bescheiden rol. Met een gesteven 'embrasse' krijgt het gebeuren iets statigs, wat voor een inkom best mag.

Salon en eetkamer dragen overgordijnen met een donkere boord - het lijkt wel een schaduw die het gebombeerde karakter nog versterkt. De stof bestaande uit katoen en linnen werd geborsteld en voelt aldus aangenaam aan. Een handgemaakte smeedijzeren gordijnhaak fungeert als wegbinder. En let ook nog op de 'lichetjes' die bovenaan zorgen voor de

'Stores garanderen privacy en geven het zonlicht tegelijk maximale speelkans'

nodige finesse. De stoelen werden opgemaakt met raffia in een toon die in zacht contrast staat met de kalkverf Light Stone van de muren. Naargelang de standplaats van een stoel leidt de bekleding een eigen leven. Kleur en textuur zien er altijd anders uit. Boeiend! Via een dubbele schuifdeur bereikt u de keuken waar het altijd een beetje proeft naar vakan-

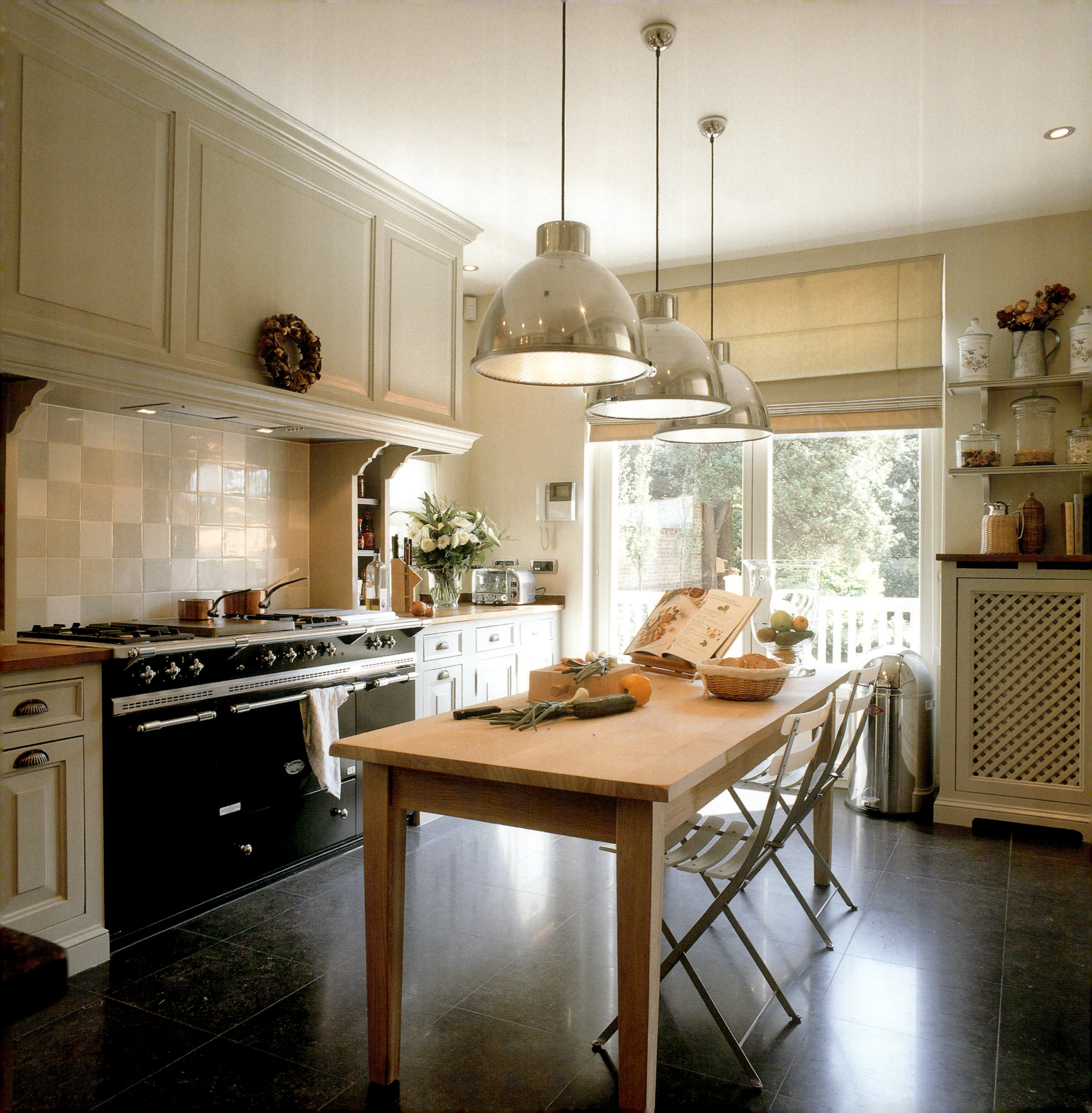

tie. Vouwgordijnen in voile aan de zijramen houden ook hier weer mogelijke pottenkijkers buiten. Terras en tuin lonken achter een groot raam met stores in katoen dat extra bestand is tegen vuil en vet.

Een trap bekleed met taupekleurige sisal brengt u naar dressing en slaapvertrekken. Wordt het ontbijt op bed of in de ochtendzon op het balkon? De glanzende tafta boord van de gordijnen volgt de kleur van het bed in wengéhout. Het zware linnen zelf is afge-

*'Met smaak gekozen gordijnen
geven de ramen de juiste zeggingskracht'*

stemd op het Drab bruin van de muren. Door de twee materialen (tafta en linnen) te verzoenen, wint het strakke geheel aan verfijning. Zoals overal in huis rust ook hier de stof ietwat nonchalant op de grond en is er een molton gebruikt. Dat bezorgt u telkens weer een luxueus en rijkelijk gevoel. In de dressing voelt het gordijn in katoen vermengd met wol uitgesproken zalig aan en oogt ook heel chic. Een ruimte om kleren en bijhorende accessoires te koesteren. De lamellenstores in tropisch hout kunnen het goed vinden met de gepati-

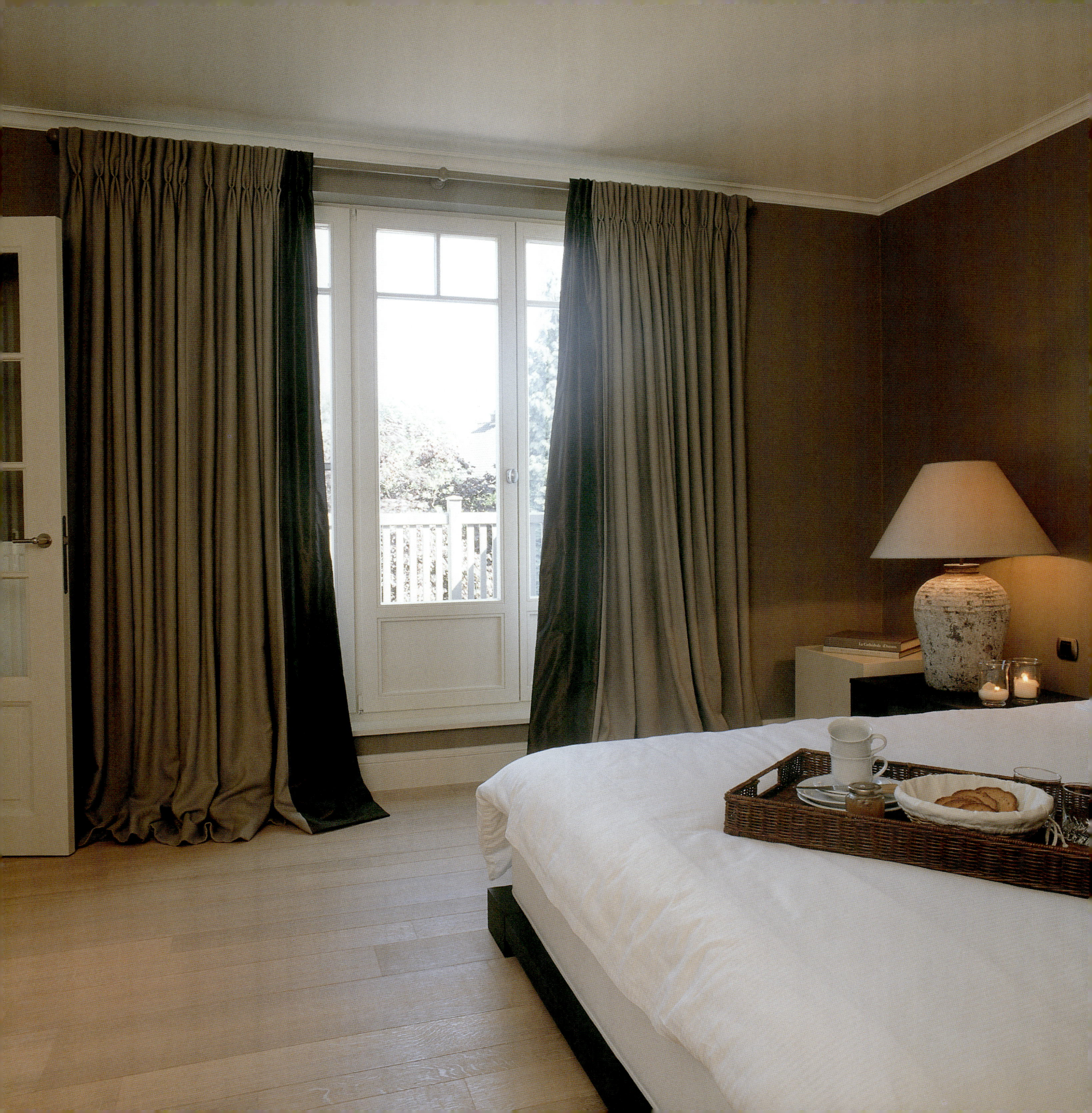

neerde badkamer voorzien van Emperador marmer en teak op de vloer. Het tafereel roept de klank op van een symfonie. Allicht heeft het iets te maken met de meesterlijk georkestreerde lichtinval. Ilse De Meulemeester op haar best. Wie houdt van een interieur met klasse en eigenheid, voelt zich beslist thuis in de stoffenboetieks te Antwerpen en Brugge. De winkels dragen de naam van hun muze en bezieler: Ilse De Meulemeester. Van verkoop per lopende meter over maatwerk, van het stofferen van meubels tot de volledige afwerking van uw interieur... u mag steeds rekenen op een uitmuntende service. Hier gaat men trouwens terecht prat op de unieke collectie stoffen vervaardigd uit Egyptisch katoen. Door de lange vezels is het gekend voor zijn sterkte. Ideaal dus voor bekleding en gordijnen. Een levensduur van dertig jaar is niet uitzonderlijk. Bovendien wordt een aantal weefsels behandeld met vuilafstotende Scotschgard, wat het onderhoud aanzienlijk vergemakkelijkt.

Op beide adressen wordt u niet zomaar wat stijladvies gegeven aan de hand van folders en catalogi. Oppervlakkigheid is ver te zoeken. Neen, u kunt werkelijk de stoffen voelen en bewonderen. De voorraad aan materiaal is enorm, wat u toelaat om tapijten, stores, gordijnen, zetels en stoelen mooi op elkaar af te stemmen. Ter plekke ervaart u eveneens het comfort dat uitgaat van kussentjes en plaids voor de sofa of een voetbank voor de slaapkamer. Meteen ontstaat dan de verleiding om ogenblikkelijk dingen mee te nemen voor thuis. Kwaliteit en duurzaamheid zijn bij dit alles de sleutelwoorden. Het winkelgamma wordt met de grootste toewijding samengesteld en uitgebreid.

Ilse De Meulemeester Interieur heeft alles in huis voor de aankleding van kantoor, woning of flat. Dat het resultaat telkens weer iets persoonlijks uitstraalt zodat de mensen die ergens wonen zich daar werkelijk thuis voelen, is een feit. Deze zaak geeft uw interieur dat ietsje meer. Het is het aparte accent dat het 'm doet èn de aanpak. Hier brengt men graag de klant een bezoek alvorens aan de slag te gaan. Een gesprek in de winkel volstaat niet. Het is ontzettend belangrijk om de leefwereld van iemand te leren kennen. Zo weten Ilse en haar medewerkers perfect waar het naartoe moet met uw interieur.

Naast professioneel interieuradvies mag u ook rekenen op een deskundige uitvoering. Het eigen atelier zorgt voor een piekfijne afwerking volgens een afgesproken confectietermijn. Door alles zo goed op elkaar en op uzelf te laten afstemmen, geeft u uw woning meer cachet. Bovendien heeft de zaakvoerster persoonlijk de hand in sommige stofontwerpen. Als het echt exclusief mag zijn! Dat Ilse De Meulemeester in 1994 de titel van Miss België in de wacht mocht slepen en daarna haar weg heeft gemaakt als tv-presentatrice en model, heeft vandaag een positieve weerslag op haar activiteit als decoratrice. Mensen krijgen de indruk haar te kennen wegens die bedrijvigheid in de mediawereld en maken daardoor (spontaan en honderduit) hun precieze wensen kenbaar. Kortom: Ilse heeft steeds direct een goed contact met de klant. En dat komt de samenwerking nadien alleen maar ten goede.
Kenmerkend is de constante zorg en de intense en oprechte betrokkenheid. Ilse De Meulemeester Interieur creëert voor u een warme thuis met een speciaal tintje, een plek met een ziel die zindert, een harmonisch interieur om van te houden.   ✼

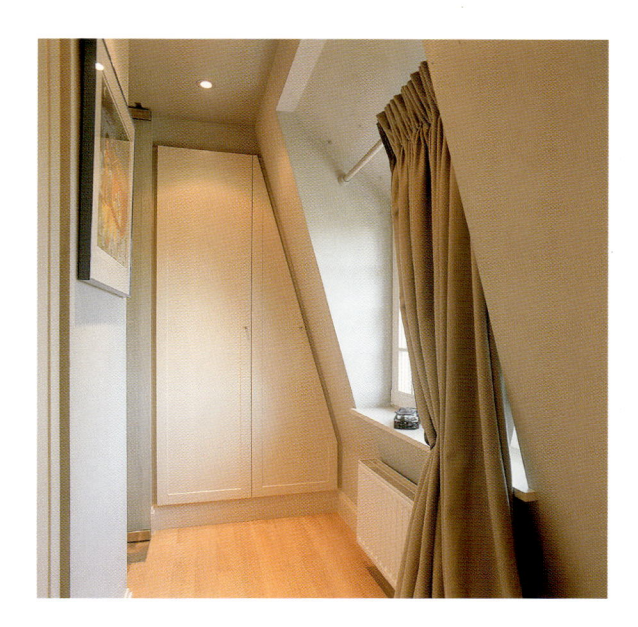

Ilse De Meulemeester Interieur
Van Breestraat 2, 2018 Antwerpen (B), tel.: 0032(0)3/232.14.82, fax: 0032(0)3/232.14.81,
e-mail: info@ilsedemeulemeester.be, website: www.ilsedemeulemeester.be

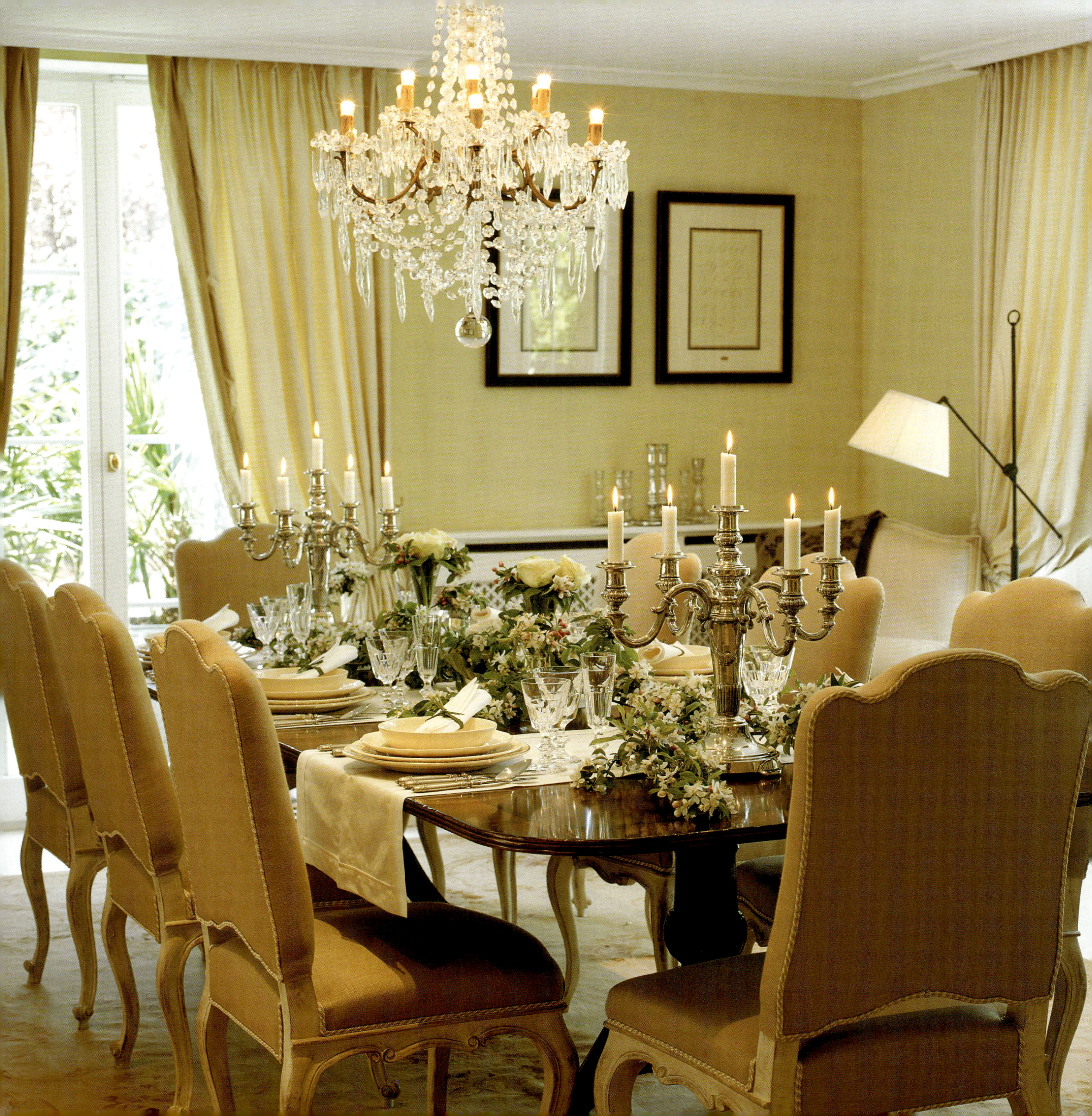

STIJLVOL WONEN COMPLEET
PIETER PORTERS DECORATIONS

FRANS VERSUS ENGELS IN BELGISCHE HARMONIE

In een met een eigen kleurenpalet gekruid kader vinden Franse en Engelse elementen mekaar in een authentiek evenwicht. French kissing in the UK! Als de gastvrouw dan uiteindelijk ook haar steentje bijdraagt, krijgt alles een nog persoonlijker karakter. En zo ontstaat een zeer leefbaar concept om met graagte te koesteren.

'Rozen en appelbloesems recht uit de tuin zetten het Royal Cream Wear servies op de eettafel in de bloemetjes'

In nauwe samenwerking met architect Bart De Beule zet decorateur Pieter Porters hier een prestatie neer om "u" tegen te zeggen. Een typische villa Franse stijl anno 1980, gelegen in Essen, werd ondergedompeld in een bad van genoeglijkheid. Qua indeling moest er niks veranderen. Maar de metamorfose uit zich wel op andere vlakken. De ingreep start al in de hal waar de trapleuning in plexiglas moest verdwijnen. In de plaats kwam een sobere versie tegen de muur. De treden kregen een houten sierrand. Met een rozas als blikvanger groepeert een Franse consoletafel een stapel oude boeken, kandelaars en wandelstokken in een paraplubak. De rijlaarzen behoren toe aan mevrouw. En op die manier getuigt het tafereel van de eigen levensstijl.

Er werden plannen gemaakt om de bestaande keuken met zijn uitspringende scherpe hoeken, metalen palen en veel graniet te veranderen. Het zou Pieter en zijn team echter te ver geleid hebben en dus werd besloten om van nul te beginnen. Weg ermee! Het raam werd in de kasten verwerkt. Rieten optrekgordijnen werden beige gepatineerd om naadloos aansluiting te vinden met het natuurstenen Inbuxy werkblad. De geruite gordijntjes zijn enkel voor de sier maar geven het geheel wel panache. Het houtwerk zelf kreeg een smakelijk olijfgroen patina. Boven het retro fornuis pronkt fier, naast allerlei gerei, een vergeten cakevorm op een veld van witjes. Op het tablet (eveneens in Inbuxy) allerlei uit Marakesh meegebrachte potten vol lekkers. Resultaat: een tijdloze keuken om honger van te krijgen. En ja, dat smaakt naar meer...

Aan modern comfort geen gebrek, ook al oogt het ontwerp vrij klassiek. Alle broodnodige toestellen zitten netjes verborgen achter deuren. Opentrekken en u kunt koffie zetten, iets opwarmen in de microgolf of brood snijden. Terug dicht en geen hinder meer van. De Amerikaanse koelkast werd zo goed mogelijk geïntegreerd zodat de asymmetrie minder stoort - de ijsmachine moet immers zichtbaar blijven zodat je er effectief gebruik van kunt maken. Hier in deze keuken kan gewerkt worden maar je hoeft het niet voortdurend te zien. Een nonchalante opstelling heeft iets decoratiefs maar rommelig is nooit mooi. In de ontbijthoek werd alles compact gehouden om plaats te besparen. Het tafelblad is eigenlijk een verlengstuk van de kast. Erboven hangt een oud Vlaams luchtertje. Het werd crème gepatineerd en kreeg dito lampenkapjes om zich thuis te voelen. De Lloydt Loom stoelen met verlaagde armsteunen zitten comfortabel. Twee sympa-

thieke bogen brengen u daarna naar de eetkamer. Rozen, appelbloesems en hostablad recht uit de tuin zetten het Royal Cream Wear servies op tafel in de bloemetjes. Gras maakt zich nuttig als servetring. En een op maat gemaakte kristallen luchter en kandelaars in gepolijst tin zetten het tafereel in vuur en vlam.

Er ligt heel wat verouderde plankenvloer voor de gezelligheid. De aanwezige witte marmer werd halfmat gemaakt en kreeg daardoor een warmer timbre. Voor de finishing touch zorgen Aubusson tapijten. En zo staan we in de woonkamer. De vroegere cassette werd vervangen door een open haard. Het lijkt een heuse maar hij loopt op gas om roetvorming en gensters te ontlopen. Toch is de look authentiek en doorleefd. Pieter liet de witte Franse natuursteen immers bruin patineren. De egaal grijs geschilderde maatkasten brengen al wie in het salon neerstrijkt tot rust. Het Frans-Engels huwelijk blijkt ook hier een toonbeeld van harmonie. Sferen combineren tot een eigen stijl made in Belgium, dat is wat hier gebeurt. Kijk maar naar de authentieke Engelse footstool. Een salontafel om ook op te zitten, met onderaan plaats voor boeken. Kaarsen, karaffen, potpourri in een koekjesdoos en jeu de boules bollen tooien een dienblad. Pittig detail: vrouwen nagelden vroeger handmatig de bollen voor hun mannen. Franse zeteltjes gestoffeerd met verfijnd linnen flankeren de schouw. Zo leidt de aandacht symmetrisch naar de oude vergulde lijst. Maar het schilderij van toen werd wel vervangen door een spiegel.

De verbouwing gebeurde in nauwe samenwerking met Bart De Beule, de architect van dienst. Pieter Porters stelt zich daarbij tot doel dat je na de werken niet mag merken dat er aan een woning gesleuteld werd. Ingrepen hebben uiteraard een functionele en esthetische grondslag, maar je mag het effect enkel voelen en niet zien. Composities met bloemen en dierbare objecten

'De egaal grijs geschilderde maatkasten brengen al wie in het salon neerstrijkt tot rust'

*'Een tijdloze keuken
om honger van te krijgen.
En ja, dat smaakt naar meer'*

spelen de eerste viool. En het kader biedt steeds de solisten ruimte, zoals elk goed orkest dat doet. Voor het bloemwerk doet Pieter een beroep op collega Paul Pierre. Indertijd was hij stagiair bij Porters en later ging hij zich vervolmaken in Nederland en Milaan. Vandaag toont Pierre zijn kunnen hier bij ons. Dat zo een totaalgebeuren stap voor stap moet groeien, is evident. Klanten moeten zich goed voelen bij de aanpak en daarom worden ze aangezet om niet over één nacht ijs te gaan. In gezamenlijk overleg worden, met mondjesmaat, beslissingen genomen. Het klikt en iets unieks ontluikt. Met tevredenheid bij alle partijen tot gevolg.

Nog in het salon treffen we een Engelse kasteelbank. Beslist een favoriet van Pieter. Waanzinnig leuk is het om te vertoeven in de donskussens. Deze zetel sluit je helemaal in zijn armen. En om er zich ook languit te kunnen in neervlijen heeft mevrouw een extra lang exemplaar laten maken. Allicht houdt zij dan enkele boeken over paarden bij de hand zoals er vele pronken achter het glas van de bibliotheekkast. Deze bereden

'Composities met bloemen en dierbare objecten spelen de eerste viool. En het kader biedt steeds de solisten ruimte, zoals elk goed orkest dat doet'

amazone wijdt veel tijd aan haar hobby, zeg maar passie. Er is maar één probleem: een mens wil altijd maar ter plekke blijven in zo'n zetel. En paardrijden is nochtans ook een prettige bezigheid.

De dressingruimte is voorzien van een maximaal aantal kasten. Om die reden kwamen trouwens de ramen in de kasten te zitten. Vrolijk oogt de combinatie van het oudroze schilderwerk met de verschillende Ralph

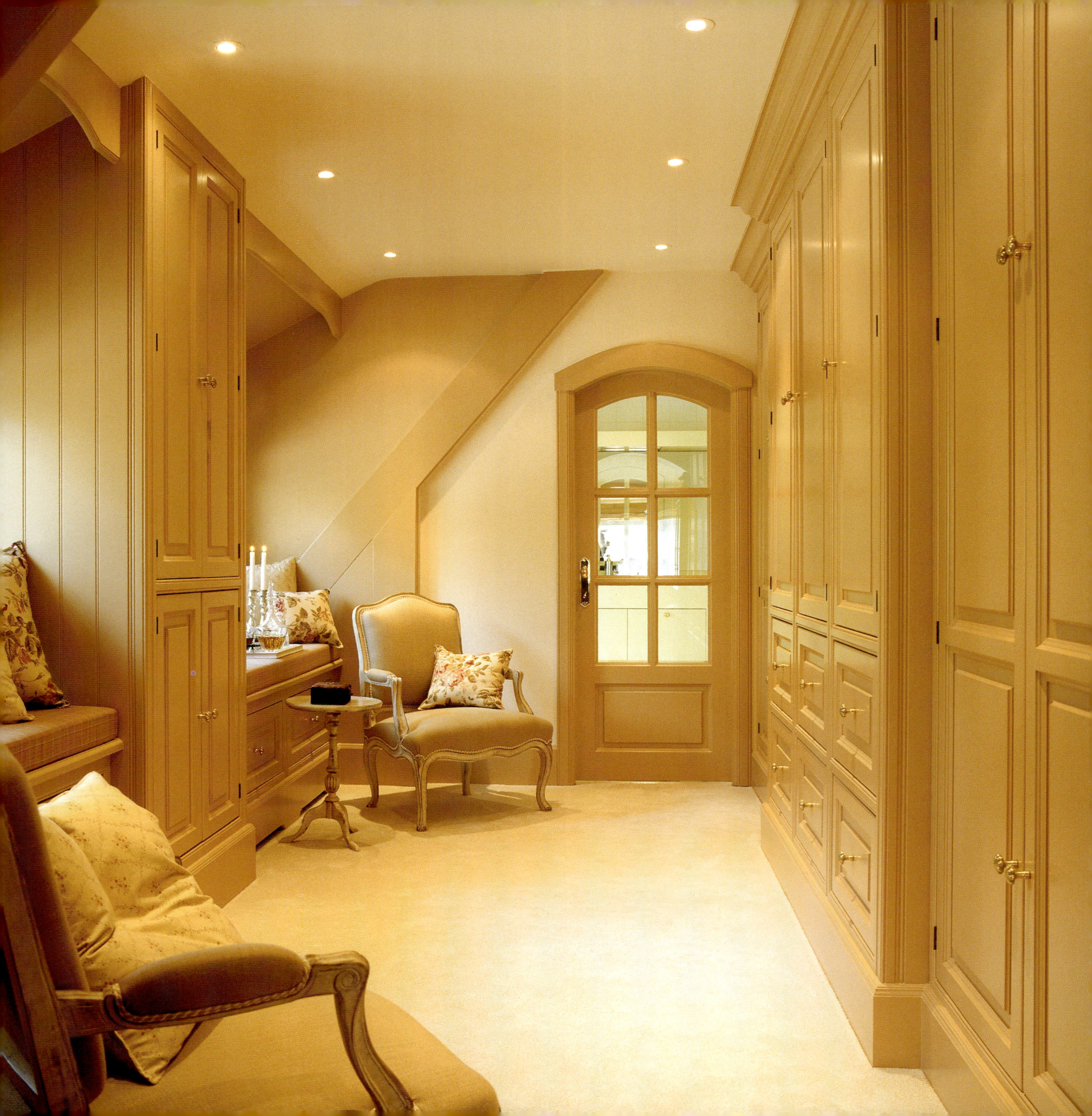

Lauren stoffen die zorgvuldig werden gecombineerd. Door het wijntafeltje in mahonie een crèmekleurig kleedje aan te meten verdient het zijn plaats in het geheel. Het dromerige hoekje nodigt uit om even te gaan zitten om rustig de tijd te nemen en de juiste outfit uit te kiezen. De kleren maken de vrouw! Het is belangrijk dat u zich goed in uw vel voelt. Net als de outfit is het interieur wat dat betreft een jas die perfect moet passen. Het beige vloerkleed (dat heerlijk aanvoelt aan de blote voeten) brengt u dan naar de slaapkamer met lederen bed en een aloude linnenkast, Engels van oorsprong. Om het meubel optisch hoger te laten lijken, liggen er valiezen bovenop.

Bureau, stoel en zeteltjes zijn dan weer van Franse makelij: een geslaagde versmelting met persoonlijkheid.

Samenwerken met Pieter Porters leidt altijd tot een intens proces en dat wordt volop geapprecieerd door eenieder. Niet zelden worden klanten vrienden. Dat de vrouw des huizes hier met liefde betrokken was bij de verbouwing en aankleding van deze woning is een feit. De decorateur ziet het steeds als een uitdaging om zich in te leven, de confrontatie aan te gaan en dromen van anderen waar te maken, trouw blijvend aan zijn eigen, herkenbare en geliefde stijl. ✻

'Net als een outfit die u rustig uitkiest in de dressing, is het interieur een jas die perfect moet passen'

Pieter Porters Decorations
Kipdorpvest 44, 2000 Antwerpen (B), tel.: 0032(0)3/213.35.75, fax: 0032(0)3/213.19.04,
e-mail: info@houseofporters.com, website: www.houseofporters.com

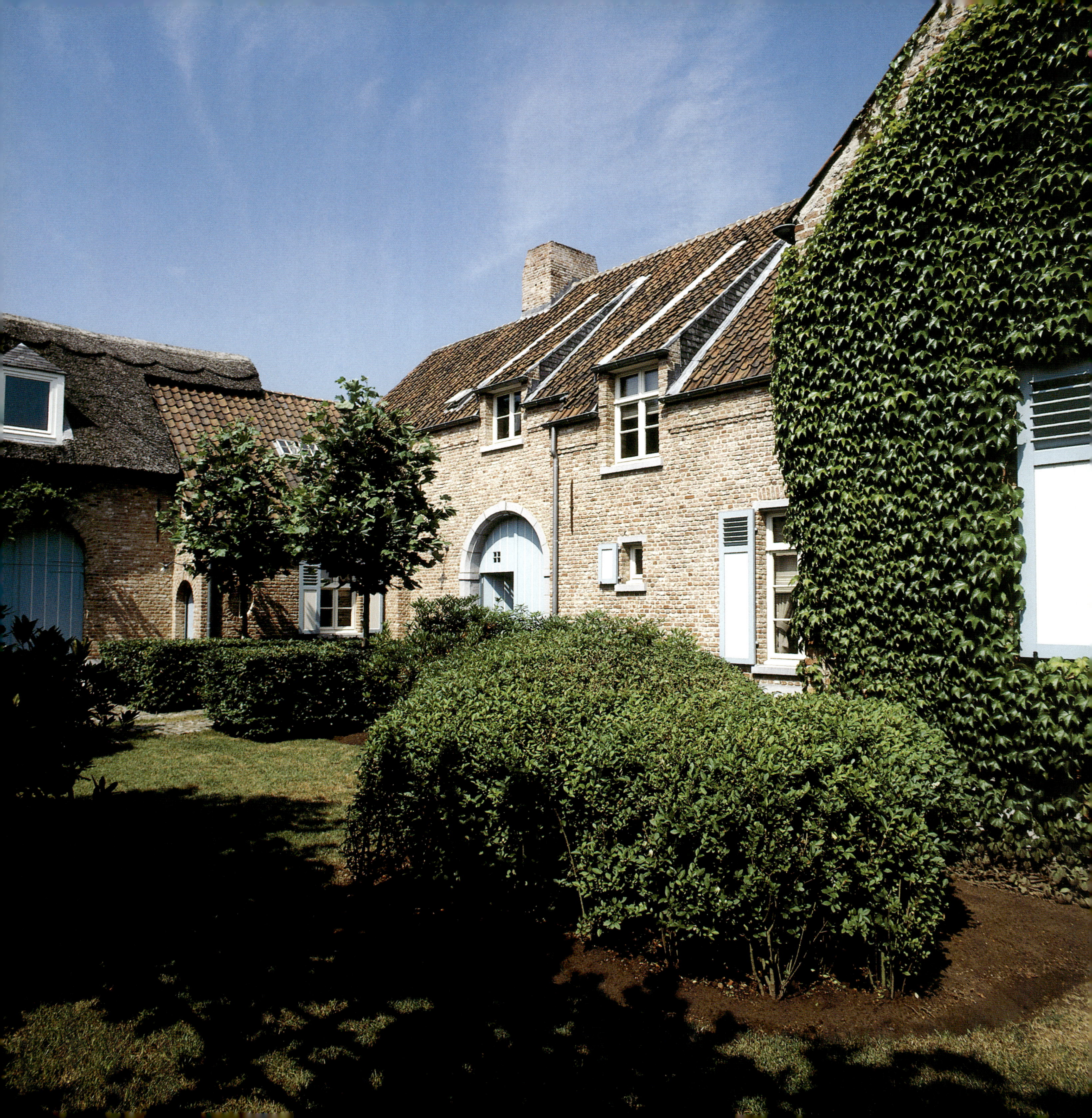

STIJLVOL WONEN COMPLEET

Verzot op grootmoeders tijd

"Ik ben gewoon gek op grootmoeders tijd", verklaart Bart zijn keuze voor de architectuur en inrichting van deze landelijke villa in de al even landelijke Kempen. Van de eerste penstreek voor het ontwerp tot de laatste baksteen volgde manusje-van-alles Bart het hele bouwproces op de voet. En dan was het interieur aan de beurt…

De woning van Bart en Liesbeth is zowat zijn levenswerk: enthousiast als Bart is door 'de stijl van vroeger' speelde hij in elke fase van de bouw een voortrekkersrol. Hij was tegelijk architect, aannemer, binnenhuisarchitect, tuinarchitect en decorateur. Zowel in de creatieve fase van het ontwerp als bij de uitvoering ontsnapte niets aan zijn toeziend oog. Hij zorgde ervoor dat hij bij alles aanwezig was, lette daarbij op de kleinste details en sprong in waar nodig. Want Bart was, net als zijn vrouw trouwens, niet bang om ook zelf de handen uit de mouwen te steken. "Als hij het had gekund zou hij waarschijnlijk elke steen zelf hebben gemetseld", horen we van zijn vrouw Liesbeth. Maar ook zij droeg haar steentje bij: "Wij vullen elkaar perfect aan", zeggen ze zelf. "We kennen elkaar door en door en houden van dezelfde stijl." Liesbeth concentreerde zich op de decoratie. Zij houdt ervan tafels feestelijk te dekken en het interieur op te vrolijken met weelderige bloemstukken. En zo heeft ieder hier zijn 'taak'.

De landelijke woning, die het midden houdt tussen een kasteelhoeve en een Kempense boerderij, ademt uit elke voeg pure nostalgie en heimwee naar vroeger. "Wanneer we gasten over de vloer krijgen, denken die vaak dat het huis hier al honderd jaar staat", glundert Bart. "Een buurjongen zei zelfs laatst dat wanneer hij langs ons huis rijdt, hij steeds aan Bokrijk moet denken. Dat zijn natuurlijk voor ons de mooiste complimenten." Bart heeft zijn weemoed en respect voor de stijl van vroeger perfect weten te vertalen naar architectuur en interieur. "Dat is mijn romantische kant die bovenkomt", lacht Bart. Waar die creativiteit vandaan komt? "Oh, die heb ik al heel lang, hoor!", gaat hij verder. "Als kind al lette ik op

> 'De landelijke woning van Bart en Liesbeth ademt uit elke voeg pure nostalgie en heimwee naar vroeger'

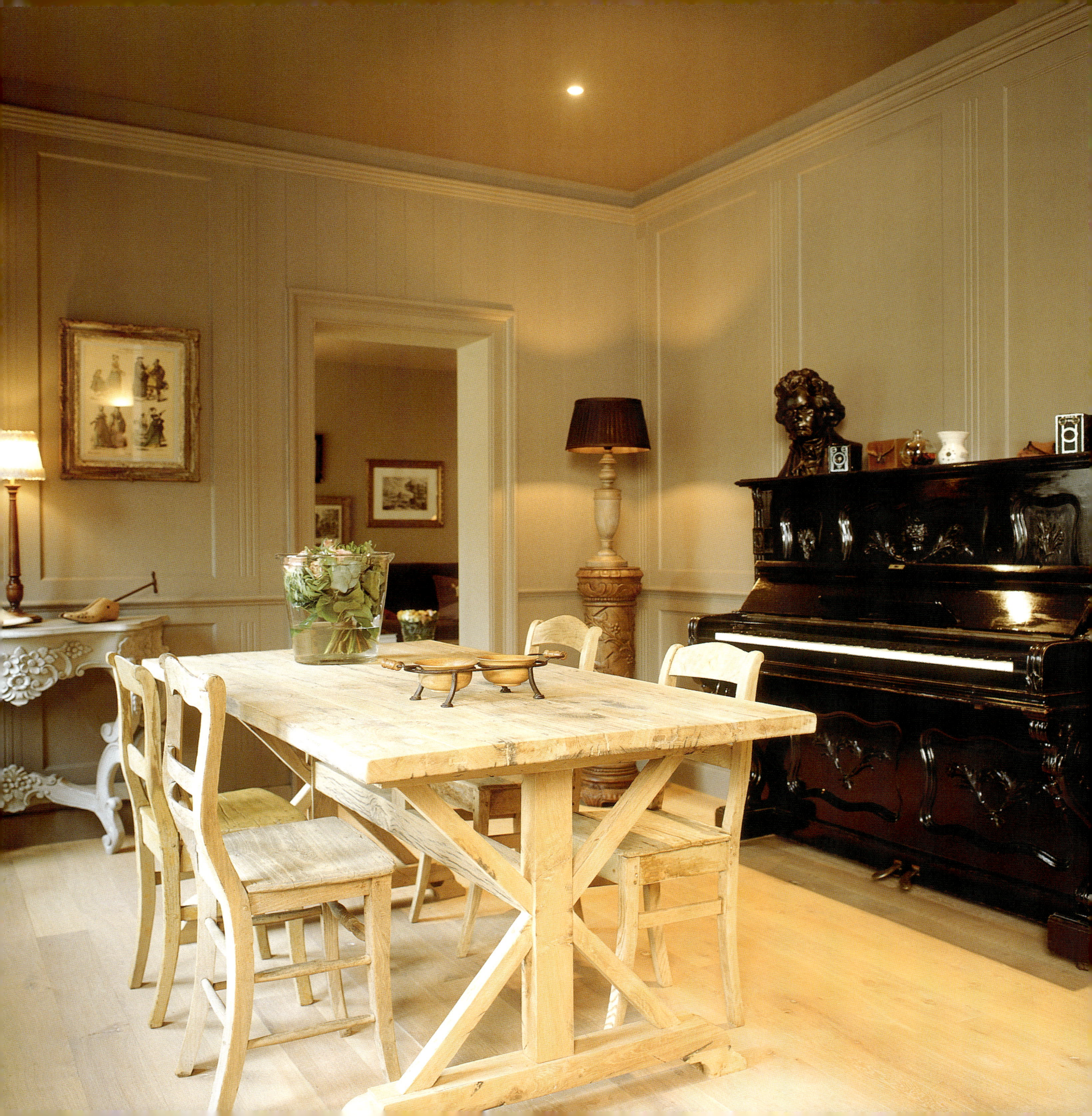

hoe oude huizen eruit zagen. Toen wist ik al dat ik ooit zelf mijn huis zou bouwen met alleen maar oude elementen. Dat was natuurlijk lang voor oude bouwmaterialen en -stijlen zo 'in' waren." Zijn eerste huis realiseerde hij zelfs al op erg jonge leeftijd. "Als kind bouwde ik kerststalletjes. Daar kon ik me uren mee bezighouden. Die creativiteit heb ik van mijn moeder meegekregen", legt hij uit. "Zij was kleuterjuf en deed in de klas niks liever dan tekenen en schilde-

'Het stel tracht letterlijk te leven op het ritme van vroeger: grootmoeders koekoeksklok geeft hier de tijd aan'

ren." Hetzelfde geldt voor Liesbeth. Ook zij heeft haar creativiteit geërfd van haar moeder, die eveneens onderwijzeres was en nog steeds erg creatief is. Bij de keuze voor de bouwstijl was gezelligheid de belangrijkste motivatie. Maar daarmee was de kous natuurlijk nog niet af. Al toen hij Liesbeth leerde kennen wist Bart hoe zijn droomhuis er zou uitzien. Om het idee dat in zijn hoofd zat vorm te geven, reed hij elk weekend langs villawijken en nam overal waar hij kwam foto's van mooie huizen. Zo legde hij een uitpuilende knipselmap aan vol met elementen die hij in zijn huis wilde laten terugkomen. Niet alleen eigen fotomateriaal, maar ook afbeeldingen uit interieurtijdschriften vormen een aanzienlijk deel van de knipselmap. Hij verslond stapels interieurboeken en -tijdschriften. Wanneer we bij het hoofdstuk 'keuken' komen, stellen we vast dat alle foto's dezelfde stijl van keuken tonen. "Klopt," beaamt Bart, "het zijn dan ook allemaal realisaties van Jet Keuken- en Interieurbouwers. Zo zijn we bij hen terechtgekomen." Uiteindelijk plaatste het interieurbedrijf uit Vosselaar niet alleen de keuken, maar verzorgde het ook al het kastenwerk in de woning, de lambriseringen, dressings, vestiaire, bureau, radiatorkasten en badkamers. Bij een rondleiding valt vooral de originaliteit op waarmee de woning is ingedeeld en gedecoreerd. "Ik wijk graag af van de bestaande vormen", licht Bart toe. "Ik wilde bewust geen huis waar je als voorbijganger aan de buitenkant direct kunt zeggen waar welke ruimte in huis zich bevindt. Je moet juist op zoek kunnen gaan naar een huis, het beetje bij beetje leren kennen, zonder dat het alles van de eerste keer prijsgeeft." Wanneer we binnenkomen door de enorme koetsenpoort – een idee dat hij 'stal' van de kasteelhoeve – kijken we recht in de tuin. De kas-

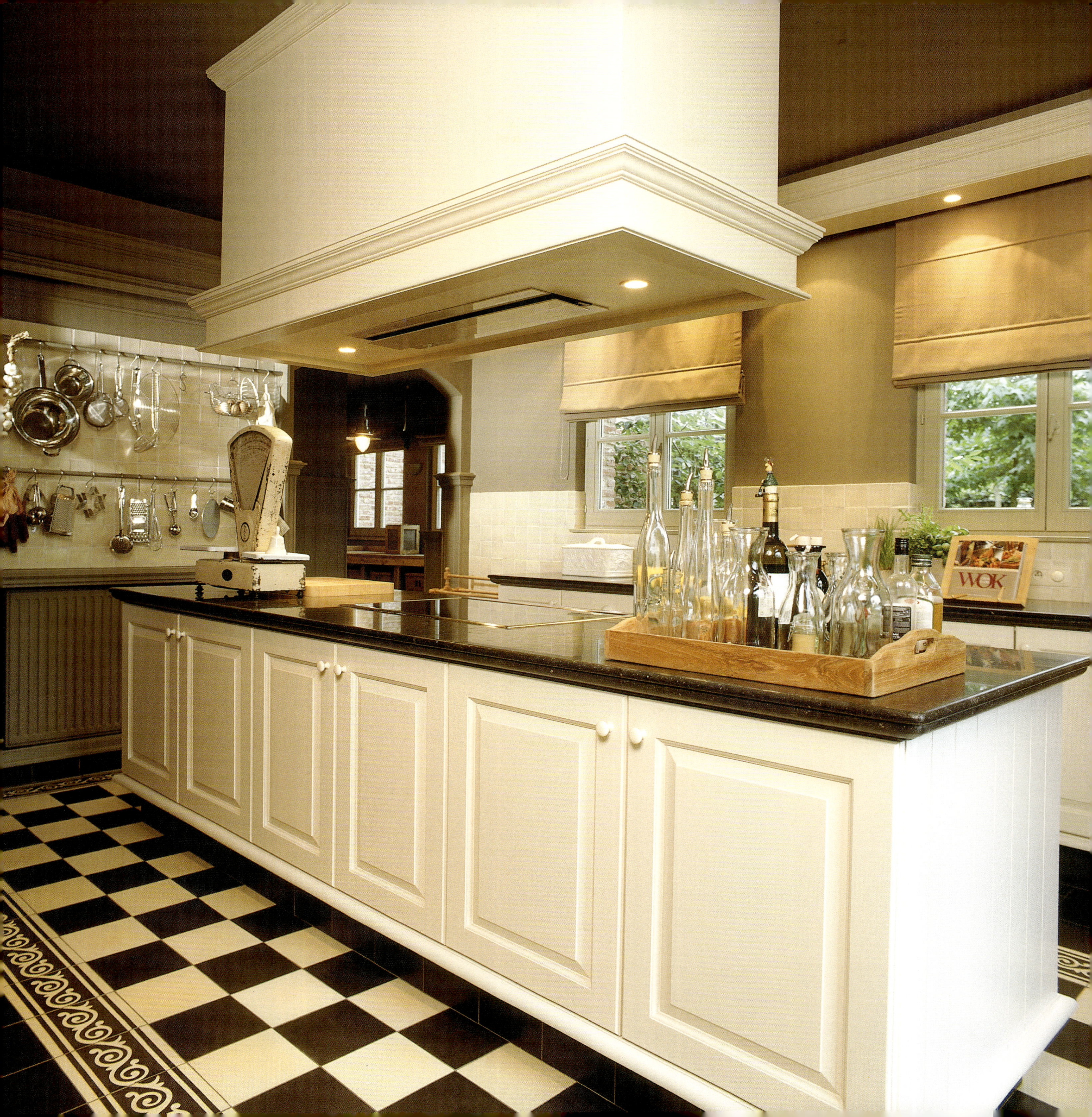
WOK

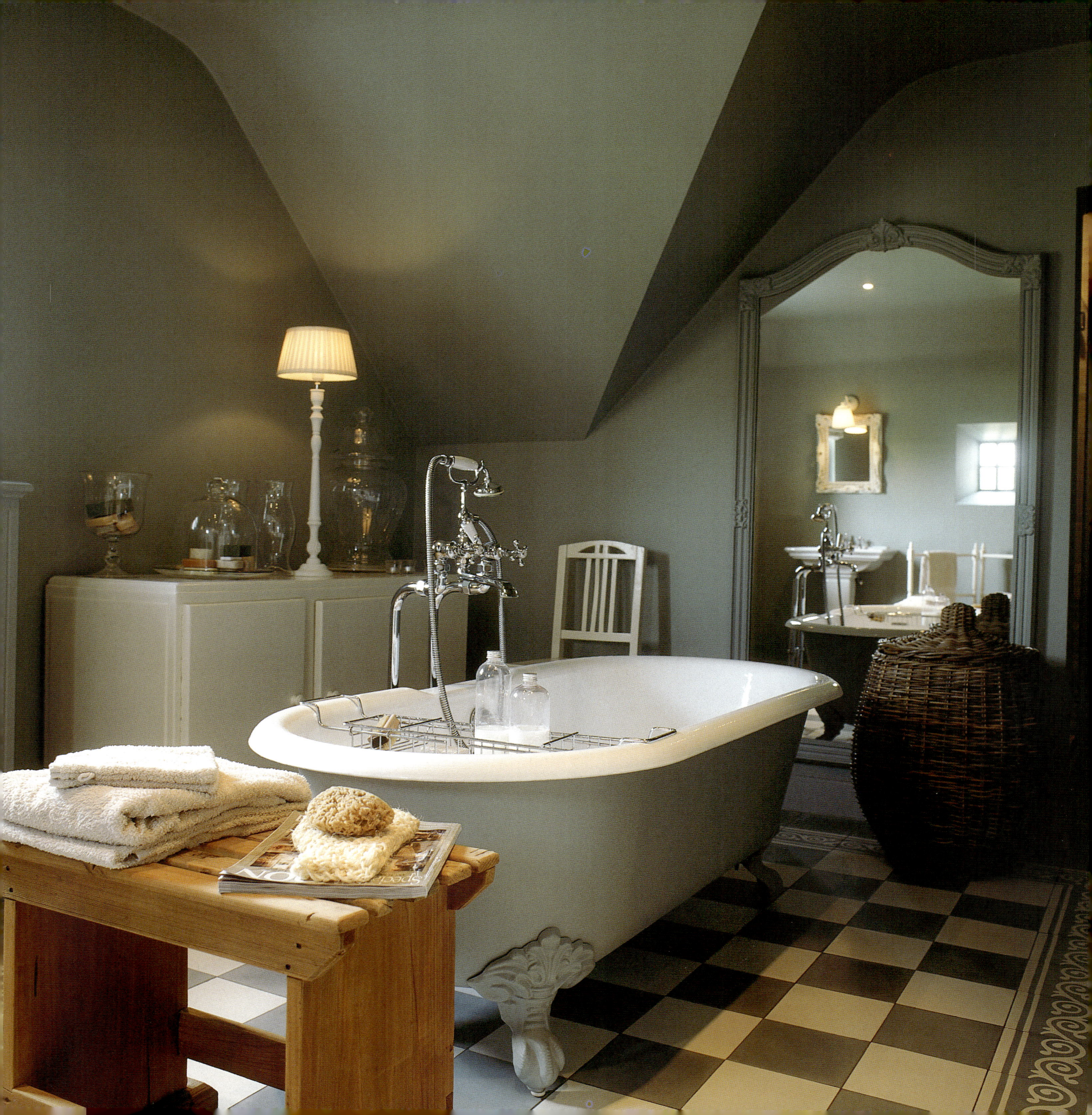

'Bart en Liesbeth dompelden hun interieur en zichzelf in een sfeer van nostalgie'

seistraat klieft de woning doormidden en loopt zelfs door in de tuin. Het grote glaspartij in de achtergevel heeft geen kozijn, waardoor het lijkt alsof er geen glas in zit.

Eenmaal binnen is het al grootmoeders tijd dat de klok slaat. Ook letterlijk dan, want in het huis van Bart en Liesbeth geeft de antieke koekoeksklok van Barts grootmoeder de tijd aan. Zo trachten ze te leven op het ritme van vroeger en de sleur van deze prestatiegerichte, stressvolle maatschappij te ontvluchten. "Vroeger ging ik steeds huiswerk maken bij mijn grootmoeder. Als ik nu de koekoeksklok hoor slaan, denk ik weer automatisch terug aan die zorgeloze jeugdjaren." Dat is meteen de reden waarom Bart en Liesbeth zich bewust hebben laten omringen door oude, verweerde voorwerpen van vroeger. Waardevolle stukken, maar ook 'waardeloze' voorwerpen die ze hier en daar op de kop tikten. Op die manier dompelen ze hun interieur en zichzelf in een sfeer van nostalgie en maakten ze van hun huis een thuis, een cocon waar ze zich behaaglijk in voelen.

Hoewel het huis nu eindelijk helemaal klaar is, blijft er bij Bart iets knagen. Het is de onrust van zijn creatieve geest die in zijn hoofd maalt, schreeuwt om een nieuwe 'opdracht'. Bart is niet iemand die lang kan blijven stilzitten. Hij vraagt zich dan ook af wat hij moet beginnen nu het huis helemaal af is? Nog zoveel plannen en ideeën zitten in zijn hoofd te wachten op uitvoering. Momenteel leeft het stel zich nog uit door elk weekend antiekmarkten in binnen- en buitenland af te schuimen. Ze vinden er de meest bijzondere voorwerpen – die Bart stuk voor stuk koesterend zijn 'schatten' noemt – die later in het 'atelier' worden opgesmukt. "Zo'n uitstap is voor ons steeds een feest", vertelt Bart met fonkelende ogen." Maar of dat zijn creativiteit zal kunnen temperen? *

Jet Keukens- en Interieurbouwers
Antwerpsesteenweg 103, 2350 Vosselaar (B), tel.: 0032(0)14/61.63.63, fax: 0032(0)14/61.49.45,
e-mail: info@jetkeukens.be, website: www.jetkeukens.be

ADRESSEN

ALEX JANMAAT ANTIEK & INTERIEUR
Goudsestraatweg 34, 3421 GK Oudewater (NL)
tel.: 0031(0)348/56.34.22, fax: 0031(0)348/56.57.68
e-mail: info@alexjanmaatantiek.nl, website: www.alexjanmaatantiek.nl

ANNEKE DEKKERS SCHOUWEN EN VLOEREN
Burgemeester Ketelaarstraat 42, 2361 AE Warmond (NL)
tel.: 0031(0)71/301.14.61, fax: 0031(0)71/301.36.05
e-mail: info@annekedekkers.nl, website: www.annekedekkers.nl

BELIM BOUWTEAM
Gontrode Heirweg 138, 9090 Melle (B)
tel.: 0032(0)9/272.50.00, fax: 0032(0)9/272.50.01,
e-mail: info@belim.be, website: www.belim.be

COUSAERT-VAN DER DONCKT
Stationsstraat 160, 9690 Kluisbergen (B)
tel.: 0032(0)55/38.70.53, fax: 0032(0)55/38.60.39
e-mail: info@cousaert-vanderdonckt.be, website: www.cousaert-vanderdonckt.be

DE APPELBOOM
Duinendreef 24, 2950 Kapellen (B)
tel.: 0032(0)3/685.54.17, fax: 0032(0)3/685.14.08
e-mail: de.appelboom@skynet.be, website: www.deappelboom.com

HOME ARTS
Brasschaatsebaan 8, 2970 Schilde (B)
tel.: 0032(0)3/464.24.12, fax: 0032(0)3/464.24.13
e-mail: info@home-arts.be, website: www.home-arts.be

ILSE DE MEULEMEESTER INTERIEUR
Van Breestraat 2, 2018 Antwerpen (B)
tel.: 0032(0)3/232.14.82, fax: 0032(0)3/232.14.81
e-mail: info@ilsedemeulemeester.be, website: www.ilsedemeulemeester.be

JET KEUKEN- EN INTERIEURBOUWERS
Antwerpsesteenweg 103, 2350 Vosselaar (B)
tel.: 0032(0)14/61.63.63, fax: 0032(0)14/61.49.45,
e-mail: info@jetkeukens.be, website: www.jetkeukens.be

LEON VAN DEN BOGAERT
Nerenweg 1, 9270 Kalken (B)
tel.: 0032(0)9/367.52.01, fax: 0032(0)9/367.99.90
e-mail: vincent.vdb@skynet.be

LLOYD HAMILTON
Nijverheidslaan 9a, 8570 Vichte (B)
tel.: 0032(0)56/77.36.08, fax: 0032(0)56/77.36.09,
e-mail: info@lloydhamilton.be, website: www.lloydhamilton.be

MARTIN DE BOER
't Sas 15, 4811 WC Breda (NL)
tel.: 0031(0)76/514.43.54, fax: 0031(0)76/514.43.54, gsm: 0031(0)6/539.516.53,
website: www.warmewintershow.nl, www.haagschesuites.nl en www.sasbreda.nl

MINIFLAT
Korspelsesteenweg 96, 3581 Beverlo (B)
tel.: 0032(0)11/40.20.74, fax: 0032(0)11/34.16.21,
e-mail: info@miniflat.com, website: www.miniflat.com

MISS MARPLE HOME INTERIORS
Van Galenlaan 36a, 3941 VD Doorn (NL)
tel.: 0031(0)343/42.03.74, fax: 0031(0)343/53.96.03
e-mail: info@miss-marple.nl, website: www.miss-marple.nl

PETER DECKERS SCHILDER- EN DECORATIEWERKEN
Industriepark A53, 2220 Heist-op-den-Berg (B)
tel.: 0032(0)15/24.99.96, fax: 0032(0)15/24.55.98,
e-mail: decoratiewerkendeckers@skynet.be en info@peter-deckers.be

PIETER PORTERS DECORATIONS
Kipdorpvest 44, 2000 Antwerpen (B)
tel.: 0032(0)3/213.35.75, fax: 0032(0)3/213.19.04,
e-mail: info@houseofporters.com, website: www.houseofporters.com

SENSE HOME INTERIORS
Brugstraat 34, 2820 Rijmenam-Bonheiden (B)
tel.: 0032(0)15/50.06.28, fax: 0032(0)15/50.06.21,
e-mail: info@thatmakessense.be, website: www.thatmakessense.be

SLOTS
IJzeren Bareel 20a, 8587 Spiere-Helkijn (B)
tel.: 0032(0)56/46.11.70, fax: 0032(0)56/45.73.50,
e-mail: contact@slotsdeco.com, website: www.slotsdeco.com

SMELLINK CLASSICS
Ainsworthstraat 31, 7575 BS Oldenzaal (NL)
tel.: 0031(0)541/52.32.22, fax: 0031(0)541/52.32.44
e-mail: info@smellinkclassics.nl, website: www.smellinkclassics.nl

SPHERE HOME INTERIORS
Turnhoutsebaan 308, 2970 Schilde (B)
tel.: 0032(0)3/383.50.67, fax: 0032(0)3/383.32.51
e-mail: info@sphere-interiors.be, website: www.sphere-interiors.be
Bredabaan 197, 2930 Brasschaat (B)
tel.: 0032(0)3/651.27.40, fax: 0032(0)3/651.27.41

WOONSTIJL VILLABOUW
Botermelkbaan 65, 2900 Schoten (B)
tel.: 0032(0)3/658.89.89, fax: 0032(0)3/658.08.35,
e-mail: woonstijl@yucom.be, website: www.woonstijlvillabouw

EXTRA CREDITS

'SFEER ACHTER ALOUDE GEVEL'
architect: Dirk Van Vlieberghe
binnenschrijnwerk: Francis Van Damme

'MINIMALISME MET KLASSIEKE ROOTS'
schilderwerken: Werner Van Gestel
ontkleuren van balken: Renovat
villabouwer: Rustiekbouw (Schaffen)
beslag: Dauby

'BETOVEREND LICHT'
architect: Johan Stuyts

'OVERZEESE LOOK, MADE IN BELGIUM'
ontwerp tuinkamer: Luc Toelen

'PRIVACY EN OPENHEID VERZEKERD'
tuinarchitect: Dominique Eeman
interieurinrichting: Didier Michiels & Arfa

'SCHIKKING VORMT HARTVEROVERENDE TAFERELEN'
en 'GENIETEN VAN DE GOLVEN'
architect: Bart De Beule
deurbeslag: Dauby
sanitair: Taps & Baths
marmer en arduin: Saillart
gashaard: Vermandel-Dias

'WAAR DE NATUUR GEZELLIGHEID ADEMT'
architect: Guy Peeters

'DOOR OPENHEID OMARMD'
architect verbouwing: Jan Messiaen-De Grootte

'VERGROEID MET DE NATUUR'
tuinarchitect: Bernard Capelle (Brussel)

'HARMONIEUZE STEMMING MAAKT GELUKKIG'
binnenhuisarchitecte: Ina Beyens
villabouwer: Vlassak-Verhulst

'SOBERHEID ACHTER GLAS'
architect: Stijn Peeters

'CRÈME ALS FIL ROUGE'
stoffering: Sphere Home Interiors

'MET LIEFDE GERENOVEERDE ZIEL'
architect: Luk Vertongen

'EIGEN STEMPEL SIERT'
raamdecoratie: Sphere Home Interiors
keukenbouwer: Tinello

'EENHEID BRENGT RUST'
verftechnieken & gordijnen: Brosens Interieur
villabouwer: Vermeiren (Schoten)

'HERBOREN CHARME ANNO VANDAAG'
architect: Bart De Beule
schilderwerken: Peter Deckers Schilder- en Decoratiewerken
handgevormde gipslijsten en stafwerk: Claerhout
luchters: Stef Antiek
raamdecoraties: Scopes Design

'FRANS VERSUS ENGELS IN BELGISCHE HARMONIE'
architect: Bart De Beule
schilderwerken: Peter Deckers Schilder- en Decoratiewerken
bloemschikking: Paul Pierre voor Pieter Porters
natuursteen en verouderde parket: Saillart
haarden: Vermandel-Dias
stoffering: Scopes Design

COLOFON

AUTEURS
Stijlvol Wonen I en II: Patrick Retour
Stijlvol Wonen III: Nico Smout

FOTOGRAFIE
Claude Smekens, Marc Wouters,
Caroline Monbailliu, Hagemeier De Heij Fotografie,
Folkert Datema, Hein Mulder, Verne Fotografie

OCCASIONELE FOTOGRAFIE
'Schikking vormt hartveroverende taferelen', salon en slaapkamer: Luc Wauman
'Waar de natuur gezelligheid ademt': Studio d'Arté

REDACTIONELE ONDERSTEUNING
Eva Goossens, Saskia Berghout, Tim Torfs,
Fanny Storms, Kurt Maris, Bert De Pau

VORMGEVING
Heidi Mols, Pedro Geli

SCANOPERATOR
Ingrid Van Horenbeeck

BEELDBEWERKING
Steven Nauwelaers, Karin Deraedt,
Iwan Kimpe, Wilfried Hermans

DRUK
Gewa Drukkerij

---

lannoo

Uitgeverij Lannoo nv

Kasteelstraat 97, B-8700 Tielt
lannoo@lannoo.be
Postbus 614, NL-6800 AP Arnhem
boeken@lannoo.nl

epn **Sanoma**Magazines

© Uitgeverij EPN International nv
behorend tot Sanoma Magazines Belgium

Pulsebaan 50/1, B-2242 Zandhoven
Postbus 173, NL-5690 AD Son
info.be@epninternational.com
info.nl@epninternational.com

Tweede druk
© EPN International nv, Pulderbos, 2007
D/2007/45/540 • ISBN 978 90 209 7006 7 • NUR 454

Niets uit deze uitgave mag worden verveelvoudigd, opgeslagen in een geautomatiseerd gegevensbestand
en/of openbaar gemaakt in enige vorm of op enige wijze, hetzij elektronisch, mechanisch of op
enige andere manier zonder voorafgaande schriftelijke toestemming van de uitgever.